产业扶贫

高桥镇裴坝茶园

贫困群众喜售春茶

双桥镇康硒天茗茶园

向阳镇魔芋包茶园

人不负青山，青山定不负人

林业干部指导厚朴采收

就业扶贫

修脚技能培训

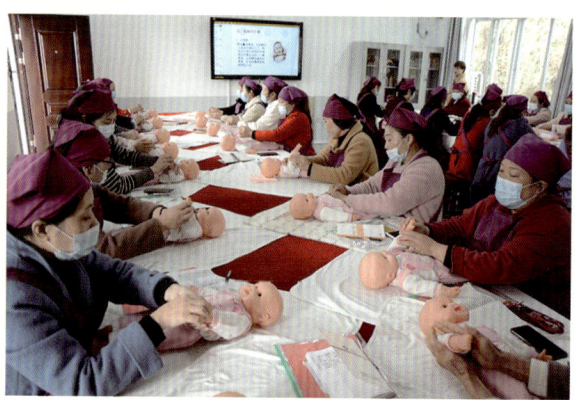

家政培训

郑远元荣获2017年全国脱贫攻坚奖奉献奖

紫阳县技能扶贫经验入选全球减贫最佳案例

集中开展劳务招聘活动

搬迁群众楼下新社区工厂就业

教育健康

教师走访贫困家庭学生　　　　　　　　免费体检

俯瞰高桥中学　　　　　　　　新建的麻柳镇中心卫生院

移民搬迁社区的暑期小课堂　　　　　　开展"巡诊"活动

易地搬迁

陕南最大的搬迁安置点——仁和千户安置社区

汉王集镇建设初具规模

双安镇集镇四期安置点

城关镇青中村郭家梁安置点

周显勇在老住宅前劳动

搬新家，娶妻子，添孩子，周显勇"三喜临门"

基础设施

盘山公路

乡村旅游观光道路

标准化集镇水厂

高空作业

村活动中心落成

群众用上放心水

兜底扶志

城关镇中心敬老院

特困人员护理中心投入使用

紫阳县评选表彰各类先进典型4000余人

小河村表彰自强标兵

陕西省脱贫攻坚奖获得者张进和妻子养猪脱贫

陕西省脱贫攻坚奖获得者朱明才养羊脱贫

社会扶贫

签订结对帮扶协议

建行总行指导企业复工复产

省科技厅扶贫干部指导茶叶生产

西安市未央区考察茶叶产业

省作家协会开展丰富的文化扶贫活动

市政府办公室组织企业为青中村爱心超市捐赠物资

紫阳文史资料第二十二辑

紫阳县脱贫攻坚纪实

紫阳县脱贫攻坚领导小组办公室 编
政 协 紫 阳 县 委 员 会

西安

图书在版编目(CIP)数据

紫阳县脱贫攻坚纪实／紫阳县脱贫攻坚领导小组办公室，政协紫阳县委员会编．—西安：陕西科学技术出版社，2023.11

ISBN 978-7-5369-8030-3

Ⅰ.①紫… Ⅱ.①紫…②政… Ⅲ.①扶贫—成就—紫阳县 Ⅳ.①F127.414

中国版本图书馆CIP数据核字(2021)第042424号

紫阳县脱贫攻坚纪实
ZIYANG XIAN TUOPIN GONGJIAN JISHI

紫阳县脱贫攻坚领导小组办公室　编
政　协　紫　阳　县　委　员　会

责任编辑　赵巧叶
封面设计　卫晨亮

出 版 者	陕西科学技术出版社
	西安市曲江新区登高路1388号陕西新华出版传媒产业大厦B座
	电话(029)81205187　传真(029)81205155　邮编710061
	http://www.snstp.com
发 行 者	陕西科学技术出版社
	电话(029)81205180　81206809
印　　刷	西安五星印刷有限公司
规　　格	787mm×1092mm　16开本
印　　张	25.5　插页4
字　　数	536千字
版　　次	2021年3月第1版
	2023年11月第1次印刷
书　　号	ISBN 978-7-5369-8030-3
定　　价	128.00元

版权所有　翻印必究

紫阳文史资料第二十二辑

《紫阳县脱贫攻坚纪实》编纂委员会

主　　编　张宣铭

编纂人员　哈红黎　王希平　郑　罡

　　　　　　马孝明　曾　军　黄志顺

　　　　　　张　斌　方万华　栾成珠

　　　　　　李胜璋　李兴建

艰辛的历程，伟大的足迹

政协紫阳县委员会党组书记、主席 何友军

　　脱贫伟业，史诗如歌。2020年2月27日，紫阳迎来一个载入史册的重要时刻——退出贫困县序列！历经坚持不懈的艰苦奋战，紫阳不负众望，顺利完成时代赋予的神圣历史使命！

　　紫阳县位于汉江上游，大巴山北麓，建县于明正德七年（公元1512年）。紫阳文化底蕴丰厚，生态环境优美，是集革命老区、贫困地区、生态功能区"三区"于一体的县，也是国家扶贫开发重点县、深度贫困县。截至2017年，全县有贫困村133个，建档立卡贫困户39994户132367人，是陕西贫困面最大、贫困人口最多、贫困程度最深的县之一。

　　千百年来，勤劳智慧的紫阳人民从未停止与自然博弈、同贫苦抗争的脚步。2015年11月27日，中央扶贫开发工作会议召开，作出到2020年全国所有贫困地区和贫困人口一道迈入全面小康社会的承诺，吹响了决战脱贫的冲锋号。脱贫攻坚战打响以来，全县上下强化政治担当，咬定总攻目标，把握精准方略，尽锐出战、苦拼实干。6.4万搬迁群众圆了"安居梦"，一条条通村（组）水泥路修到了群众家门口，建成饮水工程1390处，广大老百姓用上了"干净水"，村卫生室、村活动室实现行政村全覆盖，"两不愁三保障"和饮水安全问题得到全面解决，13.2万贫困人口全部脱贫，133个贫困村全部出列，2020年顺利实现整县摘帽，绝对贫困问题得到历史性解决。蒿坪镇党委和哈红黎同志分别获得全国脱贫攻坚先进集体和先进个人的荣誉称号，紫阳两次接受国家脱贫攻坚成效考核，技能脱贫、产业扶贫、健康扶贫、电商扶贫、新民风建设等经验做法得到中省市充分肯定，谱写了摆脱贫困、全面小康的紫阳篇章！这是紫阳抗争贫困历史上的伟大胜利，也是紫阳经济社会发展史上的重要里程碑！

　　脱贫攻坚，是一场没有硝烟的伟大战役。胜利背后，闪动着无数负重前行的身影，传颂着许多催人泪下的故事。全县广大干部披星戴月、夜以继日奋战在脱贫攻坚一线，用实际行动践行"不获全胜，誓不收兵"的铮铮誓言。他们放弃与家人相聚的美好时光，在脱贫攻坚一线战严寒、斗酷暑，风里来雨里去，用脚步丈量民情、用行动亲近民意。双桥镇镇长陈威强、县市场监督管理局驻村干部罗孝明、高桥镇党委副书记琚华、向阳镇天生桥村支部书记赵功习4名同志把宝贵的生命永远定格在脱贫攻坚战场，以生命履行了使命。多少企业和社会组织担当奉献、主动作为；多少群众顾全大局、自力更生，筑牢整县脱贫摘帽的坚实基础。他们用责任和担当书写了一个个感人的瞬间，用心血和汗水描绘了一幅幅动人的画卷，用行动践行了"上下同心、尽

锐出战、精准务实、开拓创新、攻坚克难、不负人民"的脱贫攻坚精神，他们是新时代"最可爱的人"。

数年辛苦不寻常，砥砺前行写华章。为了忠实记录这段波澜壮阔的不凡岁月，全面展现紫阳干部群众战胜贫困的艰辛历程和光辉足迹，激励更多人为创造更加幸福美好的生活接续奋斗，我们着手编纂了《紫阳县脱贫攻坚纪实》这本文史资料。本书分为组织部署、产业扶贫、就业扶贫、干部帮扶等15个篇章，共50余万字。书中既有综合的归纳整理、分析提炼，又有对单位和个人的风采特写；既有第三人称的理性表达，又有第一人称的真情讲述。全书资料翔实、内容丰富，客观、真实、系统地记述了紫阳县脱贫攻坚的全过程和伟大成就，融时代特征、紫阳特色于一体，集资料性和可读性于一身，既是辑存史料，也必将对巩固脱贫成果、实施乡村振兴战略发挥重要借鉴作用。限于篇幅，还有很多感人事迹没能写进书里。但是，有一个地方可以装下，那就是人心深处！他们的故事必将被广大群众记在心头、念在口中，一代代传扬下去。在这里，向所有关心支持本书编纂出版的同志们，表示衷心的感谢！

凡是过往，皆为序章；凡是未来，皆有可期。习近平总书记指出"脱贫摘帽不是终点，而是新生活、新奋斗的起点"。全县上下务必大力弘扬脱贫攻坚精神，严格落实"四个不摘"要求，巩固拓展脱贫攻坚成果，推动乡村产业、人才、文化、生态、组织全面振兴，奋力谱写新时代紫阳高质量发展新篇章，努力开创幸福紫阳更加灿烂美好的明天！

是为序。

CONTENTS | 目 录

第一篇 组织部署

综述
　决战贫困　决胜小康 2

讲述
　使命　责任　担当 7
　凝心聚力促脱贫　真抓实干奔小康 12
　用铁的纪律护航脱贫攻坚 15
　难忘那段当"指挥长"的岁月 19
　以实效书写我县扶贫史 22
　做好"人"的文章　迎战脱贫"大考" 27
　决胜摘帽前的那场"冲刺" 30
　发挥基层党组织作用　探索精准扶贫有效路径 33
　说说紫阳县脱贫攻坚的财力保障 37
　以信息精准确保工作精准 40

第二篇 产业扶贫

综述
　一业突破抓增效　多业并举促增收 46

讲述
　茶叶产业升级之路 52
　洄水镇的"百千万"产业建设 55
　汉王镇精准施策兴产业 58
　富民富镇的烤烟产业 61
　闯出电商扶贫路 65

风采
　产业扶贫铺就富民路——紫阳县农业农村局包村抓产业纪实 67

女村官做大产业——记洄水镇团堡村村支部书记兼村主任钟雅 ………… 71
办好企业　助力脱贫——紫阳县关南春茶叶产业有限公司扶贫记事 ………… 73
奉献贫困山村　"雨"润两千茶农——记陕西省脱贫攻坚奉献奖获得者江祖友
……………………………………………………………………………… 74
在那桃花盛开的地方——记紫阳县科宏茶业有限公司经理刘理科 …………… 76
乡土沃而家园福 …………………………………………………………………… 79
双坪茶事 …………………………………………………………………………… 80

第三篇　生态扶贫

综述
落实六个一批　做实生态扶贫 …………………………………………………… 84
讲述
把生态脱贫责任扛在肩上 ………………………………………………………… 86
用心营造生态绿色聚宝盆 ………………………………………………………… 88
风采
"盘"山林的第一书记 …………………………………………………………… 92
踏遍青山护生态 …………………………………………………………………… 93

第四篇　就业扶贫

综述
农民就业增收的成功之路 ………………………………………………………… 96
讲述
培训增技能　就业拔穷根 ………………………………………………………… 101
我有一个梦想 ……………………………………………………………………… 105
风采
一个人的路　数万人的路——记全国脱贫攻坚奉献奖获得者郑远元 ………… 108
安置点办起毛绒玩具厂 …………………………………………………………… 110
把紫阳技能扶贫模式成功引入湖北 ……………………………………………… 111

第五篇　易地搬迁

综述
安居乐业的现实抉择 ……………………………………………………………… 114
讲述
构建蒿坪镇村建设新格局——蒿坪镇大规模易地扶贫搬迁建设回忆 ………… 120

科学规划促搬迁 ······ 124
　　最后19个日日夜夜——仁和社区移民安置建设亲历 ······ 126
　　帮贫困村民安居乐业 ······ 129

风采
　　爱"较真"的信息统计员——记县自然资源局信息统计中心信息员伍贤芳 ······ 132
　　"群众身安　我便心安"——记双安镇扶贫办主任罗昌明 ······ 134
　　管好小家　兼顾大家——记全国"励志易地搬迁群众"黄国洪 ······ 138

第六篇　健康扶贫

综述
　　健康扶贫这些年 ······ 140

讲述
　　探索健康扶贫方式方法 ······ 148
　　依托行业优势攻坚克难 ······ 151
　　一场刻骨铭心的心灵洗礼 ······ 154

风采
　　八千贫困群众的健康总管——记高桥镇中心卫生院院长周呈高 ······ 156
　　用责任筑牢健康扶贫的篱笆——记高滩镇中心卫生院院长陈国军 ······ 157
　　扶贫路上的"暖男"——记城关镇中心卫生院副院长盛伟 ······ 161

第七篇　教育扶贫

综述
　　阻断贫困代际传递的历史壮举 ······ 166

讲述
　　我亲历的紫阳教育脱贫 ······ 173
　　我经历的结对帮扶 ······ 176
　　高桥镇的"精准"资助 ······ 179

风采
　　书写人民满意的答卷——紫阳中学初中部教育扶贫记 ······ 183
　　这里的老师胜爹娘——汉王镇中心学校留守儿童关爱记 ······ 186

第八篇　兜底保障

综述
　　兜住底子　摘掉帽子 ······ 194

讲述

　　守护兜底保障的生命线 …… 197

　　不让一个残疾人在脱贫路上掉队 …… 200

风采

　　"山歌书记"杨远忠 …… 204

第九篇　基础设施

综述

　　破发展瓶颈　立民生通衢 …… 208

讲述

　　"通村办"的扶贫事 …… 214

　　让通信和网络助力扶贫 …… 216

风采

　　公路质监上的女"包公"——记紫阳县交通局质监站站长徐婷 …… 219

　　既是指挥员　又是战斗员——记县供电分公司基建部主任康宗强 …… 221

第十篇　金融扶贫

综述

　　强化金融支撑　助力脱贫攻坚 …… 224

讲述

　　驾好两套造血的"马车" …… 228

　　依托金融力量精准扶贫 …… 231

　　创新信贷模式助推脱贫攻坚 …… 233

风采

　　用真情托起贫困户的梦想——记县农商行驻村扶贫工作队员覃承莉 …… 237

　　为扶贫架起铁板桥的金融人 …… 239

第十一篇　扶贫扶志

综述

　　茶乡新风好扬帆　助力脱贫谋新篇 …… 244

讲述

　　凝聚脱贫攻坚的精神力量 …… 251

风采

　　苦出来的好日子——记安康市"自强标兵"郭世林 …… 254

"春哥"的甜蜜事业——记高桥镇深磨村电商个体户朱忠乾 256
"鸡司令"的脱贫史——记城关镇青中村脱贫致富先进个人陈良华 259
只手撑天——记安康市"自强标兵"朱明才 261
下肢残疾夫妻"走"在脱贫前列 262

第十二篇　社会扶贫

综述
激发社会活水　汇聚攻坚合力 266

讲述
探索"百企帮百村"扶贫的紫阳模式 274

风采
当好社会扶贫"服务员"——记县扶贫局干部李哲 277
春雨润茶乡 279
为了大地的丰收——思兰商贸公司董事长王思兰就业扶贫二三事 280
修脚带出的致富路——吴氏集团董事长吴时恩扶贫帮困的故事 283

第十三篇　苏陕协作

综述
跨越千里的"握手" 288

讲述
让责任和激情播撒这方山水 295
抢抓苏陕协作机遇　助力全县脱贫攻坚 298
让苏陕扶贫协作项目落地生根 301
苏陕教育协作在毛坝 304

风采
"让苏陕扶贫资金在我手上放大效益"——记紫阳县康硒天茗茶业有限公司总经理陈国卿 307
借苏陕协作东风扬帆远航——记紫阳县山水生态茶厂厂长杨锐 309

第十四篇　定点扶贫

综述
用情用力　同心同行 316

讲述
锅里满了碗里才满——团堡村扶贫驻村经历与思考 324

我在书堰村扶贫的日日夜夜 ……………………………………………… 328
　　帮村扶志兴产业 …………………………………………………………… 330
风采
　　使命书写在贫困山乡——建行总行紫阳县扶贫纪实 …………………… 334
　　穿越秦岭的携手——西安市未央区、航空基地对口帮扶紫阳县纪实 … 336
　　把真情和汗水洒在紫阳——夏学礼同志在紫阳县牵头帮扶工作纪实 … 338

第十五篇　干部帮扶

综述
　　光荣的使命　神圣的职责 ………………………………………………… 344
讲述
　　全县脱贫出列第一村 ……………………………………………………… 347
　　牵住穷村治理的"牛鼻子" ……………………………………………… 349
　　从满足村民的基本愿望开始 ……………………………………………… 353
　　自告奋勇去扶贫 …………………………………………………………… 356
　　带着"三盆水"去决战脱贫攻坚 ………………………………………… 358
风采
　　扶贫路上的铿锵玫瑰——陕西省脱贫攻坚奖获得者张小红 …………… 363
　　号角多么嘹亮——记紫阳县财政局扶贫工作队员姜言论 ……………… 366
　　退伍军人"漂亮转身"成扶贫尖兵——记紫阳县"脱贫攻坚优秀党员"张帆
　　　……………………………………………………………………………… 370
　　啃"硬骨头"的第一书记——记紫阳县统计局驻村干部彭九钦 ……… 373
　　把工作做实　让群众满意——记麻柳镇扶贫干部覃建明 ……………… 377
　　擦亮红色　守护绿色　做足成色——记裴坝村党支部书记李兴卫 …… 379
　　一位扶贫干部的为民情怀——记县人大干部金冠全二三事 …………… 382
　　村支书毕锦平的"黄金时代" …………………………………………… 384
　　群众心头树丰碑——追记原双桥镇镇长陈威强 ………………………… 385
　　用生命诠释共产党人的责任担当——追记原高桥镇党委副书记琚华 … 388
　　超越平凡——追记县市场监管局驻村扶贫干部罗孝明 ………………… 391
　　甘洒热血为脱贫——追记原天生桥村党支部书记赵功习 ……………… 393

第一篇
组织部署

综 述

决战贫困　决胜小康

紫阳县位于陕西省南端、秦巴腹地、汉江上游，全县面积2204平方千米，辖17个镇、176个村（含1个农村社区）、33.4万人。紫阳属限制开发的国家主体功能区、南水北调中线工程重要水源涵养区、秦巴山区集中连片特困地区和川陕革命老区，是国家扶贫开发重点县、深度贫困县，是陕西自然条件最恶劣、脱贫攻坚任务最重、贫困程度最深的地区。贫困状况主要体现在三个方面：一是贫困量大面广。全县有贫困村133个，占行政村总数的76%，其中深度贫困村35个，占贫困村总数的26%；2020年10月动态调整后有建档立卡贫困人口39994户132367人，占安康市建档立卡总规模16.6%，排名全市第2。二是贫困程度很深。2014年建档立卡之初，全县贫困发生率高达37.91%，2018年全县贫困发生率20.46%，当年为全省最高、全国第3。缺资金、缺技术、因病、因残等多个因素叠加致贫的贫困户较多。三是脱贫难度很大。"地无三尺平，十年九受灾"是紫阳的真实写照，境内山大坡陡沟深，人多地少土地贫瘠，自然灾害易发多发，贫困人口主要分布在"一方水土不能养一方人"的边远山区，贫困村水、电、路、讯等基础设施和公共服务与脱贫标准相比，差距大、欠账多，扶贫成本高、脱贫难度大。

面对恶劣的自然条件、特殊的贫困状况、艰巨的脱贫任务，全县上下以心系紫阳、勇挑重担的责任担当，迎难而上、一往无前的拼搏精神，脚踏实地、苦干实干的过硬作风，全面压实责任、落实政策、做实工作，一场史无前例的脱贫攻坚战役在紫阳打响。

集结动员，吹响脱贫冲锋号

2015年11月27日至28日，中央扶贫开发工作会议在北京举行，号召全党全国各族人民立下愚公移山志，咬定目标、苦干实干，坚决打赢脱贫攻坚战，确保到2020年所有贫困地区和贫困人口一道迈入全面小康社会。茶乡紫阳闻令而动，一个多月后的12月30日，全县脱贫攻坚工作会议召开，安排部署紫阳县"十三五"脱贫攻坚决战决胜阶段工作，吹响紫阳决战脱贫攻坚、迈向全面小康的冲锋号。会议提出，未来五年要让所有贫困人口越线、所有贫困村脱贫、全县脱贫摘帽，这是中央和省市赋予的历史使命，是必须完成的政治任务。县委、县政府号召全县上下把思想和行动统一到中省市决策部署上来，把如期脱贫作为"十三五"期间的头等大事和第一民生工程，绝不让一个贫困村掉队、一个贫困户落伍，坚决打赢脱贫攻坚战，确保2020年如期完成脱贫任务。一声令下，全县各级党员干部以不甘落后的心劲、攻坚克难的干劲、勇打硬仗的拼劲，舍小家顾大家，克服工作、生活、家庭等各方面的困难，加班加点、夜以继日地奋战在脱贫攻坚一线，一场规模空前的脱贫攻坚战在全县各地迅速展开。

经过3年艰苦卓绝的克难攻坚，2018年年底，根据省市统一部署，全省所有贫困县必须在2019年实现整县摘帽，比原定时间提前了一年，这对于脱贫攻坚任务本身就很重的紫阳来说，无形之中又增加了工作难度。县委、县政府决定，调整时间表和路线图，不等不靠、迎难而上，坚决完成脱贫任务，确保整县摘帽。2019年1月2日，元旦收假第一天，县委、县政府召开整县脱贫摘帽誓师大会，动员全县上下振奋精神，全员集结，全线出击，决战决胜。县委、县政府举行集中授旗宣誓仪式，向各镇脱贫攻坚工作团授予战旗，与各镇各部门签订了脱贫摘帽目标责任书，印发《关于举全县之力决战决胜脱贫攻坚实现2019年整县脱贫摘帽的决定》和《整县脱贫退出实施方案》。要求全县上下凝心聚力，威武出征，向深度贫困发起全面总攻，坚决做到"六个全部"，即思想行动全部向脱贫摘帽统一，工作重心全部向脱贫摘帽转移，项目资金全部向脱贫摘帽倾斜，干部队伍全部向脱贫摘帽集结，帮扶力量全部向脱贫摘帽汇聚，激励问责全部向脱贫摘帽聚焦。战旗所指、所向披靡，誓言如山、言出必践。各级各部门铁肩担当、合力攻坚，广大干部战天斗地、苦拼实干，13万贫困群众齐心协力、艰苦奋斗，以迎难而上、决战必胜的信念和干劲攻坚拔寨，全县形成奋勇争先、众志成城、决战决胜的浓厚氛围。

统筹统揽，构建扶贫大格局

县委、县政府始终坚持以习近平新时代中国特色社会主义思想为指导，把深入学习贯彻习近平总书记关于扶贫工作重要论述作为首要任务，将坚决打赢脱贫攻坚战作为增强"四个意识"、做到"两个维护"、体现对党忠诚的自觉行动，把脱贫攻坚作为全县最大的政治任务、最大的民生工程和最大的发展机遇。定期召开县委常委会、县政府常务会、脱贫攻坚推进会等会议，研究解决脱贫攻坚重大问题，安排推进脱贫攻坚重点工作，统筹抓好脱贫攻坚进度安排、项目落地、资金使用、人力调配、组织保障等工作，推动中央和省委市委决策部署在紫阳落地生根。县委、县政府和各级各部门始终把脱贫攻坚放在首要位置，牢牢抓在手上，持之以恒，持续用力，压茬推进。

紫阳成立以县委书记任第一总指挥长，县长任总指挥长，县人大主任、县政协主席、县委各常委、县政府各副县长和其他县级领导任副总指挥长，县委副书记、县政府分管副县长任责任指挥长的脱贫攻坚指挥部。调整充实指挥部办公室机构人员，抽调精兵强将集中办公，配齐配强扶贫局领导班子和镇脱贫办专职副主任、扶贫专干。成立产业扶贫、健康扶贫等八个行业扶贫办公室与资金保障、基础设施和公共服务建设协调、交通保障、水利保障、电力保障五项保障脱贫组,建立脱贫攻坚四个片区作战机制,组建县级领导任团长、镇党政主要领导任责任团长的镇脱贫攻坚工作团,形成了县委统领指挥、各级各部门齐抓共管、"八办三组五保障"协同推进的工作机制。

围绕"三个落实",强化"六个精准",按照"五个一批"要求,系统思维,分类指导,精准施策,合力攻坚,做到"四个结合",即坚持抓整体稳定脱贫与县域经济发展相结合,抓贫困村脱贫与非贫困村贫困人口脱贫相结合,抓当年计划出列村脱贫与以后年度出列村脱贫相结合,抓已出列村巩固提升与未出列村集中帮扶相结合,综合施策、统筹推进贫困村与非贫困村协调发展、贫困人口与非贫困人口共同致富。

健全体系,压实责任抓落实

按照中央"五级书记抓扶贫"的要求,落实县委、县政府主体责任和县委书记、县长第一责任人的责任,制定《紫阳县各级脱贫攻坚工作职责》,细化明确了11个责任主体的主要职责,县镇村三级层层签订责任书、立下军令状,形成无缝对接、环环相扣的责任体系。县脱贫攻坚领导小组经常听取各镇工作团团长的情况汇报,随时掌握工作进度,解决突出问题,推动工作落实。县级领导以身作则,加强对分管部门、包联镇村指导督导力度,掌握分管领域、包联镇村脱贫攻坚情况,做到心中有数、了如指掌。各镇党委书记、镇长扛起主体责任,精准掌握本镇脱贫攻坚基本情况,扎实推动问题整改、项目实施、政策落实等工作,做到脱贫工作务实、脱贫过程扎实、脱贫结果真实。行业扶贫部门履行主管和指导责任,抓好政策落实、项目推进等行业扶贫工作。各包联单位加强帮扶干部管理,主要领导亲力亲为,确保帮扶工作扎实有效。驻村"四支队伍"负起直接责任,抓好抓实项目到村、资金到户、措施到人。

按照地域区划,把全县17个镇划分成4个脱贫攻坚作战片区,分别由1名领导能力强、熟悉脱贫攻坚工作的县级领导包抓一个片区,建立指挥部管总、片区主战、工作团主责、工作队主抓四级攻坚体系。实行县级领导联系一个镇、帮扶一个贫困村、包抓一项脱贫攻坚重点工作的"三个一"工作机制。160个中省市县单位帮扶133个贫困村,选派133名优秀干部担任驻村第一书记,43个镇派工作队帮扶43个非贫困村,6126名帮扶责任人结对帮扶4万建档立卡贫困户,实现部门驻村、干部结对帮扶全覆盖,形成了"领导小组管总、指挥部统筹、片区督战、工作团主责、工作队主抓"的攻坚体系。

出台最严格的整县摘帽问责办法,从县级领导抓起,推动各级干部履职尽责、担当落实。建立常态化巡查督查机制,严格督查、考核、问责,实行单项考核,落实脱贫责任追究办法和一票否决机制。扎实开展脱贫攻坚专项巡察,严查扶贫领域违纪违规问题,以严肃督查问责推动脱贫攻坚工作落实。发挥考核"指挥棒"作用,出台紫阳县脱贫攻坚工作年度考核办法和单位包村、干部包户帮扶工作管理考核办法,实行"月督查、季点评、半年考核、年度奖惩"的考核机制,配套"一月一交办"和"蓝黄红"三单督办,将工作进度细化到月、工作责任细化到镇到部门,使各项工作任务明晰、责任明晰,实现脱贫攻坚事前、事中、事后全方位有效管理,有力推动脱贫攻坚工作落实落地。

党建引领，夯实基层强堡垒

强化村级组织建设，开展"村（社区）干部资格大起底"专项行动，持续整顿转化软弱涣散党组织，175个村党组织书记和村委会主任全部实现"一肩挑"，优选133名干部担任第一书记，组建175个脱贫攻坚临时党支部，把党的力量挺在脱贫攻坚的前沿阵地。实施"能人兴村"工程，坚持"三有三带"标准，从外出务工经商人员、复员军人、大学生村官、机关事业单位、退休干部职工、创业青年中优选1000余人进入村"两委"班子，优化村级班子结构；推行"青苗"工程，储备后备力量616名，为建设高素质村级干部队伍提供人才支撑。

坚持脱贫攻坚一线选人用人，2016年以来累计在脱贫攻坚一线提拔使用和转任重要岗位干部213人，400余名帮扶干部和先进个人受到中省市县表彰，树立了脱贫攻坚一线选人用人的导向，激励广大党员干部在脱贫攻坚主战场担当作为。将驻村工作队、乡镇包村干部、第一书记、村"两委"班子"四支队伍"进行整合，对全县帮扶干部进行集中轮训，将村干部补贴80%纳入绩效考核，财政专项预算驻村干部伙食补助和交通费，安排财政资金为850名村干部购买意外伤害保险，确保"四支队伍"住得下、稳得住、能干事。出台第一书记十条规定、"四支队伍"十条措施、驻村工作队十条纪律，完善驻村队员选派、管理和考核办法，形成严格的监督管理体系。

结合"不忘初心、牢记使命"主题教育，实施三级书记和"四支队伍"遍访贫困村、贫困户行动，切实解决了一批具体问题，提升了群众满意度，引导党员干部在脱贫攻坚一线守初心、担使命。开展扶贫领域作风问题专项治理，严防形式主义、官僚主义，以严实作风推动脱贫攻坚工作落实、落细。从2019年6月开始，全县取消公休假、节假日，取消外出学习培训和考察活动，把全部精力都用在抓脱贫攻坚上，所有干部舍小家、顾大家，克服困难、扎根基层，冲锋向前、勇挑重担，带病坚持工作、轻伤不下火线成为全县扶贫干部的工作常态。

出台《紫阳县脱贫攻坚驻村帮扶"星级管理"办法（试行）》，对标脱贫攻坚目标任务，设置"守岗敬业星""业务能力星""工作成效星""遍访解困星""政策落实星""问题整改星""稳定增收星""信访维稳星""群众满意星""创新创优星"驻村履职十个星级，以常态化暗访核查为抓手，实行"村创星、镇评星、县核星"，持续传导工作压力，及时解决工作短板弱项，从严惩戒履职不力的帮扶干部、大力褒奖担当实干的先进典型，不断巩固和提升脱贫攻坚质量效果。

问题导向，对标整改促提升

把问题整改作为提升脱贫工作质量的重要抓手，贯穿于脱贫攻坚工作始终，紧盯中省脱贫攻坚专项巡视、年度成效考核、民主党派监督调研等各级各类反馈问题，结合"不忘初心、牢记使命"主题教育检视问题，按照"照单全收、对照查摆、扎实整改"和"有则改之、无则加勉"的要求，进行自查梳理，对所有问题分类建立整改台账，逐个细化整改措施，明确整改责任和时限，做到了分类精准施策、从严从实整改。将问题整改和年度工作推进同安排、同检查，对标工作要求和上级反馈问题，研究制定整改措施，印发整改实施方案，实行县委书记、县长牵头抓总，亲自督促、靠前指挥、以上率下；县级领导负责分管领域、包抓镇村问题整改；各镇、各部门主要负责人落实整改工作主体责任。

实行"三线"移交。将所有问题同步移交反馈给镇村一线、行业部门一线、指挥部各组（办）一线，明确整改责任、整改时限、整改标准，形成横向到边、纵向到底、不留死角的问题整改责任落实体系。实行"三单"督办。强化督查督办力度，县指挥部根据工作情况实行"红黄蓝"三单督办：对工作不主动、整改不到位的责任单位下发蓝色督办单并通报；仍未按要求整改者下发黄色督办单，责令限期整改并约谈；对接到黄色督办单仍未整改到位的，下发红色督办单并追责。实行"三办"督查。实行脱贫办日常督查、政府办专项督查、县委办重点督查，镇级成立整改组，根据认领问题，按照分工职责，抽调精兵强将，由分管领导负责分类专项整改，确保整改工作高质高效推进。

在整改中，按照"整改与推进并重""短期与长效并重"的原则，立足当前、着眼长远、标本兼治，对所有认领的问题，突出整改重点、分门别类研究、制定整改措施，做到原因不查清不放过、问题不解决不放过、机制不建立不放过。特别是对一些影响"两不愁三保障"达标的关键问题，因地制宜制定整改措施，确保整改实效。比如为解决村医资质不够、服务能力不足的问题，选派镇卫生院具有医师资格的人员到村开展巡诊，每周组织责任医师团队到村巡诊不少于1次；为解决水质不稳定、季节性缺水、大面积停水断水等问题，统一采购消毒药品和絮凝剂并按时按标准加注，实行分片供水、分时段供水，情况严重时通过送水车、应急水袋等方式送水，保障群众用水，确保水质稳定。

经过6年持续努力，2019年年底，全县133个贫困村全部出列，累计脱贫38340户29221人，综合贫困发生率从2014年的37.91%下降到1.27%，达到国家规定的贫困县退出标准，2020年2月27日退出贫困县序列，顺利实现整县脱贫摘帽目标，区域性绝对贫困全面消除，紫阳人民从此揭开历史新篇章。（王希平）

讲 述

使命　责任　担当

讲述人：张教志　时任紫阳县人大常委会主任

2020年2月27日17时，陕西省人民政府发布公告，宣布紫阳县正式退出贫困县序列，听到这一消息，我心里特别激动。我县任河片区各镇全部实现脱贫摘帽，这块坚中之坚的"硬骨头"终于啃下了，我作为县上四大班子主要领导之一，同时是全面负责任河片区的指挥长，觉得压在心里这块石头终于落了地。回首过去六年多的点滴，真是感慨万千！展望未来的道路，仍觉得任重道远。

2014年，习近平总书记向全党全国发出了到2020年消除农村绝对贫困人口的总动员令，紫阳作为全省十一个深度贫困县之一，县委决定由我担任任河片区脱贫攻坚指挥长。面对这一场输不起、不能输的攻坚战，摆在面前的两副重担我必须挑起来。一是充分发挥人大职能助力全县脱贫攻坚工作，二是攻下任河片区这块最难的阵地。

打赢深度贫困地区脱贫攻坚战，是人大系统义不容辞的政治责任，县人大常委会的重点工作必须融入脱贫攻坚大局，主动作为，找准定位，精准发力。作为县人大常委会主任，在这场伟大的战役中，我首先提高政治站位，带头冲锋在前，既当好"指挥员"，又当好"战斗员"，切实发挥出人大常委会的监督和人大代表的带头作用。

民之所望，人大所向。自脱贫攻坚战打响以来，我和常委会其他几个副主任每年都带队，深入到全县各镇和相关部门进行专题调研，掌握各镇、各部门扶贫项目的推进措施和落实力度，查找脱贫攻坚工作中存在的主要问题及原因，为顺利推进脱贫攻坚工作提出建议和对策，开展脱贫攻坚专题调研成了我们本届常委会每年的"必修课"。几年来，县人大常委会始终将脱贫攻坚工作列入年度工作要点，通过视察调研，破解了人民普遍关心的扶贫难题，深化了对工作推进过程中的有效监督，为全县脱贫攻坚工作鼓了劲、添了力。

2017年8月，县十八届人大常委会第六次会议就全县脱贫攻坚工作开展了专题询问。经过三个半小时的紧张问答，常委会委员针对饮水工程建设进度缓慢、安置小区物管缺失、新建公路资金不足、实用技术培训不力、金融扶贫贷款滞后等问题，向水利局、住建局、交通运输局、农林科技局等10个部门一一展开询问。常委会组成人员本着"我是紫阳人,要对紫阳脱贫和发展出力"的态度,提出了很多真知灼见,促进了政府和各级各部门,尤其是"八办三组五保障"部门的工作力度,询出了压力、问出了动力。

针对专题调研和询问归纳的问题,常委会对全县脱贫攻坚工作提出了五条建议。一是以宣传引导为抓手,凝聚脱贫攻坚合力,发挥政策的激励促进作用,增强贫困群众依靠自身发展实现脱贫的信心,激活贫困群众内生动力。二是以产业扶贫为核心,增强发展致富后劲,大力开展农村产业发展急需的种植养殖、电子商务等实用技术培训,大力开展家政服务、修脚足疗等定向输出的订单培训,带动贫困群众扩大就业门路,通过转移就业实现脱贫。三是以住房保障为关键,全力冲刺年度目标,积极妥善地解决好搬迁安置房建设中因基本建设程序不到位、安置房无法进行竣工验收,搬迁群众办不到产权证书和后续物业管理等问题,切实解决群众的后顾之忧,促进群众安居乐业。四是以基础设施为重点,加快改善贫困面貌,聚焦水、电、路、讯等基础设施建设目标任务,加大对非贫困村基础设施和公共服务设施建设项目资金的支持和扶持力度,努力改善群众的生产生活条件。五是以提高效益为目标,发挥政策资金效应,优化资金拨付流程,减少资金滞留时间,切实解决专项资金"趴窝"严重的问题,用足用活"5321"小额信贷及国开行、农发行金融扶贫政策,加快信贷资金投放进度,积极发挥金融扶贫"助推器"作用。在全县脱贫攻坚进入最关键、最吃劲的阶段,县人大提出的审议意见,帮助政府进一步查找了问题,补齐了短板,打破了瓶颈。

在县第十八届人大常委会第十四次会议上,听取和审议了县政府《关于2018年盘活财政存量资金安排情况的报告》,按照中省市关于盘活和用好财政存量资金的规定和要求,县人民政府对截至2017年底的各类财政资金进行了清理,共收回预算单位以前年度上级专项资金、交通专项和本级财政安排的预算资金9310万元,安排到脱贫攻坚项目中,这是我县人大对脱贫攻坚资金进行监督的有力举措。自2016年以来,县人大常委会在监督预算执行中,加强对涉农资金执行情况和使用绩效的监督,坚持统筹整合一切能够整合的财政资金,集中用于脱贫攻坚,累计统筹整合财政涉农资金87981万元,建立了扶贫资金支出专项督查制度,对项目资金公告公示情况进行督导,确保项目在阳光下实施、资金在人大监督下使用。

劳务输出一人,脱贫致富一家;一技在身,脱贫有门。修脚产业是我县近年来快速发展起来的技能脱贫产业,我对这一产业充满了信心,但在县内也出现了一些不同的看法,有人认为这一产业让劳动力大量外流,县内无劳动力发展茶叶产业了,政府不应再强行组织,还有人认为,发展修脚产业会导致老人无人照顾、留守儿童增加等问题。为真实了解这一产业发展情况,有效解决县内出现的不同认识,2018年4月,我带领考察团到珠江三角洲和重庆等地进行考察,入店察看,与店员座谈,查报表,看收入,问家庭情况,了解修脚产业发展及带动贫困户增收情况。发现该产业目前发展势头较好,虽然存在上述问题,但不能因噎废食。在紫阳县第十八届人大常委会第十七次会议上,专题听取和审议了《紫阳县人民政府关于近年来发展修脚产业带动贫困户增收情况的报告》,建议县政府一要继续支持该产业发展,把修脚产业的根基牢固地构筑于紫阳的土地上，做成集修脚品牌行业领先、修脚师输出、配套产业集群为一体的紫阳修脚之乡，放眼全国，走向世界。二要强化引导，出台持续稳步发展新举措，成立产业发展机构，充实人员。培育紫阳修脚全产业链条，制定发展规划，出台具体的扶持办法和优惠政策，提升培训水平，支持产业健康发展。三要创新理念，挖掘修脚产业新潜能，借鉴他山之石、走现代企业管理之路，奋力创新超越发展，建立党群组织，更加注重社会责任，树立公平竞争、共谋发展、敬老爱幼、社会和谐的好风尚。2019年以远元集团为龙头的修脚产业营业收入达90多亿。

与此同时，县人大常委会党组制定了《关于开展人大代表包帮贫困户助力脱贫攻坚行动的实施意见》，全县187名县人大代表和907名镇人大代表积极响应，迅速行动，结合各自岗位优势分别包联了3~5户贫困户，包帮贫困户总户数达4100余户。在包帮过程中，代表们主要完成了开展政策宣传、制定脱贫措施、提供信息服务、督促政策落实、解决实际困难和化解矛盾纠纷六方面的工作任务。助学达人孙丽、白衣天使陈胜琴、心系贫困户共奔致富路的茶叶企业主刘理科、带领村民步入小康的好支书徐申元等一大批典型代表脱颖而出，办成了一批看得见、摸得着的实事、好事，让群众真正感受到了包帮行动带来的实惠与变化，为坚决打赢脱贫攻坚战发挥了人大代表生力军作用。

任河片区涵盖麻柳、毛坝、高滩、瓦庙4个自然镇。这里山高路陡，自然条件恶劣，贫困程度深，脱贫难度大，是全县乃至全省脱贫攻坚的坚中之坚。尤其是高滩镇，有在册贫困户2725户8835人，贫困发生率31.76%，比全县贫困发生率高11.3%，所以就有"陕西脱贫看紫阳，紫阳脱贫看高滩"的说法。

在县委宣布由我担任任河片区脱贫攻坚指挥长后，我迅速主持召开了任河片区麻柳、毛坝、高滩、瓦庙4个镇脱贫攻坚工作会。给片区各镇提出了一条比较清晰的思路，实际上就是六句话：对象精准、靶向扶贫、基础先行、产业跟进、干部真帮、群众攒劲。通过近3年的实践，无论帮扶表册怎么变化，各级检查多么复杂，我们只要按照这个思路走，就能取得实效。

我坚持每季度在四个镇轮流召开一次推进会，主要听取各镇的工作进展和遇到的困难，找出这个片区的共性问题，并形成会议纪要向县指挥部提交，以便指挥部根据实际情况适时调整任河片区及全县的推进措施。在全县脱贫攻坚工作最吃紧的阶段，我发现部分基层领导干部因长期高负荷工作，出现了身心疲惫和信心不强的倾向，我在推进会上鼓励他们要坚定信心不动摇，脱贫攻坚是决战决胜的一场硬仗，办法总比困难多，要树立必胜的信心，将信心传导给每一位干部和群众，统一思想，明确目标，坚决打赢这场硬仗。我对干部以鼓励为主，越是艰难，越要给他们打气。

"蜀道难，难于上青天！"极度落后的交通条件困扰了任河的发展千百年。十几年前，毛坝镇竹山村村支书侯再德带领800余村民，靠着铁锤、钢钎，在悬崖峭壁上凿出了一条长达17千米的公路，成为安康"村道精神"的典型代表。在脱贫攻坚中，任河群众不甘贫困、克难攻坚、群策群力、苦干实干的精神再次得到放大。4年多时间里，任河片区完成道路硬化项目300余千米，"油返砂"项目100余千米，实现了从

"晴天一身灰、雨天一身泥"到"出门就上车、抬脚不沾泥"的历史性嬗变。4个镇所有村电力入户率已达到100%，自来水普及率已达到95%以上，村集体经济组织、村卫生室、村活动室均已全部达标，群众安全住房合格率达到100%。

习近平总书记指出，要把摆脱贫困作为工作主线，提倡"滴水穿石"的精神，树立"弱鸟先飞"的追赶意识。我想，任河片区就是一只典型的"弱鸟"，这里的贫困群众首先要有"飞"的意识和"先飞"的行动。脱贫想要取得成效，不单要"输血"，还要能够自我"造血"，要有产业支撑。我先后到瓦庙镇的群发农业专业合作社、魔芋专业合作社、硒稀泉水有限公司，毛坝镇的岔河村电商服务站、华会艾条实业有限公司，麻柳镇的鼎龙茶叶有限公司和高桥镇的兰草养蜂合作社进行了实地调研，当时这些企业都还是"弱鸟"，我帮他们解决了用地、用水、用电、资金等方面的问题，他们依靠当地自然禀赋，发扬"滴水穿石，久久为功"的精神，"翅膀"逐渐变硬，如今已能"抖擞羽毛"在任河两岸翱翔，带动了一大批贫困户脱贫致富。加上群众外出务工、进社区工厂、种植花椒、发展养殖等产业发家致富，基本撑起了任河片区稳定脱贫的大梁。

打铁还需自身硬，按照县脱贫攻坚指挥部统一部署，县人大常委会机关负责包联麻柳镇染房村，我要求人大机关率先垂范、主动担当，抓实开展帮扶工作。选派机关1名正科级领导干部担任驻村第一书记，机关23名干部包联了115户贫困户，建立帮扶联系机制，坚持每月入户开展帮扶2次以上，千方百计帮助贫困户解决生产生活困难。在这些帮扶干部中有很多同志令我感动不已，县人大办即将退休的汪义德同志连续驻村4年，将自己人生中的最后一班岗站在了扶贫一线；染房村第一书记金冠全两次留下未见父母最后一面的遗憾，将自己的为民之心驻进了群众的心坎里……

脱贫攻坚越是深入，就越需要奔着问题去，舍得下一番"绣花功夫"。我在麻柳镇染房村包联了5户贫困户，其中一组贫困户邢昌银的两个儿子都是精神病人，家中还有两名小学生，住房属于危房，家庭无收入来源。我多次到他们家对其家庭收入、致贫原因进行分析，并为他们家制定了兜底保障、危房改造、助学帮扶、大病救助四项帮扶措施。如今，他们的住房有了保障，两个儿子得到了有效救治，两名学生也在社会组织的帮助下安心学习。像邢昌银这样的贫困户我一共包联了5户，每次到麻柳镇，我都会抽时间入户，千方百计帮助他们解决生产、生活中的困难，落实各项脱贫政策，如今，这5户都顺利脱了贫。

县人大机关驻村工作队每年筹集资金50余万余元帮扶资金，先后出台了《帮扶染房村产业发展及助学奖补办法》和《帮扶染房村产业发展大户奖补办法》，对全村养殖大户以及养殖业、种植业进行奖补，携手丽姐助学联盟，对全村98名贫困学生进行资助。功夫不负有心人，一大批贫困户在干部的帮扶下走出了贫困，最令我欣慰的是参加产业发展暨新民风建设表彰大会时，我看到了一大批产业大户千方百计探寻脱贫致富门路，他们不等不靠，用辛勤的劳动和汗水树立了自力更生的榜样，我觉得这样的大会应该经常召开，这样的活动我无论再忙都要参加。

整县脱贫摘帽之后，如何巩固脱贫攻坚阶段性胜利成果，最终取得决胜，是各级必须高度重视和急需研究解决的重要问题。2019年10月，我深入到县人大常委会机关包联的麻柳镇染房村进行实地调研，并进行了一些思考。

调研中我发现，虽然染房村脱贫攻坚工作取得了阶段性成效，但对照稳定脱贫、高质量脱贫要求，确保贫困群众退得出、稳得住、不反弹，还存在不少薄弱环节。一是产业基础薄弱，脱贫群众稳定增收依然艰难，染房村发展的花椒、茶叶等中长期产业项目尚未投产见效，养鸡、养蜂等短期产业项目受市场波动影响较大，全村有4家集体经济合作组织，但合作社带动能力弱、利益联结机制不完善、可持续性不强、贫困户在合作社中获益不大。二是内生动力不足，脱贫群众"等靠要"的思想依然存在，部分贫困群众缺乏摆脱贫困的本领和信心，缺少主动脱贫的意愿和干劲，导致扶贫工作出现"干部着急、贫困户不急"的现象。三是引领带动不够，精准帮扶指导有差距，用身边脱贫致富榜样示范作用力度不大，教育引导贫困群体提升内生动力的作用实效不明显。四是易地搬迁矛盾与问题显现，生产生活难题有待破解。

巩固脱贫攻坚成果，要确保贫困人口脱贫不返贫、能致富。我在县人大常委会上提出，今后几年县人大及其全体人大代表要把防止返贫摆在重要位置上，坚持力度不变、强度不减、队伍不散，建立后续帮扶长效机制，持续巩固提升脱贫攻坚成效，不获全胜决不收兵。一是抓实产业扶贫，破解贫困群众可持续发展难题。结合染房村实际，就是着力培育鼎龙茶业、富民养殖、华兴万羽等几家合作社和产业大户，大力培植发展茶叶、花椒等种植业，以及鸡、猪、蜂等养殖业，引导合作社、大户与贫困户结成利益关联体，带动贫困群众稳定增收。二是强化帮扶引导，激发群众内生动力，要严格按照"四个不摘"要求，保持责任力度不减、政策标准不降、帮扶持续不断，确保将贫困群众"扶上马"后再"送一程"。同时，要重视贫困群众精神"补钙"，拔掉贫困户思想上的"穷根"，为脱贫致富提供根本保障和持久支撑。三是实施"三业统筹"，做好移民搬迁的"后半篇文章"，切实克服重安置、轻配套、弱服务现象，围绕"产业发展、就业服务、物业管理"三项重点，及时提供物业管理、公益岗位及就业培训、就业信息，广开就业门路，并把后续产业发展作为重中之重，为搬迁群众搭建就地就近参与产业发展的平台，着力解决搬迁群众的后顾之忧，确保搬迁群众真正"搬得出、稳得住、快融入、能致富"。

千淘万漉虽辛苦，吹尽狂沙始到金。随着国家严格落实"四个不摘"要求，继续加大就业扶贫力度、产业扶贫力度、易地扶贫搬迁后续扶持力度，我对任河今后的发展充满信心，祝愿任河的群众日子过得越来越好，祝愿全县人民生活越来越富裕、甜蜜！（整理人：周清华）

凝心聚力促脱贫　真抓实干奔小康

讲述人：康树民　时任紫阳县政协主席

脱贫攻坚是全面小康的底线任务和标志性指标，因此，它既是一项重大的第一民生工程，也是全面建成小康社会之前最大的政治任务。2017年我开始担任脱贫攻坚江北片区指挥长、汉王镇脱贫攻坚工作团团长、农安村脱贫攻坚工作队总队长。三位县政协副主席分别担任包联镇工作团长或副团长。几年来，县政协一班人牢牢扛起政治责任，积极投身于脱贫攻坚主战场，举政协之力，集委员之智，秉持"赶考"之心，在不断对标中锚定干事创业的"坐标系"，做足"应考"准备，在知行合一中交出一份真绩实效的"好答卷"。

突出重点抓关键

作为片区指挥长、工作团团长、工作队总队长，我深感责任重大、任务艰巨，也为能置身脱贫攻坚主战场而荣幸。虽然江北片区的自然条件相对略优于紫阳其他三个片区，但交通落后仍是致贫的主要原因之一。不打破交通的瓶颈，富硒优势就"走不出去"，外面资源也"引不进来"，所以必须从差距中找到出路，靠项目建设带动脱贫攻坚。2017年3月我有幸担任541国道紫阳段援建工作领导小组组长。541国道经过江北片区汉王、双安、洞河三镇，是全县"十三五"期间的重点建设项目，也是打造石紫岚沿江生态经济带、实现交通扶贫的重要战略举措。援建工作最难的是项目施工涉及征地拆迁、迁坟移墓等工作，仅土地征收一项就涉及1796户群众。为化解处理各方矛盾，我先后组织召开座谈会、推进会、协调会30多次，解决具体问题62件，保证了项目建设的顺利推进。目前，城关、洞河、洄水至岚皋花里紫阳县境内工程已竣工验收并交付使用。该项目的建成对助力区域脱贫攻坚、拉动沿江旅游产业发展起到极大的推动作用，也填补了紫阳境内无国道的空白。经过多方争取，投资6481万元从蒿坪镇北沟至沔浴河的主道公路和投资11394万元的擂鼓台旅游公路改建工程两个市级重点交通基础设施建设项目最终落地。蒿坪镇北沟至沔浴河公路目前已经完工，擂鼓台旅游公路正在抓紧施工，这两条路建成通车后，将极大地改善县域旅游交通条件，促进汉江生态经济带建设。

县政协机关包联的汉王镇农安村，地处汉江南岸，三面环江一面靠山，该村盛产皱皮柑、蔬菜，但因交通闭塞，致使"物贱而伤农"，村里几代人都盼望着政府能架座桥联通更大的世界。经过积极争取和多方协调，投资4000余万元的汉王镇跨汉江大桥项目顺利启动。目前该项目正在紧张建设中，大桥建成后，将实现汉江沿岸镇村的互联互通，为群众出行带来便利，为产业链延伸和跨区域发展带来机遇，为农安村建设乡村休闲旅游示范村打下了坚实基础。

跳出脱贫抓脱贫

脱贫攻坚的最终目的，是解决农村发展中的不平衡不充分问题，是实现乡村全面振兴的前提。在工作中，我们始终坚持跳出脱贫抓脱贫、围绕项目抓发展，把脱贫攻坚与乡村振兴一并谋划，把非贫困村与贫困村一体布局，促进贫困户和非贫困户共同发展，不断巩固脱贫成果，提高脱贫质量，让农村均衡发展，为乡村振兴打好基础。

在走访调研中，我们发现蒿坪、汉王、双安三镇缺水较为严重，制约了区域经济的发展。为解决这个问题，我们邀请专家经过实地踏勘和初步设计，为江北片区万亩灌溉区水系连通工程建设争取资金200多万元，启动了前期项目规划。为使该项目尽早开工建设，在2020年召开的市政协四届四次会议上，我们把紫阳县江北万亩灌区建设作为政协提案，建议规划实施"安五水库－茨沟水库－紫安水库水系连通工程"，三个水库相互调节和补充，对安五堰和茨沟堰进行改造修复，从而解决江北片区居民的生产生活用水问题。同时，大力推动稻虾、稻蟹、稻米、稻蛙、稻鸭生态特色循环种养，打造山水田林湖草田园综合体，建设万亩灌溉农业示范园区，努力把江北片区建设成为"紫阳粮仓"。由水利、国土、农业等部门联合规划，自然河湖景观水利风景区、产业园区，与擂鼓台生态康养景区相结合，推动我县旅游产业发展，为群众增收开辟增收渠道，目前该项目已经纳入全县"十四五"规划。

习近平总书记指出："发展产业是实现脱贫的根本之策，要因地制宜，把培育产业作为推动脱贫攻坚的根本出路"。我们与镇村干部多次集中研判，认为农安村要充分利用富硒资源优势，大力发展富硒特色种养产业。我们采取"一户一策"的帮扶举措，通过"合作社＋"的方式，鼓励农业经营主体与贫困户建立稳定带动关系，向贫困户提供全产业链服务，不断提高产值能力，帮助贫困劳动力就业。如今农安村标准化汉王柑种植面积达到约66.67公顷(1000亩)，带动贫困户人均增加产业收入1000元；培育标准化蔬菜示范园约6.67公顷(100亩)，"汉王玉白菜"和"富硒四季草莓"项目已经初见成效；培育养鸡大户带动贫困户47户189人，人均增加产业收入1000元；村内能人大户先后领办成立了柑橘、茶叶、蔬菜富硒种植和特色养殖合作社8家。产业发展不仅帮助群众实现了家门口增收，也增强了贫困户"自我造血"的能力。

结合农安村地理条件和资源优势，我们委托西安建筑科技大学编制了《汉王镇农安村美丽乡村建设规划(2018—2030)》，确立了打造农安旅游村的发展思路，为村发展订好"盘子"，理清"路子"，开对"方子"。我们争取到了苏陕扶贫资金290万元，启动了"开心农场"建设，计划打造集会议、培训、餐饮、休闲、亲子、科普、文创于一体的现代农业观光园、农业知识科普园、农事活动体验园。结合农安村的土地资源、山水资源和红色文化资源优势，采取招商引资、返乡创业、政府投资等多种形式，启动了"吾山居"民宿、"五马乡农会纪念馆"、山水富硒茶业观光园、"荷塘月色"百年老藕种植、综合文化服务中心等旅游基础项目。5年来，全村共争取到各类扶贫资金8600多万元，水、电、路、讯等基础设施得到彻底改善。

全村已累计实现脱贫250户889人，贫困发生率从2017年的31%降为2019年的1.2%，实现了整村脱贫出列。

深入调研察实情

要了解掌握实际情况，那就必须倾听基层干部和群众的心声，做到"心中有责、眼中有事、手中有活"。2017年4月，我和3位副主席分别到各镇村就脱贫攻坚工作进行检查指导，通过深入镇村、农户，与干部群众座谈交流，真正了解贫困户实际情况，正视贫困群众的困难和诉求，发现脱贫攻坚工作不同程度存在的一些问题。我们在充分调研的基础上，以送阅件的形式提出了《关于江北片区脱贫攻坚工作的10点建议》。政协具有智力密集、联系广泛、渠道畅通的优势，我们充分发挥常委会、专委会、界别和委员的作用，在每年召开的全委会上通过政协提案、委员发言的方式为脱贫攻坚建言献策，并将脱贫攻坚纳入年度协商工作计划，每年向县委、县政府报送1~2个调研报告。其中，形成的《紫阳县脱贫攻坚工作调研报告》，对全县脱贫攻坚进行了7个方面的总结，指出了22项具体问题，提出了31条具体的建议。《紫阳县农村"三变改革"工作调研报告》对全县"三变改革"进行了4方面的总结，指出了14个具体问题，提出了18条建议；《紫阳县产业扶贫情况调研报告》对全县产业扶贫情况进行了6个方面的总结，指出了17项具体的问题，提出了19条具体的建议；《紫阳县搬迁安置社区管理服务工作调研报告》指出了16项具体的问题，提供了可操作性建议20条；针对建立"三位一体"的大扶贫工作格局，我们深入调查研究，提出了增强产业辐射带动、补齐项目建设短板等7个方面建议，被《紫阳县脱贫攻坚"百日大会战"行动实施方案》收录；2020年，《紫阳县易地搬迁后续扶持发展调研报告》被县委办转发，得到县委主要领导的充分肯定。

2016年以来，县政协的调研报告涵盖了产业扶贫、健康扶贫、教育扶贫、交通扶贫、金融扶贫、新民风建设等多个领域，累计开展调研活动60余次，为县委、县政府科学决策提供了有益的参考。同时，我们在沉下去所发现的问题，经过认真研究，制定了解决办法，例如，反映技能培训内容单一的问题；反映省市县各类会议太多、耗费大量时间和精力的问题；镇村干部、部门驻村干部的激励关爱机制的问题；项目申报及施工证件办理过程中程序太复杂、速度太慢的问题，等等。我们及时提出具体意见建议，以送阅件的形式向县委、县政府主要领导反映。

委员担当见实效

"积力之所举，则无不胜也；众智之所为，则无不成也。"政协委员是政协工作的主体，也是助力脱贫攻坚的主力军。在脱贫攻坚中，到处都有政协委员的身影，他们是这一历史性工程的参与者和见证者，在县政协第十二届二次全委会上，县政协牵头倡议工商界委员和有关企业参与"百企帮百村"社会扶贫，得到了积极响应。几年来，共有34家委员开办的企业参与到了"百企帮百村"行动中，与36个贫困村完成对接并实施帮扶项目，带动了1600余名贫困人口实现就业。全县177名政协委员主动结对帮扶 980 户贫困户。

陕西省政协委员郑远元同县政府合作，大力实施以修脚足疗为重点的免费技能培训，2014 年以来累计培训 3.4 万人，带动全县 1.8 万贫困人口稳定增收。远元集团向各界爱心济困协会捐款 60 万元；资助 590 余名贫困家庭大学生圆大学梦；捐款 174 万余元帮扶贫困家庭重疾患者；在毛坝镇投资创办了"爱心土豆厂"，带动贫困户 128 户。他个人荣获"全国脱贫攻坚奉献奖"，远元集团获得全国"万企帮万村"精准扶贫行动先进民营企业。安康市政协委员、紫阳县思兰商贸有限公司董事长王思兰免费发放香椿种苗 46 万株，带动 286 户贫困户种植香椿约 84 公顷（1260 余亩），贫困户年均增收 3600 元；资助 103 名贫困家庭大学生圆梦大学；投资建设县镇村三级物流体系，建成电子商务村级服务站点 172 个，帮助农户线上销售农产品，吸纳了 340 余人就业，累计销售 2000 余万元农产品。因在脱贫攻坚表现突出，她个人受到陕西省政协通报表彰。

责任落实不留"空白"，压力传导不留"空挡"，类似的例子举不胜举，诸如县政协委员万世凯、邱超、唐毕刚、李隆浒、张东军、聂发奇等创业成功人士返乡创业，在家乡建实体、办企业，带动贫困户致富增收。县政协委员张小红被评为 2019 年全省优秀扶贫干部，并在全省做先进事迹巡回报告；县政协委员、洄水镇小河村第一书记肖宝被评为"全国优秀共青团干部"；刘治军、哈志刚、李沛钟三名政协委员被推荐为紫阳县第二届劳动模范。20 余名政协委员由于在脱贫攻坚中表现突出获中省市县表彰嘉奖。30 余名政协委员、政协机关干部得到组织提拔使用。

老百姓脱贫致富有了"扶贫梯"，才能稳步登上"幸福楼"。作为一个出生于 20 世纪 70 年代的紫阳人，我见证了紫阳县从基本温饱到全面小康社会的伟大历史性跨越。作为一名党员干部，能够为全面建成小康紫阳、打赢整县脱贫摘帽攻坚战贡献自己的一份力量，我感到无上光荣。

正如习近平总书记所说："脱贫摘帽不是终点，而是新生活、新奋斗的起点"。我坚信，在中国共产党的领导下，勤劳朴实的紫阳人民必将在乡村振兴战略中创造更加美好的幸福生活！（整理人：余兴福　储晓荣）

用铁的纪律护航脱贫攻坚

讲述人：周富林　时任紫阳县委常委、纪委书记、监委主任

2018 年 9 月，县委、县政府对全县脱贫攻坚片区长和镇脱贫攻坚工作团组成人员进行了调整，由我担任城渚片区脱贫攻坚片区片长、东木镇脱贫攻坚工作团团长。为尽快摸清片区脱贫攻坚工作情况，推动片区脱贫攻坚工作，我迅速深入城渚片区的城关镇、向阳镇、红椿镇、东木镇、焕古镇开展实地调研，分析存在问题，指导和推进

脱贫攻坚工作。

  城渚片区共有5个镇45行政村，有31个贫困村，其中包含10个深度贫困村。2019年10月动态调整后，有建档立卡贫困户12635户40244人。作为城渚片区片长，我把主要精力投入到包抓片区脱贫攻坚工作中，掌握熟悉片区各镇基本情况，分析发展优势和重点难点，指导各镇整合力量抓好移民搬迁、产业发展和基础配套等重点工作，对遇到的困难和问题做到第一时间协调解决；及时组织县纪委监委各监督检查组跟进监督检查，督促指导各镇建立重点工作进度台账，逐一明确工作措施、责任单位和责任人，实行时间倒排、任务倒逼、责任倒追，对发现的工作进度缓慢、任务落实不力等失职失责行为，坚决严肃追责问责，确保城渚片区如期完成脱贫攻坚工作任务。

  我们主要抓了以下几项工作：一是整合"四支队伍"力量，逐户分析研判，逐项梳理，自查到村到户各项措施落实情况，筑牢帮扶责任，让工作队责任更清晰，任务更明确，知道应该干什么、怎么干。二是对各个安置点科学规划、倒排工期，采取超常规举措，在规定时间完成房建和基础设施配套建设，确保搬迁群众按期入住。实施水、电、路、讯等基础设施建设，所有建设项目全部竣工并投入使用；锁定产业建设稳增收，立足各镇实际情况，发展特色产业，培育茶业龙头企业，扎实做好资产收益性扶贫工作；大力发展魔芋、林果等产业，强化培训促就业，广泛开展茶叶、魔芋、林果等实用技术培训。三是抓实教育扶贫。严格落实控辍保学责任制和困难家庭学生资助政策，确保建档立卡贫困户义务教育阶段无因贫失学、辍学人员；推进"双高双普"创建，不断改善办学条件、提升教育质量，推动教育公平优质发展。四是落实健康扶贫各项政策。片区建档立卡贫困人口全部参加农村合疗及大病保险，健康扶贫"三重保障"政策全面落实。强化低保和五保动态管理，特殊困难家庭兜底保障政策全面落实，将符合条件的贫困人口全部纳入农村低保对象，农村特困供养人员全部纳入建档立卡范围，实现应保尽保、应兜尽兜。五是对照户脱贫、村退出、县摘帽存在的短板弱项，深层次开展问题排查，逐一研判制定整改措施，落实整改责任，明确整改时限，使片区各镇做到问题整改有效、统筹推进有力。

  东木镇是我包抓的镇，这个镇有8个贫困村，其中有2个村是深度贫困村，脱贫攻坚任务艰巨。我根据阶段工作重点任务，及时到东木镇组织召开安置点建设重点工作推进会、市脱贫攻坚专项督导检查东木镇情况反馈问题整改任务交办会、搬迁对象入住工作落实会、问题研判整改会等会议，适时组织"八办三组五保障"单位负责人及东木镇的11个包村部门脱贫攻坚主管领导，研判推进工作落实，细化分解任务，夯实工作责任，解决存在的困难和问题。先后协调解决了集镇五期安置点建设、月桂村文化活动广场、电力保障、五保户周转房及敬老院改造、关庙村和军农村公路桥、水毁道路抢修、关庙村农村改厕及绿化等项目建设，推进了全镇脱贫达标。

  东木镇柏杨村是县纪委监委包联的贫困村，我坚持定期听取工作汇报，研判解决存在的问题和困难，经过县纪委监委和东木镇党委政府的共同努力，柏杨村发生了巨大变化，已达到贫困村脱贫退出标准。昔日的"矛盾村"变成了和谐村，"信访村"变成了文明村，生态环境持续向好，2019年该村被评为省级卫生村。

为确保东木镇脱贫达标各项工作有效推进，安排县纪委监委成立工作专班，对东木镇脱贫攻坚各项工作开展情况全程跟踪督办，特别是对安置点建设、项目推进、搬迁户装修入住工作持续开展监督检查，通过每日汇总、查找问题短板、综合分析研判、制定有效措施，采取对班子集体约谈、对包联部门督办通报、对具体责任人谈话提醒等有效措施，推动了各项工作任务保质保量完成。2019年7月全县抓贫困户搬迁入住期间，我将东木集镇五期安置点建设、搬迁户装修入住、交通项目建设等重点工作抓在手上，持续压紧压实东木镇党委政府工作责任，对安置点及交通项目建设倒排工期、科学组织施工，确保按时完成建设任务。

"加强纪律性，革命无不胜"，脱贫攻坚是一场必须打赢的硬仗。为此，我们拓宽信访举报渠道，实现群众监督"零距离"，印发了《关于建立信访举报绿色通道助力脱贫攻坚和全面优化营商环境工作的通知》，设立24小时信访举报电话；在县、镇、村三级服务窗口醒目位置设置永久性举报公示牌；在广场、码头、车站等地张贴举报公告、设立举报箱，定期收集举报信息，实现群众对扶贫领域监督"零距离"，聚焦各镇、各部门在重大问题决策、重要干部任免、重大项目投资、大额资金使用等方面进行监督；落实部门监管责任，实现对扶贫领域全覆盖监管。夯实全县"八办三组五保障"部门主体责任，下发《进一步规范扶贫领域涉嫌违纪违法问题线索移送通报工作办法》《关于建立查处涉黑涉恶暨"村霸""沙霸"专项整治等四项工作联席会议制度的通知》，建立扶贫部门联席会议制度、问题线索定期移送机制。与县脱贫办、县搬迁办印发《扶贫领域涉嫌违纪违法问题线索移送工作办法》，建立问题线索移送"绿色通道"，确保问题线索及时发现、移送和处置，并把问题线索移送作为年度党风廉政建设考核工作重点，倒逼扶贫行业领域监管责任落实。为严查快处扶贫领域问题线索，我们统筹全县纪检监察力量，组建了"5个执纪执法"工作团队，即"1名县纪委常委＋1名工作队长＋1个纪检监察室＋2个派驻纪检监察组＋N个镇纪委书记、纪检干部"的工作团队（2019年12月27日，县纪委监委受邀参加中国社会科学院廉政文化研究中心主办的第四届中国基层廉政研究论坛并作交流发言，执纪执法工作团队经验做法入选《第四届中国基层廉政研究论坛论文暨务实管用案例汇编》），严查快处扶贫领域优亲厚友、贪污挪用、虚报冒领、截留私分、挥霍浪费等问题，解决执纪执法人员力量薄弱、业务水平不均衡的问题，使审查调查工作力量得到有效整合，确保扶贫领域问题线索发现一起、查处一起。

开展"四支队伍"履职情况监督，2016年以来，县纪委监委、县委组织部和县脱贫办牵头，抽调县纪委监委、县委组织部、县委督查室、县政府督查室、县脱贫办干部组成督查组，对各联镇包村县级领导、各镇党委政府、各包抓贫困村单位、贫困村"四支队伍"履职履责情况，以及脱贫攻坚工作进展情况开展常态化监督；按照中央和省、市、县委工作要求，2018年对17个镇和相关职能部门开展专项巡察，2019年对35个深度贫困村开展专项巡察，发现并督促立行立改问题140个，移交问题线索16件。在全市率先探索创新建立《巡察整改日常监督暂行办法》《巡察发现问题和信访件分类处理办法》《巡察整改责任追究办法》三项制度，着力解决巡察"后半篇文章"相对薄弱的问题。牵头对省委常规巡视和中、省脱贫攻坚专项巡视反馈问题整改情况监督检查，完成牵头整改和配合相关部门的整改任务，移交的116件信访件和11件问题线索（省委常规巡视和脱贫攻坚专项巡视移交6件，中央脱贫攻坚专项巡视移交5件）全部按时办结。我们探索高质量推进巡察监督的做法被《中国纪检监察报》报道。2019年10月10日全省巡视巡察工作会议暨十三届省委第六轮巡视动员部署会上，我县作为全省唯一的县区作了交流发言。

探索推行"三级联动"监督检查，连续三年实行由县纪委牵头、镇纪委参与、村监委会全程参加的"三级联动"监督检查模式，充分发挥三支队伍作用。跟进监督县级领导"三个一"工作机制落实情况。自2019年9月5日全县脱贫攻坚工作紧急推进会开始，县纪委监委按照县委主要领导安排，以镇纪委、各派驻纪检组为主，全面了解32名现职县级领导赴镇到村和监督检查162个帮扶部门到所包联村开展工作情况，进行动态掌握，从9月初至10月底共6次跟进监督，及时向县委主要领导书面报告，有力推进脱贫攻坚重点工作。

2019年6月，组成7个监督检查组，对照户脱贫、村出列、县摘帽"五七六"标准，对照393个重点扶贫项目清单进行监督检查，发现问题85个，书面反馈问题清单22份，约谈23名分管领导，对存在问题责令主责单位限期整改到位。要求各扶贫部门对2017年至2018年所实施的建设项目进行自查自检。县"八办三组五保障"部门严格按照时间节点开展排查，将自查报告和自查清单报县纪委监委，并对存在的问题立行立改、全面落实。2019年9月，针对全县集中安置点搬迁入住进展缓慢、影响整县脱贫进度的问题，我们抽调委机关精干力量24人，分赴仁和千户移民搬迁安置社区和向阳镇天生桥村、毛坝集镇、红椿集镇、东木集镇等滞后移民搬迁安置点，驻点蹲守、一线监督、现场督战，使全县安置点建设有序推进。10月21日至31日，针对全县宅基地腾退工作存在的问题，又抽调17名干部分赴17个镇，与各镇纪委干部密切配合，全面监督宅基地腾退工作；11月5日至11月21日，县纪委监委抽调8名干部组建4个督导组，对宅基地腾退工作巡回监督检查，有力推动了工作落实。

脱贫攻坚是一项极其重大、极为严肃的政治任务。县纪委监委始终坚持主动担当不缺位，认真履行主责主业，围绕脱贫攻坚重点工作部署到哪里，监督执纪就跟进到哪里，全面强化监督执纪问责，为全县脱贫攻坚工作提供坚强保障。

（整理人：黄福海）

难忘那段当"指挥长"的岁月

讲述人：周锦政　时任紫阳县政府副县长

我是一名农民的儿子，自幼在农村长大，老家那低矮的房屋、昏黄的油灯、漫长的求学山路和永远挥之不去的饥饿感是我对童年最刻骨铭心的记忆。参加工作以后，我先后在权洄沿线的苗河、双桥等乡镇工作，这些乡镇地理位置偏远，基础设施薄弱，群众增收十分困难。尽管后来我到了县上工作，但没有彻底改变这些地方贫困面貌的愧疚感和老百姓渴望脱贫致富的眼神始终萦绕在我的心头。

2014年，习近平总书记向全国人民发出了决胜脱贫攻坚的动员令，2015年，中央召开扶贫开发工作会议，明确了到2020年我国现行标准下农村贫困人口实现脱贫，贫困县全部摘帽，解决区域性整体贫困的宏伟目标。我县是全省自然条件最恶劣、脱贫攻坚任务最重、贫困程度最深的地区，县委考虑我在权洄一线工作多年，决定由我担任权洄片区脱贫攻坚指挥长。能够重回权洄片区，和权洄四镇的干部一起带领群众打赢脱贫攻坚战，彻底甩掉穷帽子，是我完成使命的考验，也是了却我一桩夙愿的机会。

回顾当指挥长的5年时光，我认为印象最深、也最有效果的是做的两件事：一件是以权洄片区为点引路，推进新民风建设，激发全县扶志扶贫内生动力；另一件是发挥片区四镇的不同优势，攻坚克难。

权洄片区涉及的洄水、界岭、双桥和高桥四镇都是边远乡镇，经济发展比较落后，群众生活水平低下。脱贫攻坚战打响时，四镇共有建档立卡贫困户8763户28157人，贫困发生率分别达21.5%、37.7%、27.5%和30.1%，均高于全县贫困发生率，可以说是我县脱贫攻坚的坚中之坚、难中之难。如何迅速进入角色，带领干部群众战胜贫困成为摆在我面前的刻不容缓的课题。

县委宣布任命我担任权洄片区指挥长时，我正在县委宣传部部长岗位上。我立即赶往权洄四镇，通过实地走访、与干部群众座谈交流等形式进行了深入调研，力求全面精准掌握片区脱贫攻坚工作现状。调研中，我除了看到产业落后、基础薄弱等客观不利因素外，更深深感受到由于长期闭塞的地理环境，群众祖祖辈辈流传下来的陈规陋习和守旧思想严重制约了当地经济社会的发展。面对这种情况，我决心以此为突破口，将新民风建设和脱贫攻坚有机结合，打响脱贫攻坚第一炮。

当时，县委制定印发了《大力推进新民风建设的实施方案》，明确提出新民风建设"一年见成效、两年大变样、三年成新风"的目标。县委主要领导任新民风建设领导小组组长，由我兼任县民风办主任，负责牵头抓总。经过全面系统梳理，县民风办对新民风建设目标体系进行了细化，重点围绕"诚孝俭勤和"五方面内容，健全"一约四会"监督自治体系，以"道德评议、移风易俗、文化传播、文明创建、诚信建设、依法治理"六大活动为载体，大力倡导厚道实在、诚实守信。孝老爱亲、知恩感恩、节俭简朴、量入为出，勤奋劳作、踏实苦干和以和为贵、宽容礼让的良好民风。

为持续深入营造浓厚的舆论氛围，县政府网站、广播电视台、紫阳宣传公众号等媒体都开设了新民风建设专栏，县镇村各级先后印发新民风建设告知书、倡议书13万份，与贫困户签订承诺书10余万份，在197个村（社区）设立文化墙、公益广告、遵德守礼提示牌；组建新民风"文艺演出团"，巡回开展"百场文艺进百村"演出，县镇村包联干部在村（社区）逐户宣传脱贫攻坚和新民风政策，在不断修订完善《村规民约》的基础上，充分发挥"一约四会"组织作用，持续推动新民风建设深入人心。

针对群众反映强烈的"人情风"问题，宣传部印发《八种喜事集中新办简办仪式》通知，大力推行八种喜事集中新办简办仪式，要求各镇"喜事新办、白事简办、小事不办"，除婚丧嫁娶以外的其他事宜，不得邀请服务对象及其关系利益人参与，且不得超过15桌。党员干部还要按照程序向纪检监察部门申请备案。同时坚持党政管理、行业自律、群众自治有机结合，多方联动整治大操大办、请客送礼等不良风气，2017年当年全县农村摆酒席就减少2/3，"人情份子"下降七成，创新推进"八种喜事新办简办仪式"，并荣获全市宣传思想文化创新一等奖，成为全省脱贫攻坚扶贫扶志推进会观摩学习点，在全市精神文明建设大会上做了专题发言。

为了进一步激发群众内生动力，我们还设立了爱心超市，将产业发展、环境卫生、公序良俗等纳入爱心超市积分兑换范畴。引导群众以"自觉劳动"和"善行义举"换"积分"，以"积分"换"商品"，激发贫困群众内生动力。以洞水镇团堡村"惠民e站"为例，筹集资金购买了30多万元的生产生活物资，让群众通过政策知晓、环境整治、移风易俗、乡村建设、产业致富、技能培训、善行义举深度参与镇村工作，以劳动换积分，以积分得实惠，形成了积分评价促推民风持续向好的长效激励机制，取得了良好社会反响。

随着新民风扶贫扶志工作稳步推进，人们逐渐改变了陈规陋习，对美好生活的向往和追求变成了自觉行动，有1人荣登"中国好人榜"，4人荣登"陕西好人榜"，180余户家庭荣获陕西省"五好家庭"荣誉，3900余人荣获"脱贫自强标兵"称号，133个新民风爱心超市建成惠及28余万人受益，……一串串耀眼的数字标志着我们实现了"一年初见效、两年大变样、三年成新风"的预定目标。以"诚孝俭勤和"为核心内涵的新民风，成了紫阳脱贫攻坚战场上的强劲动力。

产业兴旺是乡村振兴的重要内容，也是群众脱贫致富的根本途径。将群众被新民风建设激发的脱贫热情顺利引导到特色产业发展上，让群众鼓起钱袋子，才能从根本上解决贫困群众脱贫增收问题。

权洄片区大多地处中高山，有着良好的生态环境和丰富的自然资源。按照县委提出的"一镇一业一龙头、一村一品一主体、一户一技一项目"的要求，我与权洄片区各镇进一步统一思想，紧紧围绕县上"一业突破，多业并举"发展要求，立足自身资源禀赋和农业产业基础，从市场需求出发，着眼乡村振兴远景规划，结合不同地域差异化发展不同产业，选择前景好、效益高、适合自身发展的具体产业项目，真正把权洄片区的主导产业叫响叫亮、做大做强。

在双桥镇坚持茶业立镇，新建茶园约21.33公顷（320亩）、标准茶园管护80公顷（1200亩）和低产茶园改造40公顷（600亩）。以5个茶叶专业村为重点，闽秦、康硒天茗茶叶和厚朴加工厂3个企业为龙头，按照"企业＋基地""合作社＋农户"的生产模式鼓励贫困户就近就业。利用915万资产收益扶贫资金和苏陕协作资金对接9家企业，与贫困户实体链接，通过分红和贴息方式让1000余户贫困户分红27.81万元。

在洞水镇结合"产业兴旺，生态宜居"的发展理念，按照"三园一区一带"的产旅融合发展规划，着力打造完成百亩流水养鱼、千亩冬桃园、万亩茶园的特色产业"百千万"工程及配套产业园区融合发展工程。目前"观百亩流水养鱼基地，体验休闲垂钓；赏千亩桃花，尝富硒冬桃；游万亩茶园，品紫阳佳茗"的乡村旅游线雏形已现，先后成功举办了紫阳县首届农民丰收节、首届桃花节等乡村旅游活动，接待游客2000余人次，走出了一条产旅农旅融合发展的新路子。

在高桥和界岭两镇主攻务工就业，积极动员贫困户参加"五大"技能培训，确保培训一人、就业一人、脱贫一户。陕西远元修脚有限公司带头人郑远元带领家乡群众从事修脚产业，通过有组织劳务输出，高桥镇实现全年家庭有劳动能力的贫困户稳定就业3686人，全镇存款余额过3亿，其中70%来自修脚收入。界岭镇每年外出务工的有4000人左右，其中贫困户2400人，人均收入达30000元。截至2019年底，权洄片区四镇贫困发生率和贫困人均纯收入均已达标，真正甩掉了穷帽子，走上了致富路，产业扶贫的引擎带动作用得到了淋漓尽致的发挥。

"住的土坯房、点的煤油灯、喝的山浸水、走的羊肠道"是权洄片区群众祖祖辈辈的生活方式。落后的基础设施严重制约了群众的发展。要想增收致富必须补齐基础短板，这是权洄片区全体干部群众的共识。我坚持每月巡回督查，每季度召开推进会，专题听取各镇脱贫攻坚工作特别是基础设施建设的进展和遇到的困难，现场能解决的立即现场解决，现场解决不了的迅速向县脱贫攻坚指挥部和县委、县政府主要领导汇报，力争问题第一时间解决，确保权洄片区不拖全县脱贫攻坚工作的后腿。

农村住房安全保障是脱贫攻坚的核心任务，是实现"两不愁三保障"的硬指标。为了啃下这块硬骨头，我整合四支队伍力量，成立工作专班，坚持力量下沉，网格化管理，按照"人房对接，人户对接，装修帮扶无缝对接"的原则，制定包抓入住考核办法，定时到点督促进度和质量安全，每周通报评比，落实入住包抓责任。针对片区个别安置点建设进度滞后问题，我逐个召开分析研判会，约谈施工企业，认真查找存在的问题和原因，倒排工期，科学组织，确保按期完成项目建设。2019年，片区四镇3430户易地扶贫搬迁户如期住进了新房。要想富，先修路，为彻底改变权洄片区交通落后面貌，在镇村干部的带领下，群众自发筹资筹劳，主动土地征迁，全力配合支持道路建设。由于全县项目建设比较集中，各镇均出现了砂石料缺乏的问题，我迅速向政府主要领导汇报，召集了相关部门进行专题研究，出台了措施，对全县砂石料实行统一管控、统一调度、统一监管和统一价格，极大缓解了砂石料供应不足问题，有力地保障了项目建设进度。4年多时间里,权洄片区4个镇完成道路硬化284.495千米,"油返砂"项目76.5千米,村文化活动广场、村活动室、村卫生室建设项目已全部完成。自来水普及率已达到95%以上,电力入户率达100%、同网同价。实现建档立卡贫困家庭学生资助全覆盖,适龄儿童就学率、贫困户参合率和养老保险缴纳均为100%。坚实的基础设施保障为群众脱贫增收和生产生活插上了腾飞的翅膀。

"共同富裕路上,一个不能掉队",这是习近平总书记向全世界发出的庄严承诺。岁月不居,时节如流,脱贫攻坚一晃已经六年,当2020年2月27日17时,陕西省人民政府宣布紫阳县正式退出贫困县序列的时候,我感到十分的激动和欣慰,我有幸和权洄片区的全体干部群众并肩作战,见证了权洄四镇脱贫摘帽的艰辛历程。每当我回首这段激情燃烧的岁月,一幅幅鲜活的攻坚画面还犹如昨天,我忘不了2014年6月10日全县扶贫工作会上扶贫开发扬帆起航的嘹亮号角,忘不了进村入户时群众对小康生活的渴望眼神,忘不了2019年1月2日整县脱贫摘帽誓师大会上的铿锵誓言,忘不了脱贫群众摸着鼓起来的钱袋子的自豪神情和住进宽敞明亮的新房子后的喜悦笑脸,更忘不了为脱贫攻坚事业献出了宝贵生命的双桥镇镇长陈威强、高桥镇副书记琚华……,界岭新坪垭村驻村工作队长彭意聪、洄水团堡村支书钟雅、康硒天茗陈国卿、远元集团郑远元等一大批优秀扶贫干部和致富带头人依然浮现在我的眼前。但脱贫摘帽不是终点,而是新的起点。2019年的中央一号文件明确提出,"做好脱贫攻坚与乡村振兴的衔接,对摘帽后的贫困县要通过实施乡村振兴战略巩固发展成果,接续推动经济社会发展和群众生活改善"。也就是说脱贫摘帽后,要为群众利益啃更硬的"硬骨头"、摘"更高的果实",这就要求我们继续保持初心不动摇,重整归零再出发,"一件事情接着一件事情办,一年接着一年干",一手抓未脱贫户的脱贫解困,一手抓已脱贫户的脱贫成效巩固提升,加强与乡村振兴的有机融合,不断激发农业农村发展的内生动力,坚决攻克最后的贫困堡垒,全力做好脱贫摘帽后续巩固提升的"后半篇文章"。

我坚信,在县委、县政府的坚强领导下,在全县干部群众的共同努力下,紫阳的脱贫攻坚战一定能取得全面胜利,紫阳的未来一定会越来越美好。(整理人:范 羿)

以实效书写我县扶贫史

讲述人:张宣铭　紫阳县政协副主席,时任脱贫办主任、扶贫局局长

我在乡镇工作了20多年,不论是做普通干事、站所办负责人,还是担任党委副书记、乡镇长、党委书记,大部分工作内容都与扶贫有关。后来我在紫阳县扶贫开发局担任副局长一职近10年。2017年,在我县上年度全县脱贫攻坚考核排名全省市后列,全县上下士气低落、压力巨大的情况之下,我被任命为县脱贫办主任、扶贫开发

局局长。从处处被动到打赢翻身仗,从全省的老大难到顺利实现"脱贫摘帽",我感受深切,也愿意分享我的扶贫经历。

七十年接续扶贫

我县地处国家限制开发的主体生态功能区、南水北调工程重要水源涵养区、秦巴集中连片扶贫开发区、川陕革命老区"四区叠加"的核心区,有建档立卡贫困村133个,有贫困人口40329户133057人,是国家扶贫开发重点县、全省深度贫困县,也是全市贫困程度最深、脱贫难度最大、脱贫成本最高的县。

从1949年到改革开放前,我县还没有被国家明确为扶贫重点区域,扶贫方式主要是通过对困难群众开展临时性物质援助,或者通过发放贷款等方式帮助他们发展生产经营。这一时期通过所有制的根本变革、社会保障制度的建立和完善两个路径,消除贫困的制度性根源。

从1986年到1993年,国家扶贫计划进入大规模区域性扶贫开发集中减贫阶段,我县被国家列为深度贫困县,紫阳所在的秦巴山区被国家列为秦巴集中连片扶贫开发区。在扶贫政策支持下,我县培育壮大茶叶、蚕桑等支柱产业,调整产业增收方式,内生发展能力显著增强。

1994年我县被列入国家扶贫攻坚重点贫困县和陕西省扶贫攻坚重点贫困县。国家加大了包括我县在内的中西部地区国定贫困县的资金支持力度,通过以工代赈、劳务输出等措施改善生产生活条件、提高群众收入。1996年,紫阳县扶贫世界银行贷款项目办公室成立。国家出台东西部对口帮扶机制,1997年我县与江苏金坛建立了对口协作关系。

2001年,国家确定我县为扶贫开发工作重点县,目标由解决剩余贫困人口温饱问题转入稳定解决贫困人口温饱并以增加贫困人口收入、全面建设小康社会创造条件。紫阳县实施开发式扶贫和保障式扶贫双轮驱动,将全县153个村纳入扶贫开发工作重点村建设规划,实施整村推行策略加大村级扶贫开发力度。2006年,紫阳县政府成立社会主义新农村建设领导小组,启动实施扶贫到户贷款贴息。2008年,紫阳启动贫困村村级发展互助资金。2009年,我县被列入省级综合开发项目县。2001年至2010年,全县农民人均年纯收入由670元上升到4031元。

2013年至2020年,我县全面启动精准扶贫、脱贫攻坚,通过创新扶贫方式、精准对接扶贫对象、精准实施项目资金、精准制定帮扶措施、扎实开展驻村帮扶等严格措施,奋力实现贫困人口全部脱贫、贫困县全部退出。

艰巨的脱贫攻坚战

自1987年以来,我在紫阳县工作33年,但是感觉节奏最快、任务最重、标准最高的,就是最近的五六年。自脱贫攻坚战打响以来,县委、县政府把脱贫攻坚作为最大的政治任务、最大的民生工程和最大的发展机遇,以解决"两不愁三保障"突出问题为重点,以整县脱贫摘帽为目标,围绕"三个落实",紧扣"六个精准",的确做到了尽锐出战、精准施策。

县委、县政府先后制定《紫阳县打赢脱贫攻坚战实施方案》《关于举全县之力决战决胜脱贫攻坚实现2019年整县脱贫摘帽的决定》等重要文件，定期召开县委常委会、政府常务会议、脱贫攻坚推进会等会议，研究解决重大问题，安排部署重点任务，推动中央和省委脱贫攻坚决策部署在我县落地落实。严格落实"五级书记抓扶贫"的要求，坚持"四个凡是""五个一切""六个全部"不动摇，认真履行县委、县政府主体责任，实行县镇村三级党政同责，推行脱贫攻坚片区督战、县级领导包抓"三个一"工作机制和驻村总队长制，形成了"领导小组管总、指挥部统筹、片区督战、工作团主责、工作队主抓"的脱贫攻坚工作体系。161个中省市县帮扶单位驻村扶贫，6126名帮扶责任人结对帮扶，实现驻村帮扶全覆盖。

我县以脱贫攻坚统揽经济社会发展全局，把抓整体稳定脱贫与县域经济发展相结合，抓贫困村脱贫与非贫困村贫困人口脱贫相结合，抓当年计划出列村脱贫与以后年度出列村脱贫相结合，抓已出列村巩固提升与未出列村集中帮扶相结合，统筹推进贫困村与非贫困村协调发展，促进贫困人口与非贫困人口共同致富。

我们发挥考核"指挥棒"作用，出台紫阳县脱贫攻坚工作年度考核办法和单位包村、干部包户帮扶工作管理考核办法，印发整县脱贫摘帽工作问责、脱贫攻坚包户达标奖惩等办法，实行"红黄蓝"三单管理制，落实前置考核、一票否决，强化督查督办、问责问效，推动脱贫攻坚责任、政策、工作"三落实"。

打硬仗自身要硬

开展脱贫攻坚以来，特别是近4年来，我带领脱贫办（扶贫局）60余名干部，风里来、雨里去，加班熬夜是常态。我见证了从县领导到普通包联干部的艰辛付出，见证了县委、县政府果敢的使命担当和卓越的执政智慧，见证了各级各部门和扶贫干部坚定的扶贫决心和坚韧的攻坚意志。

扶贫工作要求严、任务重、政策性强。如何准确领会从中央到地方的指示精神，高效开展经常性工作和阶段性工作？我一直的主张就是必须吃透上情、摸清下情，做到上下通透。

我担任脱贫办主任之后，对于传达各级文件、会议精神，更是提出了严格的要求。如果传达文件精神连自己都"嚼不烂"，传达下去肯定是要走样的。比如在2018年问题整改中，脱贫办班子成员对省办文件进行认真研读，再召开班子会议，商定落实方案。紫阳县问题整改怎么来做？我们头一天讨论到凌晨一点多，第二天是星期六，又讨论了半天，才定出最优方案。与其他县区相比，由于我们县领会深刻、方案周全，避免做无用功夫，减轻了基层负担，提高了工作效率。当年7月，紫阳县代表陕西省、安康市接受中央脱贫攻坚问题整专项督查，整改工作和脱贫成效获得中央督查组的充分肯定。

连续多年，我们对全县扶贫干部开展集中培训，我一直都是主讲人。讲政策不难，怎么让干部听得懂、记得牢才是最费神的。我利用工作之余撰写讲稿、制作

PPT，尽量做到浅显易懂、务实好用。经常有人说我是扶贫领域县情、村情、民情的"百度搜索引擎"，这个说法有点夸张，但作为脱贫办主任，我必须要做到"一口清"，这是基本要求，就像一名干部必须对包联的5~8户知根知底，道理是一样的。其次就是我在村上、户上跑得多，情况自然了如指掌。4年来，我年均待在村上时间超过150天，除了陪同各级领导调研，我还针对深度贫困村、一般贫困村、非贫困村，以及因残、因学、交通条件不便等各类贫困户进行不打招呼的专题调查研究。就这样，在我的脑子里，形成了一个全面而精准的信息储备。

2019年初，我陪同一位领导在一个深度贫困村调研。第一书记由于刚上任不久，在介绍村情时数字不清、底子不明。得及时补充呀！全村有建档立卡贫困户多少户多少人、已脱贫多少户多少人、实施移民搬迁多少户多少人，我一口气把村上情况作了详细汇报。领导用怀疑的眼神看着我，我猜，他大概是认为一个脱贫办主任不可能把村上情况掌握得这么清楚，一定是蒙他的。他随即要了份村情简介，所有数据与我介绍的一模一样。半年多过后，他还在一次非正式场合提起过这事，他说："紫阳的扶贫工作做得太扎实了！"

有人开玩笑，说我带了一个"杂牌军"。紫阳县扶贫局原有23名干部，2016年以来陆续从各镇、各部门抽调了40多名干部充实到脱贫办（扶贫局）里。我可以很自豪地说，这支混合部队绝对不是"杂牌军"，而是一支上下合力、老少齐心、能打胜仗的"王牌军"。

4年里，我从来没有公开批评过干部。我始终认为，响鼓不用重槌敲。我多次对脱贫办干部说："你们严格执行县委、县政府督查考核要求，如果得罪了人，这个锅老张来背；你们严格执行脱贫办决策安排，如果犯了错，这个责任老张来扛；你们要为全县扶贫干部树立不怕吃苦、敢打硬仗的典范，就是天上下刀子，我老张也与你们一路同行！"我们的班子成员冲锋陷阵、身先士卒，脱贫办领导干部一起顶风冒雪下乡，一起熬更守夜加班。县脱贫办干部长期节假日、周末加班，心里都有苦，但从没人抱怨，我也是一样。2017年6月22日，我身体不舒服，到县医院做检查。检查结果显示，我患有高血压，腰椎间盘突出严重，医生要求必须住院治疗。虽然住进了病房，但是我心里很着急，还有那么多的事情要干，我只能通过电话一一安排。住院的第7天，实在是熬不下去了，我说服主治医生，允许我出院。走出县人民医院的大门，我便直接到了村上。

2019年5月5日，我刚到蒿坪就接到电话，说我父亲病重。我的妻子、儿子都因业务工作和扶贫工作抽不开身，我当时正陪同一个重要的调研，也走不开。父亲年事已高，病情不允许耽误，我只好请人送我父亲到西安救治。当天下午调研活动结束后，我赶到西安，陪了父亲一晚上，第二天中午，我又赶回了紫阳。作为儿子，我真的是不孝！但身为扶贫干部，只能这样。

话说回来，谁不是为了脱贫攻坚疏离了亲情、牺牲了个人利益呢？我是这样，一线扶贫干部是这样，县上领导都是这样。我们县一位领导晕倒了，医生检查后要求手术治疗。当时正是脱贫攻坚的关键时期，他说："我就是死在岗位上，也不能做手术，不能住院!"还有一位县领导,她的女儿在西安上大学,但是她每次到西安出差,都是办完事就立即返回紫阳,从来没有去看望过女儿。

我们的脱贫办是一个齐心协力、密切配合、善打硬仗的优秀团队。特别是一些老干部,他们工作经验丰富,对扶贫工作感情深厚,在脱贫攻坚中发挥了重要作用。57岁的王友国曾在乡镇任过多年领导,如今依然兢兢业业地做着业务指导工作。55岁的刘国义在扶贫局当了20多年司机,近几年才接触具体业务工作,但他有激情、有钻劲,不但迅速成为脱贫攻坚业务工作的行家里手,还先后6次被抽到外县检查考核。57岁的曹和祥身体健硕,是脱贫办的越野赛冠军。在他看来,脱贫攻坚业务督查指导也是一场比赛:跟时间比赛,必须要在规定时限内完成工作内容;跟质量比赛,必须对照"576"标准完成,企图投机取巧、蒙混过关的,就得在督查中向他们亮出红牌。良好的身体素质和过硬的业务素质,使曹和祥的工作保持极高的效率。

脱贫办常务副主任哈红黎的妻子生了二胎后,他没有休过一天护理假。早上他出门,他的媳妇和娃子还在睡觉,晚上他回家,媳妇和娃子已经入睡了。十几年从来没有说过红脸话的夫妻,闹了两个月的别扭。一天早上,扶贫局副局长马孝明因为感冒引起高烧,陷入半昏迷状态。县委副书记陈佳斌看到老马趴在办公桌上,叫来隔壁两个小伙子,吩咐立即把马孝明送到医院去。老马含糊不清地说道:"你让我再趴一下,缓和点后,我处理完一个文件,就去医院。"

以实效书写答卷

脱贫办是脱贫攻坚的中枢机关,起着牵头抓总的重要作用,不仅要为县委、县政府决策做好参谋,还要为乡镇和部门的脱贫工作做好指导。我们不仅要以精神鼓舞人,以方法引导人,还要以实绩说服人。

互助资金是由县扶贫局直接负责开展的金融扶贫工作内容。通过近两年努力,全县累计投放互助资金1.11亿元,实现行政村全覆盖,资金总额、覆盖率、投放率、回收率等指标居全市首位。2017年以来,县脱贫办先后包联3个贫困村,都是难啃的"硬骨头",这3个村最终都实现了高质量脱贫出列,为全县做出了很好的示范。

"脱贫办必须要有一条鞭子抓在手上。"刚刚上任,我就向脱贫攻坚指挥部领导提出,将考核的主动权放在脱贫办,用来推动各级各部门的工作进度。

在一些工作推进过程中,一些项目存在镇和部门之间衔接不畅,甚至相互推诿的现象,导致实施进度滞后。我经过调研后,发现导致出现这一现象的根本原因是责任不明。随后,县脱贫办出台了"一月一交办"工作机制,将工作进度细化到月,将工作责任细化到镇和部门,使各项工作任务明晰、责任明晰。同时,配套"月督查、季点评、半年考核、年度奖惩"的考核机制,实现了脱贫攻坚事前、事中、事后全方位有效管理,有力有效地推动了工作落实。

"蓝、黄、红"三色督办是我上任后创新提出的一套工作考核机制。"蓝色督办单"是明察暗访、领导调研等形式在现场发现的问题由县脱贫办工作人员进行现场交办的一种初级预警公函。蓝色督办单发出后,被督查镇、部门和单位在规定的时限内仍未按要求整改落实到位，经县脱贫办主任审核同意后，即进入"黄色督办单"程序，提出严正警告，责令限期整改落实、书面报告结果。黄色督办单发出后，被督查镇、部门和单位在规定的时限内仍未按要求整改落实到位、书面报告结果，经县脱贫攻坚指挥部责任指挥长审核同意后，即进入"红色督办单"程序，提出严重警告，责令必须在规定时限完成整改落实，以书面材料报告结果。"三单制"管理结果与单位年度目标责任考核相挂钩，有力地促进了各镇脱贫攻坚工作的高效推进。

县脱贫办深入挖掘在脱贫一线涌现的优秀典型，撰写人物典型、工作典型事迹150余个。其中，技能脱贫带头人郑远元荣获全国脱贫攻坚奖奉献奖，16人获得省级表彰，100余人次获得市级表彰。

有一次，行政股要填报我的个人信息，问我近5年来获得过哪些荣誉。确实，我连一个县级的荣誉都没有。我不仅从来没有给组织提过要求，而且在推荐我时，我都是让给了一同奋战的战友们。脱贫办的工作干好了，全县的脱贫攻坚搞好了，那也是我的荣耀。值得庆幸的是，我们洒落的每一滴汗水，最终都变成了胜利的花环。紫阳县扶贫局（脱贫办）连续两年荣膺全县脱贫攻坚贡献奖，获得安康市"五一"劳动奖、安康市"优秀党组织"、安康市"信息宣传贡献奖"等多项荣誉。四年来，在中央、省、市历次考核评估、督查巡查、绩效评价中，紫阳始终走在全省全市前列。紫阳县2017年获得全省脱贫攻坚成效考核"优秀"等次，2017、2018连续两年获得安康市级考核"优秀"等次；全县贫困发生率降至1.27%，顺利实现"脱贫摘帽"。

当然，实现整县"脱贫摘帽"并不是扶贫工作的终点，自然条件差、经济基础薄弱等一系列问题依然威胁着来之不易的脱贫成果，还有很多的扶贫内容需要完善提升。"脱贫摘帽"之后，我们必须以强烈的政治担当和更加务实的举措，全力提升脱贫质量、巩固脱贫成果、衔接乡村振兴，向全县群众、向历史交出一份圆满的答卷！（整理人：黄志顺）

做好"人"的文章　迎战脱贫"大考"

讲述人：雷红民　紫阳县委组织部常务副部长

县委组织部承担着基层党组织建设和干部队伍管理等重要职责，是引领全县各级党组织和广大党员干部决胜脱贫攻坚的关键部门。自脱贫攻坚战打响以来，我们贯彻落实中央和省市县委部署要求，紧扣抓党建促脱贫这一主线，狠抓干部选派、队伍管理、组织提升、驻村帮扶四个重点，做好"人"的文章，为高质量打赢脱贫攻坚战提供组织保障和智力支撑。

一抓干部选派。习总书记指出，"打好脱贫攻坚战，关键在人，在人的观念、能力、干劲。"我们严格贯彻落实中办、国办《关于加强贫困村驻村工作队选派管理工作的指导意见》，发挥县驻村帮扶办公室统筹协调作用，强化驻村干部选派工作。全县31名县级领导担任17个镇脱贫攻坚工作团正副团长，176名科级以上干部担任176个村（社区）总队长。统筹160个中省市县单位（1个中央单位、22个省级单位、29个市级部门、108个县级部门及下属事业单位）力量，选派省市县优秀干部489人（其中，省市选派第一书记29人，县级选派第一书记104人），组建133个建档立卡贫困村驻村工作队，选配24名县镇脱贫攻坚专职副主任，抽调48名干部到县级指挥部集中办公，招录17名大学生村官任镇扶贫专干，落实6126名干部结对帮扶40329户贫困户，实现了县镇村三级干部驻村帮扶全覆盖，为决胜脱贫攻坚提供了强劲有力的人力保障。

  二抓队伍管理。习总书记指出，"各级党组织和组织部门要管好抓紧，确保第一书记和驻村干部用心用情用力做好帮扶工作。"在县委领导下，我们牢固树立主责主业意识，坚持从四个方面狠抓驻村干部日常管理。一是加强监督管理。陆续制定出台第一书记十条规定、整合"四支队伍"十条措施、驻村工作队十条纪律，下发驻村队员选派、管理、考核三个办法，完善驻村工作队生活关爱、经费保障、教育培训、鼓励激励、考核奖惩五项机制，形成了"11135"管理体系。2020年5月，我们在全县推行了驻村帮扶"星级管理"机制，设置脱贫攻坚"四支队伍"履职"十星"，通过"村创、镇评、县核"，树立典型、鞭策后进，激励干部认真履职尽责。制定出台《紫阳县组织工作风险研判机制》，防范化解驻村帮扶工作各种风险隐患，夯实决胜脱贫攻坚的组织基础。二是抓实教育培训。按照"走出去、请进来""线上、线下"相结合的思路，建立了干部教育培训长效机制，通过紫阳讲坛、集中培训和基地观摩等方式，每年分批次对全县扶贫干部开展全员集训，积极打造懂扶贫、会帮扶、作风硬的扶贫队伍。近五年来，全县累计举办集中培训班20期，培训干部5000余人次，编印各类政策读本10万余册，同时累计选派23名干部赴江苏常州挂职学习。三是从严考核奖惩。我们先后探索建立了驻村干部电子签到、工作实绩汇报制度，对驻村干部工作实行定期通报排名、全程动态监管。开展扶贫"四率一度"专项考评，将村干部补贴80%纳入绩效考核，形成了评先奖优、合理容错、治庸罚劣制度新格局。将帮扶成效作为驻村干部年度考核的"硬杠子"，对成绩突出的进行表彰奖励，优先提拔使用。近五年来累计提拔重用干部212人，其中脱贫攻坚一线干部187人，占提拔总数的88.2%，300余名干部受到县以上表彰。四是注重关怀关爱。坚持镇党建经费纳入财政预算，严格落实驻村工作队、驻村第一书记工作经费、生活补助、通信补贴和享受乡镇补贴等政策待遇，为驻村队员及村干部统一购买最高50万元的人身意外伤害保险，每年组织驻村干部和村干部体检，建立定期谈心谈话和走访慰问制度，有效解决干部后顾之忧，让他们安心驻村。推行村党支部"标准化+发展亮点"考核体系，对考核优秀的村，按10%的比例一次性增调办公经费和村干部补贴；建立村干部补贴正常增长机制，5名优秀村干部招录为公务员，确保村干部"干有动力"。

  三抓组织提升。习总书记指出，"帮钱帮物，不如帮助建个好支部。"近年来，我们不断加强基层党组织建设，努力把农村基层党组织建设成为带领群众脱贫致富的坚强战斗堡垒。一是建强基层党组织。我先后参与制定和落实《关于开展基层党建"质量提升年"工作的决定》《紫阳县促进支部建设十条措施（试行）》等，带头到一线抓村级党组织标准化创建，累计创建省市级示范村党支部26个；统筹抓好新兴领域党建助力脱贫工作，新建搬迁社区党支部10个，探索形成了搬迁社区党建"365"工作模式，构建"三网便民"体系，夯实"六联共促"措施，实现"五新社区"目标。成立全县个体私营协会党委，组建非公和社会组织党组织53个（其中非公23个，社会组织30个），建成产业园区党群服务中心。成立全省首个县级农民工党员服务中心，探索形成的农民工党建"四心"模式的经验做法被新华社《内部参考》报道，并荣获2019年度全省、全市组织工作创新奖。二是选优配强村级班子。我们统筹整合多方力量，不断加强对村"两委"班子选配工作的指导，将具备"三有三带"能力的农村能人选进村级班子，积极储备农村后备干部。大力推行"归雁工程"，落实农村人才"一回引四培养"措施，村"两委"班子中乡土人才占总数的60%以上。加强党对农村各项工作的领导，2019年175个村"两委"主职实现了"一肩挑"。严格落实村干部县级资格联审和党组织书记县级备案管理制度，坚持村党支部书记届中调整县委组织部全程参与，预备人选部务会审定等规定，严把"入口关"。全面推行村级"小微权力"清单制度，动态整顿软弱涣散基层党组织86个，村党组织引领脱贫攻坚能力不断增强。三是激发富民强村活力。我参与制定《关于加强农村基层党组织领导发展壮大村级集体经济的实施方案》《紫阳县扶持壮大村级集体经济实施方案》等重要文件，175个村成立村干部（党组织书记）兼任负责人的村级集体经济组织（合作经济组织），建立集体收益金分类优先分配机制，探索依法提取集体经济收益作为村级组织运转经费和村组干部待遇补贴，提升村干部抓集体经济能力。2019年133个贫困村集体经济"破零"，1.6万户贫困户享受到集体收益金红利。

四抓驻村帮扶。习总书记强调，"党政军机关、企事业单位开展定点扶贫，是中国特色扶贫开发事业的重要组成部分，也是我国政治优势和制度优势的重要体现。"按照县委安排，县委组织部（县考核办、老干局）负责结对帮扶洞河镇联丰村、蒿坪镇金竹村、东木镇木王村。我具体负责洞河镇联丰村的包抓帮扶工作，在机关人手紧缺的前提下，选派3名干部驻村，16名机关干部包联93户建档立卡贫困户（我结对帮扶5户），充实驻村力量。我紧盯"五七"标准，坚持每月到村研判，同"四支队伍"一道谋思路、定规划、划重点、抓全面，我坚持经常入户走访，在田间地头访民情、督进度、破难题。近年来，在镇党委、政府及县镇村全体干部的共同努力之下，联丰村硬化村级公路12.1千米，修建了连户路、码头路、码头人行步梯、便民桥等，群众出行条件大幅改善。全村发展茶园约33.33公顷（500亩）、改造茶园40公顷（600亩），成立茶业专业合作、养殖合作社各1个，协调修脚培训补助资金4.4万元，协调组织开办烹饪培训班和茶叶技术培训班，惠及村民150余人，其中贫困户80余户。新建村活动室308平方米，卫生室160平方米，活动广场700平方米，修建人饮工程7处，电网改造2000千米，架设了广电宽带网络，实现了移动、联通、电信手机信号全覆盖，"两不愁三保障"指标全面达标，群众生产生活条件得到了极大的改善。2019年年底,联丰村如期出列,149 户 487 人如期脱贫,贫困发生率降至 1.31%。

经过近五年的脱贫攻坚工作,我深刻认识到,打赢脱贫攻坚战,人永远是最关键、最核心的因素。精准扶贫就是要将中央各项扶贫政策和措施精准落实到户到人,让贫困群众摆脱贫困共奔小康。在全县脱贫攻坚进入冲刺收官的最后关头,我将继续发扬坚韧不拔、顽强拼搏的精神,竭尽全力抓好干部队伍建设和基层党组织建设工作,为打赢打好脱贫攻坚收官战贡献智慧和力量。(整理人:杜海洋)

决胜摘帽前的那场"冲刺"

讲述人:哈红黎　时任紫阳县脱贫办常务副主任

2019 年,留给人们印象最深的莫过于脱贫攻坚进入"百日冲刺"倒计时阶段,"百日冲刺"四个字成了家喻户晓、人人皆知的热词。其实,"百日冲刺"有两个时间节点不同的概念,一个是我们紫阳县在 6 月初根据县情酝酿提出的;一个是 7 月由市委市政府号召发起的,后来就融合到同一个提法了。

我县提出的"百日冲刺",有其特殊的背景。首先是深度贫困县,其贫困面大量广,对标脱贫任务重而艰巨。而紫阳又是确定 2019 年整县摘帽的县,要先后接受市上和省上验收;其次是前几年尽管下了很大功夫,干部们都觉得苦了累了,群众也都很努力了,但是除了看得见摸得着的成效外,究竟还存在多少问题、难题?症结在哪里?如何破解?我们心里没有底,谁也不敢打保票地说"没有问题"。于是,县脱贫攻坚指挥部从政策落实层面,采纳我们业务工作人员的建议,决定从 6 月 10 日起,开展一轮"大走访大排查大研判、大整改大完善大提升"活动(简称"六大活动"),达到"摸清家底、查准问题、找到症结、整改提升、迎验达标"的目的。这就是"百日冲刺"前的那场声势浩大、规模空前、意义重大的"冲刺"。"六大活动"是县脱贫攻坚指挥部在第四次推进会上讨论提出并形成决定的。6 月 10 日,县委、县政府在一天内发出了 2 个文件:一个是《关于印发<紫阳县脱贫攻坚"百日冲刺"行动实施方案>的通知》;一个是《关于进一步强化驻村联户扶贫夯实基层基础工作的通知》(紫办字〔2019〕97 号)。安排部署"六大活动"从 6 月 5 日起至 9 月 20 日结束,分四个阶段,共历时 105 天。说它声势浩大、规模空前、意义重大,是因为有县镇所有干部和教师,中央、省、市帮扶部门干部以及全县村组干部参与,参与人数达 9000 之众;对标"两不愁三保障"和"576"标准实施情况,划分 12 个问题类型,再拟出 21 个问题分类,具体按照规定的"二十看"(一看基本信息是否准确,二看致贫原因是否准确,三看帮扶措施是否能够解决致贫原因,四看吃不饱饭穿不上衣问题是否稳定解决,五看住房是否安全有保障,六看饮水是否安全有保障,七看教育扶贫资助政策是否落实到位,八看家庭成员是否全部参加新农合和大病保险,九看有劳动能力的贫困户落实中长期产业情况,十看有劳动能力贫困人口就业情况,十一看弱能户是否落实扶贫公益专岗或者资产收益扶贫带贫措施,十二看用电是否有保障、是否同网同价,十三看低保分类施保是否准确、是否应保尽保,十四看特困供养人员(五保户)是否应养尽养,十五看残疾人员是否办理残疾证并落实补助,十六看其他脱贫攻坚惠民政策是否落实到位,十七看使用扶贫小额贷款或者互助资金借款使用情况,十八看家庭人员是否能讲清已享受的脱贫攻坚政策,十九看人居环境是否干净整洁,二十看对帮扶单位、驻村工作队、联户干部、第一书记工作是否满意)内容,在全县范围内实行异地交叉碾压式大排查;对走访、排查出的问题,进行逐一研判,实行对口交办认领、限期整改、完善和提升。

6月12日至7月11日,当全县5000多名干部完成了拉网式交叉大走访大排查后,指挥部办公室工作人员夜以继日地完成了汇总工作。面对汇总出的28899个问题,县上每一位领导、每一位干部、每一个包联部门无不惊讶,其中,对照"户脱贫、村出列、县摘帽"脱贫退出标准,全县共计24710户74261人在对标政策落实、在群众满意度上,专就"两不愁三保障"硬件要求方面,就存在12个大类问题,涉及17镇176个村,也涉及各级各部门包联工作。如家庭人均纯收入未达标的有751户1855人;安全住房保障未达标有9572户34271人;教育保障未达标的有289户334人;健康扶贫政策未落实有1906户4065人;安全饮水未达标有1224户4481人;电力未达标的有491户1751人;兜底保障未落实有1592户1838人;产业政策未落实到位有442户1219人;卫生未达标有3614户10784人;疑似"漏评"或"错退"有58户205人;满意度不达标有4392户13032人。

7月6日至7月18日,组织全县3017名教师力量,启用"第三方"针对"六大活动"的大核查方案。7月17日,县脱指办(脱贫指挥办公室)印发《紫阳县"大走访大排查大研判、大整改大完善大提升"活动核查方案的通知》,与县教体科技局联合印发《关于召开紫阳县"六大"活动核查工作业务培训视频会议的通知》。7月18日,针对"六大活动"召开的核查工作业务培训视频会议,也是一个规模空前的视频会议,是一次脱贫政策大宣传、工作标准大透明、核查业务大公开的会议。会议地点就设了19个,其中主会场1个、分会场18个(各镇和县脱贫办设分会场),3017名教师和参加扶贫的部门、第一书记、队长、各镇相关干部,共4000余人参与培训。

在这次业务培训视频会上,我以课件的方式作了简明的核查工作业务辅导。目的是通过政策解读、本县脱贫目标任务和关键业务的领会,让"外行人"知晓"内行事",激发教师牺牲暑期时间,倾力投入到"六大行动"中,开展一次再核实、再完善、再精准的工作责任心。这个"第三方",虽然不是专业的"第三方",但是通过我们的业务培训,让他们站在客观的角度上,带着"问题"去走访去核查,看到底有多少是真"问题",还有哪些新发现的问题,2019年能不能全县摘帽,能不能经得起省验国考。

7月18日,全县教师入户大核查开始,声势浩大,纪律严明。以镇划分为17个大组,再以村划分为176个小组,直接深入全县8.5万个农户家;核查领导小组由县委常务副书记陈佳斌担任,副组长由县委常委、副县长殷贵军和副县长王晓鹏担任,成员由张宣铭、李振国以及县级"八办三组五保障"单位主要领导担任；每个镇核查组由1名县级行业扶贫部门科级领导担任指导员、派出镇脱贫办专职副主任担任观察员、1名县脱贫办干部担任联络员，负责各核查组的组织协调、业务指导、政策答疑等工作；4个督查巡查组由县纪委监委、县委组织部、县脱贫办干部组成，负责监督各镇核查组是否严格按照活动方案开展核查工作，并随机对入户核查情况进行抽查，同时对各镇核查组、各镇、各包村单位是否严格执行八项规定、是否存在干扰核查等进行监督；坚持"每日三到位"，即问题研判到位、数据统计到位、材料上报到位，确保核查工作实效，经得起第三方检查评估和检验。

8月5日至10日，核查工作进入汇总的阶段，也是县领导和全县干部迫切期待结果而又忐忑不安的时刻。指挥部办公室全体工作人员尽管身心已经极度疲劳了，但是面对如山的表册、如蚂蚁包似的数字，反而打起了十二分的精神来。又是一轮六天六夜的分析、甄别、反馈、汇总、研判、汇报和问题分解等事无巨细的苦战，所有问题都跃然纸上。全县教师针对全县干部大排查开展的大核查宣告结束，综合研判前期"六大"行动发现的问题是否准确、存在的问题是否遗漏、立行立改的问题是否整改到位、是否按规定时间统计上报问题清单等也都有了定论。对干部排查的28899个问题通过核实的有28222个，核查中新发现问题675个。在排查和核查中立行立改到位的问题有27568个，落实措施正在整改的800个，未整改的172个。

9月30日是一个特殊的时间节点——核实的所有问题都必须在此之前达到"整改完善提升"标准。凡是剩下的"正在整改的800个和未整改的172个"共计972个问题都是十分难啃的硬骨头，需要时间、人力、财力，更需要我们办公室业务人员争分夺秒地把"问题"精确无误地用文件的方式，逐一分解到镇、村，分解到各个包联部门。如果我们业务人员有丝毫的疏忽或迟缓，多拖延一天半天甚至一个小时，都会贻误全县进度。那紧张忙碌的程度难以形容，真是"少挨训是庆幸，不挨训是万幸。"尽管如此，我们的一切业务做到了"零误差"，为前沿阵地上的"百日冲刺"提供了及时而精准的信息服务。

数量最多、最严重的是"安全住房保障"方面的问题。大排查是3类7625个问题，其中易地搬迁占了5306个；大核查是7348个问题，其中易地搬迁占了5110个；新发现问题有279个，其中易地搬迁问题有198个。留下未整改的339个问题就是最难啃的骨头，这些"硬骨头"主要是仁和国际千户社区和17个镇的完善入住问题。共涉及全县9572户34271人。所以从8月15日起到9月20日，全县出现了各级领导亲临一线督战，所有包联干部参战，集中精力和时间的"歼灭战"的激烈场面。

其实与干部"六大活动"相呼应的教师大核查举措在当时来说是有分歧的，甚至在实施中也有一些思想认识上的阻力。有的人说"这是花架子"；有的人说是"形式主义"；有的人说是"劳民伤财"；还有的人认为"是干部自己套自己"。但是，随后而来的市查、省验和国考结果是最有力的回答——不排查、不核查，我们心中没底；要整改、要完善、要提升，我们的冲刺势在必行。现在来回忆"百日冲刺"前的那场脱贫业务"冲刺"过程和结果，我认为最大的收获有以下三点：

第一,对国家政策进行了一次更透彻、更广泛的宣传和领会。从排查到核查出的"政策落实情况"来看,干部政策宣传不到位的问题多达 16988 个;农户政策知晓不到位的问题有 5777 个;农户政策落实不到位的问题有 4752 个。由此说明,干部对国家方针政策的领会和宣传不是一件小事,而应该要看作是干部的基本功。这次的排查和核查,既是干部和教师自身对政策的再领会,又是对农户的一次大宣传。

第二,对干部工作作风、能力进行了一次大检阅和大提升。毛泽东同志早就说过:"世界上怕就怕'认真'二字"。脱贫攻坚一开始,党中央就订出了"十条铁规";在实际工作中也一再强调"扶真贫,真扶贫"。通过"六大活动"的结果分析,一开始就把各项工作认认真真地做实做好的地方,出现的问题就少得多;把政策不走样地宣传、贯彻、落实下去的地方,群众满意度就高。通过交叉排查,找别人的问题的同时,也相应看到了自己在工作上的问题和短板。不能很好地吃透政策,没能及时地进入工作角色,甚至只是更多看到自己苦了、累了、尽力了的一面,不看工作实效有多少,是这次发现问题最多的根本原因。所以,这次活动用铁的事实教育了干部,在工作作风上是一次整顿,也为今后的工作积累了经验。

第三,为整改、完善、提升明确了方向。我们当时发起"六大活动"的初衷,就是要靠自己主动找到问题和短板,通过研判,便于整改完善。因此,我们不怕问题多,就怕问题"包到烂"。只要找到问题和短板的症结所在,我们就有了整改完善的方法和方向。截至 8 月 10 日,全县在 8 个方面共查核的 88823 个问题中,已经立行立改的就达到了 68262 个,足见各镇、各部门和全体干部雷厉风行的整改态度和速度。进入整改的 16063 个问题和待整改的 1598 个问题,就全部定格在了 8 月 11 日至 9 月 20 日的 40 个日日夜夜了。这就是全县那场壮阔激烈的最后冲刺的决胜阶段。(整理人:方万华)

发挥基层党组织作用 探索精准扶贫有效路径

讲述人:甘贻松 时任洞水镇党委书记

2016 年 5 月,我从瓦庙镇调到洞水镇担任镇党委书记。当时全县脱贫攻坚正进入胶着状态,项目建设、产业发展正如火如荼地展开。我把"战时"的人事变动,看作是一次挑战性的考验。面对洞水镇的实际,如何让党组织在脱贫攻坚中发挥好"战斗堡垒"作用,探索精准扶贫在洞水镇的有效路径,成为我思考和需要完成的首要任务。

我刚来洞水镇时,恰逢乡镇机构改革,原班桃镇端垭村、小河村及班桃村一组划归到洞水镇管辖,全镇村组合并后,下辖 8 个村 1 个社区,共 73 个村民小组,有 3827 户 13782 人,辖区面积、人口较之前增加了 35.6 平方千米、3200 余人。但是干部人数却没有因机构改革而增加,全镇在岗干部不足 40 人。按照"五个一"干部包联群众机制，每名干部平均包联两个以上村民小组，有些干部包联贫困户高达140余户。按照县委、县政府当年的统一安排部署，我们镇的连桥村、小河村要实现整村脱贫出列。我们一方面要应对繁重而艰巨的脱贫攻坚任务，另一方面要面对干部紧缺、部分村班子成员不齐、村干部老龄化严重、镇村干部工作压力大等一系列困难。矛盾十分突出，如果不能及时有效地化解，就会直接影响到脱贫攻坚工作顺利推进。

我们在第一次党委扩大会议上，就如何化解这道难题进行了专门讨论。讨论的气氛很热烈，提出的问题也很尖锐。有的人认为有些客观存在的矛盾是镇上根本没有办法解决的，比如镇干部紧缺问题；有的人认为在节骨眼上对部分村班子调整，会带来负面影响；有的人认为工作再苦再累无所谓，关键是任务太重害怕完成不好，贻误战机，还要追责……听了大家的发言，我发现了闪光的一面，那就是现有的干部都想把工作干好，善于发现问题，这一届党委班子更不愿在这场战役中认输。于是化解难题的思路更加明晰起来，综合大家对解决问题的好建议，镇党委做出"以党建引领抓脱贫、以产业建设促脱贫、民风建设助脱贫"的工作部署。我们把这"口号式"的部署进行了细化，并开始实施。

首先解决缺人的问题。既然干部紧缺问题不能在短时间内解决，那就另辟蹊径。我们在充分用好现有干部的同时，整合镇、村干部以及市、县驻村工作队和大学生村官、党员等力量，并将其投入到脱贫攻坚工作中。利用公益性岗位，聘用了12名大中专院校毕业生，充实到脱贫攻坚工作队伍中，包联贫困户干部由原先的152人，增加到328人，实现人均包联贫困户不超9户，改变干部包联贫困户"一帮多"的被动局面。

为了激发干部谋事创业的活力，我们大胆起用年轻干部担任站、办、所负责人；先后将各村返乡创业成功人士、年轻党员作为村级后备干部培养，并下派2名镇干部到村担任支部书记，为连桥、小河2个村配备支部副书记；在2017年的村班子换届选举中，大学生村官钟雅和返乡青年李兴波分别被选举为团堡村和桦栎村支部书记。让年轻人"上位"，感觉有奔头，让干部队伍"活"起来。

当然，在干部队伍整合过程中遇到一些阻力，也遇到了让人欣慰的事。2018年2月，村班子换届选举工作启动后，村班子成员年龄偏大的问题一直是我的心病，我一直在琢磨如何借此机会将班子成员进行结构优化，实现"老、中、青"三结合。换届期间，镇党委在研判团堡村支部书记人选时，一个叫钟雅的名字出现在团堡村支部委员候选人名单里。班子成员都知道钟雅是2016年考取的大学生村官，任团堡村主任助理，在任职的两年多时间里工作成绩很突出，大家也都认可，但是作为支委班子成员候选人，我还是不放心，最终我在会议上投了反对票。就在离村支委换届选举只有十来天的时候，我突然收到来自团堡村村民及党员群众的一封联名举荐信，这个村120余人联名举荐钟雅选任村支部书记。为此，我们又再次召开党委会议，最终通过了钟雅作为候选人的决定。通过选举，钟雅成功被选举为团堡村支部书记。后来，团堡村在2017年实现整村脱贫出列，钟雅获得省级脱贫攻坚优秀支部书记称号，团堡村作为省级三变改革示范村所取得的成功经验在全县推广。这些成绩证明我们当时的决策是正确的。为了调动干部工作积极性，我们着手化解奖金吃"大锅饭"现象。镇党委制定《洄水镇脱贫攻坚考核办法及奖惩细则》，对干部及各村开展工作情况进行每月一考核一通报，对工作开展不力的单位及个人由镇纪委进行约谈，情节严重的给予纪律处分，并将考核结果应用于干部年终考核评优中，奖金分配按照考核结果分等次发放。这一招有效消除了奖金吃"大锅饭"的弊端，全镇干部形成追赶超越的工作氛围。洄水镇先后获得市级优秀党委、市级脱贫攻坚先进镇等称号，同时获得县级脱贫攻坚及综合考核连续双优成绩。

发挥党组织引领作用，畅通产业发展渠道。在发展产业中发挥党建引领作用，是我们在洄水镇抓"百千万产业建设"中的切身体会。这几年，我们坚持党委指路、支部引路、党员铺路。把产业发展到哪里，党支部就建在哪里；群众增收需求在哪里，党员示范作用就发挥在哪里。在探索"支部＋集体经济＋合作社＋贫困户"的产业发展模式中，通过动员优秀党员及返乡青年创业，大力扶持发展特色产业，先后在连桥、团堡、小河等村建起百亩流水基地；在茶稻、联沟村发展种植千亩冬桃；培育壮大以科宏茶叶、天茂茶业、鑫盛茶业为代表的茶业龙头企业。实现全镇"百千万"特色产业发展格局。我们采取党委班子成员分片联村，联村领导及村支部包抓所在村的企业及合作社，并在有条件的企业里成立党小组等方式，发挥了党员在产业发展中的引领作用。

团堡村第三党小组包抓宝康茶叶合作社。2019年6月，这个合作社启动约3.33公顷（50亩）标准化示范茶园建设，但是在土地流转的第一关就遇到困难。选定的地块涉及杨银六家，合作社负责人及镇村干部多次到他家做工作，他还是坚持不同意将土地流转给合作社，几经周折，项目不得落地。在村党群例会上，第三党小组组长吴家早如实地汇报情况，会议顿时陷入沉静，这时该小组老党员张前喜表态说："先从我们党员的亲属入手吧。杨银六家的工作由我来做，他是我的女婿，我做主流转给合作社。"会后，80多岁的他终于做通了女婿的工作。

在产业发展中，我们同样坚持走支部引领、党员示范、主体带动、产业支撑、群众受益的思路，以专业合作社为龙头、以农民为主体，盘活茶、水、土地等资源优势，实现种植业、加工业、养殖业项目全覆盖。

我镇的联沟村，早在二十世纪八九十年代作为乡茶厂所在地，全村老茶园面积高达133.33公顷（2000亩），是全镇茶业产业基础较好的村，但受地理环境及群众思想意识淡薄的限制，村内一直没有像样的茶业企业带动，茶农卖茶难，导致村内大量的茶园未获得应有的经济效益，群众管护积极性不高，大片茶园荒芜，资源优势没有转化成经济优势。

如何发展壮大产业、增强贫困群众持续增收的能力一直是镇党委政府最关心的问题，尤其是针对像联沟这样的深度贫困村，要想实现快速发展，必须坚持走"支部＋X＋贫困户"的发展道路，在镇党委政府的引导下，村支部决定把促使茶业产业提质增效作为突破口，充分利用资产收益、产业扶持资金的撬动作用，引进鑫盛茶业公司在村投资发展茶叶产业。通过3年的努力，该公司在联沟通过土地流转，先后建立了紫阳群体种育苗基地约 5.33 公顷（80 亩），新建丰产密植茶园 8 公顷（120 亩），新建茶叶加工厂房 1000 平方米，建成绿茶、红茶两条生产线，实现年生产茶叶 50 吨以上。同时在村支部的引导下及企业的带动下，鼓励贫困户管护生产茶园 80 多公顷（1200 余亩），改造荒山茶园约 53.33 公顷（800 余亩），新建丰产密植茶园约 33.33 公顷（500 余亩），实现了户均因茶业产业增收 5000 元以上的目标，茶业产业再次成为该村的支柱产业。鑫盛茶业企业负责人金德孝，也成为该村党建引领茶业产业发展的第一个"吃螃蟹"的人，在联沟村投资发展茶业产业不仅增加了企业收入，同时还获得了良好的群众基础，在 2018 年村"两委"换届选举中，金德孝因发展茶叶产业使村内群众的腰包鼓起来了，被村民推选为联沟村村委会主任，他实现了"茶商"变"村干部"的华丽转身。

联沟村的产业发展经验，带动了镇上一大批青年如扈兴怀、张启顺、吴周勤、欧清宝、方元礼等纷纷回乡创业。在党委及支部的引领下，各村整合资产收益资金、部门帮扶资金、苏陕协作资金 1500 余万元入股到 12 家企业，按照年 6% 的固定利率向贫困户分红。同时，动员贫困户以土地、林地、荒山茶园、互助资金借款入股合作社，建立起合作社与贫困户利益共享机制。

我们在入户走访中发现，部分群众随着各项扶贫政策的不断落地，脱贫致富的主动性虽然在不断增强，但是也有一部分群众因为政策福利多而变得懒惰起来。有的人安于现状得过且过，有的人则缺乏信心徘徊观望，有的人干脆指望"天上掉馅饼"。在扶贫工作中，我们立足产业发展虽然取得了一定成绩，但是不从根本上解决精神扶贫和智力扶贫，不把这一部分人的内生动力激发起来，返贫的可能性极大。

为此，我们以新民风建设为契机推进乡村治理，树立自强自立信念，在团堡村率先探索建爱心超市——"惠民 e 站"，所有村民均为超市会员，超市实行会员积分制，以积分兑物品，由传统的"分红"转变为群众"赚红"，多积多得、不积不得，以此激励鼓励群众通过发展产业、参与公益活动、美化家庭环境等方面赚积分、换物品。这在一定程度上缓解贫困户与非贫困户之间的矛盾，杜绝了部分村民"等、靠、要"的思想，从"不愿干"转变为"抢到干"，由"干部干、群众看"转变为"群众干、干部帮、社会扶"，形成村民自治的良好氛围和崇德向善的良好风气，走出了"党建引领群众自治"推进基层社会管理创新的路子。如今全镇各村均已按照团堡村"惠民 e 站"模式建立起爱心超市，并按照组建爱心积分评定小组，按季评定、季兑换的方式规范运行，让爱心超市成为新民风建设的有效载体，为下一步实施乡村振兴计划奠定了基础。

我们还在"百千万产业"发展的同时，延伸出茶园、鱼塘等农业观光资源，引导农民将这些资源优势变为产业发展优势，实现传统产业发展的新突破。通过组织镇村干部到重庆、四川、平利，还有本县高桥镇、毛坝镇等地实地考察、学习乡村体验游，激发我们镇、村、户实施农业产业转型升级发展的动力；借助我镇产业发展的基础，通过策划包装田园观光、农耕体验、民宿、农家美食等乡村旅游产品。先后接待了北大光华学院研修班、西安君晖航空科技有限公司、秦怀旅行社等旅游团前来洄水观光旅游，实现了年接待游客 1000 余人次，获得旅游收益 2.6 万余元，31 户村民领取了发展乡村旅游业带来收益的"第一桶金"。

转瞬间，已过了5个年头。5年里，我们通过抓班子带队伍，不断强化组织领导筑牢了工作基础；抓长远规划谋定发展新蓝图；抓党建引领，我们战胜了困难，化解了一个个难题，夺取了脱贫攻坚的阶段性胜利。坚持以脱贫攻坚工作为统揽，有效地推动洞水各项经济社会事业的发展，总算向组织以及洞水人民交上了一份满意的答卷。（整理人：李青山　方元意）

说说紫阳县脱贫攻坚的财力保障

讲述人：马银鹏　时任紫阳县财政局副局长

我于1993年财校毕业分配至紫阳县财政局工作，2013年担任财政局副局长，2017年开始负责分管全县脱贫攻坚财政行业扶贫工作。

紫阳县是国家级深度贫困县，自身财力非常薄弱，就连全县干部职工工资都得依靠中省财政转移支付。按照党中央的安排部署，紫阳县必须和全国一道实现脱贫摘帽，同步迈向小康，没有任何退路。要坚决打赢脱贫攻坚战，需要付出艰苦的努力，特别是方方面面都需要资金作保障，否则就会成为一句空话。2020年2月27日17时从陕西省人民政府网站上传来喜讯，陕西省人民政府发布公告，通过县级自查自评、市级核查、省级专项评估检查，符合国家规定的贫困县退出标准，经研究，29个县（区）正式退出贫困县序列，紫阳县就在其中。当我们欣喜地回顾这极不平凡的6年攻坚岁月时，除了人们的艰辛付出换来的一串串辉煌成果外，还有近百亿元的财政大投入功不可没。这是一组令人惊叹的数字，是一个挑战不可能的奇迹。我有幸亲历了创造这一奇迹的全过程，我们的主要工作方法有：

一是迎难而上，多元聚资，科学整合。千难万难，没有资金最难。2014年，紫阳县脱贫攻坚战打响时，地方一般预算收入仅1亿元，而全县脱贫攻坚每年需要资金投入超过15亿元，供需矛盾十分突出。面对困难，县委、县政府结合县情实际，按照统筹整合财政涉农资金工作的政策要求，在下达"死任务"的同时，也给出了指导性的方法措施和政策，即千方百计筹措整合各方面资金，为全县打赢脱贫攻坚战提供坚强有力的财力保障。面对压力，县财政局围绕贫困县"摘帽"、贫困人口稳定脱贫的目标任务，遵循"统筹整合、管理规范、使用高效、运行安全"的原则，充分发挥职能作用，始终紧扣"整合筹集、分配使用和监督管理"3个关键，全力提供资金保障。在如何筹集更多的财政资金保障脱贫攻坚上，成为财政局一班人压倒一切、必须完成的使命。

找准突破口。统筹整合一切能够整合的财政资金，集中用于脱贫攻坚，是中央和省里提出的硬性要求。但突破口在哪里？我们只有抓住紫阳县被纳入全省统筹整合财政涉农资金试点县的政策机遇，认真研究政策。班子成员与相关业务人员反复探讨、论证后，向县委、县政府提出以强力统筹整合财政涉农资金为重点，从项目规划、项目申报、项目计划编报开始统筹，把县级财政预算安排的专项扶贫资金、中央和省市拨付的涉农资金、两年以上的财政结余存量资金、争取东部对口地区资金、合规举债资金等全部纳入统筹整合使用范围的措施建议，得到了县委、县政府的充分肯定。

编制实施方案。我们在县委、县政府和县脱贫攻坚领导小组的领导下，按年度编制了《紫阳县统筹整合财政涉农资金方案》，并健全完善政府统筹、财政牵头的涉农资金调配机制，按照"大类间打通，跨类别使用、跨年度预算平衡"的原则，严格对标中央17项、省级8项、市级9项资金，将分散在发改、扶贫、农业、林业、水利、交通、自然资源等各个渠道、各个领域、各个行业、各个部门的资金实行源头无条件整合，做到全县一盘棋、因需而整、应整尽整和实质性整合，形成了"多个渠道引水、一个池子蓄水、一个龙头放水"的资金整合、使用格局。

力求整合实效。在2016年以来的4年间，我们共统筹整合财政涉农资金14.5亿元，其中，县本级安排财政扶贫专项配套资金连年递增，由2510万元、3020万元、3930万元攀升到2020年的5110万元，分别比上年增长了20%、20%、30%、30%。涉农整合资金全部安排用于脱贫攻坚项目，产业发展项目安排8.74亿元、基础设施建设项目5.76亿元，分别占统筹整合财政涉农资金的60.3%、39.7%。根据中央和省里盘活财政存量资金的规定及要求，着力加大对财政沉淀资金的清理，收回存量资金用于脱贫攻坚达1.55亿元。同时，主动加强与对口帮扶市县的联系、对接、沟通，着力争取东部对口县区给予更多资金投入。2016年以来获得苏陕扶贫协作对口支持资金2.31亿元。此外，我们多次到省市财政主管部门汇报紫阳县的困难，积极争取上级对我县的政策倾斜和支持，2016年以来组织土地流转指标收益金3.56亿元、争取到位政府债券资金17.78亿元，全部用于易地扶贫搬迁项目建设。我们还充分发挥财政资金"四两拨千斤"的作用，加大与政策性金融机构的对接、联系，几年来，安排风险补偿金4820万元，累计撬动金融机构发放小额贴息贷款5.47亿元，全力支持贫困群众发展产业增收脱贫。

通过科学整合、多元聚资，紫阳县在近4年中，共筹集各类脱贫攻坚资金71.6亿元，为全县脱贫攻坚需要提供了坚强有力的资金保障。2020年以解决"两不愁三保障"突出问题为重点，以巩固提升133个出列贫困村和已脱贫人口，重点保障全县剩余1989户3836人贫困人口脱贫为目标，计划投入各类扶贫资金21.78亿元。2017年，紫阳县统筹整合涉农资金工作得到省扶贫办和省财政厅的高度认可和表彰奖励，获得奖励资金400万元；紫阳县财政局连年被县委、县政府授予"脱贫攻坚成效考核优秀部门"称号。

二是创新举措，精准投放，发挥效益。资金筹集到位了，如何使用好资金，把好钢用在刀刃上？这又成为财政部门思考的最多的问题。为此，我们局班子带领全局干部，反复论证、探索，并主动与相关部门对接、研讨，创新地提出了项目建设实行"供给制"举措，即县脱贫攻坚指挥部根据脱贫目标任务、标准及贫困村实际和项目需求，将项目直接安排到村，县财政局按照"资金跟着项目走"的原则，严格依据县脱贫办安排的项目计划，按进度分次安排资金预算，全力保障项目实施，通过精准使用资金，切实提高了资金使用效益。

为进一步加大资金使用的精准度，我们又创新性地提出了定期对全县各类扶贫项目开展全面研判，对确因客观原因无法实施的项目，及时调整涉农资金整合方案，切实提高资金安排的精准性和资金使用的及时性，保障项目及时实施。并针对三年项目一次性下达、资金缺口较大的实际，全力推行资金滚动安排、跨年度预算平衡办法，随时掌握项目实施进度，根据项目实施进度安排跨年度资金预算。当年完工项目足额安排资金，对跨年度实施的项目按照年度内可实现的工程量安排当年实际支出的资金，跨年度资金需求在第二年安排，既缓解了当年资金压力，又加快了资金支付进度，防止资金闲置"趴窝"，最大限度发挥了资金使用效益。

三是建章立制，从严监管，确保安全。财政部门投入数十亿的钱用于扶贫领域，如何把这些钱管好、用好，确保安全、高效？我们经过反复思考，最终从三个方面探索建立了全程监控、闭环管理的资金监管模式，彻底打通监管"最后一公里"，确保了资金"监督不断链、去向不模糊、使用更精准"。

设立专户，快速拨付。为能做到对扶贫资金实施全过程监管，封闭运行，紫阳县财政局设立了"财政扶贫资金专户"，实行专人专账，纳入国库集中支付，并全面建立财政专项资金拨付限时办结制度。财政局收到上级资金文件3个工作日内通知项目主管部门；项目主管部门5个工作日内提出具体项目资金使用计划；县财政局在5个工作日内拨付资金，切实加快资金支出进度。从资金拨付速度上保障了全县脱贫攻坚各个环节的有效运行。

注重研究，源头管控。为切实加强对扶贫资金的源头管控，我们十分注重对上级政策的研究和吃透，根据实际工作推进情况，制定出台了《紫阳县统筹整合涉农资金使用管理办法》，建立覆盖资金安排、支出、使用的全流程闭环管理机制，加强了项目及资金管理；探索建立符合本县实际的涉农资金整合长效机制，制定印发了《紫阳县教育专项扶贫资金管理办法》《紫阳县易地扶贫搬迁工程专项资金使用管理办法》等13个扶贫资金管理办法，建立起了扶贫领域安全风险防控体系；按年度制定了《紫阳县财政扶贫资金绩效评价A级达标创建工作方案》《紫阳县财政扶贫资金绩效管理工作考核办法》，对项目实施和资金使用开展绩效评价考核，2018年、2019年连续两年全省财政扶贫资金绩效管理达A级。按照县、镇、村"三级确权、三级管理"模式，对脱贫攻坚期间使用扶贫资金建设形成的资产，采取盘好资产家底、抓好资产确权、做好资产移交、建好资产台账、履好管护责任、立好长效机制的"六好"措施，夯实工作责任，切实强化资产监管维护，巩固脱贫攻坚基础设施建设成果，提升了资金投放和资产管理效益。

夯实基础，跟踪监管。为筑牢扶贫资金"防火墙"，全力打造"阳光扶贫""廉洁扶贫"格局，我们积极建议，促成县委、县政府夯实项目主管部门、扶贫、财政、镇政府和项目实施单位的主体责任，对组织实施的项目定期在网站公告公示，村委会实施的建设项目、到户产业补助资金、互助金借款在村委会张榜公示,并联合纪委监委、审计等职能部门对扶贫项目资金使用情况进行不定期检查,确保了项目在阳光下实施、资金在群众监督下使用。同时,创新建立督查指导制度,成立扶贫资金支出督查指导组,经常深入基层、现场督查指导,督促资金及时精准使用、项目财务资料规范和资金使用台账的建立。为彻底打通监管"最后一公里",通过调整优化人员、统筹人员招录、配备办公设备、加大业务指导等手段,充分发挥了基层财审所就近就地监管的优势,有效杜绝了违法违规违纪现象的发生。

  我作为具体负责财力保障工作的一员,在经历了这场脱贫攻坚战之后,感慨万千,我们的党和政府以人民为中心的"减贫行动"的力度前所未有;紫阳的财政保障措施和取得的显著成效前所未有;在决胜脱贫中迸发出的紫阳智慧和勇气前所未有。当然,我们财政人也从中拥有了一份别样的收获,那就是为紫阳经济社会的后续发展和巩固提升人民的幸福指数,积累了聚财、理财的宝贵经验,将长期指引财政事业发展前进的方向。(整理人:唐安华)

以信息精准确保工作精准

讲述人:刘　钊　时任紫阳县扶贫局信息监测中心主任

  我在 2014 年元旦节收假后就到扶贫局报到了,当时是因为县上成立的搬迁领导小组办公室抽调人员,我来到后恰逢国家启动了精准扶贫工作,贫困户建档立卡工作也是在这一年开始的。因为办公室不够坐,我暂时坐在对门的"数据中枢",那时我的工作也不多,从开始的偶尔给翁姐搭把手帮忙,到后来"交给我",我便开始了扶贫数据的"新老交替"。我所说的"新老交替"是扶贫信息系统的更新换代,从贫困农户信息管理系统到全国扶贫开发信息系统,贫困户重新识别,扶贫数据从零开始。

  按照我县 2014 年《农村扶贫开发建档立卡工作实施办法》,贫困户建档立卡列入当年扶贫开发工作的"一号工程"。市政府要求各县区成立扶贫信息监测中心,紫阳扶贫信息监测中心成立初期,也只是我一个人撑起的信息监测股。镇村通过程序共识别建档立卡贫困户 3.55 万户 11.43 万人、158 个贫困村,贫困发生率高达 37.91%。面对各镇报来的海量贫困户数据,我一时束手无策。只能通过镇村录入,县级审核的方式进行,在局领导的支持下,监测中心及时从城关镇、东木镇、麻柳镇和红椿镇抽调了 4 名工作人员,实行集中办公。在镇村扶贫干部的努力下,我们通宵达旦,历时 10 多天,将十几万人的信息全部录入扶贫信息系统,信息平台建设从无到有。从此,我和扶贫数据信息结下了不解之缘。

  按照省市要求,紫阳县扶贫信息监测中心于 2017 年 5 月正式成立,为扶贫局下属的副科级事业单位,机构编制 3 人,工作人员由最初的 1 人,到现在的 8 人,负责全县扶贫开发信息统计监测工作。对贫困人口、扶贫成效开展监测，对扶贫对象实施动态管理和基础数据统计、动态监测和统计信息数据库建设等方面的工作，信息中心的伙计们，从"门外汉"都成了数据处理的行家里手。

扶贫信息监测中心在做好自身信息监测主业的同时，还参与协助脱贫退出、行业项目资金、脱贫攻坚信访和各行业扶贫对象审核等工作。

县扶贫信息监测中心主要承担全国扶贫开发信息系统和陕西省脱贫攻坚大数据平台的数据信息维护管理，还包括各自的手机端使用与管理。全国扶贫开发信息系统包含了扶贫对象、脱贫监测户、扶贫主体、扶贫项目管理、边缘户、后台数据管理等12个模块，重点围绕40329户133057人建档立卡贫困户，968户3023人边缘户和176个行政村，超6200余万条信息的采集、录入和更新维护，涉及人员动态调整，扶贫资金和项目录入，扶贫项目受益户信息录入，帮扶措施对接，驻村工作队伍调整等。扶贫数据信息主要通过全国扶贫开发信息系统进行采集、录入和更新维护，权限开放至镇一级，功能视工作情况开放，一般情况下基础信息维护常年开放更新，识别返贫和人员增减动态调整时开放，脱贫退出年底动态管理时开放、易地扶贫搬迁调整逐级报告至国办开放。陕西省脱贫攻坚大数据平台数据来源为国扶办系统定期对接，主要采集贫困户"八个一批"帮扶措施指标和开展一些省内的工作，如"三排查三清零"、预警监测、业务工作报表等。建档立卡手机端主要提供贫困户信息查询，错误信息标记和贫困户地理位置采集等。

2014年以来，全县历经12次动态调整及数据清洗等工作，对照贫困户识别标准，经过镇村摸底、评议、公示、比对和核查抽查等程序，将符合贫困户条件的困难群众全部纳入建档立卡范围，做到"应纳尽纳"，截至2019年底，有建档立卡贫困户40329户133057人，累计脱贫退出贫困户38340户129221人，退出贫困村133个。

特别是2019年，是脱贫攻坚决战决胜之年，也是任务最艰巨、工作最繁重的一年。以解决"两不愁三保障"突出问题为重点，以实现整县脱贫摘帽为目标，对照户脱贫、村出列、县摘帽"576"标准，全县群众收入、安全住房保障、教育保障、健康保障、安全饮水保障、电力入户、通村道路、集体经济组织等脱贫指标全面达标。根据村级评议核实、村内公示、镇级核查、县级抽查认定，2019年脱贫贫困户19745户57421人，退出贫困村116个，剩余贫困人口1989户3836人，贫困发生率降至1.27%，顺利实现县摘帽。

贫困对象是否精准是推进脱贫攻坚的基础和前提，只有做好扶贫对象核实工作，系好数据清洗第一颗扣子，才能理清思路，制定措施，推进脱贫攻坚。针对对象识别不精准的问题，2017年，按照省市统一部署，我县组织3000余名帮扶干部入户摸底核查，十万余名群众参与评议，启动扶贫对象核实及数据清洗工作。贫困对象千差万别，识别起来错综复杂，全县各级干部放弃周末及节假日休息时间，吃住在村，严格按程序、标准、方法和时间要求，实事求是，群众评议，解剖村组。各镇工作团团长在对象核实期间，亲自进村入户，参加镇村研判会，全程指导参与数据清洗工作，共同分析解决问题，能现场解决的现场答复，现场答复不了的报县脱贫办备案集体研究解决。县上解决不了的，我们及时反馈给省市扶贫专家，请他们把脉会诊，分析研判，答疑释惑。县脱贫攻坚指挥部还设立了专线举报电话，安排人员24小时值班，群众可通过电话进行政策咨询或对评议过程及结果进行实名举报。对问题突出、矛盾集中的镇村进行检查核实，用"绣花功夫"和"解剖麻雀"的精神，解决问题，确保政策执行落实到位。

这次数据清洗工作，从市级方案的讨论，到县级方案制定，工作导引的制定，直至工作收尾，我都全程参与、全程指导，当年还有幸入选市级扶贫专家组，对全市暴露出的难点、疑点问题，参与讨论和制定标准，答疑解惑。通过本次扶贫对象核实及数据清洗工作，全县共计新识别贫困户3078户9197人、返贫贫困户1418户4529人，剔除不符合政策贫困户1670户5077人。用干部的"辛苦指数"换来了精准识别率的大幅提升，工作效果明显，做到了"应纳尽纳、应退尽退"。

我们于2018年成立了县脱贫攻坚信息数据一体化工作领导小组，共20个成员单位，印发《紫阳县脱贫攻坚信息数据一体化工作实施方案》和《紫阳县脱贫攻坚信息数据质量管理制度》，按照"全县统筹、信息共享、避免重复"的原则，由我们牵头组织，定期开展数据信息比对。比对涉及公安、民政、卫计、残联、人社、教育、交警、农业、林业、住建、搬迁等部门。我们中心利用电子表格、函数等方式，对贫困户信息和享受政策方面的数据与对应行业部门进行分析比对，将比对出来的疑似错误数据反馈给各镇和行业部门进行核实，属于谁的问题就在各自的系统内进行修正，做到扶贫部门与行业部门和农户及纸质资料"四个一致"。

近3年来，信息中心利用"一体化"模式对接比对100余次，反馈修改各镇及行业部门错误数据50余万条，有效减少了基层工作量，提高了工作效率，数据信息愈加精准。

为了解决扶贫数据信息不实不准方面的问题，县脱贫攻坚领导小组下发了《关于进一步压实责任提升扶贫信息数据质量的紧急通知》，夯实了各级各部门和人员在数据信息采集、审核、录入、管理等环节的责任。对扶贫数据信息不严不实、不细不准的，按照"谁帮扶、谁签字、谁负责"数据信息连带责任追究制度，依据《紫阳县整县脱贫摘帽问责办法》，从严追究单位和个人责任。

2019年是县摘帽年，工作千头万绪，任务量极大，在做好动态管理工作的同时还要统筹做好脱贫退出工作，我县建档立卡贫困户有4万余户，打印历年帮扶措施采集入户核对，有24万余份，打印贫困户采集表有4万余份，还有入户核查表、收入调查表等。紫阳山大沟深，入户采集难度极大，加之我县是劳务输出大县，留守家中的大部分是老人和小孩，无法准确表述家庭情况，所以完成好此项工作面临着极大的挑战和困难。部分村级干部和信息员文化水平较低，虽然经过了层层培训，统一了标准尺度，但同一项工作完成质量参差不齐，往往无法完全达到上级要求。面对种种困难，县委政府制定出台《集中精力决战决胜脱贫攻坚工作的通知》和《紫阳县整县脱贫摘帽工作问责办法》等战时纪律，夯实全体县级领导和各级干部脱贫摘帽的责任落实，以铁的纪律、铁的举措确保脱贫攻坚各项工作落地落实。全县所有干部取消节假日，取消脱贫攻坚之外所有调研、检查和会议，集中全部人力时间精力全面攻坚，全体县级领导带头驻守镇村一线、现场指挥督战，县级部门除值班人员外全部进村入户，扎实抓好驻村联户帮扶和信息采集工作。县上成立18个驻镇蹲点督导工作组，巡回开展督查检查，发现问题迅速交办、即时整改，倒逼工作落实，彻底消除短板弱项，全面实现任务清零。

面对纷繁复杂的海量数据，怎么汇总？怎么审核？怎么录入？问题摆在了我们面前，高科技条件下的"人海战术"也是我们扶贫数据信息工作的常胜法宝，采集靠它，录入也要靠它。定制方案、抽调人员、下发通知、联系场地等，得到了县领导和脱贫办领导的大力支持。及时从各镇和"八办三组五保障"部门抽调信息录入人员近百人，开展集中办公、集中录入。集中办公的场地选在了县城的一家网吧，网吧内部光线昏暗，空间密闭，烟雾缭绕，时常夹杂着喧闹声、游戏声。特别是抽调来的信息员有孕妇、有带着孩子来办公的，他们克服了种种困难，从2019年10月1日开始到10月30日，放弃国庆休假，用了一个月时间，共计录入项目7229个，关联贫困户帮扶措施信息27万余条，涉及扶贫资金81.52亿元。

扶贫数据质量是精准扶贫的工作基础，数据质量管理贯穿脱贫攻坚始终，紫阳县高度重视数据质量提升工作，始终把基础数据精准与否作为脱贫攻坚工作的第一道防线和最后一道关口。确保脱贫攻坚基础信息数据经得起问，经得起看，经得起查，经得起用，切实解决脱贫攻坚信息数据对接不准、口径不一等问题，确保全县脱贫攻坚信息统一、数据真实，达到常态管理、互联互通、信息共享的要求，夯实脱贫攻坚根基。（整理人：刘效廉）

第二篇
产业扶贫

综　述

一业突破抓增效　多业并举促增收

　　产业扶贫是脱贫致富的治本之策。紫阳县坚持"一业突破　多业并举",精准施策兴产业是解决群众温饱、治穷致富、决战脱贫攻坚的必然选择。改革开放40多年来,紫阳县不断探索、实践,闯出了一条具有地方特色的产业扶贫之路。

　　1979年,省财政厅下达紫阳县扶持资金400万元,紫阳县扶贫工作进入有计划、有组织、有项目支撑的扶贫开发阶段。从1979年到1985年,在国家"两扶"资金(扶持陕南穷困县专项资金、扶持多种经营专项资金)支持下,紫阳县以种养殖业为主的多种经营发展解决了大多数贫困人口的温饱问题。1994年3月,国家公布"八七扶贫攻坚计划",到2015年,紫阳县形成以茶、桑、畜三大主导产业为重点,茶园面积达到约13515.13公顷(202727亩),茶叶产量5260吨,实现产值7.8亿元;桑园面积约715.53公顷(10733亩),蚕茧产量185吨;规模养殖户543户,大牲畜、生猪、羊存栏405586头,出栏514837头;家禽出栏105.8万只,畜牧业总产值超过5亿元。

　　进入脱贫攻坚阶段,紫阳县提出综合施策抓好"八大脱贫工程",把产业发展放在首位,在产业发展上,按照"一镇一业、一村一品",因地制宜发展特色种养业,支持发展乡村旅游、庭院经济和农产品加工业,做到村村有产业、户户有项目、产品有销路、增收有门路。提出因地制宜发展特色产业,规划建设精准扶贫村产业园区10个,鼓励能人大户领办发展合作组织50个,推广"企业+合作社(基地)+贫困户"模式,通过带资入股、土地流转、订单农业等方式,实现贫困户劳务、土地、分红多重受益。

　　2016年,紫阳县出台产业扶持办法,设立2000万元的产业发展基金,实施产业提升工程。安排1296万元项目资金直补到户,围绕"五大特色种植业"(茶叶、魔芋、柑橘、核桃、中药材)和"五大特色养殖业"(养猪、养羊、养牛、养鸡、养鱼)带动5600余贫困户发展特色产业。全县组织实施产业精准扶贫试点扩面,按照"镇有主导产业、村有骨干产业、户有增收产业"的要求,每个贫困村都要发展一项主导产业,引进一家企业,培育一个专业合作社和一批产业大户,建立贫困户互助组织,有效地将贫困户与企业、大户嫁接,引导建核桃园约1026.67公顷(15400亩),新建特色经济林2200公顷(3.3万亩),培育农业专业合作社104个。当年魔芋种植面积达到

4000公顷（6万亩），商品芋总产7.4万吨，实现产值2.1亿元，发展魔芋重点镇4个，一村一品重点村4个，建成市级魔芋产业园3个，县级魔芋产业示范园6个，魔芋产业取代传统蚕桑产业成为紫阳县又一主导产业。当年新建茶园约466.13公顷（6992亩），紫阳县被确定为全省茶产业转型升级示范县，全国茶叶发展示范县。2016年紫阳产业建设被表彰为全市茶叶、魔芋产业发展先进县和现代农业园区建设先进县。

为加强产业扶贫的统筹领导，2017年县上成立了产业精准扶贫工作领导小组办公室。全县建立成员单位工作机制，制定工作职责，出台《紫阳县茶产业创新转型升级发展扶持办法》，兑现茶叶产业扶持资金1400万元，新建茶园扶持资金1150万元，管护改造低产茶园350万元。全年新建无性系茶园约676.87公顷（10153亩），其中陕茶一号金品园约86.67公顷（1300亩），当年产茶叶6282吨。紫阳县荣获2017年"中国最美茶乡"，"紫阳富硒茶"入选全国商标富农和运用地理标志商标精准扶贫十大典型案例。陕西省地理标志商标助推精准扶贫现场会在紫阳召开。县财政注资促成3739个贫困户获贷款16911万元，全县开展互助资金扶持产业行动发放互助资金6069万元；兑现产业项目直补资金1850万元，支持23个现代农业园区和21个农民专业合作社培育提升共配套经营主体引导资金240万元；由财政出资4350万元与省供销社集团合作量化入股县内开源公司等4家龙头企业，实行入资保底分红和订单生产等形式带动1334个贫困户发展产业，实现贫困户资产型增加收益。紫阳县开源富硒科技发展有限公司2017年与斑桃等8个镇18个村以订单农业方式种植玉米300多公顷（5000余亩），其中涉及贫困户1224户3843人，户均增收5000元以上。探索形成"主导产业+龙头企业+合作社组织+贫困户"的产业精准扶贫模式。2017年全县政府组织投入产业发展资金累计30820万元，产业扶贫带动1.4万贫困户增收，11711名贫困劳动力实现转移就业。界岭镇斑桃村以秦巴紫硒农业科技有限公司为承接主体，成立茶叶、板栗、核桃3个专业合作社，采取"企业+合作社+基地+贫困户"合作方式，通过流转土地和土地入股，流转22户农户承包荒山土地120公顷（1800亩），计划投资1.2亿元建设秦巴紫硒农业园区，发展茶叶约53.33公顷（800亩）、核桃约33.33公顷（500亩）、板栗约33.33公顷（500亩），套种黄豆50公顷（750亩），农户通过"保底收益+园区务工"增加收入。蒿坪镇王家河村以舍顿菊花有限公司为承接主体，成立盈丰种养殖专业合作社，采取"企业+合作社+基地+贫困户"合作方式，流转土地20公顷（300亩）种植菊花，公司按照每亩1000元的标准委托盈丰种养殖专业合作社进行基地管理，盈丰种养殖专业合作社按照每亩800元标准反租倒包给土地流转户和贫困户负责生产管理，采摘时企业按劳另付薪酬，合作社每亩收益200元中除去管理服务费外全部为合作社公积金，农户每年获得每亩200~400元的土地流转保底收益、800元基地管理薪金和劳务收入。高桥镇裴坝村以关南春茶叶有限公司、半亩茶有限公司、开源富硒科技有限公司为承接主体，通过流转土地保底收益和订单带动增加收入。东河村村民代仲琴2016年结束外出务工生涯，回乡创业，偶然一次直播"跑步鸡"的视频环境和过程，使代仲琴成了远近闻名的网红。2016年9月，代仲琴注册紫阳县云峰养殖专业合作社，带动村里 15 户贫困户饲养"跑步鸡"，采用 70% 玉米及 30% 的蚕蛹、麸皮、豆粕饲养，增设乌鸡、野鸡等多个品种，每只"跑步鸡"县城 150 元送货上门，外地顺丰 188 元送货销售"跑步鸡"收入达 5 万多元，带动 15 户贫困户增加收入。

紫阳县组织建立产业技术服务百日大行动 110 服务体系和产业技术服务调度指挥中心，实施万人技能培训工程，全年开展产业技术培训 2240 场次，覆盖 5.16 万贫困人口。印发技术服务纪实手册 3.2 万份，明白卡 2.5 万份，技术培训需求征询表 2.5 万份，技术服务手册 2 万份，实现全县产业贫困户全覆盖。焕古硒茶小镇入选省级培育的旅游小镇，瓦房会馆小镇被列为市级培育的特色小镇。县电商服务中心、智慧物流中心和 113 个服务站点建成投入使用，实现线上交易 5.2 亿元。

2018 年，紫阳产业发展到了转型升级的阶段。1 月 22 日，县委书记赵立根在中共紫阳县第十五届四次全会上强调："把培育富民产业作为实现稳定脱贫的治本之策，以'三变'改革为抓手，大力推行'主导产业+龙头企业+合作社+贫困户'模式，发展壮大特色产业，完善利益联结机制，带动贫困户增收脱贫"。2 月 7 日，县长陈莲在政府工作报告中安排 2018 年七方面工作中把产业扶贫作为一方面工作专门安排，并以"大力培育实体经济，实现产业升级新突破"为小标题安排全县产业扶贫工作。陈莲在报告中说："一是坚持一业突破、多业并举。做优'硒茶+产业模式'，大力实施茶产业'八大创新'工程，推动生产标准化、产品品牌化、经营多元化、产业一体化。精心打造紫阳茶城，发展体验店、实体店 20 家、网站 25 家，生产茶叶 6800 吨以上。协同发展魔芋、蔬菜、林果、杂粮、花卉、中药材、畜牧养殖等特色富硒生态产业。二是强化科技支撑、标准认证。深入推进富硒产业研究孵化服务中心建设，打造富硒资源开发利用综合体，促进产学研用深度融合。建立紫阳富硒茶全产业链标准体系，规范产品门类和品级，引导 2 家企业建立车间、茶园基地可视化质量溯源系统。三是突出园区承载、龙头带动。启动建设蒿坪、双安富硒产业聚集发展试点示范区，推动农工服一体化、文养游深度融合发展，壮大富硒产业集群。实施 48 个农业园区提质工程，提升园区标准化规范化水平。"

各产业主管部门根据县委、县政府规划快速行动，农林科技部门工作以脱贫攻坚为统揽，以农业发展农民增收为核心，以科技服务为支撑，以新型经营主体为载体，着力发展农业特色产业，优化农业产业结构，深化农业农村改革，实现农业农村经济平稳持续健康发展。

2019 年全县进行产业扶贫春季行动，依托"七大行动"，围绕"开展五个一"展开，即培育一个集体经济合作组织，扶持一个农业园区，聘用一批产业发展指导员，培训一批产业发展贫困户，发放一批产业扶贫春耕生产物资。全县产业发展坚持"经营主体带动贫困户"这条主线，落实"扶持对象、产业布局、帮扶措施"三个精准，突出"产业大布局、主体大培育、技术大帮扶、利益大联结、三产大融合"五大工程，因地制宜、精准施策，持续推进产业扶贫春季行动，为实现全年产业扶贫目标任务奠定了坚实的基础。

2019年全县产业扶贫按照"多业联动、多措并举"的实施路径，全面落实"一镇一业一龙头、一村一品一主体、一户一技一项目"取得显著成效，城关镇、向阳镇茶园面积分别达到2000公顷（3万多亩），焕古镇茶园面积达到约1733.33公顷（2.6万亩），红椿、洄水、麻柳、高桥、双桥、蒿坪等6个镇茶园面积也达到666.67公顷（1万亩）以上，9个镇都有茶叶龙头企业带动贫困户发展产业。汉王镇、城关镇、洞河镇水果种植面积超过333.33公顷（5000多亩），汉王镇水果产量2000余吨。双桥镇建成厚朴林6000公顷（9万多亩），享有"中国硒谷厚朴第一镇"的美誉。通过招商引资建起了厚朴深加工龙头企业，厚朴、杜仲、天麻、党参等中药材成为富民强镇的主导产业。双桥镇六河村有厚朴经济林约2133公顷（32000亩），全村600余户，平均每户约3.4公顷（50余亩），户均年厚朴收入就有1万余元。全村养殖业有78户养猪2头以上，6户养猪30头以上，38户养蜜蜂10桶以上。高桥镇深磨村一组宋家院子是有名的高山偏远地区，一个院子7户人家中，有6户都是贫困户，驻村第一书记县委政法委干部刘昊说，解决他们的脱贫问题关键在于因户精准施策发展产业。宋先礼家有6口人，2人外出打工，留在家里的4个人养猪2头，养鸡、养蜂，还有约1330多平方米（2亩多）茶园，产业年收入万余元。宋祖学一家6口人栽植魔芋4000平方米（6亩），养猪3头，产业收入3万余元。这6户人家家都有约2公顷（30余亩）厚朴等中药材，因为家家都有种养殖产业，单位就帮助他们申请了就地建房的项目，解决了6户贫困户的居住问题，真正做到了守住产业就守住了家园。

紫阳县修改完善了《紫阳县脱贫攻坚到户产业项目扶持办法》，制定出台了《紫阳县脱贫攻坚弱能贫困户到户产业项目扶持办法》《紫阳县茶产业全域绿色发展实施意见》《紫阳县茶产业"十百千万"工程实施方案》，落实了《紫阳县产业脱贫扶持资金使用管理实施细则（试行）》《紫阳县茶产业创新转型升级发展扶持办法》《紫阳县现代农业园区建设管理实施细则》《紫阳县贫困村互助资金项目实施方案》《紫阳县扶贫小额贷款工作实施方案》政策，强化产业扶贫工作政策引领。按照产业扶贫资金需求和项目资金管理要求，全县2019年整合涉农资金投入产业发展项目26465.5万元，占涉农整合资金的60.2%。

注重突出产业地域特点。结合地域资源禀赋和产业基础，围绕茶叶主导产业，狠抓茶产业转型升级提质增效，突破茶叶主导产业建设；加强畜禽养殖、特色经济林、魔芋粮蔬传统优势产业及中药材、食用菌、中蜂、流水渔业等小众产业发展。从种源种苗、产业基地、生产加工、品质控制、推广营销和市场主体培育、村集体经济组织建设、联结带动产业农户、技术跟进服务等体系化推进产业建设。新建茶园约666.67公顷（1万亩），对全县约1533.33公顷（23万）生产茶园、幼龄茶园组织开展以除草、施肥、修剪和绿色防控为主的管理工作，紫阳的茶园面积达到1620公顷（24.3万亩），SC认证的茶叶生产企业有91家，茶叶生产小作坊加工厂达到265家，年生产茶叶7538吨，产值18.62亿元，茶叶综合产值43.4亿元。在第十五届中国茶业经济年会上，紫阳县荣登2019年中国茶叶百强县榜单，是陕西省唯一进入百强的县。与此同时，"紫阳富硒茶"入选农业农村部中国特色农产品优势区名单，安康市特色农产品产地首次入围该名单。

畜牧产业持续组织大面积养殖基础技术培训，实现技术培训全覆盖。通过养殖技术培训，改变传统思维，养殖环境卫生、喂养健康、动物也需要关心其健康等理念逐步形成，养殖户都有普通的防治常识，接受政府防疫部门统一组织的防治，了解有哪些畜牧疾病可以早发现、早治疗。同时养殖户明白了养殖品种在增产增收中的作用，基本做到良种良法养殖。特别是县畜牧中心组织的面对面的技术服务，在贫困村、贫困户、小养殖场、有良繁母猪的养殖户群体中开展，降低了贫困户的养殖风险。扩大规模养殖的转型升级，全县建立起两个万头养殖企业、30个千头以上的养殖场、6个市级养殖园区、220个养殖合作社、200个家庭牧场示范户。全县共3.1万户从事畜禽养殖业，其中规模化养殖场150余户，年饲养170余万头（只、羽）。依托退耕还林工程和社会市场主体及到户扶持新建以核桃、小杂果为主的特色经济林约1733.33公顷（2.6万亩）。全县种植魔芋粮蔬超过1333公顷（20余万亩）、中药材1000公顷（1.5万亩）、养蜂近2万箱、栽培食用菌400余万袋。全县累计培育水产养殖企业14家，养殖水面790公顷（11850亩），其中，大水面养殖企业4家（养殖水面约773.33公顷），池塘养殖企业10家（养殖水面约16.67公顷），年产各类水产品约600吨。其中2019年培育水产养殖企业2家（合作社1家，有限公司1家），新增养殖池塘2公顷（30亩）。

加强产业扶贫科技人才队伍建设和实用技术培训。制定实用技术培训年度工作方案，组织开展以茶叶、农业种植、畜禽养殖、特色经济林种植四大类实用技术培训28328人次，其中使用54万元财政资金开展实用技术培训10000人次。加强产业扶贫科技人才队伍建设。全年引进"三区"（边远贫困地区，革命老区和边疆民族地区）科技人员26名，对接服务26家企事业单位技术创新。选派137名科技特派员派驻全县133个贫困村，完成对贫困村产业发展技术指导服务全覆盖，全年开展茶叶、畜牧、林果等产业实用技术培训420场1.28万人次，服务贫困群众3.8万人。

完善新型农业经营主体与贫困户联动发展的利益联结机制，推广股份合作、订单帮扶、生产托管等做法，实现贫困户与现代农业发展有机衔接。结合农村集体产权制度改革，176个行政村成立村级股份经济合作社，规范管理村互助资金协会。对133个贫困村集体经济组织进行县级认定，组织开展市级核查。为133个贫困村配置产业扶持资金共1.653亿元，对接投放至210个经营主体1.6亿元，通过土地流转、劳务用工、订单农业等方式联结带动贫困户15808户。收取资金使用到期固定收益623万元，其中578万元分配到16882户贫困户。对2018年组织申报的31个县级现代农业园区组织开展验收审核认定，向领办主体兑现园区创办奖扶资金310万元。培育并申报市级农业龙头企业6个，新（扩建）家庭农场99个；新培育农民专业合作社100家，培育提升农民专业合作社89家；培育申报省级农民专业合作社示范社2家、申报认定市级示范社6家；培育申报市级现代农业园区7个，组织培育申报县级现代农业园区50个；提升培育现代农业园区55个。组织对5个三产融合示范点推进以农旅融合休闲旅游为主要内容的建设。新建村级电商服务点47个。

将产业扶贫工作作为夯实贫困户持续稳定增收致富、巩固全县脱贫攻坚成果的重要工作抓手，推进产业全面布局和建设，有效接轨乡村振兴战略 按照"一业突破、多业并举"的产业基本布局思路，全面推进基地建设标准化、加工储运体系化、市场营销品牌化、技术服务专业化和产业建设合作化。一是推进产业基地扩量和标准化建设。持续推进茶叶主导产业基地标准化、全域绿色化、产品品牌化为主要内容的创新转型升级建设，促进产业效益的提高；以市场为引导，推进畜禽、水产适度规模化和标准化养殖；以市场为导向，积极推进魔芋和粮蔬订单产业建设；结合乡村旅游，引导和推进特色经济林尤其是特色林果融入乡村休闲旅游建设；以市场为主导，适度发展草本和菌类中药材、养蜂和食用菌产业。二是全面加强经营主体、村集体经济组织培育和经营管理。三是推进产业合作模式建设。四是全面推进产业建设指导服务工作。五是持续加强产品品牌创建和推介营销。

为延长产业链，促进产业健康发展，组建紫阳县产业园区管理委员会。由原硒谷生态工业园区和"飞地经济"发展领导小组办公室合并组成。园区管理委员会按照功能布局、差异化发展的原则拟定全县产业升级发展规划，布局产业项目，审定入园企业，抓好基础设施和项目建设管理，对接落实招商引资优惠政策，监督管理和协调服务企业发展工作。该产业园区重点围绕富硒农产品深加工类项目对外开展招商合作，先后引进紫阳富硒食品有限公司、紫阳绿安现代农业发展有限公司、紫阳县道通天下生物科技有限公司等10余家企业建成投产，安康普方制药有限公司等8家企业落地入园。紫阳县产业园区已经形成"一园两区、多业并举、错位发展"的产业发展格局，未来3到5年，产业园区企业正常运营后，年产值将超过50亿，为紫阳县域产业经济又好又快发展做出新的贡献。（李胜璋）

讲 述

茶叶产业升级之路

讲述人：李尤学　紫阳县茶业发展中心主任

1992年7月我从陕西省仪祉农业学校毕业分配到高桥区林业站工作，1996年3月到县科技局工作，2008年11月任县茶业局副局长，2017年7月任县茶业局局长，2019年5月转任紫阳县茶业发展中心主任。虽然工作岗位几经变换，但我工作的重点还是围绕茶叶技术推广、茶叶科技知识普及和茶叶产业建设这几个方面进行。

我们县是全国重点产茶县，天然富硒的资源禀赋，得天独厚的生态优势，赋予紫阳茶"富硒、绿色、有机"的独特品质，是世界首个通过科学鉴定，具有保健功效的优质富硒茶，被誉为"世界硒源、富硒茶乡"。

经过多年的发展，紫阳富硒茶产业已经由传统地方产业过渡到具备一定基础的现代优势主导产业。2015年底紫阳县茶园面积达到约13515.13公顷（202727亩），获得QS认证的茶叶企业有36家，茶叶产量5260吨，实现一产产值7.8亿元。2015年紫阳富硒茶区域公用品牌价值（国家质检总局中国质量认证中心评估）达到19.67亿元。

脱贫攻坚以来，我们立足资源优势，大力发展和培育茶产业，以茶产业转型升级发展为主线，围绕实施生态基地建管、龙头企业培育、人才队伍建设、品牌及市场建设、茶旅融合发展等"八大"工程，推进茶叶生产经营的良种化、规模化、标准化、品牌化，做大做强茶产业，紫阳茶叶成为富民大产业。

2016年，我县被确定为全省3个茶叶转型升级示范县、全国茶业发展示范县后，县政府成立了由县长任组长，县委分管副书记、人大常委会副主任、政府分管副县长和政协副主席为副组长，政府分管副县长为责任组长，所涉县级部门负责人和各镇人民政府镇长为成员的紫阳县茶叶产业创新转型升级发展工作领导小组，统筹、协调、指导全县茶产业发展。出台《紫阳县茶产业创新转型升级发展实施意见》《茶产业创新转型升级发展扶持暂行办法》，明确每年县本级财政预算1000万元茶产业发展专项资金、争取省茶业发展专项资金1500万元、捆绑相关涉农项目资金2000万元，共计4500万元用于茶产业建设。此后，全县通过实施生态基地建管提升、龙头企业培优扶壮、市场主体科研创新、标准质量管控提升、人才队伍建设、品牌引领与市场拓展、茶文化传承与创新、茶旅融合发展等八大工程，助推茶产业创新转型、品牌价值聚集提升，实现茶农增收、企业增效。这八大工程可以形象地概括为八个"抓"字。

抓生态基地建管提升。就是加快紫阳种优良株系品种选育扩繁，有序地推进优良株系纯种建设新茶园；引进"陕茶一号"等新品种，配套路网、排灌、绿色防控等设施，按有机茶园标准建设精品示范园；支持企业主承建，采取"公司＋园区＋农户"模式，培育现代农业园区。以企业、专业合作社为载体组建茶园管理专业服务队，采取对茶农有偿服务的办法，规模化推进茶园机械化修剪、除草、采摘；全面推广施用有机肥，有序推进常规茶园换土壤、换品种、换植被。围绕产业精准扶贫，16家骨干茶企按照"龙头企业＋现代农业园区＋专业合作社＋茶叶种植大户＋茶叶初制加工厂"模式，同贫困户签订帮扶协议和帮扶承诺书，无偿对贫困户的茶园进行统一管护，免费为贫困户提供茶园专用肥，提升茶园管理水平，实现增产增收。

抓龙头企业培育提升。推进符合条件的省级龙头企业上市融资，通过兼并、重组、收购、控股组建大型企业集团，进行装备技术改造，创建知名品牌，申报著名商标、驰名商标、名牌产品，有机产品认证，参与茶叶市场建设和现代流通体系建设。鼓励企业与科研院所和大专院校合作，实施技术攻关、开发精深加工终端产品，延长产业链条，提高产品附加值；支持企业联系更多的专业合作社，推进产业标准化建设进程。全县发展规模以上茶企27家，其中上市陕西省股权交易中心新四板茶企1家，创建省名牌产品5个，市特色品牌产品7个，全县SC认证茶企达到85家。这种一业多品种荣获多项国家、省、市品牌产品荣誉在全国绝无仅有。

通过落实支持新型经营主体产业精准扶贫、茶产业转型升级发展奖补和金融"富硒茶叶贷""惠农富硒贷""特色产业贷"等系列政策，鼓励支持茶叶加工经营主体建设，壮大发展规模。以骨干茶企为主导，大力实施"十百千万"产业联盟，促推茶产业链上各层级经营主体加强合作、抱团发展，积极打造生产加工、组织营销、质量标准"三大体系"。全县茶厂由2013年的247家发展到目前的350余家，特别是SC认证企业从2014年的26家增加到2019年的85家，这为提高紫阳富硒茶清洁化生产，提高产品质量起到了不可估量的作用。茶叶年产量、一产产值由4565吨、7.5亿元分别增长到7538吨、18.62亿元。

抓产品标准质量安全管控提升。按照国家标准规范要求，修编制定《紫阳富硒茶标准综合体》陕西省地方标准和《紫阳茶》系列产品国家团体标准，完善编制开发新产品企业内控标准，形成全产业链茶叶标准体系；依法依规制定出台茶叶生产投入品管控办法，从源头控制人为对农业生产环境的污染，严格落实化肥"零增长"、病虫害绿色生物防控，确保茶产品原料质量安全；鼓励支持企业开展绿色、有机食品等质量认证；制定出台紫阳县富硒茶产品质量抽查检验管理办法，强化茶叶市场管理，加大力度打击市场假冒伪劣等侵权行为；建立茶产品质量溯源体系，实现产销全程管控，全县有50家SC认证茶企建了可视化基地、车间物联网，66家使用了统一的紫阳富硒茶产品溯源码。

抓产品科研开发提升。引进新工艺、新设备提高绿茶、红茶加工质量，丰富产品内容;加快定型青茶、黑茶、白茶加工工艺并通过成果鉴定和规模化生产,加大夏秋茶利用;加快提升茶叶包装的系列化、特色化、精致化水平。加快茶粉、茶饮料、茶食品等深加工产品开发,延伸产业链;细分产品类别,提升茶叶包装设计制作的系列化、特色化、精致化水平。开展茶叶含硒水平、土壤增硒及提高土壤硒利用率配套技术、富硒茶保健功能、科学饮用方式、茶树新品种、茶叶新产品技术工艺等基础科研,为市场开拓和产品推广提供科技支撑。

通过鼓励引导茶企优化茶类结构,实施系列化、多元化生产,满足市场多层次多样化需求;积极争取中国农科院茶研所支持和"市科技创新茶叶专家工作站"落户,指导茶企加快新茶品开发,延长生产加工周期,构建完整的全域绿色茶产品形态和链条。在过去单一的绿茶类基础上,新增红茶、黑茶(茯茶)、白茶,延伸到调味茶、快消茶品等,绿茶外的其他茶类产量占全县茶叶总产量的10%左右。

抓品牌建设市场营销提升。坚持做好品牌维权保护、品牌价值提升,强势开展品牌和茶文化宣传推介活动,扶持加快推进市场营销网络建设。紫阳富硒茶产业影响力、竞争力和区域公用品牌价值年年上升。2014年以来,紫阳县相继获得"中国茶业发展示范县""中国茶业百强县""中国茶旅融合竞争力全国十强县(市)""中国最美茶乡""全国重点产茶县""第三批中国特色农产品(茶叶)优势区"称号;紫阳富硒茶荣获"全国十大推荐绿茶公共品牌"、全国"'一村一品'十大知名品牌""中国十大富硒品牌""国家'质量之光'年度魅力品牌"荣誉称号,成功注册马德里国际商标,被认定为国家农产品地理标志产品,获评"商标富农和运用地理标志商标精准扶贫十大典型案例"居榜首,荣登2018年中国茶叶县域品牌影响力百强榜,2018"秦巴山区和陕甘川宁毗邻地区农业价值品牌价值评价"活动中品牌价值排名第一,达77.5亿元。参与全国区域公用品牌价值评估,品牌价值由2013年的12.36亿元攀升至目前的62.22亿元。

抓人才队伍建设提升。从长远出发,围绕保机构、保牌子和发挥历史名片影响力作用,县委、县政府高度重视,对有近70年发展历史的紫阳县茶叶研究所进行了机构改革,由财政差额转为财政全额预算事业机构,强化了保障,在职人员实现全员上岗。围绕茶产业可持续发展,助力脱贫攻坚,一方面加大茶叶产业专业人才培养,为茶叶技术岗位招录茶学专科以上毕业生,定向培训技工、产业工人、营销人员、职业茶农,夯实筑牢茶叶产业发展的科技人才支撑基础,增强产业管理、从业致富能力和素质,一方面强化产业培训,推广普及茶叶产业技能、技术,扶智扶技,提升产业贫困户、非贫困户内生动力。脱贫攻坚以来,持续实施"茶产业万人技能培训"工程,全县累计完成镇村茶叶师资骨干技术培训6期500人次以上,茶农培训50000余人次;县内举办制茶、营销、茶艺师、评茶员、电子商务、职业茶农、茶叶职业经理人培训专班累计培训3000余人次;遴选学员,委托江西婺源茶校举办紫阳茶叶班4期150人。

抓茶文化建设提升。开展茶文化进校园、社区、企业、机关"四进"活动,在城镇建设中着力体现茶元素、茶符号,开展紫阳贡茶文化资源挖掘整理专项工作,启动紫阳茶歌创作活动,开展茶艺、斗茶等民间系列茶事活动,举办全民饮茶日活动。整理编辑出版了《紫阳贡茶文化》《紫阳茶纪行》等茶文化书籍。

抓茶旅融合发展提升。结合焕古硒茶小镇、瓦房店会馆群小镇、蒿坪康养小镇、旅游景点、美丽乡村、乡村农业景观建设,规划建设茶主题宾馆、茶文化长廊、茶餐厅、茶庄园、品茶馆、茶艺馆,打造观茶、采茶、制茶、品茶、购茶的精品景点。建设汉江山地生态茶园观光带,通过完善基础设施,引导镇村建设生态茶庄、茶家乐,变生态茶园带为生态观光体验区。

2020年,我们全县茶园总面积计划发展达到约16666.67公顷(25万亩),力争茶叶年产量突破8000吨,茶叶一产产值突破20亿元,实现茶业经济再上新台阶。

一片小茶叶成就一个大产业,带富一方百姓。紫阳茶叶产业引领12万农户走上了致富路。(整理人:赵　锋　李胜璋)

洄水镇的"百千万"产业建设

讲述人:郭申堂　时任洄水镇镇长

我是2016年6月从蒿坪镇调到洄水镇任党委副书记和镇长的。相比而言,洄水镇产业基础、交通条件、自然资源相对蒿坪镇要差些。面对这样的环境落差,面对脱贫攻坚的艰巨压力,我心里的确有些诚惶诚恐。可是看到这个镇的领导班子和干部精神状态和工作劲头,又让我充满了信心。因为当时镇上为如何抓产业扶贫正在开展调研,这也是我需要尽快补上的一课。

我和同事们沉下身子入村入户走访,与驻村工作队员交流,用一个多月时间走遍了全镇各村各组和部分贫困户。洄水镇给我的总体印象是"区位偏而不僻,境内河水、土地、茶叶资源丰富,只是资源没有得到有效的开发和利用,这些资源将是洄水镇实施产业扶贫的最佳突破口。"综合镇、村干部的建议和村民的想法,我形成了对该镇产业发展的整体思路。在镇党委召开的调研汇报会议上,我汇报了调研情况和抓产业发展的建议。再经过大家建言献策,达成共识后,镇党委做出了围绕当地河水、土地、茶叶资源大力实施特色产业,建设"百千万"工程的决定。用活水资源,发展百亩流水养鱼基地;用足土地资源,建设千亩冬桃园;用好茶叶资源,管护万亩茶园。

镇党委定下了发展目标,我这当镇长的就要负责抓落实。说干就干,2016年,围绕茶叶、冬桃、流水养鱼产业建设,镇上随即制定了《洄水镇特色产业建设"百千万"工程发展规划》及产业发展相关奖励办法。2016年年底,镇党委和政府又组织召开返乡创业人士座谈会,再次广纳良策,鼓励参与创业者坚定信心,让农民消除顾虑,大胆发展适合自己家庭的产业。就这样,全镇干部和上级派驻到村的扶贫干部,都紧紧围绕"百千万"产业建设扶贫主题,不变不折腾地抓落实。仅在 2017 年里,就新建成标准化茶叶加工厂 6 个、建成团堡流水养鱼基地约 1.33 公顷(20 亩)、建成联沟马道梁千亩冬桃园,初步实现了产业发展规划中的"千字"和"万字"工程,百亩流水养鱼基地也完成过半任务。全镇"百、千、万"产业发展雏形初步形成。

"抓产业难,难就难在要确保成功,不落群众抱怨;抓产业苦,苦就苦在每一个环节上不能掉链子,解决具体难题。"因为我们当干部的输不起,农民也不经输。我们在这方面有切身感受。比如在 2016 年到 2018 年的两年多时间里,产业建设中的"千字、万字"号工程全部实现了。但令人不甘心的是"百字"号鱼塘工程,由于鱼塘建设前期投资大,土地资源协调难等问题成了挡在我们面前的拦路虎,只实现了过半的目标。加之 2018 年是全县上下脱贫攻坚工作千头万绪、任务十分繁重的一年,我们干部的处境可以用"过火焰山"来形容。这一年,我负责抓产业建设都有些力不从心了,但是还差一半任务的养鱼工程不能龙头蛇尾呀。于是我把周末时间用来搞外出招商,终因洄水地处偏远,交通不便,一批批客商兴奋而来,却都摇头就走了,为期三个多月的招商没有留下一个客户。

在我骑虎难下之际,一个出人意料的机会来了。那是 2018 年 4 月 25 日晚上,我从万源招商回到单位刚坐下,"水老板"老徐敲响了办公室的门,我心想从不与政府打交道的老徐难道是上门来催缴水费不成?只见老徐郑重地说:"郭镇长,听说你又在招商小河流水养鱼基地建设项目?我也想了好长一段时间,这个项目我想找人合伙投资建设,你看行不行?"面对老徐的话我有些半信半疑,问道:"你当真?你确定敢投资?"

"我确定愿意投资建鱼塘。"老徐果断地说。几经了解,原来是在 2017 年的汛期时,一次大水把老徐在目连桥建的鱼塘河堤冲毁了 30 多米。当时我查看灾情时承诺给他协调资金重新修建鱼塘河堤及通往鱼塘的道路硬化项目,这两个项目资金很快兑了现。老徐是冲着政府信守承诺断然来投资的。当即谈妥后,我赶紧进行协调土地流转、磋商修建河堤及进场道路等事宜。先后为鱼塘项目跑来了 80 余万元资金,修建河堤 300 余米,修建及硬化进场道路 390 米。优越的招商环境,让投资方信心十足,建设进度顺风顺水。2018 年 6 月,小河流水养鱼基地建设热火朝天,我也常驻在工地上,忙得连女儿高考的事都无暇过问,致使当年女儿被退档,直到第二年才考上。但是,投资 500 多万元的小河流水养鱼项目在这一年建成投产了,实现当年产值 300 余万元,带动贫困户 60 户 231 人增收,其中每年向贫困户分红 4.2 万元,一次性支付贫困户土地流转费用 32 万元,支付劳务工资 20 余万元。我觉得这个得与失的互补太有意义了。

还有一个感受就是,产业建成了,要跟上"问销"服务。2018 年 9 月,洄水镇千亩冬桃园一期项目茶稻村长安岭 20 公顷(300 亩)冬桃迎来丰产季。镇党委班子成员在兴奋中深入桃园调研,却发现桃园负责人不见半点笑容,反倒是愁眉苦脸的样子。原来是提供果苗的合作商当时承诺的保价回购桃子的事情泡汤了,合作商报来的收购价远远不够成本。眼看果子成熟,产量又大,销售难题成了业主刘理新的心头之忧,直接影响到农民的利益。

调研组回来后,镇党委书记甘贻松立即组织召开会议,研究如何帮助业主化解销售难题。会议最后采取了甘书记的建议:"在桃园举办丰收节,扩大冬桃的外宣力度,吸引客商促销"。按照活动方案,甘书记取消了自己的病假,参加筹办工作,克服说话的困难,与上级有关部门协调沟通,亲自聘请紫阳县三生网络科技有限公司全程参与活动策划。

2018年9月23日,洄水镇"硒乡有礼·迎庆丰收"的丰收节顺利举行。不少外来游客及客商慕名而来,活动当天冬桃、茶叶、蜂蜜等农产品销售额达20余万元,当天销售冬桃近2500千克,销售额达5万元。加之活动通过网络直播平台向外界推介,洄水的冬桃、茶叶一下成为网红产品。在随后的"十一"黄金周期间,安康、西安、四川等地客商及游客纷至沓来,业主刘理新销售冬桃达100吨,让业主展开了笑颜,坚定了信心,让务工的农民挣到了钱。

同样,镇上对植根在洄水的科宏茶业也是极力扶持,使其成为全县的知名企业,在洄水镇茶业产业发展中起着领军作用。从2015年起,支持该公司先后流转土地30多公顷(500多亩),建成了洄水镇首个市级示范园区。成为西北农林科技大学的产业教育基地。与此同时,公司成立专业管护队,为全镇茶叶产业发展服务。公司先后向茶叶大户免费发放修剪机10台,向团堡村、桦栎村150户贫困户免费发放茶叶专用肥100多吨,支出茶园管护费用50多万元,平均每年向贫困户分红10万元以上。

产业扶贫是从脱贫走向致富的制胜法宝,这是我们镇干部在抓产业建设中悟出的道理。也正因为是这个理念贯穿在我们党委政府工作重点的始终,才有了在产业发展方面取得的显著成效。茶叶产业实现了新的突破,茶叶鲜叶收购价格从2016年的100元/千克,攀升到2019年每千克收购价格达200元,三年实现了翻一番的增长目标;千亩冬桃园全面建成达效,每年累计向贫困户提供劳务用工5000余个,支付劳务工资50余万元;百亩养鱼基地产业项目两个渔业合作社收入300多万元,给贫困户分红达10万余元。至此,全镇1379户贫困户因产业实现脱贫。2018年"九三学社"来洄水镇调研产业扶贫工作,我镇得到了调研组的一致好评及充分肯定。这一年,洄水镇在全县年度目标责任综合考核、脱贫攻坚工作考核上获得两个第一。

洄水镇"百千万"产业扶贫建设的成功实施,不仅是该镇决胜脱贫攻坚的重要标志,而且为接下来要实施的"乡村振兴计划"奠定了较好的基础。洄水镇将会依托特色产业"百千万"工程发展,打造"观百亩流水养鱼基地,体验休闲垂钓;赏千亩桃花,尝富硒冬桃;游万亩茶园,品紫阳佳茗"的乡村游,建成宜居、宜业、宜游的产旅融合示范镇。(整理人:李青山　李胜璋)

汉王镇精准施策兴产业

讲述人：谢平方　时任汉王镇镇长

我1999年10月从部队转业，分配到汉城区汉王镇工作。2004年4月组织提拔我到双安乡担任副乡长，后转任双安乡人大常委会副主席，2011年6月调整到汉王镇任党委副书记兼纪委书记，之后又担任镇人大主席，2016年6月至今任汉王镇镇长。两次在汉王镇先后工作10余年，所以我与汉王镇有着特殊的缘分，我走过这里的山川沟壑，蹚过这里的河流小溪，熟悉这里的一切，更和这里的人民群众有着深厚的感情。汉王镇位于紫阳县城以北，是南水北调重要水源涵养区，全镇辖7个村1个社区居委会、21000人，5个贫困村（其中深度贫困村1个），超过1/5人口属于贫困群众，是自然条件比较恶劣、贫困程度比较深、脱贫攻坚任务比较重的镇之一。

汉王镇坚持"生态立镇、产业强镇、旅游兴镇"的发展战略，在脱贫攻坚工作中依托优势资源，坚持"精准施策兴产业"，发展以皱皮柑为主的万亩果业、畜牧养殖、富硒茶、设施蔬菜、休闲旅游五大产业，是我这个镇长施政的最大政治任务和第一民生工程。

产业发展是贫困户增收脱贫的治本之策。汉王镇的皱皮柑，以味甜汁多形美而出名，因其具有祛寒、镇咳的药用效果及提神醒脑、特效解酒的保健功能，深受消费者喜爱。历届汉王镇领导继承了发展这一传统优势产业的工作。大致历经三个阶段。一是传统种植留下的老品种皱皮柑果园60多公顷（1000多亩），二是在2003年退耕还林大政策下发展了260多公顷（4000多亩）新品种，三是在脱贫攻坚产业调查、数据清洗后，根据连片发展规划，老果园补植和大户带动组织发展130多公顷（2000余亩），2019年12月，皱皮柑总面积达460多公顷（6900余亩）。

汉王镇党委、镇政府在脱贫攻坚中为了做好皱皮柑这个产业的发展，先后多次邀请市、县林果专家到龙安村开展现场技术培训，围绕皱皮柑田间管理、修枝短稍、施肥、病虫害防治等内容开展培训。同时安排专项资金购置喷雾器、药品，做好皱皮柑病虫害统防统治。龙安村争取县移民局资金支持，建成千亩皱皮柑示范园，2019年就发展新品种皱皮柑10多公顷（200多亩），皱皮柑种植示范大户5户。做好皱皮柑产品销售的宣传推广也是政府的一项工作，镇政府组织成立汉王镇柑橘协会，印制汉王镇皱皮柑统一包装盒，为保证皱皮柑产品质量，对皱皮柑进行分级包装销售。在抓好皱皮柑发展的同时先后在汉城、马家营等村发展紫阳金钱橘、桃子、李子、樱桃等小杂果200多公顷（3000余亩），是全镇以皱皮柑为主的水果种植面积达到700多公顷（10900亩）。水果产量也由2015年的1600吨增加到2019年的2000吨，产值达1500万元以上。

畜牧养殖产业是我镇的传统主导产业。通过大户带动促进该产业健康发展。汉城村贫困户张进全家 4 口人，是一户因病致贫的贫困户。夫妻双方都身体残疾。2016 年他家获得免息贷款 5 万元，新建 4600 多平方米(7 亩)茶园。但这是个长期种植扶贫项目，实施了项目，当年却没有收入，还需要"短、平、快"项目相结合才能解决当年增收。镇党委书记娄芳负责联系包抓他家，按照"穷不离猪"的道理动员他家养了 2 头猪，解决了当年收入。由于当年猪肉市场低迷，他家又采取的是传统的养殖方法，养猪不仅没挣到钱，还欠了外债，两口子商量着准备放弃生猪养殖。娄书记知道情况后几次来到他家，帮他分析养殖没挣钱主要原因，并向他们耐心解读县上产业扶贫政策，并鼓励他继续把养殖业干下去。考虑张进对新的养殖技术不够熟悉，安排畜牧站工作人员上门开展养殖技术服务。掌握养殖和疫病防疫技术后的张进夫妻俩一头扎进养殖产业里，不仅养了两头商品猪，还养殖母猪繁育仔猪，他在仔猪的成活率上下功夫，当年他家养猪收入就有 2 万多元。张进又在娄书记建议下把自家的荒地开挖出来种莲藕，用发酵的猪粪做肥料，延长养猪的产业链。现如今张进家种莲藕 2000 平方米(3 亩)，年收入 1.2 万元，2018 年养猪 50 头，年收入 6 万余元，是靠养殖业实现稳定收入的脱贫户。张进夫妻俩也成了汉城村小有名气的养殖业"技术员"，很多贫困户都请张进去指导他们发展养殖业。农安村十组养鸡大户张贤春年销售商品鸡 10 万羽，成为养鸡市级家庭农场。安五村六组袁华余在包村干部陈远国的帮扶下利用自家山场养羊 200 多只，成为远近有名的养羊大户。我们就是这样靠发展养殖大户带动促进全镇养殖业健康发展。2018 年全镇养殖大户 65 户，大牲畜存栏 528 头，出栏 77 头；生猪存栏 8086 头，出栏 12244 头；山羊存栏 5384 只，出栏 5132 只；家禽出栏 66200 万只。养殖业成为贫困户增收的主导产业。与此同时，动员外出成功人士返乡发展养殖业。五郎坪村外出成功人士吴明灯靠做智慧城市起家获得第一桶金，在西安注册陕西秦巴山区农业科学发展研究院有限公司，主要在陕南发展养蜂产业。我们知道这个情况后主动邀请他回家乡发展。吴明灯欣然同意，注册了紫阳县秦巴山区土蜂养殖农民合作社，在五郎坪、西河等村开展养殖土蜂。2019 年合作社引进土蜂 1000 桶进行繁育，建立养蜂场 7 个，当年招收附近农民 7 人到合作社务工，20 多户贫困户参与经营，当年分箱 4000 箱，他靠农业科学养殖技术增加单产，使农民收入增加，合作社当年实现收入 360 余万元。2020 年养土蜂 1200 箱，40 多个劳力参加季节性养殖活动，获得收入 16 万余元。

汉王韵现代农业园区的建设，促进了汉王镇茶叶产业的大发展。汉王镇种植茶叶历史悠久，但一直没有龙头企业带动，严重制约了茶叶产业的发展。根据茶叶产业发展的需求，2016 年 4 月，注册资金 450 万元的紫阳县汉王韵富硒茶业有限公司成立。该公司成立后就抓住园区建设机遇，发展汉王茶叶产业。根据园区建设规划，园区建设首先流转了汉王镇广东山附近的汉城村、五郎坪村农户土地 20 公顷(300 亩)，村集体土地约 13 公顷(200 亩)，撂荒地 20 多公顷(300 多亩)，形成了约 66.67 公顷(1000 亩)规模的园区。我们镇党委、镇政府领导班子意见高度一致，倾尽全力做工作完成土地流转任务。通过实行"公司+园区+合作社+贫困户"的生产管理模式，在广泛征求贫困户意愿的基础上，流转 25 户贫困户的撂荒地 10 公顷（150 亩），规范化种植茶园，使园区茶园种植面积达到约 37 公顷（550 亩），特色林果种植面积 20 公顷（300 亩）。园区建设已具雏形。接下来就是园区观光路、供水供电等基础设施建设。园区道路建设中遇到的第一个问题就是需要占用一些老百姓的土地。汉城村刘华秋的荒地就需要征用，公司人员出面做工作想与刘华秋达成用地协议，刘华秋不同意。问题反映到我这里，我就亲自到刘华秋家中做工作。通过宣传政策，讲明园区建设的目的是方便群众增收，也方便刘华秋等村民的出行，也可以增加他的收入，改善园区周围农户环境，有利于汉王镇茶业产业发展。通过摆事实、讲道理，请他支持工作。在我耐心细致的说服下，占用不足一亩的荒地以补偿一万元、刘华秋可以在园区务工的条件达成协议。老刘约 1867 平方米（2.8 亩）的荒地也流转给园区，每年租金标准为每 667 平方米 200 元（200 元/亩）。此后老刘在园区务工一年收入 1 万余元，公司收购老刘家采摘的茶叶 5000 余元，刘华秋家因为园区建设收入稳定增加脱了贫。园区新建道路 2.2 千米，观光步道 3000 米，观景亭 2 座及相关配套设施。集中建成茶园喷灌用蓄水堰塘 5000 余立方米，供水管道 25000 米及配套设施。新建茶叶加工厂房及办公用房 4200 平方米，绿茶、红茶茶叶加工生产线两条生产设备 50 台套。汉王韵茶业公司在政府主导下探索"企业+贫困户+订单"的产业发展模式，引领贫困户发展茶叶种植，优先招纳贫困户的劳动力到企业务工，60 余名贫困户劳动力到企业季节性务工，年人均收入 1 万余元，同时订单收购贫困户茶叶鲜叶，2018 年收购 4000 余千克，付款 30 余万元，2019 年收购 5000 多千克，付款 45 万元，2020 年收购 6000 千克，付款 60 余万元。这种做法既解决了贫困户就业、茶叶销售渠道难的问题，也解决了企业自身鲜叶收购、用工难的问题，做到了企业与贫困户互利双赢。通过这几年的发展，公司总资产达 3051 万元。企业 2019 年产值 2000 余万元，2020 年产值 2500 余万元。汉王韵现代农业园区也于 2018 年被认定为市级现代农业园区。现正着手制定规划升级建设省级现代农业园区。汉城村也成立了紫阳县汉城村绿宝茶叶专业合作社，从 2015 年开始建茶园 80 多公顷（1200 多亩），办起茶叶小作坊加工厂，年加工茶叶 10 吨，2020 年仅收购农户鲜叶 8000 余千克就付款 70 余万元。通过园区与茶叶专业合作社的带动，2019 年汉王镇茶园面积达到约 229.33 公顷（3440 亩），其中新建茶园约 33.33 公顷（500 亩），产茶 45 吨。

汉王镇设施蔬菜建设始于 2010 年初，经过多年持续的努力，吸引各类投资 3000 余万元，建成设施蔬菜基地约 66.67 公顷（1000 亩），辐射带动了全镇 7 个村 2000 余农户蔬菜产业发展，年产商品蔬菜 8000 余吨，产值 1600 万元以上。农安村位于汉王镇以西，与集镇隔江相望，受地理和交通等条件限制，村民主要靠务工维持生计。2017 年，汉王镇党委将蔬菜产业发展作为脱贫攻坚的重中之重，通过实地走访调研，发现农安村适合高山白菜生长，便鼓励村民种植本地白菜，并实行"党支部+合作社+农户"的发展模式。我们在农安村建立富硒白菜产业合作社，吸纳 50 余户贫困户加入，全村种植 20 多公顷（300 多亩）汉王本地白菜，在种植、管理及销售过程中实行统一技术、统一指导、统一收购。为保证产业项目发挥实效，汉王镇党委、政府还通过入户走访、召开院落会等方式向贫困群众宣传白菜种植的优势,并多次邀请专家入村传授种植技术。据了解,农安村素有种植大白菜的传统,而且当地土质好富含硒,水源充足,种出来的白菜又香又甜且无筋,销路好、口碑好。在紫阳,有句俗语口口相传,"汉王的白菜没筋扯",这不仅印证了汉王白菜的香甜无筋,更为汉王白菜做了最好的广告。随着家家户户的种植,逐步形成大面积连片种植的支柱产业。由于汉王白菜实行无公害标准化种植,吸引了不少客商前来收购,平均每667平方米产2500千克,每千克售价6元左右,户均能增收20000多元。当地白菜远销周边县市区,供不应求,同时也为贫困群众打开了一条脱贫致富路。与此同时,全镇组织发展调味品产品九叶青花椒种植约186.67公顷(2800亩),使全镇设施蔬菜类产业种植面积达到约266.67公顷(4000余亩)。在此基础上以镇电商服务站为平台,对汉王镇富硒变蛋、富硒粉条、富硒大米等汉王本地特产进行销售,据不完全统计,全镇电商年销售农副产品1800余万元。

紧紧依托丰富的资源优势,抢抓脱贫攻坚政策机遇,着力夯实旅游基础设施是汉王镇旅游兴镇发展旅游产业的重要工作。这几年我们在推进擂鼓台风景区旅游道路项目建设、汉王旅游镇建设、中坝岛旅游景区建设、现代农业园区建设、农安村农安旅游农庄建设做了大量的基础性工作。为加快推进项目建设,扩大对外宣传,优化服务水平,全镇旅游产业呈现出蓬勃向上的发展态势。2019年市人大组织的旅游产业发展三年行动计划完成情况视察中予以高度评价,认为汉王镇"坚持生态为根、文化为魂,做足'山水硒、茶歌道'文章,成为紫阳全域旅游核心示范区和休闲康养目的地"。

在产业发展过程中,有喜有悲。我看到农产品卖不上好价钱心里难受。我们组织发展产业的农产品为老百姓换来大把的钞票,老百姓的钱包鼓起来了,这才是我最愿意看到的,也是令我最愉快的事。(整理人:龙 平 李胜璋)

富民富镇的烤烟产业

讲述人:马忠静 时任高滩镇烤烟办公室主任

我1983年参加财政系统招干考试,分配到原高滩区大坝乡财政所工作。1995年4月我被调到广城乡财政所负责广城乡财源建设工作。1996年组织安排我负责广城乡发展烤烟产业工作,我先后到旬阳县小河、赵湾等地参观考察烤烟种植产业,现场学习烤烟炉建设、烘烤等关键技术。看到旬阳县的同行们组织群众种烤烟,获得了一笔好的经济收入,并且为财源建设做突出贡献时,我从内心深处认为烤烟产业是一项富民富镇的好产业。回来后,我就在广城乡试种烤烟约6.67公顷(100亩),产烟叶15吨,由烟草局统一组织收购,销售收入10余万元。初次尝试种植烤烟获得成功,我心里别提有多高兴。自此我与烤烟产业结下了不解之缘,20多年来,我一直负责广城、高滩镇的烤烟办公室工作，2019年9月退休。退休后，高滩镇党委、政府领导又做工作返聘我，让我继续负责全镇烤烟产业发展管理和服务工作。

高滩镇烤烟产业发展历经过两次大的挫折。一次是在1997年，全县号召大力发展烤烟，高滩镇种植烤烟140多公顷（2200多亩），但由于技术服务跟不上，烟叶质量没保证，产烟叶15吨，销售收入90万元，亩均收入400余元。当时种烤烟亩均投入就需380元左右，烟农辛苦一年基本没有收入，辛苦成果打了水漂。这是我历经的第一次发展烤烟产业的挫折。我认为这次问题主要是技术服务跟不上，老百姓种植经验不足造成的。到1998年全镇全面做工作动员种烤烟，只有八庙六组岳平等3户农民在反复的说服教育下才愿意种植烤烟约6.67公顷（100亩）。此后，烤烟种植慢慢发展，到2015年全镇种植烤烟面积恢复到约180公顷（2700余亩），产烟叶250吨，销售收入500余万元，返税100余万元。但亩均收入不足2000元，比较效益还是不够高，算不上理想的产业。

在脱贫攻坚的精准扶贫数字清洗、产业发展调查摸底工作中，高滩镇党委、政府分析全镇产业发展的情况，觉得烤烟种植在高滩镇有群众基础、有技术、有设备，具备发展烤烟生产的基本条件，仍然决策将烤烟产业确定为高滩镇重点发展的"短、平、快"优势产业。2016年全镇组织扩大种植烤烟面积200公顷（3000亩），由于当年烤烟集中收购政策等原因，产商品烟叶250吨，实现烟叶综合收入450万元。亩均收入只有1500元，但烟农手头上还有100余吨烟叶由于收购政策调整及质量问题等原因没有收购，占烟叶总量1/3的烟叶成为啥也没用的废料。这是我经历的第二次烤烟发展的挫折。我也十分生气，找烟草局论理，问题也没得到解决。一气之下就把我手头上的烤烟种植相关资料同烟农烧废烟叶一样烧掉，发誓再也不搞种植烤烟的事情。到2017年高滩全镇动员落实种植烤烟时，只有41户人家愿意种植烤烟，烤烟种植面积大幅下降。

第二次种植烤烟的挫折，主要是收购政策导致烟农增产不增收。发展农业产业的市场风险引起了我们的重视，订单农业摆上镇政府面前。在组织烟农生产时，一定要提前签订种植及收购合同，规范相关单位责任。针对我撂下挑子不再愿意管烤烟种植情况的事，镇党委、政府主要领导多次上门做我的思想工作，说我熟悉烟农情况、熟悉烤烟种植技术、只要我们烟农与烟草公司签订种植及收购合同，就能保护烟农权益，降低烤烟种植风险。镇党委、政府还就烤烟产业发展出台奖补扶持政策，把财政返还到镇上的税收收入50%通过奖扶政策返还给烟农。请我继续负责镇烤烟办公室工作。面对领导的信任、烟农的期盼，我放下思想包袱，又一次欣然接受组织安排，再一次担负起高滩镇烤烟产业发展的管理和服务工作。

为使烤烟产业在脱贫攻坚中发挥重要作用，2018年高滩镇烤烟生产管理进入了规范化、法制化的管理。镇党委、镇政府出台烤烟生产奖补政策，烟农种植户、合作社都与烟草公司签订种植服务及收购合同，为做好服务，成立紫阳县宏丰源烤烟综合服务专业合作社，加强烟农种植烤烟产前、产中、产后服务。真正形成"政府主导、公司、合作社服务、烟农主体"的产业发展组织推动力量和政策保障措施。镇党委书记彭勇寒冬腊月就到黑龙池山上检查烤烟冬地整理，督促落实种植面积，亲自上门做贫困户的工作。万兴村三组贫困户陈良安约4公顷（60多亩）能种植烤烟的土地要撂荒，彭书记出面做同组村民李龙刚的工作，请他出面承租陈良安的土地种植烤烟，并帮助他们起草租地种植协议。每年陈良安地租收入2.6万元，又安排时间在李龙刚种植烤烟生产中打工收入2万元。一年4万余元的收入让他通过自己劳动脱了贫。2020年陈良安自己经营种烤烟4公顷（60亩），预计一年稳定收入10余万元。朝阳村八组贫困户陈立坤全家5口人的住房问题解决后，常年收入不稳定是他家脱贫的难题，彭书记与他拉家常了解到他熟悉烤烟种植技术，人又聪明。他家有约6666.67平方米（10亩）土地，约3333.33平方米（5亩）土地可以种植烤烟，就又帮他联系租了约2.33公顷（35亩）土地种植烤烟。陈立坤家年收入12万元，也是靠种植烤烟稳定脱贫的人。万兴村四组烤烟种植户村民沈远志家里的经济收入不是很好，镇长肖孝建检查他家烟田时，他向肖镇长反映烤烟种植地块到烤烟房有1千米黄泥路，每到雨季，道路泥泞不便通行，请求镇长帮助他解决困难。肖镇长及时安排车辆，并协调相关单位从15千米外的黄谷溪口花了2000余元给他家拉了4车砂石料把路面铺好，方便他家的烤烟生产。镇烤烟办也着力在黑龙池、望夫寨两块规模连片的烤烟园区上下功夫，园区总面积达到约66.67公顷（1000亩），把园区建成全镇烟叶稳定发展的堡垒、示范引领的旗帜和扶贫攻坚的主阵地。通过开展"流动夜校"培训、现场观摩培训，要求技术人员月入户指导天数不低于18天，提高烟农烤烟种植技术水平。与此同时严格按照烤烟种植技术规范要求，一环套一环、环环相扣的工作要求，从"三冬"工作抓起，重视壮苗培育和配方施肥，强力推行"井窖式"移栽，做细烟田管理和成熟采烤，做纯精准户分，保证烟叶生产质量效益再上新水平。积极推行"烟叶+N"的烟农增收模式，促进烟叶发展和产业扶贫工作双赢。通过到户帮扶，因户施策，制定烟农增收方案，动员村民发展畜禽养殖等副业，拓宽烟农增收渠道等措施，优化烤烟产业发展环境。同时加大对烟农生产环节关键技术的督促检查，我有一次检查到八庙六组钟胜强家的烟房时，发现他烘烤的两炕1000多千克烟叶叶片黄了，烟胫部是白的，如不及时排潮，会导致烟胫变黑，会严重影响烟叶质量。四处寻找他，却找不着人，原来他调好温度及相关烘烤参数就下地干活去了。我及时电话联系上他，向他讲明因排潮时间不够，烟胫部烤不黄甚至变黑会影响烟叶等级，我一边催促他回来，一边帮他把烤烟房的门敞开，把蒸汽排走，同时加大排气风速。钟胜强回家听我讲了相关技术原理，十分感激地说："要不是你及时发现我烘烤烟的问题，挽救了这两炕烟，我的损失就大了"。正是因为有了这样好的发展环境，2018年全镇种植烤烟146.67公顷（2200亩），上等烟叶比例45.9%，较上年增长14.7%，增长率为48.05%；均价为24.8元/千克，较上年增长2.81元/千克；平均亩产值3100元，较上年增长500元；销售烟叶250吨，烤烟综合收入600万元，总产值较上年增长101.7万元，增长了30.97%，返税90余万元。全镇烟农户均纯烟收入8.43万元，户均副业收入4300元。黑龙池和望夫寨两个烤烟产业园区，因烟叶规模化种植和专业化生产服务需求，带动周边闲散贫困户劳动力230人，人均收入达到8000元以上。

利用农业保险,降低烤烟种植风险。借县烟草公司支持烟农发展烤烟为烟农无偿购买农业保险的有利之机,2018年通过及时统计上报以及配合保险公司评估认定,为全镇烟农争取兑现灾补资金19.02万元,降低了烟农种植风险,保障了烟农持续增收。

2019年高滩镇再次研究了烤烟生产的起伏情况,以发展专业合作社和大户为目标,带动贫困户,促进烤烟产业健康发展。万兴村三组组长陈启安长期种烤烟积累了丰富的经验,他流转4公顷(60亩)土地种植烤烟,年收入20余万元。万兴村四组因病致贫的贫困户洪阶友,全家有4口人,是我负责包联的贫困户,为了解决他家的经济增收问题,我多次上门做工作,动员他种植烤烟,还协调了一个烤烟房帮助他家烤烟,2019年他种了约6666.67平方米(10多亩)烤烟,当年收入5万余元,解决了他家经济增收不稳定的问题。2020年他又流转了约6666.67平方米(10亩)地,准备一步一个脚印发展烤烟种植,不断地增加收入。宏丰源烤烟综合服务专业合作社原来只是对全镇种植烤烟育苗、机耕、运煤、烟叶分级等方面提供技术服务,2019年吸纳50户烟农加入合作社,种烟大户既可在合作社分红,又可通过大户组织带动贫困户劳动力发展烤烟。2020年又以合作社为主体在朝阳村八组流转22户土地约11.33公顷(170亩)种植烤烟。合作社主任梁世军说,这11.33公顷土地中,17户贫困户就把撂荒的土地变为了1.4万元租金收入,5户非贫困户租金收入6000元。合作社还组织贫困户劳动力务工种烟,一年下来每户可以挣到1万余元,也是一笔可观的收入。据不完全统计,2019年合作社50户种烟大户带动200余户贫困户,户均增加收入1万余元。2019年全镇种植烤烟约133.33公顷(2000亩),收购烟叶250吨,销售收入544万元。种植烤烟综合收入600余万元。2020年又从旬阳县引进3户烤烟种植专业户,已落实种植烤烟面积约146.67公顷(2200亩)。

长期的乡镇工作,温饱不匀的不良生活习惯导致我患上了肾结石,但我一直因工作忙没去治疗。2020年3月,我安排完育苗事宜后,到安康检查治疗,原本想检查后买点药吃就可以,可是医院大夫说我的病情必须做手术,在家人的劝说下我做了手术。手术后我还是想着很多烤烟大田管理需要我去督促检查,一些工作需要我去协调处理。10天已过就要求出院,医院大夫看我这把年纪还时刻念叨的是工作,反复叮嘱我注意休息,但回到工作岗位我就有使不完的力,忙不完的活。因为我这个编外的烤烟办主任对烤烟的痴情,能在有生之年为父老乡亲种植烤烟贡献自己的一份力量,看到烟农因种烟致富,收入高了,与他们一起分享丰收的喜悦就是我最幸福、最高兴的事情。(整理人:李胜璋)

闯出电商扶贫路

讲述人：林红梅　紫阳县电子商务行业协会会长

2015年，电子商务互联网兴起，引起了紫阳县委、县政府的重视，全县上下十分看好这一新型产业，被列为全县重点扶持项目，还成立了紫阳县电子商务服务（孵化）中心，从技术培训到企业入驻，给予一定优惠政策。我得知这个信息后，放弃了联通公司的丰厚待遇，将自己的职业生涯抛向滚滚而来的电子商务大潮中，踏上电商创业之路。这年8月，我与紫阳县商贸龙头企业思兰商贸、西安闲汇食品共同出资，注册了紫阳三生网络科技有限公司，并出任执行董事。

紫阳是全国两大富硒区之一。在紫阳生长起来的各类植物，如紫阳的魔芋、马铃薯（又称洋芋）、柑橘等农产品都含有硒元素。由于受地理条件限制，农民每年种植的农产品很多时候堆在家里吃不完，运不出去，即便能出去，也走不了多远。习总书记说过"绿水青山就是金山银山"，我萌发了把山里的农产品用互联网电商模式卖出去的想法，让更多的人知道我们紫阳还有丰富的资源，还可以让外出打工的年轻人回乡来创业，离土不离乡，在家门口挣钱，不仅方便照顾家中的亲人，还可以改变生活的面貌。说干就干，我先从紫阳籍大学生、紫阳籍外出务工人群中，挑选了一支精干的队伍，组建了数十个微信群，开始了电商经营。在公司成立两个月时，为了获取山里更多的资源信息，我们深入农户走访谁家洋芋种植面积大，谁家的魔芋种的好，哪位师傅的手工茶技好，等等。工作之余，还深入研究紫阳的各种食材特点，借助互联网平台进行推介。在我和我的团队努力下，终于开辟出一条符合紫阳实情的新电商模式——微营销。

2015年的11月11日，在我们的精心策划下，"紫阳县首届电商产品展销会"成功举办。全县17家企业及个体商户参展，出展的各类特色产品当日销量突破10万元。借此机会，我们三生网络公司组织网民投票，选出的9名"硒女郎"在展销会上登台走秀，不仅向社会各界展现出我们电商企业和电商人的精神风貌，也让更多的人了解电商企业，让电商融入大众消费群体的生活中，让他们了解电商的运营流程，学会利用电商平台做销售的技能。许多在外务工的青年也通过这场活动，知道家乡的信息，萌发回乡创业的念头。

我们的线上销售更是"开门红"。2016年的"双十一"天猫购物节，三生公司销售额突破100万元大关；当年"双十二"，销售额突破70万元。从那时起，三生团队在紫阳县的人气大幅度提升，我被推选为紫阳县电商协会秘书长。也是这一年，我的电商团队通过线上线下结合的销售模式，代理了遍布全国29个省市的业务。2016年，全县电商销售额累计突破了1.2亿元大关。

在我们的带动下，全县新注册的电商企业达到24家，个体工商户70户，引导和培育本土电商企业56家；电商产品供应商16家，自建电商平台5个；培育天猫旗舰店 3 家、京东旗舰店 2 家、淘宝店铺 379 家、微商 1336 户；有 21 家电商企业入驻了紫阳电子商务服务中心。紫阳电子商务服务中心成功升级，面积比以前扩大了 3 倍，内设富硒特产体验馆、电商企业培训区、电商个体孵化区、创客空间等多个功能区。同时，紫阳的 2000 余"闯客"全部投入了电商创业热潮。从此，紫阳微商大军跨入了互联网时代电商产业发展新行列。

令人欣喜的是，网销直接促进了贫困户增收，在一次下乡走访中我发现，看似普通的洋芋却是百姓生活中不可缺少的作物，其食用方法多，令人百吃不厌。这让我想到了城市消费人群对健康养生食品的追求，于是萌发了对紫阳高山洋芋进行商机运作的念头。那段时间，我们团队常常加班到深夜，一起探讨方案、设计包装，大家还共同起了一个阳光的名字，叫"青春洋芋"，寓意一帮青春活力的年轻人让背后的贫困百姓笑容洋溢。我们锁定东木镇麦坪村为规模化种植示范基地，采取"公司＋基地＋农户"的模式，很快将洋芋种植逐步扩展到 4 个镇 7 个行政村，成立"青春洋芋"合作社；与蒿坪富硒粉条加工企业合作开发洋芋粉条深加工产品。为把产业链进一步扩大，我们借助朋友圈、公众号、众筹网等平台，在短短一个月时间就销售了 150 吨，其中麦坪村 19 户村民销售洋芋 95 吨，直接获利 37 万元。2017 年，仅 70 天时间就销售洋芋 1500 吨。2018 年 7 月，我们借助建行善融平台和苏陕协作淘常州平台，不到 10 天线上销售 15000 单。至 2019 年，全县有 3378 户贫困户共销售"青春洋芋"达 2000 吨，户均增收 980 多元。"青春洋芋"，成为紫阳电商扶贫模式中最响亮的名字。

利用"电商企业＋生产企业＋合作社＋贫困户"的合作模式，我们团队先后开发了"私房茶""茶言蜜语""寻味紫阳""青春洋芋"等 12 款热销农产品，成为全国范围内具有一定知名度的电商产品。为了让更多的消费者了解紫阳的农产品，我们又创建了"紫阳富硒特产扶贫馆"营销平台，以全新的"微营销模式"电商模版出现在大众面前，通过"引领紫阳十万微商大军"践行"大众创业、万众创新"，带动全县参与农产品经营的农民人均收入达到 1 万元以上，解决 2500 余人网络就业。截至 2019 年 11 月，经"紫阳富硒特产扶贫馆"营销平台销售的紫阳特产累计金额达到 800 余万元，帮助 1670 多人告别贫困，走上了致富路。

瓦庙镇村民唐安平"做梦都没有想到自家的洋芋疙瘩，卖到了天南地北。"他不仅自家脱贫，还带动周围的人脱贫致富。老唐每次见到我都要说一大堆的感谢话。当他们的辛劳蝶变为一张张钞票，当他们从贫困走向富裕，当他们从无奈变得自信时，都会情不自禁地说："如今的政策实在好！""是林红梅的电商唤醒了我！"用自己的付出换来的这些夸赞和口碑，我的心里总是甜滋滋的。

很高兴我们公司被评为"安康市共青团助力脱贫攻坚示范基地"和"紫阳县优秀电商创业企业"，我本人也相继获得陕西省首届新农人与青年电商选秀大赛三等奖、安康市创新创业大赛一等奖，当选为中国"青年电商联盟理事"，被评为安康市"脱贫攻坚先进个人"，还光荣出席了全国第十二届妇代会。这一份份荣誉，对于我来说，不是享受，而是更大压力和动力的考验。我只能负重前行，再接再厉，不负厚望！（整理人：李铁梅）

风 采

产业扶贫铺就富民路
——紫阳县农业农村局包村抓产业纪实

2019年8月，紫阳县农业农村局在县级机构改革中成立。它由原县委农工部、农林科技局（林业、科技除外）、茶叶局、畜牧兽医中心等4个部门合并组成。原有单位在部门包村扶贫工作中任务不变。这样一来，农业农村局就包联了原县委农工部负责包联的洄水镇庙沟村、原农林科技局负责包联的双安镇洞浴河村、原茶叶局负责包联的向阳镇院墙村和畜牧兽医中心包联的东木镇月桂村，脱贫攻坚任务十分繁重。

紫阳县农业农村局将产业扶贫作为打赢脱贫攻坚战的根本之策和重要抓手，坚持"一业突破抓增效、多业并举促增收"，产业扶贫工作取得显著成效。在驻村帮扶工作中率先突破发展产业，以产业发展项目促进群众增收，铺就百姓富民路。2019年底，农业农村局所包联的双安镇洞浴河村、东木镇月桂村、向阳镇院墙村、洄水镇庙沟村全部整村脱贫出列。

一

双安镇洞浴河村面积为15平方千米，有耕地约218.33公顷（3275亩），林地约719.47公顷（10792亩）。全村共384户1212人，其中建档立卡贫困户有215户620人。该村处于边远山区，交通不便、信息闭塞，农作物结构单一，无经济作物种植，农民收入很低，是远近有名的贫困村。

2014年6月农业局按照"硬抽人，抽硬人"的要求，选派第一书记、2名驻村工作队员和15名联户干部到洞浴河村扶贫。6年来，驻村工作队和联户干部一起倾力帮扶，累计脱贫210户603人，贫困发生率降为为1.24%。

局党组书记、局长鲍务林带领驻村帮扶队员深入村民家中走访调研，摸清村民的所思、所想、所盼，吃透村情民意，详细了解村"两委"的现状及存在的问题，厘清了该村发展思路，制定《洞浴河村帮扶实施方案》《洞浴河村产业发展规划及蓝图》，确立"班子强起来、队伍聚起来、群众富起来、精神乐起来"的帮扶工作目标。

驻村工作队大力发展产业，解决贫困户稳定增收问题。通过走访、调研、外出考察学习，驻村工作队及村"两委"认识到还是要靠山吃山，在"山"上做文章。他们确立"长短结合，以短养长"的产业发展思路，即"山上板栗核桃，林下种药；山腰茶叶花椒，吊袋菇菌；山下好田好地，种粮养畜"的产业发展模式。2017年引进紫阳县紫晨旅游开发有限公司到洒浴河村发展，购买玉米种正大十二号种植订单玉米约33.33公顷（500亩）。平均每666.67平方米增收400余元，仅此一项村民增收20余万元。争取产业扶持项目资金45万元，采购"九叶青"花椒苗，免费发放给157农户贫困户种植，新建花椒园64公顷（960亩）。2018年投入3万元采购木耳菌种，带动60余户贫困户发展段木木耳1000架。连续4年累计新建茶园约33.33公顷（500亩）。为确保幼龄茶园的成活率，购买4万元地膜和肥料免费发放给茶农，组织农业专家、技术员到村培训指导，7年累计组织召开培训会28场次、1103人次，解决了贫困户发展产业的技术瓶颈。

洒浴河村种植业专业合作社成立，调动了村民发展产业积极性。二组村民五、六户贫困户对发展茶产业非常感兴趣，想集中连片发展茶园，驻村第一书记岳建武迅速帮他们联系采购陕茶一号品种，村民很快就把茶苗栽进地里。驻村工作队又聘请技术人员组织茶农学习茶园管理技术，支援他们100吨茶叶专用肥。现在二组30多户贫困户种植茶园达到2666.67平方米（4亩）以上，这五六户率先发展的茶农在春季见天采摘鲜叶10余千克，收入200多元，每户仅茶叶一项的收入就有一万多元。贫困户胡其祥一家有6口人，仅有的约1333.33平方米（2亩）耕地，又被新修的北洒公路征用了。为解决他的收入来源问题，驻村工作队员动员其妻王能琴参加厨艺技能培训，并推荐她到电光寺小学给师生煮饭，动员胡其祥发展木耳产业，2018年引种栽培木耳6000袋，收入2.5万元，去年栽植12000袋，收入4万多元。尝到甜头的他，今年将继续扩大规模，准备新发展2个大棚。通过木耳发展产业，胡其祥顺利脱贫，并购置了小汽车，兼跑乡村客运。类似于胡其祥这样的贫困户，通过加入合作社，将他们组织起来，抱团发展产业，方便村里经济组织投资和农副产品销售。几年来农业局通过消费扶贫购买合作社农副产品30余万元。

二

县茶业发展中心负责包抓向阳镇院墙村，辖12个村民小组，总人口有677户2211人，建档立卡贫困户有298户886人，2019年未脱贫的有15户25人，全村贫困发生率为1.13%。

院墙村自然条件较差，坡大沟深、土地贫瘠，群众居住分散，交通条件落后。自2014年开展脱贫攻坚工作以来，县茶业发展中心在院墙村大力实施产业扶贫。结合山多地少，温度适宜的实际，确定大力发展茶叶的产业项目，推进茶叶种植规模化、产业化，带动贫困群众脱贫致富。县茶业发展中心利用驻村帮扶单位的优势资源，组织茶叶专家到村开展茶叶培训，每年不低于20次。通过不间断的技术指导，从茶园到茶厂，辐射带动近千人参加培训，提高了茶农的茶叶采摘水平和加工技能，培育出一批有文化、懂技术的新型生产经营者，实现茶叶生产经营者从简单体能劳动向知识技能型转变。

充分发挥村互助资金协会和村股份经济合作社作用，村互助资金协会有资金 80 万元，放款 58 笔 57.5 万，放款率为 72%，解决了贫困户发展产业的资金问题。村股份经济合作社有产业脱贫扶持资金 125 万元，投放至紫阳县金成茶叶专业合作社，通过有序运转，盘活资金，吸纳建档立卡贫困户 250 户入股茶园 120 公顷（1800 亩），实现村集体经济正常运行，使得入股的贫困户年年都有分红收益。2019 年兑现固定收益 7.5 万元，分配到贫困户 7.5 万元。依托茶叶产业基础建立互助资金协会，全村茶叶产业规模、产量、产值均居全县前列，成为名优绿茶的优质供应地；促使全村茶叶产业发展发生了翻天覆地的变化。全村新建茶园约 66.67 公顷（1000 亩），累计建成高产密植茶园约 293.33 公顷（4400 亩），村人均约 1333.33 平方米（2 亩），茶叶初制加工厂 15 个，年产茶叶 60 余吨，实现产值 1000 余万元。茶叶产业发展辐射全村，实现户均茶叶收入超过 2 万元，全村人均纯收入从 2013 年底的 5000 多元增长到 2019 年的 11000 多元。

三

东木镇月桂村位于集镇所在地，全村有农户 619 户 2044 人，约有耕地 145.93 公顷（2189 亩），其中水田约 31.33 公顷（470 亩），有茶园面积 60 公顷（900 亩），林地面积 1000 公顷（15000 亩）；东燎路、金东路穿境而过，交通相对便利，通信发达，通信网络覆盖率达 95% 以上。

县畜牧兽医中心驻村工作队到月桂村后，紧紧围绕户脱贫的 5 个标准和村出列的 7 个标准扎实抓好脱贫攻坚工作。具体做法包括：

抓责任落实，将帮扶工作落到实处。按照县镇村三级帮扶不重复的原则，统筹安排帮扶责任的落实，全村 352 户贫困户均安排了帮扶干部结对帮扶，帮扶达到全覆盖，确保责任落实到位。

抓工作落实，提升知晓率和满意度。每月召开脱贫攻坚工作会议，全面安排脱贫攻坚阶段性工作，研判当前工作形势和短板，要求帮扶干部每月至少到农户家中一次，面对面地宣传和落实各项政策，同时全面加强脱贫攻坚政策及业务培训知识培训，通过召开村组干部会、群众会、党员会、微信群等形式宣传脱贫攻坚各项政策，确保政策知晓率达 100%，同时加强信息公开，通过印发脱贫攻坚宣传单，项目公示等，提升群众的知情率和参与度，进一步争取群众理解和支持，全力提升群众满意度，帮扶干部除做好 5 户贫困户包联外，另针对 160 余户非贫困户入户走访排查，着力解决实际问题，在提高满意度方面做了大量的基础工作。

抓产业就业，促贫困户稳定增收。在产业发展上以种养殖业为主。成立了鸿兴花椒种植合作社，种植花椒约 66.67 公顷（1000 亩）。新发展茶园约 23.33 公顷（350 亩）。对老茶园的管护，群众思想较为被动，工作开展难度大，但这项工作是吹糠见米的事情。2018 年 7 月畜牧兽医中心筹措了 1 万元资金组织茶叶修剪专业管护队对约 6.67 公顷（100 亩）茶园进行管护示范，当老百姓看到修剪的茶园长势好、采摘鲜叶多，就对剩余的约 46.67 公顷（700 亩）老茶园进行了彻底改造。由于扶贫工作队的坚持,全村老茶园焕发了新姿。与此同时通过招商引资引进,在上海经商的客商康宗秀投资300余万元,在月桂村建起茗硒源茶业有限公司,加工生产绿茶、红茶,企业产值907万元,已实现销售收入152余万元,企业安排60个贫困人口就业。这一举措既解决了贫困户的增收问题,又提高了月桂村茶叶附加值。十组村民李缘丰办起农业开发公司发展产业,流转土地约19.73公顷(296亩),种植李子等水果。他又在移民安置小区附近流转土地约2.67公顷(40亩),种植香菇,也帮助解决了移民搬迁户的就业问题。此外,工作队发动大户带动发展养殖业,先后组建5个专业合作社发展养羊、养猪、养鱼产业。刘成兵建起养猪场,年养猪300余头。九组贫困户刘成平家境贫寒,帮扶干部做工作帮他家养了2头猪,不久猪生病了,刘成平花了200多元钱请当地兽医治疗,但病情不见好转。刘成平只好电话联系畜牧兽医中心副主任胡昌军,请他想办法帮他把猪病治好,要不然那年的养猪收入就打水漂了。老胡耐心询问了猪的病情,尽力要求做到对症下药。放下电话,老胡就去买了150多元兽药,急忙赶车到刘成平家猪圈给猪打针,打完针老胡裤子上抹满了猪屎,当晚,老胡就住在刘成平家,观察猪的病情。经过老胡的精心治疗,两头猪的病好了,买药钱老胡却分文未取。年底刘成平家养猪收入9000余元。陈从新建起养羊合作社,带动10余户贫困户养羊。七组村民江远山与本村5名村民在2018年4月筹资210万余元,注册登记紫阳县三安森态专业合作社,吸纳40户贫困户入社,新建鱼塘40000多平方米(60余亩),2018、2019年连续投放50余万元的鱼苗,2019年分红1.8万元。2020年预计在6月份出鱼20吨,收入64万余元。

四

县委农工部从2014年6月开始包联洞水镇营寨村,农工部领导杨自成多次到村调研指导营寨村脱贫规划制定,在摸清营寨村情户情后,结合营寨村自然条件、地理环境、种植习惯,充分征求群众意愿,从移民搬迁、产业建设、基础设施建设、教育、劳务、技能培训6个方面编制了3年发展规划,确保实现预期脱贫目标。产业建设按照长、短期增收项目相结合的原则,确定了以核桃、茶叶为主的长期项目和户均增养"1头猪、2只羊、10只鸡"的短期项目;特别是按照"一户一法",确定了以劳务输出作为贫困村增收的主要渠道,以核桃、茶叶为主的长期增收项目和户均增养"1头猪、2只羊、10只鸡"的短期增收项目相结合的增收办法。

面对庙沟村7个村民小组、468户1431人,其中建档立卡贫困户179户560人的情况,包村工作队坚持产业固本,金融助力促进农民持续增收。最大限度发挥金融扶贫杠杆撬动作用,把产业培育作为贫困户稳定脱贫的根本措施,帮助村上成立了扶贫互助资金协会和村集体股份经济合作社,积极为贫困户产业发展提供资金保障和技术支持。全村累计发放扶贫互助资金91.4万元,贫困户入会率100%,发放"5321"小额贷款190万元,支持产业发展。开展了茶叶、养殖等产业技术培训和修脚师、烹饪、月嫂、建筑、电工五大技能培训,累计培训500余人次,积极为贫困户产业发展提供资金保障。全村179户贫困户除28户五保户,其余全部加入协会。2019年底,全村养猪 2 头以上的贫困户有 44 户；养羊 5 只以上的有 8 户，其中 10 只以上的大户有 6 户；养蜂 10 桶以上的大户 10 户；49 户贫困户管护茶园生产性茶园 9.2 公顷（138 亩）。在这期间，为贫困户发放茶园专用肥 2 吨，购买茶剪 100 把。全村约 33.33 公顷（500 亩）茶园管护率达到 98%，新建约 33.33 公顷（500 亩）核桃园管理到位，长势良好。2020 年将新建约 13.33 公顷（200 亩）标准化茶园，确保群众有稳定增收渠道，切实提升脱贫质量。

在创业就业上，坚持把以修脚师培训就业为主的技能培训作为贫困户脱贫增收的主要途径，出台了"3+2"的奖补政策，动员参加修脚师培训 80 人，发放奖补资金 3 万元，就业率达到 90% 以上，学员月平均收入达到 4500 元以上。庙沟六组饶模兵原来在家养土元，欠下外债 8 万元，通过第一书记黄方奇上门反复做工作，终于放下思想包袱走上了修脚致富之路。2016 年他当上了上海远元修脚连锁门店店长，月工资达 1 万余元。庙沟七组张传保，原来在矿山务工，是原农工部部长陈刚包联的贫困户，陈刚每次入户走访，都要动员他出去修脚，对他说，矿山工作不安全，工资又不稳定，不如修脚行业，在三番五次动员下，张传保现已在江苏徐州远元修脚门店当了 2 年店长了，工资收入相当可观。县农工部开发生态护林员、护河员、公路养护员、扶贫专岗等公益性岗位 26 个。据统计，2019 年全村人均纯收入达 10677.67 元，同比增加 1859.17 元，增幅超过 10%。

同时，为充分调动全村群众发展产业的积极性，结合"诚孝俭勤和"建设，从 2016 年起，农工部每年拿出 1 万元奖励产业大户和致富带头人，树立模范典型，激发群众的内生动力。

紫阳县农业农村局在包村抓产业发展中率先示范，带动全县发展有地域优势和特色的产业，在探索、实践中，闯出一条产业扶贫铺就百姓富民路的新路径。（赵　峰　李胜璋）

女村官做大产业

——记洞水镇团堡村村支部书记兼村主任钟雅

2019 年 12 月 3 日清晨，地处洞水镇团堡村三组大团堡山梁上的团堡村乡源生态农业专业合作社粉条厂，温度下降到零摄氏度以下，这正是手工粉条制作的最佳时机。9 点多，村支部书记钟雅走在积满霜冻的小路，发出吱嘎、吱嘎的声音，虽然这几天她忙着参加一个接一个的会议，但心里却时刻挂念着合作社粉条生产状况。她要去粉条加工厂检查粉条的生产质量，她深深地知道，只有质量好的产品才能卖出好价钱，这关系到 79 户贫困户的收益。

毕业于西安财经学院行知学院的钟雅在 2016 年 9 月通过招考，成了一名大学生村官，到洄水镇团堡村担任村主任助理。刚到村里的时候，村民们看到这个稚嫩、文质彬彬的小女孩，都认为她是个吃不了苦，在村里待不长的"主儿"。尤其是她刚到村里时，正遇上脱贫攻坚工作数据大清洗时候，走村入户是工作的常态。钟雅到三组贫困户邓兴奎家入户时，脚刚踏上他家院坝，他家养的大狼狗就凶猛地蹿了出来大声狂叫，吓得钟雅当场哭了起来，含着眼泪撒腿就跑。正因为如此，新来的村官"见狗就哭"成了村里群众茶余饭后谈论的笑话。当钟雅看到村民们怀疑的目光，心里真不是滋味，几度曾想过放弃村官工作。但她经过一番思想斗争，还选择了继续坚持，并自我勉励，"不要把'村官'不当官，小小村官也能有大的作为"。她为了能够尽快融入到村里，首先把自己打扮得像个"村里人"，剪短了长发，扔掉高跟鞋，换上了运动鞋。走进村民家中，坐在满是灰土的小板凳上，钟雅主动与他们拉家常，了解群众生产生活中存在的困难。渐渐地，大家都亲切地叫她"小雅"，称呼变了，她和村民的关系也近了。但她清醒地知道，作为一名村官，还应该为群众做一些实实在在的事情。由于刚出校门，虽有理论知识，但是缺乏农村实际工作经验，想要短时间干出工作成效实为不容易，因此她先从一些小事做起。她为贫困户邓兴奎送治牙疼的消炎药，为村民曾庆福介绍工作，为村里引进电商服务站，帮助村民们销售土特产……团堡村一组村民张世安喜好美术，想将在河坝捡到的鹅卵石画些动物图案做成工艺品，但一直苦于没有打磨石头的工具。钟雅得知后想办法从社会扶贫众筹上为其筹到 1500 元资金，购买了打磨加工设备，一年下来石头工艺品收入一万余元。就这样，她渐渐地从一个"学生娃"，成长为一个能为村民办一件件实事的"村官"，成为村里了不起的"人物"。2018 年 3 月，钟雅被 200 多名村民和党员联名推荐为团堡村村支部书记人选，经过支部大会选举，钟雅当选为团堡村村支部书记。

钟雅当上团堡村村支部书记后，带领一班人紧紧围绕抓党建促脱贫这个中心，充分发挥党组织的引领作用，充分挖掘本村茶叶、水、土地资源，通过动员优秀党员及返乡青年等能人回乡创业，大力发展茶叶、流水养鱼、中药材种植等特色产业，先后组建了团堡流水渔业、宝康茶业、乡源农业、众胜中药材、源来渔业、康源养蜂 6 个专业合作社。村民黄金瑞前几年养猪欠了债，其妻子也离婚远走他乡，他想发展产业得不到信贷支持。当得知他对种植香菇有兴趣时，钟雅带他到城关镇楠木村香菇种植企业学习技术，又以个人名义担保，赊下 3.5 万元的菌种。这还不够，钟雅又从村互助资金协会为其借款 1 万元，个人帮他借款 2 万元，还帮他协调了邻居的半亩地让他做种植大棚场地。一年下来黄金瑞收入 6 万多元，不仅减轻了债务负担，还与新女友办理了结婚手续。

村支书带头抓产业，其他党员也不甘落后。杨学忠是团堡村的一位普通党员，2017 年洄水镇全面实施特色产业建设"百千万"工程，即建设百亩流水养鱼基地、千亩冬桃园、万亩茶园，杨学忠发现团堡村地处三岔河流域，河水及沟谷平地资源丰富，可利用的水域面积就有约 6.67 公顷（100 余亩），还有大量水田的撂荒，可以发展养殖。他参照移民搬迁安置征地价位评估每 666.67 平方米（1 亩）水田地价 3.5 万元，将水田面积换算资金 54.72 万元折股投到团堡生态养鱼专业合作社，农户成为股民，其家中劳动力参与建设管理,获得保底收益每666.67平方米(1亩)2000元和劳务双重收入。吉章荣等6户将连片的约1.22公顷(18.24亩)水田集中起来,联户发展流水养鱼。钟雅又协调联村扶贫单位筹集资金32万元,化解了团堡生态养鱼专业合作筑坝、投放鱼苗、饲料供应的资金压力,使合作社工作顺利开展。在党支部的帮助下,村里的返乡创业青年吴周勤、欧清宝、张胜忠等纷纷回乡创业,积极投身农业产业发展,党支部整合资产收益资金、部门帮扶资金158万元入股到村上6家企业,根据贫困户家庭人口规模,将股权量化到贫困户,同时,动员贫困户以土地、林地、荒山茶园、互助资金借款入股合作社,建立起合作社与贫困户利益共享机制。截至目前,179户农户实现了农民变"股民"。

在群众积极性高涨的情况下,钟雅先后到重庆、四川等地方实地考察、学习乡村体验游,规划借助村内茶园、瀑布、特色民居等资源发展乡村旅游。她请人策划,包装田园观光、农耕体验、民宿、农家美食等乡村旅游产品,先后接待了北大光华学院研修班、西安君晖航空科技有限公司、秦怀旅行社等旅游团前来该村观光旅游,获得旅游收益2.6余万元。2019年6月,团堡村召开了产旅融合收益分发大会,共计31户村领取了发展乡村旅游业利益。(李胜璋)

办好企业　助力脱贫

——紫阳县关南春茶叶产业有限公司扶贫记事

2019年11月24日中午,淅沥沥的小雨下个不停。小雨阻止不了扶贫企业对贫困户的盛情,紫阳县关南春茶叶产业有限公司在高桥镇兰草村发放茶叶专用肥的现场人头攒动,61户贫困户的代表前来领取公司提供的5吨多免费肥料,同时听取公司2019年给他们的分红情况。2019年,公司给兰草村61户贫困户分红10.8万元,户均1700多元。这只是关南春茶业产业公司众多扶贫的一个场面。

紫阳县关南春茶叶产业有限公司创办于20世纪90年代初,利用原高桥镇龙潭供销社原址建起当地唯一一家机械化茶叶加工厂。机械化生产很快统一了产品质量标准,产品销售向好,茶叶鲜叶收购价格也水涨船高,茶农增收50%以上,企业也壮大了。21世纪初,公司为满足市场需求,投资500余万元,在兰草村新建了一座占地面积约6000多平方米(10多亩)的清洁化绿茶生产加工厂。2018年公司再次扩建,先后投资460余万元建成了清洁化绿茶、红茶、白茶3条生产线。拥有茶园基地和示范茶园200余公顷(3000多亩),其中核心园区约43.13公顷(647亩),年产富硒绿茶100吨,红茶30吨,白茶20吨。公司拥有固定资产2200万元,员工65人,其中季节性用工50人。公司拥有"关南春""自惜春""裴坝红"注册商标,并通过ISO9000质量管理体系认证。公司生产的产品先后获得"中茶杯"一等奖,"国饮杯"一等奖等十多个奖项；公司产品"关南春牌"紫阳毛尖绿茶、红茶连续被安康市政府授予"安康市特色品牌"荣誉称号。

近年来，公司育茶苗300多万株支持贫困户发展茶园，每年都要给茶农发放专用肥，累计达100多吨。公司成立专业茶园管护队，帮助茶农修剪管护茶园，累计为茶园管护支出60多万元。公司元老谭开建经常深入扶贫户家里了解情况，因户施策，帮他们制定脱贫方案。兰草村十组贫困户田先松全家共4口人，有老茶园2000平方米（3亩），公司免费提供茶苗又补栽了1300多平方米（2亩多），现有3300多平方米（5亩多）的茶园，2019年茶园直接收入就达到15000余元，加上分红收入3000多元，茶叶产业成了他家的当家产业。他又种植了2000多平方米（3亩多）藕田，养殖收入4万多元，家庭人均收入超过15000余元，成了村里的富裕户。兰草村十组贫困户刘国兰住在海拔1000多米的高山上，老谭手把手地教她茶园管护、采摘技术，增加夏秋鲜叶采摘，延长鲜叶收购时间，帮她家增加收入10000多元。兰草5组贫困户任宗琴茶园少，公司安排她在企业务工，年收入也有3万余元。开展精准扶贫以来，公司与60户结对帮扶，其中43户有茶园，17户有劳动力。根据贫困户家庭情况，建档立卡制定精准帮扶措施，为有茶园的43户贫困户免费发放茶叶专用肥20多吨，上门开展茶叶种植、茶园管护、茶叶采摘技术培训，帮助其增产增收。对没有茶园的17户59名贫困劳动力，公司将其培养成采茶、制茶工人。2018年公司包联的贫困户户均增收1086元，2019年户均增收1500余元。2019年公司实施的"三变"改革项目、省农村集团扶贫贷款项目及苏陕扶贫项目等项目带动高桥镇兰草村、裴坝村、何家堡村、双龙村1000余户贫困户增收。

紫阳县关南春茶叶产业有限公司以茶产业推动扶贫的做法得到了社会的广泛认可，2017年被评为安康市茶业产业龙头企业并荣获"陕西成长之星企业"，2018年，荣获紫阳县"明星企业"称号，2019年11月被安康市委、市政府表彰为全市社会扶贫先进集体，是紫阳SC认证茶叶企业中唯一获此殊荣的企业。（李胜璋）

奉献贫困山村　"雨"润两千茶农
——记陕西省脱贫攻坚奉献奖获得者江祖友

2020年10月17日，江祖友获评陕西省脱贫攻坚奖奉献奖，并出席在陕西大会堂礼堂召开的表彰大会。江祖友是安康市第四届、紫阳县第十八届人大代表，陕西省紫阳春富硒茶业有限公司总经理。近年来，他充分发挥公司优势，积极主动地投身于产业扶贫当中，结对帮扶5个深度贫困村，带动2000余贫困人口年均增收2100元。

茶叶、务工是紫阳群众脱贫增收的两大支柱产业，其中茶叶产业带动12万农户增收致富。陕西省紫阳春富硒茶业有限公司是农业产业化省级重点龙头企业，年生产茶叶 38 吨，产值 3000 余万元，带动 1500 余户增收。特别是公司结对帮联红椿镇大青、白兔、上湾、纪家沟、侯家坪 5 个深度贫困村 548 户、2246 人，占紫阳县深度贫困村总数的 1/7。2020 年，紫阳春公司订单收购贫困户茶叶鲜叶 56 吨，带动贫困户增收 469 万元；吸纳 21 人长期务工，人均月工资 2300 元，季节性用工 30 人，年人均增收 9000 余元。2019 年紫阳春公司向贫困户分红 41.2 万元，2020 年达 53 万元。近年来，江祖友领导的陕西省紫阳春富硒茶业有限公司先后荣获紫阳县"百企帮百村"优秀企业、安康市"助力脱贫攻坚"优秀企业、安康市工商系统"创新发展"优秀企业等称号。

紫阳县红椿镇纪家沟村在册贫困户吴世玉家里虽然有约 6000 平方米（10 余亩）茶园，但是由于缺少务茶技术，增收渠道单一，日子依然过得紧张。"紫阳春公司帮扶我们村后，给我家带来了巨大转变。"吴世玉说，"江总经常指导我们种植管理，并统一收购，这让我的务茶收入有了保障。因为熟悉茶叶生意，我被公司安排做销售，每月工资 2500 元。"通过销售鲜叶和在公司务工，吴世玉一家年增收 6 万元以上。

紫阳春公司包联的 5 个村都是基础条件较差、贫困程度较深的村。为了帮助贫困群众增收，紫阳春公司充分将贫困户纳入茶叶产业发展链条，江祖友带领技术员轮流到各村开展茶园管理、茶叶采摘技术培训。同时，公司优先、优价收购贫困户鲜叶，连续 3 年年均支付鲜叶款稳定在 470 万元左右。

红椿镇大青村在册贫困户陈善朝夫妇在疫情期间没能外出务工。当时正好是春茶生产时期，夫妻二人来到紫阳春公司就业，丈夫做茶叶生产技术员，妻子为工人做饭，3 个月时间挣了 2 万多元劳务工资。自开展"万企帮万村"扶贫行动以来，紫阳春公司优先安排贫困劳动力来企业就业，共吸纳 21 人长期务工，人均月工资 2300 元；季节性用工 30 人，人均年增收 9000 元以上。

除了积极参与"万企帮万村"扶贫行动，江祖友还热心社会公益。"真是太好了，原来我们热得汗流浃背，拿书本当扇子，自从空调安装后，教室里高温降下来了，同学们学习劲头上来了。"2020 年 6 月，江祖友捐款 2 万元，为东木镇中心学校九年级教室添置空调设备，极大地改善了学生们的学习环境。在 2020 年疫情期间，江祖友先后通过紫阳县人大常委会、紫阳县工商联捐款 10000 元。

2020 年 2 月 27 日，陕西省政府正式宣布紫阳县脱贫摘帽，紫阳春公司参与紫阳县的扶贫行动进入新的阶段。"我们没有懈怠，扶贫行动依然持续开展。"江祖友说。该公司投入 750 万元资金，扩建厂房 1740 平方米、改建厂房 1200 平方米，投入 110 万元资金更新设备 40 余台（套），对生产车间进行全面改造升级，为实现从"帮村脱贫"到"促村振兴"的转折和衔接打下基础。

江祖友和技师们研制了一款新茶，请了很多茶学界、文化界的朋友起名，江祖友选中了"紫阳春雨"。他说："党的政策就跟春雨一样润泽农村、农民，我才能先富起来，紫阳春才有今天。如今在'万企帮万村'中，我们也要做一回及时雨。"江祖友还说："我们要像习近平总书记寄语'万企帮万村'民营企业家那样，把握时代大势，坚定发展信心，心无旁骛创新创造，踏踏实实办好企业。"（黄志顺）

在那桃花盛开的地方

——记紫阳县科宏茶业有限公司经理刘理科

洄水镇建成了千亩桃园，今年春天举办了桃花节，前去赏花的人络绎不绝。紫阳县科宏茶业有限公司的生产基地就在那桃花盛开的地方。公司总经理刘理科是紫阳县第十八届人大代表、安康市第四届人大代表。2018年被安康市人大评为"市人大代表履职十佳典型"；2018和2019年，科宏茶业连续被中共安康市委、市政府评为"安康市助力脱贫攻坚优秀企业"；2019年被县委县政府授予"产业扶贫先进企业"，被安康市农业农村局评选为"茶产业助力脱贫攻坚十佳茶企"。刘理科既是当地发展主导产业的带头人，又被群众称为"不走的扶贫工作队员"。他在发展的道路上留下了一串串闪光的足迹。

茶叶产业的带头人

1990年，还不到20岁的刘理科到紫阳县农办下属的扶贫开发公司从事茶叶加工，从此与茶叶结下不解之缘。1996年开始，他成为个体经营户，往来于紫阳与西安之间贩运茶叶。1999年他在洄水镇街道租房办起了茶叶加工厂。2012年，在洄水镇党委、政府和县茶业总公司的支持下，刘理科先后在洄水镇茶稻村流转土地约23.33公顷（350亩），建起了茶叶生产基地，注册紫阳县科宏有限茶业公司。2015年，市交通局联系洄水镇开展扶贫攻坚工作，决定以刘理科的茶叶生产基地为核心，在洄水镇建设市级农业园区，项目覆盖周边滴水岩瀑布、茶叶园区、四川沟生态流域，以茶叶种植繁育、加工及科技推广为主，集生态观光、休闲旅游为一体。规划面积约233.33公顷（3500亩），核心区150公顷（1500亩），项目达产达效后，可实现年产值3500万元，利税500万元，带动移民搬迁群众300人就业。科宏茶业被确定为园区业主，法人代表为刘理科。

刘理科对茶园精心管理，头几年他在茶园里套种黄豆，冬天把黄豆秸秆埋进茶园，同时收购了羊粪作为茶园基肥。很快茶园就投产采摘，茶叶品质也非常好。在生产银针、翠峰、毛尖、香茶等品牌绿茶的同时，又充分利用茶叶资源，进行深度开发，2012年开发出红茶，2019年又着手开发白茶和伏砖茶。前几年引进的黄金芽茶，现在也已投产，能生产批量黄茶。在刘理科办公室的墙壁上挂着35张奖牌，大部分是省农业厅、省科协、中国茶叶学会颁发的茶叶质量奖，全部为一等奖和金奖。

2017年，紫阳县决定实施"十百千万"工程，即以十个大型茶叶企业为依托，联系发展一百个中小茶叶企业，带动发展成千上万的茶叶大户。科宏茶业是其中十个大企业之一，责任是联系仁和寨茶厂、燕山茶业、紫康茶业、鑫盛茶业、银定茶叶加工厂、彭一全茶叶加工厂等6家中小茶叶企业，带动当地175个茶叶生产大户。现已全部落实到位。

2018年，科宏茶业筹措资金200万元新建鱼塘约6666.67平方米（10亩），合作组建了"紫阳县源来渔业有限公司"，以孵化鱼苗和养殖高端冷水鱼为主。与茶叶基地相结合，科宏茶业打造了新型生态"庄园"式园区，为洞水镇的生态旅游再添一景，使该镇旅游项目更加丰富多彩。客人来到洞水镇，既有地方享受赏花垂钓的休闲，又可以到茶园体验采茶制茶的乐趣。

不走的扶贫工作队员

刘理科的办公室门口还挂有一块特殊的牌子，上面写着"紫阳县科宏茶业有限公司包联贫困户脱贫办公室"。2016年，科宏茶业公司响应县政府"百企帮百村"的号召，与洞水镇团堡村68户贫困户签订了产业精准帮扶协议。每年投入10余万元用于茶农在茶园管护、栽植、采摘技术要领等方面的培训，每年培训230余人次。企业还手把手地教授茶农生产加工技术，目的是引导他们提高种茶的积极性，就地务工挣钱。2017—2018年，科宏茶业有限公司与洞水镇团堡村及桦栎村签订了帮扶120户在册贫困户的帮扶协议。茶稻村还有几十户贫困户，虽然没有纳入帮扶协议，但因为是基地所在地，仍视同协议帮扶户对待。公司以高于市场10%的价格收购贫困户的茶叶，对贫困户出售的茶叶建立台账，实行10%返利分红，2018—2019年，贫困户红利分配近10万元。为了解决农户们卖茶难的问题，科宏公司实行无限期收购。2019年最后一个采茶的只有1千克鲜叶，公司也收下了，虽然无法加工，但没让茶农失望。科宏茶业有限公司与农户形成利益共同体，公司专业管护队每年对团堡村、茶稻村、桦栎村贫困户的茶园无偿修剪2次，防病虫害2次，发放有机肥料100吨，累计帮扶贫困户224户，给桦栎村赞助了茶叶修剪机6台。团堡村三组村民张修富，在公司专业茶园管护队的帮助下，解决了茶园管护不当的问题，年收入从1000多元增至4000多元。

茶园管理每年要锄4次草，春秋季节各开沟施肥1次、各对茶树进行1次修剪。每年每亩茶园约需14个管理工日，加上茶叶加工、养鱼等，每年有超过5000人次在科宏公司务工。每年的春茶采摘季节大约45天，其中旺季约20天，从收购台账看，每天有500人采茶卖给科宏公司，公司自己的园区里还有五六十人采茶。2020年4月24日，是当年采茶的第34天，采茶的旺季已过，当天有161人到公司卖鲜叶，总计582.5千克。平均算来，整个采茶季节，每天有不少于150人采茶。这些人都是当地农村的留守人员，大部分是贫困家中的妇女和老人，先后还有3名残疾人在茶场工作。除了采茶人员完全自行安排外，其余人员全部由公司安排贫困户劳力，实行分类聘用。公司对一些接受能力较强的人进行重点培训，形成帮助园区贫困户茶叶生产经营的骨干技术力量，对那些智低体弱的劳动力，由公司安排人带领，从事茶园锄草、施肥等简单劳动，每天工作8小时左右。

茶稻村六组的贫困劳力张英兰说，刘理科就像一位不走的扶贫工作队员，对当地贫困户和智力低下的人有很大帮助。她说她以前长期在外打工，2012年流转约2666.67平方米（4亩）水田到科宏公司，之后一直在科宏公司务工，工资从起初的50元一天涨到现在的70元一天，每年在茶场挣7000多元，自家还有约3333.33平方米（5亩）茶园，每年茶叶收入3000多元，加上土地流转收入，每年稳稳当当赚12000元。在茶场工作比较灵活，茶场没有工作的时候，还能搞些其他劳作挣钱。2019年她利用茶场工作之余养了2头猪，价值1万多元。张英兰说，科宏公司开的工资虽然不高，但是打工有稳定的去处，像她这样年近花甲的妇女，出门打工是会被拒绝接收的。科宏公司从不拖欠工人工资，都是按月结清。公司还义务帮贫困户修剪茶树，发给他们茶叶肥，茶叶长出来了公司包收购，付现钱。如果没有科宏公司及其提供的劳动场所，那些老弱留守人员就有脚无路，好多农户的土地都荒了，只能坐等国家救济。张英兰说，还有一个更大的好处，就是通过土地流转和在公司打工，帮助人们克服了无所作为的思想，树立起勤劳致富的观念，这是不能用数字来衡量的。

无法尽如人意　但求问心无愧

现在提到洄水的农业园区，当地群众大都会说一声好。但是正应了"好事多磨"这句老话，在园区建设过程中，刘理科受了很多委屈，好在他都任劳任怨地挺过来了。

茶稻村六组的另一个贫困户，家中只有两个老人，老汉82岁，老婆婆叫程维萍，77岁。程维萍说她们老两口已经种不了地了，多亏在2012年流转了约2666.67平方米（4亩）水田到茶场，现在每年土地流转费收入2000元，茶叶收入也有2000多元，虽然不多，但是自己挣点总比光靠国家救济强。她说这番话的时候，对刘理科充满了感激之情。据刘理科说，当年为了成块连片建茶园，程维萍不太配合，为了流转她家的土地，镇村干部和刘理科可没少给她做工作，好不容易才流转过来。好在最终终于将农业园区建成，双方达成了共赢。

科宏茶叶基地的茶园就在洄水镇的街道后面，2015年，茶稻村把建设通组公路作为脱贫攻坚的硬件工程。从街道经过茶园有几条公路通往茶稻村各组，园区内公路总长5.2千米，路面已做了硬化。占用的约1.3公顷（20多亩）土地不能再生长茶叶，每年却要付租金1万多元。为了打造旅游园区，科宏公司在园区内的公路两旁栽植了桂花、紫薇、樱花、玉兰、观赏桃花、橘树、落叶松等景观花木，把茶园建得像公园一样，这是刘理科的得意之作。不但外地游客到洄水时要到茶园去观光，就连洄水街道居民也把茶园作为早晚锻炼的好去处。更重要的是，通组公路改善了村容村貌，给各组群众的出行和生产生活提供了方便，是名副其实的惠民路。按理说是刘理科为通组公路作了很大贡献，却偏偏有人说园区路是刘理科私人的，还以刘理科把流转来的土地改变了用途为由要搞上访。经镇、村两级苦苦调解无果，最终以刘理科承诺必要时恢复所流转的土地原貌才罢休。

春分到立夏之间，是春茶采摘季节，其中清明前为最好时机，这时的茶叶嫩度好，适宜做高端茶，仅0.5千克（1斤）鲜叶收购价格便超过百元。农谚说"茶是清明客，隔夜老一截，过了谷雨节，老到看不得"，意思是说过了清明，茶就老得快，过了谷雨，茶就很老了。茶叶老了就只能作中低档茶，鲜叶收购价会越来越低，到立夏时节，0.5 千克鲜茶叶收购价格就只有几元钱，最后降到 3 元。大家也都知道茶叶老了会掉价，但茶农们对茶叶价格的期望值总是停留在高价位上，一旦降价，茶农总认为企业压级压价，但企业又必须保本经营，两者之间的认识差距很大，在茶叶收购现场有时甚至产生矛盾，过后才能互相谅解。4 月 24 日，已是谷雨过后的第 5 天，科宏茶业公司收的鲜叶 0.5 千克（1 斤）价格为 5~18 元，均价 10 元左右。有的人说："今天的价好低哟。"有一个人嫌价低，过了秤还把茶叶拿走了不卖，一个小时以后，又换人提来原价卖了，可能是到别处询过价才转来的。卖茶叶的人一面说价钱便宜，划不来，走时却又问道："明天还收不收，收的话再摘"。

面对类似情形，刘理科坦然地说："世上没有一帆风顺的事，科宏茶业走到现在这一步，只有继续努力往前奔，绝无后退之理，今后的发展，还必须靠群众支持，也会为群众带来更多实惠。矛盾和冲突可能是在所难免，但以前挺过来了，以后照样挺过去。我是群众一票一票选上的市、县两级人大代表，如果被困难吓倒，不能为他们做一些实实在在的事情，怎么对得起群众对我的信任。要让所有人都满意我做不到，但做到问心无愧是可以的"。（李录志）

乡土沃而家园福

"东方有木，月桂闻香"，素有"渚河明珠"美称的陕西紫阳县东木镇，因境内月桂葳蕤而得名。东木镇是"省级生态镇"，任河流域最大的支流渚河纵贯全境，滋润了茂密山林，浇灌了良田沃土，孕育了一方热土。近年来，全镇以生态立镇发展循环经济，建设秀美家园，全力打通脱贫攻坚"最后一公里"，用心、用情谱写富民兴镇新篇章！

东木镇是紫阳县西北部边远镇，辖 8 个行政村 1 个社区，其中深度贫困村 2 个，有建档立卡贫困户 2565 户 8530 人，到 2019 年底，全镇贫困发生率下降为 1.5%。近年来，全镇以县委、县政府决定实现整县脱贫摘帽工作为统揽，结合镇域实际，推动脱贫攻坚与乡村振兴有效衔接，实施"生态立镇、产业富镇、教育强镇、惠民安镇"发展思路，确保如期实现脱贫目标。发挥扶贫一线干部队伍实力，整合"四支队伍"力量，选贤聚能配备 8 个村驻村"第一书记"，对驻村帮扶干部进村入户工作制度、任务和纪律进行了明确的界定和规范，确保"拉得上，打得赢"。建立"抓镇促村"工作机制，夯实镇党委班子的直接责任和村党组织具体责任，全镇所有村活动室达到规划化标准，全面提升基层党建工作水平。围绕基础设施建设、产业发展等重点工作，精准施策力拔"穷根"。全镇"十三五"期间完成通村水泥路 24 条 79 千米，"油返砂"项目修复 31.38 千米，打通脱贫致富"交通动脉"，形成了"镇域相连，村村相通，组组相接"循环贯通、纵横相交的交通格局。全镇投资 1068.89 万元，实施了 16 个 37 处饮水项目，保障了全镇4154户农户饮水问题。全面落实健康扶贫政策，全镇贫困人口参合率和参加大病保险率达到100%，新建了7个标准化村卫生室，改建了集镇所在地的月桂村卫生室，配齐了8名有资质的村医，有效提升了村级医疗服务水平。教育扶贫，功德无量，全镇投资近1600万元先后新建了中心幼儿园、初级中学教学楼及校园进场路，改善了办学条件。投资139.3万元，完成了全镇高、低压线路改造及变压器扩容工作，供电能力全面提升，电力入户率达100%。建设以镇政府为核心的政治、经济、文化、商贸综合服务中心，坚持规划引领，高标准建设，把社区、园区、景区和社区工厂统筹谋划，社区饮水安全、智能供电、网络通信等各类基础和公共配套设施的相继完善，1332户易地搬迁对象圆了新居梦，开启了幸福新生活。

产业扶贫多面带动，让一方水土"富养"一方人。科学合理规划村、户主导产业项目，2100余名贫困劳动力通过技术培训和技能培训，成为科学种养新能手。2019年底全镇茶园总面积达到约666.67公顷（1万亩），魔芋种植面积约133.33公顷（2000亩），蜂糖李种植总面积达到约133.33公顷（2000亩），中药材种植20公顷（300亩）、花椒种植面积约6.67公顷（100亩），鱼塘养鱼、黑猪养殖带动了传统养殖业有序发展，实现了贫困村特色产业全覆盖。培育新型经营主体，鼓励外出创业成功人士返乡创业，建立省级农业园区1个，县级农业园区5个。以合作社为纽带，为村集体经济搭桥，实现合作社与脱贫攻坚相互促进，与贫困户互利双赢，全镇共组建农民专业合作社33家，结对帮扶贫困户900户以上。燎原村在帮扶部门中石油测井公司的大力支持下，鼓励35名群众入股成立了集体合作社，注册商标品牌，利用网络渠道，销售贫困户生产的农副产品，销售额已达300万元，实现利润50万元。培训修脚师300余名，家政月嫂30名，学员月收入3000元以上，职业技能培训结出"致富果"，撑起困难群众脱贫一片天。引进紫阳县紫盛源玩具有限公司在东木镇集镇社区开业投产，吸纳就业66人，其中贫困劳动力41人。"现在好了哟！企业就在家门口，既可以上班挣钱，又能照顾家里。"社区工厂员工高立琴一说起这样的好事就乐呵呵的。岂止是她一人心里乐呵，全镇群众生活在秀美家乡，把"福"字都贴在了心坎上。（刘全军）

双坪茶事

夏至节前，双坪村春茶采摘完毕，茶农们将一年70%以上的茶叶收入揣进怀中。务茶，是他们最重要的农事。

种茶"捡"了金钱橘

"春茶采完，手头不能闲着。"5月29日，双坪村一组贫困户常选华一边修理农具，一边想着如何谋一份短期工作。上午，他的妻子张恩菊刚到县城一家餐馆应聘服务员的工作，月工资1800元。

双坪村虽然是深度贫困村，但是气候温润、光照充足，是茶叶、柑橘的优质产区。该村充分发挥这一优势，已建成茶园约346.67公顷（5200亩），橘园80公顷（1200亩）。

老常曾是一位"以粮为纲"的固执庄稼人。在参加了多次茶叶、柑橘管理培训后，他转变了观念，将约6666.67平方米（10亩）耕地全种上了茶树。如今，他不仅是产业大户，还是技术能手。

双坪村推广"茶橘间作套种"，老常率先建了约3333.33平方米（5亩）。现在，套种的150株橘树已达到盛产期，年增收1万多元。

茶桔间作套种是双坪村历经多年探索出的成果，通过科学利用空间，实现每666.67平方米（1亩）茶园增收1500元以上。目前，这一模式已在沿江10个村推广。双坪村以此为基础构建以"一站两园三基地"为主体的现代产业科技示范园区，培育茶叶示范户50户，金钱橘示范户20户，新发展猕猴桃约4.67公顷（70亩）、瓜蒌2公顷（30亩）、食用菌2万袋。

客户不批采茶假

清明前后，贫困户高荣富最焦躁。一边是亟待采摘的春茶，一边是催货电话："老高，豆腐！豆腐！！"

他家有约6666.67平方米（10亩）茶园。高荣富和妻子吴显菊一年有11个月做豆腐，1个月采茶。春茶开园前，老高一一给客户"告假"，要豆腐的电话依然不断。

"我们打豆腐吃了不少苦头。"老高说。以前电压不稳定，他只能在半夜用电负荷小的时候粉碎黄豆；进城的路是条砂石路，遇到雨雪天气，三轮车就不能跑了，他只能挑着担子送货。

所幸的是，双坪村四年来硬化公路21千米、实施"油返砂"工程8.33千米、修复水毁公路20千米，高荣富的三轮车四通八达、风雨无阻。

亲戚动员他家搬到县城边的集中安置点，老高坚持改造旧住房。"电压稳定了，水泥路铺到门口，自来水引进屋里，我哪里都不去！"老高说。去年，他们家打豆腐纯收入4万多元，11头肥猪卖了3万多元，卖茶收入2万多元，总收入达10万元。

安居方能乐业。双坪村通过实施移民搬迁、危房改造，全村住房全面保障。同时，基础设施的改善打开了乡村发展的山门，一批家庭小作坊蓬勃兴起，双坪村发展了茶叶加工厂11家，获得"SC"认证的企业已有3家。

茶园留下"稀有男"

因为没有安全住房，叶应生被评为贫困户。2014年，他家在众人支持下，盖了三间砖混房屋，当年实现脱贫。

既要挣钱还建房欠账，又要照管茶园和父母、孩子，他们商量：叶应生留在家里，妻子出门打工。在大量人员外出务工的双坪村，叶应生成为"稀有"的留守青年。当年建房大家帮，如今张家茶园要修剪、李家鲜叶要运送，叶应生都力所能及地照应着。

叶应生和22户村民共用一口水窖。由于无人管理，经常发生堰渠堵塞、水管脱落的状况，大家不得不到河里挑水。于是，他组织大家讨论建立管水、用水制度，并带头集资聘请专人管理。

村组上硬化公路，叶应生是大家推选的质量监督员。虽然没有工资，他却同样兢兢业业，顶着烈日监督砂浆配合比例，检查路面浇筑规格。他说："我要对得起大家的信任。"

村支部、镇党委也在关注着叶应生，想将他发展为预备党员。县委常委、城关镇党委书记李作奎说："我们要在脱贫攻坚中培养人才，选拔人才。像叶应生这样有公心、愿奉献的同志，就是我们想要的村'两委'后备人选。"

双坪村始终坚持将党的力量挺在脱贫攻坚最前沿，村党支部和广大党员干部冲锋在脱贫一线，并探索创建了"支部＋科技示范＋贫困户"和"工委＋党委＋支委"的党建联动机制。（黄志顺）

第三篇

生态扶贫

综 述

落实六个一批　做实生态扶贫

紫阳县森林资源丰富，是实施退耕还林的大县，全县生态林、经济林等林地保有量约1824.53平方千米（273.68万亩），占国土面积的83%，其中森林面积约1383.33平方千米（207.5万亩），国家级生态公益林1024平方千米（153.6万亩），纳入国家生态效益补偿的林木约953.33平方千米（143万亩），活立木蓄积量353万立方米，丰富的林地林木资源为林农实现脱贫致富提供了重要支撑。

脱贫攻坚以来，县林业部门按照中央"生态补偿脱贫一批"的指示，贯彻落实《陕西生态脱贫攻坚三年行动实施方案（2018—2020）》，先后制定《紫阳县生态脱贫工作实施方案》《紫阳县林业局生态脱贫三年行动实施方案》《紫阳县林业局脱贫攻坚实施方案》等，围绕生态扶贫促进稳脱贫、稳增收这一中心，坚持脱贫与护林、增绿与致富的两大原则，扎实开展选聘生态护林员安排一批、落实林业惠民政策补助一批、实施林业重点工程带动一批、发展林业特色产业增收一批、开发林场公益性岗位就业一批、开展林业技术培训强技一批"六个一批"行动，支持和带动建档立卡贫困家庭人员增加收入，促进林业经济发展，既确保青山绿水，又推动生态扶贫。

一是选聘生态护林员安排一批。按照《陕西省建档立卡贫困人口生态护林员选聘实施细则》，制定出台紫阳县生态护林员年度工作实施方案和选聘管理、档案管理办法，严格公告、申报、审定、公示、聘用的选聘程序，在建档立卡贫困人口中精准选聘生态护林员2786名，涉及贫困家庭人口11335人。制定出台了紫阳县生态护林员资金兑付、考核管理办法，严格按照"县建、镇聘、站管、村用"的管理机制，签订聘用合同，进行岗前培训，划定管护区域，落实管护责任，加强监管考核。按照生态护林员每年每人5000元标准按月兑付劳务补助，年获得劳务补助1393万元。

二是落实林业惠民政策补助一批。全面落实退耕还林补助和生态效益补偿等林业惠民政策，2014年到2019年，国家级生态效益补偿基金涉及全县建档立卡贫困户34491户，累计兑现面积约2897.13平方千米（434.57万亩），贫困户累计得到补偿资金5647.39万元，户均得到国家政策转移性收入1600多元。2020年生态效益补偿面积约946.67平方千米（142万亩），及时将公益林补偿资金兑付给64913户农户，兑付补偿资金1849万元，面积资金兑付率99.99%，其中涉及在册贫困户15302户

50614 人，兑现面积约 244.93 平方千米（36.74 万亩），兑付补偿资金 477 万元。全面落实新一轮退耕还林和完善政策，2014 年至 2019 年，退耕还林完善政策和新一轮政策兑现涉及全县贫困户 21449 户，累计兑现面积 349.8 平方千米（52.47 万亩），累计兑现贫困户补助资金 8208.46 万元，户均达 3800 多元。生态脱贫补偿政策的有效实施，惠及全县贫困家庭生态效益户 34491 户 127781 人，惠及全县退耕还林贫困户 21449 户 79877 人。

三是实施林业重点工程带动一批。优先将林业重点项目和资金向有条件实施的贫困村、贫困户倾斜安排，2020 年完成飞播造林约 23.33 平方千米（3.5 万亩），组织实施约 6.53 平方千米（9800 亩）天保封山育林工程、约 6.67 平方千米（10000 亩）退耕还林工程。吸纳有劳动能力的贫困人口参与退耕还林、森林抚育、封山育林、人工造林、飞播造林等林业重点工程建设，在参与林业工程建设中增收，全县共计有 2800 余名贫困人口通过参与生态林业工程建设，收入总计达 420 万元以上，人均收入 1500 元。

四是发展林业特色产业增收一批。出台《紫阳县林业产业发展规划》，扎实推进"山林经济扶贫示范点"建设，大力发展林业特色产业，积极培育生态扶贫专业合作社，让贫困群众在发展林业特色产业中增收。2019 年创建了 5 个市级山林经济示范镇、6 个市级山林经济示范村，建成 116 个山林经济扶贫县级示范点和 6 个市级示范点，新建特色经济林约 19.93 平方千米（2.99 万亩），其中茶叶约 6.67 平方千米（1 万亩）、核桃约 6.67 平方千米（1 万亩），低改茶叶、核桃特色经济林 10 平方千米（1.5 万亩），完成林下种植 100 平方千米（15 万亩）、林下养殖 190 万头（只、羽）。

五是开发林场公益岗位增收一批。开发国有林场经济增设公益岗位，搞活森林旅游公园，带动周边贫困户经营。2019 年度，开发擂鼓台森林公园保洁员、护林员等公益性岗位 31 个，安置 31 名贫困群众就业。其中安排护林员和保洁员公益岗位 12 人，累计增收 13 万元；林业工程项目吸纳务工和开放经营场所带动贫困户 19 户，户均增收 30000 元以上。

六是开展林业技术培训强技一批。大力实施"千村千名林业技术员工程"，落实专人负责开展林业技术培训工作，采取给予参训人员交通、就餐补助费激励贫困群众参加培训，2019 年累计发放培训补助 17 万余元，发放培训资料 11000 余份，开展林业技术培训 120 余场次 10100 人次，全县 133 个贫困村林业技术培训实现全覆盖。

在扎实开展六个一批的基础上，县林业局按照《紫阳县生态扶贫巩固提升工作方案》，逐村逐户开展生态脱贫"三排查三清零"专项行动，查漏补缺，补短强弱，加强生态扶贫脱贫户监测预警和动态帮扶，做到生态脱贫工作事事有人抓、件件有人管。紧扣有生态脱贫需求的建档立卡贫困户，一手抓政策落实促脱贫，一手抓发展林农产业提质量。在生态扶贫工程的推动下，全县森林覆盖率高达 64.52% 以上，实现林业综合产值 28.8 亿元，荣获国家确立的"全国造林绿化模范县和省级山林经济示范县"。

（张　斌）

讲 述

把生态脱贫责任扛在肩上

讲述人：王华胜 时任紫阳县林业局生态脱贫办主任

我叫王华胜，高级农艺师，现任紫阳县林业局生态脱贫办主任和林业站站长。1988年下半年，我从汉中农业学校毕业分配到紫阳县林业局工作，先后在林业局园艺站、林勘队、飞播站、林业站等部门工作，参与退耕还林工程、绿水青山生态建设工程和生态脱贫工程，一生能围绕林业事业发展努力工作，我感到骄傲和自豪。

2017年是生态脱贫冲刺阶段关键年，局里成立生态脱贫领导小组，组建生态脱贫办公室，并抽调4名有能力的业务骨干专职负责生态脱贫工作。局党组推举我为生态脱贫办主任，承担组织协调开展"八个一批"脱贫攻坚行业扶贫生态脱贫工作。我们办公室人手不多，但每个人工作都兢兢业业，认真负责。我们按照"生态补偿脱贫一批"路径为行动方向，协同局委会制定《紫阳县林业局生态脱贫三年行动实施方案》《紫阳县生态脱贫工作实施方案》等，对全县生态脱贫工作提出具有操作性的建议。在生态脱贫政策实施过程中，我们紧扣全县有生态脱贫需求的建档立卡贫困户，一手抓政策落实促脱贫，一手抓问题整改提质量，促进全县涉林贫困人口脱贫致富。

我们从生态护林员公益性岗位、生态效益补偿、退耕还林补助以及林业产业和林业技术培训等方面协调行业部门展开生态脱贫工作，特别是在生态脱贫政策落实、补偿资金兑现管理、促进贫困户生态增收等方面，开展了诸多工作，取得了一定的成效，助力了脱贫攻坚。我们依托国家天然林生态保护、生态公益林管护、森林防火巡查等生态保护项目，设置林地资源管护岗位，积极争取国家和地方护林员岗位职数，安排一批贫困人口就岗增添家庭收入，纳入生态扶贫。这一岗位量大、人多、辐射面宽，面临的复杂问题也很多。我们精准落实中省生态护林员政策，按照《陕西省建档立卡贫困人口生态护林员选聘实施细则》，严格贫困户中选聘管理、护林员资金兑付管理、考核管理、档案管理实施办法。严格公告、申报、审定、公示、聘用的选聘程序，做到坚持原则，绝不优亲厚友。严格按照生态护林员"县建、镇聘、站管、村用"的管理机制。严格签订聘用合同、进行岗前培训、划定管护区域、落实管护责任、强化监管考核。通过这些严格精准细致的措施，精益求精地在全县建档立卡贫困户中选聘出了 2786 名生态护林员。按照每年每人 5000 元的标准按月兑付劳务补助，2017 年至 2020 年累计兑现生态护林员劳务补助 2431.21 万元，使这些符合条件的贫困人员转为护林员和防火队员，不离乡不离土，就地务工脱贫。为了使这一惠民政策落到实处，在基层不走样，我们经常在季度、半年、年底时深入燎原、瓦庙、麻柳、六河、界岭等本县边界乡村巡回检查指导生态护林工作、护林员聘用和护林员工资兑现监管情况，做到万无一失。

生态脱贫工程政策性、原则性强，项目落地、政策落实、资金补助发放兑现等工作，需要多个部门配合协商解决。我们生态脱贫办主动出击，协调相关部门积极落实生态脱贫政策实施，与各镇政府通力协作，相互支持相互配合，全力落实退耕还林补助和生态效益补偿等林业惠民政策，让贫困户享受阳光政策带来的实惠。2017 年国家两轮退耕还林补助陆续到期，依照省政府出台的《延长上一轮退耕还林生态林补助期限》政策，我们争取新一轮退耕还林政策支持，把退耕还林倾斜政策落到实处，及时兑现退耕贫困户补助资金，让退耕贫困户增加更多的政策性收入。2014 年至 2019 年，全县累计兑现贫困户退耕还林面积 349.8 平方千米（52.47 万亩），累计补助资金 8208.46 万元，户均达 3800 多元；全县生态效益补偿政策落实全部兑现，2014 年至 1019 年，我县国家级生态效益补偿基金涉及建档立卡贫困户补偿累计面积 2897.13 平方千米（434.57 万亩），累计兑现贫困户生态效益补偿金 5647.39 万元，户均共计增收 1600 多元，使这些贫困户在生态扶贫中享受到了国家政策的红利。我们结合国家、省、市、县的天然林保护、大巴山绿化、通道绿化、村庄绿化等工程，优先将项目向有条件实施的贫困村、贫困户倾斜，吸纳有劳动能力的贫困人口参与工程获得劳务收入。2016 年至 2019 年，先后吸纳 2800 余名贫困人口通过参与林业重点工程建设，劳务收入累计 420 万元以上，每个劳务者从中得到收入 1500 元左右，实现以劳务创收的目标。

围绕山林优势，扎实推进"山林经济扶贫示范点"建设。我们深入一线，尊重山民意愿，调整经济林种结构，大力发展成本低见效快的林下经济，促动贫困户增收。近几年在生态林业扶贫中，全县新建核桃、板栗、柑橘、桃子、花椒、香椿、木本中药材等经济林约 8266.67 公顷（12.4 万亩），创建了市级山林经济示范镇 10 个、示范村 15 个，如城关镇双坪村的橘园、泗水镇茶道村的桃园、高桥镇权河村的香椿山野菜产业基地、双桥镇六河村的厚朴中药材产业基地等等，都成功的发挥出了产业效益，并带动了当地贫困户的增收。为了充分利用林下空间，鼓励发展林下养殖产业，培育林下养鸡、林下养蜂、林下养牛等专业大户，如高滩镇八庙村赵清勋林下养鸡产业合作社，流转了 100 公顷（1500 亩）山林，养鸡规模达 10 万羽，年销售净收入在 30 万元以上，带动当地 320 户贫困户从事养殖经营活动；界岭镇金狮村方万山林下养蜂 200 多箱，年净收入在 10 万元左右，还带动了本村 5 户参加养蜂；红椿镇尚坝村宋仕维利用林下空间，建养殖场圈养牛 100 多头，年出栏 40 多头，净收入达 20 多万元，吸纳本村 6 户贫困户加入养牛业。这种以一带十，以十带百的产业带动形式，吸纳帮助了贫困户参与生态林业经营实体，促使贫困户在发展林业产业中增收致富。

为使生态扶贫务林户在生产经营中达产增效，我们生态办把林业生态防护、林产业技术培训挺在前面，让更多的贫困户用科学实用技术发展林产业，增加林产品家庭经营收入，2017年以来，在全县累计开展生态保护、林业实用技术培训264场次，培训贫困群众达17814人次，主要从森林法、森林防火条例、林业政策以及法律法规、生态护林员职责、林业产业技术、林下经济培育和管理等方面展开培训，提高了生态护林员的综合能力和贫困家庭林业生产能力。近几年，我们独立完成了麻柳、焕古、红椿、城关等10个镇的生态护林员的培训工作，在汉城、高桥、洄水、毛坝等镇的20个村，现场培训了林产业生产技术和林下经济经营知识。

这些年，我们林业部门通过脱贫攻坚和生态产业发展有机结合，山体山林得到了有效改观。一是有力促进改善了生态环境，变"穷山恶水"为"青山绿水"；二是有力发展了山水田林路综合开发，优化了林农产业结构，实现了依山养山兴产业的新路径；三是有力提高了贫困户的收入水平，还促进了一部分贫困户劳动力在本地就业创收，以生态助增收；四是有力实现了生态效益与经济效益的有机统一，使生态资源得到了保护性开发，山林生态经济可持续发展效果明显。这些工作成绩我们感到满意，没有辜负局党组局委会对我们生态脱贫办的期望。在全县脱贫攻坚生态脱贫任务中，我们林业局生态办主动积极勤奋工作；在生态扶贫业务工作中，我们生态办与省、市、县级主管业务部门上下联动保持一致，提高工作效率和执行力；在生态脱贫组织协调上，我们生态办低调做人高效办事，协同脱贫攻坚"八办两组"行业部门在生态扶贫政策落实上、资金项目上、生态补偿兑现上积极配合解决问题。（整理人：李兴建）

用心营造生态绿色聚宝盆

讲述人：符代芳　双桥镇六河村妇联主任

我叫符代芳，是紫阳双桥镇六河村村民，也是市、县人大代表，现任六河村妇联主任。我们这里是紫阳县有名的高寒山区，平均海拔1540米，也是全县面积最大的生态林保护区，有60.21平方千米，其中有厚朴等药材林3333公顷（5万亩）左右。现有贫困户298户，贫困人口有971人。这里山大人稀，村民主要以外出打工、生态林保护、中药材种植等林下经济为收入来源。这些年，作为村干部、人民代表，我始终在为村民找出路抓产业，促动贫困户增加收入脱贫致富。我以身作则走生态脱贫之路，投资发展厚朴中药材种植产业，几十年痴心不改培育厚朴产业园，村民们都称之我为能干泼辣的"厚朴女"。

我是高中文化程度，在边远山村也算是个文化人，2014年，因村民的信任推举我担任村主任，我一干就是好几年。我也是这里远近闻名种植厚朴200余公顷（3000余亩）的"药材大王"和产业大户。我是一个闲不住的女人，身兼村文书、村主任、村妇联主任、森林安全防护员等多职。

20世纪90年代末，我刚30岁出头，正是敢闯敢干时期。一心想干事的我，在国有林场、建筑工地打过工、家庭养殖场也开过，星星点点虽然挣了点钱，但于心不甘，不想小打小闹，立志要把自身的文化知识、妇女们自有的精明能干特点充分发挥出来，干一番能带领村民拔穷根、增收致富的大事来。

我们生长在大山，出路也在大山，只有依靠山地资源，用心经营脚下这块土地，咬定青山不放松，才能走上一条奔小康的阳光大道。为了实现这个愿望，我从2005年开始投身于厚朴种植生产，走生态绿色产业化之路。起初，我东借西凑了10万元，从汉中买回优质厚朴种子，经过育苗培养，连续两年成功培育出150万株厚朴种苗，一部分分给山民种植，自己种植培育厚朴园达约33.33公顷（500多亩）。随着厚朴种植面积不断扩大和效益的不断提高，我于2007年成立了"紫阳县明芳现代中药材种植产业有限公司"，注册资金达1200万元，走"公司+农户"的产业经营模式之路，组织鼓励更多的农户参与厚朴产业种植，实现互惠互利共赢。2011年，随着产业的不断扩大、公司收入的不断提高，参与种植药材的农户越来越多，这也得到了县政府和林业局的肯定和支持。于是我又投资10多万元，流转了村里60多公顷（1000多亩）荒山，将厚朴药材种植基地扩展到了约133.33公顷（2000亩）。2013年3月厚朴药材种植基地被安康市林业局评定为"市级山林经济示范园"，初步形成了六河村以公司为龙头，户户发展种植厚朴产业的好局面。

时逢2014年，国家脱贫攻坚战打响，随之而来的生态扶贫项目也开始实施，有国家政策支持，有国家资金投入，这对贫困山区来说，又是一次千载难逢的发展机会。如何找准发展山区产业切入点，自我发展创造财富，如何能促动贫困户自觉参与产业发展、增加家庭收入尽快脱贫，这是值得我们思考的问题。稳扎稳实抓好一个产业，既要符合生态脱贫帮扶政策，又要因地制宜适合山地资源实施开发，让广大山民乐于接受、稳定增收、可持续发展、能致富，这是我们继续努力的方向。

六河村山好、水好、林更好，我仍然咬定适合山民种植的厚朴药材进行大面积开发，让厚朴产业在我们六河村展开第二次飞跃，成为"一村一品"的王牌产品。2016年，我乘着脱贫攻坚生态扶贫项目的东风，成立了紫阳县明芳厚朴专业合作社，把更多的村民拉进来兴产业。我一头跑县林业局争取项目支持，一头走村串户号召村民参与种植发展，反复宣传厚朴品种的市场前景以及生态扶贫政策和产业发展的双重效益。要把产业做强做大，在一个闭塞的山村里，也不是一帆风顺的，还是有不少村民思想转不过弯，顾虑重重、胆小怕事，不敢投入种植兴产业。为了表示发展产业的决心和诚意，我从公司积累的资金中又拿出了20万元投入土地流转建园、购买树苗扩大种植、雇佣人员培植厚朴园。就这样坚持再坚持，我从最初的约33.33公顷（500亩）发展到现在拥有200公顷（3000亩）的厚朴种植园区。

通过锲而不舍的努力，至2019年，我的200公顷（3000亩）厚朴药材园林郁郁葱葱，长势茂盛，形成了一个巨大的林药宝库，满山遍野的厚朴林综合估值大约2600万元。厚朴自发展以来树干有20年株龄的、15年株龄的、10年株龄的，一茬又一茬释放出收获的果实,客商络绎不绝前来采购。近几年产品销售累计收入达500多万元,升级改造扩建了2000平米的中药材初级加工厂房,公司拥有产业园基地、生产性用房等固定资产总值达1500多万元。近3年分别带动吸纳60户、63户、77户贫困户实施企业帮扶脱贫,通过土地入股分红、参与公司厚朴产业园经营收益分配、优先吸纳贫困户劳动力进公司务工,3年间这些贫困户累计从公司得到收入达30多万元,户均得到收入达4500元左右。公司吸纳本村劳动力,30人常年固定在产业园就地打工挣钱,月收入都在2000元左右。有了这些摸得着看得见的示范效果,不少村民自发纷纷效仿,开发荒山荒地种植厚朴林。很多贫困户没有钱购买种苗,公司免费赠送、免费提供技术指导和保价收购保价销售产品等产前产后服务。公司这些帮扶举措,目的在于推动村民务林兴厚朴产业的第三次飞跃,真正把六河村打造成全县最大的"生态林药"基地,让山民户户有一块绿色银行,户户兜里有钱装。

  山地生态资源是六河村百姓的财富,我们公司为山里百姓创造财富搭建了龙头。至今,六河村户户都有种植厚朴,家家房前屋后都有林药产业,其中种植厚朴超过3.33公顷(50亩)的大户有200户、种植超过13.33公顷(200亩)的专业户有80户、种植超过33.33公顷(500亩)的超大专业户就有6户。全村以厚朴为主的中药材发展到了约3333公顷(5万多亩),林药原始财富综合估值大约1亿元以上。每年种植厚朴户均得到销售收入1.8万元左右,大大提高了村民的家庭经济收入。

  产业有规模了、产品增量了,但市场营销是个大问题,很多村民为销售难而发愁。作为村干部和一名基层党员,作为本村中药材种植有限公司龙头企业代表,我一直在想,只有种药户吃上了定心丸,得到了实实在在的实惠,产业才能延续发展,企业才有更大的空间发展。于是我责无旁贷,自费跑市场、找收购老板,到安徽亳州、甘肃天水、陕西宝鸡等药材销售批发市场考察,与有经验的药材收购老板商讨市场行情,解决种植容易、销售难的问题。通过走出去,我了解到了中药材市场脉向、中药材售卖品质、药材种植技术管理等情况。通过在外面考察学习,我眼界大开,体会也更深刻。要提高药材种植效益,必须搞中药材间作套种,多种经营、多渠道增加中药材销售收入。于是我激励种药户,将厚朴产业作为主打产品大力发展,充分利用土地空间、林下空间,实行林药间作作业,套种天麻、黄芪、大黄、党参、猪苓等矮茎中药材多品种,这样合理利用了植物形态特征、生理差异特征,构成合理的复合种植群体,形成一种"一高一矮、一胖一瘦、一深一浅、一阴一阳、一长一短"的药材生长环境,达到光合作用互补互利、中药材销售周期效益、中药材生产长短可持续发展效益。通过种植结构的变化,以种植厚朴为主养长、以种植天麻、猪苓、黄芪等其他中药材养短,实施这种有长有短的药材生产经营模式,让村民在长短结合中受益,增加收入。近两年,种药户除从种植厚朴得到的收入外,另外从其他出售的药材收入中,户均每年多增加4700多元,这不但激发了种药户的积极性,同时也发挥出了多品种生产经营药材的收益。

  在脱贫攻坚进程中,我的厚朴产业园不断扩展、企业规模产能也不断壮大,并在发展中取得了较好的成效和荣誉,我的辛勤奋斗努力没有白费。2014年3月,我被安康市妇女联合会授予"安康市三八红旗手"荣誉称号，2014年6月我被安康市精神文明建设指导委员会授予"安康好人"荣誉称号；2015年6月我被中国科协、财政部授予"全国科普惠农兴村带头人"荣誉称号，2015年10月被陕西省老区建设促进会授予"陕西省老区妇女创业创新能手"荣誉称号；2019年9月我被全国绿化委员会授予"全国绿化奖章"光荣称号。这些成绩我感到很是欣慰。去年我辞去了村主任职务，让年富力强的年轻人担此重任，带领村民实施乡村振兴建设美丽乡村。自己腾出手脚一门心思打造生态产业基地和厚朴药材深加工，吸纳更多的村民加入"紫阳县明芳厚朴专业合作社"，参与经营活动，做大做强"紫阳县明芳现代中药材种植产业有限公司"企业，让更多的村民融入公司就业、打工挣钱，让更多的村民从企业中提高收入。（整理人：李兴建）

风 采

"盘"山林的第一书记

"岳书记,帮我买点木耳。""岳书记,村上还有没有核桃?"春节将近,紫阳县双安镇沔浴河村第一书记每天都要接七八个这样的电话。通过近几年来持续推进产业扶贫和生态扶贫,沔浴河这个偏僻的后山村,逐渐步入该县林业经济发展的前沿阵地。

沔浴河村,一个以河流命名的村,却是水资源匮乏的地方。河水从山脚下走,汩汩滔滔流向汉江,而大多数群众住在山上,有些连基本的生活用水都不能保障。"除了缺水,我们还面临三大难题:交通成本高,坡陡平地少,增收渠道单一。"第一书记岳建武说。

紫阳县农林科技局自2014年包联该村以来,制定了因地制宜发展林业经济的思路。沔浴河村有1000公顷(15000亩)林地,包括部分椴木资源。而当地群众砍伐椴木只是用来烧柴,并没有体现其经济价值。驻村工作队决定利用这一资源,大力发展木耳栽培,并选派群众到外地学习技术,并对栽培木耳的贫困户给予一定补贴。二组贫困户聂大旺去年种了320架木耳,是全村最大的种植户。到了采收季节,岳建武通过多种渠道推广产品,使沔浴河木耳在当地消费市场走俏,仅县农林科技局局长鲍务林一次就为亲戚朋友代购了3600元的产品。

岳建武和县农林科技局专家考察了一种产量大、价值高、耐运输的花椒品种,通过"公司+专业合作社+基地+贫困户"的模式带动群众种植。栽植期间,全村组成10支专业队,每天上劳力160多人。岳建武忙得歇不了脚,在各个栽植队伍中来回指导。岳建武介绍,引进的花椒盛产期达20年以上,将成为贫困群众持续增收的长期产业。

截至目前,全村栽植花椒约73.33公顷(1100亩)、核桃约66.67公顷(1000亩),新建茶园约23.33公顷(350亩),栽培木耳1000架,养羊326只,开展林下淫羊藿药材试点种植。在岳建武的带领下,沔浴河村林业资源潜质被激活,林下经济"盘"出了贫困群众宽阔持久的增收之源。2018年,岳建武被授予紫阳县优秀第一书记。(黄志顺)

踏遍青山护生态

宋仕维是贫困户，一家老小共6口人，家庭负担也算够重，但他却把生态护林的重要责任扛在肩上，每天往返十几里守护着青山。四年的时间里，他一次次踏遍尚坝村一组30多公顷（500多亩）山林，守护着这片山林。

一

2016以前宋仕维一直在外打工，妻子在家照顾一屋老小，家境十分贫困，以前为了盖的3间土坯房子，还欠着一屁股债。他一直在苦苦寻找能多增加家庭收入的路子，希望能早日脱贫致富。2017年1月，村委会选聘生态护林员，勤劳朴实的他自告奋勇，第一时间向村委会报名申请担任护林员，村里担心他家里有老有小拖累大，加上家庭劳动力少走不开，他拍着胸脯说："请村委会的干部放心，我宋仕维身体硬邦邦的，吃苦受累不算什么，这个事我一定能干好，保证能让你们满意"。镇村生态护林员选聘名单下来的第三天，他就拿起弯刀等护林工具，一头扎进山林里，实地勘察地形，找护林监测观望点，走村串户宣传生态保护政策，防火防盗守护森林。

宋仕维生活在大山里，对山里的一草一木独有感情，能聘上护林员工作正合他意，干起来既带劲又认真负责。在一次村里举办的生态护林员岗位培训会上，大家一致推选他为片区护林组长，他们所划分的护林片区有160余公顷（2400余亩），共有4名生态护林员，他们采取分段承包、联防联护、各负其责、互帮互助的管护措施。就这样小宋除了负责自己的护林区域外，身为片区组长又添加了一份担子、多了一份操心，但他从无埋怨。为了确保山林安全不出隐患，他每天、每月、每年往复巡查在山上山下，尽心尽力，忠于职守。他还经常配合村组干部到全村每个护林片区，实地巡护、督促、检查，出现大小问题他都要亲自到场处理整改。他还以身作则，督促自己管辖片区的每一位护林员做好本职工作，哪里出现了意外情况，要互相通气、互相帮忙解决，由于他能吃苦耐劳，忠厚成实人好心眼好，大伙都听他的话。几年来，在他们负责的尚坝村一组方圆几十公里的山林里，没有过火情、毁林、乱砍滥伐等情况发生，确保了一方平安。

二

每逢春节、清明、七月半等传统节期，是森林火灾的高发期，宋仕维就开始忙个不停。一边，他拿着喇叭戴着袖章，耐心地巡查在自己负责管护的每一遍林地上，劝说每一位进山的人员，严禁在山林里烧香、烧纸燃放烟花爆竹，耐心地劝导后生们将香纸燃放品留在山下开阔地带处理，杜绝一切火源上山，把一切隐患消灭山下，不放过一丁点蛛丝马迹，守护好片区每一块森林。另一边，他配合村委会干部走村串户，向群众宣传移风易俗，号召大家保护生态、爱护山林，打破传统的陈规陋习，拒绝任何人带火源上山。他祖祖辈辈住在山里，对青山绿水独有情怀，他深深地领悟到了总书记说的"绿水青山就是金山银山"的大道理。他走到哪里就向群众说到哪里："大家一起来保护生态爱护树林，才能从心里行动上真正守护好这一片片绿色青山"。

年复一年，维护好生态、爱护好山林，已成了宋仕维生命中最重要的事情之一。每到除夕夜，他就紧张起来，时时刻刻惦记着，家家户户燃放的烟花爆竹会不会无意中点燃山林、后生们进山烧纸钱会不会发生火灾，他心里安静不下来，匆匆和家人老小吃过年夜饭后，便拿起一根木棍前往一座座山林巡查排险，在万家灯火团团圆圆欢快的夜晚，他在寒冷的黑夜里默默守护着。

三

虽然宋仕维前些年外出打工能挣点钱，但也仅仅只能维持家庭一般的生活开支，脱贫攻坚生态扶贫的好政策、好机会，给他家庭摆脱贫困找到了出路。2017年他有幸当选了本村的生态护林员，不离乡不离土围绕山林打转，一门心思开发生态经济，利用林地资源抓收入。他一手抓生态防护工作守山林，一手抓林下经济生产经营创收入，林下种茶叶、林下务干果、林下养殖等多种经营兴产业。宋仕维给我们算了一笔收入账：他每年生态护林员工资5000元、生态效益政策补偿年收入1400元、退耕还林政策补助年收入3300元，林下务茶叶年收入10000多元，核桃板栗年销售收入1200多元，林下养殖牛，年出栏40多头，净收入达18万元，他老婆在家里种点粮食蔬菜、再养2头猪，能收入3500元，共计一年收入能达到20多万元。他兴奋地说："这都是生态扶贫给我带来的增收效果，让我有了用武之地，以林兴产业促家庭发展"。他通过生态脱贫政策机遇和自身的辛勤努力，家里收入水平大大提高，成了村里村外有名的富裕户，家庭如期脱了贫，这期间还自建了200平方米砖混结构的小楼房，改变了贫困的家庭面貌，过上了满意的幸福生活。（李兴建）

第四篇
就业扶贫

综 述

农民就业增收的成功之路

拿什么保障贫困人口就业增收？这是从1978年12月党的十一届三中全会召开以后，紫阳县历届县委、县政府一直在不懈探索的民生答卷。这份沉甸甸的答卷，终于在脱贫攻坚的伟大战役中获得了令人欣慰的成绩——历经6年的艰辛探索，引领紫阳人民闯出了一条就业增收的成功之路。2014—2019年，全县累计实现劳动力在县内县外转移就业人数达60余万人次，其中县外劳务输出达42万人次，县内转移就业达18万人次。6年间，全县创劳务经济总收入228亿元，其中劳务输出累计创收160亿元，县内就业累计创收68亿元。6年间，通过企业用工订单、苏陕劳务输出协作等形式，共组织建档立卡贫困劳动力外出务工累计达13.8万人次，创劳务总收入52.4亿元，平均每个劳动力为家庭累计创收22.8万元。国家统计局紫阳调查队2019年贫困监测调查显示，紫阳县农民人均可支配收入调查数为10076元，其中农民工转移就业的工资性收入人均为5643元，占可支配收入比重的56%。

这是一组令人振奋的数据，是一座立在紫阳大地上的保障农民就业增收助力脱贫的丰碑。

一、政府决策与劳动就业工作体系的精彩转型

紫阳是人口大县，自然资源丰富但受限开发，是先后两次被列入的国定贫困县。紫阳县除一部分农民耕耘有限的土地，维持低水平生活外，还有2/3的农民干什么？他们的出路在哪里？县委、县政府经历了几十年的探索和不懈的奋斗。20世纪70年代掀起的几轮"农业学大寨"，试图把农业搞上去，人均达到约666.67平方米（1亩）基本农田，基本解决了农民吃饭的问题；在改革开放初期，试图通过兴办工矿企业、鼓励组织富余劳动力外出务工，来提高农民人均收入，实现全县人民"温饱"目标；进入新千年，试图经过工农业产业结构大调整，实施"工业强县、产业富民、城乡统筹、民生改善"战略，社会经济有了突破性的发展，人民生活水平有了提高。但是，与其他市县比较，紫阳在这一轮脱贫攻坚中依然处于"深度贫困县"之列。其关键的"症结"依然表现在农民的就业问题上。

新一轮脱贫攻坚战开始，县委、县政府审时度势，进一步优化劳动就业工作体系和服务职能，一改过去被动型的就业中介和组织服务，围绕贫困人口就业增收，着手劳动就业工作体系优化和服务职能的创新转型。

落实县、镇、村三级"一把手"负总责，分管就业扶贫工作。县级部门按职责落实就业扶贫工作任务，列入年度目标责任，严格考核，奖惩挂钩。选聘19名劳动就业保障协理员，分配到17个镇从事专职工作。在全县176个行政村（农村社区），配备村级兼职就业扶贫信息员。建立起县、镇、村三级公共就业服务体系，开展基础信息统计、就业扶贫政策宣传、健全"一库五册"工作台账，及时录入陕西省就业扶贫台账信息系统，与全省脱贫攻坚大数据平台进行数据推送对接，使就业扶贫工作有强大的组织保障。

2014年以来，紫阳县不断加大劳务组织输转力度，提升用工技能培训针对性，鼓励扶持兴办企业带动就业，通过"输血"与"造血"相结合的方式，拓宽就业扶贫和贫困人群脱贫增收渠道。构建县、乡、村三级贯通的劳动用工信息网络，以及全县农村劳动力资源数据库，多渠道、多层次地促进转移就业。每年利用"东西部劳务输出协作""春风行动""就业援助月""百企帮扶招聘服务"等活动，为建档立卡贫困户未就业人员搭建就业平台，促使贫困家庭劳动力有充分的就业机会、有稳定的打工收入，以劳务输出的"短平快"效果，促进贫困户精准脱贫。

县政府先后出台贫困户进城从事个体经营创收政策、贫困户劳动力外出打工补助交通费政策、农村青年就业创业补贴优惠政策。县人力资源和社会保障局先后制定办法、措施20多项，分门别类地细化就业扶贫奖励和补助政策，承诺对贫困家庭劳动力转移就业实行交通补助。公益性岗位安排就业困难人员或贫困劳动力就业，分别给予每人每月岗位补贴800元、900元，补助期不超过3年。特别设立就业扶贫公益性岗位616个，安排无业可就、无法外出、无力脱贫的"三无"贫困劳动力就业，每人每月岗位补贴600元。未脱贫贫困劳动力当年实现就业的、与用人单位签订一年期以上劳动合同协议的，给予每人每年500元的一次性求职补贴。

建档立卡的贫困户参加产业技术培训的，按照每人每天20元的标准给予生活补助；农村劳动者、城镇失业人员及贫困劳动力参加县劳动就业培训中心举办的各类职业技能培训的，实行"三包两免一补"全免费技能培训政策，并补助往返交通费每人200元。对首次创办小微企业或从事个体经营的业主，具备实体和工商证照规定条件的贫困劳动力和返乡农民工创业人员，可申请0.5万元的一次性创业补贴。对16~59周岁的残疾人，一次性补助0.5万元；发展产业的贫困残疾人，具备一定规模，经验收后一次性补助0.5万元；开办电子商务的农村残疾人，具备一定规模，经验收后一次性补助1万元。截至2019年，全县累计用于各类就业扶贫资金投入5600余万元，涵盖了175个贫困村，3.37万个贫困户，11.45万个贫困人口从中受益。

对贫困户家庭成员就业创业提高小额信贷资金额度，对创业人员从事个体经营的可享受高达10万元的担保贷款。持有创业登记证或其他有效身份证明的城镇失业登记人员、就业困难人员、高校毕业生、返乡创业农民工、网络商户、建档立卡的贫困人口等自主创业人士，在符合政策范围内和各类条款规定的前提下，就业创业、兴办企业、产业合作社和产业园区等，个人、合股经营等企业贷款额度最高不超过15万元、50万元，小微企业贷款额度最高不超过300万元。简化贷款发放流程，提供优质服务，在信贷政策原则下，开启快速放贷通道，为创业人员提供"一站式"服务。全力推进易地扶贫搬迁劳动力就业创业、贫困劳动力全员培训、劳务输出"三大战役"，积极探索扶志转勤、扶勤转能、扶能转富"三扶三转"就业扶贫新模式。优惠的创业贷款政策，扶持了5万余城乡劳动力在家门口实现就地、就近就业。至2019年，全县贫困户劳动者自主创业共计1182个。

二、推动就业培训与带动就业的完美结合

在国家就业扶贫政策的激励下，紫阳县实现了从动员培训到主动培训的观念大转变。政府工作部门以压力为动力，围绕贫困家庭创业就业需求，创新培训模式，开展多业多技能培训。

抓培训基地建设，突出特色技能培训。在基地建设上，紫阳以做大做强县就业培训为中心，以县职业学校、县农业科技局农广校、非公企业培训基地以及乡镇产业技能短训班为阵地，按照市场需求，对困难就业对象和"零就业家庭"劳动力做到应训尽训，愿训尽训。在特色技能培训方面，打造具有本县特色的修脚保健师、家政月嫂、家政保姆、茶园栽培管理、茶艺技师、富硒农产品加工、种植业养殖业能手、农家乐厨师等技能培训，拓展就业转移空间，增强劳动力价值。截至2019年底，紫阳县累计举办劳动力就业创业技能培训1000余期，培训人数累计达5.4万人次，其中培训贫困家庭劳动力2.1万人次，共培训修脚足浴技师405期，培训人数2.8万余人次；共月嫂、保姆家政服务培训35期，培训人数1358人次；职业茶农、民歌茶艺、茶叶职业经理培训35期，1314人次；中式烹调师培训52期，2608人次；电子商务培训24期，862人次；建筑劳务培训6期，283人次；焊工培训3期，118人次；毛绒玩具缝纫工及管理层培训16期，429人次；农村产业实用技术培训357期，14796人次；地方特色小吃培训83期，4275人次。通过这些项目培训，为劳动者自主创业打下了技能基础。同时强化对就业劳动者法律知识和劳动维权等知识的培训，深化对劳动者的维权服务管理，解决劳动纠纷突出问题和外出农民工的后顾之忧。

掌握培训信息，形成"三结合"培训格局。从脱贫攻坚战役一打响，紫阳县劳动人事和社会保障局就充分发挥政府部门职能作用，主动谋划和组建县、镇、村信息平台，全面掌握技能培训动态，坚持技能培训与企业挂钩相结合、与产业发展相结合、与市场用工需求相结合。根据贫困劳动力不同文化程度、不同技能水平，实行各尽所能的人力资源输送，增强就业的灵活性、针对性、实用性。在以"劳务输出"就业为主要途径的同时，鼓励农村青年和有能力的返乡农民工自主创业，通过兴办企业、兴建产业合作社、创立集团联营公司等形式，带动更多的贫困家庭劳动力就地打工挣钱。对建档立卡贫困户自主创业者和引领者给予创办企业发展基金补贴，并享受银行贴息免息融资政策。积极为符合条件的创业人员提供信贷融资担保，解决创业能力和资金不足问题。2014—2016年，全县共扶持建档立卡贫困户人员创业兴办各类企业592家，吸纳1790余人就业。

2017年，脱贫攻坚进入关键期，县委、县政府决定采取更精准有力的措施，动员

多方力量，凝聚就业扶贫合力，打造就业扶贫"升级版"。全县涌现出一大批自主创业的领军人物，他们以创办企业为就业平台，发挥出极大的带动效应。如何骏锋养羊合作社，与贫困户签订山地草场流转、养殖用工等合作协议，为贫困户免费提供仔羊，回收肥羊，统一销售，这种互换互赢的合作经营方式，让养殖户十分满意。至2019年，该合作社草场扩大到60余公顷（1000余亩），养羊规模达1500只，企业总资产达到500万元以上，吸纳27户贫困户加入养羊合作社，24个贫困劳动力常年在养殖场务工，入社的贫困户年增收入15000元。再如郑远元通过自主创业，创办了专业修脚保健服务集团有限公司，与县政府联手打造"龙头企业+政府推动+贫困人口"的"三位一体"的扶贫帮困新模式，以政府为主开办修脚技师免费培训学校，每年输送1万余劳动力在全国各地从事修脚服务行业，每年创劳务收入高达6亿多元。平均每年帮助建档立卡贫困家庭1600户实现了稳定就业，稳定脱贫。在他的带动下，紫阳成为全国有名的"修脚大县"。

特设公益岗位，保障"三无"贫困人口就业。紫阳县各镇村都不同程度地存在"无业可就、无法外出、无力脱贫"的"三无"贫困人口，成为各级政府的负担，也是驻村帮扶工作中的一大难题，与"两不愁三保障"的脱贫底线要求紧紧相连。为了破解这道难题，县政府从扶志的精神层面入手，以就业为出路，达到兜底安置。从2017年起，全县开发616个特设扶贫公益性岗位，用于易地扶贫搬迁安置点及镇村设置社会公共服务类事务，安置这类劳动力就业969人；针对贫困户中弱能劳动力较多的情况，相继开发弱能户扶贫公益专岗1991个、护河员水利公益性岗位276个；其他使用贫困劳动力就业的城镇公益性岗位397个，至2019年，累计安置贫困劳动力就业3062人。给这些贫困劳动力创造力所能及的就业机会，分别给予每人每月补贴800元、900元工资或补贴，兜底安置从生活上得到基本保障。

三、就业渠道与劳动权益保障措施的强力跟进

在脱贫攻坚的伟大战役中，农村贫困劳动力在实现广泛就业的过程中，县委、县政府十分重视就业渠道的拓宽与劳动权益保障措施的跟进工作，为农民就业创业增收保驾护航。

在拓宽就业渠道上，着力把握易地扶贫搬迁农民就业创业新态势，研究解决持续增收问题。在稳定常态就业增收渠道的同时，积极引进培育发展新社区工厂，促进搬迁农民充分就业脱贫。至2019年，全县发展新社区工厂64家，其中，毛绒玩具厂24家，服装鞋帽厂和其他加工厂40家。带动社区留守妇女和其他劳动力413人就业，工厂实行计件工资，激励就业人员勤学上进，多劳多得。留守妇女们下楼进厂，上楼回家，打工挣钱的同时，又能照顾家庭老人和小孩。双安镇社区工厂打出了一条横幅，上面写着"不用离开老和小，门口打工就是好"，表达出了社区工厂务工人员的真实心声。在苏陕合作协作过程中，紫阳抓住机遇，实施东西部劳务扶贫协作向纵深发展，继续夯实劳务经济基础，促进贫困人口增收。开展苏陕城市对接、企业用工对接、培训需求对接，使一大批贫困劳动力打工有去处、劳动有保障、收入能稳定。截至2019年，全县累计组织劳务输出42万人次，年平均7万人次左右。其中贫困家庭劳动力13.8万人次，年平均输出2.3万人次。

在劳动权益保障上，县政府工作部门与执法部门密切配合，对企业用工和工资兑现情况实行台账管理，把保障农民工工资支付工作纳入就业扶贫工作内容。县上成立"根治拖欠农民工资工作领导小组"，由县委常委、常务副县长任组长，县级22个部门负责人为成员，实行工作会议制度。每年度开展为期1个月的专项检查，对本县涉及农民工工资的支付事项进行全面检查，按照"谁主管、谁负责"的原则解决。政府带头做到国有企业项目欠薪案件清零、政府投资工程项目清零。在建项目要做到有农民工工资支付保障公示牌、有缴纳农民工工资保证金资料、有实名制管理资料、有农民工工资专用账户、有分包企业委托总包企业银行代发资料、应提供工程款支付担保的项目必须有支付担保资料等"六有"。雇用农民工的单位，按不低于本县1600元的最低工资标准按月足额支付。检查结果分为A、B、C 3个等级，对获得A等级的5个镇和8个县级部门予以通报表彰，C等级的3个镇和1个县级部门主要负责人被约谈。2019年制定了保障农民工工资支付专项考核细则，列入年度目标考核范围。

2017年12月，陕西省政府研究室、省人社局、省扶贫局的专家学者等齐聚紫阳，参加"扶志扶智，促进产业发展，实现精准脱贫"研讨会，专家学者一致肯定了"技能扶贫是联动各个业态产生效应的治本之策"。陕西省政府政策研究室主任杨三省说，"紫阳县'依托就业技能培训实现贫困户精准脱贫'的成功经验，值得学习推广。"

至2019年，全县扶持就业创业兴办个体工商户及经济合作组织累计1600个，企业累计吸纳从业人员9000余人，其中吸纳贫困劳动力从业人员4000余人。就业创业企业涵盖了农村农业产业经济合作组织及企业实体、农村社区工厂、批发零售贸易及餐饮住宿业、修脚足浴美发保健、家政服务护理、修缮修理等行业，促进了山区农村经济向城镇三产业融合发展。

"政府主导+龙头企业+基地培训+定向就业"是紫阳探索出的一条就业脱贫新模式。这一创新做法在陕西全省就业扶贫工作中被推广和借鉴。把扶贫、扶志、扶智与劳动力扶技相结合展开就业扶贫，综合运用企业聘用、社区工厂安置、能人创业带动、公益性岗位就业、定向组织劳务输出等措施，力促贫困家庭的劳动力能充分就业、能稳定增收。这种"扶在点子上，扶在根子上"的就业脱贫之路，必将越走越宽阔，越走越富裕。（方万华）

讲 述

培训增技能　就业拔穷根

讲述人：贾学平　时任紫阳县劳动就业培训中心主任

我在县劳动就业培训中心任主任多年，亲自操办了无数期、多种技能培训班，可以算是全县技能培训工作的知情人。现在，我应邀对全县开展技能培训的工作情况作简要回顾。

2014年以来，紫阳立足县情实际，把免费职业技能培训作为提高贫困群众致富本领、促进贫困群众稳定就业、帮助贫困群众增收脱贫的有效手段，探索出了一条"党政主导＋龙头带动＋基地培训＋定向就业"的技能脱贫路子，联通了扶技扶志、扶业富民的双向通道，形成了党委政府"造血"脱贫、特色产业引领脱贫、市场主体带动脱贫、贫困群众自主脱贫的多元精准扶贫格局，得到了中省市领导的肯定和新闻媒体的关注，省委书记胡和平、国务院扶贫办副主任陈志刚、人社部副部长汤涛、九三学社中央副主席赖明、生态环境部副部长黄润秋等领导先后进行实地调研。全省技能扶贫研讨会、全市技能脱贫现场会在我县召开，被肯定为"紫阳模式"进行全面推广。技能脱贫带头人郑远元荣获全国2017年脱贫攻坚奉献奖，远元集团荣获全国"万企帮万村"精准扶贫行动先进民营企业，2018年入选全国人社领域精准扶贫典型案例，2019年获全球最佳减贫案例、第二届中国优秀扶贫案例。

紫阳是全省脱贫攻坚主战场的核心区，贫困人口分布广，大多居住在边远山区，群众收入低，增收渠道窄，致贫因素多，返贫率高，脱贫攻坚难度大。要让贫困群众如期脱贫、脱贫不返贫，必须突破自然条件制约，走出家门挣票子。大多数贫困群众因受文化水平和自身条件的限制，缺乏专业劳动技能，长期从事农村传统种植业、养殖业，规模小、产出低、增收难，加之身居大山，信息闭塞，自我谋发展、思发展、抓发展的视野不宽、路径不多，难以通过自身力量实现脱贫。同时，贫困人口中的青壮年劳动力，有的有就业创业的愿望，却没技术，有的有就业创业的机会，却没能力，技能缺乏成为贫困群众就业创业的瓶颈。紫阳是劳务输出大县，自1987年以来，每年有8万多人外出务工，这些外出劳力，都未受过职业技能培训，只是盲目出门寻找就业岗位，大多从事采矿、建筑业等苦累危重工作，权益无保障、收入不稳定、安全事故多，一些青壮劳力因工致亡、致残、致贫，引发不少社会问题，造成新的矛盾纠纷。同时，随着产业结构调整带来的劳动力需求结构性变化，市场对"低端"劳动力的需求越来越少，导致大量农民工"回流"。部分贫困群众脱贫意识不强，一方面，一些贫困群众"等靠要"思想严重，依赖性强，安于现状，发展信心不足，缺乏"穷则思变"的内生动力；另一方面，一些贫困群众满足于小富即安、温饱即足，缺乏创业致富的气魄和本领，很容易因病、因学、因灾等突发情况返贫。

县委、县政府认识到，要帮助贫困群众战胜贫困、摆脱困境，必须从根本上解决问题，把转变思想观念、提高致富技能、激发内生动力放在首位，在精神上扶志，在能力上扶技，在经济上扶业，帮助贫困群众树立脱贫志气、掌握劳动技能、增强脱贫底气，引导贫困群众从"要我脱贫"向"我要脱贫"转变。要提高贫困人口劳动技能、拓宽增收渠道，必须加强技能培训，让全县5万多贫困劳动力学会一技之长，走上就业之路。2015年，县政府印发《紫阳县农民工转移就业培训工作实施方案》，对当年的技能培训工作作出具体安排。从这一年开始，农民工就业培训就成为紫阳县、镇两级政府常态化的一项重要工作。2016年，县委、县政府印发《紫阳县打赢脱贫攻坚战实施方案》，决定把技能培训作为扶贫攻坚的八大工程之一，纳入全县的中心工作布置和考核，坚持长年不断，一抓到底。

县劳动就业培训中心作为县上这方面工作的承办单位，严格按照政府主导、产业引领、龙头带动、技能脱贫的思路，坚持把技能培训作为扶智、扶技、扶业的总抓手，整合一切资源，凝聚一切力量，根据企业和市场需求抓培训，按照贫困户就业愿望抓帮扶，引导贫困户发展产业，帮助贫困劳动力转移就业，努力向"培训一位、就业一人，致富一户、带动一片"的目标持续迈进。具体做法可以概括为4个坚持：

第一，坚持产业引领，突出重点抓培训。2015年3月县委决定，紫阳县实行"生态立县、产业强县、旅游兴县"战略。围绕这一战略部署，我们把修脚足疗、家政月嫂、种茶制茶、电子商务、富硒美食等特色产业作为技能培训的重点，以技能培训促进产业发展，以打造品牌带动技能培训，做大特色产业。打造"紫阳修脚师""紫阳月嫂"等品牌，让贫困群众在发展三产服务业中增收。立足富硒资源优势，开展种茶制茶技术培训，培育壮大紫阳富硒茶产业，让"小小一片茶叶、富裕一方百姓"。以紫阳茶文化、紫阳民歌、富硒美食为重点，开展民歌茶艺、特色烹饪等技能培训，打造"紫阳味道""茶歌紫阳"等特色品牌，让贫困群众参与文化旅游发展，吃上旅游饭、过上新生活。结合"互联网+"，大力开展电子商务培训，推动国家电子商务进农村示范县建设，打造"富硒电商第一县"，让紫阳富硒农产品通过互联网走出陕西，走向全国。到2019年底，全县共开展修脚足疗培训405期28128人次，家政月嫂培训35期1358人次，电子商务培训24期862人次，特色烹饪培训52期2608人次，建筑劳务培训6期283人次，职业茶农培训25期1041人次，其他茶叶专业培训7期207人次，苏陕合作焊工3期118人次，社区工厂毛绒玩具缝纫工14期239人次。通过产业引领、品牌打造和精准培训，一大批贫困劳动力学得一技之长，融入产业发展，推动了产业转型升级，促进了群众就业增收。

第二，坚持党政主导，整合力量抓培训。县委、县政府每年将免费技能培训纳入全县20项重点工作和20件城乡实事，明确县级分管领导和职能部门包抓，年初向牵头部门下达实施培训的目标任务，由镇村及驻村扶贫工作队负责组织培训生源，完成情况纳入年度目标责任考核。明确分工，由人社部门牵头抓总，县人社局、文广局、妇联、经贸局、住建局分别负责修脚足疗、特色烹饪、家政月嫂、电子商务、建筑劳务单项培训，财政部门负责资金整合保障，教育部门负责提供培训场地，考评部门负责督查考核，龙头企业负责培训师资和就业安置，形成了分工负责、多方联动的推进格局。县财政每年预算安排800万元以上的技能培训专项资金，捆绑县人社局免费技能培训、扶贫局"雨露工程"、农林科技局"职业农民培训"、教体局"人人技能工程"等各类项目资金整合使用。2014到2019年的6年间，累计捆绑使用各类资金4500多万元，为技能培训提供了充足的资金保障。由县扶贫局、驻村工作队会同县人社局、县就业培训中心，建立在册贫困劳动力参训台账，实行培训一人、销号一人、就业一人、脱贫一户，确保了在册适龄劳动力有序参加职业技能培训，达到了精准培训、稳定就业、增收脱贫的目标。

第三，坚持政企合作，保障就业抓培训。坚持以市场需求为导向，以稳定就业为核心，以龙头企业为依托，以行业协会为纽带，对接产业发展、企业需求，政企合作、订单定向组织实施技能培训。结合市场用工需求和县域劳动力结构特点，坚持把技术容易学、进入门槛低、效益相对好的产业项目作为技能培训重点。通过调研评估，我们把风险低、投资小、见效快，对性别、年龄、文化要求不高的修脚产业作为首位培训项目，并把投入3000万元新建的职教中心作为国内第一个由政府主导的修脚技师培训基地。培训项目优选精选合作企业，与远元集团合作开展修脚师培训，与安康康嫂家政服务公司合作进行家政月嫂培训，联合县烹饪协会、县茶业协会开展特色烹饪、茶叶生产技术培训。培训机构与合作企业签订用工协议，出具就业待遇承诺书，明确最低工资、工资计发、生活待遇等保障条款，确保培训后及时就业、务工增收。在修脚足疗培训中，县劳动就业培训中心与远元集团签订了5年2万人的用工协议，就岗位安置、工资计发、保底金额、食宿安排、职务晋升、绩效奖励等做出承诺，为参训人员提供就业保障。政府对吸纳培训结业在册贫困劳动力就业的县内重点企业，按每人500元奖励企业，鼓励企业多用工、多用本地贫困工；对通过培训进入企业稳定就业的在册贫困劳动力，联村部门给予每人一次性200～500元的奖励，鼓励贫困人员主动培训提升技能积极就业；鼓励培训结业在册贫困劳动力自主创业，从县专项创业贷款担保基金中给予首次创业者8万～10万的贷款担保或贴息，既可以使劳动者自主创业致富，又创造了更多就业机会扩大就业。通过全方位保障，培训就业率达到70%以上，2014年以来全县培训合格修脚师有28128名，其中进入远元集团就业的有13666人，到其他修脚企业就业5168人，自主创业939人；培训电商人才862名，进入电商企业就业185人，开办网店、微店创业284人；培训特色烹饪厨师2640名，到餐饮企业就业665人，自主创业663人；培训家政月嫂1377名，实现就业676人；培训职业茶农1041人，自主创业706人。

第四，坚持费用全免，跟踪服务抓培训。针对贫困劳动力参加培训交不起食宿费用的实际困难，实行"零费用"参训。对参训人员实行"三包两免一补"的全免费技能培训政策，即包吃包住包就业，免学费及教材用品费，免费配备必要生活用品，补助往返交通费。对培训合格的再由合作企业解决入职路费，减轻参训人员负担，激发参训热情。近年，全县共包免培训费用 4500 万元。为了让参训人员集中精力培训，对参训学员实行住校封闭式管理、全天候授课。同时加强培训期间住宿就餐、纪律考勤、安全卫生、礼仪着装等管理，紧贴就业岗位需要设置教程，安排到专门基地实习，确保了培训质量和学员安全。县就业培训中心、劳动监察部门监督企业及时与就业学员签订劳动合同，县就业培训中心每月了解学员就业情况，每季度采取电话、短信、微信、QQ 等方式对就业学员进行回访，每半年到门店检查一次，形成"培训＋输出＋就业＋维权"全程服务机制，切实保障务工人员合法权益，确保了参训合格贫困劳动力"零负担"就业增收。

通过近年来的探索实践，免费订单定向培训这种模式，紧贴群众需要、企业需求搞培训，深受群众和企业欢迎，产生了良好的经济、社会效益，实现了互利多赢。主要成效体现在以下 4 个方面：

1. 拓宽了增收门路，加快了脱贫步伐。到 2019 年底，全县 19689 人通过修脚技能培训走上就业岗位，人均年收入达 5 万元以上；参加电子商务培训的学员，自主创业月收入达到 3200 元以上；参加特色烹饪培训的学员，通过餐饮企业就业和自主创业，月收入也达到 3700 元以上；参加家政月嫂培训的结业学员，就业后月保底工资达到 3500 元以上；参加建筑劳务培训的结业学员，到建筑企业务工月收入达到 3900 元以上。通过实施技能培训，带动了 1.4 万贫困劳动力实现增收，不少人还实现了"一年脱贫、两年建房、三年买车"的目标，技能培训已成为脱贫攻坚的"助推器"，"十三五"期间全县将完成免费职业技能培训 4 万人以上，贫困人口中的适龄劳动力参训率达到 80% 以上，实现稳定就业增收，促进脱贫致富。

2. 增强了致富本领，提高了就业质量。我们通过政企合作，根据务工需求开展技能培训，使更多的人有了稳定就业的技能，贫困劳动力带着技术"走出去"就业创业，增加了就业机会，提高了务工收入。目前紫阳修脚行业在全国 29 个省、市分布修脚企业 130 多家，开办修脚店 8000 多家，一般就业人员月平均工资在 5200 元以上，年薪 50 万至 100 万元的有千余人，而且工作环境均在室内，"不下井，不挖矿，干修脚，把业创，发家致富更稳当"，为贫困人口创造了一条风险低、致富快的脱贫之路。

3. 助推了企业发展，壮大了实体经济。通过政企合作、订单定向免费技能培训，既满足了群众脱贫就业多样化的需求，又有效解决了企业对专业技术人才的用工需求，为企业的发展提供人力资源保障。5 年来，我们为远元集团定向输送的学员已帮其开办直营店 5000 多家，成为其加速发展的决定性因素。参加特色烹饪培训的学员自主开办餐饮店、农家乐，参加电子商务培训的学员办公司、开网店，催生了一批新的经济实体，带动了三产服务业发展。

4. 培育了富民产业，推动了县域发展。修脚产业实现了快速发展，从事修脚行业的人数达 4 万余人，县内涌现出高桥镇铁佛村等修脚产业专业村，2019 年全县修脚行业经营收入达到 90 亿元，"紫阳修脚师"成为全国知名劳务品牌和行业领军品牌。紫阳富硒茶产业日益壮大，全县茶园达 14000 公顷（21 万亩），茶叶企业达到 303 家，有近 12 万人从事茶叶生产经营，年产茶叶 7318 吨，综合收入达 38.56 亿元，农民年人均茶叶收入 2700 元。生态文化旅游加快发展，2018 年旅游综合收入预计达到 17.14 亿元。县域电商蓬勃发展，全县发展电商企业 26 家，建立 71 个电商服务站点，培育网店 325 家、微商 1336 个，2017 年实现线上交易额 3.2 亿元，农村电商成为推动县域经济发展新的增长极。

这几年的技能培训工作，是脱贫攻坚的基础性工作。我有幸经历了这项工作的全过程，也让我深深地体会到，要充分依托地方龙头企业，鼓励贫困群众跳出农村，转移就业实现脱贫。实行从传统产业就业为主向服务业就业为主转型，从以就业为主向就业与创业相结合转型，从以体力型劳动就业为主向智力和技能型劳动就业为主转型。要与龙头企业结成利益共同体，实现互利双赢，必须有针对性地开展技能培训，为龙头企业输送专业对口、训练有素的劳动者，切实解决技能培训与企业需求"两张皮"的问题。要通过技能培训，引导贫困群众自尊、自信、自强、自立，激发其脱贫致富的内生动力，最终靠努力摆脱贫困，这才是扶贫的根本。也只有这样，才能发挥扶贫措施的最大效能，真正让贫困群众尽快摆脱贫困，迈向更加美好的新生活。（整理人：李录志）

我有一个梦想

讲述人：李小艳　康嫂公司紫阳分公司经理

我叫李小艳，1985 年 5 月出生于紫阳县瓦庙镇新光村一个叫王明沟的地方。这里与汉中市镇巴县巴山镇交界，山大沟深，自然条件差，交通闭塞，是紫阳县瓦庙镇出了名的贫困村。小时候，家里隔学校很远，天麻麻亮我就要背着书包去上学。寒冷的冬天，山里的孩子打着火把去上学的场景被拍了下来，曾在中央电视台播出，给很多人留下了贫穷落后的印象，也深深刺痛了我幼小的心灵。那个时候我就梦想能够摆脱贫困，和城里人一样无忧无虑地生活。

贫困并没有吓倒我，相反艰苦的环境磨砺出了我敢闯敢干、决不服输的精神。曾经怀着知识改变命运的梦想，经过奋斗，我终于顺利地考上了中专。毕业后，我就职于安康市高速客运公司，当上了一名乘务员，收入稳定、衣食无忧。可以说，个人的贫困摆脱了，个人致富的梦想实现了。然而每当想起家乡的父老乡亲还挣扎在贫困线以下、为衣食而愁，还有孩子因家里穷而上不起学，而我却无法帮助他们，我真的感到很内疚、很无奈。家乡的山水养育了我，故乡的情愫永远刻在我心灵深处。我又生了另一个想法，帮助父老乡亲们也摆脱贫困。这个时候，家政服务业引起了我的关注和思考，而康嫂家政服务公司成为我关注的重点。

我知道，随着人口老龄化的增速，家政服务越来越受到全社会的关注和认可。在这短短的几年时间里，陕西康嫂家政服务有限公司就有了安康康嫂人力资源有限公司、安康康嫂职业培训学校、紫阳县康嫂物业管理有限公司、紫阳县林泽养老服务中心等6家分公司，解决了很多城镇，特别是贫困乡村的贫困人口就业，改变了一个又一个贫困家庭的面貌。我感觉这是一个能带动就业，帮助更多人脱贫致富的好行业、好平台。于是2015年我辞去工作，决定从事家政服务业，加入了陕西康嫂家政服务有限公司。

2015年"康嫂"被安康市确定为重点特色家政服务品牌项目，引领全市家政行业朝着职业化、标准化、品牌化方向发展。公司重点为0~3岁婴幼儿提供家庭服务，开展人力资源、职业培训、养老服务等服务项目，采用特色的家政课程模块研发、人员技能培训、派遣用工、婴幼儿托育、幼儿早教、养老服务等产供销一体化全产业链服务项目，全力打造值得信赖的综合性家庭优质服务提供商。家政服务得到了紫阳县委、县政府的高度重视和各级妇联组织的大力支持，公司的发展多了一份助力，我也多了一份勇气和底气。2016年5月，我将康嫂家政服务引入紫阳，成立了康嫂紫阳分公司，开始实现我的梦想，康嫂家政服务公司与脱贫攻坚有密切的联系，因为公司面向的是城镇无业人员及贫困家庭的女性劳动力，初衷就是为无技术、无本钱、就业困难的妇女提供平台，也就是通过培训的方式，让贫困家庭的妇女掌握技术，找到就业岗位，实现就业扶贫的目标。康嫂公司的职员心系贫困户，在山沟里打转转，依托家政服务业，把精准扶贫做得实实在在。因此，康嫂家政服务公司很快就在紫阳火起来了，康嫂家政培训班的极具吸引力，吸引一大批城镇无业人员、贫困户家庭妇女参加培训并在康嫂家政服务公司从事家政服务工作。她们在短时间内摆脱了贫困，就业扶贫吹糠见米，效果十分明显。

为了给贫困户创造更多的就业岗位，助力脱贫攻坚，我们康嫂紫阳分公司投入"百企帮百村"精准扶贫行动之中。从2017年开始，公司主动承担9个贫困村对口就业帮扶工作，捐款3万元，帮扶10名贫困大学生圆了大学梦；2018年捐款5万元，帮扶瓦庙镇新光村拓宽通组公路，多方争取资金77万元，硬化村级水泥公路12千米。3年以来，共培训服务人员10000余人，直接带动就业人员5000余人。其中面向贫困户开展家政月嫂、家庭餐制作等专业培训220余场次，5778名贫困人口参加培训，提供就业岗位1600余人，共带动328户贫困户就业。2018年公司被安康市委、市政府评为全市助力脱贫攻坚"优秀企业"，我本人也获得了紫阳县"十大杰出青年"的荣誉称号，并当选为紫阳县女企业家协会监事长、陕西省巾帼家政服务业协会副会长。2018年，康嫂家政公司获得了联合国开发计划署和商务部国际合作项目支持，是陕西省属唯一的实施单位，紫阳是项目的实施地。该项目重点针对紫阳建档立卡的贫困人员，组织家政技能业务培训，通过推动农村劳动力与家政服务的精准对接，重点帮助农村贫困妇女摆脱贫困。项目的实施和带动作用产生了热效应，紫阳县的家政服务业迅速成为全省家政就业工作的主力军，公司的"家政月嫂"培训被紫阳县政府列为全县五大民生培训工程之一。县域内从事家政服务人员迅速增加到500多人，其中月收入达7000元以上的"金牌月嫂"超过100人。紫阳县的家政服务业在人们对美好生活的向往中发展壮大，逐步形成了具有地方特色的家政服务品牌。

"康嫂"品牌带动了紫阳乃至安康的家政服务业的全面发展，得到了中央、省级各级有关部门的高度关注与认可，省委书记胡和平、国家人社部副部长汤涛等领导对紫阳实施家政培训工作给予高度评价和认可。2019年公司又被商务部列为"全国家政劳务输出基地"，全国有31家基地，紫阳是其中的一家。近几年来，康嫂家政服务公司先后被全国妇联命名为"全国巾帼脱贫示范基地"，商务部"全国家政劳务输出基地""百城万村"家政扶贫试点示范国际合作项目基地，陕西省人社厅"全省家庭服务职业培训示范基地"，陕西省妇联"陕西省妇女创业就业示范基地"，安康市侨办、侨商会"定点服务单位"等。2018年公司被市委、市政府表彰为全市助力脱贫攻坚"优秀企业"。

这些年来，康嫂家政服务业在助力精准扶贫中取得了丰硕成果，党和政府给了我很高的荣誉。我被选为陕西省第十三届人民代表，在倍感光荣的同时，深感肩上的担子更重、责任更大。针对家政服务业存在的困难和问题，我向省人代会提交了"关于大力实施家政扶贫"的建议、"关于探索农村养老院实行第三方托管"的建议等建议，部分建议已被省商务厅、省民政厅采纳实施。

2019年6月，国务院办公厅印发了《关于促进家政服务业提质扩容的意见》，为家政服务业高质量发展指明了方向。家政服务有着巨大的消费需求，是民生保障工程的重要组成部分。家政服务伴随着人们对美好生活的向往一路走来，走在乡间的小路上，我相信在今后的乡村振兴中，路会越走越宽，前景更加辉煌。（整理人：向　连）

风 采

一个人的路　数万人的路
——记全国脱贫攻坚奉献奖获得者郑远元

郑远元的路，在"脚"上。

23年前，郑远元因家贫辍学，独自走上打工路。如今，他在全国共开设6000多家修脚连锁门店，将56000余人带上增收致富的道路。2017年，郑远元获得全国脱贫攻坚奖奉献奖，远元集团获得全国"万企帮万村"精准扶贫行动先进民营企业的荣誉。

郑远元创造了一个草根创业者的传奇！

郑远元创造着一个青年企业家的传奇！

衣单少年多磨砺

郑远元出生于紫阳县高桥镇铁佛村的一个普通农村家庭。14岁那年，因为家庭贫困，郑远元忍痛选择辍学，只身前往外地谋生。他先后学过杂技，当过厨师，进过工厂，饱尝生活的酸甜苦辣。17岁那年，郑远元跟随姨祖父学习修治脚病技术。

2003年9月，郑远元在汉中摆起了修脚地摊。2年后，他有了自己的第一家修脚门店，店员都是自己的亲戚。郑远元的修脚技术逐渐得到顾客的认可，回头客越来越多。随着经营的日趋成熟，一家、两家分店陆续开张，郑远元动员越来越多的亲戚朋友来到店里务工。当初离开家乡只是为了吃口饱饭，开一家门店只是为了过上富裕的生活，那时的郑远元没有想到，他已经为乡亲们共同致富探索出了一个雏形。

郑远元的老家紫阳县是深度贫困地区，这里的人热情、厚道，讲排面、重脸面，另一面则呈现为思想僵化、性情固执。"这样下贱的活儿能挣几个钱？"起初，大家都看不起修脚行业。乡亲们的这种想法在他的意料之中。"安全，不晒太阳不淋雨""家有良田万顷，不如薄技在身"，郑远元动员一名员工，不得不费尽口舌。他上门与邻里们拉家常，讲自己工作中的故事，讲在大城市里的见闻，讲足部健康在提高生活品质方面的重要性。

"不能接受就慢慢来吧，有几个算几个。"郑远元下决心，一定要把跟随他出来修脚的老乡带好，手把手地教他们技术、礼仪。当看到先走出去的乡亲们挣到真金白银时，几十名、几百名乡亲跟随他走出了大山。高挂"郑远元"招牌的门店也从汉中开到西安，从西安开到了省外。

大山之外天地宽

2014年，郑远元已经成为远元集团董事长。那一年是远元集团迅猛发展的第一年，紫阳县政府与远元集团等修脚企业开展合作，开启了"政府主导+企业运作+基地培训+定向就业"的就业扶贫模式。紫阳县劳动就业培训中心为贫困劳动力免费开办修脚足浴技能培训班，对学员实行"三包两免一补"，包吃、包住、包就业，免教材学杂费、免必要生活费，补贴培训合格者50元交通费。

余开成是紫阳培训中心第七期修脚足浴培训班学员。他曾有一段灰色历史，导致他找不到工作、找不到媳妇，与社会严重脱节。2014年底，从培训班结业的余开成加入远元集团，成为一名修脚技师。由于工作表现突出，他在第二年年初就被升为店长，时隔不久又晋升为上海直营店片区经理、上海直营店大区经理。2017年5月，余开成成为省区经理，年薪超过100万元，并组建了美满幸福的家庭。

在远元集团等修脚足浴企业的带动下，大量劳动力从事修脚足浴，紫阳修脚产业遍布全国30多个省市，开办门店9000余家，带动1.8万贫困人口实现稳定增收，"紫阳修脚师"被人社部认定为全国知名劳务品牌。

远元集团将在紫阳县的培训就业经验进行复制，先后与安康市旬阳县、宝鸡市扶风县、商洛市镇安县、湖北省随州市等19个县市合作，先后培训修脚技师4万多名，帮助2万多名贫困人口实现稳定脱贫。截至2020年6月底，郑远元在全国共开设了6241家专业修脚连锁门店，员工及各级管理人员达56169人，月平均工资达6000元以上。同时，远元集团现已发展成为以连锁直营、生物科技、健康管理、影视传媒、济困慈善基金会、远元商学院、装饰装修、劳务咨询八大产业为核心的现代化集团公司。

有情有义有担当

与善同行，不负韶华。无论是企业初创阶段的小富，还是成为集团公司董事长，郑远元始终没有忘记自己曾经的穷苦生活，没有忘记还在贫困线以下的乡亲。他主动担当起扶贫济困的社会责任，彰显了淳朴、善良、感恩、博爱的人格魅力。

从2017年开始，远元集团对来自建档立卡贫困户家庭的员工每人每月给予300元的贫困补贴。至2019年底，3年累计发放贫困补贴2400余万元。远元集团积极响应"万企帮万村"号召，捐款128万元在紫阳县毛坝镇岔河村创办"爱心土豆厂"。"爱心土豆厂"年收购当地土豆250吨，累计带动贫困户128户、474人。

在郑远元的倡导下，远元集团2014年成立了远元慈善基金会。他自己每月拿出固定款项捐在基金会账户，员工、店长、高管、股东按工资比例缴纳。

"请帮忙救救我的孩子！"2016年的一天，郑远元收到员工乐正兰的求助短信。当得知乐正兰的老公意外去世、儿子因肾衰竭花光家里所有积蓄，郑远元当即个人捐助4万元，并向集团员工募捐20余万元。

为强直性脊柱炎患者李涛捐款近30万元,为紫阳县163名贫困大学生捐款81.5万元……至2019年年底,远元慈善基金会共投入善款2598.32万元,资助贫困大学生723人,资助大病患者230多人。

三百六十行,行行出状元。郑远元深有感触:"创业不分贵贱。我能走到今天,主要是不屈服于命运,永不放弃,努力向上。"如今,郑远元的奋斗目标是在全球开设50000家门店!(黄志顺)

安置点办起毛绒玩具厂

中午11时40分,34岁的周远菊就会准时出现在学校门口,接10岁的女儿莎莎放学回家。周远菊是紫阳县蒿坪镇双星社区毛绒玩具厂的一名工人,如今在家门口打工,还能陪伴女儿成长,她过上了理想中的幸福生活。

周远菊从16岁起,就在江苏一带的工厂里做一线操作员、品检等工作。她人缘好,吃苦耐劳,务工这些年,也攒了一些家底。

结婚后,随着女儿莎莎一天天长大,周远菊萌生了回家的念头。"给女儿打电话,她很少讲话,后来连妈妈也不叫,甚至电话都不接了。"4月24日,周远菊告诉华商报记者,日渐疏远的母女关系,让她坚定了辞工回家的决心。她年幼时父母相继去世,没有谁比她更理解失去父母陪伴的孤独。

2014年,周远菊住进了紫阳县蒿坪镇双星社区的扶贫移民搬迁安置点,陪伴女儿读书。周远菊表示,自从回来后,女儿莎莎性格变得开朗了,学习成绩也一直保持在全班前三名。这期间,她也断断续续地找过几份工作,就是想找个事情做,能保证日常生活开支。

刚入住不久,周远菊和邻居们得到一个好消息,社区里要办一家毛绒玩具工厂。这是紫阳县引进的苏陕扶贫协作项目,计划吸纳1000名移民搬迁群众和建档立卡贫困户就近就业。

2017年12月28日,社区工厂正式开业投产,周远菊成为毛绒玩具厂的首批工人。她的工作就是将毛绒玩具的各个部分组接在一起。虽然此前没有接触过这类工作,但是经过一段时间的培训后,周远菊很快就熟练了。

"我把制作的第一只玩具、一只鹅黄色的小狗当作礼物送给女儿,莎莎特别喜欢。"周远菊介绍说,她在江苏打工的时候,只能去郊区租住民房,就这,每月最少花去三四百元的房租。如今,企业来到家门口了,上下班非常方便,每月还能有2000多元的工资收入。虽然比以前打工的工资少一些,其实细算下来也差不了多少。

截至2020年,紫阳县共建成社区工厂75家,为3000余搬迁群众提供就业,让群众在家门口就能挣钱,年轻人不用背井离乡,老人能够儿孙绕膝,孩子也有了父母的关爱和照顾。

周远菊说，她计划让远在云南打工的老公也回到社区上班，一起陪伴女儿成长。（黄志顺）

把紫阳技能扶贫模式成功引入湖北

"感谢随县就业局工作人员贴心的就业服务，感谢远元集团湖北分公司教我就业技能。他们让我找回了生活的信心。"湖北省随州市随县唐县镇的肖章翠是建档立卡贫困户，她参加当地开办的修脚师培训后，在随州市汉东路远元修脚店就业，月平均工资达 6000 元。

在随州市，有 35 位像肖章翠这样的贫困群众通过修脚师培训后实现稳定就业增收，而将这种技能培训的"紫阳模式"引入当地的，正是远元集团湖北分公司总经理鲁世兴。

出生于陕西省紫阳县高桥镇的鲁世兴，是远元集团湖北分公司总经理。2008 年，他带领一帮老乡来到这里开拓修脚足浴市场，因为处事果断、敢拼敢闯，把湖北市场经营得风生水起。

"我是从'黑领'变成了'白领'。"紫阳县洞水镇团堡村农民石万仲曾当过十多年矿工，经修脚培训后来到远元集团湖北分公司武汉鲁磨店上班，不到半年时间便被提升为店长，年薪十多万元。截至目前，远元集团湖北分公司共吸纳紫阳县 3000 名劳动力就业，年创收达 2500 万元。

紫阳县针对贫困劳动力技能培训需求，大力实施以修脚足疗为重点的订单定向免费技能培训，形成了"龙头企业+免费培训+定向输出+就业安置"的紫阳技能脱贫模式。该模式被评为 2018 年度全国人社领域精准扶贫典型案例，技能脱贫带头人郑远元荣获 2017 年度全国脱贫攻坚奖奉献奖。

"鲁总非常有责任感。他的责任感不仅奉献给了陕西乡亲和远元集团，也奉献给了他工作的荆楚大地。"湖北一位人社部门负责人说。鲁世兴多次抱着一沓资料到当地人社部门推荐紫阳县技能扶贫模式，邀请人社部门负责人到紫阳考察。

2018 年 3 月，具有"紫阳特色"的第一个省外技能培训班在随州市就业训练中心开班。培训班由随州市就业局和远元集团湖北分公司联办，随州市就业局负责就业培训，远元集团湖北分公司负责安置合格学员就业。第一期共培训 40 人，28 人在远元集团实现就业，其他学员选择灵活就业或自主创业，取得了理想效果。

技能扶贫的"紫阳模式"成功在湖北落地生根。截至 2020 年，随州市共开展"修脚师培训"80 余期，培训劳动力 4000 余人，3000 余人在远元集团实现就业。"我们将继续在随州市的县区开办培训班，带动更多的贫困劳动力就业。"鲁世兴说。（黄志顺）

第五篇
易地搬迁

综 述

安居乐业的现实抉择

2015年11月29日，由国家发改委、国务院扶贫办、财政部、国土资源部、中国人民银行联合下发《"十三五"时期易地扶贫搬迁工作方案》。12月1日，国务院召开全国易地扶贫搬迁工作电视电话会议，安排"十三五"易地扶贫搬迁工作，就此拉开了全国易地扶贫搬迁工作序幕。紫阳县"十三五"期间移民搬迁任务，在2016年确定为18357户65648人，其中易地扶贫搬迁15777户56618人，避灾、生态类2580户9030人。

县委、县政府按照"政府主导、群众自愿"的原则，将居住在生存条件恶劣、生态环境脆弱、自然灾害频发、生产方式落后、群众生活艰苦、公共服务设施供给短缺，无法通过各种投入达到脱贫目标，或需付出极大代价才能达到脱贫目标，即"一方水土养不起一方人"的地区的农村贫困人口搬迁到生存发展条件较好地方，并采取产业、就业、培训、教育、健康、社会保障等系列帮扶措施，使其摆脱贫困状况、实现稳定脱贫的综合性扶贫方式。由于紫阳整体自然条件较差，新时期易地扶贫搬迁，比其他单项扶贫措施实施起来更困难。因为经过早期的扶贫救助、避险安置等搬迁，已将大多数容易搬迁的贫困人口搬迁出来，尚未搬迁的贫困人口，发展基础更为薄弱，贫困程度更深。大规模搬迁安置的选址空间受到很大的限制，后续发展面临自然资源、发展环境、基础设施、市场条件等约束。要在5年内把剩余的贫困人口全部搬迁完毕，任务十分艰巨。县委、县政府把易地扶贫搬迁作为全县脱贫攻坚的"头号工程""标志工程"和"攻坚拔寨工程"。为了加强对易地移民搬迁工作的统一协调，2016年11月，县委、县政府成立"紫阳县移民（脱贫）搬迁工作领导小组"，由县委书记任组长，县长任责任组长，县委副书记、分管副县长等4名县委常委任副组长。县委、县政府和中省驻紫阳单位共30个部门负责人为成员，所有成员单位都落实了具体任务，明确了责任。领导小组办公室设在县搬迁办，由县搬迁办公室主任兼任办公室主任。

为了推动易地扶贫搬迁工作，2016年8月，县政府印发了《紫阳县移民（脱贫）搬迁工作实施办法》。规定按照"搬得出、稳得住、能致富"的总体要求，着眼"四化"（城镇化、信息化、工业化和农业现代化）同步，城乡一体，坚持顺应规律，系统谋划，统筹推进，把移民搬迁与城乡治理、新型城镇化、美丽乡村建设充分融合。通过引导搬迁群众进城入镇，或在农村中心社区集中组团安置，从根本上改善搬迁群众的生存条件和发展环境。坚持科学选址、统一规划、宜居特色的原则。以"四避四靠"为选址条件，即避开地质灾害易发区、避开洪涝灾害威胁区、避开生态保护区、避开永久基本农田，靠近城镇、靠近中心村、靠近产业园区（工业园区、农业产业基地）、靠近旅游景区。严禁易地扶贫搬迁中"原址重建"，严控"村东搬村西"就近安置。按照"统一规划、统筹安排，共建共享基础设施，集中提供公共服务，分类享受相关政策，区别标准组织考核验收"的原则，统筹扶贫、避灾、生态及其他类型搬迁。明确扶贫搬迁对象是建档立卡贫困户中需易地搬迁的农村人口，由省扶贫办提供精准到户名册。避灾搬迁主要对象是生活在工程措施难以有效消除地质灾害隐患点、山洪灾害频发和采煤塌陷区农村人口；生态搬迁对象是生活在省级以上自然保护区的核心区和缓冲区、生态环境脆弱区内，对生态环境影响较大的农村人口。避灾、生态搬迁按照户申请、组评议、村级初审、公开，镇复审、公示，县审定、公告的程序，广泛接受社会监督，公开透明、公平公正，精准识别，逐户签订搬迁协议，从严、从实确定搬迁规模。其他搬迁主要对象是国家及省级公路、铁路、水利等重点工程建设涉及的搬迁群众，以及城镇化和镇村综合改革等涉及的需搬迁农村人口。同时就安置方式、安置房建设、安置房补助标准、基础和公共服务设施配套建设等相关方面做了详细的规定。

2016年，安康市政府给紫阳县下达当年的8080户搬迁任务。当年易地扶贫搬迁5500户20700人，避灾、生态同步搬迁2580户。按这个任务量，全县规划建设73个集中安置点，集中安置7167户，进城入镇408户、分散安置505户，集中安置率达93.7%。由于当年任务下达较晚，来不及实现当年建成入住。加上这一年是新时期易地扶贫搬迁工作的前期阶段，主要是开展宣传动员、对象识别、选址及规划设计等方面的工作。这期间，早期进入陕南移民搬迁对象中的大部分群众都有了一定的获得感，他们客观上起到了宣传员的作用。各级组织着重需要向群众讲明的是新时期易地扶贫搬迁的意义、政策规定及与先前移民搬迁的区别。

与搬迁户一次性签订自愿搬迁协议、旧宅拆除复垦协议和自愿就业协议等3个协议，既是搬迁工作必需的程序，又是对群众进行一对一思想动员的工作过程，完全消除了宣传发动的死角。通过签订搬迁协议，使干部更加明白群众的意愿，了解群众的困难，群众也对自己搬到哪去、住多大的房、补多少钱的问题知道得清清楚楚；签订旧宅腾退复垦协议，约定了宅基地腾退的时限、面积、奖励数额及双方的权利和义务，切断了易地扶贫搬迁群众的困难和危险源。签订脱贫致富协议，约定了帮扶双方在产业发展、就业培训和帮扶措施等方面的权利和义务，明确一户一策、具体到人的创业就业脱贫致富办法，做到订单搬迁，以岗定迁。

2016年10月，省委印发《关于专题研究全省易地扶贫搬迁工作的会议纪要》，明确"十三五"期间易地扶贫搬迁对象的房屋面积，规定实行按人补助的办法和标准。此前陕南避灾移民搬迁政策是按户补助。2016年是新旧移民搬迁政策的过渡期，紫阳还有"十二五"期间陕南避灾移民搬迁对象的验收入住和资金兑付工作需要完成。为了保证政策衔接中不发生混乱，2017年8月，县政府印发《关于规范移民搬迁政策明确搬迁工作任务的通知》，明确新老搬迁对象的不同补助政策。规定易地扶贫安置住房人均不超过25平方米，人均自筹资金不超过2500元，户均自筹资金不超过1万元，是必须坚守的3条红线。

2017年上半年，紫阳对扶贫对象数据进行清洗核实，重新核实"十三五"期间易地扶贫搬迁对象20770户66397人，比2016年确定的数量净增4993户9779人，经省脱贫攻坚指挥部确认。根据任务变化，县政府调整"十三五"期间易地扶贫搬迁的总体安排布局，规划新建集中安置点66个，点均规模200户以上，其中3000户和2000户社区各1个，1000户社区5个，500户以上社区8个。同时把任务一次分解下达到了各镇。要求2017年底之前完成新增安置建房的招投标工作。各镇接到任务都迅速行动起来。

国家下达紫阳2017年易地扶贫搬迁任务8088户26679人，同步搬迁100户346人。安康市政府要求当年年底前，实现2016年国家和省级任务入住率达到100%；2018年6月底前，2017年的国家任务要全部入住；2018年12月底前，所有任务全部入住；2017年计划出列40个贫困村住房2773套，必须在10月底前达到入住条件，交付钥匙，兑现资金，实现入住。为此，县上加大了督查落实的力度，县脱贫办、搬迁办会同相关部门成立了项目前期启动、工程质量和安全监管、出列村住房保障等3个督促组，分赴各镇深入工地现场开展工作。实行周统计、月通报制度，每月对移民搬迁工作进展进行排名，在县电视台、县政府网站公布。发现任务落不实、底子盘不清、工程进度慢、政策执行不力的问题，进行全县通报，情况严重的移交纪委监察部门依纪依规问责。2017年，县委常委会专题研究移民搬迁工作7次，政府常务会议专题研究11次，分管县长召开移民搬迁专题现场办公会18次。县委书记、县长同时与各镇党委书记、镇长、县国土局长、搬迁办主任签订了年度目标责任书。制定《紫阳县移民（脱贫）搬迁工作考核实施方案》，将移民搬迁工作占脱贫攻坚年度工作年度考核权重，由18分提高到25分。全年共对季度排名在后3位的镇主要领导诫勉谈话16次。开展秋冬会战稽查整改"回头看"，对照目标任务和8大类44项工作重点内容，召开专题培训会议。按照"事前列单、事中跟单、事后清单"的管理机制，建立了问题清单和台账，连同当年审计结论、九三学社调研、交叉检查、专项检查反馈移民搬迁方面的37个问题，由县脱贫办以任务交办单的形式，将问题交办到各责任单位逐一制定整改方案，明确责任和整改时限，实行办结销号、压茬推进。将所有问题整改到位。

基层干部对任务增加和政策调整有些顾虑。一是担忧拉大与"十二五"扶贫搬迁群众的差距，二是担忧拉大与同步搬迁对象的差距。这些担忧并不是毫无道理。在实际工作中，原先的那些搬迁对象享受的补助确定相对较低，但他们也曾经见了"十二五"期间从户均补助1.8万元，提高到户均3万元、再到4万元、最后提高到5万元的过程，对自己没在享受到高标准补助，已有了心理接受能力，抱着早搬早享受的态度不去计较。但那些同步搬迁的与扶贫搬迁的相比，就觉得自己在补助上吃了亏，也有少数人上访，与贫困户攀比，说他是贫困户我为什么不是贫困户。最终都是通过耐心细致的解释化解了矛盾，对搬迁工作没有造成太大的影响。在规划征地的过程中，各镇都遇过到农户不配合，漫天要价，拉扯征地工作人员等问题，在施工过程中，甚至还有人采取断电、阻拦施工车辆等过激措施。但各镇都通过正确引导平稳化解了矛盾，保证了工程顺利进行。

面对新的易地搬迁政策，有的搬迁对象对安置方式和去向拿不定主意，他们互相走访，征求亲友的意见，一时间，搬迁成为农村最热门的话题。各级干部以集中安置人均建房补助 2.5 万元、分散安置人均建房补助 1.5 万元的算账对比进行引导，最终实现以集中安置为主的工作目标。又进一步因势利导，不依靠土地的搬迁城，半工半农的搬进集镇或中心村。

2017 年，完成入住 1350 户，达到入住条件 2998 户，主体封顶 3740 户。制定了《全县旧宅基地腾退实施方案》，坚持实事求是，区分轻重缓急，实行"两灾"户即搬即拆、贫困户 2 年内拆除旧宅的腾退策略，完成腾退约 153.33 公顷（2300 亩）。制定《紫阳县支持社区工厂发展实施意见》。立足自然资源、人力资源和主导产业，按照"搬前谋业，搬后就业"的思路，围绕社区建工厂、建好工厂促就业，扩大就业促搬迁，开发出"茶叶产业园区＋社区加工厂＋搬迁户""新社区＋新工厂＋搬迁户""特色农业园区＋农产品加工厂＋搬迁户"等多种以业促搬模式。建成社区工厂 8 家，启动玩具产业开工，安置了一批工人就业。建成茶业园区 45 家，13200 余名搬迁人员转为茶叶产业工人；通过技术培训组织劳务输出 1 万余人；搬迁劳动力上岗率达到 73% 以上。可以说，2017 年为全县全面完成"十三五"易地扶贫搬迁任务积累了经验、开辟了道路、打下了基础。

2018 年，继续对扶贫搬迁对象进行了清洗核实，核定"十三五"易地扶贫搬迁对象为 20376 户 66403 人；按照既定的任务和政策措施，紧锣密鼓地向前推进易地扶贫搬迁工作。加强执行搬迁政策的监督检查力度，查处超面积和超自筹标准的"双超"问题 1760 户 6130 人，其中超面积 1446 户 5127 人超自筹 314 户 1003 人，通过搬迁公司持股的方式全部整改到位，退还超额自筹资金 851 万元。当年确定的搬迁对象建房全部达到入户标准。

2019 年，易地扶贫搬迁进入全面收尾工作的冲刺阶段，整个安排实行倒计时，全县机关单位一律取消节假日和休假。全体县级领导联镇、县级部门包村、县级部门工作人员每人包 4 户、镇干部每人包 6~10 户。包联双方在县纪检监察机关注册建档，县上组建专职巡回督查组，检查对象直指包联责任人员。主体建筑没封顶或配套设施没完工的工程，实行全天候 24 小时加班。相关镇和县级包抓部门的主要领导，都把办公地点搬到了工地上，食宿全在工地。任河咀千户安置点是县计划、财政、国土、搬迁办共同包抓的重点工程，这些部门从领导到办事员全部出动，轮班上工地开展安全巡察、统计进度，随时解决施工单位需要解决的问题。饿了就由同事把盒饭送到工地，甚至是脚手架上去吃，渴了就喝一口瓶装水，累极了就坐在地上打个盹。大部分干部家在县城，离家只有一江之隔，而在最紧张的施工时段，同志们都是十天半月没踏进过家门。

房子修好了，保证搬迁对象入住也是一场硬仗。凡是达到入住标准的，概由包户责任人督促搬迁对象立即入住。有些搬迁对象举家外出打工，踪迹难觅，包户人员千方百计才把他找回来；有些户抱着有了房子不愁搬的态度慢慢拖；有的户老人不愿和子女住在一起，子女搬进新居，老人住在旧屋不走；还有已经搬家但以各种理由不腾旧宅的；也有嫌房屋装修简单，想搞豪华装修的。而对这些不符合搬迁政策的行为，工作人员晓之以理、动之以情，有的包户人员还亲自登门，好言相劝，请搬迁对象早点搬家。

在搬迁户旧宅腾退复垦的工作中，凡是其他类搬迁户、"两灾"搬迁户和危房搬迁户，坚决做到即搬即拆。确有正当理由的，按照"先站稳、后转身、再动步"的策略拆迁复垦。

新时期易地扶贫搬迁资金，由中央预算内投资、县政府承借陕西移民（脱贫）搬迁开发集团有限公司的易地扶贫搬迁资金、搬迁户自筹资金、城乡建设用地增减挂钩节余指标调剂资金、易地扶贫搬迁资金专户产生的利息等组成。成立了紫阳县移民搬迁投资开发有限责任公司，授权作为移民搬迁融资平台，具体负责易地移民搬迁专项资金财务管理和会计核算工作。实行县搬迁投资公司报账制，按照资金来源和用途核算，做到各类资金的财务信息明晰。

资金使用程序总体上是县搬迁办根据项目建设进度，提出资金拨付计划，经政府分管县长审签后，送县财政局，财政局按审定计划将易地扶贫搬迁资金拨付至县搬迁公司。具体支付方法为集中安置点建房项目、安置点配套基础设施和公共服务设施建设、工程前期费用，由各镇政府依据立项文件、合同及发票等相关资料向县搬迁办提出申请，县搬迁办提出审核意见，然后按资金审批和划拨程序，由县搬迁公司将资金支付至项目实施单位。分散安置建房项目，由各镇政府统一组织验收，将验收结果报送县搬迁办，然后按程序由搬迁公司将建房补助资金通过"一卡通"支付到搬迁户。购买存量商品房建房项目，由各镇政府依据相关资料提出申请，经县搬迁办审核后，由搬迁公司将建房补助资金支付到商品房开发单位或搬迁户。搬迁户旧宅基地腾退复垦的，经镇政府组织相关单位实地验收并汇总签章后提出支付申请，县腾退办审核后，县搬迁公司将奖励性补助资金支付给搬迁对象。项目实施单位在项目工程竣工验收后，按程序提供审核结算资料，依据审核意见结算工程款。结算时留足工程质量保证金，保持期满后，申请支付。项目实施单位对所提供资料的真实性负责。

至2019年9月25日，全县"十三五"期间所有安置房和基础设施配套建设全面竣工，达到入住标准并向安置户交了钥匙。由于县委、县政府部署周密，指挥得当，措施得力，纪律严明，各行各业齐心协力，全体工作人员奋力拼搏，使易地扶贫搬迁惠民工程如期完成，累计投入332803万元。其中，中省投入133121.2万元；市级投入19968.18万元；县级投入179713.62万元。实施易地扶贫搬迁19279户64168人。其中，集中安置17515户57461人；分散安置1746户6706人。集中安置率占90%以上，累计建成集中安置点139个。搬迁安置人口占全省同口径7%，占全市19%。全县应腾退旧宅基地15839户，已腾退15839户，腾退率100%；应拆除15627户，已拆除15627户，拆除复垦率100%。积极抢抓增减挂钩指标交易机遇，2018以来累计完成增减挂钩项目指标交易项目5个，约347.63公顷（5214.5亩），预计收益共12.84亿元，目前已到位5.9亿元。在投入工程建设的资金中，有一半又进入当地群众的劳务收入，这是一笔非常可观的现金收入，大约相当于全县易地扶贫搬迁户自筹资金总量的8倍。

实施易地扶贫搬迁工程，"挪穷窝""拔穷根"，实现了"两不愁三保障"，19291户64168人通过易地扶贫搬迁实现稳定脱贫。搬迁群众远离灾害源，降低了自然灾害对人们的侵犯和危害，所有搬迁安置点都经受住了2019年洪灾的考验。实施易地扶贫搬迁工程，引导农民有序地进城入镇，进城入镇安置13701户46553人，加快城镇化的建设步伐，县城和蒿坪已成为超过1万人的集镇，其他各镇集镇人口都超过5000人。集中安置点建成社区工厂64处，解决413人就业。农村加速土地流转，催生了一批农业园区，实现规模经营和集约经营，开拓出广阔的社区居民就业市场、中心社区都建有广场，配备有体育器材，建有公共厕所，便于居民开展文体活动和爱护环境卫生，享受健康向上的精神文化生活。（李录志）

讲 述

构建蒿坪镇村建设新格局
——蒿坪镇大规模易地扶贫搬迁建设回忆

讲述人：秦宗道　时任蒿坪镇党委书记

2016年4月28日，按照组织安排，我从恒紫飞地园区调到蒿坪镇担任党委书记。蒿坪镇是紫阳县的北大门。二十一世纪之初，县委、县政府将这里规划为县城副中心，前几届党委为实现这一目标付出了艰辛的努力，但任务依然很重，又恰逢决胜脱贫攻坚的紧要关头，我的压力也很大。上任之初，我用1个月时间走访全镇13个村和2个社区，掌握第一手资料。归结起来，大多贫困户都有一个梦想，就是希望搬出大山，告别土坯房，搬到"城里"来，住上新楼房。我想除部分有条件的村陆续新建集中安置点外，还有1万余人盼望着搬进集镇定居。蒿坪镇地势开阔，容纳面积没问题，除了征地难度大，就是从征到建再到住的一大笔钱从哪来的问题。

经过反复商讨、研究，我们决定将副中心镇建设与易地扶贫搬迁社区建设相结合。我带着相关领导和城建办的干部满街转。在街上看不到全貌，就爬到山上去俯瞰集镇，比对哪块地方最适合；又到北沟口、瑶湾、陈家沟、杨家院子、闫家湾、廖家院子、堰塘湾去一处一处走访、勘察，看地势、看交通、看饮水、看发展前景。一个星期后，我对全镇的建设、规划、发展形成了一幅较为清晰的画面。

老辈人说"瞌睡来了就有人送枕头"，这话真不假。没过多久，县委、县政府为打造副中心镇建设，决定对以前部分管控有规划的区域进行建设。这个消息犹如一针强心剂，让我兴奋了好几个晚上，因为通过前期的实地勘察和了解，蒿坪集镇最适合建设安置点的地方就是"廖家院子"这块约13公顷（200多亩）的黄金地段，这里交通便利，和集镇街道一河之隔，建起后会起到拉大集镇骨架的重要作用。

我组织召集不同层面的座谈会，听取规划设计人员、村干部、贫困户代表的意见和建议。经过反复勘察和论证，党委、政府最终将廖家院子开发区初步规划为"千户社区"，社区里面除易地扶贫搬迁安置房，还规划有商业用房、酒店、医院、学校等配套设施。我们以规划为引领，以项目为带动，以机制保障为支撑，以改革创新为动力，紧盯"中国第一魅力硒镇"为目标，聚力打造生态环境优美，富硒产业聚集，田园新城引领，康养休闲配套的特色小镇。

2017年3月24日，紫阳县政府同意我们的建设规划方案。可是规划出来后，障碍随之出现，廖家院子部分原住居民听说要拆迁，真是狮子大开口，漫天要价。有人劝我放弃这里的开发，说是那些人太难缠，征地拆迁太难。但我不信这个邪，认定政府搞开发是为了整个集镇的发展、是为了更多的人能够提高生活质量，这个理是对的，相信大部分人是会支持的。经县政府同意，我们成立全县第一家镇级城投公司，进驻廖家院子的第一件事，就是把这个片区的住户集中起来进行政策宣传，给他们讲蒿坪的发展、廖家院子的前景以及建设规划、拆迁补助标准。在第一次会上拥护的人还是很多，大部分群众都很支持。

我们把新区定名为蒿坪镇"红旗社区"。这个新区整体开发需拆迁房屋涉及2个村116户710人、35000平方米，征地面积约14.67公顷（220亩）、迁坟50余座，其难度是不言而喻的。在征地拆迁过程中，我带队深入征迁户，耐心细致地做思想工作，推心置腹地交心做朋友；对农户提出的一些合理请求，协调各级部门开绿灯，特事特办；白天脱贫攻坚、晚上征地拆迁，誓有不签协议不收兵的决心。同时，将征迁任务划分到各领导及部门负责人头上，以周通报，限期完成，超期问责的工作方式，形成人人参与征地拆迁，人人知晓征迁政策，那真是群策群力"八仙过海，各显神通"的工作氛围。

在征地拆迁和迁坟过程中，稍有不慎就会引发各种矛盾。因此，我们尤其强调"和谐拆迁，和谐建设"的工作原则，时时提醒工作人员注意政策，讲究方法，做到公平、公正、公开，杜绝优亲厚友、徇私舞弊的现象，接受群众监督，真正做到让利于百姓，而又不违背原则和政策。拆迁中"动祖坟"，是一件更难缠的事，为了不违反传统习俗大忌，我们把迁坟任务定在2019年农历大寒节后的10天内完成。在党委扩大会上，我们采取抓阄领任务的方式，从站、所办负责人到书记、镇长，谁抓到哪家谁就负责那家的思想工作。号召动用一切可以利用的社会力量推进拆迁，在短短的一周内顺利完成新区建设范围内所有坟墓的迁出任务。

2017年2月16日，集镇安置社区作为全市重点项目正式开工建设，标志着副中心镇、全市重点镇建设也同时启动。这一天，是蒿坪镇建设史上的转折点，整个集镇新区计划建设住房3000套、可容纳10000余人，其中前期以户定建，计划建设易地扶贫搬迁安置房22栋892套。为了保证房建工程质量，我们通过公开招标选择资质全、能力强、建设质量硬的建筑企业入场施工。采取"三选一公开"的办法规划建设，一是房屋的设计样式征求住户意见由大家选；二是工程质量监督方面，每个点选派两名建房代表全程参与工程建设质量监督，确保建设最优质的住房交付给广大搬迁户；三是分房时按照摇号方式进行公平公正的选房；建房成本价格严格控制在政策规定范围内。

在新区建设中，我们战严寒斗酷暑、白天黑夜两班倒，利用一切有利天气抢抓进度。在1号楼建设中，因房建企业资金周转出现困难，无法保障建设进度，我想方设法从别的工地协调水泥、钢筋、砖瓦，协调工人加班加点抢抓滞后的工程进度，买来钢丝床和被子，晚上驻扎在工地监督施工，经常和工人一起熬到凌晨两三点才回工地的临时宿舍休息。那段时间正值盛夏，蚊子肆虐，花露水擦了一遍又一般，依然挡不住蚊子的进攻，我身体裸露处被叮咬的全是红疙瘩，可是不坚守工地又怕影响后期群众的搬迁入住，想着哪怕提前一天完工也是好的。随着雨季的来临，又一影响进度的不利因素摆在面前，我们采取搭建雨棚、购买雨衣等办法，和老天抢时间、抢进度。

2018年9月，经过一年多的建设，大部分房建主体已完工。看着一栋栋高楼拔地而起，整个集镇的面貌焕然一新，隔三岔五地就有搬迁户来找我咨询，"我的房在啥地方？""我的房面积有多大，户型是啥样子？"……搬迁户的心比我们还着急，毕竟房子是一个家庭一辈子的大事，这时候我又在思考："能不能提前分房？"在党委会上，我把我的想法提出来商议，大家也认为可以这样操作，先给搬迁户吃一颗定心丸。9月19日第一批次选房大会召开，这一天好多搬迁户来到镇政府，大会议室都坐不下了。我们的选房是按照家庭人口分批次来进行的，可是好多不是第一批次选房的对象也来了。我们很理解他们的心情，工作人员只好苦口婆心地解释，让这些人先回去等通知。

为了确保选房公开、公平、公正，我们第一步先抽选房顺序号；第二步按顺序号来选房。每一个批次户型、面积都是一样的，但选在哪栋楼、第几层，这就凭各自的手气了，我们纪委对选房过程也有全程录像。经过一周的紧张工作，892套房全部分配完毕，没出现一户因感觉不公平或者对房型有不满情绪，都高高兴兴拿着自己的选房确认通知单回家了。这么顺利，是我没有想到的。由此可以看出，只要我们心中有百姓，只要我们是真心实意为他们做事情，群众都是会理解和支持的。

选房结束后，我们对已交付的搬迁房逐步向群众交付新房钥匙，这也标志着我镇的易地扶贫搬迁进入到最关键的装修入住阶段。这个住房保障可不仅仅交了房拿了钥匙，而是要贫困户实现装修入住，能在里面生活。好多贫困户拿到新房钥匙都想等儿女回来好好地设计规划一番，然后再找人精心装修。可是时间不等人，如果贫困户不按照时间节点入住，那对我们的脱贫退出影响是很大的。为此，我们动了不少脑筋、想了不少办法。我们按照干部包联，采取三个主要领导分片区负责，每栋楼实行楼长制，楼长由我们所有的领导担任，目的就是为了协调解决装修中存在的困难和问题；每个干部按照各自包联对象负责到户，谁包联的这一户就负责这一户的装修入住工作，这可不是简单的做下思想工作、动员一下让他早点装修，而是实实在在地去帮助群众做实事，和他们一起商定装修方案、把握装修标准、联系装修队，一起到建材店选材料、定价位，对那些家中年轻人不在的还要通过电话、微信、视频等方式确认装修方案。在装修过程中，包联干部每天都要到房子里面看进度、查质量、核标准，然后把这些情况通过微信、视频等方式反馈给在外的人员，让他们安心在外工作。像帮忙搬运砂石瓷砖、协调联系水电那更是家常便饭，我们干部说"我自己装房子也没这么上心过嘛"。那段时间，安置点格外热闹，干群关系特别融洽，干部的付出，群众都看在眼里、记在心里。就连装修师傅都说"现在不光国家的政策好，干部也好啊，装修房子比自家的房还尽心尽力"。

随着时间的推移，我们面临最大的困难是几百套房的装修用工问题。蒿坪镇本地根本就没有这么多的装修工人。不要说蒿坪镇，全县内的装修工人都非常紧缺。一段时间，我们的装修进度停滞不前，老百姓急，我们更急，因为再有几个月的时间就要迎接全县脱贫摘帽评估，如果因为住房问题导致我们这几百户群众无法脱贫出列，这不但影响到全县的脱贫摘帽，我们也将会前功尽弃，反而成为历史的罪人。

没有装修工人怎么办？我在讨论会上说："蒿坪没有工人就在全县找，本县没有工人就从安康、汉中找。每个领导、每个干部都发挥自己的社会关系网，想尽一切办法为群众找工人。"结果周边的工人很快联系完了，用工依然短缺。这个时候，我想到四川是劳务大省，能不能从那边找些工人过来？我立即联了几位四川籍在紫阳境内做房产开发的老板，请他们联系那边的劳务输出公司。可是人家一听说是给贫困户装房子，担心工钱不好结算，都不愿意来。这可是"等米下锅"啊，情急之中，我拍着胸膛担保，说"装修完毕后结算不了工钱就找我要"。终于从达州、万源等地请到了150多名工人。这批工人走到半路就被我们的包联干部提前"预定"完毕了。

工人有了，就要抢装修进度。我们实行"日报告、周公示"，刚开始公示的时候，个别干部不当回事，说一个月就能完成所有装修任务。我一看，这进度有点太快了吧，不相信能力有那么强。为了真实掌握进度，我每周带着纪委干部一栋楼一栋楼地核、挨家挨户地查。那个时候电梯还没开通，而且又全是高层，全靠两条腿一层一层地爬、一户一户地敲门，来来回回地上楼下楼，一整就是一天，对体力消耗特别大，晚上回到宿舍躺在床上两条腿就像灌了铅一样。

用工难解决了，装修进度也解决了，可到处买不到室内门的问题也来了。搬迁户都是贫困户，家庭条件都很困难，装修都是很简单的，只能满足日常必备的生活功能，但不装门不行。建材市场一道门要上千块，这对贫困户的负担太重了。怎么能买到经济实惠的室内门？我只好跑市场多方打听。在蒿坪搞建筑的一位老板看到我每天为了门的事急破头，帮我联系到成都一家有几百扇室内门的企业，听说是给贫困户用，也愿意把价格降到200多元一扇，但必须是现金支付。这又把我难住了，也不可能动用公款，等把每户的钱收齐了再去买门，估计黄花菜都凉了？怎么办？左思右想，就发动干部凑，到处借，终于筹到10余万元现金才把400多扇门给买回来。

2019年9月30日，我们在蒿坪红旗新区举行盛大的集中搬迁入住仪式，全镇人民载歌载舞共庆祖国70岁生日和全镇1279户搬迁户新居落成。至此，宣告蒿坪镇针对地质灾害威胁户、洪涝灾害威胁户、老弱病残留守户、家有学生且交通饮水不便户、偏远地区吊庄户、需相对集中分散安置户、其他需要搬迁的贫困户和需要旧房改造的贫困户等8类对象，采取进城入镇到社区集中安置、"交钥匙"工程、相对集中分散安置、旧房改造4种方式，通过5年的艰辛努力，到2019年底全镇1279户4146人实现安全住房有保障，以后我们将加强后续扶持和管理，顺应搬迁群众对美好生活向往，确保"搬得出、稳得住、快融入、能致富"，让易地搬迁安置社区成为贫困群众的幸福家园。（整理人：邱晓勇）

科学规划促搬迁

讲述人：贾耀斌　时任紫阳县搬迁办项目规划股股长

我自 2011 年 8 月进入县搬迁办工作，2012 年 10 月担任搬迁办项目规划股股长，县搬迁办职能划转到县自然资源局进入易地扶贫搬迁安置后，主要的工作是进行易地扶贫搬迁安置项目规划。这项工作政策性、专业性强，涉及面广，通过几年的工作，不断的学习和完善，我克服了专业技能的不足，虽尝尽了艰辛，但思想和能力得到了较大幅度的提升。

移民搬迁项目的规划，总体思路是按照"搬得出、稳得住、能致富"的要求和"系统谋划、四化同步、统筹推进、一举多赢"的战略部署，做强县城，做大重点镇，扩容小集镇，延展农村社区，坚持把移民搬迁与城乡治理、新型城镇化、美丽乡村建设充分融合。通过引导搬迁群众进城入镇、中心村、农村新型社区、产业园区、旅游景区等居住，改善搬迁群众的生存条件和发展环境，促进县域经济社会和谐发展。

"十三五"期间我县的总体目标是搬迁安置 22459 户 76252 人。其中符合国家政策的易地扶贫搬迁对象 19279 户 64168 人，避灾生态搬迁 3180 户 12084 人，按照省市有关规定，易地扶贫搬迁安置五年任务 19279 户 64168 人，3 年建设完成，任务相当艰巨。

搬迁的对象分 4 类，即扶贫类、避灾类、生态类、其他类。扶贫类对象需经扶贫部门审核确定，避灾类对象需经国土和水利部门审核确定，生态类搬迁需经环保部门审核确定，其他类搬迁由涉及的主管部门审核确定。移民脱贫搬迁，首先要牵涉安置点选址，建设原则要做到"五个坚持"，即坚持科学选址，坚持脱贫导向，坚持有序集中，坚持统筹衔接，坚持又快又好。具体方式方法是政府引导、群众自愿、以户定建。需搬迁的群众，由搬迁群众自愿提出申请，经村、镇审核公示无异议后，报县移民（脱贫）搬迁安置领导小组办公室审查备案。安置社区建设规模，坚持以户定建，对一般贫困户，镇政府应收取购房订金，严禁空房闲置和投资浪费，其次科学选址、统一规划、宜居特色。选址坚持"四避四靠四达到"，即避开地质灾害区、洪涝威胁区、生态保护区和永久基本农田；靠近城镇、中心村、农村新型社区和产业园区；达到房产能升值、增收有保障、设施配套强、公共服务好。规划则要彰显地域民居特色，与当地生态环境、地域文化、传统风貌相协调，确保选址规划安全适用、美丽宜居；避灾优先、扶贫为主、统筹推进原则。坚持地灾户、洪灾户优先搬迁安置，重点落实在册贫困户、低保户、五保户搬迁，兼顾其他类型搬迁，全面统筹推进各类搬迁任务的落实，合理确定集中安置率和社区规模。

项目规划的精髓，首先是不得违背"三条政策红线"。第一条红线是安置房屋面积。扶贫类搬迁户住房面积人均不超过25平方米；五保户安置人均不超过20平方米；"交钥匙"工程安置房，每户原则上不超过60平方米，最大不超过100平方米。避灾、生态及其他类型搬迁户建房面积根据搬迁对象家庭经济状况，坚持适用够用合理确定。扶贫、避灾、生态及其他类型搬迁户，户均用地面积不超过133平方米（0.2亩）。第二条红线是房建成本管理。七层以上房建，原则上每平方米不超过1500元；七层以下房建，原则上每平方米不超过1200元；三层以下房建，原则上每平方米不超过1000元。第三条红线是一般贫困户房建自筹资金管理。户均自筹资金不超过1万元，人均筹资不超过2500元，确保搬迁群众"建房不举债、脱贫有保障"。在这三条红线下，我们规划管理方面必须坚持规划引领，杜绝盲目冒进。一是按照安置点修建详细规划，严格按照规划所涉及的安置点、安置户数、基础设施、公共服务设施、产业建设等相关内容组织实施。二是结合地域文化，做好安置点房建规划设计，充分体现民居风貌特色，确保安置房经济适用宜居。三是按照小型保基本、中型保功能、大型全覆盖的要求，做好安置点基础设施及公共服务设施配套，确保安置点安全、美观和相关功能健全。四是落实好安置点详规、地灾、洪灾、环评等相关编制评审报批手续。在实际工作中，我们注重统筹、注重沟通协作，发挥团队成员部门的职能职责，对发现的问题及时进行纠正。

如红椿镇七里沟安置点，是一个622户2426人的在建聚居区，计划安置房23栋。建设单位报来安置点基础设施配套建设方案及预算时，面对较大的工程投资，我们迅速给领导进行了汇报，对大额的投资建设内容提出需对现场进行再次踏勘和统一建设思路的建议。在2019年大年初七上班的第一天，我们组织相关参建服务单位人员现场踏查、对照图纸，将设计方案及内容进行及时调整，按照符合安置点现场实际和投资规模适度的原则，由原来的预算投资2600万元，降为1400万元，节省了一大笔工程投资。

东木镇军农安置点，原计划新建三栋住房，层高为二至三层，在设计过程中，由于房建基础工程投资较大，有可能突破"三条红线"中的房建成本管理政策红线，建设单位一时一筹莫展。我们发现并了解情况后，建议修改建设方案，将其中两栋叠加变成一栋多层建筑，这样既节省占地面积，又减少了因房建基础工程而导致的额外开支，两全其美。

项目规划的灵魂，就是科学管理，从源头上监管工程质量建设的安全，深入各个环节规范管理。坚持以镇为主体，严格执行项目法人制、招投标制、工程监理制、合同管理制和终结审计制等"五制"管理。在巡回全县17个镇的140个安置点时，我们不单纯是带着项目规划的目的巡查，而是从多个层面进行监管，遇到问题解决问题，有一次我们到一个安置点工地，看到工人正在制作桩基础钢筋笼，感觉钢筋工的操作有哪儿不对劲，于是找到设计图纸仔细核对，发现钢筋制作未严格按照图纸施工，其钢筋主筋做法及用料正确，但捆扎主筋的箍筋制作与设计要求不符，存在安全质量隐患。当即要求监理单位下发整改通知书，并告知建设单位，进行现场整改，避免了可能存在的安全隐患。

在搬迁办项目规划股工作以来,我深感责任重大、任务艰巨,几年来和同事们团结协作,完成了一个又一个移民搬迁安置任务,传出了一个又一个搬迁安置点入住的佳音。风里来雨里去的工作性质与家庭之间难免顾此失彼,但想起那么多贫困户,想起一个国家公职人员的社会责任,家庭困难也就微不足道了。

移民搬迁安置工作是为广大贫困户和群众谋福祉的团队工作,这一过程苦中也有乐,我个人在平凡的岗位工作中得到了群众的好评和认可,2019年4月被安康市政府评选为移民搬迁工作先进个人称号;2019年7月我被紫阳县委评为优秀共产党员;每年被单位评选为年度优秀工作者,平凡的工作得到组织的认可,我为我参与了这一历史性的扶贫工作而感到光荣与自豪。(整理人:黄福海)

最后19个日日夜夜
——仁和社区移民安置建设亲历

讲述人:周 俊 紫阳县自然资源局干部

紫阳县仁和社区移民安置工程于2017年6月启动,规划39栋楼、1590套安置房,建筑面积20万平方米。其安置规模居全市第一、全省第二。2019年9月,是既定整县贫困户移民搬迁安置点全面竣工并达到入住条件的最后一个月。仁和社区移民安置建设工程,是全县贫困户移民搬迁安置中最难啃的"硬骨头"。为此,县委、县政府和市级部门领导驻守一线,现场指挥集中抽调260余名干部组织协调、包楼攻坚200多个作业面,同时施工,齐头并进。平均每天上工1300余人,30多个日夜连续奋战,汗水洒在工地、任务逐步清零,九月底达到入住条件。两年施工,三个月攻坚,三十天冲刺,千余户按期入住。这是要创造紫阳县建设史上的奇迹!我亲历了最后19个日日夜夜的冲刺。

(一)

9月12日中午11时55分接到通知,临时抽调我和几个同事到仁和千户社区与9月5日先遣援建的同事汇合,督促千户社区基础设施配套工程和房屋装修进度,确保9月底全面完工,搬迁群众全部入住。我们几个"内勤人员"都被利用起来了,足见任务的艰巨与时间的紧迫。

刘洪涛是县国土资源局局长,我们都习惯地称呼他"大刘"。那天,他对我们十几个临时抽调人员进行了"战地"培训,交代了任务、职责和要求。

仁和社区的前身是任河咀片区,与县城西门河新区仅一江之隔,两桥相通,同样是县城新区建设的重要片区。计划从乡下迁居到县城的千户安置工程就在这里如火如荼地进行,而且进入了倒计时。我们临时抽调的人员,从到达临时设立的指挥部那一刻起，仁和千户社区房屋装修完成情况的统计以及装修进度的督促工作就宣告开始了。

我们每天早上 6 点 20 分起床，6 点 45 分出门。自己吃了早点后，还要买很多份早点提着，为指挥部值夜班和通宵达旦加班的战友们补充能量。我们掐算着时间：打车到任河咀大桥头，先爬坡 15 分钟，再爬完晃晃悠悠的钢管天梯，7 时 30 分前到达指挥部。

进入指挥部工地，是没有半点儿休息的时间。8 点开始爬楼，逐楼、逐单元、逐户、逐间、逐项排查统计；9 点上报每栋楼、每个装修项目的上工人数，并督促装修进度；下午 5 点上报当天每栋楼的装修进度和次日的装修计划。同时还要处理各种突发事件，如停水、停电、堵车、材料不到场、工人不到位，等等。

我们所有的援建干部都有包楼任务，都分到每个点、每栋楼。每个包楼干部的辛苦只有自己知道。每天都在重复同样的工作，爬楼、统计、督促、协调、处理、解决问题……熊哥是最辛苦的，他是千户社区建设组组长，是先几个月到场援建的。他除了每天必须完成的本职任务，还要协调工地其他楼层的各种突发事件。我和熊哥俩人包了 11 栋楼，25 个单元，342 套房。每天两趟，早上查上工人数，下午核对统计装修进度。在没有安装电梯的情况下，每天平均徒步上下 350 多层楼梯，全靠包楼干部两条腿一层楼一间房地统计核查，除了指挥部，工地就是我们的办公地点。有时，我实在是爬不动了，就在楼梯间坐着，等熊哥上楼核查完，报数据给我。我们几个女同志天天重复上楼下楼，每到晚上腰酸、腿痛、脚板肿胀得难受。

下雨一身泥，天晴一身灰。雨天左手撑着几乎遮挡了视线的雨伞，右手拿着生怕弄丢了的每日表格，头顶上是随时可能掉落物体的塔吊，脚底下是坑坑洼洼、坡坡坎坎的烂泥路，或带钉的木板或竹条搭成的天桥；整天与挖掘机、铲车、吊车、货车、水泥罐车交织在一起。

我们每天都在关注表格中的数字变化，因为每一个变化就意味着离交房入住的目标会更进一步。

（二）

在我度过的 456 个小时里，没有周末，没有假期，没有固定的上下班时间。中秋节、国庆节都在工地；晚上十一二点，凌晨一二点回家是常态。

感冒的在坚持；脚伤感染的在坚持，家有老小无暇顾及的在坚持；眼睛红肿、牙龈发炎的在坚持；体力透支上吐下泻的在坚持；疲劳过度患心神经症的在坚持；万幸躲过危险的也在坚持…… 有"侯局"（侯俊，千户社区建设组责任组长）三年的坚守；有从不言苦、不言累的战友；有天下第一难征地拆迁的先遣战友；有后期引导入住的战友；有单位夜晚值守的战友；有单位驻镇督导的战友；还有其他援建部门的战友，还有许许多多奋战在脱贫攻坚一线的战友……

体能上的重负、精神上的压力、时间上的紧迫，所有的艰辛，只有投入这场战役，亲身经历了，才能体会到它的苦和累。连续的日夜奋战，不累才怪！在这种状态下，也不管在任何场合里，只要能靠在哪里稍稍打个盹儿就是最美的享受，特别是在临近天亮的那个时段里。这种盹儿俨然是"半休克"状态，机器的喧嚣声似乎成了最好的催眠曲，但凡有人发出轻微的呼唤，我们就会立即清醒过来。

九月的天公似乎也在考验我们是否虔诚，雨总是毫不容情地持续下着。工地一片泥泞，好像长征路上的沼泽地。所不同的是我们都能穿上深筒靴子对付，只是免不了把原来的着装染成"迷彩服"罢了。最有趣的是天梯上转运"盒饭"的情景，在远距离施工和督战的人们要按时吃上盒饭，是件很不容易的事。得眼巴巴看着送饭的人爬过天梯，或者经过数次中转，才能送达饥饿者的手上。有时包装袋破烂了，饭盒从空中坠了下去，就会听到送饭者发出"啊嗬"的沮丧声，又得另想办法了。

工地指挥部的每晚例会都是雷打不动的。例会的主题是研判各作业面工程重点、难点、突破点，查进度、排工期。大家似乎习惯了战争年代那种严以治军肃纪的生活，没有怨言，没有忌垢，没有消极懈怠，只有服从，只有追赶。即便是有夜归机会的人，进家门也总是蹑手蹑脚的，但还是免不了惊醒家人，受几句心疼的"唠叨"。于此，也只是笑容可掬地轻松回答说，"还不是让农民尽快地搬进新居，像我们一样睡得香甜嘛！"这也是忙得不能给孩子辅导学习的最好托词。

令人心惊目眩的天梯，终于在人们没明没夜的追赶中消失了。

（三）

1302套住房交钥匙入住仪式决定9月25日晚上8时在仁和社区集中举行。为了达到交钥匙的基本条件，如期举行仪式，24日和25日的施工盛况可谓马达轰鸣、千人会战。

9月24日晚上8时30分，社区建设指挥部的简易会议室里座无虚席。各施工项目负责人、负责项目建设的，市自然资源局和县上凡是在家的领导齐聚，安排部署仪式后的完善服务工作。会后，王琳、罗云忠、张宗军等市县领导，来到亟待完善的各个建设现场巡查，从很细微的方方面面及其缺陷作了细致交办。

二号楼下，县财政局局长储成斌、司法局副局长焦峰在机器轰鸣声中与施工人员讨论施工方案。尽管家就在抬头可见的县城，他们仍然在安置房里搭了临时的床铺，成为这里最早"住户"。

道路建设工地，为让搬迁群众入住时"脚不沾泥"，承建方当天调集8台大型机械、200多名工人。不到晚上10点，邓存军负责的社区道路5个施工点进度，在"微信运动"排行榜上又居榜首了。接近凌晨，四川南充小伙子韩文鹏一行7人提着被褥和日用品到达工地。这是施工方为了加快室内门安装进度，从外省调用的又一批工人。当天，施工方共从省内外组织了300多名工人，全面投入到室内门安装。其他建设项目也上足了人力和机械。

交了钥匙并不等于全部尽善尽美了。其后的5天对干部们来说，更是一个直面入住户，解决琐碎事情的特忙日子。县级领导驻镇包抓、乡镇领导蹲点包楼、帮扶干部联户包搬。县委书记赵立根身负责任领导，每天到工地督促质量和进度，常务副县长罗云忠、宣传部长张宗军蹲点常驻工地，市自然资源局局长王琳协助包抓。此外，县上还成立了8个专业班、10个突击组，跟踪监督质量，协调解决施工中出现的问题，确保工程高效推进。工地上的干部每天步行运动基本都在20000步以上。

…………

农民接到了新居钥匙后，仁和社区又增添了一道道新的景观。夜晚，路灯和用户灯竞相亮起，犹如繁星撒落人间；白天，入住的人群穿梭来往，热心的干部迎进送出，帮着搬运家具、指点路径、介绍电梯乘坐方法、满足住户临时需求。感恩的对联贴起来了，报喜的微信发出去了……在新社区广场上举行的庆祝祖国70华诞文艺演出，让新入住的人们沉浸在了欢乐之中。这是一个值得记住的乔迁仪式！（整理人：方万华）

帮贫困村民安居乐业

讲述人：刘春华　紫阳县城管执法大队干部

我是1999年4月参加工作的，2009年到县城管执法大队工作。2017年我被单位派往高滩镇关庙村驻村扶贫，担任第一书记。在2017年3月的时候，因为工作需要，我们县住建局执法大队被安排到高滩镇开展脱贫攻坚工作，我们所包联的村就是这个镇的关庙村。关庙村山大沟深，地理环境相当恶劣。我去之前，派驻村的第一书记，因为孩子上高中，精力顾不上来，加之村支部书记因病，耳朵背，听力出现问题。村文书由于诸多原因，无法把全部精力投入到工作上，整个村的工作担子都压在将近60岁的村主任刘洪奎一个人身上。由于村主任不会操作电脑，工作处于半瘫痪状态。在5月份的全县脱贫攻坚考核工作中，我们包联单位受到通报，并要求大队更换驻村第一书记。面对这种严峻形势，大队长朱清奎经过慎重考虑，推荐我到关庙村担任第一书记，开展脱贫攻坚工作。2017年5月22日，我到村接任了第一书记之职。面对当时的被动局面，我感觉压力非常大。可作为一名党员，再大的困难，我也得克服呀！我到村后，白天就在老支书、村主任的带领下，挨家挨户走访群众。用了大约一个月的时间才把全村住户走访完。那一个月我硬是30天没回过一次家。晚上为了熟悉工作，我学习相关政策、文件，遇到问题，就主动请教那些在脱贫工作一线的同事、朋友。在村干部和同事们的紧密配合下，我们每天翻山越岭，早出晚归，终于完成了全村贫困户的信息录入工作。因为这段时间的扎实工作，影响了村干部，大家改变了以前散漫的工作作风，对工作有了自觉担当的意识。大家也都认可了我这个第一书记，都表示要和我一起扎扎实实做好脱贫攻坚工作。看到涣散了的村级班子又团结起来，看到大家拧成了一根绳，我深深感觉到第一书记只有身体力行，才能带领大家齐心协力干好工作，只有担当作为，才能开展好工作。

我包联村上一户贫困户，户主叫梁玉勇，家里两口人，70多岁的老母亲聂长礼和他相依为命。到村后，我了解到他们家庭困难，就迅速到他家进行走访。沿着上山的小路，大概走了20分钟，陡峭的山路让我走得大汗淋漓。入户后，我发现70多岁聂长礼一个人居住在破损的土墙房屋内，儿子梁玉勇早已外出。家中安装的电话老人家也只能接听不能拨打，这一状况让人感觉一种孤苦伶仃的凄凉。了解到这一情况后，我做思想动员，让他们尽快搬下山来，这也成了我在心里给自己定下的最急切的任务。经过和村上干部反复的商议，我们跋山涉水，好不容易找到村主干道旁边的一个石混结构的空置房屋，房屋有八成新。房主也很配合我们，经过协商，我们低价将房屋购买过来，按照《紫阳县2017年度40个脱贫出列村建档立卡贫困户危房改造实施方案》（紫住建〔2017〕35号）要求，申报危房改造。通过政府补助2万元对现有住房进行改造，保证了房顶不漏水、墙面无裂缝、房后能排水，达到安全住房保障。将房屋墙壁进行了粉刷，平整地面，更换房内水电设施等，让旧房变成安全舒适的新住房，解决了他们的居住问题。可接下来生活来源成了很现实的问题。于是，我又在梁玉勇2017年春节返乡期间找到他，动员他就近务工，方便照顾老母亲。经我多次劝说，他答应留下来。2019年我动员他去参加技能培训，安排了他担任村公益性岗位。他的家庭有了固定收入。如今，他安居乐业，母子俩其乐融融。

贫困户龚孝坤，一家3口人。母亲70多岁，体弱多病，儿子上高中。初次到他们家的时候，这家人对社会极不满，对干部有敌对情绪。他们家庭生活十分困难，龚孝坤闹着要外出务工挣钱，可又顾及家里的农业生产。再说又没有技术，他对打工也没有多大信心。针对这一情况，我多次上门做他的工作，消除他对干部的误解，动员他参加县足浴培训技术学习。学习期满后，通过推荐就业，他的工资收入有了保障。2018年落实危房改造，我们又帮助他们解决好住房问题，现在的他对生活充满了信心，年底还抱着大公鸡要感谢我帮他走上了脱贫致富路。关庙村四组的段地光本是原铁佛乡的人，在2003年的户籍迁移过程中，把他的出生日期错误地登记为1962年，本应该领取养老金，却每年还在缴纳养老保险。我得知情况后，联系公安机关，了解处理这种情况的程序。由于他的一代身份证已经丢失，户籍管理又非常严格，这件事确实难度不小，所以这么多年没有更正过来。我觉得他只要是真实的情况，就一定能更正。我走访和了解了知情的村民，形成证明材料，翻阅村级原来的户籍资料，终于让我找到了他原始的户籍信息。我帮他书写更正申请，经过派出所的调查、核实、报送省公安厅，段地光的出生日期得到更正。他如愿以偿的领到了养老金。当第一次拿着一卡通领取养老金的时候，段地光热泪盈眶，对我说："你们真是帮老百姓办事的好干部呀！"

2017年，我们跑镇上、跑县里，争取项目，修通了关庙村老百姓天天期盼的环村公路，改善了群众的出行条件，彻底扭转脱贫攻坚工作的被动局面。这一年，我们挽回了面子，县住建局的脱贫攻坚工作被评为优秀档次。工作取得了成绩，但我依然坚持为贫困群众做好每一件事，特别是一定要让他们安居乐业。在关庙村一组，我了解到有一户双女户，户主叫阮诗耀，他家的女娃子全部外嫁远处，每年只是逢年过节才回来看一看。阮诗耀患有类风湿性关节炎,他居住的地方离公路有一段约200米的上坡路段,居住的房屋是七十年代修建的石混房。由于年代久了,房屋漏水,墙面潮湿,屋内采光不好,2017年我到村开展工作以来,劝其搬离现在居住的地方,进城入镇或在村道旁边分散安置。他总是顾虑重重,舍不得房前屋后的土地。我多次到家劝说,宣传住房保障政策,但始终没有做通他们的思想工作。2018年初,随着脱贫攻坚的深入,他的住房保障问题已刻不容缓。春节后,我又几次登门劝说,有时跑到他的地里,一边帮他干活,一边帮他算账,扭转他的思想观念,最后通过联系施工人员,对他的旧房屋进行里里外外地彻底改造,让陈旧的房屋焕然一新。看到装饰一新的房屋,阮诗耀说:"多亏你这个好书记,没想到我还能住进这么好的房子,又不需要搬走。还给咱安排环境护理员的公益性岗位,在家门口拿工资养家。"这一年,我们先后通过落实危房改造、教育扶贫政策落实助学、技能培训、子女就业等方式,完成了关庙村24户111人的脱贫退出。新修建了关庙村活动广场,安装了广场路灯,规范运行了村爱心超市。2019年是整村脱贫的一年。10月份,也是脱贫攻坚的关键时期,10月8日晚十点多,我还在收集、整理入户收入核算表和村级核实表时,姐姐打来电话,说母亲突然在家摔倒,送到县医院后病因无法查明,让我赶紧回去。10月9日上午我将母亲送到安康救治,结果母亲还是因病逝世。由于工作太忙了,很多事情等着我自己去做,单位领导要求我10月15日返回村里,我二话没说,料理完母亲后事,就匆匆返回关庙村。2019年,在领导、同事与村干部的共同努力下,我们采用移民搬迁、危房改造、产业合作社的带动、落实子女教育扶助、解决公益性岗位和技能培训、慢性病补助政策落实等方式,达到了稳定脱贫的工作标准,关庙村整村退出贫困村行业。全村贫困户退出121户454人,完成32户的移民搬迁入住工作,旧房退腾29户。并为该村老百姓出行方便,新修建了环村公路桥一座,大大方便了当地群众的出行。在脱贫攻坚工作中,我只是普通的一个兵,哪里有困难,就立即赶往哪里,只要老百姓能够安居乐业,我累点苦点怕啥!(整理:叶柏成)

风 采

爱"较真"的信息统计员
——记县自然资源局信息统计中心信息员伍贤芳

伍贤芳出生于1973年，是个朴实、认真、做事任劳任怨的人。刚开始，她在本县瓦庙镇扶贫办工作，由于踏实肯干，历年工作成绩突出，2016年4月被组织上借调到县国土局搬迁办信息统计中心工作，任统计中心信息员。扶贫搬迁的信息统计，对伍贤芳来说既熟悉又陌生，熟悉的是自己曾经多年在基层从事扶贫攻坚工作，各种数据、表格、不同形式的信息搜集，一年到头都在亲手填写、制作、统计，可以说是长期与数字打交道，脑袋里成天装的就是扶贫户信息，没有半刻闲下来过；陌生的是信息统计中心是个新组建的科室，她接手后各样基础数据尚处于空白，需要下到17个乡镇涵盖多个安置点深入走访调查，踩点规划、布局以及统计，算是白手起家。

国土资源局信息统计工作对搬迁扶贫十分重要，按照中省"保基本、促脱贫、促发展"的要求，对建档立卡贫困人口和其他确需同步搬迁的农户统一编制易地扶贫搬迁专项规划，制定工作方案；按照"省负总责、县级实施"的要求，由省政府确定的省级移民搬迁责任部门，对全省易地扶贫搬迁项目统一组织实施，由省级相关部门按职责分工做好配合支持工作；各镇政府和相关职能部门承担项目实施主体责任，具体负责易地扶贫搬迁项目规划实施；明确补助标准，分别享受政策；保持移民搬迁政策的连续性和工作的稳定性，建档立卡贫困户可适当提高建房补助标准，其他确需同步搬迁的农户执行原定补助标准不变；加大建档立卡贫困户配套产业发展和转移就业扶持力度，确保按期脱贫；基础设施共享，改善生活条件；集中安置点基础和公共服务设施配套建设标准按照"小型保基本、中型保功能、大型全覆盖"的具体要求，确需配套的基础和公共服务设施项目要优先纳入各行业"十三五"规划，对项目资金不足，建设标准不够的，可在全县易地扶贫搬迁融资中适当安排，搬迁对象共用共享，改善搬迁群众生产生活条件；合理安排搬迁，严格考核标准；为确保2020年前完成搬迁任务，并确保建档立卡贫困人口按期脱贫，建档立卡贫困人口力争搬迁任务在两年内安排实施，三年基本完成建房任务，五年内完成基础和公共服务配套、产业扶持。其他确需同步搬迁的农户可分年度制定搬迁计划；县上有关部门明确各镇年度目标任务，制定考核方案并组织考核,这一切都需要有大量、真实、具体和有序的信息统计资料来支撑。伍贤芳知道这压力很大,但她没有害怕和退缩。

明确搬迁对象与规模布局,是伍贤芳首先要掌握的资料和数据,即易地扶贫搬迁对象主要是县内"一方水土养不活一方人"的建档立卡贫困人口(含国家系统数据更新后已标注脱贫,但仍无安全住房的),以及确需同步搬迁的其他一般农户,包括居住在环境恶劣、生态脆弱、不具备基本生产和发展条件的边远地区、高寒山区和陡坡峡谷地带的农户,远离集镇和交通干线,修路、通电、通水一次性投资成本过大,群众就医、小孩上学不便的自然村组和单庄独户,地裂、滑坡、崩塌、洪涝等自然灾害多发区或地方病区,无法在当地生存的农户,以及无劳动能力、无家庭积累、无安全住房的农户。安置方式有集中安置,即主要包括县城、小城镇或产业园区、乡村旅游区、新型农村社区和中心村安置等5种方式;有分散安置,即主要包括插花安置、进城务工和投亲靠友、省内跨区安置等。为掌握情况、摸清底子,伍贤芳连续几个月,不分天晴还是下雨,深入到17个镇140个安置点,进行样点核查和统计。夜晚回到单位后,别人可以回家洗漱休息,她却要继续钻进办公室里,将白天采集的数据,逐一扫描录入电脑汇总,以便为第二天的工作提供依据和指导,因为她知道,若不能做到日清日结,将会贻误全县的扶贫大事。2017年正当她将自己辛辛苦苦几个月整理好的搬迁扶贫数据台账,与县扶贫局信息股核对时意想不到的竟是严重不符。对方坚持认为自己的数据是正确的,要求她立即彻底修正、核实和复查。伍贤芳当时感到非常委屈,心想这些数据都是她下乡辛苦换来的,是她废寝忘食、没日没夜坐在办公室里熬出来的,怎么轻易就这样给否定了?转念又一想,如果她的数据确实整错了一户,一方面牵涉某个贫困户因此而没有房住,另一方面牵涉国家搬迁扶贫资金的安全,譬如集中安置建房补助每人2.5万元,基础设施配套人均2万元,分散安置建房补助每人1.5万元,宅基地腾退复垦奖补人均1万元。如果那样的话,国家的资金就会白白流失,伍贤芳深感自己的压力大,肩上的担子愈加沉重起来。于是,爱较真、不服输的她又重新到各镇村安置点,走访群众和镇村组干部,核对数据,这一折腾又是好几个月。

通过对反馈的信息进行全方位细致的研判分析,发扬一丝不苟吃苦耐劳的精神,伍贤芳终于查出了一些问题,如有一个镇搬迁办汇报上来的搬迁人口减少,原因是某村一个五保户死亡,所以从搬迁名单中减去了,伍贤芳仔细地将扶贫人口与搬迁人口查对,发现了端倪:扶贫人口仍然存在于大系统中。她及时将发现的情况反馈回镇上,让他们加以核实,不久镇上再次上报数据依然维持原样。伍贤芳坐不住了,她邀请镇搬迁办的工作人员一道,深入到某村走访调查,结果证实该五保户健在,从而重新补录入搬迁名单,保证了搬迁与扶贫系统人口的准确性。又如另一个镇搬迁办汇报上来的搬迁名单中,缺少该镇某村某户的资料,原因是他们在集中安置住房时,认为该户在镇外某地购买了商品房,就不该再享受扶贫政策,继而将其从名单中剔除了。然而实际情况是,该户依据搬迁标准在城关镇楠木村安置点购买住房,并且依规在城关镇享受到易地搬迁扶贫优惠政策,所以不应从户籍所在地搬迁名单剔除,而应按照易地安置人口补录。还有一个镇搬迁办汇报上来的材料里发现,某村某户多年在外务工早已脱贫,又在县外和市里购买了多处超标准房产,即面积超过人均25平方米,但材料中依旧显示其为搬迁扶贫人口。伍贤芳通过税务登记平台,查到该户的房产交易痕迹,又通过不动产网站平台,查到该户已拥有多处超面积房产,于是依规依据,反馈回镇上,并建议将该户从搬迁人口中核减。诸如此类数据核查,发现纰漏并加以修正,对伍贤芳来说是寻常之事,爱较真的人就是这个样子。直至2018年,国土局与国扶办、国家发改委、搬迁办3个大系统平台相吻合,数字更加科学和真实。一份耕耘换来一份收获,伍贤芳熟记于心的数据表明:截至2019年12月,全县建档立卡贫困人口40329户133057人,其中符合国家政策标准的易地扶贫搬迁总规模19279户64168人,规划布置易地扶贫搬迁集中安置点140个,安置16931户56462人,分散安置点1个,涉及1764户6707人,进城入镇和十二五存量房584户999人,集中建设安置房16931套,建设面积1242151平方米,分散安置房1764套,建设面积15335平方米,总计各项投入建设资金33亿2803万元;其他确需同步搬迁的农户3180户12084人。

伍贤芳在工作中对人和蔼可亲,有兄弟单位或部门前来寻找帮助,她总是事无巨细、不厌其烦地提供资料、搜集数据。为了工作,她少了与家人欢聚的闲暇时刻,少了对家庭的关爱。特别是近几年,家里的孩子正在上高中,处于快毕业升学和面临高考的关键阶段,她很少陪伴孩子,与孩子交流学习和思想。放在一般的家庭,孩子的饮食起居、读书作息,应该得到面面俱到的关心,可伍贤芳自己说她连一顿饭都没给孩子做过,她心里十分愧疚。所幸孩子的自理能力很强,也顺利地考上大学。对家里老人照顾的事情,也是一件令她感到欠缺的事。她的婆婆身患阿尔滋海默病及多种疾病,平日里神志不清,经常大小便失禁,身边亟需人照看,但伍贤芳总是因为工作而不能陪护。2019年腊月二十八日,家在瓦庙镇的婆婆突发急病,伍贤芳得知情况,仍然将手头工作忙完直至下班,才连夜与家人包车将老人拉到县医院,在急诊室抢救一夜后,老人方转危为安,而那时她已累瘫了,但她脑子是想得最多仍然是,办公室里还有许多事情等着她去做,脱贫攻坚搬迁扶贫的资料尚需完善。(黄福海)

"群众身安 我便心安"

——记双安镇扶贫办主任罗昌明

紫阳古有"岩邑"之称,"县境万山陡崖,绝少平地"(清道光《紫阳县志》)。让群众住进安全住房,是全县脱贫攻坚的重中之重。双安镇该项工作尤为突出,2018年被授予安康市脱贫攻坚先进单位、安康市搬迁工作先进单位。

双安镇能取得如此优异的成绩,离不开一名关键干部——罗昌明。罗昌明,男,

1978年出生，中共党员，现任双安镇扶贫办主任。他头发浓密、皮肤白皙，性格谦逊和善，在扶贫干部当中，他是不折不扣的实力派。双安镇党委书记姜显国说："再难的任务交给罗昌明，我们放心！"搬迁群众说："见到罗主任，我们心里就踏实了！"这位从村干部中遴选来的基层扶贫干部，先后被授予"陕西省优秀青年村官"、安康市"脱贫攻坚优秀共产党员"、紫阳县"脱贫攻坚优秀共产党员"。

从医病到治村

罗昌明出生在双安镇三元村的一个农民家庭，父亲是一名医生。受父亲影响，罗昌明中专就读于卫校，毕业后成为三元村的村医。三元村位于汉江边的白马石码头，人流量大，加之罗昌明医术不错，诊费低廉，待人谦和，前来问诊的人往往要排队，一年收入也远超于当地公务员薪资。

2001年，村上没有文书，乡镇领导找到罗昌明，请他"代着干"。尽管是代理文书，罗昌明还是全心全意地干，村上投劳修公路，他提着皮尺，一米一米地丈量，还要测算土方、石方，力求做到均等；群众需要开具证明之类的，只需要打个电话，他就骑着摩托车上门办理。

罗昌明的付出得到群众认可、领导赏识。26岁那年，他当选为三元村党支部书记。俗话说"嘴上没毛，办事不牢"，曾有人当面质疑他："你一个'细娃儿'，搞得了这个？"他说："我罗昌明不占不贪，为啥干不了？"

上任不久，罗昌明就遇到一件极为痛心的事。紫阳县属于陕西省暴雨洪水灾害多发地带，每年有5个月汛期。那年夏季的一天，天气预报提醒，当天夜里有50毫米以上的强降雨。罗昌明和村干部赶紧将位于滑坡地带的十多户群众转移到村委会。第二天天亮，罗昌明发现安置到这里的一名五保户不见了，顿时心里有不祥的预感。他赶紧带着群众寻找。当他们在倒塌的土墙下找到这名老人，发现他的腿被倒塌的墙体砸伤了。罗昌明十分痛心："为了一点粮食，这图的是啥呢？"

从这天起，罗昌明就将改善村民居住环境列为三元村的重点工作。村民要新修房屋，他就骑着摩托车把村民带到土管所办理手续，找镇上领导签字审批；建房需要砍伐木材，他到镇上办事，顺便就到林业站代办了采伐手续，送到群众手里。

在深度贫困面前，光靠热心并不能解决多大问题。三元村地理位置偏远，农业基础薄弱，真正能有钱建房的人并不多。当时进村的公路都是砂石路，有的村民小组连土路都没有，运输成本高，豆腐也盘成了肉价钱。村"两委"商讨后一致认为，要改变群众的生活条件，首先把路修好。

三元村三组的交通最为不便，村上计划从一组、二组修一条公路。这条计划总长2.5千米的路，受益最多的是三组群众，占用田地最多的是二组群众。二组群众认为，是三组要修路的，占用了二组的田地就得拿出补偿；三组群众不答应，路修好了二组也受益，不但不能要补偿，还得投劳投钱。

罗昌明每天晚上到二组、三组召开群众会，直到第七天晚上，两个组的群众才将意见达成一致。这天开完会已是晚上十一点多了，他像一只飞舞的萤火虫，举着手电筒穿行在山路上，但心中却有一只巨大的火把，把三元村照得亮堂堂的。

尽管村支书一年的工资只顶得上开药店一个月的收益，罗昌明还是将药店交给年迈的父亲看管。身为农民，长期生活在农村，罗昌明深知农民的甘难苦愁，他认为，没有村医还能另请，但是带领村民过上好日子，目前除了他没有更合适的人选。

本为救死扶伤始，终成医治贫穷一味药。

初心不随岗位改

2014年，罗昌明通过招考，被录用为双安镇的公务员。他在兼任三元村支书的同时，还先后担任三元村驻村扶贫工作组组长、库区移民专干、扶贫办主任。脱去"草鞋"穿上"皮鞋"，罗昌明实干苦干的精神始终没有改变，他连续三年在全镇干部考核中排名第一。

双安镇镇长金宙军说："扶贫办需要极强的统筹协调能力，需要在面对复杂问题、紧急任务时保持高效的执行能力。罗昌明在扶贫办的工作，特别是移民搬迁的工作最为出色。"

上面千条线，下面一根针。扶贫办对上要衔接县脱贫办、搬迁办以及各县级行业扶贫部门，对下要服务全镇数千名贫困群众，同时还要协调带动镇级各部门开展扶贫工作。罗昌明在做好各项常规工作的同时，还有一项重要工作落在他肩上——移民搬迁。

移民搬迁工程时间紧、任务重，还要确保工程质量。由于工程建设招投标程序复杂，挤压了建设工期，必须要想方设法加快工程进度，确保搬迁群众在规定时限内实现入住。为避免"一快三毛"，罗昌明协助施工方算好时间账、制定工期表，在抢抓进度的同时，严格把控工程质量。

双安镇材料运输路途较远，又加之汛期，经常造成交通中断，罗昌明与施工方商量提前备足沙、砖、水泥、钢筋等建筑材料。当时，紫阳县各镇都在修建住房，砂石料供应一度紧缺，时常拿着钱买不上货。罗昌明迅速将这一情况汇报给镇上主要领导，由镇上领导出面协调砂石料供应方，确保了材料充足。

群众能按期入住，电力、供水至关重要。在工程启动之前，罗昌明就协调电力、水利部门，按照安置点预计的消耗需求，提前架设好供电、供水设施。工程启动后，水、电得到充分保障，工程竣工后，在极短的时间内就能达到入住条件。

镇党委书记姜显国说："移民搬迁工程建设以来，镇党委政府一直把罗昌明当作镇上副职领导在用。有时候他手上干的是其他业务，电话里说的却是移民搬迁工程；白天做扶贫办常规业务，晚上驻守在移民搬迁建设工地上。"

正是在罗昌明的统筹安排下，双安镇在紫阳县17个镇中率先实现移民搬迁住房主体完工，并于2018年10月向搬迁群众交付钥匙。

2019年9月24日，双安镇160名五保老人集中入住敬老院，让五保老人真正实现病有所医、老有所养、住有所居、弱有所扶。这座按照三星级宾馆格局设计的建筑，不仅统一配建了厨房、餐厅、娱乐休息室等，公共区域配备了空调、冰箱、电脑，宿舍铺设了暖气、电子监控、紧急呼叫设施，还为残疾老人配备了轮椅、拐杖等。入住前，罗昌明专程与镇民政办干部来到县城，为老人们精心挑选了新床单、枕套、毛巾。当看着老人们在敬老院开心地散步时，罗昌明想起了三元村那位因房屋倒塌受伤的老人。值得庆幸的是，这样的事情再也不会发生了！

既有房子住，又有票子使

安居，还要乐业。镇党委、镇政府提出了"三业融合"的移民搬迁社区管理方案。

紫阳县是迄今为止发现的全国第二大高富硒区，双安镇是该县的富硒核心区。该镇实施的"三业融合"就是围绕富硒产业提质增效，探索富硒特色产业发展路径，狠抓苏陕扶贫协作项目深化推进，优化产业布局，把贫困户镶嵌在产业链上，统筹做好搬迁群众的产业、就业和物业，确保搬迁群众持续稳定脱贫。镇上决定，将"三业融合"模式交由罗昌明负责，进行具体牵头和组织实施。

走进双安镇第四安置小区，只见绿树成荫、干净整洁。以前，双安镇上的搬迁安置小区实行以政府为主导的传统的管理模式，存在物业费收取难，垃圾清运不及时现象，港鑫物业公司进入以后，公共区域能够定时清扫，垃圾能够按时清运，将这个容纳1500多人的小区打理得井井有条。双河口村搬来的贫困户冯大才应聘到物业公司做保洁，每个月还有一千多块钱的劳务收入。

其实，罗昌明最看重的是港鑫物业公司具有农产品销售渠道。他想，贫困群众搬迁后，农业产业不能丢下，得有一家企业进行带动。经过磋商，港鑫物业公司根据贫困群众土地、林地资源情况，统一规划农业种植，统一进行收购，并以商超、电商等形式将农副产品销售出去。

2018年12月28日，双安镇集镇四期安置点的毛绒玩具新社区工厂开业投产，解决了150名搬迁群众就业问题。住在楼上、就业在楼下，随着"三业融合"的深入推进，搬迁群众正逐步走向搬得出、稳得住、能致富。得知事情始末的群众见了罗昌明就说："罗主任为我们想得细，想得周全，没想到我们当了大半辈子农民，还过上了城里人的生活。"

罗昌明经常在小区进出，眼里看的、心里想的都是怎么让搬迁群众住得舒服，怎么让服务的企业能良性运行下去。他说，下一步还将清洁、安保、水电、爱心超市、殡仪馆等元素不断融合创新，进一步规范物业、促进就业、激活产业，为全县乃至陕南搬迁后续服务做出有益探索。

来自农民群众之中，20多年来始终服务于群众；群众从高山搬到低山，从乡村搬进集镇，罗昌明始终住在贫困群众的心里，不曾搬离。罗昌明把人生最美的光阴用在服务群众上，一位在外从事药品经营的同学问他："值得吗？"罗昌明说："心安！"（黄志顺）

管好小家　兼顾大家
——记全国"励志易地搬迁群众"黄国洪

从界岭深山搬迁到县城，黄国洪不管是从生活环境还是思想观念都发生了巨大变化，国洪超市和顺心酒楼就是见证。他不仅把小家庭经营得红红火火，还为10个贫困劳动力提供就业岗位，为数千名搬迁群众提供便利。

近日，国家发展改革委办公厅印发《关于全国"十三五"时期易地扶贫搬迁典型案例的通报》，黄国洪被评为"励志易地搬迁群众"，陕西省获此殊荣的仅24人。

黄国洪是紫阳县界岭镇双泉村的建档立卡贫困户。界岭镇山高土薄，是紫阳县地理位置最偏远、自然条件最差、贫困程度最深的镇。黄国洪原来居住的双泉村平均海拔1000米以上，家庭收入80%以上依靠务工。黄国洪夫妇有头脑，能吃苦，每年的务工收入绝大部分都花费在老人和孩子身上，虽然辛苦打工十多年，依然住在离干线公路较远的土坯房里。

开展脱贫攻坚以来，界岭镇双泉村驻村扶贫工作队将黄国洪一家纳入"十三五"易地扶贫搬迁对象，积极对接房源，使其顺利入住城关镇仁和国际移民搬迁安置社区。

该社区是陕南第一大移民搬迁安置社区，安置搬迁群众达1940户。从偏远的后山村搬迁到县城，让黄国洪一家非常兴奋。刚入住不就，黄国洪一家就遇到很多困难，买一包盐得步行十几分钟到小区外；要是来了客人点几个菜，就要到更远的地方才能找到餐馆。

黄国洪想到，他遇到的困难，也是小区内所有居民遇到的麻烦。特别是居住在社区的老人和孩子，购买生活用品难度更大。黄国洪敏锐地察觉到，这不正是一个良好的创业时机吗？他和妻子商量，准备在小区里办一个超市和餐馆。

界岭镇和城关镇的扶贫干部得知黄国洪的想法后，纷纷表示赞同，并在创业贷款办理、房屋租赁等方面给予大力支持。

2019年12月，国洪生活超市、顺心酒楼开业！遭遇生活的种种辛苦，终于迎来新的生活环境、新的创业时机，夫妻俩都非常珍惜。他们一清早就起床开门营业，晚上直到送走最后一拨顾客才关门休息。夫妻俩待人谦和，热情细心，得到小区住户的高度评价，他们的超市和酒楼也经营得有声有色，并能按照计划偿还创业之初的贷款。

刚开业时，为了节省开支，黄国洪夫妇宁愿自己多干点，只聘请了2人帮忙。后来随着生意越来越好，不断增加务工人员。到2020年9月，仁和社区共有10名贫困劳动力在他们的超市和餐馆就业。思路一变天地宽。黄国洪从一名贫困户变成脱贫户，变成了带动贫困群众就业增收的致富带头人。（黄志顺）

第六篇
健康扶贫

综 述

健康扶贫这些年

健康扶贫是脱贫攻坚战役中的一项重要内容。紫阳县积极探索，大胆创新，精准施策，健康扶贫政策、任务、责任得到有效落实，有效遏制因病致（返）贫问题，为贫困人口如期脱贫提供了全方位的健康保障。

2016年　健康扶贫开局之年

2016年6月21日，国家卫健委发出《关于实施健康扶贫工程的指导意见》，对健康扶贫的意义、方针和办法提出了指导性意见。7月5日，全国健康扶贫工作会议全面部署健康扶贫工作，健康扶贫战斗全面打响。

县委、县政府迅速安排部署，县卫计局多次组织召开专题会议研讨健康扶贫工作，确定由一名副局长具体负责医疗卫生计生系统健康扶贫工作，明确县、镇、村各级医疗卫生计生单位工作任务及分工。县卫健局联合县扶贫局印发《紫阳县健康扶贫实施方案》《紫阳县天使健康扶贫行动实施方案》，制定《紫阳县新农合健康扶贫实施方案》《紫阳县光明工程实施方案》。各卫生健康单位均成立健康扶贫领导小组，局机关设置健康扶贫办公室，对全县医疗卫生单位开展督导检查，印发健康扶贫工作重要事项督办单，将贫困群众参加新农合、大病保障情况、公共卫生服务等纳入对各医疗卫生计生单位主要负责人履职和年度工作考核。

紫阳县贫困人口庞大，因病致贫人口比重大，医疗卫生机构服务能力、公共卫生服务能力较低。针对这种情况，紫阳县制定"八个结合"的工作方法，打开健康扶贫工作的局面。一是把健康扶贫与提升医疗卫生机构服务能力相结合，二是实行健康扶贫与医保相结合，三是实行健康扶贫与公共卫生服务相结合，四是实行分级诊疗与健康扶贫相结合，五是实行健康扶贫与医患结对帮扶相结合，六是实行对口支援与健康扶贫相结合，七是实行资源整合与健康扶贫相结合，八是实行健康扶贫与爱国卫生活动相结合。

在基本公共卫生服务项目实施的基础上，加大贫困人口的健康教育和健康促进力度，对高血压、糖尿病、心脑血管疾病等慢性病种开展经常性健康干预。对建档立卡贫困人口开展健康体检，对其健康状况摸底调查，由各镇卫生院为辖区内患病贫困对象建立动态健康档案。每年开展健康体检不少于1次,为重点人群开展签约服务(贫困人口100%签约,贫困患病人员100%签约),实施恶性肿瘤等大病、慢性病调查干预,提升群众健康水平。

在健康扶贫中,制定和实施"十百千万"(每年选派10名以上市级医学领军人才到国外或境外深造学习,每年选派100名市县医疗卫生单位学科带头人或科主任到国内知名大型三级医院或省级以上单位进修学习,每年选派1000名市县镇医疗卫生单位业务技术骨干分别到省市县级医疗卫生单位进修学习,每年完成10000人次一般人才的市级以上短训或学术交流活动)医疗卫生人才培训培养工程,从2016年开始每年完成2名学科带头人到国内知名大医院进修,90名县镇业务骨干到省市县进修学习,208名一般人才参加市级及以上短训和学术交流,306名乡村医生参加县级短训并参加每年不少于60天的镇卫生院轮训。

在夯实对贫困患者服务能力上,全县共成立17个镇级和3个县级健康扶贫医师团队。17个镇级健康医疗服务团队由各镇卫生院的全科医生、公卫人员、医技人员、乡村医生等人员组成。3个县级健康扶贫医师团队由各县直医疗单位的主任医师、副主任医师、专科医生组成,分阶段定期到全县精准扶贫村开展义诊活动,实现精准扶贫村义诊全覆盖,形成了"镇+县医师服务团队"健康扶贫模式。活动开展以来,全县医护人员已进行帮扶5456人次,已建立健康档案5991人份,建立脱贫档案4440人份,其中年度30个拟脱贫村已进行帮扶因病致贫人数2150人,开展帮扶2873人次,取得了很好的效果。

2016年参合269230人,参合率99.91%,筹资总额15346万元。全县共有19.2万人次获得补偿,补偿金额9324.20万元,参合农民受益率达71%。其中,住院补偿32893人次、补偿8094.75万元;门诊统筹补偿166321人次、补偿963.50万元;特殊慢性病补偿511人次、补偿97.04万元;特大病救助142人次、补偿152.41万元。

在全面落实好现行合疗报销政策的基础上,对部分慢性病按照一病一方案、一人一处方,报销比例提高20%,一类慢性病年度封顶线提高到6万元。县新农合管理委员会在新农合历年沉淀基金中提取500万元,对参合贫困人群进行了重点帮扶,并出台《紫阳县新农合健康扶贫实施方案(试行)》,将贫困参合患者在省、市、县定点医疗机构住院补助比例分别提升5个百分点,年度累计住院自负费用仍在5000元(含5000元)以上的贫困参合患者,全部纳入贫困人口最低医疗保障范围,农村参合贫困人口新农合基本报销完成后,符合大病保险的进入大病保险范围,起付线降低50%。截至12月,全县5991名因病致(返)贫对象进行了一次免费健康体检。50名白内障患者在定点医疗机构进行免费治疗,开展了0~14周岁儿童先天性心脏病免费筛查工作,共计筛查4万余名儿童,确诊42名先心病患儿开展大病集中救治,全县共计101名大病患者得到救治。

紫阳县还组织开展"天使健康扶贫行动"活动,抽调医务人员,组成巡诊服务团队,进村入户为贫困群众提供健康服务。对贫困村中患有慢性病或重大疾病患者实行一对一划片包联帮扶,开展计划生育特殊家庭一对一帮扶,推进计生家庭结对精准帮扶工作。活动开展后，帮扶医务人员 2016 年共走访 4041 户，开展巡回义诊 25 场次，免费发放药品、物资 5 万元。

紫阳县深入开展健康教育"六进"活动（进机关，进校园，进村组，进农户，进病房，进患病家庭），贫困村每年举办 6 期以上健康知识讲座，积极教育和引导村民养成良好的生活习惯，逐步改善村级卫生环境面貌。

2017 年　健康扶贫关键年

2017 年，紫阳县健康扶贫进入关键年，在狠抓县镇村三级医疗服务体系建设的基础上，利用省、市、县帮扶体系，采取大病救治解决"看病难"，加强防控体系建设"少生病"，精准结对帮扶"不掉队"等措施，建立起健康扶贫"三个一批""四重保障"长效机制。

夯实县卫健局健康扶贫主体责任，局领导包片包联包抓、干部联镇指导工作机制，选派 68 名干部分镇包抓健康扶贫工作，形成县镇村医疗卫生单位分工抓，全系统干部职工全员合力抓健康扶贫工作，并加强与相关部门协作和政策统筹，用 100% 的工作合力推进健康扶贫工作。

县政府从新农合结余基金中拿出 1000 万元，用于提高贫困对象基本医疗保障水平。实行"一降低、两提高、三免除、四重保障"措施，降低贫困患者就医负担，"一降低"是贫困人口大病保险起付线由 8000 元降低到 3000 元；"两提高"是建档立卡贫困患者在各级定点医院住院报销比例在现行基础上提高 10 个百分点、慢性病报销在现有报销封顶线的基础上再提升 20%，"三免除"是免除镇村门诊一般诊疗费、免除乡镇卫生院住院起付线、免除县域内定点医院住院押金，"四重保障"是在各级定点医疗机构就诊的贫困患者，经新农合、大病保险、民政医疗救助后，合规医疗费用报销比例未达到 90% 的，启动最低医疗保障，最低保障标准为住院合规费用的 90%。为保证贫困户能够得到方便快捷的治疗，在县、镇新农合定点医疗机构住院的，实行"先看病后付费，零押金住院"，紫阳县率先实现市内定点医疗机构及县政务服务大厅"一站式"报销结算。严格控制非合规费用比例，县级医院控制在 5% 以内，超支部分由医疗机构承担，按季度进行核算，医院承担部分从合疗报销基金中扣除。

针对不同对象开展个性化服务。为全县建档立卡贫困人员提供人均 151 元/次的免费健康体检增值性服务包，对居家建档立卡贫困人口开展 1 次免费健康体检。以健康管理、综合服务为导向，努力提高镇、村医疗卫生综合服务能力，促进医疗和预防的有效融合，让居民享有方便、快捷、有效、安全的基本医疗和公共卫生服务。

实施"光明工程"，对贫困白内障患者，实行定点救治、单病种包干全免费，帮助 132 名贫困白内障患者重见光明。实行犬伤患者疫苗接种费用全额报销，使贫困患者能接种狂犬病病人免疫球蛋白，降低了狂犬病发病风险。对 11 种大病对象进行集中分类救治，集中救治患者定点安排在县医院，全县 104 名大病患者全部得到救治。

强力推进实施疾病预防控制健康扶贫"八大行动"，降低存量，减少增量：①实施健康知识普及行动，着力增强贫困地区群众健康素养；②健康促进行动，着力引导贫困地区群众养成健康生活方式;③基本公共卫生服务补短板行动,着力提升贫困地区群众受益水平;④重点传染病专防行动,着力提升精准防治水平;⑤慢性病地方病综合防控行动,着力提升防治有效性;⑥妇幼保健行动,着力提升贫困地区农村妇女儿童健康水平;⑦农村环境卫生整洁行动,着力改善贫困地区群众健康生活条件;⑧全面健身普及行动,着力提高贫困地区群众身体素质。开展"慢病送药"和执行"重病兜底保障"。成立85个责任医生团队,建档立卡贫困户签约服务覆盖率达到100%,每年开展1次免费健康体检。选择10种慢性病按照"一人一方"的办法,实行门诊药物免费供给,实现"慢病签约管理一批";建立"大病集中救治一批;慢病签约管理一批;重病兜底保障一批"的"三个一批"行动计划。

县政府通过整合扶贫资金1700万元,对85个村卫生室进行新建,实现了"小病不出村、常见病不出镇、大病不出县、康复回镇村"和群众"就近就医"的目标。对乡村医生人员资质、执业状况等实施全程监管,为每所新建村卫生室统一配置诊断床、药品柜、电脑等常用医疗设备。加强全科医师、骨干医师和学科带头人培养、培育,建立村医轮训、医务人员"传帮带教"机制,全年招聘、招录、引进专业人员81名,为健康扶贫提供人才保障。

县卫健局开展"天使健康扶贫"行动、"树千名自强标兵,交万名农民朋友""百日大会战""冬季攻势和暖心",以及"四送两回顾一提升"等活动,坚持问题导向,聚焦薄弱环节,补齐工作短板,推动健康扶贫工作更上新台阶,专项行动覆盖全县17个镇,获益群众达9万余人。

创新"一二三"宣传培训模式,提高政策知晓率。一是为使贫困户政策知晓率达到100%,印制《紫阳县健康扶贫宣传手册》《紫阳县城乡居民基本医疗保险健康扶贫政策宣传页》10万余份,利用村组会议和院落会议、包组联户干部入户走访等多种形式开展政策宣传。二是户户张贴健康扶贫政策明白卡和通过"一二三"健康扶贫宣传方式展开宣传,即"一册到手、双色甄别、三袋上墙",发放"三袋"8000余个,让群众知道政策,看病知道找谁,报销知道流程。通过该方式既便于贫困人员保管查阅健康扶贫资料,又促进干群交流互动,提升贫困人员满意度和获得感。三是召开全县卫计系统和镇村一线"四支帮扶队伍"宣传实现健康扶贫政策的全覆盖。

所有建档立卡贫困户享受参保补助,2017年个人缴纳标准为160元,予以100%补助,县财政补助2105.82万元,全额资助131614名建档立卡贫困人口参加新农合,确保参合率和大病参保率达到100%。

2017年,全县111052名贫困患者享受到健康扶贫政策的支持保障,县域内就诊107431人次,就诊率达到96.73%。全年贫困患者住院总费用10341.92万元,其中合疗报销资金达7157.54万元,大病保险资金达543.29万元,民政救助资金863.36万元,最低医疗保障资金1112.49万元(其中包含孕免项目51.91万元,医院垫付3.78万元),报销比例达到93.57%。

2018年 健康扶贫回头望

2018年,紫阳县结合各级检查反馈健康扶贫存在的问题,抓问题整改、补齐短板,围绕中省市县督导检查、暗访发现健康扶贫存在的问题,多次组织召开问题整改部署会、问题整改交办会、问题整改工作推进会,制定《中省市健康扶贫问题整改方案》和整改台账,对中省市反馈的10个共性问题,对号入座,主动认领,逐项分析、逐项制定整改措施,逐项明确责任单位、责任人和完成时限。能及时整改到位的问题,立行立改并长期坚持;对于短期内无法整改到位的,及时采取措施和积极争取政策支持,确保限时整改。如市脱贫指挥部暗访反馈"部分村卫生室设备简陋缺失,上架药品无法满足常见病的治疗需求"等问题,县政府下达贫困村卫生室建设项目35个,总投资700万元,总建设面积5600平方米。新建卫生室为两层砖混结构,房屋建设面积160平方米,一层设置为医疗服务区,含诊断室、治疗室、公共卫生服务室、药房和档案室"五室分离",二层设置为村医生活区,含休息室、厨房等。其中,2018年38个出列村全部达标;自筹及整合资金150万元,为村卫生室配置常用医疗设备400种3810件,配置健康一体机105台,包括开展常见中医药适宜技术相关设备。2018年,开展村医能力提升工程,通过举办乡村医生培训班、村医学历教育、村医到镇卫生院轮训等,进一步提升其技术水平。为38个出列村,每村配备1名具有乡村医生执业资质人员。3个省、市级三级医院和3个省市级公共卫生计生机构分别对口帮扶县级医疗卫生计生机构,6所县级单位对口帮扶17所镇卫生院,17所镇卫生院帮扶176个村卫生室,形成全县对口帮扶全覆盖体系,提升基层医疗机构服务能力。

为确保2018年38个拟脱贫村如期出列,县级医疗机构组建健康扶贫专家团队,深入村组开展巡回义诊,完成38个村"巡诊"活动,281名医务人员参加义诊,4928名群众接受义诊服务、6230人接受健康教育,发放宣传资料8806份,7627名群众参加心肺复苏培训,接待门诊患者2842人,减免门诊患者诊疗费用87022元。

按照苏陕扶贫框架协议,县医院与南京市第一医院建立对口帮扶协作关系,坚持以医院管理、人才培训、技术帮扶、远程会诊等四个重点,全面开展对口支援和帮扶。加强与县苏陕办工作联系和对接,健全与常州市新北区社会事业管理局的医疗卫生对口帮扶关系,定期选派骨干医师到常州交流学习。积极与江苏省红十字会对接联系,江苏省红十字会组织14名医疗专家,6月11日至14日来紫开展为期4天的苏陕对口帮扶"健康扶贫紫阳行"活动,并成功举办一期全市学术交流培训班。积极争取上海复兴公益基金会的支持和帮扶,围绕乡村医生培训,购买村医意外险、健康险等补充保障措施,提供器械、药品捐赠支持,以及"最美乡村医生"评选等内容,开展乡村医生精准扶贫支持计划。

争取省、市支持和自筹资金,县级医疗机构均添置CT,各镇卫生院均有X线机,5个镇卫生院配置CR,6个镇卫生院自筹资金采购DR。县级定点医院建成结核病二星级实验室,快速检测能力和耐药检测效率不断提高,为临床诊疗提供有力依据。投资250万元,对原芭蕉卫生院800平方米房屋进行改造,建成县医院传染病区,于11月投入使用。开展健康紫阳建设,52个健康"细胞"示范点创建有序推进,积极开展健康促进示范县建设。

县政府投入30万元专项资金用于传染病防控。2018年,全县无甲类传染病发病,乙、丙类传染病1484例，发病率为450.79/10万，较上年同期相比下降5.7%。有序开展"五边五治、四化四评"农村环境综合整治行动，改善农村环境面貌，全县疾病预防控制工作水平和群众的健康素养明显提升。

2018年，建档立卡贫困户20~49周岁已婚育龄妇女和符合计划生育政策的已婚待孕夫妇免费体检率达到省市要求和进度。贫困户计划生育奖扶2562人（其中38个出列村552人），发放奖扶资金528.6万元。775户计划生育贫困家庭创业帮扶资金77.5万元。洞河镇、焕古镇创建国家卫生镇和38个出列村创建县级卫生村通过县级初验。2018年，实施14项基本公共卫生服务项目，以及农村妇女孕前和孕早期补服叶酸等预防出生缺陷等6类重大公共卫生服务项目。

调整贫困人口新农合和大病保险补偿政策，合规医疗费用报销比例不低于80%，慢性病报销在现有报销封顶线的基础上再提升20%，大病保险起付线降至3000元。全县对筛查出的43名11种大病贫困对象集中救治，大病救治率达到100%。县人民医院、县脱贫办与中国扶贫志愿服务促进会签订"光明扶贫工程"三方协议，建档立卡贫困户白内障患者手术有序开展。

当年，建档立卡贫困人口参合和大病保险均达到100%，2018年个人缴费标准为190元，贫困人口参合按照每人70元标准全部予以资助，43名患11种大病贫困对象得到救治，大病救治率达到100%。救治白内障患者55例。全年26072人接受免费健康体检，26种慢性病签约服务手册规范运用，按照其内容为贫困人口提供个性化的签约服务，实现贫困人口签约服务的全覆盖。完成贫困村、户饮用水水质监测373份，合格率100%。健康扶贫对象就诊154494人次，县域内就诊149864人次，就诊率达到97%，其中合疗报销9943.68万元，大病保险788.11万元，民政医疗救助616.75万元，补充医疗保障1011.51万元，报销总额12360.07万元。

2019年　决胜健康扶贫

2019年是健康扶贫决胜年。县委、县政府继续加大医疗服务能力建设，狠抓贫困人口医疗保障，围绕贫困群众"有地方看病、有医生看病、看得起病，看得好病"持续发力，为整县实现脱贫摘帽打下坚实的基础。

按照医疗卫生机构"三个一"标准，加强县镇村医疗机构标准化建设，确保贫困人口有地方看病。

根据填平补齐的原则，加大投入，夯实基础，全面解决基本医疗有保障突出问题，县人民医院和县中医医院达到医疗服务能力基本标准，先后成功创建二级甲等医院。基层医疗卫生服务体系日趋完善，按照"一次建设到位，不重复建设"原则和"统一规划设计，统一安排资金，统一完成时限，统一使用权限，统一验收标准"（即"五个统一"），强力推进村卫生室阵地建设，152个新建村卫生室全部投入使用，全县村卫生室全部达到标准化并通过市卫建委验收，为每村配备1名具有乡村医生执业资质人员，县镇村科室设置和设备全部达标。

根据《陕西省人民政府关于深化县级公立医院综合改革的实施意见》中关于合理核

定编制标准的规定设置,即依据区域卫生规划和居民医疗服务需求,按照县域户籍人口每千人3.0张病床、床位和人员编制1:1.5的比例,核定县级公立医院人员编制总量,明确县医院、中医医院、妇幼保健院的床位和人员编制比例,其中县医院核定床位350张,人员编制总量525人;县中医院核定床位200张,人员编制总量300人;县妇幼保健院核定床位100张,人员编制总量150人;根据镇卫生院服务人口数量、服务半径、地理位置、交通条件等因素,按照乡镇卫生院的类型、基本任务和功能合理确定,每千服务人口1.2张床位要求,核定镇卫生院床位360张,全县医疗服务能力得到巩固和提升。

按照医疗技术人员"三合格"要求,加强人才队伍建设,确保贫困人口有医生看病。县政府先后制定印发了《紫阳县加强卫生人才建设实施意见》《县级公立医院人员编制备案管理实施方案(试行)》等文件,多举措化解人才培育、培养和引进难题。2014年至2019年陆续招聘引进各类卫生专业技术人才284人。实施卫生人才培养"十百千万"培训工程,加强全科医师、骨干医师和学科带头人培养、培育和培训。为稳定和发展乡村医生队伍,从2019年起,支持和引导符合条件的乡村医生按规定参加基本养老保险,县财政每人每年定额补助2000元。

按照医疗服务能力"三条线"标准,提升医疗技术水平,确保贫困人口看的好病。从学科建设、新技术新业务、人员培训、大病救治及远程会诊等方面深入开展"3+X"帮扶。紫阳县人民医院先后与昆山市第一医院、南京市第一医院和常州市第一人民医院建立对口帮扶关系,从等级医院创建、重点学科建设、人才培养等多方面进行全方位帮扶。3个省市级三级医院和3个省市级公共卫生机构分别对口帮扶县级医疗卫生机构;5所县级单位对口帮扶17所镇卫生院,17所镇卫生院帮扶176个村卫生室,形成全县对口帮扶全覆盖。

深化"三个一批"(大病集中救治一批、慢病签约服务管理一批、重病兜底保障一批)分类救治,落实"三重保障"医保政策,2019年大病专项救治病种增加到25种,按照"四定两加强"(四定:定救治医院、定临床路径、定单病种费用、定报销比例;两加强:加强医疗质量、加强责任落实)的原则,全县确诊大病患者162人,救治162人,救治率100%。做实做细慢病签约服务管理,组建责任医师团队66个,巩固完善"五师共管"责任医师团队签约服务模式,达到建档立卡贫困户100%签约。

当年,全面落实贫困人口医疗保障政策,做到2019年贫困人口城乡居民医保、大病保险、医疗救助和补充医疗保障"四重"保障,过渡到城乡居民医保、大病保险、医疗救助的"三重保障",贫困人口患病合规医疗费用报销比例达到80%以上,实现市内定点医疗机构及县政务服务大厅"一站式"报销结算,贫困人口医疗救治"先诊疗后结算"及县域内"零押金住院"等惠民政策的有效执行。规范执行国家基本药物制度,县镇村医疗机构基本药物全部执行零差率销售政策(中药饮片除外),2018版基本药物目录共调入药品187种,调出22种,目录总品种数量由原来的520种增加到685种,其中西药417种、中成药268种。县、镇、村基本药物全部执行零差率销售政策,保证群众真正享受安全、低价药品。

全面开展健康紫阳建设，成立健康紫阳建设工作委员会，编制《健康紫阳"2030"战略规划》，出台《深化健康细胞示范建设实施方案》，扎实开展8大类健康细胞创建。结合"三减三健"、健康教育"六进"以及宣传日（月）等大力宣传健康知识。深入开展健康促进活动、全民健康生活方式行动以及健康支持性环境建设，建成健康小屋5个，健康文化园7个。印刷6种慢性病健康教育处方6万份。地方病防治专项三年攻坚行动的有序实施，重点传染病专病专防能力得到提升。顺利通过国卫复审病媒生物防制专项考核鉴定和国家卫生县城复审验收。基本公共卫生服务项目以及重大公共卫生服务项目的有序实施，全县疾病预防控制工作水平和群众的健康素养得到明显提升。投资350万元的建设远程会诊中心，让群众在家门口能享受优质医疗服务。县、镇医疗机构与心医国际远程会诊实现全覆盖，县域内医疗机构全部加入医共体，县级医院与上级医院建立技术协作型医联体7个，加入市级专科联盟10个。

自2014年以来，成功创建了7个国家级"群众满意的乡镇卫生院"，一级甲等镇卫生院11所。截至2019年10月底，成功创建市级重点（优势特色）专科6个，市级重点培育科室2个。2016年授予全国基层中医药工作先进单位。

经过几年努力，健康扶贫工作取得巨大成就。紫阳健康扶贫经验入选国家《基层健康扶贫典型案例》；中共安康市委授予县卫健局"安康市社会扶贫先进集体"荣誉称号，授予系统内盛伟、吴小琴2名同志"安康市社会扶贫先进个人"荣誉称号；紫阳县卫健局、县人民医院、县中医医院荣获"全市脱贫攻坚先进集体"荣誉称号，系统内柯康林、陈冬梅分别荣获"突出贡献奖"和"贡献奖"荣誉称号；高滩镇中心卫生院荣获全省健康扶贫先进单位；周呈高、吴大军荣获全省健康扶贫先进个人荣誉称号。2016年、2017年、2018年因病致（返）贫户分别占建档立卡贫困户人数的19.80%、13.40%、12.20%；占在册贫困户人口的25.30%、17.90%、17.20%。至2019年11月，建档立卡贫困人口40329户133058人，剩余贫困人口1989户3836人，其中患病826人，占剩余贫困人口21.5%。截至2019年11月，救治25种大病410人，救治率达到100%。慢性病签约服务8488人，签约服务率100%；872例重病患者实现100%兜底保障（其中2017年762例，2018年57例，2019年53例）。全县176个村卫生室全部达到标准化并通过市卫建委检查验收和认定，完成176个行政村2493份饮用水水样检测，合格率达100%。当年，紫阳县全面完成脱贫攻坚中关于卫健部门指标和水质检测任务，为贫困人口和贫困县如期脱贫出列提供全方位的健康保障。（陈冬梅）

讲 述

探索健康扶贫方式方法

讲述人：柯康林　时任紫阳县卫健局副局长

我是2017年分管健康扶贫的，当时九三学社中央来紫阳调研，第一站就从调研东木镇开始。我参与了这项调研，算是正式开展健康扶贫工作。在调研中我发现相关的表、卡、册不齐全，没有原始的建档立卡贫困户资料，我们到户为老百姓义诊巡诊，事做了不少，可是没有数据，具体工作和成效体现不出来。感觉工作没有头绪，有种无法下爪的感受。如果要等上面正规表册，因为时间紧任务重，又怕来不及，无法满足上级核查的要求。怎么办？我们便会同局里扶贫办和相关股室的同志，紧急商讨和研究对策，制定出能够记录健康扶贫方面的表卡册，即《紫阳县建档立卡贫困户纪实手册》。它里面包涵贫困户的基本信息、签约服务协议、服务频次纪实、疾病诊断证明、患者住院信息，以及住院报销结算单、体检通知单、体检反馈报告等。

当时正是各项政策频繁出台，究竟如何开展工作，结合上级文件要求，我们反复开会探讨，可以说是摸索着开展起来的。我们按照上级文件要求，制定完善我们的文件。联合县扶贫局印发《紫阳县健康扶贫实施方案》《紫阳县"天使健康扶贫行动"实施方案》，制定《紫阳县新农合健康扶贫实施方案》和《紫阳县"光明工程"实施方案》。

这样，工作有了方案，后来，又在实际工作和探索中出台一系列针对具体工作的通知和要求，如开展健康扶贫电话随访抽查工作；开展卫技人员村村到、户户大走访活动；开展对中省脱贫攻坚专项巡视反馈问题及健康扶贫存在问题的整改检查验收等，并提出了具体要求。

在实际工作中，我们以入户为主，到贫困户家中，尤其是慢性病患者家中面对面随访。究竟怎么随访？随访纪实怎么写？基层的同志都不是很清楚，于是我就亲自到两个镇卫生院去指导，和局扶贫办、卫生院的同志们一起探讨，如慢病随访这种表卡册，我们一起来设计，比如这个病是糖尿病，如何来写纪实，如何来随访？按照患病种类，每一种疾病我来写一份，供大家参考。我要求写纪实，比如说这个病人是糖尿病，我们从哪些角度来给他们提供相关服务。入户随访时，我给他们圈定一个简单小记叙文，时间、地点、人物、事件等，健康教育、医疗救治，来把这个人的程序走完，这是第一件事，亲自来写的东西做的样板，写了几份纪实，供他们来参考。

这种纪实很全面，也留给户上。在高桥镇和东木镇这两个镇，我亲自写的都还在。比如说我们几个人一路入户走访，这个病是个高血压病，首先我们要写进村入户开展工作测量血压，做健康教育，血压多少，就写在上面。写好以后，如果患者的血压高，我们要求患者在某年某月某日再次到卫生院复查，如果血压再高的话，就建议转到县级医院就治。这一版本供他们参考，各级检查都反馈说高桥的纪实写得最好。

除了这些工作，我还负责过焕古镇春堰村的包联工作。我包了一户，户主叫黄天寿，我和陈冬梅、张波去入户，去的时候是个大雨天。门是虚掩着的，我们敲她家的门，听见屋里有人在呻吟，进门一看老太婆痛得倒在沙发上满头大汗。我是学医的，简单查体以后，怀疑她肾上有问题。我赶紧联系乡村医生，带上急救药品来救治。同时联系医院，我给老太婆做工作，到医院去救治，再延误下去恐怕不得了。后来请这个村医生，把他送到县中医院，最后确诊确实是肾结石，跟我的判断差不多。治疗几天后，老太婆出院回家了。现在她身体恢复健康，我很高兴，心也放下来了。这件事也让我深深地认识到健康扶贫的迫切性和重要性。

我分管健康扶贫的这项工作，局里大力支持，分了5个组，每个片儿安排几名干部。我村村都跑到了，主要是到户上去看情况，看户上纪实写了没有，我们医务人员去了没去，相关政策落实了没有等。如果我发现这一户政策没落实，就立即通知镇卫生院，叫他们来随访，没有大病的，以及达不到条件的，立即通知他们来免费送药，提供医疗服务。

说实话，健康扶贫是个新课题，我们一直在努力探索健康扶贫的方式方法。深入开展调查研究，经常到户核查，查看很多患大病的户，医保报销政策是否执行到位，报销是否达到比例。后来局长安排各组，深入到17个镇，针对每个因病致贫户，究竟有多少大病，医保政策是否到位，去调查摸底，并及时反馈到医保局。

在实际的工作中，我们紧紧抓住"八个结合"，一是健康扶贫与提升医疗卫生机构服务能力相结合。开展全县岗位大练兵大比武竞赛活动，提升卫生计生系统服务能力和服务质量，着力解决群众就近"有地方看病、看得起病、看得好病"的问题。二是健康扶贫与医保相结合。开展医疗救助，加大对重大疾病患者的救助力度，建立重大疾病住院医疗费用协调机制，在落实好现行合疗报销政策的基础上，对部分慢性病按照"一病一方案、一人一处方"，在现有封顶线的基层上提升20%。三是健康扶贫与公共卫生服务相结合。落实"预防为主"的方针，加大公共卫生工作力度，扩大覆盖面和受益率，提升群众健康素质，让群众"少生病、迟生病、不生病"。四是分级诊疗与健康扶贫相结合。各镇卫生院对贫困患者所患疾病分类汇总分析，以常见病、多发病、慢性病分级诊疗为突破口，结合上级医院医师到镇多点执业、万名医师支农、远程会诊等工作，提高基层诊疗能力，解决镇卫生院服务能力不足的问题，扩大分级诊疗病种范围。五是健康扶贫与医患结对帮扶相结合。组织开展"天使健康扶贫行动"活动，对贫困村中患有慢性病或重大疾病患者实行医务人员根据专业特长和水平进行一对一划片包联帮扶。六是对口支援与健康扶贫相结合。县级医院定期组织医疗队及医务人员到镇卫生院开展诊疗服务、临床教学、技术培训等多种形式的帮扶活动，开展服务百姓健康行动和巡回医疗，组织实施"健康暖心"工程。七是资源整合与健康扶贫相结合。有效整合资源，确保健康扶贫对象享受到基本医疗和公共卫生服务。八是健康扶贫与爱国卫生活动相结合。深入开展健康教育"六进"活动，实施农村改厕项目和环境卫生整治行动及爱国卫生运动月活动，开展卫生村创建，改善村级卫生环境。

在不断深入的工作中，可以说"是在战争中学习战争"，我们逐渐厘清了思路。一方面大力抓医疗服务水平的提高，另一方面抓紧健康扶贫政策的落实，特别是降低贫困群众看病费用，我们逐项地进行分析，组织学习上级文件精神，对领导安排的工作，一件件地抓落实。尤其涉及健康贫困户整改，经常研判，按局长的要求，我组织来做，一个一个问题来弄。

对于村卫生室，过去我们也在管，特别规范，但是总有一些地方不到位。局里最后在商量，村卫生室设备的配置、短期设备的配置，查漏补缺，填平补齐人员的配备，药品达到80至100种以上，村卫生室基本达标。我整了一个卫生室督导提纲，对照提纲，逐村逐点审核。提纲下发后，局里的干部，包联的每个村都去，一个村一个村地来核，围绕这个提纲，来查漏补缺。通过这些措施，我们176个村卫生室，从内部的药品、规章制度、流程及其管理规范等，全部达标，得到省卫健委、市卫健委的高度好评。当然，更重要的是我们做到了让贫困患者就近有地方看病，小病能够看得好。

我们还有很多先进人物和典型事迹，我们的医务人员，起早贪黑，非常辛苦。2018年的国庆节，我也没休息，虽然天下大雨，我仍在毛坝的温家坪村入户，局长打电话担忧我的安全，叫我赶紧回去，我仍然坚守在村上。晚上我们也是加班加点，平时工作繁忙，遇到特殊情况，我和扶贫办的几个同志，加班加点整晚熬通宵做事。2019年11月，我们紫阳县卫健局，被安康市委评为全市社会扶贫先进集体。

几年来，健康扶贫取得显著成效。除了县委、县政府的领导和支持，与我们探索的方式方法也有密切关系，工作中我们抓重点，抓脱贫退出率的指标落实，抓村卫生室达标认定、水质监测，抓"三个一批"（大病集中救治一批，慢病签约管理一批，重病兜底保障一批），抓医保"三重保障"（新农合基本医疗保险保障、大病保险保障、医疗救助保障）政策落实。

我们努力探索，在工作中创新方法。狠抓"五个一"，推行"五加一"工作法，就是贫困户当中，有一卡一号一册，一部电话，一家巡诊。我们定期对贫困户电话随访，列5个内容，村医到家里去没去，体检没有，交合疗没有，费用报销到位没有。我们打电话问，没到位的话，赶紧以镇为单位，用实名制反馈回去整改，这就是一号；一卡就是一个医保明白卡，即政策明白卡；一册就是健康扶贫纪实册；然后一巡诊，我们安排县医院、中医院组建团队，到当年脱贫村去巡诊。通过优质资源下沉，到户上给老百姓服务，把工作落实到位，这就是抓的"五个一"。我们执行"五加一"工作法，就是一月一次例会，一季度一考核，半年一小结，全年一总结，然后加了一个村医轮训制度。村医定期进行轮训，这些方面也做了不少事情。2018年，我们制定了"五师共管"家庭医生方案。什么叫"五师"？即一个全科医师，一个健康教育医师，一个护师，一个公卫专干，一个村医，这五个人各司其职。全县现在是66个团队，1个团队包好多户，每个月或者每季度到户上去，给老百姓提供服务，使健康扶贫政策落地生根。

脱贫攻坚以来，我们的服务能力实现由弱到强的转变。"576标准"涉及卫生健康的指标，已经全部达标。按照基本医疗的保障要求，"三条线""三合格""三个一"全部都实现了。2016年、2017年、2018年因病致（返）贫户分别占建档立卡贫困户人数的19.30%、14.40%、13.20%；占在册贫困户人口的25.80%、20%、19.90%。截至2019年年底，我县建档立卡贫困人口40329户133057人，其中已脱贫人口38340户129221人，剩余贫困人口1989户3836人。因病致贫2066户7062人，因病致贫占建档立卡贫困户5.7%，占在册贫困户人数的11.50%。2019年退出贫困村116个，完成户脱贫19745户57422人。贫困发生率由20.46%降至1.27%。2018年紫阳县卫健局、紫阳县人民医院等6个单位和陈冬梅等28人获得市卫健委、市脱贫攻坚指挥部健康扶贫先进单位和先进个人；2019年11月，被中共安康市委授予县卫健局"安康市社会扶贫先进集体"荣誉称号，授予系统内盛伟、吴小琴两名同志"安康市社会扶贫先进个人"荣誉称号。（整理人：黄福海）

依托行业优势攻坚克难

讲述人：陈 琴 紫阳县中医医院副院长

我是1988年参加医疗卫生工作，2008年任县中医院副院长。2017年3月，我院被列入脱贫攻坚包联单位，院班子分工由我分管脱贫攻坚工作。作为县级公立医疗单位，健康扶贫是脱贫攻坚工作中的一项重要内容。我院成立由院长陈龙顺任组长，副院长任副组长，职能、临床各科室主任为成员的健康扶贫领导小组，为健康扶贫提供组织保障。

几年来，我们脚踏实地参与了脱贫攻坚的全过程。全体干部不但在脱贫攻坚的工作中深入包联村焕古镇刘家河村，主动服务和着力解决贫困人口因病致贫、因病返贫问题，还同时承担着全县44个村乃至17个镇敬老院的健康扶贫工作。通过送医、送药、技术培训、对口帮扶等方式，全力落实健康扶贫政策。

我县基层群众防病抗病能力弱，医疗卫生与健康保健知识缺乏。贫困人口因经济拮据，长期走不出因病致贫、因病返贫的怪圈，再加之因居住环境和交通条件制约，许多人小病拖成大病，大病则耽误抢救，无病又不知道防病。心脑血管病、高血压、糖尿病等慢性病在农村相当普遍，且得不到规范治疗。针对这些亟待解决的难题，我们首先从包联的刘家河村做起，在进村入户开展脱贫攻坚的同时，同步推进健康扶贫工作。依托行业优势，发挥中医药在防病保健方面的作用，帮助农村贫困群众解决"看病难、看病贵"等问题。

遵照卫健局的统一安排，3年来我们共组织医务人员千余人次，对全县44个村进行健康扶贫巡诊。这期间，我们为村民开展中医药健康知识科普讲座，10余名主治以上职称的医师，结合自身多年的行医经验和扎实的理论基础，以通俗易懂的语言，为村民讲解常见病、多发病的预防和治疗等中医养生保健知识，增加村民对中医养生知识的了解，提高村民的自我养生意识。接受义诊的群众1500余人次，发放高血压、糖尿病防治知识等各类健康教育处方及健康扶贫宣传手册20000余份，免费测量血压10000余人，发放免费药品价值5万余元，为44个巡诊村贫困户家庭慢性病人现场进行集中慢病鉴定341人。

为了普及基本急救知识，巡诊医师团队以镇卫生院、村卫生室、村委会为阵地，集中对驻村第一书记、驻村工作队员、村"两委"班子成员、村医、镇卫生院包村责任医师团队以及村民开展心肺复苏基本知识操作培训，在培训中，不但讲解基本理论，还手把手耐心示教心肺复苏全过程，并让参加人员现场操作，据统计参与心肺复苏培训4500余人。

针对农村老年人眼疾问题，为提高他们的眼保健水平，确保眼疾早发现早治疗，巡诊人员对老年人进行检查，对查出疑似患有白内障眼疾的老年人进行登记，并建议其尽早到相关医院做进一步检查和治疗，共对16名老年人进行白内障筛查登记。

遵照市卫健局关于"幸福呼吸"项目推进会的要求，我们对脱贫退出村开展"幸福呼吸"免费筛查工作，医院巡诊团队每到一个村都为村民讲解"慢阻肺"的症状、诱发因素以及日常生活中"慢阻肺"的自我管理，使村民认识到肺功能筛查的重要性，提高村民参与防控"慢阻肺"防控自觉性。这期间接受"慢阻肺"筛查277人次，为全市"慢阻肺"筛查提供第一手资料。为解决部分贫困户疑似残疾人因各种原因未办证的问题，助力打赢脱贫攻坚战，按期实现整县脱贫摘帽，在县残联和卫健局的组织下，我院副主任医师张开安参与东木镇、焕古镇、城关镇等地开展疑似残疾人鉴定工作，集中为300余名符合办理条件的残疾人进行残疾鉴定及信息采集。

在巡诊过程中，我们抽调25人分别到洞河、东木、高桥、焕古、洄水、界岭、双桥、城关等镇卫生院开展对口帮扶工作，将对口帮扶的镇卫生院工作与脱贫退出村巡诊工作相结合，提高乡镇卫生院的医疗服务水平。还选派高年资医师对6个镇的"五师共管"团队进行专业指导，尤其是2019年以来应邀帮助指导城关镇卫生院"五师共管"责任医师团队到双坪村、和平村等地对患长期慢性病患者规范随访、规范管理。通过这些活动，使广大群众了解中医药文化科普知识，掌握中医药治病理念和养生保健的基本方法，让群众真正感受到中医药健康服务"简、便、验、廉"的特色和优势，也使因病致贫的村民在家门口得到救治。

2019年下半年我院组织内科、外科、骨科、肛肠科、针灸科等相关人员在全县17镇25个敬老院开展"尊老敬老、送医送药送健康"主题义诊活动，送出药品30余种，价值一万余元，受益老人2000余人，获得良好的社会效益。

针对因病致贫、因病返贫的群体，我们充分发挥行业优势，让健康扶贫惠及贫困户。加大政策宣传及医务人员管理力度，严格落实贫困户住院患者"一站式"绿色通道、"一降两提高三减免"、慢性病报销"直通车"、四重保障等系列健康扶贫优惠政策，确保因病致贫率明显降低。

　　此外，我们还利用电子屏、微信公众号、彩页、条幅等方式以及导医、护士工作站、结算窗口、诊室、病房等患者就诊集中场所，宣传健康扶贫政策。2019年10月，我们针对全县17个镇千余户贫困户由边远农村易地搬迁入住城里，居住环境发生变化引起的身体不适、水土不服、生活环境不习惯等情况以及病媒生物防制等问题，组织医务人员带上检查设备、药品连续几天在县城仁和千户社区为刚刚搬来的老百姓免费看病、送药，并热情耐心地讲解健康知识、疾病防治、健康扶贫政策以及县城几家医院的所在位置，还给他们留下医生或相关科室的联系电话以方便他们就诊，让搬到这里的贫困户群众住得安心，生活得健康。

　　即使在包村联户的过程中，我们依然注重发挥行业优势。刘家河村88岁的村民金某，患病痛苦不已，因家庭贫困在住院治疗期间，医院和包联干部除减免医药费、悉心照料外，还给她送上千余元生活补助，出院时她激动地说："党的政策真的是好啊，中医院的医生护士比她的亲生儿女还亲！"60岁村民冉某身患癌症，手术后经济十分困难，包联干部想方设法给他家争取救助，村里也给其儿子申请了公益岗位，帮助他们渡过经济上的难关；大学在读的女孩程某某，母亲患精神病还未治愈，爸爸又患上了同样的病，这对家庭经济本来就十分困难的孩子来说是天大的灾难，孩子在面临马上失学困境的时候，我们联系到"丽姐助学"基金会，为她争取到助学基金5000元送到孩子手中，解决了她上学的问题，捐款人承诺一直资助孩子到大学毕业；村民徐某的孩子大学毕业在家待业，医院破例将其安排到医院上班，解决了他的就业问题，同时增加其家庭收入；村民罗某曾在外地打工，因事故右腿截肢，靠假肢代步，家里两个孩子正在上学，孩子的母亲在外打工经常不回家，我们就经常上门跟罗某的母亲沟通，吩咐其带好两个孙子，并帮助解决临时生活救助和"丽姐助学"基金，另一方面通过电话联系罗某，鼓励他们夫妻在外打起精神，互敬互爱、互相照顾，避免了家庭意外对两个孩子的影响；村民唐某经常三病两痛，经常给我们的包联干部打电话，我们的包联干部都不厌其烦地帮他请医买药并送到家；还有我们的内科、外科、针灸科、门诊多位临床医生每次入户总是不忘带上听诊器和药品帮贫困户治病……这样的事例真的是太多，几天几夜都说不完。

　　辛勤的付出，也换来了一些荣誉。我们在所包的刘家河村的扶贫工作，不仅年年被镇、县政府列为优秀，我们的健康扶贫工作也受到了市、县主管部门的表彰。（整理人：黄福海）

一场刻骨铭心的心灵洗礼

讲述人：温纪朋　麻柳镇卫生院院长

我叫温纪朋，今年 38 岁。2016 年我被组织上调到麻柳镇卫生院任院长。2018 年，我被县脱贫攻坚指挥部评为"健康扶贫先进个人"。细想起来，我虽然是位医务工作者，经常与患者打交道，但我获得"先进个人"这份荣誉，还得感谢脱贫攻坚这场民生之战，是它给了我更多深入接触村民的机会，让我在健康扶贫的最前沿经受到了从没有过的心灵洗礼。

按照上级健康扶贫的工作部署，我带领全院同事，天天入村入户核查，经常早出晚归，雨天一身泥，晴天一身汗。经过一段时间的细致摸底，实际情况远远超出我们想象。一组组数据，一个个因病致贫的家庭，都像沉重的铅块压在我们的心头，这真不是在医院直接和患者打交道那么轻松啊！麻柳镇地处紫阳县南端，山高坡陡，沟壑纵横，尽管各村都有卫生室，但百姓看病就医还是很不方便。辖区 6 个村全是贫困村，其中水磨村还是深度贫困村。全镇建档立卡贫困户达 1794 户，因病致贫就占 142 户，患有长期慢性病有 500 余户。我们采集完困难户的病史资料，建立了专门档案，落实了专人按月随访服务。大家对实施"健康扶贫"的决策有了更深的理解，感受到的不是组织上硬压的任务，而是我们责无旁贷的职责和义务。

开展随访是不能走过场的，是要对因病致贫的疾苦给予施策解决的。记得 2017 年腊月二十七日下午五点多的时候，我还在入户访问自己所包联的贫困户。本想把这几户走访结束了，赶紧安排单位春节放假值班事宜。恰在这时，手机突然急促地响了起来。一接听，是麻柳社区家住清水湾的困难户覃承安打来的求救电话，说有两位老人一氧化碳中毒了。我立刻和医务人员叫来车辆，迅速赶赴出事现场。由于患者居住地交通不便，我们只好放弃车辆，抬着担架，背着急救用品步行。当我们赶到这家，看到两位老人深度中毒，奄奄一息。面对这种情形，我们立马把患者搬离中毒现场，经过室外简单处理后，在医务人员和村民的配合下，把他们抬到救护车上，进行保暖、吸氧等急救。紧接着，我亲自驾驶救护车将患者转送到安康市中心医院。我办妥了就诊手续，向家人交代了注意事宜，才返回麻柳。后经回访，由于反应迅速，急救措施到位，没有给老人留下后遗症，我才放下心来。

家住书堰村的唐万民，有 3 个孩子上学，他是主要劳动力，因其患有肝硬化导致家中陷入贫困。我入户后得知他家里没有钱住院治疗，遂联系合疗办，办理担保手续。经过治疗，他康复出院了，激动地说："我家脱贫有望了，感谢党和政府哇！"这朴实的话语，成了我努力当好"白衣天使"的动力。

堰碥村九组的王永年，年迈多病，行动不便。当我得知他患有长期慢性病，又不能前往县医院鉴定诊断和办理慢性病补助证的情况后,我就把他的住院病历资料带到县医院去办理,把长期需要服用的药物送到家中,把报销的慢性病费用送到他的手上。此后,凡是贫困户因慢性病长期服药,无法解决门诊药费,导致贫困发生率高的问题,我都及时和县医院对接,请县医院的专家医师团队来麻柳镇各个村,对慢性病对象进行集中鉴定。

家住堰碥村九组的王克术,由于常年身患慢性病,就医成了他的最大致贫困扰。我得知情况后,步行3千米,入户调查核实,收集他就诊信息资料,回来详细研判,落实了健康扶贫补偿政策,解决了他的燃眉之急,并把慢性病补偿的费用送到他的手中,解决了他前往卫生院领取的麻烦。3年来,我共为贫困户办理415个慢性病补助证,每年为贫困户减轻就医负担40余万元。困扰贫困户多年的就医负担问题得到了根本解决。

在实施健康扶贫的日子里,我常常在这样反思,一名乡镇医院院长能亲力亲为地多为村民的健康做点实事好事,只是一人之力,也太微不足道了。要从根本上解决农民就医难的问题,还得从农村健康保障机制上下功夫,让每一位医疗工作者在心里筑牢"健康扶贫永远在路上"的责任。于是,我根据深化医药体制"保基本、强基层、建机制"的改革要求,着力全镇6个村卫生室的达标准设,从选址、开工建设,验收入住,我都亲临一线,哪怕是一个科室牌,一个垃圾处理桶摆放的位置,我都要认真对待。镇卫生院积极争取国家项目资金投入,经过两年的筹备和不懈努力,新建了3600平方米的医疗服务综合大楼,添置了大型医疗设备,培养了多方面人才,建成了功能齐全的镇卫生院,村卫生室也达到了规范要求。我当一任院长的根本愿望就是努力让农民少走一步路,有一个较好的就医环境,为农民在脱贫致富的路上跟进健康服务。

要实现这个愿望,就不可避免地要牺牲个人和家庭的利益。所以,每当听到孩子打来渴望与我见一次面或盼望我辅导一下作业的电话时,我心里就像翻倒了五味瓶一样,只好许愿地安慰说"等过了这段时间再好好陪你。"我想,在这场史无前例、刻骨铭心的健康扶贫中,许多身为父母的医疗工作者都只有这样安慰自己的孩子。因为决胜脱贫摘帽终有期,而健康扶贫是无期的。我们是百姓需要健康的天使。(整理人:叶柏成)

风 采

八千贫困群众的健康总管
——记高桥镇中心卫生院院长周呈高

医生最大的荣耀莫过于救死扶伤、起死回生。紫阳县高桥镇中心卫生院院长周呈高,却把最好的青春年华抛掷在大巴山中的小镇上,当起八千贫困群众的健康总管,为他们的小病小痛奔走,乐此不疲。

一席最美味的午餐

周呈高包联 8 户因病致贫的贫困群众。几年下来,包联对象和周呈高成了老熟人,经常顺道在周呈高的办公室坐坐,不为治病,只是来喝一杯茶,聊上几句。

"老苟,在屋里没有,我明天到你家里来。"周呈高每次去包联户家走访,都先和对方确定一下其是否方便。苟开乾身体残疾,还患有慢性支气管炎。尽管一个往返要 3 个小时车程,周呈高依然坚持每月到访。

2018 年 6 月的一天,周呈高如约而至。周呈高为两位老人测血压、听心率,询问近期病情,叮嘱服药禁忌。工作结束后,周呈高起身道别,苟开乾一把夺过他的诊疗设备,老伴拽住他的胳膊,说啥也不准走。苟开乾指着火塘的吊罐说:"你给我们看了 3 年的病,逢年过节还给我们买米买油,从没在我家吃过饭。晓得你喜欢吃蒸洋芋,早上专门做了一罐。"他又揭开灶台上的锅盖:"公鸡是我自己喂的,早上才杀"。

周呈高知道当地的习惯,一家只养一只公鸡,留作种鸡用,就是新女婿上门,他们也舍不得杀的。对于贫困群众来说,这算是顶级规格的招待了。周呈高最终还是拒绝了两位老人的盛情。他说:"我还不足以受到这么高的礼遇。不过,这是我见过的最美味的午餐"。

医生干成了病人

"8 月 15 日带上诊疗器械为刘运礼随诊;8 月 18 日为苟开乾测量血压、血糖,他的药吃完了,得多带点;8 月 25 日去权河村开展扶贫政策宣讲,要及时准备材料……"周呈高有一个随身携带的笔记本,每天要干的事都写在上面,防止遗漏。

除了逢集在医院坐诊,他还把大量的时间用在"行诊"上,笔记本就是他多年来的"行诊记录仪"。长年累月的不规律生活,透支了周呈高的身体,有几次他都差点晕倒在出诊路上。从业以来,周呈高累计服务过的群众超过两万人次,他最终把自己干成了病人。从此,周呈高出诊要带两种药:一种是给贫困群众送去的,一种是给自己服用的。

十个周呈高不敌一套制度

没有全民健康,就没有全面小康。周呈高说:"必须要制定一套务实管用的制度,调动全院医护人员高效参与健康扶贫。否则,十个周呈高也忙不过来。"

高桥镇有贫困人口 2387 户、8667 人,因病致贫 160 户、268 人,健康扶贫任务艰巨。近年来,周呈高创建了"一人一档案、一户一实事、一月一随访、一季一抽查、一年一考核"的健康扶贫"五个一"工作制度。

在贫困户刘运礼家的堂屋里贴着一张二维码,用手机一扫,家庭成员的健康信息清清楚楚,还可以看到帮扶医生的工作纪实。二维码对应全镇贫困人口健康数据库,确保每个服务对象情况清、底子明。

"五个一"工作制度还要求帮扶医生每年为贫困群众做一件实事,每月入户随访贫困患者;医院督查考核组每季度通过电话抽查服务对象满意度,年终到户考核,将考核结果作为医护人员绩效工资分配的重要参考。

通过制度创新,高桥镇健康扶贫服务精准、运行顺畅,走在全县前列,"五个一"工作制度被多个市县学习借鉴,周呈高先后被评为"安康市十佳卫生院长""全国优秀卫生院长"。(黄志顺)

用责任筑牢健康扶贫的篱笆

——记高滩镇中心卫生院院长陈国军

陈国军 1976 出生于紫阳县高滩镇,1997 年参加工作,2016 年调入紫阳县高滩镇中心卫生院任院长。他是一个好医生,更是一名甘于担当、乐于奉献的基层卫生院院长。担任院长以来,他不辜负组织信任和群众的期盼,将一个濒临困境的乡镇卫生院,搞得有声有色,并带领全院医护人员扛起了全镇健康扶贫的重担。他个人先后于 2012 年荣获"陕西省卫生系统精神文明先进个人"、2017 年荣获"紫阳县卫计局优秀院长"、2018 年荣获"紫阳县健康扶贫先进个人"、2019 年被评为"安康市健康扶贫工作先进个人"等荣誉称号。

是责任,让医院起死回生

初到高滩卫生院,陈国军发现这个医院规模小、人员少,门诊医师匮乏,开展诊疗显得捉襟见肘。由于管理不规范，人才严重流失，医患矛盾频发，屡遭诟病。一年门诊人次仅在万人左右，住院人次千人左右，一方面经济效益上不去，职工怨声载道；另一方面群众对医院抱有各种各样的偏见和看法，他们即使有病也会纷纷绕道，去其他乡镇医院或县城看病，医院运转十分困难。

至于健康扶贫，形势更不乐观。2016 年撤乡并镇前，原高滩镇就有 8 个村和一个居委会共 14747 人，2017 年撤乡合并后，与广城乡 4 个村 8634 人，以及绕溪乡 6 个村 8519 人共同组成 3 万多人的大镇，相对于全县范围来说，人口规模仅次于城关镇。并镇前，扶贫任务欠账就大，撤乡并镇后，院里由原来的 20 多人，扩大到 40 多人，更增加了管理的难度。健康扶贫的工作面也随之扩大数倍，新账旧债一齐涌来，压得他喘不过气来。

2017 年，全镇共有建档立卡贫困户 4488 户 15880 人，因病致贫 208 户 798 人，因病致贫率 4.63%。作为新任院长，他深知只有把医院的服务水平提高，让群众能够就近就医，才能走出健康扶贫的第一步。他以情感人，千方百计地留住专业技术人才；严格执行规章制度与操作规范，完善诊疗所必需的各类软件和硬件设施，让医护人员有劲使、不惧事；他认真落实奖惩绩效考核，调动医护人员的积极性和创造性，形成员工由"要我做"摇身一变"我要做"的可喜局面。他定期组织大练兵、大比武、卫生法律法规和医疗事故纠纷防范知识培训，增强职工责任感、荣誉观和医疗纠纷防范意识，杜绝了医疗事故纠纷的再次发生。

经过几年的高效管理和绩效激励，患者投诉少了，就医群众的满意度高了，未出现医疗纠纷及医疗事故，每年门诊人次达到 3 万余人，住院人数达到 4 千余人次。作为院长，陈国军每天坚持上门诊和住院大查房，在他的诊室慕名前来就诊的患者，从室内到门外天天排起长龙。因为忙，午饭和晚饭一起吃，对他是常有的事。可是医院走出了困境，全镇的医疗服务水平提高了，健康扶贫有了基本保障。

是责任，肩负起扶贫的重担

毕业于陕西省医学专科学校的陈国军，对医学事业非常热爱。出身于医生家庭的陈国军，其父亲是位老医生，妻子是位新村医，妹妹和妹夫都从事医疗行业，他自小耳濡目染，成长中又受到中医多方面的熏陶，有着良好的医德和医术。他视病人为亲人，以帮助他们解除痛苦为己任。在进村入户开展健康扶贫的过程中，他发现很多慢性病人的痛苦无法根除，便在现有医疗保障的基础上，创造性地开展中医理疗的救治工作。他投资新建中医馆，成立中医科，开展针灸、拔罐和热敷等理疗项目，开设"健康小屋"之家，用于群众自助测量身高、体重指数、血压及中医体质辨识等，使患者能够方便了解自己身体体质状况。这些举措获得患者的一致好评。投入使用的大型检查设备 DR 数字化 X 线摄影系统，大幅度提升了检查的准确率和阳性率，为群众带去了极大的便捷，为临床诊断提供保障。

针对疫苗安全事件频发，为从源头上堵住事故隐患，陈国军又下决心在院里建立数字化预防接种门诊，哪怕背负巨额的债务，也要投入大量的资金，建起预防接种门诊，最终投入 20 余万元建起了紫阳县第一家规范化数字接种门诊，开展集中预防接种工作试点，增强疫苗的冷链运输安全、疫苗接种安全双检测。他深知贫困山区群众经不起病，必须提高防病能力。此举引来许多兄弟单位的观摩学习。

健康扶贫工作千头万绪，由于心中有责任，陈国军对上级下达的各项工作任务和指令，向来不打折扣，保质保量地完成，组织上十分信任和满意。在公共卫生服务以及村医管理方面，陈国军创新管理办法，完善和提高对村医的激励措施，层层落实奖惩制度，用制度约束人，奖就是奖，惩就是惩，从不含糊。

他带领医护人员还对全镇 1031 人进行慢病签约，落实每季度随访一次，其中患有大病的 30 人已全部转归慢病签约。开展"村村到、户户大走访"调查、"心连心"和"五个一"活动，集中宣传政策 39 场次、发放宣传类资料 6000 余份，受益人次达 2000 余人，免费体检 2591 人、发放明白卡 4219 份。落实帮扶措施，制定切实可行的健康扶贫实施方案以及组建家庭医生签约服务团队。院里共组了 6 个责任医师团队，计 61 人。每个团队负责包 3 个村，对 208 户因病致贫人员，实行每位职工包 5~8 户工作责任机制，每月对因病致贫户随访一次，对建档立卡贫困户每季度走访一次，同建档立卡贫困户 4488 户 15880 人签订了家庭医生团队签约服务协议书。根据不同家庭成员组成，设定有针对性的帮扶措施，发放健康教育宣传册和疾病预防知识读本，指导其养成健康的生活方式，加强健康素养学习，增强疾病预防控制意识，有效预防疾病的发生。通过包联医生帮扶，2019 年 12 月，全镇因病致贫户下降至 19 户 45 人，因病致贫率下降至 0.42%。

是责任，让他与贫困户心连心

如何让贫困群众"有医生看病和看得起病"，这是他时刻牵挂的事情。陈国军经常下村走访贫困群众，想方设法解决他们的需求。家住三坪村三组的曾化桂，患有胆管结石、梗阻性黄疸等多种疾病，先后辗转西安、安康等地住院治疗 10 多次，花掉家里全部积蓄，生计难以维持。陈国军主动与她联系，多次驱车奔波于县城、卫生院、患者家之间，帮助她申报办理慢性病种、报销医疗费用等手续，并利用休息时间到她家里免费为她检查，宣讲健康知识，做心理疏导。在陈国军耐心劝说和开导下，曾化桂对生活重新燃起希望。曾化桂患病以来花费 18 万元，除去新农合报销 11 万元外，大病统筹兜底保障累计报销费用 5 万余元，自付仅 1.6 万元，为曾化桂节省医药费 7 万余元，实实在在地解决了她家的燃眉之急。百坝村村民简廷凯，家庭共 5 人，儿子和儿媳离婚，两个孙子都是爷爷奶奶抚养。儿子简云贵于 2014 年因股骨头坏死术后无法从事重体力劳动，常年外出务工也无法满足家庭开支，加之两个老人对健康扶贫政策不了解，简廷凯又患慢性病高血压病常年服药，孙女是聋哑人，孙子做了先天性心脏病手术。陈国军了解情况后，翻山越岭同包村医生主动入户签约，宣传政策，指导服药，协助简廷凯办理慢性病补助证，冬天还为两个小孩送上棉靴。老人感动地说："是您让我觉得国家政策好啊，使我们在这个冬天不再寒冷。"万兴村村民娄道翠身患高位截瘫，常年靠轮椅代步，其儿媳外出务工 8 年有余，至今未归。娄道翠 2019

年5月煮饭时，左腿不慎被开水烫伤，因怕花钱未住院治疗。陈国军知道后，主动联系上门了解情况，开展签约服务和残疾人康复指导，指导老人进行康复训练，并自掏腰包购买烫伤药上门换药，老人烫伤很快得到康复。第四季度入户走访时，陈国军又来到该患者家，听老人讲其儿子何云兴今年10月份因脑出血在浙江住院治疗花费10余万元，老人握住陈国军的手说："家里顶梁柱瞬间倒下，我一夜之间头发都白了许多，我们今后该怎么生活，这还要花费这么多钱，可咋办呀？"陈国军听后立马电话联系何云兴，询问治疗愈后情况及费用情况，在电话里指导其康复训练，让其把病历发票等复印件寄回本地协助其报销。老人激动地说："没想到在外省住院也能报销，真的是天上掉馅饼的事怎么就砸到我们了呢，陈院长真情实意，帮人是帮到我们心坎上了！"

是责任，让他战胜了重重困难

2017年冬季的一天，陈国军坐着摩托车下乡扶贫，在前往关庙村的途中，连人带车掉入山下，导致其左胫骨中上段骨折，左腓骨远端骨折。手术后仅仅经过两个月的治疗，勉强能下地走路，他便执意要回医院上班。他说："高滩镇地大面广贫困人口多，健康扶贫工作量大，医院医疗技术人员短缺，病人多，工作任务重，我不能带这个头来休息，我要同一线医务人员一个样。"由于出门就是爬坡上坎的梯子，给腿脚伤残的他带来诸多麻烦与不便，于是他饿了就在科室吃饭，就算不值班也不敢早早地回宿舍休养，甚至几个小时坐诊，水都不喝一口，怕上厕所耽搁给患者看病。他深知带领好一个团队是一个院长的职责，在健康扶贫的战场上始终身先士卒地冲在最前方。仅2018年以来陈国军带领6个责任医师团队，在全镇开展健康扶贫义诊和体检25余次、义诊受益1267人次、体检受益7236人次。他的口袋里习惯揣着一个小本本，发现体检结果有异常后马上记下，在小本子上可以看到某位患者吃啥药和什么时候服完、某位患者什么时候该随访、某位患者的报销费用是多少、某位患者复查的时间和结果，等等，像这样记录的案例不计其数。2017年8月正值全县健康扶贫攻坚的关键时期，而此刻，陈国军的妻子刚刚分娩，一时间让这个中年汉子体会到从未有过的压力。作为院长和丈夫，虽家里需要他，可院里也需要他，贫困户更需要他，他把照顾妻儿的眷念悄悄抛在脑后，埋头扎进工作一干就是数月，虚弱的妻子独自照顾着襁褓中的婴儿，陈国军默默承受着妻子的埋怨。

有一次家里两位老人都生病了，因为医院医生紧缺，门诊岗位上不能没人，他通过电话简单的询问老人病情后，找人带药给双亲，而自己却坚持在一线岗位上。只要工作需要，不管家庭困难有多大，他都能做到随叫随到，却从没喊过一声累，诉过一句苦。他说："只要我们坚持真诚负责的工作态度，用责任筑牢健康扶贫的篱笆，相信在今后的工作中会越来越好。"

健康扶贫虽然任重道远，但他始终怀揣希望和激情，用一个医生的天职履行神圣的职责，将责任贯穿始终，对当好医疗卫生"健康守门人"，他充满信心。（黄福海）

扶贫路上的"暖男"
——记城关镇中心卫生院副院长盛伟

36岁的盛伟，帅气，阳光，是一名医务工作者，被人们称为"暖男。"

2018年6月，盛伟任城关镇卫生院副院长，主要分管健康扶贫及公共卫生工作。他以春风般的温暖、用火焰般的热情，全身心地投身到健康扶贫的工作中，做了很多温暖人心的事情。2018年他被陕西省结核病防治研究所评为先进个人，2019年被城关镇党委授予优秀共产党员称号，11月被中共安康市委授予"安康市社会扶贫先进个人"称号。

暖化了"渐冻症"的坚冰

城关镇中心卫生院下辖13个村的17个村卫生室。盛伟在主抓健康扶贫的工作中发现，原有村卫生室底子薄、环境差，其中15个均为借用的私有房屋，再加之市场经济竞争和个人利益相冲击，村卫生室的工作长期处于"渐冻"状态。

"连村民小病不出村的要求都没有保障，怎能做到健康扶贫？"盛伟感到了问题的严重和肩上责任之重，立即上手标准化村卫生室建设。他逐村深入调查，依据县脱贫指挥部和县卫计局的要求，在镇党委、镇政府的大力支持下，先后共争取到资金投入550万元，新建起了标准化村卫生室13个。为实现每个村卫生室规范标准，他又结合各村卫生室需求，上下奔走筹措资金30万元，为各村卫生室配备了空调、中西药柜、电视机、药品阴凉柜、办公桌椅、打印机及基本医疗设备等。13个标准化村卫生室已全部并投入使用，并全部通过上级验收认定。

村医的消极怠工是最让他头疼的问题。为了改变这种局面，盛伟一边耐心给村医做思想工作，一边开展每月村医例会培训，提高村医务实干事能力。为了提高村医工作的积极性，他把提高公卫服务经费作为激励手段，每季度严格落实考核，消除他们的后顾之忧，让村医可以更好地为百姓服务。为方便群众就近就医，他将村卫生室的建设尽量设置在各个村的安置点上，诸如塘么子沟、大力、新桃、西门河、付家等村，村民从此看病不再爬山翻梁、隔河渡水，改变了曾经"小病拖、大病扛，实在不行倒了床"的恶劣就医环境。就医方便、药品齐全、报销便捷，服务好、态度好、环境好，是如今当地群众普遍对村卫生室的评价和赞誉。尤其是被树为典型的付家村卫生室，在充分保障公共卫生服务、健全居民健康档案的同时，还努力提供中医适宜技术服务，譬如针灸、艾灸、拔罐、推拿等传统中华医术，解除病人痛苦。

暖热了"贫困户"的信心

心脑血管、肾衰竭等慢性疾病，是长期困扰贫困户的一大"魔症"，但城关镇各村究竟有多少患这类的慢性病人，又有多少符合慢性疾病补助报销的对象，院里一直没有这方面的准确数据。

2019年6月，盛伟主动联系县中医院中医科薛主任，他俩冒着酷暑，到村入户走访调查。步行数里山路，首先来到70岁的姜胜周家，得知这位老人长期患有高血压病，且为脑梗后遗症，行动不便，老伴视力残疾，后人独居，且靠在外打零工度日，自顾不暇的情况，为他做了慢病鉴定，还帮其申请到了慢病补助。这种让姜老汉从没想到的事却变为了现实，令他感动不已。全安村47岁的刘全成，身患肾癌，曾经在省人民医院手术住院，因缺乏沟通，对医保政策了解不透彻，自行在门诊采购抗癌药品近三万元，苦于报销无门。盛伟通过该村的村医了解到此情况后，主动联系县医保局，商磋报销问题，在得到对方的肯定以后，这才把悬着的心放了下来。

有一天，他正在青中村入户走访时，接到新田村包联医生打来的电话，反馈一名贲门癌患者刚在市中心医院做完手术出院。听到消息，他赶紧专门到这名患者家中去了解情况，依据健康扶贫相关政策收集患者资料，协助其办理了慢病补助。当患者拿到慢病证时，激动地说："现在党的政策好啊，现在的医生也好啊！都亲自上门为百姓服务，减少了我们既花钱又跑路的负担。"在盛伟看来只是一件件很平常的事，是自己本职工作而已，但在患者眼里却是满怀感激。他觉得得到百姓的认可就是他最大的满足。

暖出了一串欣慰的数字

城关镇是全县最大的镇，要获得一串串准确的致贫数据，真得要深入千家万户才行。但是，盛伟做到了。他是靠自己事必躬亲"暖"起了信心的村医们，用严谨细心的服务态度做到的。截至2018年6月，全镇有建档立卡贫困户2936户8492人，其中因病致贫310户，因病致贫数占比11%。盛伟通过按时开展对因病致贫户、慢性病患者入户随访施策服务，"暖"出了一串欣慰的数字：一是每月对全镇因病致贫户实现了逐户随访管理，平均每月走访84户287人，建立健全居民健康档案287份；二是每季度对全镇638位慢性病患者实现了随访管理，并全部鉴定申请了慢病补助证和慢病证，平均每季度走访554人，协助办理发放慢病证13份，有13人因此享受到慢病补助1.5万元；三是坚持"村村到、户户大走访"，联合县疾控中心、妇幼保健院、县中医院等医疗单位，开展送医、送药、送政策，巡诊、义诊等活动。从2018年6月份至今，共举办这方面的活动15场，开展与村民心连心活动32次，受益对象达1800户6000人次，为贫困户免费健康体检1090人，建档立卡贫困户签约2811户8520人。截至2019年11月23日，在全镇建档立卡的贫困户中，在册因病致贫户占比下降到0.4%。

少了对家人和自己的关照

"加班！加班！你就知道没完没了地加班！"这种愤懑的语气，只能偶尔在他妻子和儿子的电话中听到。"医者仁心呐，何况我……"电话这头，他总是报以"哈哈"一笑。身为副院长的盛伟，面对城关镇地域宽、贫困人口多、村卫生室底子薄，健康扶贫任务重的状况,要分析问题梳理工作思路,要一步一步推进自己主管的健康扶贫工作和公共卫生工作,不忙咋行?他白天要下村入户,晚上经常加班到凌晨,甚至是通宵。

其实,家人的抱怨也不无道理。工作14年了,盛伟总是把时间和心思都花在了工作上,对家人照顾很少。特别是进入脱贫攻坚阶段,母亲肩关节骨折手术住院,父亲胆囊切除手术住院,他都没能在身边直接照顾一天,都是加完班后才到医院看看;儿子7岁了,陪他的时间却掐指可数。2019年8月,他在报送材料的路途中,骑车不慎摔倒,左手腕跌伤撕裂疼痛难忍。因忙于工作,一直没有时间去大医院检查、治疗,靠自己用点儿膏药贴敷,手腕至今不能负重。……

在盛伟的眼里,医生就是一份要充满爱心的职业。要让百姓得到更好的医疗卫生服务,白衣"暖男"任重道远。(黄福海)

第七篇
教育扶贫

综 述

阻断贫困代际传递的历史壮举

　　教育脱贫是决战决胜脱贫攻坚的基本任务之一，其目的是通过落实一系列国家政策，从根本上阻断贫困代际传递，提高人口素质，促进社会文明、人民富裕和国家强盛。紫阳是国家深度贫困县，教育发展滞后一直是制约经济社会发展的瓶颈。县委、县政府充分认识到：没有教育发展的"优先"，就没有经济社会发展的"领先"；没有教育的"卓越"，就没有紫阳发展的"超越"。自2014年以来，县委、县政府坚持"优先发展教育"的理念，大力实施"科教兴紫"和"人才强县"战略，把教育事业纳入经济社会发展的总体规划，把"发展教育脱贫一批"摆在脱贫攻坚的重要位置，通过建立工作机制、改善办学条件、强化师资队伍、落实资助政策、实施结对帮扶、解决难点问题、整合帮扶力量等举措，推进教育扶贫工作，努力让贫困家庭子女都能接受公平有质量的教育，开创了阻断贫困代际传递的历史性壮举。

一、脱贫攻坚前的紫阳教育发展状况

　　从2005年春季起，国家对扶贫开发工作重点县农村义务教育阶段贫困家庭学生实行"两免一补"（免收书本费和杂费、补助寄宿学生生活费），紫阳教育扶贫初现雏形。2009年秋季，全县实施中小学生"蛋奶工程"，2012年调整升级为义务教育阶段"营养改善计划"。2016年，国家对学生资助政策体系进一步完善，13年免费教育政策全面实施，建立起了覆盖学前教育至高等教育家庭经济困难学生的资助政策体系，为实现"不让一个学生因家庭经济困难而失学"的目标提供了制度保障。

　　由于紫阳县的发展基础相对薄弱，到2014年全面进入脱贫攻坚时，对照国家标准，紫阳教育脱贫还存在很多实际困难和问题。比如，扶贫助学政策不够精准，对家庭经济困难的学生无法做到"全覆盖"资助。农村学校基础设施差，生活用房、运动场地等配套不完备，城乡办学条件差距较大，存在"城镇挤""乡村弱"现象。偏远学校师资薄弱、优秀师资流失严重，相当一部分学校只好自行聘请临时教师作补充。技能培训条件差，全县只有1所中等职业技术学校，办学水平无法满足群众需求。关爱帮扶措施注重物质资助，缺乏必要的心理健康教育，相当一部分受助学生缺乏感恩心和上进心。受这些因素影响，教育脱贫成为脱贫攻坚战役中群众关注度最高的焦点之一。

二、教育脱贫的主要任务及方法

（一）建立工作机制，全面落实国家政策。国家出台了从学前教育、义务教育、高中教育、职业教育到高等教育全覆盖的教育惠民政策。在贯彻落实政策方面，紫阳县坚持以"精准"为标尺，以"零误差"为极限要求，经过深入细致的"精准识别""数据清洗"工作，确保了政策落实公开透明，方法措施和结果公开公正透明，全县没有因此发生上访现象。

紫阳以县教体科技局（2019年1月机构改革前为"教育体育局"）为牵头部门，建立教育、扶贫、民政、残联及工会、团委、妇联等多部门沟通协作的学生资助工作协调机制，建立资助工作领导小组会议决策、部门联席会议、贫困学生建档及动态管理、资助结果公示和助后跟踪服务等工作制度。县教体科技局和县直学校、17个镇中心学校分别成立教育脱贫攻坚工作办公室，将学生资助、学籍管理、留守儿童、"三残"儿童关爱帮扶等工作职能统一归口到教育脱贫办公室。建立从县教体科技局到各学校、各年级、各班的教育脱贫工作网络，层层明确工作责任、落实工作任务。

建立教育脱贫目标管理和季度督查制度，定期通报工作进度，及时针对薄弱环节和问题进行督办和整改。制定《紫阳县教育脱贫攻坚目标责任考核细则》《教育脱贫攻坚工作考核办法》《教育脱贫攻坚包村联户干部管理办法》等管理制度，对各学校教育脱贫工作实行过程化、精细化管理，县政府教育督导室和派驻纪检组跟进督查，确保各项政策落到实处。实行局领导干部联镇包校工作机制，做到每所学校都有扶贫联系人、每个贫困家庭学生都有帮扶责任人，实现精准帮扶全程覆盖。

（二）优化资源配置，大力改善办学条件。为解决学前教育入园难、义务教育水平低、高中阶段教育资源缺等"短板"问题，紫阳县抢抓义务教育均衡发展、"双高双普"等历史机遇，积极争取资金投入，持续加大教育资源配置力度，改善办学条件。

在发展学前教育方面，全县以扩大学前教育资源覆盖面为目标，全面完成第二期学前三年行动计划建设任务，实施第三期学前三年行动计划。积极争取中、省资金支持，在努力扩大公办幼儿园覆盖面的同时，积极扶持普惠性民办幼儿园发展，增加学前教育资源，满足所有适龄儿童的入园需求，规范幼儿园管理，提高科学保教水平，建立覆盖城乡的学前教育公共服务体系。

在均衡发展义务教育方面，结合全县新型城镇化、移民搬迁及人口流动趋势，规划农村义务教育阶段学校布局，推进义务教育学校标准化建设，义务教育学校师资、校舍、教学设备、图书、体育场地基本达标，城镇大班额和入学难问题得到有效缓解，农村义务教育质量明显提高。

在优化提升"普高"教育方面，以整合城区教育资源，扩大普通高中办学规模，满足人民群众对优质高中教育的需求为目标，推进高中学校改革创新，提高普通高中教育质量，完善学生综合素质评价和学业水平考试制度。积极探索普通高中学校特色办学、内涵发展路径，提升学校办学层次和水平。

在加快发展职业教育方面，以加快发展面向农村的职业教育，加强区域合作，提升办学层次，拓展办学形式，增强职业技术教育服务现代农业发展、新农村建设的能力为办学方向。突出以县职业教育中心为主体，整合农业、扶贫、人社等部门培训，开展新型职业农民培训，培养农村致富带头人。根据市场需求和经济社会发展实际调整专业设置，提高职业教育及职业培训实效，发挥职业教育在教育扶贫中的作用。

（三）完善管理机制，加强教师队伍建设。2014年，全县有公办学校152所，在校学生46564人，教职工2554人（其中专任教师2406人），全县教职工平均年龄45岁。小学师生比为1∶16.89、初中师生比1∶12.29；小学专任教师大专及以上学历占比81.45%、初中专任教师本科及以上学历占比78.33%。中级职称951人，占比37.24%，高级职称142人，占比5.56%；县级以上骨干教师341人，占比13.55%。针对全县教师队伍存在总量缺编、专业不对口、音体美及信息技术等专业教师缺乏、老龄化现象严重等问题，很多农村中小学聘请了一定数量的临聘教师，全县临聘教师达519人。

对此，全县教育系统坚持问题导向，紧盯重点、合力攻坚。一是完善选人用人机制。实行领导包片、干部联校包抓工作机制，制定出台《紫阳县中小学校长聘任管理办法》，推行校长和学校领导人员公开选聘制度，加强学校后备干部培养，建立起了任人唯贤、能上能下的用人机制。二是完善管理流动机制。出台《紫阳县教师队伍管理办法》《紫阳县中小学幼儿园教职工流动管理办法》，全面实行了教师归口管理，并按照正向激励和适度管控相结合的原则，建立了教师规范有序的流动体制。三是完善梯次补充机制。通过特岗教师招聘、免费师范生接收安置、硕士研究生引进、统一招聘等渠道每年补充新任教师200人左右，优先安排到偏远乡村学校任教，优先选聘紧缺学科教师和幼儿园教师，逐步缓解了教师缺编、老龄化和学科不配套等问题。四是完善培训培养机制。教师年培训经费按教职工工资总额的1%列入财政预算，并足额拨付使用，全面落实学校公用经费的5%用于教师培训的政策规定。通过"国培计划"、省级研修、教师"十百千万培训工程"、新任教师岗前培训等形式，大力实施教师全员培训；通过网络研修等形式，利用"人人通"等网络平台，加强农村中小学、幼儿园教师网络培训力度；加大校本研修力度，立足岗位实际，不断提升教育教学水平。五是完善鼓励激励机制。坚持职称评聘、评优评先向基层一线和边远乡镇学校倾斜，全面实施绩效工资制度，按照差别化、动态化的补助标准，叠加实施乡村教师生活补贴和乡镇工作补贴政策。全面落实中小学教师工资收入水平不低于当地公务员平均工资水平政策。争取提高中高级教师职称比例，加大中高级职称评聘向乡村学校倾斜力度，确保乡村教师留得下、稳得住、工作舒心。截至2020年秋季学期，全县有各级各类学校111所，在校学生47478人，教职工3093人（其中专任教师2802人），教职工平均年龄41岁。小学师生比1∶17.33，初中师生比1∶13.75，中小学专任教师学历达标率为100%，中级职称占比45.6%，高级职称占比13.6%，教师队伍建设取得明显成效。

（四）抓实关键重点，精准实施教育扶贫。一是狠抓控辍保学工作。树立"一个都不能少"的底线意识，落实控辍保学"双线七长"责任制（即行政、教育"双线"，夯实县长、局长、镇长、村主任、校长、家长、师长工作责任），落实控辍保学"九条措施"(即夯实"七长"责任、建立联控联保、开展摸底核查、实行动态监测、辍学登记报告、实行劝返复学、实行台账销号、定期专项督导、实行责任追究)。二是落实学生资助政策。按照国家标准足额拨付学校公用经费,13年免费教育政策得到有效落实,从学前到大学阶段贫困学生资助政策全部精准精细落实到位,实现了"应助尽助、不漏一人"。三是实行教师结对帮扶。全县教职工与特殊群体学生结成帮扶对子,建立"一对一""一对多""多对一"的帮扶机制,每月至少开展一次大家访活动,在情感慰藉、思想动员、精神鼓舞和物质资助等方面进行点对点的帮扶,教育引导他们知恩感恩、立志成才。四是关爱特殊群体学生。实行贫困家庭留守儿童"代管家长"机制,在学习、生活、心理、安全等各方面给予关爱帮扶。对适龄残疾儿童少年采取在普通学校和特殊教育学校就读为主,属地学校教师送教上门为补充的教育方式。同时,积极采取规范划片招生机制、遴选教师增设班级等措施,消除大班额,保障进城务工人员随迁子女平等接受教育的权利。五是加强职业技能培训。立足县职教中心,在"招得来、学得好、能致富"3个方面持续发力。坚持订单培养,校企合作,优化专业设置,让学生学有所获、学有所得,努力实现"培训一人、脱贫一家、带动一片"的目标。

(五)健全帮扶体系,整合多方帮扶力量。紫阳县积极整合高校帮扶、苏陕协作和社会助学等多方力量,广泛开展贫困学生资助活动,不断完善教育脱贫帮扶体系。一是建立结对帮扶关系。2016年,江苏省常州市新北区与紫阳县结为"携手奔小康"东西部扶贫协作单位。2017年10月,两地政府签署了《关于进一步加强扶贫协作和经济合作协议》,确定了协作机制、重点任务和保障措施,并先后选派两名同志来紫阳挂职。2018年5月,常州市新桥高级中学、新北区龙虎塘中学、新北区百草园小学、新北区奔牛实验幼儿园分别与紫阳县毛坝中学、蒿坪镇初级中学、毛坝镇中心学校、蒿坪镇中心幼儿园签订协作帮扶框架协议和合作共建备忘录。2017年5月,西安美术学院对紫阳开展高校结对帮扶,充分发挥高校在精准脱贫中的人才和专业优势,在教育培训、旅游产业、城市规划、硒陶产业等方面开展帮扶,帮助紫阳全力攻克深度贫困堡垒。二是扎实开展对口帮扶。自建立结对帮扶关系以来,西安美术学院和江苏常州新北区通过结对共建、开展讲座、选派支教教师、选派教师挂职学习等方式,给予紫阳极大帮扶。紫阳、新北区双方开展师资培训600余人次,互派骨干教师100余人次,开展专题讲座20场,选派了12名教学管理人员和教师骨干在毛坝、蒿坪等镇开展为期半年以上的支教活动。2017年底,常州新北区政协向紫阳界岭镇双明小学捐赠5万元的爱心物资,用于改善住宿生的生活条件,同时建立"留守儿童之家";12月,常州市妇联、常州市女知识分子联谊会为紫阳663名困难家庭孩子圆梦"微心愿";2018年2月,常州市人社局向蒿坪镇双星小学捐赠现金1万元并捐建"广玉兰爱心书屋";9月,民盟常州市委向毛坝镇中心学校捐赠3万元建设"常盟爱心书屋";10月,常州市工业气体行业商会向高滩镇绕溪九年制学校捐赠5万元建设"向日葵爱心书屋"。2017年7月,西安美术学院在紫阳挂牌成立了美院学生写生创作基地,选派师生到紫阳从事教学和交流活动,积极开展师资培训、校园文化设计、民歌品牌打造等帮扶活动。2018年3月,西安美术学院将创作的两首民歌免费捐赠给紫阳。5月在紫阳中学开展笔会活动并向紫阳中学捐赠书画作品20余件。通过来紫开展"名师大篷车"送培活动,累计培训初高中教师1000余人。三是积极争取社会帮扶。中国扶贫基金会、远元集团、西安赛格集团、香港智行基金会、香港英飞尼迪慈善基金会、西北大学慈善研究院、广州仁信慈善基金会、丽姐助学基金会、紫阳茉莉爱心公益联盟等社会团体和公益组织情系教育,给紫阳贫困学生给予大力帮扶和救助。2014年至今累计资助贫困学生超过1.2万人次,捐赠图书、文体用品和衣物等物资总价值超过2000万元。这些来自天南海北的爱心,点燃了贫困学生成长成才的希望之光,在全社会营造了关心、支持教育事业发展的浓厚氛围。

三、教育脱贫取得的主要成效

经过6年多的不懈努力,紫阳县教育脱贫攻坚工作取得丰硕成果,教育事业空前发展。

(一)办学条件得到全面改善。2014年以来,全县累计投入资金8.54亿元,新建和改建中小学、幼儿园,先后实施县文体活动中心、县第二小学、向阳镇恒大学校和17所镇级中心幼儿园等192个教育项目,实现了多媒体设备班班通,镇中心小学以上学校配备了电子白板,提高了教育信息化装备水平。2014年1月,县幼儿园创建为"陕西省示范幼儿园";2016年10月,紫阳中学创建为省级示范高中,毛坝中学创建为省级标准化高中。尤其是2017年2月,全县启动"国家义务教育发展基本均衡县"创建工作,累计投资超过2.86亿元用于创建工作,规划实施了86所学校的94个新建和维修改造项目,为97所义务教育阶段学校补充了教学仪器和图书等设施设备。当年11月接受国检组检查验收,顺利通过评估认定,并以96分位居全省30个申报县区的第二名。2018—2020年,我县累计投资3.58亿元(其中争取中省专项资金1.91亿元、苏陕扶贫专项资金0.4亿元、县级统筹资金1.27亿元),实施教育重点项目34个,其中,学前教育项目11个,义务教育学校项目16个,高中学校项目3个,特殊教育学校1个,全县中小学办学条件得到全面改善,内涵发展显著提升,2020年12月,顺利通过陕西省"双高双普"合格县评估验收。全县基本普及学前教育,幼儿园总数达35所,其中民办园13所,普惠性幼儿园33所,学前三年毛入园率达94.7%,普惠性幼儿园占比91.43%;义务教育学校办学条件得到全面改善,中小学适龄儿童少年入学率达到100%,义务教育阶段无失学辍学学生;基本普及高中教育,高中阶段毛入学率达98%。职业教育健康、协调发展,人才培养的数量、质量和类型更加符合地方经济社会发展需要。

(二)教师队伍建设得到加强。出台了《紫阳县中小学校长聘任管理办法》《中小学幼儿园教职工流动管理办法》,推行校长和学校领导人员公开选聘和任期聘任制,实现了教师归口管理和规范有序流动。教师补充渠道进一步拓宽,2014年至2020年,全县补充新任教师993人,其中特岗教师614人,事业单位招聘288人,高层次(紧缺型)人才引进91人。全县850余名教师参加了义务教育学校校长教师交流轮岗,全县教师总量缺编、农村师资力量薄弱等问题逐步得到有效解决。通过"国培计划""名师大篷车"等项目,集中培训教师超过 2 万人次,年均超过 3000 人次,教师队伍的专业能力和综合素养得到极大提升。大力实施"专业素质提升年"行动,通过岗位练兵、技能测试等八大行动狠抓"三级三类"骨干教师体系建设,推荐评选出省级教学名师 1人、学科带头人 2 人、教学能手 30 人,市级教学名师 5 人、学科带头人 21 人、教学能手 125 人,县级教学能手 603 人,成立省级教学名师工作室 1 个,省级学代工作室1 个;市级教学名师工作室 5 个,市级学代工作坊 3 个,促进了教师的专业成长,为提高教育教学质量和教育脱贫工作提供了强大的智力支撑和人才保障。2017 年 4 月,紫阳入选陕西省第二批"国培计划"项目县(A 类),工作经验得到省教育厅的充分肯定。2016 年 12 月,在全县公开选聘了 16 所县直小学、幼儿园和镇中心学校校(园)长,2020 年 1 月公开选聘了 9 名校(园)长。全面实施乡村教师生活补助政策,将乡村教师生活补贴和乡镇干部工作补贴叠加实施,2020 年,全面落实中小学教师工资收入水平不低于当地公务员平均工资水平政策,乡镇教师待遇大幅提高。大力改善教师住房条件,累计建设教师周转房 1000 余套,教师的工作和生活环境不断改善。实施教育提升行动,促进教师专业成长。2017 年开展"师德师风建设年"行动,全县积极推行师德考核负面清单制度,大力整治师德失范、学术不端等问题,积极塑造教师高洁、高雅、高尚的群体气质和良好形象。2018 年开展"教师专业水平提升年"行动,通过开展"岗位练兵""教学比武"等业务竞赛活动,强化教学基本功和教学技能训练,提升了紫阳教师队伍的整体素质。

(三)教育资助政策全面落实。13 年免费教育政策和义务教育阶段"营养改善计划"全面落实,实现了"不让一个学生因为家庭经济困难而失学"的工作目标。学生资助实现了"六个规范",即规范包抓责任体系、规范惠民政策宣传、规范贫困学生认定、规范资助资金发放、规范教师结对帮扶、规范档案资料建设。2014 年启动脱贫攻坚以来,全县累计发放各类资助 1.15 亿元、受助学生 17 万人次(其中资助建档立卡家庭子女 9.6 万人次 9206.8 万元);累计发放大学生生源地信用助学贷款 14798 人次,发放资金 10074 万元。义务教育阶段营养改善计划实现全覆盖,每年投入 2500 万元左右,累计受益学生 19 万余人,1.5 亿余元。2018 年紫阳学生资助工作受到省教育厅表彰,教育脱贫工作被市教育局认定为优秀等次,县教体科技局连续多年被县委、县政府表彰为"行业脱贫优秀部门""包村工作优秀部门"。学生资助在脱贫攻坚中的重要作用得到充分发挥:一是通过资助减轻了贫困家庭经济负担,避免了家庭经济困难学生因学致贫。二是增强了家庭经济困难学生持续学习的信心,消除了他们辍学的念头,起到了控辍保学的作用。三是帮助贫困家庭的学生顺利入学、完成学业,让他们更好地接受更高阶段的教育,增强他们自身的文化素质和劳动技能,有利于他们更好地就业,取得稳定的收入,可以达到"一人就业、全家脱贫"的目标。

(四)难点问题得到初步破解。一是控辍保学守住了底线。严格落实控辍保学"双线七长"责任制和"九条措施",汇集政府、家庭、社会和学校多方合力,竭力劝返辍学学生,确保了全县建档立卡贫困家庭义务教育阶段无失学辍学学生,基本实现了适龄学生"进得来、留得住、学得好"的目标。二是特殊群体备受关爱。完善特殊群体子女就学保障工程,形成了以随班就读为主、以送教上门为补充的特殊教育办学体系。依托"党建+"工程和教育脱贫大家访活动,按照"六有"标准(有教师、有计划、有教案、有课本、有学习用具、有教学记录)开展残疾儿童少年"送教上门",让这些需要专人护理、无法到校上学的适龄残疾儿童也能接受到法定的义务教育。2014年至今,全县义务教育阶段共有316名视力、听力、智力有障碍的学龄儿童,通过送教上门的三残儿童累计151人,三残儿童入学率达到97.9%,义务教育普及水平和质量大幅提高。其中麻柳镇中心学校的"秋月爱心课堂",毛坝、焕古等镇的送教志愿服务活动特色鲜明。2015年,县委、县政府制定出台关于加强留守儿童管理的相关文件,建立了政府、社会等各方面广泛参与的留守儿童关爱体系,形成了留守儿童关爱"四五六"工作模式(即"四管":管思想、管学习、管身体、管生活;"五一":每名留守儿童落实一名教师结对帮扶、每周与留守儿童谈心一次、每月到留守儿童家庭家访一次、每月与留守儿童家长通话一次、每月指导留守儿童与家长远程视频交流一次;"六优先":学习上优先辅导、生活上优先照顾、活动上优先参加、政策上优先惠及、心理上优先关爱、安全上优先管护),县政府安排专项资金72万元,在36所镇中心小学以上学校建设亲情聊天室和亲情话吧,在有条件的学校设立了心理咨询室,实现了"校校有管护中心,个个有代理家长"的工作目标。2017年9月,全县启动"三秦教师结对帮扶贫困学生"工作,全县3000余名教师与2万余名贫困学生结成帮扶对子,对学生学习、生活、心理、行为等给予全方位的关爱和帮扶。三是技能培训成效明显。立足县职教中心,对未升学的初、高中毕业生"一个不少"地开展免费技能培训;坚持订单培养,校企合作,优化专业设置,让学生学有所获、学有所得。2014年以来,累计开展各类培训579期35093人,其中修脚师407期28239人、特色烹饪53期2631人、家政月嫂36期1380人、电子商务24期859人、职业茶农培训25期1040人、建筑劳务培训6期283人、焊接工培训3期118人、手工制茶培训3期85人、毛绒玩具缝纫工13期200人、茶艺师2期48人、茶叶职业经理3期83人、毛绒玩具基层管理人员培训1期35人、美发师1期21人、评茶员2期71人。参与培训的初中、高中未升学学生共2148人,初步实现"培训一人、脱贫一家、带动一片"的目标。紫阳技能脱贫模式荣获"全国优秀扶贫案例"和"全球减贫最佳案例"。四是资助育人深入开展。在实施物质资助的同时,注重对他们进行精神的资助、心理的辅导和素质的培养,积极培育他们自立自强的"造血"功能。通过开展感恩教育、励志教育、诚信教育和社会责任教育,引导他们增强自尊、自强、自信、自立的意识,建立良好的人际关系,增强诚信、感恩和勤俭节约意识,培养耐挫能力。大力表彰自立自强的贫困学生典型,引领和带动广大贫困学生克服困难、立志成才、回报社会,使资助工作深入人心、更有温度。

奋战6年,紫阳教育脱贫工作成效显著,没有一名贫困家庭学生在"教育小康路"上掉队,从根本上奠定了阻断贫困代际传递的基础,实现了城乡教育事业均衡发展的目标,在紫阳经济社会发展史上写下了浓墨重彩的篇章。(杜海洋)

讲 述

我亲历的紫阳教育脱贫

讲述人：田先波　紫阳县教体科技局副局长

2017年5月，市委组织部从"八个一批"部门选派干部到县、区对口部门挂职，我从市教育局派到紫阳县教育体育局任党委委员、副局长，负责抓教育脱贫工作。

教育脱贫是"两不愁三保障"的重要内容，是户脱贫村出列县摘帽的具体指标，更是斩断穷根、持续发展的根本之策。我局成立以党委书记、局长为组长，分管领导为副组长，各股室负责人为成员的教育脱贫领导小组，成立教育脱贫领导小组办公室，各学校也成立相应的工作机构，并将学校原来的学生资助、学籍管理、留守儿童、三残儿童及学困生关爱等工作部门，统一归口到教育脱贫办公室。对教育脱贫工作进行细化分解，达到了方向一致、分层明确、职责清晰，事事有人管、处处有人抓的工作格局。县局制定《教育脱贫攻坚工作考核办法》等配套管理制度，将教育脱贫纳入各校年度目标考核指标，将教育脱贫成效考核作为教育系统个人考核、干部任用的重要依据。用目标管理和季度督查两项制度，定期通报工作进度，针对薄弱环节和问题进行督办和整改。一方面对控辍保学实行"周报制"，对学生资助工作进行"内外审"联控监测，对教育脱贫的其他重点工作实行跟踪督办，并利用局领导和干部联镇包校工作机制，将联镇包校干部和各学校进行责任捆绑；另一方面，加大系统内明察暗访力度，结合国省市县检查、核查、督查发现的教育脱贫短板和问题，对发现和反馈的问题实行"限期办结"。

改善办学基本条件，对紫阳这个国家级贫困县来说尤为关键。近年来，紫阳县充分利用创建"国家义务教育基本均衡县"为契机，持续加大投入。2017年实施86所义务教育学校的新建和维修改造项目，配备一大批教学仪器和设施设备，累计投资超过2.86亿元；2018年、2019年，抢抓"双高双普"发展机遇，整合资金9500万元，陆续实施教育项目近20个，初步实现"最美的建筑是学校，最好的环境在学校，最优的设备配学校"的目标，学校面貌发生巨大变化。紫阳中学、毛坝中学和县幼儿园先后成功创建为省级示范高中、省级标准化高中和省级示范幼儿园，其他各个学校办学条件都得到明显改善。

让人民群众享受到公平、优质的教育，是教育工作的终极目标。办学水平中的教师是"第一要素"，2015年以来，我县累计招录新任教职工690余人，其中2019年，招录新任教职工160名，优先补充到乡村学校任教。同时充分利用"国培计划"、暑期集中培训、"名师大篷车"等线上线下培训学习8期5000人次，500余人次参与交流轮岗，大力实施"专业素质提升年"行动，通过岗位练兵、技能测试等八大行动狠抓"三级三类"骨干教师体系建设，近三年全县推荐评选出省市级学科带头人和教学能手500人，成立名师工作坊4个，极大地促进了教师的专业成长，为全面提高教育教学质量提供了有力的人才支撑；从2017年起，首次把村级完小纳入抽考范围，2018年起首次抽考到音体美等相对"薄弱"学科，同时加大初中学业水平考试研究和评卷分析，以此改进教法，提升质量；在职业技能教育上，2019年，完成职校招生609名，共开展各类培训6000余人。对未升学的初高中毕业生一个不少的实施免费就业技能培训，提高中职学生的就业率。立足县职教中心，在"招得来、学得好、能致富"三个方面持续发力，努力实现"培训一人、脱贫一家、带动一片"的目标。

控辍保学是教育脱贫的核心任务，是"义务教育有保障"的底线要求。县委、县政府将控辍保学工作作为脱贫攻坚的重点工作任务，成立了控辍保学领导小组，多次召开专题研判会、推进会，将控辍保学作为脱贫攻坚风险点进行检查考核。县政府严格落实了"双线七长"责任制，做到县级部门、乡镇、村组和学校分工负责、履职尽责、失职追责。在这样一种"齐抓共管"的机制下，我们实行建档销号，分类施策，每周统计汇总全县辍学动态和劝返复学情况，通过提醒、督办、交办等形式，及时督促各乡镇、学校做好劝返销号。在纪委监委、教育、扶贫、公安、民政、市管、司法等部门联合督查下，采取"责任制+清单制+限时办结制"的工作方法，确保辍学劝返取得了实效。

精准资助是控辍保学的重要措施。精准识别、精准资助、精准建档是国家教育脱贫的政策要求，目的是做到贫困学生应助尽助。其技术操作要求相当高，每一个细小的环节都不能出错。为了达到"三精"标准，我们对全县学生开展调查摸底，掌握基本情况，据实登记造册；再将学生信息与县扶贫局、民政局、残联进行比对，建立贫困学生数据库，实行动态管理。我们严把资金使用关、资助对象关和资金发放关，建立健全资金使用程序及规章制度，严禁随意更换资助对象和资助金发放形式，使贫困学生资助从认定、上报到审批、发放的全过程都在"阳光"下进行。按照"一生一档、档随人走、跟踪帮扶、因生施策、痕迹管理、全程记录"的套路管理，利用学校、家长群、干部群等阵地，充分做好教育惠民政策宣传、及时推送资助政策新变化，确保政策落实透明，监督有力。仅2019年，就发放各类贫困生生活补助1735万元，办理助学贷款1532.6万元。

我们落实留守儿童"四五六"工作模式，实行"代管家长"机制，在学习、生活、心理、安全等各方面的关爱和帮扶，让他们感受到"家"的温暖；对适龄残疾儿童少年采取在普通学校和特殊教育学校就读为主，属地学校教师送教上门为补充的教育方式，并对送教上门程序等进行规范。同时，积极采取规范划片招生机制、遴选教师增设班级等措施，消除大班额，保障进城务工人员随迁子女平等接受教育的权利。全县2712名教师与1.98万名学生建立帮扶对子，实现了结对帮扶全覆盖。在精准结对的基础上，每月至少开展一次大家访活动，在情感慰藉、思想动员、精神鼓舞和物质资助等方面进行点对点、实打实的帮扶。在实施经济资助的同时，注重对他们进行精神的资助、心理的辅导和素质的培养，增强他们自立自强的能力和信心。

紫阳是深度贫困县，除了国家一系列教育惠民政策投入外，我们还整合高校帮扶、苏陕协作和社会助学等多方力量，广泛开展贫困学生关爱和资助活动。按照省高教工委"双百行动"安排，我们争取到西安美术学院与紫阳县结对，美院师生在紫阳开展帮扶达1000人次以上；我县先后两次选派校长和教师代表17人次，赴常州考察学习教育管理和教育教学工作，常州新北区分两批次共计14人次来紫阳考察指导教育教学和学校管理工作，并与我县4所学校签订结对帮扶协议，并选派12名教学管理人员和教师骨干前往我县毛坝镇、蒿坪镇开展为期半年以上的支教活动。双方开展师资培训600余人次、互派骨干教师100余人次、开展专题讲座20场、落实教育项目3个，使用资金1095万元、帮扶贫困学生500余人，捐赠图书、仪器等各类物资价值30余万元；我们还争取到中国扶贫基金会、西安赛格集团、香港智行基金会、紫阳县茉莉爱心公益联盟、常州丽姐助学基金会等社会团体和公益组织以经济资助、配发物品、心理疏导等形式，为贫困学生撑起"美丽天空"。据统计，近3年来，各级团体和组织的直接资助年均超过1000万元。这些来自天南海北四面八方的爱心汇集，点燃了贫困学生的成长成才的希望之光。

2017年以来，全县教育脱贫在各级各类考核、检查、督查、调研中，虽然实现"零反馈"和"零扣分"工作目标，但我们不沾沾自喜，而是以更好为追求目标，从反馈的具体问题来发现不足，全力整改，取得工作的主动性。从2019年全县发起"百日冲刺"开始到"百日冲刺"结束，我们结合工作实际，认真梳理，认领问题85个，其中中央及国家层面29个、省级22个，市级18个，县级16个。对这些问题，我们教育脱贫领导小组逐一进行研判，分问题归属，明确整改对象和时限；进行问题分类，区分长期整改和立行立改属性，书面交办整改事项；建立整改台账，做好销号处理。

我觉得，脱贫攻坚只是阶段性的战役，如何巩固成果，防止返贫，让城乡教育事业更好地均衡发展，是我们现在就要着手思考并付诸行动的问题。作为教育脱贫后的巩固提升工作，我局已经有了明确的思路：一是行政主管部门继续发挥主动作为，保持已经形成的"党以重教为先，政以兴教为本，民以助教为荣"的浓厚氛围，紫阳教育的满意度、美誉度不断提升；二是保持留守儿童"四五六"工作模式不变，让全县10466名留守儿童在学习、生活、心理等各方面得到了无微不至的关爱；三是推广一系列成功经验和典型做法，营造良好的教育发展环境，促进教育脱贫提质增效。

我在家乡紫阳扶贫3年，时间并不算长，然而这1000多个日夜，是在千辛万苦的垒砌中经受最有价值的人生历练，是刻骨铭心的。因为看到紫阳的教育事业，经过我们亲手对党和国家政策的精准贯彻，经过精准扶贫到精准脱贫的全程过滤，发生深刻而美好的变化。特别是"阻断贫困代际传递"的扶贫功能定位，教育在促进贫困家庭摆脱贫困、改变学生个体甚至家庭命运方面所发挥的作用，说得上是功在当代，利在千秋了。全县幼儿园毛入园率达95.47%、义务教育阶段巩固率达99.99%、全面实现职普比4∶6和高职扩招1000人以上目标、高考本科以上达线率实现连续13年增长等一组组可喜的数字，就是我局被市教体局连续3年考核为"优秀"等次，连续4年被县委、县政府表彰为"行业脱贫优秀部门"，学生资助单项工作受到省教育厅嘉奖的见证。我在工作中提炼的紫阳教育脱贫"一三六工作法""4+4工作法"，被市教体局主要领导签字批示推广，并作为全县各级各类脱贫攻坚检查的亮点工作呈送，相关新闻稿件在《教师版》整版和《安康日报》头版刊发，其中"4+4工作法"入选《陕西教育》基层脱贫砥砺前行经典案例。回望逝去的时光，匆忙而充实，艰辛而无悔。这成绩，属于奋进协作的团体，属于可爱可敬的全体教育人。我能亲历紫阳教育脱贫这段历程感到荣幸，感到无上的荣光。（整理人：方万华）

我经历的结对帮扶

讲述人：王　继　时任紫阳中学校长

紫阳，地无三尺平。虽然这个名字充满祥瑞之气，但也因"穷山恶水"成为国家级深度贫困县。作为生于斯，长于斯的"草根"，我深知成长中与贫困纠缠的艰辛与苦痛。大学毕业，我回到家乡从教，从一名普通高中教师，到肩负教育管理责任的校长，几十年来，遇到太多挣扎在贫困边缘的孩子，心里总是满含酸楚，肩上也感到非常沉重。几年前，我和一些高中同学，成立了"草根梦想家园"公益助学组织，开始帮扶贫困学生。那个时候，我是想凭一己之力帮帮那些在贫困线上苦苦抗争的孩子们。

草根梦想家园成立以来，就是采取一对一的帮扶模式，出资的都是我上高中时的一些同学，他们都是普通干部职工和个体工商户，凭借一腔热血，帮助了几十名贫困学生。然而，需要帮助的贫困孩子太多了，个人的能力是有限的，我们常常感到力量单薄，也常常感到无奈。直到国家教育扶贫政策出台，彻底全面地帮助所有学段的所有贫困孩子，"不让一个孩子因家庭贫困而辍学"正实实在在得到体现，而党员、教师的结对帮扶更是给每个孩子送去了温暖，这是多么强大的春风化雨、滋润大地的力量啊！

为落实好党的惠民政策，我们紫阳中学成立了学生资助办公室，根据上级关于教育扶贫工作的各项政策及具体安排，紧紧围绕教育脱贫退出工作目标，以群众满意度为衡量标准，落实好相关资助任务。学生资助办通过县扶贫局、民政局、残联等单位提供的相关数据，在全体班主任的密切配合下，完成建档立卡贫困户、低保户、农村特困救助供养、残疾学生、残疾人子女、军烈属或优抚子女、孤儿、单亲家庭子女、父母丧失劳动能力、低收入家庭、家中有大病患、家庭遭受自然灾害、家庭遭受突发意外事件等 13 类家庭贫困学生的认定工作。资助办每次接到资助指标后，认真研究，做到精准识别、规范操作、严格发放，确保贫困学生应享尽享、应助尽助、不漏一人。近 3 年，我校共资助学生 151120 人次，资助金额达 1887.253 万元。这样巨大的资助力度，带给我强烈的心灵震撼，安抚了我焦虑与无奈的心情。我们没有理由不把学校的扶贫工作落实好。

为了推进教育精准扶贫工作，实现"不让一个生活上有困难的学生失学，不让一个思想上有困难的学生落伍，不让一个学习上有困难的学生掉队"的目标，为贫困学生提供物质上、精神上的援助，使他们不因家庭困难而失去求学机会。我们成立教育脱贫攻坚领导小组，制定《紫阳中学教育脱贫攻坚领导小组职责》《紫阳中学教育脱贫攻坚工作制度》《党员、教师结对帮扶贫困学生工作制度》等制度。

我们结合实际构建全体教师与贫困家庭学生之间"一对一""一对多""多对一"互助模式，开展大走访等系列活动，保证教师与贫困学生实现双向全覆盖，达到互相帮助，相互锻炼，彼此进步，共同提升的目标。按照主管局教育脱贫攻坚会议精神，学校召开全体教职工大会，对教育扶贫工作进行动员与落实，对师生结对帮扶工作提出了具体要求，并安排部署贫困学生大家访活动。

由于学校教育教学工作任务繁重，所有的大家访活动只能安排在节假日、寒暑假进行。每次开展活动，无论是严寒还是酷暑，都挡不住老师们家访的热情。200 多名教师对我校分布在全县 17 个镇的所有贫困学生家庭逐一走访，落实教育扶贫政策宣讲、精准资助和家庭情况调查、学生学业指导等各项工作。带着关爱与责任，教师们跋山涉水、翻山越岭、进村入户，与家长、学生促膝谈心，了解学生家里的经济、劳务、生活等情况，给家长介绍学生在学校的学习表现，广泛宣传"高中阶段普惠政策""国家助学金""泛海助学行动""生源地信用助学贷款""县政府资助"等党和国家的扶贫政策。鼓励家长战胜困难，树立信心，并根据学生家庭的实际情况，给出了一些教育脱贫致富的指导性意见，叮嘱学生，要坚持读书考大学，用知识改变命运。

通过交流，家长们知晓了学生的在校情况，教师也更深入地了解孩子的家庭状况、成长环境及在家的表现。针对学生存在的问题，老师与家长共同探讨教育的方法，提出家庭教育方面的建议。家访中，教师们认真填写家访调查表、教育脱贫明白卡、扶贫活动记录卡等资料，并将收集到的相关信息反馈给学校。

大家访活动有效增强教师、家长、学生之间的情感交流，拉近了家校距离，让家校携手育人更有温度，同时也开创了我校精准扶贫的新局面，得到社会和家长的肯定。每次活动结束后，老师们的内心都久久不能平静。家访活动中的耳闻目睹，深深触动着每一位老师的心灵，让我们更加深入地了解到农村学生家庭的艰苦环境，感受到农村学生求学成长的不易，增强作为教师的使命感和责任感。

我亲历了学校组织的每一次贫困学生帮扶、家访活动，见证活动中涌现的许许多多令人感动的故事，有教师的、有家庭的，也有学生的。其中贫困生陈虹（化名）给我留下了深刻的印象。陈虹学习成绩优异，在 1500 余名同学中名列前茅。看档案，我知道陈虹的家在一个偏远乡镇，父亲早早离世，母亲独自一人拉扯着她们姐弟三人，可以想象她家里经济负担的沉重。家庭如此贫困，学习却如此优异，真是"寒门多俊才"，于是我不假思索，选择陈虹作为我的帮扶对象。

2017年12月的一个星期天，我到陈虹的家里去走访。让我没想到的是，她们一家四口，从3年前就搬到县城边的新桃村租房居住。一间小小的客厅，两间卧室，没有什么像样的家具。陈虹很瘦小，看得出来营养不够充足。令人欣慰的是，陈虹很外向、很健谈，显得阳光乐观。见到陈虹的妈妈和弟弟，她们十分热情地让座沏茶，言行间表现得既高兴又激动。陈虹妈妈还要张罗着做饭，经我坚决推辞才作罢，可还是不停地絮叨"慢待了老师"。交谈中，我才知道陈虹有三姐弟，姐姐去年考上了大学，陈虹上高中，弟弟上初三。陈虹的父亲走得早，母亲独自拉扯她们，3年前为了照顾三姊妹上学，一咬牙搬到县城。可城里房屋租金实在太贵，只好在城郊租房子，省了几千块钱。"就是苦了几个娃儿，离学校远了点，到学校要半个多小时，早上上学早，晚上回家晚，中午也休息不成。"陈虹妈妈说到这儿，满脸都是愧疚。由于要给姐弟俩做饭，陈虹妈妈放弃了在城里找高工资工作的念头，只在附近的茶厂打零工，一个月只有1000多一点工资。虽然日子过得紧巴，陈虹的妈妈说："但娃儿总算有口热乎饭吃"。

我详细地向陈虹妈妈讲解国家的教育扶贫政策，她似乎对这些政策很了解，一个劲地夸赞国家扶贫政策好，不停地向学校向老师表示感谢，说："要不是学校和老师，几个娃儿怕是都上不起学哟！"从她的眼神、语气，能感受到她的夸赞和感谢是真切的。

当我问起她们还有什么困难，还需要什么帮助时，母女二人回答出奇的一致。"没有！"她们肯定地摇头、坚决的语气，先是让我始料不及，触动之余，我便为这母女二人的自立和骨气而深深感动。谈起以后的打算，陈虹妈妈满是憧憬："有了这么好的扶贫政策，一定要把陈虹和她弟弟培养出来！等三个娃儿出来了，我们的好日子也就来了！"陈虹则是一脸的自信："我一定要考上名校，成为一只飞出大山的凤凰！"临走时，我拿出两百元钱要"意思"一下，母子三人坚决不要，齐心协力把我推出了房门。

回来的路上，我突然感到，此次家访，在完成帮扶任务的同时，我的心灵也得到了洗礼。陈虹，一个贫困的单亲家庭孩子，没有因贫穷而自卑，反而对生活对未来更加充满信心！陈虹妈妈，一个失去了坚强依靠的女人，没有因此被击垮丧失了生活的勇气，没有因贫穷而怨天尤人，反而对生活充满信心，对社会充满感激！这些人性的光辉，这种自强不息的精神，才是我们真正能实现脱贫攻坚胜利的内在力量。结对帮扶，不仅仅是经济上的帮助，还有相互间的精神鼓励和支持。

其实，几年的教育扶贫下来，也深深地教育了我们广大的教职员工，每一次家访和结对帮扶活动结束后，他们都写了很多感人的文章，普遍认为党和政府有这么好的政策，这是贫困学生的幸事，也是教育的幸事，我们一定不辜负党的信任，不辜负人民群众的希望，把我们的教学工作做得更好，让教育的情怀落地生根。（整理人：雷建民）

高桥镇的"精准"资助

讲述人：陈晓斌　时任高桥中心学校校长

我是2012年1月从高桥镇中心学校副校长岗位上任，成为本校校长的，经历了教育扶贫的全过程。在我的工作感悟中，脱贫攻坚中涉及的教育扶贫工作，大体分为两个阶段：

从2014年春到2017年春为第一阶段。这个阶段，我们对于贫困学生的资助基本上是处于模糊状态，是上级分派指标，下面将指标分到各班，各班根据学生平时情况来确定，认为某个学生是贫困的就给学生发放申请表，有申请表的学生就到村上开具贫困证明，就确定为贫困生，学生进行资助。学校的资助工作由总务处代管，政策宣传也不很到位，学生、家长、老师对国家的教育扶贫政策一知半解。资助学生数量上极少，2014年春分给高桥镇从学前到初级中学共计才352个资助指标；2014年秋降到266个指标，2015年春、秋两个学期才266个。在这期间虽然老师对学生也进行了家访，但学校没有组织对贫困家庭学生进行专门的大家访活动和帮扶活动。

从2017年秋季起为第二阶段。这一阶段全县总结汲取前几年教育扶贫工作中存在的一些问题，按照上级一系列明细的政策，从操作程序到资助对象的甄别、申报和落实等环节上，充分体现了"精准"二字。我们中心学校按照县局要求，成立了教育脱贫办公室，中心学校校长任办公室主任，还任命了脱贫办专职副主任，负责全镇的教育脱贫日常工作。对教育脱贫办公室有了明确的要求，即有专门、独立的办公室，办公设备设施齐全，各类制度和职责齐全并上墙；各学校、幼儿园也相应成立脱贫办公室，也设立相应的工作人员负责教育脱贫工作，这样教育脱贫工作步入了正规，工作要求更加明细，管理程序更加规范，从方方面面都要求"精准"操作。

当我们转入到"精准"的教育扶贫过程中，才明显地感受到之前那种"模糊"式资助造成的阻力和矛盾，就好比对贫困户进行精准识别清洗数据一样艰难。所以，我们针对出现的阻力和矛盾进行分析研究，想出了一些解决的办法。于是在大力宣传党和国家的惠民政策，实行大家访的同时，更重要的是以"精准"为尺子，着力开展了三个方面的工作：

一是开展精准摸底，精准认定工作。学校本着辖区贫困学生应助尽助，依照公正、公平、公开的原则，力求政策解读到位，工作措施到位。中心学校成立了教育脱贫办公室，校长任办公室主任，抽调专人任脱贫资助办副主任，负责全镇的教育扶贫日常工作。办公室各项制度、职责和应知政策全部上墙，严明要求照章办事；辖区各校、幼儿园参照中心校设立相应机构，形成了各个教师有任务、领导有责任的资助工作格局。

在摸底、认定工作中,我们严格按照梳理出的四条工作方法进行操作:一是开展入户大走访,摸清3~20岁人口情况,会同镇村干部比对建册后,再到派出所提取户口数据比对,做到不遗漏长年在外务工人员的子女;二是要求各学校、幼儿园开学时,学生持户口簿报名。在校学生花名册按学生户口信息进行录入,确保学生的信息及家庭信息不会出错;三是要求各校(园)的学籍管理做到更新及时、信息准确,确保在校学生花名册与省扶贫系统和国家扶贫系统的数据高度一致;四是做好精准认定这个最关键的工作环节。我们成立的学生资助认定工作领导小组,对此慎之又慎。尤其是上报到县的在校学生花名册做到"一实二准三不重"。因为只有这样,才经得起县扶贫局、民政局、残联等机构的县级比对过关,才能根据县局返回数据结合省扶贫系统和国家扶贫系统再次核对系统认定名单进行再公示。对于县级和系统没有认定的学生,我们学校建立了待认定花名册,召开专题会议,通过广泛宣传、走访甄别、发放认定表册进行一一认定、公示、上报,形成最终的贫困学生花名册。此外,对残疾人子女、军烈属或优抚子女、孤儿、单亲家庭子女、父母丧失劳动能力、低收入家庭、家中有大病患、家庭遭受自然灾害、家庭遭受突发意外事件等类型进行学校认定管理,全力做到应助尽助。

我们在精准摸底、精准认定中,投入的精力相当大,特别是在认定退出对象的说服解释工作量大。我们把上述四条工作方法,作为学校每一学期实施精准资助的责任目标夯实到每一个教师,要求做法、口径高度一致。仅2017年度,我们就清洗出不符合资助条件的对象23名;补录漏掉的应资助对象76名。全镇符合政策性资助对象的学生共达到418名,经上级部门组织抽查,我们镇的精准资助认定达到了"零误差"。

二是严格精准管理,精准发放程序。建好台账、规范发放,是关乎政策落实效果的重头戏。每当接到县局下发资金文件,我们就及时召开资助资金发放工作会议,工作人员对资助名单和资金再次进行比对,确保数据一致。经再次公示贫困生资助花名表无异议后,才通知发放。各校(园)资助资金发放的方式是以饭卡和生活费抵扣的方式发放,发放中必须有两名老师和供餐企业的代表参与,学生在领取花名表上认定签字,并留存影像资料。学生资助资金花名表由学校法人、账务主管、会计、经手人的签字审核方可入账归档。

为了保证贫困学生资助资金用到刀刃上,真正解决学生的生活、学习实际困难,学校注重学生饭卡管理。对学生饭卡实行实名制管理,每天设置消费上限,小学含早点每天消费上限为6~8元,中学含早点和晚餐消费上限30元。控制了资助资金的有效运用,防止了学生饭卡丢失或学生过度消费等问题。

我们的精准资助措施还体现在两个大系统数据的维护上。完善学籍管理是前提,每学期如有细小的变化,都做到及时修改;对新入学的学生要收取户口信息存档;根据报名册和学籍系统数据比对,确定学生转出、转入信息;对人籍不符的学生,及时了解情况,完善手续。对确实有困难并且在外就读,但外地私立学校无法完成转学的，让对方学校出具就读证明。学籍管理员定时处理动态数据，确保学籍系统数据和上报的在校学生花名册一致，确保省扶贫系统大数据平台的数据真实有效。从资助政策实行几年来，由于我们的网络信息维护管理十分到位，做到了"零误差"，顺利获得资助贫困生累计达 4235 人次。

三是热心结对帮扶，巩固资助成果。结对帮扶是起双重作用的，也就是给贫困学生安上"双保险"。我们一方面是保障国家精准资助的效果巩固，把对应的学生落实到每个教师；一方面是针对享受国家稳定性政策资助之外的留守儿童、突发性、临时性出现的贫困家庭学生。他们很需要我们学校采取另外的措施，来保障完成学业，否则就会留下贫困代际的遗憾。由于这两个方面的需要，结对帮扶就自然成了我们课余、节假日的又一项重要工作。我们制定了《高桥镇中心学校师生一对一结对帮扶方案》和《"党建引领进家庭，精准资助基层行"大家访活动方案》，中心校成立了控辍保学领导小组，实行镇、村、校通力合作，建立 6~15 周岁适龄儿童花名册，落实控辍保学"双线七长责任制"，层层签订目标责任书。随时掌握学生到校情况，长期坚持晨检、午检、课检、晚检，加强学校门禁管理，严格请假管理制度。从源头到全过程为孩子们织牢了密密的关爱网。

2017 年 4 月 2 日下午，我们中心学校 48 个老师在新教学楼前集合，贫困户学生大家访活动正式启动。大家以年级为单位，分头开展起结对帮扶走访活动。这个结对帮扶是持续性的，我们有一个特别约定，就是无论在哪种情况下不能影响正常的教学秩序，都是在放学、晚上和周末进行。虽然老师们个个都很辛苦，但是那些需要我们去关爱的学生却享受到了学校给予的温暖。

租住在高桥二街后面齐家的阿平同学是一个特殊的孩子。他得了头间歇性地摆动的怪病，而且情绪很容易波动，家里花了好几万，还是没有治好。在他休学期间，他还要到学校来念书，可又隔三岔五的因病耽误。诸如这类的学生，代课老师就担负起了"送教上门"和心理医生的任务。王小勇老师班上有一个姓谢的孩子，有发音含混不清的缺陷，而且严重偏科，是语文方面的学困生。王老师每次到他家，都要检查辅导孩子的作业。

有一天，我和王老师去走访租住在地下室的两个孩子。我俩沿着逼仄的楼梯下去，看到两个孩子正趴在床上写作业。非常窄小黑暗的房间，连安放一张桌子的地方都没有。王老师问他们吃晚饭没，那个上二年级的孩子说："我们不吃饭。""不吃饭？"我俩一头雾水。上四年级的孩子小声说："婆婆回老家采茶去了，晚上才回来给我们做饭吃。""你们不饿吗？""习……惯了。"我们心头一酸，大人忙农活，孩子上了一天学回来却没有一口饭吃，这可能不是个别现象。这怎么能搞好学习？我俩都没有随身带钱的习惯，王老师在几个口袋里摸来摸去，才摸出 10 块钱递给孩子，叫孩子赶紧去买几个包子回来吃。我们在回来的路上分析着，"家庭这种情况，为何不把孩子送到学校寄宿？""看来还得再来家访落实。"

家访归来，街上已经是万家灯火了。走到学校门口，我们遇到了另外两组家访回来的同事。看表情并不比我们乐观，他们一起走进我的办公室，谈了他们的所见所闻、感受和建议。从此，我们全镇学校的结对帮扶措施细化到了"一生一策"，并形成了一项常态性的工作。先后共帮扶各类困难学生 5472 人次，适龄儿童入学入园率和在校学生巩固率都达到了 100%，实现了"不让一个贫困孩子失学"的目标。（整理人：刘成军）

风 采

书写人民满意的答卷
——紫阳中学初中部教育扶贫记

紫阳中学初中部在历时6年的教育扶贫中,不断优化育人环境、创新学校管理、提升教育质量、倾情关爱学生,用使命和担当精神,努力书写着人民满意的答卷。

精准帮扶 一切以服务困难学生为中心

紫阳中学初中部位于县城西门河,原是一所1981年创建的城关镇初级中学。2006年县委、县政府决定实施紫阳中学初、高中剥离后,该校就承担着户籍在城区的初中学生和全县各镇转入学生的教育教学管理工作。2014年全县脱贫攻坚战打响时,在校学生达到1538名,其中列入教育扶贫对象的学生406名,在校寄宿学生216名,乡镇转入学生283名。面对学生结构参差不齐,管教难度大,家长期望值高的压力,该校以办人民满意教育为目标,一切以服务困难学生为中心,化压力为动力,向不可能挑战。教育扶贫伊始,校长亲自担任教育扶贫办公室主任,落实专人负责日常工作。2014年以来,全校126名教师共走访贫困学生2148人次,发放政策性资助金120.72万元。此外,还争取到多个社会公益组织资助428人次,发放资助款40.8万元。为了确保贫困户子女100%接受义务教育,学校建立"三管"负责和"双线包保"工作机制。即校长、班主任、代课教师三管齐下,层层签订责任书,把控辍保学目标任务纳入年度考核,同时接受社会、家长监督;针对残疾儿童和特殊儿童,采取随班上课或送教上门方式。其间,涌现出了许多感人事例。

在天寒地冻的日子里,学校有位挽起裤腿,裸露着肿胀化脓的脚,仍然在一瘸一拐地坚持上课的老师,他就是党支部副书记李波。这是他在家访途中,骑摩托车摔伤的。半路上,他本想先去医院处理伤口,但想到班上学生平平这周的表现,他选择了先坚持家访和补课。当家访完夜幕降临去医院时,医生说伤了筋骨,必须治疗静养。但李书记是个工作狂,依然每天瘸着腿坚持到学校上课。

2019年10月,一张《祖国,你好》的照片在校园里走红。照片里的男孩叫子卫,小学时因患癫痫病而辍学在家。帮扶老师看他进步那么快,都感动得流泪了。这是年级主任召集全年级教师专门为这个特殊孩子制定上门服务的成果；是老师们坚持到家悉心辅导的结果。送教的老师们说："这一切付出都值得。"因为这孩子从第一次见面时，躲到屋里不敢见人，到如今看到老师去了能跑出来迎接；从之前拿到课本就开始撕，到如今能安静认真地读课文；从之前的大哭大闹，到如今拿着五星红旗默默敬礼。

2019年秋，全县脱贫攻坚进入"百日冲刺"时刻。校长曾启波在会上又下了死任务：无论条件有多艰苦，无论居住有多远，都要做好做实控辍保学工作，不落下一个孩子。于是，在校长的带领下，全校33个小组，整装出发，有的骑摩托车，有的打出租车，有的坐船，还有的步行，纷纷走进贫困户家里。经过这次细查和落实，一些远出打工的学生被接了回来；小黑板被老师们搬进了残疾儿童家里；连米、油等生活物资也被老师们送进了贫困学生家中。

五年前的一个冬日，邝吉芳老师到八年级学生玲玲家去走访。爬上山顶，他发现这个家乌黑的四壁，一台破旧电视机，几把旧木凳，火炉边的长沙发凹凸不平，破烂的人不敢落座。"咋会这样？"邝老师暗自心酸，不由问到。"我有两个娃儿，小的还在上小学。两个老人都七十几了。孩子爷爷的眼睛瞎了多年，啥也做不了，奶奶去放羊了。娃儿的哑巴姑姑也跟我们一起生活。全家8口人只靠玲玲的爸爸开货车养活。幸好目前政府给了我们很多帮扶，老师们给了孩子们很多关爱，这以后的日子会越来越好。"玲玲妈妈回答。家访结束，同行的人一路沉默无语。邝老师说："很多时候，我们只责怪孩子学习不够用功，却从没想过，贫困的生活给了他们多少困惑和压力；我们只看到孩子衣着整齐地出现在校园，却没想到，为了让孩子体面尊严地走进学校，贫困的家长付出了多大的努力。"回校后，在邝老师的组织倡议下，老师们为玲玲一家捐助了沙发、被子、衣物，并联系助学基金会为孩子助力奔跑。如今，玲玲已经上了大学，住上了新家，过上了好生活。

为了让贫困学生得到更多的资助，学校联合丽姐助学、香港仁德基金、广州仁信基金等社会公益组织的资助。2019年10月，广州仁信基金再次走入初中部，当她们把助学金交到晓君同学手中时，孩子满含着感激的泪水，为好心的叔叔阿姨们鞠上了深深的一躬，深表谢意。在学校住宿的她，因家庭贫困，一度非常自卑，甚至想放弃上学，班主任贺新芳老师了解到这个情况，不仅在学习上帮助她，还时时与她谈心，并联系香港仁德基金进行长期资助。在大家的帮助下，晓君的学习进步很快，生活也得到了很大的改善，对未来充满了信心和希望。截至2019年底，初中部建档立卡的542名贫困子女，18名残疾儿童和特殊儿童，都无一人辍学，入学率达到100%。

优化环境　创建人民心中最美校园

2019年6月8日，紫阳中学初中部首次设为高考考点，正常的设备运行，有序的考务组织，保障了全县高考工作圆满落幕。"孩子们在这么好的新环境下考试，我们做家长的很满意啊！"前来陪考的家长们无不拍手称赞。这只是初中部改善办学条件、办人民满意教育的一个缩影。

近几年,学校以建设人民心中最美校园为追求,紧紧抓住国家义务教育均衡发展的机遇,把改善办学条件作为教育脱贫的根本任务。先后建成4000多平方米的综合楼和5000多平方米的足球场;建起1000多平方米的学生食堂、120多间学生宿舍、38个部室,2个大型阅览室;按市级信息化示范校标准,投入230余万元,新建了覆盖全校的监控中心,校园电视台,班班通IP广播系统,录播教室,语音室,中心机房,计算机教室,每个教室安装了电子白板等多媒体设备,实现了无线网络全覆盖。这所曾在2005年迎接国家"两基攻坚"验收时,被国家督学、陕西省总督学趣称为"陕南第一坎"的学校,如今总占地面积扩展到28000多平方米,一条城区公路在上、下两个校区间的高桥下穿行而过。整个校园掩映在城郊的翠绿中,宽敞幽静中书声悦耳,鸟语花香,怡人心扉,勃勃生机令人向往。

好环境更需文化浸润,为人民的后代塑造良好品行。学校秉承"科学求真、人文求善、艺术求美"的办学理念,全力打造"品牌初中、文德初中、和谐初中、园林初中、魅力初中"。学校在育人方面可谓匠心独运,用心良苦。以"德育"为主线,以优秀的儒家思想为底色,把"仁""智""礼""义""信"融入学生的心灵深处;依靠家乡元素编撰《我的家乡,可爱的紫阳》的校本育人教材,教育学生感恩家乡,热爱家乡;用家乡特色文化元素点缀校园楼道文化;发挥现代网络传媒作用,加大正能量的宣传力度。学校在这一系列的校园文化活动中,紧紧围绕"学生主体、教师主导、全面发展"这个中心,构建出了"1390"德育模式,即围绕学生"张扬个性、全面发展"一个中心;自主学习、自主管理、自我教育三种方式;建立常态化自主班会活动,把成长(七年级)、成人(八年级)、成才(九年级)三个阶段的教育主题细化为90个小主题,把每周、每学期的主题活动次数落在实处。

这些方法、措施和活动,虽然辛苦了每个教师,但却培养了学生良好行为养成,换来了社会和家长对学校的满意和放心。学校先后获得"国家节约型示范学校""全国公共机构能效领跑者示范单位""全国中学生英语、数学能力竞赛优秀组织单位""陕西省文明校园""陕西省平安校园""陕西省消防安全教育先进学校""陕西省教育系统'五五'普法先进学校""陕西省德育先进学校""安康市美丽新校园""安康市文明校园""安康市初中教育工作先进学校""安康市学校发展水平督导评估优秀单位""安康市信息化示范校"等荣誉称号。

深入教改　不断刷新教学质量记录

在脱贫攻坚的6年里,初中部每年都会遇到乡下学生"转学潮"。有的家长在城区租房陪读,有的直接转入学校寄宿学习,每学年转入的学生一百余人,而且这些学生学习程度参差不齐。面对"生源兴旺"与"家长期望"形成的压力,初中部采取"师资力量和教学质量双提升同步走"的措施,终于迈出了令人欣慰的步伐。

2019年11月,"安康市中小学课堂教学改革基地校"落户紫阳中学初中部,标志着学校在教学改革中迈出了一大步。为了推进课改,学校领导班子成员进入各个课改组,指导推进教改,分阶段评估成效,总结经验,通过示范引领,逐步将课改引向深入。学校教师先后在省、市报纸杂志上发表教育教学论文90多篇；培养市级教学能手12人、县级教学能手48人；11名教师在市级各类比赛中获奖、14名教师在省教学成果展评中取得优异成绩；3名教师的课例在"一师一优课，一课一名师"评选中获"省级优课"称号、6名教师的微课获市级一等奖，省级三等奖；校内教科研氛围浓厚，多人承担省市县教育科研课题，110多个校本课题顺利结题。

师资水平的提升和教学改革的深入，换来了教学质量的持续攀升。2016年，阙章志同学摘取全县中考桂冠，9名同学进入全县前10名。5门学科有4门获得全县单科第一名，高中录取率为68.2%。2017年中考，该校有7人进入全县前10名，44人进入全县前100名，85人达优秀线，325人录入重点高中，创历史新高。2018年中考，平均分和优秀率位居全县第一，57人进入全县前100名，13人次进入全县单科前3名，数学囊括全县前9名，7人英语成绩进入前10名。优秀生达到97人，共340人录入重点高中。2019年中考，优秀生包揽全县前十名，优秀生达到121人，共有342人录入重点高中。此外，在平时参加的竞赛中，学校有多名学生获得全国数学、英语、中华诗词竞赛奖，省市微电影、电脑制作、作文竞赛等大奖。（朱合玲）

这里的老师胜爹娘

——汉王镇中心学校留守儿童关爱记

汉王镇中心学校下设初级中学、中心小学、中心幼儿园、五郎小学、农安教学点及安溪教学点，学校服务区人口达3万余人。全镇在校学生2531人中，留守儿童就有990人，其中双亲外出打工留守在家的儿童达628人、单亲外出留守儿童492人、孤儿10人。然而，这一群孩子在学校"四管四一"工作法的辛苦探索中，无一例因困辍学，得以快乐成长。

"这里的老师胜爹娘"，指的就是汉王镇的学校及其老师们。这是发自打工族和留守老人的肺腑之言。

汉王镇中心学校在教育扶贫中，对留守儿童的关爱之情令人感叹。

推行"四管四一" 校园变为博爱园

早在2010年，汉王镇中心学校就针对关爱留守儿童提出了"四管"内容。2014年进入教育扶贫工作阶段，该校对"四管"内容进行修订完善时，还存在一些认识上的争议，其争议的焦点是：教师自身的教学任务重，留守儿童来了，我们同等对待不歧视就行了，没必要下那么多"套套"困自己；在管教上应该是家、校责任共担，我们不可能包揽一切。事实上"一个都不能少"这句话，阐明了脱贫攻坚总体战中的内在关系，校长解释说："这不是招揽麻烦事，而是使命和责任所在。"统一认识后，学校的"四管四一"内容达到了进一步明确和完善。有人羡慕地说:"现在的孩子太幸福了,学校啥都管。"

管思想。学校从品德教育、理想教育、心理教育和青春期教育上,策划活动内容和方式。即从"开学军训周"和"周一文明礼仪教育日"入手,抓一日常规教育和文明礼仪教育;开展评选"留守星"活动,用榜样促进留守儿童共同进步;开展"我留守、我微笑、我自立"主题班会,通过"体味留守、直面留守、超越留守"三个教育环节,帮助留守儿童坚定理想目标和人生信念;定期向留守儿童发放《心理健康测试量表》,分类分组对存在心理问题或心理困惑的留守儿童进行教育和沟通,同时,设立悄悄话信箱,让留守儿童能随时联系心理教师,及时疏通心理障碍;根据留守儿童青春期常见问题制订调查问卷,有的放矢地回答他们的青春期问题。

管学习。2015年,紫阳县音乐家协会将汉王镇中心学校确定为"紫阳民歌进课堂示范学校"后,在历次县级赛事活动中都获得较好名次。2017年中考,留守儿童吴兆壁以564分成绩名列全县第一,被西安市铁一中学录取。2019年,双亲外出的留守儿童郭荣熳在"第十五届中国少年儿童歌曲卡拉OK大赛"陕西赛区中,以一首《天堂丽江》获得省级金奖。这是学校对留守儿童实行"管普法知识学习""管文化课辅导""管综合素质培养"的结果。该校针对一些留守儿童认为父母外出了,自己可以为所欲为的心理,适时进行普法教育,组织留守儿童观看法制宣传片6300余人次、聆听法制讲座50余次,有效增强了留守儿童的法律意识。制定《汉王镇中心学校留守儿童学习帮扶办法》,实行"师生帮扶结对"和"留守儿童互助学习",帮助他们反思学习行为,提高学习成绩。成立绘画、书法、象棋、音乐、科学、体育、手工制作等兴趣小组,动员留守儿童积极参与。组织教师撰写了15万余字的乡土教材《汉王镇史略》,培养留守儿童学习本领,热爱家乡,建设家乡的情怀。

管身体、管生活。"我们不能埋头教书。留守孩子的身体和生活怎样,是外出父母最放心不下的事,要切实管到位。"这是汉王镇历任校长都十分重视的工作。学校每学期对留守儿童进行一次常规身体检查,做到早发现、早治疗;每年召开一次运动会,每周召开一次球类比赛或趣味运动会,每天落实"阳光体育运动一小时";坚持实施留守儿童乘车船"五定"制度,实行夏季"教师巡江"和"校群联防"制度;及时送生病学生诊治,坚持晨午检,门房、宿舍管理室等重要岗位实行24小时值班,一旦发现学生生病,确保第一时间诊治。在生活管理上同样细致入微,严格落实"营养改善计划"和"贫困学生生活补助",保证留守儿童膳食营养均衡,实行教师陪餐;在住宿上,落实代管家长每天查宿签字、舍长每天午休晚休报告签字、留守儿童每周到校离校签字、每周舍长例会等制度,聘请退伍军人进行内务整理培训,为宿舍开通"留守之声"播音室,成立"宿舍储蓄银行",留守儿童将多余的生活费用、零用钱存至宿舍管理室,自己设置独立密码,每日限额支取;组织留守儿童开展"冬至包饺子"、"煮火锅"等厨艺比赛活动,提高生活实践能力;教师与留守儿童一起过节日,举行"留守儿童集体生日"活动;引导留守儿童学会正确交往,做到"善交益友、乐交净友、不交损友"。学校成立的扶困救助基金会,累计捐款30余万元,资助贫困留守儿童达300

余人次。

为了让"四管"内容在留守儿童身上真正取得实际效果,学校还特意提出了老师必做的"四一"跟进要求,即每周与留守儿童谈心一次;每月到留守儿童家庭家访一次;每月指导留守儿童与家长通话一次;每月指导留守儿童与家长视频交流一次。学校建立了亲情聊天室,千里传音像,天涯变咫尺。给留守儿童营造了"父母就在身边""虽然留守但却充满快乐"的良好环境,让校园变为了"博爱园"。

家访震撼心灵 一枝一叶总关情

人们总会发出"可怜天下父母心"的感慨,这里,我要为超越父母境界的老师们频频点赞,他们是点亮留守儿童圆梦理想的一根根蜡烛,在"四管四一"的艰辛实践中,一点一点地燃烧着自己,释放着时代需要的能量。

在汉王镇中心幼儿园教师李海艳的眼里,留守儿童是这样出现的:搬起了"砖头",抱不了你;放下"砖头",养不了你。为了生活,为了家庭,为了孩子,父母不得不选择去远方打拼,将孩子托付给老人或者亲戚、邻居帮忙照看。李海艳说,在了解了留守儿童家里的生活状况后,她感到心如刀绞。于是,在后来的日子里,她们不时地将目光更多地移向了留守儿童们。汉王镇中心幼儿园有95名留守儿童,他们都自然地获得了老师们的"偏爱",除了正常教学活动外,老师们还随时鼓励他们回家后和父母多通电话、通微信,向父母展示自己在家在校园的情况,让千里之外的父母依然感受到亲子之间的浓浓爱意,减轻孩子们的孤独感。2018年中秋节,园里举行"关爱留守儿童"活动,小朋友双手恭恭敬敬地托起月饼,奶声奶气地说,"老师,我要和你一起分享这月饼。因为您就像我的妈妈。"

李唐龙同学常年由爷爷奶奶照看,与班上其他幼儿年龄相比较,他在各方面发展要慢些。对此,爷爷奶奶隔三岔五就会询问老师:"我那孙子有没有进步?我又不识字,没办法给他很好的家教。"对这个小朋友,李老师和搭档们意见一致,经常会抽出空闲时间陪他聊天。开始,他还是比较内向,不愿意多说话,时不时还会出现抵触情绪,经过一段时间后,他笑容多了,爱和小朋友说话、玩游戏了,接园时还会主动向老师问好,跑到两位老师跟前要抱抱。

中心小学樊菲菲老师说,近年来随着劳动力大量转移,学校的留守儿童逐年倍增,双亲留守儿童就达340多人。学校推行"四管"工作法,每个老师都有具体的责任,这些孩子都有很大变化。如四年级三班陈庆红同学,父母一直在外打工,她在家里由爷爷奶奶照顾,学习成绩在班里一般,属于特别乖的那种孩子,但特别胆小。她的班主任张三莉老师发现了后,主动与她聊天,为了让她能够自信起来,老师和同学们还选她当了班里的卫生委员,她不怕脏、不怕累,对待同学也非常友善,同学们都很喜欢和她玩,慢慢地发现她越来越活泼开朗了,在学习方面也有很大的进步,学校评选校园之星时全班同学都推选她为"管理之星"。

汉王镇初级中学教师任运锋认为,每一次家访他都有一次心灵的震撼。2016年9月,仲龙飞从小学升入初中一年级,他不喜欢与别人聊天交流,学习成绩也一般。开学后，任老师去家访的结果比想象的更残酷。这孩子在上小学五年级时，父母就离异了，妈妈不知道去了什么地方；两个弟弟和一个最小的妹妹都由腿有残疾的父亲养护；父亲身体很不好，以前下煤矿，患了尘肺病，再也没有工厂要他了，但是一家人的生活来源还得靠父亲一人维持。看着两间在漏水的小平房，任老师的心很难受。他要下决心，把这个孩子的学习抓起来，让他考上高中，让学习改变他的命运。在学习方面，任老师从基础做起，每天晚上都要教他读单词、背单词，给他读听写等，语文就给他找来试卷，一次次地修改他的作文，帮助他提升阅读理解，也让他自己去学校借阅图书，提升语文积累。生活方面，任老师知道他自尊心强，所以在班级里从来不让大家刻意地去照顾他，而是把他拉在一旁，和他聊天。学校的一切"普惠"政策，第一个考虑到的就是他，但是家里四个孩子还是远远不够的，任老师就收集了很多他能穿的衣服，在生活上对他多加关照。学校的袁付玉老师是这个班的数学老师，热心公益事业，通过她联系到汉王籍企业家张松海，以每个学期2000元的现金对其进行资助。这三年来，仲龙飞不断努力，终于以优异的成绩考上了紫阳中学。

汉王镇的数百名留守孩子所需要的爱，就是这些老师们这样给予的。

甘行春风细雨　留守儿童长能耐

我相信"巧手化神奇"，但更相信"润物细无声"的能量。汉王镇的老师们对不同类型的留守儿童所给予的爱，不仅仅是物质上的帮助，更是他们甘行春风细雨，浸润孩子的心田，培养了他们自强不息的品质。

五郎小学是汉王镇保留的唯一一所六年制村小。被评为"2019年陕西最美孝心少年"，荣获"中国好少年"称号的陈婷婷就在这里上学。她的经历就是乡村留守儿童无畏困苦、积极奋进的缩影。

等到下课，我提问起陈婷婷。同学们抢着介绍说："她是我们班长""她学习最好""她超级乐于助人"。面对众人的褒奖，婷婷腼腆地向我说："老师，其实其他同学做的和我一样好。"在放学回家的路上，陈婷婷是路队长，负着监管同路的学生路途安全。她把丢弃在路边的饮料瓶拾起来，放进自己的塑料袋中，笑嘻嘻地向我们说："捡到的饮料瓶能卖钱，也保护了环境。"回到家中，婷婷立马系上围裙上灶了。趁着做饭的空档，我们随即在屋里屋外转了转，门前是绿油油的菜园；屋外的一角堆了两大口袋饮料瓶；屋子打扫得很干净，哥哥的房间整理得井然有序。一位婆婆病恹恹地说："这孩子命苦，九岁的时候娘患癌去世，老子也因下煤窑落下了尘肺病，三个哥哥都在上学。我这把老骨头一身的毛病，啥也做不了，一家老小全靠这姑娘支撑啊。"婆婆老泪纵横，握着我的手不断地说："感谢学校老师对婷婷的关爱，这孩子虽然没有了娘，但学校的老师却比亲娘还亲啊。"

听着这位老人的述说，电视里宣读"中国好少年"颁奖词的画面在我脑海浮现：今年的她才10岁，却如成年人一样坚强能干。当命运的不公降临时，她没有怨天尤人，没有自暴自弃。稚嫩的她却如同家庭的顶梁柱一般，勇敢地承担起了自己的责任。当问到她的理想时，年仅10岁的她，却坚定又自信地说："我要好好学习，将来成为一名医生，研究那些很难的癌症，让那些和妈妈一样的人能多活几年，多看看这个美好的世界。"

杨光云同学，在众多的留守儿童中也是一个特例。在她6岁时，她母亲因患脑膜炎医治无效，撇下姐弟及父亲离开了人间。一方面是其母亲临终前的嘱托，另一方面是为了偿还救治其母亲所欠下的债务以及给孩子的将来创造更好的生活，父亲逼不得已将姐弟俩托付给了邻村的舅爹代为抚养，自己下了煤窑打工。这一走，直到临近光云小学毕业才回家。考虑到女儿大了，寄养在年迈的舅爹家多有不便，刚刚还完债务的父亲，看着几近坍塌的老屋，索性咬牙在舅爹家附近买地建房，房子虽说建起了，但再次使这个家债台高筑。父亲再次离开光云、光明，拖着疲倦的身子到了建筑工地。从2017年起，光云带着弟弟住进了新家，成为这家的女主人，洗衣做饭、种菜喂鸡，她都做的像模像样。有一天，我领着茉莉爱心助学联盟的志愿者，去了光云同学的家。姐弟俩正在门前忙着种菜，见了我们赶忙放下农具来迎接。已是初中生的光云，学习基础并不是很理想。但她明白勤能补拙的道理，课堂上认真听讲，回到宿舍，常常复习到很晚才休息。不幸的童年遭遇，早已把她磨砺成了生活强人。当问及她将来的理想时，她落落大方地说："考上大学，找份好工作，多赚点钱好让爸爸早点回来，不能让他继续在外面为我和弟弟劳累了，今后我们一家人给舅爹养老。"在爱心联盟的资助下，光云姐弟俩正在追逐梦想的路上奋进。

李欣怡是农安村的一名留守女孩。家庭的不幸遭遇对她的刺伤程度，要不是好心的老师们发现的及时，其后果恐怕是难以想象的。谁也不会相信，她在小学五年级读完了六册《诺贝尔文学奖文集》，六年级时就尝试小说创作。她说她的理想是成为一名作家。她的家就像一堆厚积的瓦砾，而她就像一颗弱苗在这瓦砾中顽强地抗争着。

李欣怡两岁时，她的父母离异，她连母亲长啥模样都没印象。后来父亲再娶，将她带回新家养育，但因家庭矛盾，她再次回到祖父母的家中。命运的坎坷如磐石压在她幼小的心灵上，她成了人们眼中那个"孤僻、郁闷的怪孩子"。上三年级时，她由村教学点转到镇中心小学寄读。管理宿舍的老师反映说："这孩子长期在夜间梦游，叫醒后总是痛哭流涕；在课堂上，她总躲在角落里不露声色，无论老师怎样开导，都无济于事。"后来，祖母带她去医院检查，才得知这孩子患的是抑郁症。

李欣怡升入四年级时，接任班主任的是大学刚毕业的李远军老师。上课六神无主，下课沉闷寡言，课余形单影只的小欣怡，引起了李老师的关注。在和她祖父母的聊天中，李老师了解了她的身世。老两口已年过古稀，老人唯恐在生命最后时光里无法照看孙女，也几次提到想让孙女回到父亲的身边，但孙女总哭着说不愿再回去，老人也就不再提及此事。那次家访，或许是让欣怡读懂了老师难过的心情和泪水，她慢慢地与老师亲近了起来。在课间，她主动找到班主任，尽管有些怯生生的，但能说出自己埋藏了多年的秘密——用沉默来思念妈妈。

心病还得心药医。李老师通过电话与其祖父联系，原来欣怡母亲并没有去世，而是离异后在市区的某店上班，并且近些年来还偶尔给女儿打来生活费。只是由于祖母的固执，执拗地不许母女相见。祖父也意识到事态的严重，终于把欣怡母亲的电话告诉了老师。很快,李老师特意组织了母女相隔8年后的第一次通话。妈妈的简短寄语给了她力量,欣怡的泪水冲散了心结。此后,欣怡如同变成了一个人。她在作文中写道:"人生最难是别离,而我与母亲在很小的时候就分离了,我时常在梦里期待与她的重逢,那时永远不分开。"书籍是她唯一的伙伴,她经常与爱读书的班主任交流同一本书的体会。李老师的一则《家访日记》引起了网友的关注,爱心人士主动联系他,并承诺在欣怡高中毕业前每月资助一定的生活补助。几年后,欣怡已经成长为亭亭玉立、活泼、开朗、积极、阳光、品学兼优的大姑娘了。(方万华)

第八篇
兜底保障

综 述

兜住底子　摘掉帽子

2016年,"兜底保障"这个新鲜名词进入社会各界的视角,它不仅是民政部门扶贫攻坚的热门话题,也是整个社会关注的焦点。

由于受自然条件和人的智力、体力等因素的影响,对于农村一些贫困人口,政府无论用什么扶持方式都无法帮助他们摆脱贫困,长期愁吃愁住,有病不能治,医疗、教育无保障。

兜底保障就是党和政府为这些特困人口专门制定的一项特殊政策。国家以兜底方式发放救助资金,解决其生活无着落的问题;采取集中安置和分散安置相结合的方法,解决贫困户的住房问题;综合运用医疗、教育等社会保障政策,让贫困人口在小康道路上一个也不会掉队。

兜底保障政策性强,兜底覆盖范围有严格的政策规定,必须真实可靠,按照信息比对、数据清洗和动态管理的方式运行,既不能漏掉一人,也不能虚报冒领,兜底保障工作机制为民政部门的工作提出了更高的要求。

紫阳县特困人口量大面广,兜底保障工作难度大,是决战脱贫攻坚的重点和难点问题。县民政局既是兜底扶贫的牵头单位,又是具体组织实施的责任部门。面对困难,面对民政兜底扶贫工作的新要求,局党组把贯彻落实兜底扶贫政策当作开展"不忘初心、牢记使命"专题教育的实际行动,组织民政干部全力投入扶贫攻坚大决战,主攻难点,经历了3年艰苦卓绝的奋斗历程。

为稳步推进兜底保障工作,成立紫阳县民政局兜底保障工作领导小组,局长文艺任组长,副局长郭家成任副组长,政办股、低保办、五保股、社救股4名负责人为成员,领导小组下设兜底保障办公室,负责处理兜底保障的日常事务。领导小组成立后及时组织机关干部学习中央、省、市关于兜底保障的政策规定,深入领会政策精神,精心部署兜底保障工作,实行分片包干,责任到人,一抓到底。办公室按照分工协作、各负其责、各司其职的原则,制定兜底工作方案,统筹全县脱贫攻坚"兜底保障"的各项工作,落实兜底保障责任制,推进兜底保障工作有序开展。

自2017年起,县民政局印发《紫阳县民政兜底保障脱贫实施方案》《关于进一步规范特困人员救助供养工作的通知》《关于进一步做好低保政策与扶贫开发政策有效衔接及分类施保工作的通知》《关于进一步提升社会救助公示工作的通知》等一系列规范性文件；2018—2019 年，县民政局提请县政府印发《紫阳县城乡居民临时救助制度》和《紫阳县进一步健全特困人员救助供养制度的实施方案》，修订完善《紫阳县困难群众基本生活保障工作联席会议制度》，会同县财政局联合印发《关于进一步做好临时救助工作的通知》，通过出台政策性文件，规范各项兜底扶贫政策的执行，推进兜底保障工作常态化、制度化。

从宣传民政兜底政策入手，扩大群众对兜底惠民政策的知晓率和满意度。2017 年 5 月，面向全县贫困户张贴省民政厅统一监制的《民政兜底政策一览通》政策宣传海报 4 万余份，同时配套向所有农户发放内容全面的《紫阳县民政政策宣传手册》5 万余册，广泛宣传实施兜底扶贫的适应范围、操作程序及重要意义，让惠民政策在阳光下运行，做到兜底保障政策家喻户晓，提升对民政兜底工作的落实力。

从培训业务入手，开展兜底扶贫现场练兵活动。2018 年以来，全县共召开业务培训会 3 次，分期培训各镇民政工作分管领导、镇民政办全体工作人员、镇村两级民政工作聘用人员共计 280 余人。理论联系实际，现场解答兜底政策有关问题，选准兜底工作的切入点，提高民政系统干部的政策理论水平及业务经办能力。

统筹兜底保障的各项惠民政策，整体推进兜底扶贫效果最大化。为确保工作达到预期目标，每年召开 2 次兜底扶贫工作推进会，查找问题，补短板，落实追超措施。2019 年度，在兜底保障业务工作及行业扶贫项目落实过程中，县民政局共下派工作组 6 次，先后到镇、村扶贫攻坚第一线督查工作落实情况，确保各项兜底保障政策及时全面落实到位。经过全体干部的共同努力，党的兜底扶贫政策终于在紫阳这块土地上扎下了深根，农村低保与扶贫开发政策相衔接，建档立卡贫困户按规定程序直接纳入农村低保范围，兜底保障成为贫困户的一道"护身符"，在脱贫致富的历史进程中，发挥了越来越重要的作用。

2019 年，紫阳县兜底保障取得阶段性成果。全县纳入农村低保对象 5133 户 11159 人，发放低保资金 4314.26 万元。开展重病重残对象调查摸底，并将符合政策的 285 名对象及时纳入低保范围。落实分类施保及渐退帮扶政策，对农村低保家庭中的 70 周岁以上老年人、儿童等 7 类人员按照当地低保标准 20%～70% 比例增发低保金，共发放农村分类施保资金 793.27 万元，对脱贫收入不稳定的对象落实渐退帮扶政策，纳入渐退帮扶管理 314 户 968 人。特困供养保障政策全面落实，经过信息核查，实行动态化管理，全县现有城乡特困供养人员 5681 人，其中农村特困供养人员 5597 人，发放供养金 3135.9 万元、取暖费 291.05 万元、特困人员临时物价补贴 50.2 万元。发放 263 名农村特困人员死亡后安葬费 124.23 万元。实施并完成特困供养人员自理能力评估工作，对每名特困供养人员明确了监护责任人并签订监护照料协议。集中供养对象全年发放护理补贴 186.08 万元，分散供养对象 9 至 12 月发放护理补贴 429.42 万元。为改善特困供养人员生活环境面貌，切实提高生活质量，县民政局集中采购，配发了棉衣、春秋外套、内衣裤、棉鞋等物资，为 17 处五保安置房配套采购了生活服务设施及办公用品，配装床位 2002 个。同时开展特困人员生活环境大整治，为其购买更换了床上用品,打扫了室内外卫生,并建立了长效管理维持责任机制。督促各镇实施"十三五"特困供养人员集中入住敬老院搬迁工作,开展兜底保障贫困户大排查,对特殊原因导致生活困难的对象及时落实临时生活救助8470人次,发放临时救助资金876万元,发放残疾人"两项补贴"46258人次,1066.536万元。发放重度精神病人监护补贴113人13.68万元。建立农村留守儿童数据库和关爱保护工作机制,对留守儿童落实监护责任人。发放事实无人抚养儿童生活补贴33.6万元,发放孤儿基本生活费及在校大学生孤儿生活补贴47.17万元,发放孤儿大学助学金3.39万元。建立农村留守老人信息台账,落实了农村留守老人定期走访探视制度,村级民政信息员每季度走访农村留守老人1次,帮助解决留守老人存在的实际困难,按时更新信息台账。当年完成了岩峰、蓼坝、鲁家、堰碥、兴隆、西河、闹河等24个村活动室改扩建工程,建立了关庙、腰庄、桐安、新民、农安、春堰、田榜、马家庄等21个农村幸福院。通过多措并举,精准施策,整体推进,贫困人口的生活条件和居住环境发生根本的变化,贫困户再也不愁吃、不愁住了,终于实现了"两不愁三保障"的愿望。

几年来,紫阳县民政局在县委、县政府领导下,调动民政系统党员干部的积极性和创造性,以干克难,狠抓落实,贯彻落实党和国家制定的各项兜底保障政策,保障特殊困难群体的基本生活,实现"两不愁三保障"目标,筑牢兜底保障生命线,兜底扶贫取得了丰硕成果。

3年时间的兜底保障,国家共拨付紫阳县农村低保资金、五保资金、医疗救助资金、临时救助资金和残疾人生活补贴、护理补贴累计达3亿多元,为紫阳县打赢脱贫攻坚战从政策上提供了保证,注入了资金保障和精神动力。(向连才)

讲 述

守护兜底保障的生命线

讲述人：郭家成　时任紫阳县民政局副局长

我叫郭家成，现任紫阳县民政局副局长，分管城乡低保、五保供养、医疗救助、临时救助、敬老院管理等业务工作，在扶贫攻坚中主管民政"兜底保障"工作。

2016年以来，紫阳县民政局党组从人力上支持、财力上保障，统筹兼顾，上下一盘棋，助力全县打赢脱贫攻坚战。我的工作职责其实就是服务弱势群体，让党的阳光雨露滋润每一个贫困人口。我深知兜底保障责任重大、政策性强，每一个环节都涉及贫困户的切身利益。兜底保障实际上就是将全县13万在册贫困户当中通过产业、就业或其他帮扶方式，依然无法脱贫的全部对象列入民政兜底范畴，从而达到"两不愁三保障"（"两不愁"即不愁吃、不愁穿，"三保障"即义务教育、基本医疗、住房安全有保障），实现整县脱贫摘帽的目标。列入兜底对象的这一部分人全是弱势群体，长期生活在贫困线以下，如果对他们不进行民政兜底，"两不愁"就无法解决，就无法实现户脱贫、村退出、县摘帽的目标。

兜底保障体现了党和政府对贫困群众的关怀，也是实施精准扶贫的一项惠民政策，这项政策如同给特困户贴上一道"护身符"，有了这道"护身符"，特困户能实现"两不愁三保障"，就像端上了国家的"铁饭碗"一样。兜底保障在脱贫攻坚中的作用大，成效明显。据统计，截至2019年12月，全县在册贫困户138894人，列入兜底保障的低保对象5133户、11159人，发放资金4912万元，特困供养对象5658人，发放供养资金1066万元，发放临时救助资金876万元、8470人次。

兜底保障就像一条生命线，民政干部就是这条生命线上的守护者。为了稳步推进兜底保障工作，我们组建了全县兜底保障领导小组，成立了由政办股长唐友兵为主任，低保办主任吴瑶、五保股长谭科云、社救股长叶永胜为成员的紫阳县民政"兜底保障办公室"。办公室坚持分工协作、各负其责、各司其职的原则，及时制定兜底工作方案，统筹安排全县脱贫攻坚"兜底保障"工作任务，落实兜底包联责任制，准确把握政策尺度。办公室共召开各种会议12次，其中兜底保障推进会2次，业务培训会3次，组织了6次督察检查工作，助推兜底保障工作顺利开展。

兜底保障最担心的问题是漏户少报、虚报冒领、钻兜底政策的空子。我们从138894人的在册贫困户中精准界定出"兜底对象"，再实施兜底保障，工作难度较大。抽调专人采取信息比对的方式，对省、市、县扶贫和民政系统进行信息比对。第一步做好贫困属性的勾选，通过扶贫民政系统比对，从而来确定在册贫困户中覆盖有多少低保、五保对象。第二步做好信息比对反馈核查，将全县5133户、11159人的低保对象从全县在册贫困户中核对勾选出有多少户没有涵盖在内，将筛选出的名单反馈各镇逐户核查并说明原因归档备查，以确保扶贫、民政工作有效衔接，达到平台数据高度一致。第三步信息比对问题整改，因为民政系统是动态调整和管理，而扶贫系统基本上是半年开放1次，所以在每次比对的时候，由于时间的差异，人员的变动，系统更新不及时等原因就会导致低收入人群中疑似漏报、错报等问题，必须将这些问题全面排查整改，确保无1例"错保、漏保"现象发生。例如，2019年5月，在省扶贫系统开放后，通过比对，反馈我县有近2000户收入在低保线以下，而又未纳入低保，有180多户家庭财产不符合低保条件的却享受了低保政策，这就存在很大的"漏保、错保"问题。对此，我们于5月22日召开全县民政系统近300人的业务培训会，对所有疑似对象全面进行排查整改，分别进行纳入和清退整改，确保无"错报、漏报"现象发生。

经扶贫民政信息系统比对，将通过产业、就业等方式帮扶后依然无法脱贫的低保对象，所有特困供养对象确定兜底对象为9056人，占2019年脱贫对象66811人中的13.6%。如果这部分人不进行兜底，按不超过3%的标准就不能达到脱贫退出。我们从实际情况出发，认真研究政策，妥善解决了信息比对中发现的问题。

落实兜底保障政策的主要方式就是给兜底对象发放救助资金，同时妥善解决特困户的安置问题。在全县11159人的低保对象中，除按一档360元/（人·月）、二档260元/（人·月）、三档135元/（人·月）的标准发放低保金以外，我们还要对老人、儿童、重病、重残对象按一定比例进行分类施保，如果收入达标但依然在短期内不能脱贫的，再延续享受一年低保，落实"渐退帮扶"政策，全县共需要各类低保救助资金4912万元。特困供养人员吃、穿、住、医、葬全部由国家承担，全县有5668人属于兜底保障对象，按照目前供养能力和供养需求，主要采取集中供养和分散供养两种方式。集中供养就是有入住敬老院意愿的特困对象，他们的吃、穿、住、医、葬等问题由民政部门牵头，聘请专人统一管理和服务，进行兜底保障。随着集中供养入住需求的不断增加，紫阳县21所敬老院已经不能完全满足五保老人入住，为满足大多数特困供养对象入住敬老院统一管理服务及达到所有供养人员有安全住房保障的要求，县搬迁办又新建了17所五保安置房进行集中入住安置，但是有的人因为生活不习惯，有的人认为接受统一管理没有在家自由，还有的人受监护人负面宣传的影响，部分无安全住房保障并已确定搬迁入住的特困供养人员不愿意主动入住敬老院。

集中安置的矛盾比较集中，棘手的问题是安置房修好了，可安置对象不入住，这不仅会造成国有资产的闲置浪费，更重要的是脱贫对象无安全住房保障。针对这一难题，我们成立了6个督查工作组，汇同各镇逐户开展思想动员工作。考虑到五保对象大多属于肢残、智残、性格孤僻和怪异的特殊困难群体，他们对故居有感情，舍不得离开老房子，多年以来只认一个"金窝银窝，不如自己的草窝"的死理，平时不与他人交往，村组干部与这些人沟通也比较难。我们以理服人、以情感人，耐心细致地做好集中安置工作，并把它作为检验"不忘初心、牢记使命"教育活动成果的方法。2019年8月，我带队督促无安全住房特困供养对象入住五保安置房期间，也不乏极少数人对集中供养产生抵制情绪，坚决不住敬老院，有的甚至采取极端的方式。曾经一户手握菜刀堵在大门前，不许我们靠近，还有一人拿农药相要挟。面对这种情况，我们始终控制自己的情绪，采取联络感情、拉近距离、打比方、举例子等方式，讲解党的富民政策，苦口婆心地说明集中安置的好处，最终那些特困户看到工作组忍饥挨饿并在院坝里晒着，被深深地感动了，终于走出自己居住多年的危房，住进敬老院。这项工作涉及全县17个镇，可以说奋战在脱贫战线上的每一位干部都是兜底保障的义务宣传员，他们情为民所系，利为民所谋，牢记初心使命，历尽艰辛，最终使1959名搬迁入住特困人员全部入住五保安置房，全面完成了省、市安全住房保障及入住检查验收工作任务。

集中安置的任务艰难，而分散安置问题更让人头痛。全县共有2600多名特困供养人群实行分散安置，为改善其居住环境，提升生活质量，达到"两不愁"基本条件要求。我们选定其亲属为监护人，签订四方协议，要求做到同吃同住同生活，对他们的生活起居全面监护，确保被监护人"生活有人照料，生病有人看护"，对监护人按失能、半失能及自理评定等级给予400元、240元、160元的监护费用。由于分散供养对象量大面广，虽然既发放监护费用，又签订监护协议，但监护责任是否履行到位很难进行有效监督，分散安置也会遗留一大堆问题。我们再次成立专项工作组，深入镇、村逐户核查，按60%的比例入户调查，对调查中发现的没有同吃同住、生活状况和居住环境差、监护责任履行不到位的监护人采取批评教育、收缴监护费用、更换监护人等处理措施，并动员分散安置对象入住敬老院，多措并举，限期整改到位。通过我们多次开展督导检查，不断加大整改力度，强力推进监护责任的有效监管和改善，实现了分散供养对象生活有人照料，生病有人看护，"两不愁"得到充分保障。

在脱贫攻坚运用兜底保障政策、实施精准脱贫的过程中，我们畅通了临时救助资金解决困难群众生活难题的渠道，最大限度地发挥临时救助资金"救、急、难"的作用。全年发放城乡低保、五保供养、临时救助、残疾人两项补贴等各项惠民资金过亿元，助推各项惠及民生的救助政策落地生根。在一次检查工作中，我偶然发现1名1993年出生的年轻小伙领了2个孩子，租住在一民房内。经了解，大孩子不满5岁，小孩子不到2岁。据房东介绍，该男子本在外面洗脚店打工，因其妻子半月前狠心离家出走，丢下一双儿女独自在家，他连夜赶回照顾2个幼小的孩子，回来带的几百元钱也花光了。房东说已经2天没出来做饭吃了，看到这种特殊情况，我主动掏出200元交给男子作为临时生活之需，并立即联系镇民政办，迅速给予3000元临时救助，以解决燃眉之急。从这件小事中我受到很大的启发，兜底保障政策必须运用主动发现救助机制，发现一起落实一起。在此基础上，我们建立整改纠错机制，主动对照中央、省、市、县专项巡视巡查和抽查中反馈的各类问题，逐一分析梳理归类，制定整改措施，建立整改台账，全面排查立行立改，敢于直面低保对象中的"人情保""关系保""政策保"等违规施保问题，做到"零容忍"和绝不放过，杜绝错报、漏报现象发生，确保民政兜底保障工作在脱贫攻坚工作中兜住特困户的困难，托起他们的梦想。

在这场没有硝烟的战场上，全县民政干部携手前行，并肩战斗，恪尽职守，坚守在脱贫攻坚第一线，守护兜底保障的生命线，全县没有一户特贫困户掉队，脱贫人口一个也不会少。我为自己亲力亲为参加中华人民共和国成立以来空前的脱贫大决战而感到自豪。（整理人：向连才）

不让一个残疾人在脱贫路上掉队

讲述人：曹和新　时任紫阳县残疾人联合会理事长

我于2008年6月任紫阳县残疾人联合会理事长，在这个岗位上工作了13年，亲历并见证了我们县残疾人脱贫致富奔小康的奋斗历程。

残疾人群体是社会的重要组成部分，残疾人脱贫是扶贫攻坚的重中之重，坚中之坚，难中之难，没有残疾人的小康就不是全面的小康。习近平总书记指出："2020年全面建成小康社会，残疾人一个也不能少。"这为我们做好残疾人的脱贫攻坚指明了奋斗的目标和方向。脱贫攻坚以来，我们协调有关部门统筹推进残疾人扶贫的各项工作，选准加快残疾人事业高质量发展助力扶贫攻坚的着力点，迎难而上，向县委、县政府承诺："不让一个残疾人在脱贫路上掉队"，并以实际行动兑现残联全体干部职工许下的诺言。

紫阳县因残致贫的贫困人口量大面广，全县共有持证残疾人17968人，按照残疾类型可分为视力3022人、听力2002人、言语373人、肢体7963人、智力518人、精神1373人、多重2716人。其中建档立卡持证残疾人10603人，残疾人脱贫致富的任务异常艰巨。

在工作上，我们首先按照《中国残疾人联合会章程》规定和中央、省、市关于残疾人组织建设的工作要求，建立健全镇、村两级残疾人组织，在17个镇建立残疾人联合会，175个行政村和22个社区普遍建立残疾人协会。选聘配备镇、村（社区）残疾人专职委员280名，签订劳动合同、购买意外伤害险、颁发聘任证书、明确工作职责、建立考核机制、落实工作报酬，镇专职委员每人每月报酬800元，社区专职委员每人每月350元。残疾人基层组织建立后，镇、村（社区）及时对残疾人的贫困状况进行了一次全面的调查摸底、信息比对和查漏补缺工作，建立了规范化的残疾人扶贫数据库，通过数据清洗，残疾人扶贫信息更加精准。建立健全镇、村两级残疾人基层组织，有效地解决了残疾人脱贫工作的"抓手"问题，实现残联的工作有人抓，残疾人的事情有人管，为决战脱贫攻坚提供组织保障。

为了稳定残疾人的生活来源，县残联按照"两不愁三保障"的要求，配合县民政局完成残疾人生活和护理"两项补贴"审核工作，为全县 10959 名残疾人发放补贴资金 1048.38 万元。其中建档立卡贫困残疾人 3000 人。落实财政补贴政策，确保残疾人社保、医保财政补贴政策全部到位，做到城乡低保应保尽保并落实享受指标，在此基础上，加大救助扶助工作力度。对 24 名在校贫困残疾中小学生给予生活补助，对 2 名贫困残疾大学生及 1 名低保家庭残疾人子女大学生给予一次性资助。

我们立足残疾人康复工作重点，坚持以"残疾人人人享有康复服务"为目标，实施了以残疾儿童抢救性康复训练、精神病救助、辅助器具适配为主要内容的康复项目。2018 年，为 20 名符合条件的残疾儿童免费康复训练，为 12 名听力残疾人验配了助听器，投入资金 20 万元为 40 户重度残疾人家庭实施无障碍改造，为 12 名贫困残疾人免费装配假肢，完成残疾人基本型、个性化适配、假肢装配、助听器验配等辅具适配 100 余件。2019 年，根据各镇的上报信息，招标采购辅助器具 829 件，最大限度满足现有残疾人的辅助需求；兑现 2019 年度精神残疾人免费服药项目资金 26.68 万元，其中建档立卡贫困户 475 人 23.3 万元；完成 2019 年度助听器验配 26 人和假肢适配 18 例。改善残疾人生活生存条件，提升了残疾人的生活质量，残疾人精准康复签约服务工作稳步推进。

我们以项目带动为契机，积德行善做好事。2019 年，投入项目资金 71.4 万元，落实残疾人托养项目 221 人，其中助力脱贫攻坚集中托养 58 人，居家、寄宿制和日间照料 163 人；低保户 39 人、建档立卡贫困户 152 人。投入项目资金 76.37 万元，对 373 户残疾人家庭进行无障碍改造，专业评估机构已经完成入户评估，并兑现了上年度 151 户无障碍改造项目资金；筹集 22.4 万元为 74 名特大困难的残疾人实施临时救助。进一步规范残疾人证办理制度，采取县残联办证大厅集中办证与工作人员为交通不畅、行动不便的残疾人上门办证相结合的方式，有序地推进办证工作。邀请安康市残联精神病医院的残疾鉴定医生到各镇为全县未持证的 278 名精神残疾人集中办理第二代残疾人证，当年新办理二代残疾人证 1227 份，残疾人办证率达到 65%。残疾人数据动态数据更新工作全面完成，投入资金 10 万元，开展残疾人基本服务状况和需求信息动态更新专项调查工作，通过了省市验收，建立了残疾人基本信息数据库，使残疾人享受各项惠民政策，对号入座、更加精准，脱贫成效也更为明显。

我们还根据残疾人的身体状况，因人而异，抓好残疾人技能培训和技术培训。把残疾人技能培训作为促进残疾人就业的基础工作来抓，依托社会和部门力量，整合各类资源，面向市场就业需求，根据各类残疾人的自身实际和就业愿望，结合全县主导产业发展项目，开展茶叶、畜禽养殖等实用技术培训 30 期，培训残疾人 1132 人，其中建档立卡残疾人 452 人，开展残疾人电商培训 2 期，培训残疾人 160 人。选送 3 名基层残疾人专职委员参加清华大学远程网络教育培训，并顺利通过考试，获得《结业证书》；通过各种培训，提高残疾人的劳动技能，增强就业本领，帮助他们实现集中就业、就近就业和自主就业的愿望，达到培训一人、就业一个、脱贫一户的工作目的。

我们抓住苏陕协作残疾人劳务合作机遇,扩大残疾人就业,成功举办4场残疾人专场招聘会,输出残疾人务工人员39名,就地就近就业135人,形成了苏陕协作和脱贫攻坚亮点。苏陕协作残疾人劳务合作的成功经验被国务院扶贫办作为典型案例,先后在新华网、人民网以及苏陕两省相关媒体宣传报道。

2018年,我们投入资金18.5万元,扶持25户残疾人自主创业户、盲人按摩示范店6个、农村残疾人发展电商3户。2019年,投入资金52万元,扶持4个县级残疾人扶贫基地,培育申报2个市级残疾人扶贫基地,免费发放猪仔580头,带动290户贫困残疾人家庭;实施残疾人阳光增收计划和增强残疾人发展能力项目;实施农村贫困残疾人阳光增收扶贫项目,投入资金100万元帮扶200名贫困残疾人发展产业,每户扶持资金5000元。就业与产业扶持吹糠见米,当年大见成效,残疾人贫困户务工收入稳定,从此摆脱贫困,过上了幸福的生活。

我们从残疾人脱贫致富的典型抓起,培育典型,宣传典型,发挥典型示范作用,激发残疾人的内生动力;弘扬自尊、自信、自强、自立和身残志坚、奋发向上的精神;倡导学习张海迪的先进事迹,敢于面对困难、勇于挑战极限,用勤劳智慧摆脱贫困、创造美好生活。全县涌现出朱忠乾等残疾人创业致富的感人事迹,他们创造了残疾人生命的奇迹,讲述了紫阳残疾人与健全人一起奔小康的精彩故事。

残疾人朱忠乾家住高桥镇深磨村。2007年11月,一场车祸使朱忠乾的人生轨迹发生改变,他身患胸十二椎爆裂性骨折、脊髓损伤、下肢无法行走的重度残疾,轮椅成为他后半生的伙伴。天无绝人之路,2008年底,在一名网友的帮助下,他走出一条电商之路。2年间,朱忠乾在石家庄学习和掌握了电商运营、美工、售后等多项技能,2010年4月,公司派他前往北京参加淘宝知识讲座,机缘巧合认识了做珠宝电商的前辈,并获得了"橄榄枝"。同年,他来到四川成都,工作4年,从"门外汉"到"排头兵",工资也由最初的3000元涨到了6000元。朱忠乾率先实现脱贫致富,但他心里却一直挂念着家乡的贫困户。2014年8月,他收拾好行囊,踏上回家的归途。回家后引起了紫阳县电商办的关注。2015年,朱忠乾以运营总监的身份加入硒之翼网络科技有限公司,网上销售金钱橘、算盘李等土特产,随后他在高桥镇深磨村开起村级电商扶贫示范点,网上销售土蜂蜜、腊肉、干菜等土特产。2016年10月份开始,至今销售土蜂蜜3000千克,成交额达42万元,与深磨村22户贫困户签订养蜂协议,全村30多户都开启了养蜂的甜蜜事业,养殖户户均增收3000余元。他利用电商平台把山里头的农副产品卖出去,山货进了城,农民致富了。类似这样的残疾人典型事件还有很多,就不一一列举了。

经过几年的艰苦奋战,在决胜打赢的成绩单上,县残联夺取了包联蒿坪镇双胜村和助力全县残疾人脱贫攻坚的双胜利,被县委、县政府评为2017年度脱贫攻坚工作优秀包村单位,县残联驻村第一书记杨远忠被评为"全省优秀第一书记"。回忆决战决胜脱贫攻坚亲力亲为的一幕幕,印象最深的是党的惠民政策拯救了一批弱势群体,新时代的阳光雨露让弱者变成了生活的强者。截至2019年12月,全县累计完成残疾人脱贫9651人,其余建档立卡贫困残疾人952人,能够在2020年实现完全脱贫目标。

经过多年努力,我们终于实现了"不让一个残疾人在脱贫路上掉队"的目标。然而,推进全县残疾人事业高质量发展任重而道远,残疾人对美好生活的向往依然是历史赋予我们的神圣使命。(整理人:向连才)

风　采

"山歌书记"杨远忠

"杨大哥，在家吗?"爬了一段缓坡，还没到杨大恩家门口，双胜村第一书记杨远忠就远远地喊一嗓子，调门高，声音亮。

杨远忠嗓音好，紫阳民歌也唱得好。在双胜村入户走访路上，见到收苞谷的、放牛羊的，他往往触景生情，山歌、小调张口就来，歌词生动诙谐。要是对方也是行家，少不了要对上几曲，直至双双大笑而别。有时开会前，群众也提议道："杨书记今天开会讲啥子？你先编个歌儿唱嘛！"杨远忠也不推辞，稍加思索，宣讲政策、阐述道理、鞭挞陋习、说笑逗趣都编进民歌里了。歌毕，必定是一片掌声和叫好声。因"以歌交心"拉近群众感情、增强脱贫动能，他被称为"山歌书记"。

杨远忠 1966 年出生，是紫阳县残联副理事长，2014 年被选派到蒿坪镇双胜村担任第一书记。最初，村民们对这位满怀热情的"县上干部"并不感兴趣，与他礼貌地保持着距离，有的甚至冷脸相向。

对于刚刚驻村时的景象，杨远忠记忆犹新，他说："刚开始，村里人都不咋理我，有时候到老乡家里了解情况，我刚坐下，人家起身就走，把人打击得不行。"

在驻村之初，吃了多次闭门羹后，杨远忠发现，比谋划发展更难的是首先让乡亲们接受自己这个"外人"。他说："那时候我就想，既然说话没人听，不如用唱的，还要唱大伙儿喜欢听的。"

这个打小扯着父亲衣襟学唱民歌的第一书记，决定开始"以歌交心"。在一次村里举行的晚会上，杨远忠自告奋勇上台，唱了一首《郎在对门唱山歌》，惊艳全场。"哎呀，你是没看到，唱完了都给我鼓掌，让我再唱一首呢。"杨远忠说。

这次公开演出让村民们大开眼界，慢慢接受了这个新来的第一书记。"走在村里，大家见我开始打招呼了，后来再去老乡家拜访，他们还要留我吃饭呢。"歌都是老歌，情可都是真情。杨远忠的真诚开始让老乡们感动，他们不但主动配合工作，还会和杨远忠一起筹划自家产业发展。

杨大恩一家 3 名残疾人，是全村脱贫难度最大的弱能户。杨远忠主动与杨大恩一家结对帮扶，帮助他们修建了连接公路干道的"连户路"，对陈旧的住房进行改造。为了解决增收问题，杨远忠帮扶他们新建茶园 0.2 公顷(3 亩)、养猪 2 头，为杨大恩患有精神疾病的儿子安排了清扫公路的公益性岗位。杨大恩的妻子王庆兰高兴地说："现在茶园每年收入8000多元,我儿子当保洁员每月收入600元,日子真是慢慢好起来了。"

弱能户是户脱贫、村出列的难点,充分研判、找准帮扶的着力点最为关键。作为干了十多年残联工作的杨远忠来说,帮助弱能户增收已经具备了丰富经验。同样是因残致贫的弱能户家庭,对郭乾红一家的帮扶,则采取了完全不同的方式。

贫困户郭乾红在矿山务工时,因一起安全事故造成右腿截肢。作为家里的顶梁柱,不但自己挣不来钱,80多岁的老母亲也时常需要看病吃药,沉重的负担压得郭乾红喘不过气来。杨远忠在了解到这一境遇后,帮郭乾红配备了假肢,并多次找他谈心,鼓励他增强脱贫信心。

一次,郭乾红告诉他,夫妻俩想开一家农家乐。杨远忠立即联系县职教中心,帮郭乾红的妻子报名参加烹饪技术培训。为了解决郭乾红家开办农家乐资金不足的问题,杨远忠协助他办理了5万元贴息贷款,县残联理事长曹和新通过残疾人创业扶持项目补贴5000元,蒿坪镇又用以奖代补的方式补贴3000元。农家乐办了起来,增收脱贫有了着力点。如今,郭乾红的"来顺"农家乐月收入6000元左右,一家顺利摘掉了贫困户帽子。

全村有建档立卡贫困户231户、785人,其中弱能户52户。杨远忠说,他们在提高弱能户的增收能力方面有5大举措:一是加强技术培训,使劳动人口掌握1~2门增收技能;二是安排公益性岗位,增加工资性收入;三是充分研判,找出增收突破口,跟踪指导帮扶;四是汇聚扶贫政策,合力破除增收瓶颈;五是以新民风建设为抓手,增强脱贫致富的信心和决心。

双胜村帮扶弱能户发展养猪、养鸡、茶叶、香菇4大产业,开展技能培训250余人次,安排公益性岗位6个,落实金融扶贫资金200余万元,在双胜村还形成了一个以弱能户增收为主的产业带。

杨远忠说:"虽然绝大部分弱能户已经实现脱贫,但是我们的帮扶措施不减,帮扶力度不减,确保他们稳增收、不返贫。县残联在双胜村帮助弱能户增收的探索和实践,也将为指导全县农村15000个残疾人家庭增收提供重要参考。"

如果把一个村的脱贫出列比作一首紫阳民歌的话,弱能户增收脱贫就是曲调最复杂、最为考验唱功的那个环节。双胜村干群关系和谐,"四支队伍"齐心协力,紫阳县残联、蒿坪镇党委、政府对村上脱贫攻坚工作关心支持,脱贫工作力度大、成效好。通过实施饮水、修桥、铺路等项目建设不断完善基础设施和公共服务,带领群众成立了茶叶和食用菌种植专业合作社,组织村里富余劳动力参加养殖、烹饪、月嫂、足浴等技能培训,双胜村的脱贫之路越走越宽,并且于2017年整村退出贫困村序列。同时,双胜村党支部被评为全县优秀基层党组织,紫阳县残联获得全县年度脱贫攻坚、综合考核双优秀;2018年,全省新民风建设现场会在双胜村观摩;杨远忠被评为全省优秀第一书记。

到2020年春季,不仅双胜村早已脱贫出列,紫阳县也摘去了"贫困县"的帽子,杨远忠依然驻守在村上。他说:"脱贫不是目的,要让群众稳得住、能致富才行。生活好了,歌才会越唱越美。"(黄志顺)

第九篇

基础设施

综 述

破发展瓶颈　立民生通衢

在脱贫攻坚进程中，紫阳县坚持把基础设施建设、公共服务项目实施作为破解贫困村发展瓶颈的重要抓手，根据贫困村脱贫保障需要，落实项目供给制，加快农村基础设施和公共服务设施建设，真正做到不遗漏一个困难村组，不遗漏一户困难群体。

规划管理篇

围绕全县建档立卡贫困人口、贫困村及2014年以来脱贫的按政策规定需要继续扶持的人口，按照贫困户、贫困村退出"五七标准"和贫困县摘帽"七条标准"，2016年，紫阳县采取自下而上的方式，编写了《紫阳县"十三五"农村脱贫攻坚规划》。该规划共涉及项目5813个，总投资94.35亿元，资金来源包括涉农整合资金、专项资金、金融机构信贷资金、自筹资金和社会扶贫资金。

2018年，紫阳县在"十三五"脱贫攻坚规划和深度贫困地区脱贫攻坚规划的基础上对全县2018~2020年脱贫攻坚项目库进行完善，按照村级申报、乡镇初审、主管部门审核、领导小组审定、三级公告公示的程序，县上组织镇、村及行业部门，对照脱贫攻坚县摘帽基础设施、社会事业发展、扶贫产业等需求现状，聚焦建档立卡贫困人口"两不愁三保障"和贫困村出列标准，编制完善脱贫攻坚项目库。涉及项目7650个，总投资60.7亿元。其中财政投资41.4亿元，其他资金19.3亿元。

入库项目全部录入全国扶贫开发信息系统管理。对年度实施的项目，县脱贫办组织相关单位采集项目基本情况，聚焦带贫减贫机制和绩效目标，实地核查，确保项目安排精准，资金使用精准。对项目的实施实行全程跟踪管理，项目竣工后扶贫效益和社会效益情况等信息及时采集，录入系统管理。

按照"缺什么、补什么"的原则，录入项目库的项目根据贫困人口需求、政策调整变化、脱贫攻坚进度等情况进行动态调整，做到项目有进有出，及时采集，及时更新。每年11月底根据年度脱贫减贫任务，从项目库中择优选择相关项目，编制下一年度项目建设计划。脱贫攻坚项目库的有效运行，对加强扶贫项目论证和储备，提高扶贫资金使用效益，发挥了重要作用。

道路交通篇

2015年以来,紫阳县交通扶贫紧紧围绕整县脱贫摘帽总体目标,紧扣建制村通畅达标要求,突出贫困村通组路硬化和通村路"油返砂"整治工作,扎实抓好农村道路基础设施项目建设。截至2019年11月,全县176个行政村(含1个涉农社区)均实现通沥青(水泥)路。全县35个深度贫困村中集中居住达30户以上的组(自然村)全部实现通组道路硬化。

县交通局成立交通脱贫攻坚项目领导小组人员,下设5个工作组(3个巡查组、1个技术指导组和1个质量督查组),由局领导班子成员分任组长,抽调精兵强将为成员,配足配强人员。将全县所有交通脱贫项目责任条分细捋,以路为单位,将责任夯实到具体责任领导、联村领导、镇村责任人和部门包联责任人,明确完成时限、技术标准和质量要求,上报县考核办作为考核奖惩依据。针对全县脱贫攻坚交通保障项目建设时间紧、标准高的严峻形势,优化健全完善县、镇、村三级组织管理体系。县交通部门负责行业规划、计划下达、技术指导、质量监管、进度督促等工作职责。镇政府由联村领导任组长,联村部门负责人和联村干部任成员,成立工作组负责每个项目的管理工作。项目所在村选举3~5名村民代表成立监督管理组,负责监督项目质量。三级组织管理体系有力保证了全县脱贫攻坚交通保障项目的工程质量和建设进度。

2015年以来,全县累计下达的450条1249.725千米通村组水泥路建设任务,于2019年底全面完成,完成投资7.5亿元。全县176个建制已实现100%沥青(水泥)路通达到村委会、学校、卫生室等公共活动场所。2018—2019年实施了114条368.57千米深度贫困村集中居住30户以上人口的组(自然村)道路硬化项目,完成投资约2.39亿元,改善了全县深度贫困村广大村民出行难问题。实施164条679.008千米通村道路"油返砂"整治项目,完成投资约2.71亿元。一大批使用年代久远、损坏严重的硬化道路得到整治修复。

通过大力建设村组硬化道路,丰富完善了全县路网构架中的"毛细血管",全县基本形成以高速公路、国省干线为支撑、县乡道路为骨架、村组硬化道路紧密连接的公路网,路网架构更为合理、科学、完善,通村组硬化道路新增里程突飞猛进。全县村组农村道路技术水平明显提高,保障能力显著增强,为实现村村通客车和村村通邮(物流)提供了坚强的保证。广大农民出行更便捷、安全、高效,生活生产条件得到有力的交通保障支撑。通村组道路硬化项目的实施,全县农产品外运效率得到了极大提高,显著节省了物流成本,为全县产业脱贫注入了强大的交通助推力。特别是结合全县旅游兴县战略,实施了"青中农庄""茶山风光""五省会馆""擂鼓台森林公园"等一批旅游道路项目,为全县旅游脱贫奠定坚实交通基础。

安全饮水篇

在水利建设方面,"十三五"以来,县水利局牢固树立以脱贫攻坚为先、为重、为大的工作主旨,以全面解决农村饮水安全为突破口、全力化解制约贫困村发展的水利问题为目标,深入推进饮水安全、水源保障、高效节水、生态治理4大水利扶贫行动。

全县水利扶贫累计完成投资0.047161亿元。一是饮水安全投资0.02889亿元,建成饮水工程1376处,其中20人以上的集中供水710处。受益户59120户224668人,其中贫困户24920户94711人。目前全县有农村饮水安全工程1970处,供水总人口287477人,饮用自来水总人口283719人,其中集中供水工程948处,供水人口265393人,饮用自来水人口265393人;分散供水工程1022处,供水人口22084人,饮用自来水人口18326人,农村群众自来水普及率为98.69%,全县17个镇176个村饮水安全全面达标。二是投资0.04275亿元,新增高效节水灌溉面积约823.53公顷(12353亩),配套产业园区小型农田水利设施30处,涉及28个贫困村,带动贫困户949户3295人增产增收。三是投资0.013096亿元,实施中小河流治理、汉江综合治理和移民(脱贫)搬迁安置区防洪保安工程,新修防洪堤8.01千米,工程的建成不但为江、河沿岸8镇、近1.9万余人(其中涵盖贫困人口2500余人)安全度汛提供了保障,更是提升了沿江集镇防汛体系综合抗灾、减灾的能力。四是大力发展渔业养殖业,带动贫困户增收。投资0.06亿元完成洄水生态渔业园区码头建设、新建流水池约2.67公顷(40亩)、硬化渔业园区道路150米、投放鱼苗40万尾。投资0.03亿元完成盘厢河生态渔业园区拦水坝1座、新建流水池约0.33公顷(5亩)、平整园区用地2公顷(30亩),投放鱼苗2万尾。

在农村饮水安全这一重点工作中,由水利、发改部门牵头,抽调县"八办三组"相关人员组成了4个核查组,严格按照贫困户脱贫、贫困村出列"五七"标准,对饮水情况逐村逐户调查,全面掌握全县建档立卡贫困村贫困户的饮水不安全状况以及饮水项目建设需求。对照四项标准,采取"集中为主、联户为辅、分散补充"的工作思路,通过新建、扩建、改造、联网等措施,分批下达项目计划,分年度精准实施,打造"从源头到龙头"的供水安全工程体系。

针对集中安置区、安置点不断增多,群众居住不断聚集的客观实际,改变以前单村、单组供水的思维模式,打破行政区划和地形局限,采取"能联则联,能延则延,能扩则扩"的办法,优先考虑联村、联组集中供水,有效改善了单组单院供水点多分散、供水规模小、效益不明显、不便集中管理的状况。为推动工作全面均衡展开,对千人以上工程严格按照有标准厂区、有消毒设施、有办公场所、有监控设施、有厂区绿化的"五有"标准,积极开展脱贫攻坚饮水安全示范村创建工作,建成了规模化集镇供水工程16个,联村以及单村水厂30个。

在全面加强项目建设管理,确保工程质量方面。先后下发了《紫阳县水利工程质量监督管理办法》《防范水利工程承包资质挂靠管理办法》《紫阳县水利局建设项目施工现场管理制度》等规范性文件。在建设过程中严格按照水利行业基本建设程序的"四制"要求,强化各方职责;派驻技术人员坚守施工一线,严把施工程序,确保工程质量;县水利局成立了4个农村安全饮水工程建设分片包抓督导组,分别由4名局领导任组长包片联系,定期对饮水安全工程建设进度、建设质量、存在问题、工作措施进行督查检查。

在管理机制创新，探索"以水养水"长效发展方面。通过近年来的不断完善，根据集镇区域全县先后成立了14个供水分站，集镇及联村供水工程基本实现统一管理。集镇供水水费核定经由县物价部门核算并通过听证会通过制定，居民生活水价1.3~1.8元，经营性生产水价1.8~2.8元，集镇供水的水费收缴率达95%以上。农村供水从2017年开始，结合"量化赋权"工作，采取了"供水协会+两部制水价+贫困户"的方式，在镇水利工作管理站的指导下，由各村设立供水协会，根据供水工程覆盖范围等实际情况分片优先选取贫困户人员负责水费收缴和日常管理维护。近年来，先后制定《紫阳县城乡供水运行管理办法》《紫阳县农村供水工程"量化赋权"改革试点方案》等规范性文件，进一步明确了各级供水的管理机构、权限、职责，初步形成了"集镇供水企业化、农村供水协会化"的供水管理模式。集镇已基本实现"以水养水"，农村供水全面规范后，可达到有人管、能管好、工程效益能持续长效发挥的目标，对今后农业农村经济发展将起到有力助推的作用。

电力保障篇

2016年以来，紫阳县供电分公司加快实施新一轮农村电网改造步伐，重点解决贫困村供电设施落后、供电能力不足问题，支撑脱贫攻坚产业发展和村民生产生活用电需求。

公司成立以经理为组长的脱贫攻坚电力扶贫领导小组，将市县领导包抓贫困村与供电辖区结合起来，分5个片区进行包抓。制定《2018年电力脱贫攻坚实施方案》《2018年脱贫村电力扶贫保障相关事项的通知》《关于进一步加快全县移民搬迁安置点电力小配套设施建设的通知》《电力行业扶贫"绿色通道"》等一系列文件，5个片区编制了对口包抓情况一览表及电力项目脱贫清单，做到扶贫精准，责任明确，措施到位。

先后投资13746亿元，完成农网改造升级工程项目368项，新建与改造10千伏线路226.69千米，0.4千伏线路416.28千米，安装配电变压器65.3兆伏安/370台。安装户表9.6万户。全县行政村电力入户率、"一户一表"同价到户率均实现100%，贫困村全部接通动力电，全县移民搬迁安置小区电力大配套及安置点电力小配套保障工作全面完成。176个行政村全部实现了"户户通电、同网同价、通动力电"的目标，达到了贫困县摘帽电力基础设施建设标准。

在完成贫困村电力提升项目工作的同时，结合全县产业发展布局，对重大产业项目抓好配套电网建设项目规划，保障重大项目用电需求，为地方招商引资提供优质供电服务，为小微企业用电开辟绿色通道、缩短报装接电流程并实现小微企业用电"零投资"。其间，为湘贵锰业新建35千伏线路1.4千米，为前卫实业公司及湘贵锰业各安装35千伏计量装置1套。共为31个产业发展项目架设中低压线路33.09千米，安装变压器16台3050千伏安。为24家社区工厂、小微企业安装变压器18台，架设中低压线路7.21千米。

公共服务篇

由于财政困难，紫阳边远农村的村活动室、卫生室和文化活动广场等公共服务建设十分薄弱。脱贫攻坚期间，着眼于巩固党在农村的执政基础，提升农村公共服务能力，让党员群众议事有地方、活动有场所、办事更方便，紫阳县统筹整合财政资金，切实加快了农村公共服务项目建设。

通过积极争取省市项目，以及县财政多方筹措资金，加大农村社区服务体系建设项目投资，对全县 98 个设施不达标的村进行了新建和改扩建。其中新建 45 个，购买产权划转 12 个，改扩建 41 个，共投入建设资金 0.255 亿元。

建设过程中，各地充分利用撤并后原乡镇政府办公用房、农村闲置的校舍、仓库等资源，进行必要的改建、扩建或新建，避免资源的闲置和浪费。村社区服务中心的建设标准，参照城镇社区办公和服务场所的建设标准执行；中心村、重点村的办公和服务场所的建设标准不低于 300 平方米，配套建设不少于 1000 平方米室外活动场所。

截至 2019 年年底，全县 22 个城镇社区、176 个农村社区全部建有"一站式"服务大厅并达到省级示范社区标准，社区信息化管理服务平台实现全覆盖，基本建立起覆盖城乡全体居民、服务功能完善、服务质量和治理水平较高的基层服务标准体系，社会化服务水平大幅提升。

在村卫生室建设方面，省定标准为不少于 60 平方米的业务用房。在项目实施过程中，紫阳县从解决 13 万建档立卡贫困人口"看病难、看病远"的实际需求出发，将标准确定为建筑占地 80 平方米，建设两层砖混结构房屋共计 160 平方米。千方百计整合扶贫资金 0.3 亿元，对 152 个未达到标准化的村卫生室进行统一建设。

村卫生室项目建设由各镇负责具体实施，卫计部门负责业务指导，每个村卫生室补助 20 万元。各镇在项目实施过程中，始终坚持"合理配置卫生资源，方便群众"的村卫生室选址标准，严把工程质量。2017—2018 年，通过 2 年的艰苦努力，顺利实现全县村卫生室标准化覆盖率 100%。为实现贫困村民"小病不出村，有病能医治"的脱贫攻坚目标承诺奠定了坚实的医疗保障基础。

网络通信篇

按照"政府引领、企业主体、协调配合、共同推进"的思路，由紫阳县经贸局牵头，统筹电信、移动、联通等通信企业的资源和力量，既抓硬件发展基础设施建设，又抓软件建设的健全完善，推动信息通信扶贫工作。着力消除城乡"数字鸿沟"，提升城乡开放互通、信息共享、协调发展水平，助推紫阳县步入信息高速发展快车道。

具体实施过程中，每建设一个基站，耗费约 35 万元，通信企业每年以租赁方式使用，每年费用 4 万元左右。由于大多数基站的建设位于偏远地带，实际运营会入不敷出，导致亏损经营。县经贸局为此和 3 家通信公司做了大量沟通工作，对特别边远的地区，最少也要保证通一种信号。与此同时，加强和当地镇政府、村委会衔接，做好村民工作，协调解决通信公司在项目建设过程中的各类矛盾及问题，确保项目顺利开工，降低企业的建设费用。

2016—2019年以来，中国电信紫阳分公司争取省市公司投资，累计新建4G基站259座，投资0.778亿元；累计新增宽带光网端口5.6万个，投资0.448亿元。合计投资1.23亿元。全县仅有高桥镇深磨村没有覆盖，其他行政村通无线4G信号以及光网宽带信号。通过4年的努力，4G、光网信号基本实现了全县覆盖，为5万手机用户、2.6万个家庭提供了宽带及电视服务。2019年，公司结合安置点的建设，积极争取项目支持，全县273个安置点均解决了4G信号，实现无线4G100%覆盖；光网宽带目前解决了252个，13个安置点正在走设计立项流程，预计年底建成，安置点光网覆盖率可达到97.07%。

2016年以来，中国移动紫阳分公司争取省、市公司投资，累计新建4G基站373座，投资0.93亿元；累计新增宽带光网端口17.1万个，投资0.85亿元。合计投资1.78亿元。全县无线4G信号全覆盖，网络覆盖率100%。光网宽带全覆盖，覆盖率100%。为16万手机用户提供4G网络服务，为3万个家庭提供宽带及电视服务。截至目前，紫阳县城核心区域达到1000兆光纤入户，千兆小区覆盖率30%，乡镇街道、行政村、集中安置点光纤入户覆盖率90%；并向全县所有建档立卡贫困户推出了贫困户专享扶贫套餐，使部分贫困户每月通信费用平均下降21.6%，进一步降低了贫困户负担，提升了生活质量和贫困户的满意度。

2016年以来中国联通紫阳分公司在全县境内共计建设基站总数200余个，新建光缆200余皮长公里，移动网总投资0.43亿元，达到县城区域的深度覆盖，乡镇间的连续覆盖，行政村社区全覆盖，县城、乡镇覆盖率98%，行政村覆盖率94%。截至2019年11月底，家庭互联网累计投资0.2亿元，紫阳县城区域全部达到300兆光纤入户，覆盖率100%，乡镇街道集镇、行政村、贫困户集中安置点光纤入户覆盖率85%。向全县所有建档立卡贫困户推出了贫困户专享政策手机号月费3元，贫困户宽带每月10元政策，进一步通过通信扶贫，降低了老百姓负担。（柯增伟）

讲 述

"通村办"的扶贫事

讲述人：哈文军　紫阳县交通局干部

2016年县委就扶贫攻坚工作，组建成立赋有特殊职能的"八办三组五保障"常设岗位工作机构，以方便扶贫工作的开展、交接和联络。交通局交通扶贫办就是"八办"之一。交通扶贫办也称为"通村办"，承担着全县通村公路的新建、改造、维护和监督职能。

为了更好更快、高质量地完成全县交通脱贫任务，县交通局组建工作专班，从镇和部门抽调7名干部成立3个通村水泥路建设监管小组。我原本在县民政局工作，2016年8月，被借调到县交通局通村办，因本人恪尽职守、工作认真负责，能圆满完成工作任务，后来便正式抽调到通村办。

通村公路是当下农村最基础的交通设施之一，特别是在山大沟深、出行不便的贫困山区，镇到村、村与村，村至组，乃至组到户之间，运输薄弱的瓶颈一直制约着乡村经济的发展。

历年来各级投入不少的财政资金用于乡村公路的建设，群众自发地投工投劳也进行了一定程度的修建，然而通村公路始终是一个令人头痛的"老大难"问题：镇到村的公路不是缺护少养，就是因洪涝灾害导致水毁殆尽；村与村之间缺少互通互联的网络干道，许多村级路不是荒芜，就是断头路、滑坡路，要么是半边路、塌方路，因之名存实亡；村到组，户与户的连通路，更是不可堪言，别说通车，就是人行或架子车都比较困难，而且路基状况很差。群众意见很大，他们说脚下的路，晴天灰飞扬，下雨烂泥趟，这样的出行环境，如何谈得上交通脱贫？因此，成立通村办，当务之急就是解决这些困顿，改善通村公路的现状就是乡村经济腾飞的首要硬件，就是消除困扰贫困山区群众的一块心病。在这方面，通村办起着举足轻重的作用。通过通村办的努力，通村公路建设取得了一定成果，呈现出一些新的特色和亮点。技术标准不断提高。经过"油返砂"等硬化处理，路面档次大大提高，降低养护维修成本，延伸使用寿命和行车安全系数，联片联网加快。普遍实施农村"通达工程"，即侧重于"通达"之目标，整片区域贯通，路面宽度也由原来的平均3米，普遍拓宽至如今的3.5~4米，通行能力大大增强；建设力度加大。为了大规模实施通村公路建设，组织发动村民投入这项十分艰巨的工作，镇村组干部走村入户，通过开"坝坝会"、广播、墙报、小册子宣传通村公路建设政策、管理程序，通过村民"一事一议"拍板定案本村建设项目；公路建设投入也以村委会通过"一事一议"方式筹集为主，社会和个人捐资、项目打捆以及上级政府补助为辅，群众踊跃自发地投工投劳。

自交通扶贫攻坚战打响以来，通村办的正墙上就悬挂起一幅《紫阳县交通脱贫攻坚作战图》。按照这个工作部署，我被分配到第三工作组任监督组长，由我、韩劲和潘露共3人组成。我们负责的工作片区是渚河片和江北区，包括东木、红椿、焕古、蒿坪、双安、汉王6个镇，涵盖通村组公路167条，448.37千米，外加"油返砂"38条，126.5千米。

面对大规模的通村公路建设，面对艰巨的交通扶贫任务，我们首先抓工程质量的监管。在技术层面上，由于工作队员差不多都是新手，比较生疏，我们便邀请局里质监站的专家帮助培训，经过刻苦努力地学习，下到镇村后召开各种群众会议，广泛听取各方意见和建议，一个个都变成了编外质监员和行家里手。

为了共同做好通村路质量监督，各镇先后成立"八大员"的监督组织，即1条路由1名领导、2名干部、5名村民代表共同监管质量。我们又将每名队员的手机号码公示于众，让村民随时与之联系。到施工现场，第一个先要看施工队悬挂在搅拌机旁边的"配合比"标识牌，检查砼质量。

有一次，我们接到东木镇军农村村民打来投诉电话，举报该村公路质量有问题。我立即带领工作组到现场查看，发现当地的施工老板确实存在偷工减料现象，我们一方面迅速制止，一方面按照悬挂在搅拌机旁边的"配合比"告示牌，亲自用大秤一秤一秤地将原材料秤好，倒在上料的铲车里面，并用红漆做好标记，让群众监督一目了然，杜绝施工老板的侥幸心理，确保工程质量。同一天，焕古镇东河村村民电话举报施工老板也存在砼的问题，我们第一时间赶到现场用大秤将原材料依次秤好，倒在铲车里，并用红漆做好标记，让监督的八大员心中有数。

还有一次在巡查中发现红椿镇大青村一名工人，在施工操作过程中振捣不到位，我便不厌其烦地给工人讲解正确的操作要领：先用振捣棒对拌合物进行振捣，振捣位置按梅花状交错分布，以拌合物停止下沉、表面不再冒气泡和泛出水泥浆为准，不宜过振，否则易造成凝固硬化问题。对边角位置应特别注意仔细加以振捣，振动棒应斜向插入，轻插慢提时不得猛插快提，严禁在拌合物中推行和推拉振捣。通过自己亲手给工人做示范，第二回再去巡查时，打棒的工人已经熟练，自然保障了工程质量。诸如此类的质量问题，可以说是一种通病，几乎每个镇、每个村、每条路都有不同程度的存在，这就必然加大我们巡回的次数、巡查的力度、监管的范围。在狠抓质量的同时，我们还督促工程进度，这是确保按期完成交通脱贫攻坚任务的必要措施。除了在平时的巡查过程中，经常在施工现场召开技术培训会，向群众讲解如何放线、支木、振捣、磨面、切缝等技术核心和要点，还一对一给施工工人做示范。对施工条件差的地方，帮助他们想办法赶时间、抢进度，克服一切摆在面前的困难。譬如红椿镇大青村条件恶劣，山大沟深，每逢下雨天就路基打滑，重载的施工大卡车爬不上去，我们便组织力量，叫施工队用铲车在后面推前面的料车，确保工程的进度。

在这样大规模的公路建设运动中，如何既加快进度，又保证质量，我们着实下了一番功夫。督查发现的质量问题，共下达整改通知书300余份，事后跟踪整改200余次，保证了工程质量。确保高标准高质量的建设，既让群众满意，又让政府放心，通过交通局验收合格的通村扶贫水泥路，其拓宽范围里程，已全面达到通村路标准，基本实现村村通，甚至到户通，运行能力大幅提高，极大方便了群众的快捷出行。

为了促进度，抓质量，我们"五加二""白加黑"，不分天晴下雨的干，保质保量按照规定的时间攻坚脱贫。去年我女儿考大学，我都没有亲身陪她，孩子很失望，我没有尽到当父亲的职责，感到十分愧疚。我们通村办的全体队员们一旦指令下达，个个自告奋勇的埋头苦干，在外不厌其烦地与工人村民沟通后，回家因疲倦不愿再与家人多交流，每天的早出晚归、来去匆匆，让家变成仅用来睡觉的地方。这便是我们通村办队员们的常态。在今年的六、七、八、九月，几乎没休息过一天，只因我们心中都装着让贫困山区老百姓，早日脱贫的心愿。为了确保每一条路的质量，4年来我们跑遍6个镇的每一条路，每一处施工第一线。现如今，一条条春意盎然的生态产业路、旅游观光路纵横交织，通达到各个村组院落，修到群众心坎上，打破了制约贫困群众生产生活的发展瓶颈，助力贫困群众稳定致富脱贫，也为乡村振兴奠定更加坚实的交通运输基础。（整理人：黄福海）

让通信和网络助力扶贫

讲述人：白安松　时任紫阳县联通公司经理

我是从镇坪县调到紫阳县联通公司任支部书记、总经理的，在紫阳工作，紫阳人民热情好客、乐观向上的精神令人感动，紫阳的脱贫攻坚给我留下了深刻的印象。作为中央企业，我们联通公司结合行业特点，通过通信技术助力当地经济发展，助力脱贫攻坚，也直接参与驻村帮扶，为改变紫阳面貌，决胜建立全面小康社会出了力，流了汗，做了些事，我感到非常自豪。

2016年以前，紫阳县通信还不是很发达，大部分网络仍是2G、3G网络，宽带还没有达到光纤入户，用户普遍反映网速很慢，不方便。那个时候，无论是硬件还是软件设施都十分落后。2016年脱贫攻坚开始，紫阳联通在全县境内，陆续建成200个基站，新建光缆200余皮长千米，移动网络总投资达4300余万元，实现县城区域内的深度覆盖，乡镇间连续覆盖，行政村社区全覆盖，县城、乡镇覆盖率98%，行政村覆盖率94%，网络为脱贫插上了飞翔的翅膀。

在做好通信网络基础设施建设的同时，我们把目光盯在固网通信家庭宽带建设上,这既是落实"宽带中国""网络强国"战略,也是紫阳人民的客观需要。老百姓最终要住有所居,有了安全的居住环境,家庭网络需求是必不可少的,只有这些都达到了,才能最终提高人民群众的幸福感和满意度。党的十九大中提出我国社会的主要矛盾已经转化为人民日益增长的美好生活需要和不平衡不充分的发展之间的矛盾。通信网络的不发达、固网通信家庭宽带建设的严重滞后正是这一矛盾的表现。

4年来,紫阳联通公司光纤入户工作紧随县整体脱贫攻坚工作开展而展开,截至2019年11月底,紫阳县城区域全部达到300兆光纤入户,覆盖率100%,乡镇街道集镇、行政村、贫困户集中安置点光纤入户覆盖率85%。为了把扶贫工作做得更扎实,更细致,我们向全县所有建档立卡贫困户推出贫困户专享政策手机号月费3元,贫困户宽带每月10元的优惠政策。通过通信扶贫,降低困难群众的负担,提升了他们的宜居舒适度。4年来,围绕实施网络扶贫的"五大工程",即一要实施网络覆盖工程;二要实施农村电商工程;三要实施网络扶智工程;四要实施信息服务工程;五要实施网络公益工程,构建扶贫大格局,家庭互联网累计投资2000余万元,惠及全县所有百姓。

2016年,接到青中村村民的普遍反映和诉求,要求开通本村的通信和网络覆盖,他们通过县镇村组逐级上访,向各级人代会提交提案,其主要的中心意图就是迫切希望本村能够通过通信脱贫,走出困境。当时3家通信公司在该村都是空白,均无通信网络覆盖,老百姓无法享受移动互联网生活,对网络覆盖期盼很大。通过多方论证和实地调查,由于该村地处偏远,山大沟深且人口分布不集中,按常规建设1个基站,花费不过20万元,若在该村建设1个基站,花费绝对是常规站的3倍多。如向该村要架设十几千米的光纤线路,从县城出发经由崎岖的山路,绕过兴田村,仅每千米光纤就得耗费30000多元,另外到达每户固定的纤芯设备,又得400多块,算来投资巨大。但为落实县委通信网络扶贫攻坚的工作部署,我们最终敢于担责、勇挑重担,公司领导带着县委给出的协调函,积极设法,直接邀请上级即市联通公司的分管领导,一同到陕西省联通公司,向其倾诉紫阳县脱贫攻坚的实际困难和公司的赤诚之心,以及当地百姓对通信网络覆盖的迫切恳求。省联通公司主管建设的副总亲自下到基层,进驻该村调查研究和勘测。最后从其他途径想方设法,采取压缩别的地方的建设投资进行倾斜式的转移支付,向青中村特批投资70余万专项资金,落实解决当地通信基站建设问题,满足当地老百姓享受高速上网生活。

我们的施工人员在实际操作中,克服地广人稀、住户分布凌乱等自然条件所造成的困难,保质保量完成线路架设和设备安装任务。

2018年我公司又投资20余万元,为该村进行无线Wi-Fi覆盖,从此老乡们会上网了,足不出户在网上就可以看到外面的世界和家乡日新月异的变化,老乡们也会在网上购物和网络交友,还会通过网络把家乡的山货特产卖出去增加收入,这也为电商发展奠定了基础。

我个人认为,在扶贫攻坚工作中,既要着眼当下,又要放眼未来;既要重视物质条件,解决当下制约农户日常生活基础瓶颈问题,提升生活质量,同时也要加强"精神扶贫",鼓励引导贫困群众树立脱贫致富的信心、战胜困难的决心,同时为他们送去大量新观念,新的就业理念,创业方法。而我们的网络通信扶贫,一方面加强了贫困地区的基础设施建设,另一方面带给贫困山区大量的信息,带来更多的先进观念和方法,更有助于贫困山区解放思想,拉近与发达地区的距离。如果说电力扶贫是"光明使者",而我们网络通信扶贫则应该是"信息使者"。我们参与脱贫攻坚意义很大,不仅助力于全县的脱贫攻坚,也为下一步乡村振兴打下坚实的基础。贫困村有了网络,农村电商飞速发展,从电商办获悉,我们所帮扶的几个贫困村都有了上规模的电商大户,如青中村的吴积平、太平村的汪浩、三官堂村的唐朝菊等。昔日起着厚厚老茧的拿锄把的手,如今个个都成了灵动的键盘手。这就是很好的证明。(整理人:黄福海)

风 采

公路质监上的女"包公"
——记紫阳县交通局质监站站长徐婷

徐婷，1999年路桥专业毕业，被分配在紫阳县交通局质监站工作。2014年全县进入脱贫攻坚时，她进入了县交通局质监站站长岗位。她恪守"宁当'恶人'，不当'罪人'"的工作格言，以一丝不苟的严谨态度，常年坚守在建设工地上，扮演着"包公"角色，风餐露宿在工地，从此便有了"常见路上女'包公'"的说法。2018年她被县委授予优秀共产党员称号。

"脱贫攻坚路先行"是干部群众的共识。交通项目建设点多、面广、战线长。一处处像生命一样重要的修补、改建、升级和新建工程质量监督工作是徐婷的最大压力，徐婷带领仅有的2名员工肩扛人少、事多、时间紧、任务重，长期坚持在生活休息无规律，体力消耗大的野外作业岗位上，风雨无阻地深入每一段公路、每一座桥梁、每一个施工现场，拼尽全力监督质量，通宵达旦地出数据写报告，严格监督，抓整改落实，把好了全县公路建设质量的每一道关口。

自2014年以来，她们共监督工程项目53个，涉及里程305.5千米，实施监督检查52次，发抽查意见通知书18份，发检查通报12份，监督抽查质量数据980个，单点合格率94.5%，关键指标合格率95.2%，实现了监督覆盖率100%，工程竣工质量合格率100%的工作目标。她和同志们一道除了日常监督工作外，还加大受监工程质量的检查、巡查、抽查力度。着重检查工程重点部位及质量控制点，对进场原材料以及砼质量的抽查，严格见证取样制度，防治了质量通病。

2017年7月，在一通村水泥路路基验收工作中，徐婷发现路基防护工程质量差，面层厚度严重偏离设计厚度，管涵管径与设计严重不符。徐婷当即责令施工单位全部挖除整改，并给建设单位书面下达整改通知单。由于返工量巨大，当事人明显流露出不满情绪，并言辞激烈，拒不整改，认为管径大小跟排水量多少有关，把施工设计图，技术标准、规范以及建设程序、变更程序等都抛诸脑后。徐婷当时没有拿行政权力以大压小，而是用通俗易懂的语言讲清各项技术标准、验收程序和质量隐患的危害，分析不按设计施工和验收所带来的严重后果，当事人最终才认识到违反建设程序的严重后果，主动接受了整改处理意见，并在20个工作日内全部完成了整改工程量。2018年的一天，徐婷在对一个"油返砂"项目进行路面质检中，发现水沟断面尺寸不符合设计要求，责令拆除近300米不合格边沟。结果遭到施工方气急败坏的怒怼，并受到来自对方和其他各方面的压力。面对矛盾和困难，徐婷没有退缩，而是顶住压力，坚持自己的原则，硬是将工程谬误纠正了过来。她以法为据、以理服人的工作态度和法不容情的"包公"精神，树立了质量监督部门的良好形象，受到辖区其他各施工企业和群众以及建设单位、监理单位的一致好评。

"磨刀不误砍柴工"，在脱贫攻坚正酣时刻，为了让质监工作紧紧跟上更快的公路建设速度，徐婷把仅有的两名业务新手当宝贝。在工作中殷殷柔肠、不遗余力地教他们专业知识和实践工作中的方法技巧；施工现场对他们进行实际操作指导培训；内业资料手把手教授他们理论知识，数据计算整理，认真为他们讲解每一个知识难点。其耐心程度，连她的在上初二的孩子都没感受过。

徐婷的辛苦培养，让新手进步很快，使她的质监工作更加得心应手起来。仅2019年上半年就完成了向阳江河桥属续建项目、蒿坪镇北沟口至洄峪河主道公路开工建设、1249.725千米的脱贫村通村通组水泥路项目的站里监督任务。其中"油返砂"项目301.19千米、组织监督检查26次、进行质量监督抽查40次，下发监督检查意见通知书22份。总体合格率达94.3%，质量单点合格率达到93%以上，关键指标合格率达到93.4%。

"公路质监永远在路上，有永远操不完的心，何况是扶贫路？"这是徐婷的质监理念和质监人的情怀。为进一步保证全县通村水泥路和"油返砂路"的施工质量，站里组织力量，又对已建成通村水泥路的开展检测验收工作，委托了第三方检测单位对已建成的通村水泥路进行了全面的检测，并根据检测进度制定了验收计划，进入到对已建成通村水泥路的验收工作中。这又是一堆事无巨细、环节复杂、技术含量高、"招人恨"的繁重工作。因此，徐婷展示出的既是带班的站长，又是身先士卒的员工，既是一名巾帼美女，又是一名泼辣的女汉子形象。她带领员工从源头上把控质量关，经常与沙尘泥浆打交道，每截住一辆建材运输车，就要爬入车厢查看后放行。仅在2017—2018年度通村水泥路建设过程中，发现质量缺陷项目挖出返工的路段就合计超过600米，下发质量整改通知书300余份，为全县交通脱贫建设质量提供了有力保障。

长期的外业工作，家人早已习惯。对家人照顾极少，甚至把自己打扮一下都无暇顾及……想到这些，她怎不愧疚呢？可是肩负重任，殷殷嘱托，质量攸关……想到这些，她必须要当一个路上的"包公"。（黄福海）

既是指挥员　又是战斗员
——记县供电分公司基建部主任康宗强

紫阳县供电分公司基建部主任康宗强在平凡又繁重的工作岗位上，既是指挥官，带领基建部成员投身电力扶贫，又当战斗员，身先士卒忙碌在第一线。由于扶贫工作成绩斐然，他个人获得一系列荣誉：2018年2月被紫阳县供电分公司评为2017年度脱贫攻坚"先进个人"；2018年8月被县委、县政府评为上年度脱贫攻坚"先进个人"；2019年2月被县供电分公司评为上年度先进工作者；2019年4月被县脱贫办、团县委评选为2018年助力脱贫攻坚优秀青年。

作为脱贫攻坚电力保障组的一员，康宗强多次深入施工现场，与施工人员同甘共苦并肩战斗，他几乎每天都下到各个施工点上，抓措施，抓质量，抓进度，一旦发现有不合规范和程序的问题，就立即叫停并指挥迅速整改。如某施工队存在偷工减料的问题，接到群众举报后，康宗强第一时间来到现场，检查施工材料如线径截面积、水泥标号、钢筋用量等，与施工方比对施工图纸，发现问题首先进行严肃处理，从各个环节整改与纠正后，组织当地政府和村委会组建监察小组，赋予他们监督的职权，负责后期工程保质保量完成，并立即重新着手按标准施工；再如某施工队存在不按规范要求操作的问题，康宗强获悉情况后，迅速深入操作工地和作业点，与施工人员促膝长谈，耐心地做好沟通交流和细致的解释工作，要求现场施工高、低电压设备及线路，应按照施工设计有关电气安全技术规程安装和架设；又如2019年国庆期间，是紫阳县冲刺脱贫攻坚的最后关键时期，为确保移民搬迁安置点的电力基础设施建设按时完成，康宗强和同事整天巡回在各个施工工地上，督促检查施工进度。在蒿坪镇一个移民搬迁安置点施工现场，他发现建设规划中的线路与实际设计不符，马上让暂停施工并联系该项目负责人。在了解到是施工人员私自变更规划线路后，他立即安排返工，按照原先设计进行重新建设。

年初县委县政府安排给电力公司567户的移民搬迁分散安置用户通电工程，要求必须在9月底全部实施完成。可随着精准识别的开展，这个数字却不断递增，不久便增加到2127户。至6月底，又增加到3223户。从567户到3223户，这可不是简单的数字增长变化，其背后是工作量和任务难度的成倍增加，康宗强感到压力巨大。首先遇到是的立项难题，电力项目的立项审批、设计的权限在省、市公司，用户的不断增加、变化，更加增加了立项难度。为早日开工，他只能一次次往返西安和安康，不断向上级部门反映，要项目要资金。县供电分公司副经理胡晓华讲："光是解决立项问题，康宗强起码跑了5次西安、10趟安康"。其次，由于新增用户的不确定性和分散性，导致工程施工难度增大。反复施工的情况时有发生，有时工队都撤走了，又不得不为新增加用户重新折返施工，无形之中增加了项目以外的成本。

向阳镇院村交通极为不便，刚开始只报了30多户通电工程。他现场勘查施工方案、编制了可行报告、预算等资料，督促施工队没到半个月就完工验收投运。结果没过2天，该村又增加了20多户，他只能又来设计方案，协调施工队伍再次返场，没想到到了施工环节，又遇到老百姓阻工，他又再次去村里处理，就这样来来回回，一共跑了七八趟才彻底完成任务。有一次，在实施红椿镇纪家沟村户表工程时，康宗强发现有一户住的特别偏远，电表位置距离房屋有1000多米，按照技术规范，电表出线应由用户自己架设维护，但该户没能力解决。如果错过这次机会，这户人将需要付出更多的艰辛才能通电。最后康宗强利用退下来的旧导线作为电表出线，厚着脸皮与施工方协调施工问题，才请他们折返为这家人安装出线架通了电。康宗强说，像这样厚着脸皮求人的事，在精准扶贫的这几年，他经常会遇到。毛坝镇竹山村地处紫阳东南部，山大沟深，电网薄弱。2019年6月，康宗强了解到情况后，一方面与当地政府协调，一方面安排2个施工队同时抢抓工期，天天督促施工进度，终于在8月底完成了电力保障任务。蒿坪镇小茨沟安置点电力配套项目的落实，他亲临现场把施工进度、责任细化到每一天、每一个人。通过20多天的努力，该安置点于9月18号14点52分供电，提前7天完成了上级部门下达的任务。

康宗强扎根电网建设第一线，不论是从事专责岗位工作，还是作为基建部门的一名管理人员，不管有多苦、压力有多大，他始终任劳任怨、默默无闻的奉献，勤勤恳恳的坚守。他不畏艰苦，足迹踏遍紫阳县的山山水水，把人生的支点立于电网建设发展之中，让生命的浪花不断激昂翻腾、奔涌向前，在点亮城乡万家灯火的同时，也照亮了自己的绚丽人生。（黄福海）

第十篇
金融扶贫

综 述

强化金融支撑　助力脱贫攻坚

紫阳县高度重视金融服务在脱贫攻坚中的作用，充分发挥银行信贷职能，全面助力脱贫攻坚，为打赢脱贫攻坚战提供了有力的资金保障。

统一部署　协调联动

紫阳县成立了金融联合运作协调领导小组，由县委、县政府分管领导任组长，县金融办、人民银行、发改局、财政局、扶贫局等部门和县内金融机构为成员，形成以地方领导机关主导、金融机构参与、相关部门联动的运行机制，使职责不同的8家银行形成合力，最大限度地调动各家银行的积极性，参与脱贫攻坚。

2016年，安康市被国家确定为"政策性金融扶贫试验示范区"和"金融精准扶贫示范区"，紫阳县适时提出创建"金融精准扶贫示范县"。2017年，县政府制定《紫阳县金融支持服务脱贫攻坚工作实施方案》，从指导思想、总体目标、基本原则、主要措施、政策机制保障等方面提出要求，依照该方案，本县金融信贷扶贫工作，主要由县金融办、人行紫阳支行为牵头单位，协调其他部门实施信贷扶贫工作；立足金融机构服务功能和市场定位，完善"三农"普惠金融组织体系，有效发挥政策性金融和商业性金融互补作用；人行紫阳支行拟定《紫阳县金融信贷助推脱贫攻坚三年行动方案》，并会同县金融办代政府起草《关于建立脱贫攻坚金融服务工作联动机制的通知》，推动全县信贷扶贫健康和有效进行。在具体工作中，又制定在脱贫攻坚中关于信贷投入机制、扶贫贷款担保、信贷扶贫资金风险补偿、金融扶贫考核办法、金融扶贫舆论引导等办法，保证了金融扶贫工作的规范、有序运行。县政府制定《金融精准扶贫政策效果评估方案》《紫阳县金融扶贫"四项制度"的通知》等文件，保证金融扶贫健康和持续进展。人行紫阳支行主动联系对接上级银监部门，推行和落实扶贫信贷尽职免责制度，对扶贫攻坚期紫阳县金融信贷机构不良贷款率容忍度提高1个百分点，提高金融信贷机构呆坏账核销率，促进信贷资金有效、顺畅地进入扶贫领域。至2019年末，紫阳县各金融机构共发放各类扶贫贷款和与扶贫有关的贷款达36.54亿元，有力地推动了全县脱贫攻坚的进展。

抓住重点　精准发力

紫阳县金融扶贫始终抓住扶贫互助资金和小额信贷扶贫资金这2个重点，精准发力，攻击关键，力争用最短的时间取得最大的效益。

紫阳县把互助资金作为破解群众融资难问题与推进精准扶贫为重要抓手，统筹财政扶贫资金、涉农整合资金、财政支农存量资金用于互助合作资金，推动互作资金的运用。互助资金的平台是农村互助资金协会，紫阳县首先在贫困村、组协助组织互助资金合作社的建立和发展，2017年以来，全县先后成立176个互助资金协会，实现县域内行政村互助资金组织全覆盖。截至2020年10月末，全县互助资金协会共有会员27963户，其中建档立卡贫困户25331户，占比90.6%，有非贫困户会员2627户，共收取会费356.3万元，聚集社会各类资金总额达到11466.8万元。累计发放互助资金借款24849笔19848.5万元，会员借款覆盖率达到88.9%，其中建档立卡贫困户借款21169笔14572.5万元，占比85.2%。互助资金的注入和运用，极大地缓解了贫困户日常生产和生活的资金缺口。

紫阳县用很大的精力组织农村小额信贷扶贫工作，县政府根据相关政策，确定以县农商行为龙头，以县农业银行、县邮储银行为补充开展小额信贷扶贫。县脱贫攻坚指挥部制定《紫阳县扶贫小额信贷工作实施方案》《关于进一步加强扶贫小额信贷工作意见的通知》等文件，保证小额贷款发放的健康和顺利开展。县政府与相关银行达到合作协定，用财政资金4820万元作为扶贫小额信贷风险保证金，以1∶10的数额比例放大用于小额贷款，增强银行的资金存量，提高银行放款的积极性。小额信贷主要围绕产业发展进行，按照"5321"的形式进行发放，从贫困识别阶段就开始进行，相关银行与全县175个行政村签订了"联动"信贷扶贫业务合作协议，深入村组，摸清农情、村情、户情，做到贷前调查核实，贷后监管等工作，贷款对象、贷款用途明确。小额贷款主要面向贫困户，对建档立卡在信息系统内的贫困户每户最高可发放5万元贷款，免质押，免担保，免抵押，全额财政贴息，根据贫困户的资金需要进行合理资金匹配，手续简单，发放时间短，解决了贫困户贷款难、手续繁的问题，深受贫困户欢迎。至2020年10月末，全县累计发放小额信贷借款15456笔64265.4万元，其中农商银行累计发放借款19598笔62516.4万元，邮储银行累计发放借款153笔696万元，农业银行累计发放借款285笔1053万元，建档立卡贫困户贷款覆盖率达46.7%。

各显特色　争做贡献

在县委、县政府领导下，各金融机构立足自身职能，充分发挥各自优势，拼尽全力，奋勇争先，投入脱贫攻坚主战场，相继推出"紫阳富硒茶叶贷""金融联手电商扶贫""就业创业贷"等信贷扶贫产品，成功打造"金融+电商+扶贫""金融与部门协作扶贫""金融扶植新社区工厂""双基联动""金融+社区工厂+贫困户""支部+X+贫困户+金融"等一系列扶贫新模式，受到上级机构的肯定。

中国人民银行紫阳县支行根据本县金融系统实际，制定《紫阳县金融信贷助推脱贫攻坚三年行动方案》《信贷精准扶贫政策效果评估方案》《紫阳县信贷扶贫"四项制度"的通知》等指导性文件，为全县银行机构开展信贷扶贫提供政策支持。协助建立县金融办、扶贫、财政、人社、农业及各银行机构为成员单位的金融扶贫工作联席会议制度，为金融扶贫工作搭建信息沟通交流平台。主动联系对接上级银监部门，推行和落实扶贫信贷尽职免责制度，对扶贫攻坚期紫阳县金融信贷机构不良贷款率容忍度提高1个百分点。积极向上争取人行再贷款，向紫阳提供信贷资金保障，至2019年，累计向紫阳农商银行发放扶贫再贷款5笔9亿元。

紫阳县农商银行，以小额信贷为主要内容实施精准扶贫，与全县175个行政村"两委"签订"双基联动"信贷扶贫业务合作协议，累计向82个贫困村，27185个贫困户授信扶贫贷款73013万元。创新"移民搬迁贷"，为已纳入地方政府移民避险搬迁地灾的隐患户、洪灾威胁户和特困户，提供移民搬迁安置扶贫所发放的贷款，至2019年末，发放移民搬迁安置贷款5563万元。注重涉农企业的信贷支持，至2019年末，涉农贷款余额为23.93亿元，占全部贷款余额的88%。

中国农业银行紫阳县支行，2017—2019年，累计投放精准扶贫贷款2452万元，精准扶贫贷款余额9723余万元；累计投放小额信贷共计256户，扶贫贷款共计931万元；每年"惠农e贷"投放量都在3000万元左右。对直接带动扶贫效果好的农业化龙头企业、小微企业提供重点信贷支持，已累计投入贷款总额1000万元左右。

中国工商银行紫阳县支行，着力解决小微企业融资难、融资贵问题，减少办理网贷通业务费，减免网贷通承诺费，减少抵押物评估费，减免办理不动产抵押登记费，减少抵押登记手续费等。按照"公司+基地+农户"的经营模式，为紫阳焕古秦巴山富硒茶业提供贷款300多万元，为陕西省紫阳县秦巴山富硒茶业有限公司提供贷款300万元，解决企业生产旺季的资金短缺问题。

中国农业发展银行，积极融资增强金融信贷扶贫能力，2017年，上级下达紫阳县易地扶贫搬迁资金专户、专款、专用，指定由紫阳农发行代管代放，账目资金及利息共计9.36亿元，至2019年，共支付易地搬迁扶贫信贷资金9.2亿元，用于我县17个镇建档立卡贫困户搬迁建房补助、集中安置区基础建设和公共服务设施建设。2017年争取省农发行统贷农村扶贫公路建设贷款529万元拨入紫阳县交通局，主要用于我县7处公路、桥梁工程建设。

中国邮政储蓄银行紫阳县支行，对紫阳茶叶企业产业链实施扶持，创新推出"金融+龙头企业+产业大户+贫困户"模式，至2019年，产业扶贫贷款投放9213万元，累计发放创业担保贷款742万元，其中发放给建档立卡贫困户的创业扶贫贷款300余万元，投放小微茶叶企业贷款达6000余万元。

紫阳省长安银行紫阳县支行，以小微企业金融帮扶为主带动贫困户脱贫，重点扶持陕西省紫阳县紫诚旅游开发有限公司、陕西省紫阳县开源富硒科技发展有限公司、陕西省紫阳县天赐茶业有限公司3家中小微企业，分别为紫诚公司累计投放贷款3000万元；为开源公司累计投放贷款3000万元；为天赐公司累计投放贷款1400万元。

中国建设银行紫阳县支行，因应脱贫攻坚而重返紫阳县，2019年下半年挂牌成立,快速投入到紫阳脱贫攻坚工作,2019年,为紫阳蒿坪工业园区授信1.5亿元,已投放扶贫信贷资金3笔共计8550万元;为紫阳3家茶叶企业累计发放了"惠农富硒贷款"共计1000万元;扶持紫阳县辖区5户新社区工厂,给予投放信贷扶贫生产贷款910万元。(栾成珠)

讲 述

驾好两套造血的"马车"

讲述人：曾　军　时任紫阳县脱贫办副主任

2017年，我从双桥镇纪监委书记岗位上调到县脱贫办任副主任。2018年5月，由我分管金融扶贫中的扶贫小额信贷和扶贫互助资金项目。

我在镇上工作时，对这项工作有所接触。但站在全县的层面上，如何抓好这项工作，则是一个新课题，我的压力非常大。我们首先做了2件最基本、也是最关键的事情。一是学习和掌握金融扶贫相关政策。这2个项目，是金融扶贫中的重要组成部分，是国家政策性扶贫资金的垫本贴息投放手段。二是着眼民情，研判行之有效的资金投放和资金管理方法。对我们紫阳这样一个深度贫困县来说，融资扶贫手段是非常适合的。但问题的关键是输了血，能不能发挥造血的作用；造了血，能否如数返回成本，达到循环使用、滚动发展，取得更大效益？

自2017年以来，面对建档立卡40329户133057个贫困人口如期脱贫出列的艰巨任务，县委、县政府运用金融扶贫政策，拓宽财政资金使用方式，加大资金投入力度，发挥"金融撬动"作用，推进全县脱贫攻坚工作进程。我们在这样一个背景下，认真总结前几年金融扶贫工作经验，制定新的金融扶贫运行管理模式，取得显而易见的效果。至2019年底，在176个村共注入互助扶贫资金1.111亿元；投放扶贫小额贴息信贷7989万元，助推全县脱贫退出贫困村116个、贫困户19745户57422人，剩余贫困人口为1989户3836人。贫困发生率由20.46%降至1.27%，已全面完成年度减贫任务。

我们是像驾马车一样，把稳着实地抓扶贫互助资金和扶贫小额贴息信贷资金投放、使用管理，否则也不会取得既壮大集体经济实力，又为贫困户注入了脱贫的强大活力的成效。实现"互助资金组织覆盖率、财政注入资本金、会员借款覆盖率、累计借款投放"等多个全市"第一"，为兄弟县区互助资金组织运行和管理提供"紫阳经验"。

扶贫互助资金是每个村集体经济的资本。我们的做法是，既要按政策注入，又要鼓励人们使用。我们在各镇先确立一个试点村起引路作用，再在推广中印发政策简明问答，在运行中实行"星级授信额度"。2017年以来，我县先后成立176个互助资金协会，在全市率先实现县域内行政村互助资金组织全覆盖。经过2年的持续发展，这些互助资金组织不断壮大，在户脱贫、村出列过程中发挥出金融扶贫的"造血"功能，为整县脱贫退出打下了坚实基础。截至2019年10月底，全县互助资金协会共有会员27547户，其中建档立卡贫困户24890户，占比90.35%；共收取会费361.81万元，资金总额达到11471.81万元；累计发放互助资金借款18615笔17259.4万元（当年新增5947笔5787万元），会员借款覆盖率达到67.57%，其中建档立卡贫困户借款15810笔14572.5万元，分别占比84.93%、84.43%；应收账款为7274.36万元，资金使用率为63.41%；累计回收借款本金9985万元、占用费732.69万元。按照贫困户互助资金借款"先收后贴、应贴尽贴"原则，已累计对7610户贫困户兑付借款占用费补贴419.38万元。我们用这笔资金发挥了3个撬动作用：

一是壮大了农村集体经济实力。在之前的很长一段时间里，我县不少村集体经济的规模出现从大到小，有的村甚至已经没有集体经济的状况。为充分体现社会主义优越性，共享改革开放经济发展红利，破解农村低收入群体的收入难问题，从2017年起，省脱贫攻坚领导小组将"有集体经济"列入贫困村出列和巩固提升的硬性指标。从我县县情出发，在贫困村建立扶贫互助资金组织，是达到这一指标最快捷途径。按照扶贫互助资金的性质，这些资金（除会费以外）都归村集体所有，村民入会成为会员后就享有相关章程规定的权利。随着133个贫困村集体经济股份制合作社的陆续成立，我县所有贫困村都拥有了集体经济，为脱贫退出后的巩固提升和乡村振兴战略奠定了坚实基础。

二是解决了贫困户发展短期资金需求。为发挥互助资金的扶贫效益，我县互助资金借款发放一律由驻村工作队会议研判，借款无需担保和抵押，程序简单获得资金速度快。这些"农户家门口银行"的建成，方便了农户不出村就能办完借还款流程，解决了贫困户在发展中短期资金周转困难的问题。根据实地调研和系统监测显示，互助资金借款的主要用途为种植业、养殖业和商品流通业。我县农民的主要收入仍然是以劳务输出为主，农村精壮劳动力大多外出务工，留在家里的主要是老人和妇女。这些原本难以实现创收的劳动力，通过互助资金的扶持，发展种养殖业等，已经成为贫困户家庭年度增收不可或缺组成部分。

三是有效创新财政资金使用办法。将财政扶贫资金注入到各村互助资金协会，用于支持贫困户产业发展或其他增收项目，这种方式可谓"一举多得"。一奖勤罚懒，对于不自力更生、自主发展产业的贫困户，就无法获得资金支持和借款贴息，对少数存在"等靠要"思想的贫困户是一种鞭策。二使村民自主管理能力得到提升。互助资金协会组建和运行都强调"民有、民享、民管、民用"的原则，无论是协会管理人员的选举产生，还是借款发放和运行情况公示公开，都由会员参与并主动接受监督，体现了村民当家做主的民主制度优势，让广大村民有了一定的集体归属感。三能够实现财政资金保值。互助资金属于村集体经济，归全体村民所有，加入协会成为会员才有资金使用权。它不同于奖补资金，贫困户在协会的借款到期后必须归还，通过资金周转循环使用，资金总额始终保持不变。

扶贫小额信贷是与扶贫互助资金项目并行的另一辆马车。它以十分便捷的信贷方式和额度，补充贫困户产业发展的资金需求，而且是由政府贴息的融资扶贫项目，是用"守信"防控风险，获取资金扶持的融资扶贫方式。在这方面，县政府根据相关政策，确定以县农商行为龙头，以县邮储银行、县农业银行为补充，达成合作协定，开展扶贫小额信贷业务，而且信贷力度越来越大。

截至2019年10月底，全县新增扶贫小额信贷借款业务1996笔7989万元。其中农商银行新增1950笔7804万元、邮储银行新增9笔37万元、农业银行新增37笔148万元，已完成年度新增投放5000万目标。已累计贴息3920.21万元，并向3家合作银行注入风险补偿金4820万元，其中紫阳农商银行4620万元、邮储银行紫阳支行100万元、农业银行紫阳支行100万元。自2015年以来，全县已累计投放借款12237笔51666.4万元，其中农商银行累计投放借款11857笔50150.4万元、邮储银行累计投放借款147笔675万元、农业银行累计投放借款233笔841万元。建档立卡贫困户贷款覆盖率已达到42.2%。

扶贫小额信贷业务的运行，同样发挥了3大作用：

一是有效缓解了贫困户贷款难题。为解决广大贫困户借款难、借款程序繁杂的问题，我县先后印发了《紫阳县扶贫小额信贷工作实施方案》（紫脱办发〔2016〕1号）和《关于进一步加强扶贫小额信贷工作意见的通知》（紫脱办发〔2017〕130号）文件，对扶贫小额信贷"5321"政策进行了明确规定。截至2019年10月底，县财政已累计注入扶贫小额信贷风险保证金4820万元，按照1∶10倍率放大原则，可撬动近5亿余元的扶贫小额贷款。通过督查组入户走访和借款总体投放情况看来，各合作金融机构能够执行"免质押、免担保"政策，对县扶贫局审核移交的借款进行投放。目前，贫困户的有效信贷需求能够满足，贫困户脱贫增收项目发展借款融资难的问题已得到解决。

二是支持了全县特色产业的发展。近几年来，全县小额信贷的大幅度增加，有力支持了全县农村特色产业的发展，成了贫困户增收的主要措施。按照入户走访和借款审核投放情况，现阶段我县扶贫小额信贷的用途主要为种养殖业、服务业和小型加工业。经过小额信贷的扶持，一大批县域特色主导产业得到了发展壮大，成了贫困户拿得出、叫得响的"致富经"。如富硒茶、花椒、柑橘、魔芋、养猪、养羊、林下养鸡等种养殖业，特别是足浴业，已经成了不少贫困户增收致富的好渠道。

三是切实减轻了贫困户的利息负担。按照"5321"政策中的贴息规定，贫困户扶贫小额贷款可以享受"最长3年、不高于基准利率"全额贴息，这一政策的利好得到了广大贫困户的称赞。当前全县扶贫小额信贷累计余额已达12237笔51666.4万元，按照合作金融机构一般支农贷款年利率8.5%计算，贫困户户均年利息约3500元。"5321"政策贴息规定的落实，3年下来也就是减轻了借款贫困户近1万余元的利息负担。

通过这几年分管扶贫互助资金和扶贫小额信贷工作，我有3点感受：第一，要设身处地地站在农民的角度上，去想我们国家干部担当的每一项工作，怎样与人民群众的实惠相切合。第二，要善于深入群众，在调查研究中，用正能量教育引导农民激发内生动力。第三，基于我们的县情、民情，在后扶贫时代仍然需要推动我县扶贫小额信贷和互助资金项目持续健康发展，为贫困户脱贫增收和成效巩固提升，继续发挥这两驾马车的作用。（整理人：方万华）

依托金融力量精准扶贫

讲述人：李 智 时任人民银行紫阳县支行行长

我是2018年10月底到人民银行紫阳支行任副行长主持工作的，2019年12月任党组书记、行长。来紫阳之前，我在人行安康中支工作，是中支最早的扶贫攻坚驻村干部，对扶贫攻坚的政策、方法有了一定的了解，也做好了打硬仗的思想准备，结果来到紫阳以后，还是被紫阳县脱贫攻坚面临的艰巨任务和挑战"吓了一跳"，但是更多的还是被县委、县政府迎难而上、攻坚克难的顽强意志和坚定决心所感召，被全县上下广大干部职工的扎实作风、一往无前的劲头所感染。于是我想的是，无论是整个银行信贷系统，还是人行紫阳支行，我都全力以赴，全身心投入，定不负希望，完成任务。

由于银行机构多，紫阳县的信贷扶贫工作，必须要有一个召集、协调和指挥的单位。由于人民银行的工作性质和既有联系，就以中国人民银行紫阳县支行为主导，联合各家银行，发挥各家银行的优势，优化信贷结构，增加信贷资金投放，精准对接脱贫攻坚融资需求，提高金融信贷服务水平。人行紫阳支行根据本县金融系统实际，制定《紫阳县金融信贷助推脱贫攻坚三年行动方案》，以此推动全县信贷扶贫工作的开展。我们以安康市被国家确定为"政策性金融扶贫试验示范区"和"金融精准扶贫示范区"为契机，先后出台《信贷精准扶贫政策效果评估方案》《紫阳县信贷扶贫"四项制度"的通知》等多项信贷扶贫政策指导性文件，为全县银行机构开展信贷扶贫提供政策支持，引导金融部门大胆创新金融扶贫模式，实施金融信贷扶贫灵活措施，助力全县脱贫攻坚进程步伐加快向好发展。

在县脱贫攻坚指挥部统一领导下，我们牵头成立紫阳县金融系统扶贫领导小组，协助建立县金融办、人行、扶贫、财政、人社、农业以及各银行机构为成员单位的金融扶贫工作联席会议制度，为金融扶贫工作搭建信息沟通交流平台，协调解决金融扶贫工作中出现的各类问题。根据国务院扶贫办、财政部、中国人民银行、银保监会印发的《关于创新发展扶贫小额信贷的指导意见》《关于金融助推脱贫攻坚的实施意见》《关于创新发展扶贫小额信贷健康发展的通知》等文件精神，结合紫阳实际细化措施，保障金融扶贫发挥助力作用。

紫阳各银行机构积极落实安康市"865"金融精准扶贫工程，即"开发8项信贷产品、6项扶贫金融服务、5项金融工作机制"，用活扶贫再贷款，向脱贫攻坚的新型农业经营主体和建档立卡贫困户倾斜，谋划"金融精准扶贫示范县"建设。至2019年，人行紫阳支行累计向紫阳农商银行发放扶贫再贷款5笔9亿元，壮大了县内银行的扶贫资金实力。紫阳农商银行利用人民银行再贷款，对全县在册建档立卡贫困户1.2万余户发放了"5321"扶贫小额信贷资金，扶贫再贷款运用率达到100%。

　　除组织和协调全县的银行机构信贷扶贫工作外，我们支行还负有驻村扶贫工作任务。我一到紫阳任职，首先和班子成员交流的就是扶贫和帮扶工作，我还专门安排时间听取驻村第一书记的详细汇报，先有了一个整体的印象。那时刚好是年末，工作任务非常繁重，经过协调，在11月14日，我们邀请高滩镇镇长肖孝建、双柳村原党支部书记范德发及原村主任姜太松、原村文书何忠毅来到我支行，共同商讨扶贫帮扶工作。会上，村"两委"介绍扶贫工作成效、存在的问题以及对帮扶部门的工作诉求。双柳村扶贫最主要问题是村里没有支柱产业、没有专业合作社，贫困户无法立足当地实现长期增产增收。这个问题，在我来之前，支行已经做了一些前期准备工作，与村里的领导商量初步确定发展茶叶和蜂蜜产业，大家都认为茶叶产业是他们的老本行，前期投入比较小，把老茶园、老茶厂收拾一下就可以投产；养蜂他们也是认可的，觉得是个见效快、效益好、成本低的绿色产业。但是，由于没有经验，心里没底，一直定不下来，成立合作社的事情也悬而未决。我带着班子深入双柳村，跟村"两委"、我行驻村第一书记晁吉祥进行深入调研，经过探讨，行里决定给予3万元扶贫专项资金到双柳村专业合作社，作为该村特色扶贫产业发展启动资金。"真金白银"一到，立马提振了他们发展产业的信心。11月26日，紫阳县姜太松种养殖农民专业合作社正式成立，标志支行包联村产业扶贫工作进入新的发展阶段。截至目前，双柳村新建整合茶园面积20公顷（300亩），完成新增蜂桶100桶，相关产业参与贫困户年人均增收1000多元，初步实现以产业促发展、以集体经济带扶贫的初衷。这算是我在紫阳履职扶贫路上第一个小成果。

　　2019年6月13日，紫阳县委、县政府明确通知从6月15日到9月30日，全县各级领导干部暂停公休假、节假日。其实入职紫阳后，周末加班基本上成为我的工作常态。参加会议，或者是在赶往双柳村扶贫的路上，是我周末的主要度过方式。对于住在汉滨的妻子和2个儿子，我心里是有亏欠的，孩子一个8岁，一个2岁，正是需要大人仔细照看的时候，我却常常缺位。2019年5月2日，在他们看来是期盼已久的五一小长假，对于我来说却是又一个进村入户的日子，因为没办法回家，妻子就带着孩子从安康来到紫阳陪我，但当时也没办法待在单位，必须要到村上去，所以我决定自己开车带着他们三一起去扶贫。当我告诉他们，要去看的王阳华叔叔家也有跟他们差不多大的小朋友的时候，他们给新朋友准备了很多零食。一路驾车到村委会，再开始步行跋山涉水，孩子的新鲜感渐渐冷却，看到叔叔黑漆漆的家时，大儿子开始变得沉默不再多说话。回来路上，大儿子问，"爸爸，叔叔阿姨的孩子每天都要走这么多路吗？"我说，"是啊，他们得走那么远去上学。"大儿子说，"那一定很辛苦吧，爸爸每次扶贫这样走路也很辛苦吧。"

　　事非经过不知难。回首1年多的扶贫历程，在支行党组的鼎力支持下，在全体干部职工的积极配合下，我们端正心态、保持状态，沉着应对了扶贫帮扶任务重、人员短缺、中央巡视"回头看"和国扶办成效考核等多重考验，统筹做好精准扶贫、新民风建设，真正以实干、实绩、实效回应群众关切，在紫阳县顺利实现脱贫摘帽这一页历史上留下了我们紫阳支行的血汗印记，我们无怨无悔。（整理人：黄福海）

创新信贷模式助推脱贫攻坚

讲述人：付益民　时任紫阳县农商银行董事长

信贷精准扶贫面对的是广大农村贫困户，而我们农村商业银行是"农村信贷"最前沿的金融机构。紫阳县农村商业银行下设总行营业部1个和支行机构13个以及9个分理处，遍布全县各个乡镇，共计23个营业网点布满城乡各个角落，与农业生产和农民生活息息相关。我行有职业员工229人，仅在农村一线的职员就达176人以上，为支农、助农、扶贫奠定了强劲的组织机制和人力资源基础。作为紫阳农商银行第一责任人和本行扶贫攻坚领导小组组长，我始终认为扶持好"三农"是我们农商银行的第一要务，做好信贷精准扶贫是我们农商行最大的职责，帮扶贫困户发展经济，是我们农商行必须担负起的重任。

一直以来，我们积极探索和创建"紫阳金融扶贫新模式"，在中央、省、市农商银行金融信贷政策原则框架下，大胆创新，找准信贷扶贫新路子，推动农村产业化发展与金融资源紧密结合、协调发展、把信贷扶贫资金用在点子上、用在真正能增加农民收入上。力争在"金融扶贫示范县"创建中，做出成绩、做出榜样。我们的信贷员深入农村、深入贫困户、深入产业企业，大胆创新，推出系列行之有效的金融信贷扶贫产品，这些信贷产品主要是：

"扶贫贷"——主动为贫困户发展生产排忧解难。界岭镇小河村村民王某想发展建核桃园产业，但苦于缺乏启动资金，家里也没有什么值钱的东西做抵押贷款，正当一筹莫展想要放弃建园想法时，我们的一线信贷员了解到该户属于建档立卡贫困户，就主动和王某联系，上门服务，考察产业项目可行性后，快速审批贷款，王某很快得到3万元信贷扶贫小额贷款。现在他占地0.2公顷（3亩）的核桃产业园已初见规模，核桃树长势喜人。

"创业贷"——激励返乡农民工和返乡大学生青年就业创业，发展自我、发展家乡。高滩镇街道青年钟某，从安康职业技术学院毕业，决定自主创业在集镇上开一家快餐饮食店，但刚毕业回家一时半会凑不出那么多开店的钱。我们的扶贫信贷员了解情况后，主动协助其与县人社部门进行沟通对接，协助办理小额贷款担保等相关手续，很快得到两年期的创业贴息贷款5万元。这笔贷款对于这种初次创业的年轻人来说真的是及时雨，也凸显"大众创业，万众创新"就业扶贫信贷融资的扶持效果。

"移民搬迁贷"——我们农商银行积极配合政府移民搬迁配套政策落实,印发《陕西紫阳农村商业银行股份有限公司金融扶贫移民搬迁安置贷款管理办法》,助力政府移民搬迁工程。一直以来,我们农商行把陕南大移民搬迁和城镇保障性安居工程列为金融信贷扶贫的重中之重,主要为已纳入地方政府移民避险搬迁地灾的隐患户、洪灾威胁户和特困户,提供移民搬迁安置扶贫所发放的贷款,每户3万元以内,贷款期限3年以内,借款方式为信用或担保的移民搬迁贷款,至2019年末,已发放移民搬迁安置贷款5563万元,帮助2000多户贫困户实现了"土房变楼房,山里进城里"的乔迁之梦。如焕古镇松河村贫困户聂某某,家里土房子年久失修已经无法居住,他在农商行申请到移民搬迁扶贫贷款3万元,加上自筹资金几万元,在本村安置点购买了一套130平方米的房子,改善了居住环境。

"茶叶贷"——结合紫阳农业产业实际,我们围绕产业发展需求,因地制宜进行金融信贷支持。茶叶是紫阳县的主导产业,而焕古茶更是全县有名的产茶区。为支持这个镇的茶产业发展,我行不仅为个体茶农提供季节性周转资金生产贷款,还帮助种茶大户开办茶叶加工厂。东河村村民金某在我行支持下,融资15万元贷款建成茶叶加工厂,吸纳同村贫困户家里的10多个劳动力进场务工,推动农产品加工小微企业的发展。同时,我们还注重用金融信贷的手段,扶持专业合作社、企业集团公司、龙头企业发展,使其带动贫困户增加收入脱贫致富。如扶持的松溪茶叶专业合作社、秦巴山富硒茶叶有限公司等有带动力的龙头企业,给予金融信贷资金倾斜,这些企业的快速发展,带动全镇500多户贫困户在茶叶产业脱贫致富。我们扶贫实践中创新"农商行+合作社+龙头企业+贫困户"的扶贫模式。在我行产业金融信贷扶贫的有力支撑下,该镇茶园面积发展到约1133.33公顷(1.7万亩),年产茶574余吨,茶叶产值突破亿元大关,带动了贫困户发展茶叶产业1000户以上。

"电商贷"——我县是全省仅有的2个"电商扶贫"试点县之一,我们以此为契机加大项目信贷对接,参与县政府电子商务平台搭建工作,大胆创新信贷担保模式,出台《紫阳农商银行"电商贷"小额担保贷款管理办法》。我行与紫阳县电商协会进行磋商,成功签订合作协议。由电商协会在县农商银行设立担保基金,向全县电商小微企业提供信贷资金保障。这种"银商"联手合作方式,拓宽金融信贷市场化的新局面。我们农商银行已与本县123家电商业主建立业务合作关系。除此之外,我们充分发挥我省农信系统的网络科技优势,依托利农商城、微信商城等"互联网+金融新服务"模式,拓展扶贫渠道,把当地农副产品,通过信合网络平台推介出去,解决销售难的问题。如蒿坪镇黄金村村民李某,在金融知识宣传普及中了解到电商,在家干起了电子商务。我行主动给予李某10万元信贷资金扶持、提供互联网支付平台的支持。现如今李某的电商生意红红火火,农户生产的土特产品的销路问题得到了解决。这种多方面的"三农"服务信贷支持,既激活地方经济,又促进金融信贷的发展,更重要的是实现了贫困户脱贫致富,形成多方共赢共享的良好局面。

当然,我更注重扶贫信贷模式上的创新,注重涉农企业的信贷支持,至2019年末,我行涉农贷款余额为23.93亿元,占全部贷款余额的88%。积极对接新型农业主体、农村电商、富硒产业、乡村旅游等新产业新业态，实施精准扶贫。建立纳税前100强企业21户，这些企业在我行有存量贷款，余额为2.06亿元；建立专业合作社名录库60户，已发放贷款150万元；建立涉农龙头带动企业10个，投放贷款余额4600万元；建立职业农民72户，发放贷款金额1100万元；建立特色优质产业89户，发放贷款金额1258万元。这些涉农贷款资金的投放，对支持"三农"发展，加快脱贫攻坚步伐起到推动作用。

倾力支持小微企业发展，着力解决企业的金融需求。至2019年末，我行累计投放小微企业贷款17亿元，支持辐射面达90%以上，起到信贷推动企业发展，带动贫困户脱贫致富的作用。

聚焦主导产业和支柱产业加强信贷资金扶持力度。紫阳茶是农村的主导产业，采取"茶农、茶商、茶厂"一条龙信贷方式，专推"茶叶贷"信贷业务品种，以最短的时间将信贷资金注入茶叶生产中去发挥边际效用。至2019年末，累计发放"茶叶贷"2.3亿元。"洗脚修脚"是紫阳农民工创业就业的支柱产业，依托"郑远元"修脚品牌效应，创立"创足贷"贷款产品。至2019年末，累计发放洗脚足疗信贷资金1.1亿元，带动了千家万户贫困户和农民工走上了致富道路。

用活政策扎实管好小额信贷扶贫贷款，在小额信贷精准扶贫中求创新求突破。按照县扶贫攻坚指挥部金融扶贫工作安排，我们农商银行负责全县15个镇的扶贫小额贷款发放，15个镇共有贫困户40359户，累计评级授信户为27185户，授信总额78013万元。至2019年末，对建档立卡贫困户累计投放"5321"小额信贷12186笔，贷款总金额51375.5万元，存量扶贫小额贷款9325笔余额38773.38万元。占全县扶贫小额贷款发放总量的97%以上。这些资金的注入，为贫困户发展生产增加收入奠定了基础。

全力推助贫困户脱贫，在小额信贷扶贫工作中，我行严格按照"5321"扶贫小额信贷政策要点，认真执行，积极推进，确保建档立卡贫困户信贷需求"应贷尽贷"，确保扶贫贷款用途精准，不断加大服务支持"三农"发展力度，以金融信贷扶贫为广大贫困户发展产业生产，增加家庭经济收入提供小额信贷生产融资保障。

打造金融信贷扶贫联动"紫阳新模式"，助推扶贫攻坚协同发展。以谋划信贷创新，助扶贫攻坚开启新局面。推出独具特色的金融信贷扶贫联动的紫阳"农商行金融扶贫模式"，以此盘活金融信贷资源，有效解决扶贫融资需求，打造现代金融扶贫力助脱贫攻坚升级版。

依托搬迁社区办工厂，促就业促增收，创优"新社区工厂+金融扶贫"模式。我们农商银行率先融入社区工厂，拿出配套信贷资金，支持新社区工厂基础建设和企业运行发展，与苏陕建立协作机制融合信贷扶贫支持，促动新社区工厂发展。全县已建立60家社区工厂，覆盖率达70%的安置社区，安排贫困就业人员3000余名，人均月收入在2000元以上，实现"搬得出、稳得住、能致富"的目标。

我们与电商办联手，引入财政资金，共创"电商网营+金融扶贫"模式。通过与京东、淘宝、陕西供销"网络大咖"签订合作协议，建立紫阳县富硒特色产品集中网销渠道。至 2019 年，建立 3 个县级电子商务中心、13 个乡镇级电商服务站、138 个村级电商服务点，培育 9 个电商扶贫龙头企业。累计实现线上交易超过 11 亿元，累计带动 3387 户贫困户增收，户均近 1000 元左右。

协同财政、人劳、金融部门打造"财政支持＋创业就业＋金融扶持"模式。我们农商行、县储蓄银行密切合作，设立创业就业担保基金 569 万元，以 1∶5 的比例标准，投放创业就业扶贫贷款资金。至 2019 年，累计发放 115 笔 1068 万元创业就业担保贷款，实现农民工大众创业万众创新。

自脱贫攻坚开战以来，我行在县委、县政府领导下，坚持金融服务市场定位，坚持以服务"三农"为导向，把支农、扶农、扶贫作为金融信贷扶贫攻坚的突破口、落脚点，提升信贷职能服务水平，以实际行动践行"金融扶贫攻坚，信合一马当先"的庄严承诺。到 2019 年末，紫阳农商银行各项存款余额达 54.07 亿元，占县域金融机构市场份额的 48%；各项贷款余额为 27.33 亿元，占县域金融机构市场份额的 68%；利润业绩突破亿元大关。紫阳农商行以不足 50% 的县域存款市场份额，投放占县域市场 68% 的贷款份额，其中投放信贷扶贫资金就达 40% 以上，有力地支持了扶贫攻坚和地方经济的发展。（整理人：李兴建）

风 采

用真情托起贫困户的梦想
——记县农商行驻村扶贫工作队员覃承莉

一名驻村扶贫工作队的女队员，从洄水到界岭，辗转于洄水与"六八道河"之间的2个深度贫困村，奋战在没有硝烟的战场上。冬去春来，这里的村民终于告别了贫困，迎来了一个充满希望的春天。那如火如荼的岁月，小河村、桦栎村扶贫的那些事，驻村期间的焦灼与激情、痛苦和快乐，一直在这位女队员覃承莉的脑海里萦绕，成为她挥之不去的记忆。

覃承莉，1994年12月参加工作，现任紫阳农商银行监察室主任。2014年6月以来，受县委、县人民政府和县农商银行派遣，先后任界岭镇小河村驻村工作队员、洄水镇桦栎村驻村工作队员。刚接受任务时，覃承莉以为联村包帮工作充其量就是填表格、开会、报统计进度，"蜻蜓点水"而已，隔三岔五地跑几趟就行了，哪想到当驻村扶贫队员那样忙碌，暂时放下自己的本职业务工作，到村上住下来包帮几户贫困户，不脱贫不撤退。面对扶贫攻坚的决战决胜态势，身为一名共产党员的覃承莉对突如其来的工作调整缺乏应对，思想上仍然有几分牵挂，毕竟人到中年，家里上有老、下有小，如何抉择？她的脑海浮现出自己的入党誓言和扶贫队员的职责，耳边又回响起领导的嘱咐，经过一番激烈的思想斗争，她终于放下了对小家庭的思想顾虑，坚定了克服困难的信心和勇气，决定全身心投入到扶贫攻坚事业。

覃承莉在小河村扶贫前后4年，这4年，既是她交学费、取真经的4年，也是践行初心使命、展示自己才华的4年。覃承莉拜农民为师，主动与贫困户交朋友，学会了联系群众的方法，掌握了不少农村工作的经验，深刻领会了国家的各项扶贫政策，信贷扶贫优势得以凸现，扶贫工作得心应手，按时完成了包联任务。她的体会是，当扶贫工作队队员要把贫困户的利益放在首位，要把贫困户的疾苦装在心里，要有这份责任心，也要有这份作为。

2018年4月，紫阳县农商银行的扶贫包帮联系点调整到洄水镇桦栎村，覃承莉又成了桦栎村驻村扶贫队员，此时该村的扶贫工作已进入脱贫攻坚阶段，任务重、时间紧，工作紧锣密鼓，一环套一环，来不得半点松懈。桦栎村位于洄水集镇东南，总面积 7.2 平方千米，辖 8 个村民小组，现有人口 333 户 1130 人，全村主要收入来源以茶叶、种养殖业和劳务输出为主。桦栎村为国家级深度贫困村，共有建档立卡贫困户 221 户 748 人，其中一般贫困户 162 户 646 人，低保贫困户 25 户 64 人，五保贫困户 34 户 36 人。她一边整理信息资料，完善软件系统，一边走访调查，探索精准扶贫的路子，确立了精准施策、一户一策、点面结合、整体推进的扶贫工作思路。

根据工作队的安排，覃承莉包联王一富、汪先术、王启术这 3 户具有致贫原因的多样性和典型性的贫困户。覃承莉走进桦栎村见到的第一个贫困户就是王一富。王一富弯腰驼背，杵着一根木棒，走起路来很费劲，行动极为不便。听村干部介绍，王一富和汪先术两兄弟在洄水街道邮电所旁边的巷道里合租了 2 间房子，潮湿昏暗，只有厨房里留有 1 扇窗户，王一富平时在家里负责照顾汪先术的 2 个孩子上学。王一富的致贫原因有两点：一是疾病，二是交通，但疾病为主要因素。病魔把他折磨得不成人形，哪还能不穷不困。长期的贫困消磨了他致富的愿望，别人说起改变贫穷面貌，他听都懒得听。后来覃承莉说，在桦栎村扶贫的时间里，她印象最深的是王一富。覃承莉了解到他患有严重髋骨坏死疾病没钱治疗时，心里十分同情和焦虑，立即查看了王一富在医院的检查结果，当场答应协调解决费用问题，让王一富住院治疗做手术。要治好这种病，只有换髋骨，而换髋骨的治疗、手术费预计在 5 万元左右，按照贫困户医疗报销 90% 的比例计算，个人承担治疗费约 5000 元，王一富就算砸锅卖铁也凑不齐这么多钱。一分钱逼死英雄汉，何况贫困户，这该怎么办？她向桦栎村村委会求助进院的资金，工作人员说可以从困难救助上解决几百元，但走流程至少要半个月以上。王一富的手术刻不容缓，但眼下个人承担的治疗费却一筹莫展，她只好把王一富的病情发到微信群里，在微信家族群、同学群和工作群发出了向王一富捐款献爱心的倡议，没想到亲友们纷纷伸出援手，不到 2 天筹集捐款 2500 元。随后她联系县红十字会给予王一富救助 1000 元，又通过紫阳县农商银行洄水支行给他兄弟汪先术贷款 8000 元，王一富的住院治疗费用终于落到了实处。王一富得救了，经过一段时间的住院治疗，身体很快恢复了健康，覃承莉联系给他安排了环卫工作。王一富搬进了新房，吃饭穿衣再也不用愁了，然而在他的心里却记住了覃承莉这位"救命恩人"的名字，他见人就说"党的扶贫政策好"，逢人就夸覃队员是个好人，是党的好干部。

汪先术致贫的主要原因是缺技术，他原先在砖厂打工，工资不能按时发，家里生活很紧张，覃承莉就劝他去参加了足浴师培训，掌握了一门实用技术，拓宽了致富的路子。如今，他住进了新房，有了一份新的工作。

王启术居住在洄水街道邮电所上边的巷道里，楼顶上自己养了几桶蜜蜂，开始他对帮扶干部有抵触情绪，认为扶贫干部是耍嘴皮子的，帮不了实在忙。听附近的群众说，王启术的脾气很倔强，对干部联村包户不信任，见面了也不搭理，覃承莉第一次与王启术对接时果然出现尴尬的一幕。然而覃承莉不仅不责怪他，反而为王启术那种直爽的性格和一旦认准的事"十条牛都拉不回来"的性格而好奇。当她得知王启术在楼顶上养蜜蜂就再次上门走访，话题扯到了养蜜蜂，王启术说起了自己还有 20 多千克蜂蜜滞销的困难，覃承莉当场答应帮他卖蜂蜜，当义务推销员，这一下拉近了她与王启术的距离。从此以后，王启术对驻村扶贫队员覃承莉格外亲热，老远见了就主动热情打招呼。王启术自主选择养蜜蜂项目，2019 年，覃承莉请求单位领导将养蜜蜂作为新兴产业予以重点扶持，紫阳县农商银行支持该村发展蜂蜜产业，帮扶桦栎村购买 80 箱蜂子，每箱 660 元，又每箱补助 500 元，帮扶资金达 4 万之多。王启术扩大了养蜂规模，当年产蜂蜜 50 多千克，蜂蜜收入 6000 余元。覃承莉所包联的 3 户贫困户实现了"两不愁三保障"，其他贫困户从此看到了脱贫的希望。

在驻村工作组全体工作人员的共同努力下，经过 2 年多时间的攻坚克难，桦栎村发生了日新月异的变化。自 2014 年以来，投入项目资金 37 万元，新建村级活动室 245.8 平方米；投资 38 万元，新建卫生室、村级便民服务中心 240 余平方米；投资 15 万元，新建村级文化活动广场 500 平方米；实施村级硬化道路 4.35 千米，道路"油返砂"项目 1.02 千米，新建、改建人饮工程共 6 处，安装供水管道 4000 米，安全饮水水质达标，实现整村全覆盖。全村通过资源变资产、资金变股金、农民变股东的"三变改革"，组建桦栎村股份经济合作社，注入资产收益扶贫、苏陕协作等项目财政奖扶资金 220 万元，推荐市场经营主体与全村 120 户贫困户建立帮扶利用链接机制，已兑付分红资金 6.9 万元；成立互助资金协会，注入财政奖扶资金 60 万元，累计投放资金 97 笔，借资金额 102.7 万元，资金使用率 76.28%；投入"5321"小额贴息借款 65 笔，发放借款总金额 304.5 万元用于发展增收项目。以种养业为主体、多渠道拓宽就业增收渠道，利用公益性岗位解决贫困户就业 27 户 27 人，政策性兜底保障 43 户 48 人，劳动能力转移就业 250 人次。县农商行舍得在扶贫攻坚上花钱，从 2014 年至 2019 年的 6 年，先后在所包联小河村和桦栎村投入资金 80 多万元，其中多数用在桦栎村。截至 2019 年底，桦栎村脱贫 213 户 730 人，在册贫困户仅剩下 8 户 18 人，贫困发生率由原来的 59.6% 下降至 1.59%，达到了脱贫目标。

多年来覃承莉兢兢业业，无怨无悔，坚守在扶贫攻坚第一线。覃承莉深深地爱着生活在大山深处憨厚善良的农家人，她把初心与使命写在这片土地上，大爱无疆，用真情托起贫困户的梦想。（向连才）

为扶贫架起铁板桥的金融人

谢成平 1990 年参加金融行业工作，2019 年任高桥支行行长至今。几年来他依据行业特点，围绕为"三农"服务和"5321"小额信贷工程，开展金融扶贫攻坚工作，取得卓有实效的成果。

接手金融扶贫工作伊始，谢成平就遇到了难题。由于前些年，老百姓以发展产业为目的，借贷一些信用扶贫贷款购买桑苗、茶苗、厚朴苗和魔芋种，后来由于管理不善以及产供销脱节的原因，很少能见到效益，欠下了很多债务，而被信用社追债。正是因为没有创造出直接的经济效益，还被迫归还贷款，农民都不敢借贷款，怕自己因没有收入还不起贷款使债台高筑。有前车之鉴，农民对政府宣传鼓动持怀疑态度，不相信甚至敬而远之。为了让贫困户消除思想顾虑，敢于借鸡生蛋，让他们感受到实实在在地扶贫政策，谢成平除宣传政策外，还仔细研究适合贫困户发展的短、平、快门路，帮他们找到既能吹糠见米、又能可持续发展的修脚项目。对已经审批的贫困户，逐户上门发送扶贫贴息贷款审批告知书，帮助其选择产业或创业项目。通过宣传，老百姓逐渐明白金融"5321"扶贫工程是指对有发展需求、有贷款意愿、有还款能力的贫困户，只要发展产业有贷款需求，都能够通过贷款申请获得5万元以下、3年期以内可免抵押、免担保、基准利率、扶贫资金贴息的贷款。由此彻底消除了老百姓怕欠账的后顾之忧。

由于行里只有9名正式员工，尽管工作量大面广任务重，他没有退缩，而是迎难而上。高桥支行在脱贫攻坚期间累计发放扶贫贴息贷款4192万元，支持贫困户956户2850余人成功脱贫。首先构建扶贫贴息贷款发放机制，各村分别成立以第一书记为组长，农商银行工作人员、村委会领导及村民代表为成员的扶贫贴息贷款风控小组，风控小组对本辖区贫困户逐户评级授信，根据其人员结构、家庭条件、创业能力等因素评定授信等级为五星、四星、三星、二星4个等级，分别授信5万元、4万元、3万元和2万元，评级授信情况在村务公开栏公示无异议后，贫困户选择适合自身条件的产业或创业项目到镇扶贫办申请扶贫小额贷款，经县扶贫局审批，农商银行审核后再发放扶贫小额贴息贷款。其次抓产业培育促增收，把发展培育特色产业作为稳定脱贫的关键措施，支持有经营头脑和管理经验的致富带头人，大力发展修脚产业，共支持发展远元集团省区经理15人，带动贫困户450余户1360人脱贫致富；支持种养殖业大户共9户，形成规模养牛专业户3户、养蜂专业合作社1户、养猪专业大户2户、茶叶专业合作社6户、山野菜种植加工专业大户1户，带动贫困户140户460人脱贫。坚持长短结合，采取"农户+基地+合作社"模式，与紫诚旅游、开源实业、天和药业等企业对接，公司与农户签订农产品收购协议，辐射带动600余户贫困户脱贫致富。初步形成"修脚+贫困户""园区+贫困户""旅游+贫困户""合作社+贫困户"等互助带动模式。大力发展普惠金融，实施阳光信贷，建立绿色通道，勇当金融扶贫急先锋，促进脱贫致富快速推进，谢成平用扎实的工作作风和现身说教，为全镇脱贫摘帽架起牢固稳定桥梁。

通过金融扶贫撬动经济增长，从根本上见到成效，促进百姓增收，实现社会效益和农商银行自身效益的双赢，一批过去长期依靠国家救济的贫困户，如今已迁进新居，有了稳定的收入。如今仍在运转的扶贫资金有803户，发挥效能的"5321"金融扶贫贷款3515万元，绝大部分用于高桥镇修脚产业，占比80%，茶叶占比10%，种养殖业占比10%，其中从事修脚行业有7100人。除利用金融扶贫"5321"工程所带来的契机，支行还投放其他正常一般性扶持贷款8000多万，同样支持修脚行业，使之成为支柱产业。裴坝村谢洋兵，在获得金融扶贫前，家徒四壁，靠低保度日，通过农商银行扶贫贷款支持，现在杭州开起修脚店，年收入约6万元，家也由原来的土墙房搬进洋楼房，还供养一名大学生；裴坝村唐其全，原来是低保户，由于无致富门路，怕欠账、不敢贷，村支书李兴卫屡次登门动员做思想工作，后盯准修脚行业，通过贴息贷款支持，逐渐摆脱贫困，年收入过6万元。

除了修脚行业，支行还大力扶持全镇的产业发展。全镇现有约653.33公顷（9800亩）成规模的茶园，有年收入300万元的茶厂2个，其他作坊式的6个，年收入40万元。龙潭村谢伟，获得茶叶专项贷款30万元的扶持，做起电商，通过加工环节，在网上销售自己的茶叶产品，年净收入达到50万元，走上小康富裕之路。在扶持种养殖业方面，何家包村的黄英国，原来曾在煤矿打工，导致腰部受伤致残，苦于没有适合的项目挣钱，支行向他发放正常贷款20万元，指导其养牛，他后来养了20头牛，见效益后平常存栏15头，年净收入有10多万元，走上小康之路。像这类成规模养殖贫困户，全镇有养牛的3户、养猪的3户、养鸡的1户。倾心扶持贫困户的同时，高桥农商支行也取得了长足发展。2014年底存款余额仅为1.9亿元、贷款发放金额只有7000万元，而到了2019年底，支行存款余额达到3亿元、贷款投放总额达到9780万元，从2015年至2019年累计发放贷款3.9亿元。实现业务收入1110万元，支行的存贷款规模、营业收入较2015年末翻了一番。取得这些成绩，谢成平的具体做法是着力推进扶贫政策落地生根，在机制建设上凸显一个"严"字，即对扶贫贷款限时办结、严格放贷；扎实开展建档评级授信，在包干责任落实上呈现一个"广"字，即包建档评级、包需求调查、包扶贫小额信贷投放的兜底责任；做穿做透扶贫信贷摸底，在有效信贷需求上突出一个"实"字，即对全镇贫困户有效信贷需求进行逐户摸排，逐村建立摸底台账；全力做好信贷资金投放，在扶贫贷款发放上体现一个"快"字，即对扶贫小额信贷的办理简化程序、快速办结；加强对接实现双方合作共赢，在贷款利息补贴上做到一个"准"字；持续加强扶贫信贷管理，在贷款风险防控上把握一个"稳"字，即从源头上控制金融扶贫信贷资金的风险，在评级授信、贷款金额、贷款用途、贷款期限等方面进行严格审查，坚持"五个不予发放"原则：凡是超出评级授信金额的一律不予发放、凡是用途不属于增收致富项目的一律不予发放、凡是超出脱贫项目经营周期的一律不予发放、凡是存在弄虚作假套取扶贫信贷资金的一律不予发放、凡是存在程序不到位、流程不合规的一律不予发放，确保放得出、有成效、能收回。

对于今后的工作，谢成平充满激情并饱怀信心地说道："我将继续脚踏实地兢兢业业、任劳任怨务实工作，始终坚持把自己的热情、智慧和心血全身心投入到为'三农'发展的服务上，作为一名农民的儿子，我深深热爱养育自己的这片热土，所以应倍加珍惜这份服务三农的金融工作。"由于长期高负荷的运转，对工作高度认真负责，连续加班加点，神经长期处于高度紧张的状态，2008年由于体力严重下降，疲惫不堪，终于累倒在岗位上，加之受医疗条件的限制，延误和耽搁了病情，引起脑部供血不足，最终导致脑梗死后遗症。

勉强康复后，他又克服种种意想不到的困难回到工作岗位，坚持发挥余热，在基层一线尽心尽力为老百姓服务，得到了领导、同事和老百姓的肯定。谢成平很乐观地深信：只要甘于奉献乐于奉献，就没有干不好的工作，即使面对繁重的工作任务，仍要坚持不懈不厌其烦、有条不紊地圆满完成任务，因此也会常常牺牲节假日休息时间,经常加班加点地工作,但从无怨言,从不计较个人得失。他将一如既往秉承支持"三农"的发展理念,管理和发放好每笔扶贫贷款资金,为贫困户架牢踩不断的铁板桥,让贷款放的出、收的回,且更有效益,为镇域经济发展做出更大贡献!(黄福海)

第十一篇 ▶
扶 贫 扶 志

综 述

茶乡新风好扬帆　助力脱贫谋新篇

紫阳县大力推进"诚孝俭勤和"新民风建设,采取道德评议、移风易俗、文化传播、文明创建、诚信建设、依法治理六大活动为载体,持续提升"三年成新风"工作水平,从思想和行动中消除贫困群众的"精神贫困",扶起贫困群众自主脱贫的能力和志气,营造出积极向上的家风、民风、社风,为紫阳县决战脱贫攻坚提供了强大的精神动力和思想保证。

一、坚持建章立制,上下联动抓新风

2017年4月21日,县委印发《大力推进新民风建设的实施方案》,把新民风建设纳入年度目标责任考核和脱贫攻坚考核内容,与县委重点工作同安排、同落实、同督促、同考核。在机制建设上,县委主要领导任新民风建设领导小组组长,宣传部门牵头抓总,形成县、镇、村(社区)三级书记齐抓共管、协同发力、层层推进。把新民风建设融入基层党建工作全过程,发挥基层党支部引领和党员干部带头作用,全县197个村(社区)支部书记和133名驻村第一书记组织引导广大群众积极参与,各级党员干部以身作则、带头落实,引领推动新民风扎根农村、走进城镇、覆盖全县。

全县以"党建+"系统思维为引领,以密切联系服务群众"五个一"工作法为保障,以德治、法治、自治"三治融合"为抓手,重点围绕"诚、孝、俭、勤、和"新民风建设为工作导向,坚持问题思维、群众主体、典型引领、上下联动的原则,全力打造"党建+新民风"社会治理新模式。倡导科学文明的生活理念,弘扬勤劳节俭的优良传统,形成崇德向善的良好风尚。在新民风建设过程中,既破除陈规陋习,又把新风正气树起来;既要使社会主义核心价值观在城乡落细、落小、落地,又提升城乡道德素质和社会文明程度,为打赢脱贫攻坚战、全面建成小康紫阳提供强大的价值引导力、文化凝聚力和精神推动力。

2017年4月印发《紫阳县新民风建设实施方案》明确提出新民风建设"一年见成效、两年大变样、三年成新风"的目标。通过3年持续加强新民风建设,促使全县城乡社会风气显著好转,社会大局更加和谐稳定。一项新民风助力扶贫扶志扶智的系统工程就此拉开序幕。为促使新民风建设在各镇各部门落实落细,县民风办经过全面系统梳理,对新民风建设目标体系进行了细化:

"诚"倡导厚道实在、诚实守信。就是要把以诚做人、坦诚待人作为立身处世之道和待人接物准则，心怀善良、光明磊落、信义立身，重实诚、讲实在、守诚信，一诺千金、言而有信。旗帜鲜明反对耍小聪明、贪小便宜，口是心非、投机取巧、坑蒙拐骗、欺诈无信当"老赖"等不厚道、不诚信现象。

"孝"倡导孝老爱亲、知恩感恩。就是要把奉先思孝、善待家人作为道德基础和精神基因，感恩父母、孝敬老人，尊师重道、敬老助老，关爱子女、严格教育、淳正家风，家庭和睦、患难与共、传承美德。旗帜鲜明反对忤逆不孝、虐待老人，重养轻教、溺爱子女，亲情淡漠、家庭暴力等不孝老、不爱亲现象。

"俭"倡导节俭简朴、量入为出。就是要把节俭节约、反对浪费作为行为习惯和生活时尚，让人情往来返璞归真，节俭办事、婚事新办、丧事简办，理性消费、注重积蓄、殷实家庭。旗帜鲜明反对人情风盛、大操大办得好处，恶俗陋习、奢侈浪费、摆阔气好面子等不节省、不俭朴现象。

"勤"倡导勤奋劳作、踏实苦干。就是要把勤恳工作、拼搏奋进作为生存之基和创业精神，传承发扬勤劳实干的优良传统，脚踏实地、诚实劳动，认真干事、不等不靠，敬业奉献、积极进取，爱护环境、清洁家园。旗帜鲜明反对好逸恶劳、游手好闲，不务正业，重说轻干、小富即安，等靠要闹、玩风盛行好享受等不勤奋、不上进现象。

"和"倡导以和为贵、宽容礼让。就是要把和衷共济、崇尚合作作为思想共识和行为遵循，处事包容大度、有理让三分，邻里融洽、守望相助、礼善待人，有公心、讲大局、识大体，尊崇法治、团结和谐。旗帜鲜明反对损人利己、缠闹扯皮，蛮横霸道、撒泼耍赖，寻衅滋事、逞强斗狠，行事偏激等不和气、不宽让现象。

由县委宣传部牵头，成立县新民风建设办公室(简称县民风办)，与县委文明办合署办公，由县委常委、宣传部部长兼任县民风办主任；17个镇分别设立镇民风办，与党政办合署办公，由镇党委书记兼任办公室主任，党委副书记具体负责落实县民风安排部署的工作内容。至此，由县委政法委、县民政局、县司法局、县教育体育局、团县委、县妇联及各镇党委、政府等部门密切配合，形成文明创建、依法治理、文化传播等长效机制，各自发挥部门职能作用，实现社会民风有人管、社情民意有人理的良好局面，为新民风建设"三年成新风"目标奠定了坚实基础。

二、坚持问题导向，标本兼治树新风

针对部分贫困户"等靠要"和少数非贫困户"缠访闹"争当贫困户现象，17个镇民风办把新民风建设同脱贫攻坚有机结合，发动县镇村包联干部在村(社区)逐户宣传脱贫攻坚和新民风政策，在修订完善《村规民约》的基础上，推动"一约四会"组织发挥作用，深入营造浓厚的舆论氛围。

为推动新民风建设深入人心，县、镇、村三级包联干部先后印发新民风建设告知书、倡议书13万份；与贫困户签订承诺书10余万份，全方位、多角度、深层次的宣传教育营造了浓厚的舆论氛围。户户签订承诺书、发放告知书，在197个村(社区)设立文化墙、公益广告、遵德守礼提示牌；组建新民风"文艺演出团"，巡回开展"百场文艺进百村"演出，引导群众主动融入新民风建设。

推行结婚、丧葬、乔迁、开业、升学、祝寿、满月、参军8种喜事集中新办简办仪式，倡导喜事新办、丧事简办、小事不办，对群众有需求、规定不让办的人情喜事，以村（社区）为单位，采取茶话会、座谈会等方式，集中举行新办简办仪式。如蒿坪镇蒿坪村、双胜村开展道德评议的197村（社区），建立"每月党群例会说、季度道德会上评、半年进行回头访"的道德评议机制，对先进典型宣传褒奖，对落后群众专人帮包转化。2017年以来全县开展道德评议1576场次，帮教转化后进群众1500余人，提振了脱贫攻坚精气神。

曾经安于贫穷的邓千武，一个40岁出头的汉子，家住城关镇西门河村六组，家有4口人，夫妻二人无稳定收入来源。邓千武先后从事理发、卖菜、卖酒、开办农家乐等工作，也挖过矿，总嫌钱赚得少，干任何事都以失败告终，心里"这山望着那山高"，沉不下心来踏踏实实做些实在事情。2017年9月，由县妇联第一书记邓兴翠主持召开的一次党群道德评议会上，对邓千武长期不专注创业、频繁更换工作行为进行评议指导，驻村工作队员悉心指导他从家政服务行业开始创业。通过驻村工作队员上门宣讲政策，借助国家金融扶贫政策，先后获得互助资金借款1万元和"5321"贷款5万元，加上亲戚朋友的帮助，于2017年3月注册成立了紫阳县康洁家政服务工作，专门从事家政保洁、水电维修、室内打扫、墙面翻新、门窗清洗等服务。运行以来，夫妻二人月收入均在1万元以上，邓千武实现了由一名穷汉子到勤劳致富带头人的华丽转变。类似邓千武一样通过道德评议，实现思想嬗变的还有很多，他们都是从道德评议中得到思想教育，获得精神境界的提升，变得比以前更加懂得勤劳致富、孝老爱亲，从而实现发家致富的目标。

针对贫困群众就业能力弱、脱贫信心不足的问题，紫阳县着眼当前，立足长远，一手从思想意识上转变观念，一手培植就业创业技能。脱贫攻坚战打响以来，着力开展以修脚足疗、家政、月嫂为主的免费技能培训，全县累计培训3.2万人，每年实现劳务增收20亿元，探索出"党政主导+龙头带动+基地培训+定向就业"的技能脱贫模式，坚定了脱贫信心，激发了致富动力，实现了就业增收，学技能、强本领在紫阳蔚然成风，紫阳技能脱贫模式被国家人社部评为2018年中国就业地方创新事件，先后入选全国人社领域精准扶贫典型案例、全国第二届优秀扶贫案例、全球减贫案例。

2017年底，全县在册贫困人口9.23万人，占安康市的1/5。当全县脱贫攻坚工作进入关键时刻，但极少数贫困村还存在营利性麻将馆、棋牌室，组织、招揽人员聚众赌博，影响群众生活，败坏社会风气。县公安局重拳出击，当年7月24日发出通知，依法取缔贫困村麻将馆、棋牌室，禁止任何人任何组织在县域内贫困村开设麻将馆、棋牌室，要求辖区所有贫困村麻将馆、棋牌室需在2018年8月10日前自行关停，并对麻将机等设备予以处理；主动消除违法后果的麻将馆、棋牌室经营者，公安机关不予处罚；对在规定时间内不自行关停的，公安机关将依法取缔，麻将馆、棋牌室以营利为目的为赌博提供条件的，对经营者及参与赌博人员予以治安处罚，对麻将机等相关赌博工具予以收缴销毁；构成犯罪的，依法追究刑事责任。紫阳县倡导广大人民群众积极参与、支持、监督公安机关依法取缔涉赌麻将馆、棋牌室工作，并公布了举报电话，大力宣传赌博危害，及时提供相关线索，做到不参赌、不护赌、不为赌博活动提供条件，用积极健康、向上的娱乐活动丰富群众业余生活，争做守法好公民。县公安局还对社会诚信缺失、阻挠工程建设等问题，组织开展"诚信个人、诚信政务、诚信经营示范户"评选活动，深入推进扫黑除恶专项斗争，全县侦破涉恶类刑事案12起，查处重点行业领域违法案件89起，化解各类矛盾纠纷1800余起，为脱贫攻坚营造了诚实守信、安定有序的社会环境，紫阳县连续7年被评为全市平安建设先进县。

革除陈规陋习，树立文明新风。据不完全统计，在紫阳城乡，80%左右的群众结婚、丧葬、乔迁、升学、祝寿、满月、参军等仪式，都要邀请三亲四戚、三朋四友相聚一下，然后向当事人随200～1000元的"份子钱"。针对群众反映强烈的"人情风"问题，坚持纪律规定约束干部、村规民约管理群众，做实"一约四会"，大力推行《八种喜事集中新办简办仪式》，成立新民风纠察队和餐饮协会，将党政管理、行业自律、群众自治有机结合，多方联动整治大操大办、请客送礼等不良风气。2017年10月，县委宣传部印发《八种喜事集中新办简办仪式》通知，要求各镇实行"喜事新办、白事简办、小事不办"模式推动移风易俗走向深入。除婚丧嫁娶以外的其他事宜，不得邀请服务对象及其关系利益人参与，且不得超过15桌的标准。党员干部还需要按照程序向纪检监察部门申请报告，备案后方可办理。

2017年11月，县民政局印发《加强村爱心超市建设的实施细则》，从责任主体、建设标准、运行模式、积分规则、货物来源等进行了明确，要求167个村建立《村规民约》，全体村民当作生产生活的行为规范加以约束。依据《村规民约》相关条款，将产业发展、环境卫生、公序良俗等方面纳入爱心超市积分兑换范畴。为进一步规范爱心超市运行，由县委宣传部牵头，召集县民政局等成员单位分组进镇入村指导建立规范化爱心超市，科学制定积分激励机制，引导群众以"劳动""善行义举"换"积分"，以"积分"换"商品"，激发贫困群众内生动力。紫阳县把爱心超市规范化建设作为淳民风、优家风、正德风的载体，推动贫困群众产业发展、环境卫生等，极大地增强广大群众革除陈规陋习，不断增强勤劳致富的内生动力。在爱心超市运行中，各村相继建立"每月党群例会说、季度道德评议会上评、半年进行回头访"的道德评议机制，以道德力量助推贫困群众改变生活状态。通过包联干部"集中评、公开亮、分散兑"等运行机制，为引导广大群众以"劳动"换"积分"，以"积分"换"商品"起到，达到精神鼓励和物质奖励相得益彰。尤其是洄水镇团堡村建立的"惠民e站"利用社会捐赠、企业分红等渠道筹集资金，购买生产物资和生活物品30多万元，让广大群众通过政策知晓、环境整治、移风易俗、乡村建设、产业致富、技能培训、善行义举深度参与镇村工作，以劳动换取积分，以积分获得实惠，逐步建立积分评价促推民风持续向好的长效激励机制，社会反响好。3年来，全县实现175个贫困村"爱心超市"全覆盖，惠及群众10万余人。

50岁出头的王厚华、田远树夫妇俩养了猪和蜜蜂，务了0.2公顷(3亩)茶，田远树因为十年如一日照顾瘫痪的婆婆，在去年被评为村上的"好媳妇"。田远树说："我们只是做了自己该做的事情，没想到还能兑换这么多好东西，爱心超市真的是暖了心。"洄水镇团堡村里的"惠民 e 站"，是该镇的标准化爱心超市之一。村上成立了爱心积分评议小组及爱心积分卡管理工作小组，分别组织发动群众进行积分评议和爱心积分管理监管工作。根据会员产业发展、技能培训、行为规范、遵纪守法等方面进行季度考评打分。如果评议积分想换取价值高点的物品，还可以结转到下一个季度集中兑换。据洄水镇团堡村支部书记钟雅介绍，村里的会员只需从 POS 机上刷去相应积分，就可以免费兑换生活用品和生产物资。

2019 年初，由县委文明办牵头县考核办、县脱贫办、县民政局联合印发了爱心超市运营管理工作实施细则，从爱心超市管理和运营到实物兑换细则提出了明确要求，重点对各村因地制宜制定积分兑换制度和实施细则提出弘扬新民风的实物参照标准。邻里和睦赢得"好口碑"，积 5 分；勤劳致富发展产业，积 8 分；主动参与公益活动，积 10 分……差异化的兑换标准在全县 167 个村公示后，顺理成章地兑换成生产生活物品，得到广大群众的普遍好评。

为持续激发贫困群众致富的内生动力，紫阳县 2018 年 7 月中旬印发了《"新风惠民·扶贫扶志"助力整县脱贫摘帽工作的通知》，重点从理论政策宣讲、农村环境整治、爱心超市提升、先进典型表彰、文化惠民巡演方面来展现脱贫攻坚的帮扶成效。在城关镇双坪村，70 多岁的张阿姨刚用 10 个积分兑换了一桶 2.5 升食用油，她说侄儿为尽孝心，把他第一个季度的爱心积分转到她名下，还可以兑换急需的茶叶修剪刀，真是实惠又方便。村里的爱心超市配备的食品、日用品、保健品等，一应俱全，所有商品都可以用积分形式兑换。

以爱心超市积分兑换为纽带，推动移风易俗走向深入，全县农村摆酒席减少 2/3，"人情分子"下降 70%。截至 2019 年 12 月底，全县各村均开展了集体"升学礼"，5800 余名"准大学生"及其家长参加，并现场签订不办"升学酒"承诺书。

三、坚持培树典型，示范引领立新风

自 2017 年 4 月起，紫阳县坚持挖掘各类典型培树，尤其是倾注脱贫攻坚一线涌现出来的典型人物、典型事迹，最大化地发挥用身边人和事教育激励身边人。通过脱贫攻坚先进典型，开展"十星级文明户""勤劳致富先进个人"和"最美家庭"等评选表彰，开展"树千名自强标兵、交万名农民朋友"活动，2017 年以来全县评选表彰"脱贫标兵、诚信个人、文明家庭、美德少年"等先进典型 5800 余人。

脱贫自强标兵徐银康，出生于紫阳县高滩镇岩峰村一个极度贫困的农村家庭，小学二年级就辍学在家务农，照顾残疾的弟弟，2003 年，父亲出车祸去世，24 岁的他扛起了家庭的责任。他下过煤窑，跑过货车，但都不顺利，在外面务工又经历挫折。弟弟早年患病欠下的贷款、五口之家的生活开销……入不敷出的经济现状压得他透不过气来。背负着近 20 万元的债务的徐银康，找到一家"远元修脚店"的足疗按摩店，店主看他态度诚恳，踏实上进，收留了他。徐银康踏实肯学，很快成长为店里的技师骨干，其吃苦耐劳的精神打动了公司创始人郑远元，于是公司决定重点培养他，并给他资金、技术支持，安排他开分店。2012 年夏天，他在天津开了第一家郑远元加盟

店，几年时间，他就还清了多年的债务。2015年，他响应政府的搬迁扶贫政策，在安置点修建了新房。这段时间，他积极向镇村领导汇报交流自己的创业情况，向亲朋好友宣传自己的事业，当年20多位乡亲就跟着他来到天津，他又新开了3家修脚店，率先开展了拔罐刮痧等新业务。时至今日，他的修脚店已经陆续发展到了10家，年收入超过500万元，带动了村里100多人发家致富，其中有11户贫困户32人实现了稳定增收，现在都住上了楼房，有的还在城里买了住房，村里的奥迪大众等好车也越来越多。

红椿镇共和村的张世华，5年尽孝，照顾疯癫父亲；3年脱贫，他成了安康市脱贫"自强标兵"之一。张世华在共和村是名人，他出名的原因是"孝老爱亲"。2000年，张世华的母亲去世，父亲一时接受不了这个打击，精神失常，后来愈发严重，为了照顾父亲，照顾好家庭，张世华饱受生活的煎熬，吃尽了苦头。"穷的房子都要垮掉，吃了上顿没下顿，媳妇都找不到"，这是村里人对他的印象。2015年他父亲过世，在安葬好父亲后，他主动找到扶贫工作队，他说想脱贫。找门路、定措施、出点子，根据张世华能给猪看病这一技能和吃苦耐劳的精神，工作队给他列出养猪的产业计划。功夫不负有心人，经过3年的发展，他成长为村上的养殖大户，2019年养猪30余头，养鸡60只，年收入3万余元。今年村上成立蔬菜产业协会，张世华拿出了最好的水田，种了约666.67平方米（1亩多）的豇豆，翻地、打畦、垄沟、锄草、浇水、施肥，每一道工序，都被张世华打理得井井有条。"家里养的猪，用的都是农家肥，豇豆种了，下一季种白菜，自己有的是力气，不能让地闲着。"张世华说道。通过自己的努力和帮扶队员的帮扶，张世华的生活逐渐走上了正轨，还盖起了新房，他被评为红椿镇"致富能手"。

梅源，男，1990年7月出生，中共党员，紫阳县盘龙科技贸易有限公司营销经理。2019年1月26日11时许，紫阳县城河堤路一辆小轿车不慎坠入深约60余米的汉江，危难关头，正好开车路过的紫阳"90后"小伙梅源路过，一看小轿车已有一半沉在水里，他一边脱衣一边问现场群众："谁有工具？"旁边骑摩托车的工人从工具包里拿出一把钉锤递给他，他拿起钉锤直接从河堤上纵身跳入冰冷刺骨的江水中，用铁锤连续敲击四五下才将轿车后窗玻璃砸碎，将落水者直接从车中拽出。后经抢救，落水者成功脱险。梅源救人的事迹经媒体报道后迅速传开，他还荣获阿里公益天天正能量奖励，并荣登"陕西好人榜"和"中国好人榜"双料冠军。

身残志坚创业典型朱忠乾，被评为陕西省第五届自强励志道德模范，2名小学生荣获"陕西省美德少年"，带动激励广大群众爱党爱国、孝老爱亲、勤劳奋斗、无私奉献，为脱贫树立社会价值风向标。树立和培育先进典型，以身边人身边事教育身边人，持续放大榜样的先锋示范作用，持续弘扬新民风建设正能量。

"历史烛照时代，榜样传承精神。"先进典型是有形的"正能量"，也是鲜活的"价值观"。对此，紫阳县专门在政府网站、广播电视台、紫阳宣传公众号等媒体开设新民风建设专栏，大张旗鼓在网络平台、广播电视、电子显示屏定时播放公益广告、动态信息、典型事迹，推动新民风建设家喻户晓、深入人心。紫阳县还在133个贫困村大力开展"新风惠民·扶贫扶志"助力脱贫摘帽活动，采取"理论宣讲+先进表彰+惠民演出+道德积分激励"的模式深入宣传宣讲脱贫攻坚政策、先进典型事迹，参与群众8.7万人次；通过视频直播的方式广泛宣传，直播点击量达200余万次，受到群众广泛好评。紫阳县还注重做强文化涵育新风正气，着力深入推进政策、文化、科技、健康、法律"五项教育"，广泛开展"我的脱贫故事"宣讲村村行活动，群众在喜闻乐见的活动中学习扶贫政策、受到教育熏陶。大力弘扬"汉王陈氏、双安储氏"等优秀家规家训，用优良家规家风正德树人、淳化民风。

2019年，紫阳县按照"三年成新风"的要求，落实"三级书记"抓民风，推进全县镇、村全覆盖，完善"一约四会"等各项机制，创新活动载体，广泛开展"新风惠民"村村行，采取"理论政策宣讲+农村环境提升+'爱心e站'激励+先进典型表彰+文化惠民巡演"的"五措合一"的模式，在全县各村（社区）全面开展"新风惠民，扶贫扶志"活动，采取视频直播活动现场，全县近8万外出农民工收看了活动节目，受到启发和教益。2019年1月至11月，全县开展"新风惠民"村村行活动135场次，参与群众12万余人，视频点击量200余万次，激发了脱贫内生动力，减轻了人情负担，弘扬了新风正气，淳化了乡风民俗。

紫阳县新民风助推脱贫攻坚的经验做法，得到省市领导的肯定。2017年安康市新民风建设扶贫扶志现场会在紫阳召开，2018年全省第二次扶贫扶志宣传工作推进会在紫阳实地观摩。2017年、2018年，紫阳连续2年被表彰为全市新民风建设工作先进单位。县委书记赵立根在2019年全省扶贫扶志工作现场推进会上就新民风扶贫扶志工作作经验交流发言，中国精神文明报、陕西日报、陕西电视台等主流媒体进行宣传报道，山西、宁夏以及省内兄弟县区前来学习考察新民风扶贫扶志经验做法。

经过3年的综合治理，紫阳县扶贫与扶志扶智相结合取得显著成效。为巩固提升已退出贫困户的扶贫扶志成果，2019年9月，县委宣传部联合县民风办印发《开展扶贫扶志扶智提升行动的实施方案》，提出今后一段时期来新民风扶贫扶志扶智建设的主要任务和工作要求，着重在实施思想引领提升、实施发展能力提升、乡风文明提升、党建引领提升五大行动入手，倡导"诚、孝、俭、勤、和"五字新民风，以"五大行动"为抓手，用良好的社会风尚浸润广大群众，淳德教化、扶正祛邪，不断提升全县人民的道德素养和文明素质。（叶立刚）

讲 述

凝聚脱贫攻坚的精神力量

讲述人：胡　渊　时任紫阳县委宣传部副部长

脱贫攻坚是一场没有硝烟的战役。在这场战役中，如何最大限度凝聚人心、鼓舞斗志，是宣传思想文化系统义不容辞的政治责任。近年来，县委宣传部着眼精准扶贫、精准脱贫方略，重点围绕扶贫扶志、舆论引导2大重点，开展宣传思想文化助力脱贫攻坚工作。

打赢脱贫攻坚战，"思想脱贫"是关键。思想不解放、思想不脱贫，要实现真正的脱贫攻坚，只能是竹篮打水一场空。对此，我们以"诚孝俭勤和"新民风建设为抓手，多措并举，持续推进扶贫扶志工作，激发群众内生动力，从思想上斩断穷根。

一是抓宣传引导。向全县广大群众发放新民风建设告知书，签订承诺书，将移风易俗理念传递到家家户户。组建新民风"文艺演出团"，精心编排脱贫攻坚文艺节目，巡回开展"百场文艺进百村"演出，引导群众主动融入新民风建设。精心组织扶贫扶志主题宣讲，通过宣讲扶贫政策，分享扶贫故事，鼓励村民鼓足干劲，努力奋斗致富。加强扶贫扶志宣传，县政府网站、县广播电视台开设新民风建设专题专栏，定时播放公益广告、动态信息、典型事迹；各村（社区）设立新民风文化墙、公益广告、遵德守礼提示牌，努力营造人人知晓新民风，人人参与、人人支持新民风建设的浓厚氛围。

二是抓问题整治。对群众反映的问题，突出重点时段、重点环节，分类进行整治。首先，针对大操大办、请客送礼等不良风气，按照纪律规定约束干部、村规民约管理群众，做实"一约四会"，多方联动进行整治。联合纪检部门，出台关于规范党员干部及国家公职人员操办婚丧嫁娶等事宜的规定，对全县党员干部办理婚丧嫁娶等事宜行为划出"红线"。指导各村（社区）将"人情风"整治纳入村规民约，依托红白理事会、道德评议会、村民议事会等自治组织，对红白事礼金限额、操办标准、办理时限和违约惩戒措施做出明确规定。大力推行集中升学礼、乔迁礼等8种喜事新办简办仪式，倡导喜事新办、丧事简办、小事不办，减轻群众人情负担。2017—2019年，全县组织开展集体"升学礼"500余场、"乔迁礼"200余场，全县农村摆酒席减少2/3，"人情份子"大幅下降。其次，针对部分贫困户"等靠要"和少数非贫困户"缠访闹"争当贫困户问题，深入开展道德评议，对先进典型进行宣传褒奖，对落后群众专人帮包转化。同时，指导各村规范化抓好爱心超市建设，引导群众以"劳动""善行义举"换"积分"，以"积分"换"商品"，激发群众内生动力。比如，洞水镇团堡村充分运用帮扶部门、社会爱心人提供的物资以及"三变"改革分红资金，设立爱心超市，建立积分奖励、惩罚机制，对积极发展产业、讲究卫生、践行移风易俗的群众进行奖励加分，对违反法律法规行为以及"等靠要"思想的村民进行扣分，然后将积分转化为爱心超市积分兑换商品，有效激发了贫困群众抓产业发展、参与村级事务的积极性，形成了村民自治的良好氛围和崇德向善的良好风气。

三是抓典型选树。一个典型就是一面旗帜。在开展扶贫扶志工作中，我们坚持典型带动，积极抓好先进集体和先进个人培树，激励群众比学赶超、向上向善，使讲文明、树新风、勤致富成为农民群众的自觉追求。通过抓文明单位、文明村镇、文明社区、文明家庭、文明校园创建，以及"好媳妇、好婆婆""身边好人""致富标兵"和"文明家庭"等评选表彰活动，营造了人人学习先进、人人争当先进的良好氛围。2017年以来，全县累计评选各类先进典型3900余人，身残志坚创业典型朱忠乾被评为陕西省第五届自强励志道德模范，90后小伙梅源荣登"中国好人榜"，4人荣登"陕西好人榜"。

随着扶贫扶志工作的深入，2019年，我们整合资源，创新工作举措，采取"理论政策宣讲+农村环境提升+爱心e站激励+先进典型表彰+文化惠民巡演"的模式，以村为单位，全面开展"新风惠民，扶贫扶志"活动，推进新民风建设落实落细，促进党风政风和社风民风持续向好。当年，全县开展新风惠民活动135场次，参与群众12万余人，采取视频直播活动现场，全县近8万外出农民工收看活动节目，受到启发和教益。

通过持续不懈推进新民风扶贫扶志工作，有效激发了贫困群众的内生动力，减轻了贫困群众的人情负担，丰富了贫困群众的精神家园，提升了群众道德素质和社会文明程度，为助力脱贫攻坚提供了优良民风保证。2017年、2018年、2019年，紫阳连续3年获得全市新民风建设先进单位。2017年，全市新民风建设现场会在紫阳召开，2018年全省第二次扶贫扶志宣传工作推进会在紫阳县实地观摩。2019年，紫阳在全省扶贫扶志工作现场会上作交流发言。人民网、新华社、中国政府网、中宣部学习强国平台、陕西日报、陕西电视台、三秦都市报等主流媒体对我县新民风建设扶贫扶志工作进行集中报道。

打赢脱贫攻坚战，不仅要有优良的民风保障，也要有浓厚的舆论氛围支持。为营造良好的脱贫攻坚宣传氛围，我们成立了脱贫攻坚工作宣传专班，围绕脱贫攻坚，定期进行宣传策划，充分借助各级主流媒体宣传展示我县脱贫攻坚成效，讲好脱贫攻坚"紫阳故事"。

一是加强对外宣传，提升对外形象。以整县脱贫摘帽等为重点，加强宣传策划与中省市主流媒体的衔接，及时向中省市媒体推送我县脱贫攻坚新闻线索和工作经验性、成效性稿件，主动联络邀请和配合中央、省级、市级主流媒体来我县开展集中调研采访活动。新华社、中央人民广播电台组织的"决战脱贫攻坚·决胜全面小康——陕西在行动"网络主题采访团、中央和省级媒体走进紫阳"看发展看变化"采访团、陕西日报社全媒体行动"聚焦深度贫困县"调研采访团、"看发展 看变化"中省主流媒体采访团等先后来紫阳采访，推出了一大批有影响、有深度、有质量的重头稿件。脱贫攻坚以来，我县在中省市各级媒体刊发脱贫攻坚相关稿件8000余篇，技能扶贫、产业扶贫、扶贫扶志等工作经验做法先后在人民日报、中央电视台、农民日报、经济日报等国家级媒体刊发。

二是强化对内宣传，鼓舞干群士气。紧扣脱贫攻坚工作，精心组织主题宣传，抽调专人，组建脱贫攻坚"百日冲刺"宣传专班，深入一线采写稿件成立脱贫攻坚新闻宣传专班，编发脱贫战报；充分整合县内媒体资源，在县电视台、县广播电台开设《脱贫攻坚巩固提升》新闻专栏、《脱贫攻坚群英谱》《脱贫攻坚一线访谈》专题节目，"紫阳宣传""紫阳发布"等微信公众账号及时发布脱贫攻坚信息，大力宣传我县脱贫攻坚工作的重要举措、经验做法和突出成效，有效凝聚了打赢脱贫攻坚战的合力，鼓舞了广大干群的士气。

加强正面宣传的同时，我们还扎实做好网络舆情引导。建立完善了涉贫舆情监测、报告、分析、应对机制，督促并会同相关部门抓好落实，第一时间引导处理处置扶贫领域舆情及时公布客观事实，主动回应社会关切，第一时间解疑释惑、疏导情绪、化解矛盾。

凝心聚力拔"穷根"。在全县干群的共同努力下，紫阳县2019年成功摘掉了"贫困县"帽子。"摘帽"不摘责任，下一步，我们宣传文化系统将继续担当尽责、营造氛围、发动群众，为打赢脱贫攻坚收官战推进乡村振兴提供坚强思想保证。（整理人：汪可平）

风 采

苦出来的好日子
——记安康市"自强标兵"郭世林

紫阳县汉王镇安五村二组村民郭世林全家原有4口人,妻子陈德贵年过六旬,大儿子郭青山为智力一级残疾,于2019年8月去世,小儿子成家后就与父母分家了,其兄郭世富也是多重一级残疾、语言障碍、智力低下,无劳动能力。就这样的家庭,郭世林一家身残志坚、不等不靠、自力更生,用自己勤劳的双手,勇于和残疾、贫困做斗争,为自己摆脱贫困、战胜贫困,硬是闯出了一条脱贫致富的路子,带领一家弱小,硬是创立了一个响当当的家庭。

2018年11月,郭世林被评为紫阳县脱贫攻坚"自强标兵"。2020年3月,他又被评为安康市脱贫攻坚"自强标兵",成了村上自强不息脱贫致富带头人,为全镇贫困群众树立了依靠勤劳,脱贫致富的榜样和标杆。

2010年在外务工的郭世林接到家中电话说儿子重病,郭世林火急火忙的赶回老家。儿子生病在院,岁月不饶人,妻子本来比自己大3岁,已经独自照顾不了残疾的哥哥和儿子了。看到沧桑的妻子,郭世林做出了一个重要的决定,要留在家里。从那一年起郭世林就在家里开荒田、种地,可是一年下来变卖庄稼的一点收入还不够家里一年的开支,邻居都建起了砖房,自己还是土木危房,这时旁人都给他出主意"你去找一下政府嘛,不得行了你就到政府去闹",他呵斥道"那怎么行,自家的日子过不好,是自己没本事,还去闹政府,啥我指望国家,我郭世林不丢这个人。"但是他内心也是非常无奈,他意识到,不能死靠种地的一点收入,这样下去不是办法。于是他通过亲戚朋友,借来了1万多元钱购买了2头牛,他意识到自己一个人怎么做也抵不上家里的花销,得指望一家人都要做点事才行,哥哥和儿子虽然都体弱,但放牛没啥问题,自己种庄稼种水稻,这样每年不光种庄稼的收入,还能卖一头小牛,自己慢慢发展。

2014年精准扶贫工作开始,郭世林一家因有2个残疾人被评为建档立卡贫困户。加上残疾人补助、五保和扶贫政策的扶持,勉强能维持一家人生活开支。于是大家都在给他说,"这下你好了嘛,有国家给你钱,你就不用那么使劲干活了嘛。"但郭世林却呵斥道:"我有手有脚,自己还能做,自己懒哪个都帮不了,为啥非得靠国家政策养活。"一个双残的家庭，面对贫困没有退缩，暗自下决心要自强起来，自力更生，艰苦奋斗，不等不靠，靠自己的双手把日子过得红红火火。为了让自己摆脱贫困，甩掉贫困户的帽子，郭世林两口子无时无刻不在思索着该做些什么、该怎么做。

2016年安五村党支部大力开展"支部+合作社+农户"产业扶贫模式，培育出了安五村富硒种植专业合作社，合作社以每0.5千克2.2元的价格收购稻谷，市场上卖的米也就是每0.5千克2.5元，听到这个消息，他暗自决定自己一定要抓住这个机会，于是郭世林流转1.67公顷（25亩）农田种植稻谷，可这么大面积的农田到自己家不通水泥路，于是他找到村委会提出申请，自己家到户的路一共有750米，共13户人要硬化水泥路，经驻村帮扶工作队的多方努力为其争取了750米道路硬化指标，但打底层拓宽的钱需要农户自己集资，当天晚上由郭世林带头筹集每户3000元，第二天就开始动工打底层，不到3个月的时间，到郭家堡的烂泥路变成了宽畅的水泥路。经过自己的辛勤付出，2016年度仅水稻一项净收益达到8000余元。

2017年9月，郭世林的2头牛已经发展到了6头，种植的水稻面积也发展到了2公顷多（30余亩），各项产业扶持补助资金也陆续发放，更坚定了产业发展信心和动力。

郭世林凭着干部的倾心帮扶和自身的努力，2019年种植水稻1.33公顷（20亩）、藕田0.2公顷（3亩）、养牛7头、养猪1头，当年收入达7万多元。经过多年的发展，如今，郭世林家的种养殖产业已经成了家庭稳定的经济来源，考虑到他家还住的土坯房，帮扶干部为他在集镇申请了一套易地扶贫搬迁安置房，人均享受2.5万元的搬迁补助资金。

郭世林两口子每天都很忙，早起喂猪、放牛，时常去稻田施肥除草，还要照顾残疾的儿子及哥哥。但是就这样忙碌，内心却是充实和快乐的，当帮扶干部问到他对脱贫有没有信心时，郭世林眼中闪烁着坚定的目光，"贫困不可怕，怕的是没有希望，在党和国家的帮助下有了种养殖产业，还享受产业扶持，对脱贫充满了信心。"

今年趁着国家的脱贫攻坚好政策，擂鼓台旅游公路从家门前经过，他的小儿子在自家开了个小卖部，售卖一些日常生活用品，又下了7千克谷种准备种植水稻约1.33公顷（20亩），种了藕田0.2公顷（3亩），养了6头牛，看着日渐年老的父母，小儿子也准备在家发展，同父母一起把产业做大做强，共同发家致富。

通过自身的勤奋与努力，一步一个脚印苦干实干，在包联干部帮扶下，郭世林一家极大改善了生活条件，得到了群众认可，实现了从勤劳的农民到自强标兵的蜕变，为贫困户增收脱贫树立了榜样。

汉王镇党委书记娄芳到郭世林家中走访时，对这种不等不靠，依靠自身努力脱贫致富的贫困户扶志扶智典型给予鼓励，并激励全村乃至全镇更多贫困户自力更生、艰苦创业、脱贫致富。在问到他还有什么困难时，郭世林激动地说道："感谢党和国家的好政策，为我们贫困户盖新房，帮助我们发展产业，我现在靠自己就能把日子过好。国家已经把这么好的扶贫惠民政策都给了我们，我们就应该好好珍惜，不能光依靠政府，自己要攒劲才行。"（刘效廉）

"春哥"的甜蜜事业

——记高桥镇深磨村电商个体户朱忠乾

电话联系上朱忠乾,他说他还在高桥镇深磨村,待会儿才能到紫阳,准备去电商公司办点事。过了很久,等不及的我又拨电话给他,却是一位女士接听,她说"春哥"还在路上,一会儿就到。我猜想不是朱忠乾吗,怎么又是"春哥"?瞬间疑云顿起。好不容易接到对方打来的电话,我赶紧说叫他找个地方交谈一下,或者我找个地方也行,对方说是这阵很忙走不开,并且闪烁其词。是谁这么大的架子?这更加重了我的疑虑。

走进丽水酒店903房间,我看到的是一位面庞清瘦、坐着轮椅的年轻人。他,就是朱忠乾,被客户称为"春哥"的人。顿时,先前萦绕在我心头的一切疑惑与猜测,立马化为乌有,我为自己的小心眼和揣测感到羞赧而惴惴不安。哪想到面前的小朱好像什么事也没有似的,只是微笑着。我不无惭愧地试探着问道:"没想到,没想到,怎么会是这么个情形?早知道我就不该如此催促你。"这个903房间,原来是为了让小朱参加第二天的励志演讲会,县残联特意为他准备的。

沉郁半晌,小朱才开启他沉重的话题。2007年11月,一个寻常的日子,一个让他刻骨铭心、记忆犹新的日子,村里搞水利建设的工地。他开着大货车拉建材,不幸遭遇车祸,胸十二椎爆裂性骨折,脊髓损伤,下肢无法行走,从此改变了他后半生的人生轨迹,轮椅成为他后半生的伴侣。成天动弹不得地躺在病床上,昔日看似信手拈来的事,此刻却需要别人代劳。而这个时候,老婆又决绝地与他离婚,还带走了唯一的女儿,他的世界顿时一片黑暗,他震惊、沮丧、绝望之余,想到以后的日子如何过,想到生身父母还得放下自己的营生来照顾他,想到自己近乎一个百无一用的废人,更多想到出事前他在同龄人中算是混得比较好的了,出事后的日子,只能靠亲戚朋友接济,年纪轻轻就这个状态,今后该如何是好?几次爬向3楼的窗前,因为此刻只有一个坚定的信念——向生而死!然而,屡次努力,始终爬不上窗台,他竟然连死的能力也没有!朱忠乾不由得号啕大哭起来。2009年,躺在家中百无聊赖的他,在网上买了部智能手机,当时市面上所见不多,小朱如获至宝。小朱开始接触互联网,对网络感兴趣,适逢电信局搞活动,他接着又托人去电信营业厅办理了一个租机业务,搬了一台电脑回来,这在当时还算比较超前。

21世纪初,网络交友软件正方兴未艾,QQ时尚进入了人们的眼球,朱忠乾开始学习、研究淘宝之类网络知识和微商平台。2009年他开始研究淘宝,他在网上学习关于开淘宝店铺的学习资料和视频,慢慢地掌握了一些技巧。2010年朱忠乾通过QQ认识了石家庄做网店生意的老板李珍。李老板是在石家庄做服装批发生意,问他愿不愿意去石家庄做淘宝，他可以提供货源。当时身边所有人都认为天上不会掉馅饼，在所有人极其反对的情况下，他身上揣了仅有的400元钱，毅然决然，找了3个朋友把自己送到紫阳火车站，将他连人和轮椅抬上开往石家庄的火车。到达目的地后，他找了一间仓库住下，仰仗朋友给他搬来了一台电脑，开始他的淘宝创业之路。最初，在李老板的指导下，他的生意十分火爆，最多的一天卖出去500多条裙子。忙不过来时，甚至把市场外面骑三轮车的阿姨都请来打包，他几乎每天都是早上六点起床一直工作到晚上十二点，短短一年时间，他的淘宝店从淘宝的零级别做到了皇冠。但是好景不长，由于服装行业竞争十分激烈，又缺乏专业团队的支持，朱忠乾的淘宝店最终还是倒闭了，他一度迷茫。

早在2010年4月，公司派他前往北京参加淘宝知识讲座，朱忠乾机缘巧合认识了做珠宝电商前辈罗总，对方向他抛来"橄榄枝"。后来他又在朋友的帮助下，连人带轮椅被抬上了开往成都的飞机。他来到四川成都，这一待就是4年，重新开始电子商务，从门外汉干到排头兵，从普通员工做到主管，先后在仓库、客服部、运营部、推广部、美工、品牌策划部、微信营销部等多个部门干过，且工作业绩很突出，薪水也从3000元涨到6000元。2014年8月，在外漂泊已久的他，开始思念故乡，萌发了回家乡创业的念头。

2015年，网络微信异军突起。朱忠乾用"春哥"这个称呼为自己注册了微信名，同时在紫阳论坛上发布了一篇求贤帖后，引起了紫阳县电商办的关注，邀请他参加县里的电商座谈会。这年朱忠乾以运营总监的身份，加入了硒之翼网络科技有限公司，决心在家乡开创属于自己的电商事业。到公司的第一件事就是找紫阳的好特产，当时正是金钱橘上市的季节，紫阳金钱橘从未在网上卖过，他坐着残疾三轮车去橘园里拍视频、图片，在网上寻找相关资料，找朋友录视频解说，在淘宝和微信公众号推广和宣传，但却疏忽了一个重要的环节：橘子的包装问题。前期卖出去的橘子经过几天快递运输之后全部压破变质甚至腐烂，收到货的客户都在投诉，他一边安排售后客服来安抚，一边从网上订购水果保鲜箱给客户补发，前期损失了2万多元，经过诚恳地给客户道歉和弥补损失，最后都得到了客户的原谅和认可。这一季紫阳金钱橘在网上卖火了，牛忠乾得到了公司领导和橘农的好评。2016年7月一天下午，他看见城关镇橘兴村有两位老人在路边卖算盘李，便上去买了一些，尝过之后感觉味道不错，就问老人："你们这么好的李子在这个路边上卖一天也卖不了多少吧？"老人回答说："有啥法哟！我们年龄大了背不动，在路边卖一点算一点咯，总比掉到地上烂了强！"他下决心帮助老人解决销售问题，回去后就在网上订了包装箱，找做公众号的朋友帮忙推送广告，找朋友在微信上转发卖李子的信息，三四天时间把王志新老人的李子卖光。老人又联系村里其他种李子的农户，半个月左右朱忠乾帮橘兴村卖出去5吨多李子。因为有了卖橘子的经验，李子卖的很顺利，通过互联网把紫阳的李子发往全国各地，最高峰每天发出100多单。2017年6月份农户就开始电话联系他，一定要请他们帮忙在网上销售，2017年的李子卖的也很火。连续2年在网上销售金钱橘、算盘李等土特产，农户经济收益十分可观。

正当小朱做得风生水起的时候,硒之翼公司老板吴总因病撒手人寰,旗下的公司也随之倒闭,他便创建高桥镇深磨村电商扶贫示范点。他的老家是高桥镇深磨村,看到村里有很多土蜂蜜,都被四川过来的贩子以低价收走了。他在网上查到土蜂蜜0.5千克(1斤)最高能卖到上百元,农民辛辛苦苦养蜂取蜜的收入还不如贩子赚得多,觉得很可惜,于是就开始了他的甜蜜事业,拍摄图片和视频编辑文案,放在淘宝网和微信上帮农民售卖土蜂蜜,"春哥"的名头开始走俏。由于蜂蜜是液体,包装很讲究,便宜的塑料瓶会有异味,可玻璃瓶易碎,为了蜂蜜的纯正他还是选择了玻璃瓶,但是快递都不愿意接收。他只有给快递公司承诺保证包装好,打碎不用快递公司赔偿,这样快递公司才勉强答应收件。真是任何事情都不会一帆风顺,都会有意外,有一次广州一位客户要了100瓶,他心想一定要保证好质量,却没想到途中打碎了64瓶,仅剩下一少半。客户非常生气,还退回来一包玻璃碴子,他给客户打电话道歉承担责任,赔偿了5000多元的损失。后来他在网上通过买别人家的蜂蜜,仔细琢磨别人的包装措施,汲取先进经验,再对照自己的方法取长补短,终于解决了包装的问题。

从2016年10月开始销售土蜂蜜,至今已出产网售土蜂蜜6吨,其中2018年2吨,2019年3吨,成交额达85万元。与深磨村22户贫困户签订养蜂以及管护协议,全村30多户都开启了养蜂的甜蜜事业,养蜂户户平均增收3000多元,又与20多户贫困户签订了蜂蜜销售协议,每户现金纯受益将达到2000多元。"朱老板为人厚道,我的蜂蜜只卖给他。销路不用操心,钱袋子也鼓起来了,真的太感谢他了。"来自高桥镇深磨村村民庞赞平边取蜜边说,眉宇间都是满意的笑容。2016年下半年,朱忠乾与朋友合伙在依山傍水的文笔山脚下开起了农家乐,菜色清亮可口,可观"城在水上,水在城中"之景,顾客络绎不绝,收益可观。如今,他还走上了三尺讲台,在县职教中心做起了电商培训讲师,教授淘宝美工、运营维护等知识,深受学生们的好评。回顾创业之历程,他硬是杀出了一条血路,乘坐互联网快车,在指尖上实现自身价值。"是电商让我不自卑了",朱忠乾这样满怀深情地说道:"今后,希望建立一个残疾人电商联盟,因为我懂他们,所以更想帮他们。我现在与县残联筹建一个残疾人电商联盟项目,希望帮助更多的残疾人通过电子商务走上自强自立创业之路。"由于自强不息、扶贫帮困的事迹斐然,2017年8月朱忠乾被评为"陕西好人",同年又被陕西省商务厅和陕西省扶贫办共同评选为"全省电商脱贫明星";2018年因持续带动当地贫困户致富,被评选为第五届"陕西省道德模范",紫阳县优秀个人电商;2019年被安康市评为"安康好青年"。

穷则独善其身,达则兼济天下。一路走来,朱忠乾遇到许许多多提携他的贵人、恩人和帮助他的人,所以他一直坚守做人做事的初心,重要的不是获得多少荣誉,承载多少光环,而是不忘来时的路,不忘困境时拉住他的那双手。他没有在沉沦中倒下去,而是在拼搏里勇敢站起来,如蜜蜂般孜孜不倦地经营着自己的甜蜜事业。(黄福海)

"鸡司令"的脱贫史

——记城关镇青中村脱贫致富先进个人陈良华

现年39岁的陈良华，是城关镇青中村的一名普通村民，一米八高的大个儿，再加上俊朗的外貌，陈良华内敛的性格与他的外貌形成巨大反差。他逢人就谦虚说道："我哪是啥脱贫标兵，只是敷个口食而已！"接着腼腆地笑了。通过种菜、养鸡，从贫困中脱身，陈良华成为村里响当当的"鸡司令"，2018年10月，他被评为全省脱贫攻坚之脱贫致富先进个人。

陈良华原来是青中村贫困户之一，家庭成员多病多灾，受土地条件差等诸多因素制约，一直生活在贫困线下。贫病交加，脱贫脱单难度系数大。青中村地处偏远，交通条件闭塞，经济基础薄弱，教育观念落后。迫于生计，陈良华初中还没有毕业，就出门打工了。由于没有技术，没有文化基础，他干的都是建筑、采矿等粗笨重体力活、低收入的劳作，微薄的工资收入，勉强只能供养两位老人看病吃药。在外打工十几年，依然家徒四壁，住在三间老旧的土坯房里，也一直孤身一人没能结婚成家。正是因为家里条件很差，陈良华断然拒绝了一个姑娘的热烈追求，从此亲戚们也再不敢给他提媒说亲。面对如此艰难的处境，陈良华一度很消沉，总觉得在村子里抬不起头。他只是在外努力地工作赚钱，祈祷父母身体早点好起来。他的父母尽管多病，也时常冒着日晒雨淋，悉心地照管着几亩地的庄稼，等待着每一个收获的时令。2014年，因父亲病重，在外打工的陈良华决定回乡发展，在镇村干部动员下，一边照顾着病重的父亲，一边发展蔬菜种植产业。高昂的医药费支出，高强度的工作负担，所有的一切都压在了陈良华一人身上。曾经离开过农村和土地，如今又重新回归，陈良华表示自己从小都在这块土地长大，他的根扎在这里，有信心把蔬菜种植搞好。事实证明他的信心并非空穴来风，他直面困难、自强自立、诚信做人，不为挫折打击所压倒而奋起直追，在当地成为典范。

2014年扶贫工作队进村了，一场决胜脱贫的战斗在青中村打响。此时的陈良华，还在一个蔬菜市场帮别人杀鸡，每月固定工资3800元。听说家乡扶贫力度大，陈良华决定回乡创业，发誓要干出新模样。一方面是能够照顾两位老人，另一方面，他不甘于跟别人打工，他要自己闯出一片天地。2015年驻村扶贫工作队，倡导村上成立了蔬菜种植合作社，这正合陈良华的心意。他在菜市场工作过，和一些菜农有过交道，了解许多种菜方法，陈良华决定加入村合作社，开始种植蔬菜。陈良华能吃苦，四五亩菜地，主要是他一人打理。为了把水浇透，他往往要忙到凌晨一两点；为了抢着天气下种，他挥汗洒禾下，不敢停歇。满地水灵灵的瓜菜，是他辛劳付出的犒赏。清明、谷雨、小满、芒种等换季的时令像条鞭子在追赶着他。整地、备肥、育苗、除草、采收等繁忙的农事紧紧地把他拴在地里。陈良华说他曾经种了133.33平方米（两分）地的黄瓜，收了近1500千克。约0.27公顷（4亩）地的菜园里黄瓜、白菜、豇豆等蔬菜一应俱全，从撒种到收获都由他亲自上手，一刻都不敢松懈。仅2015年种菜纯收益达1.6万元，青中村蔬菜养殖专业合作社借鉴"一亩地"领种模式，成立了青中农家小菜园，陈良华当起了菜园管家，管护15块菜园，一年有1万元收益。虽然更新了种菜方式，但不变的是他对蔬菜品质的坚守。靠着吃苦耐劳，陈良华成为合作社的骨干，被推选为理事，除了种好自己的菜，他还指导别人种菜。虽然种菜仅是为了赚钱，但是在陈良华的心里，有一个朴实而真挚的想法：种菜就要种当地最好的菜，种良心菜、放心菜，不能乱用化肥和农药，要种出农家菜的特色。他的菜都是用农家肥种出来的。以前在市场卖菜，吃过他菜的，都是回头客。逐渐地，陈良华在县城的菜市场里小有名气。陈良华自豪地说："我种的菜口感好，现在很少进市场了，都是县城的居民预定，或者上门来采购"。由于坚持诚信为本，自立自强传美誉，他在县城培养了一批稳固的消费群体，每年销售收入有30000多元。

　　茶叶一直是紫阳县的第一大产业，产业链完备，群众增收稳定。陈良华家里有约0.13公顷（2亩）老茶园，他回到家里后，把茶园从荒草丛中开垦出来，适时进行修剪、施肥，茶园长势旺盛，每年收入有6000元左右。陈良华又新栽了约0.47公顷（7亩）茶，预计2020年投产，这将成为陈良华全家持续稳定的收入来源。种蔬菜和种茶尝到甜头后，他把眼光放到林下散养鸡。作为青中村第一个"吃螃蟹"的人，他比旁人多了一份冒险精神。"亏能亏好多？我就先试试看！"陈良华心里做好了打算。由于村上的互助资金借款方便，随借随用，当天申请第二天钱就拿到手了，也不用抵押，比在银行贷款方便多了。初夏时节陈良华通过村上的扶贫互助资金协会，借了1万元启动资金，现已养殖土鸡500只，等到八月十五中秋节出售，下半年再饲养500只鸡，预计年收入突破几万没问题。为了保证24小时全程监控，他在鸡舍旁修了一个小木屋，晚上就憩息于此，陈良华说得自己亲自看着才放心。他养殖散养鸡坚持做到以下几点：一是要品种好，选择放养的土鸡或土杂鸡为最佳，因为它们具有耐粗饲、抗病力强的特点，而且产蛋高、品质好、肉质嫩、味道美、深受大众喜爱。二是要用对饲料，土鸡的生长速度比较慢，对饲料营养水平的要求也低，但如果只喂单一饲料，难免会造成营养缺乏，影响发育，降低成活率和产蛋率。所以要选择优质土鸡系列全价料、混合料，采取放养加补饲的形式进行饲养。也可以采用种植的南瓜、薯类、草类、杂粮等代替部分混合料。三是如何建鸡舍，场地的选择是非常关键的，这既关系到卫生防疫、鸡的生长和饲养人员的工作效率，又关系到养鸡的成活率及效益。场地选择遵循一下几个原则：既有利于防疫，又要交通方便，且在避风向阳，地势较平坦、不积水的地方，再有就是水源电源充足，植被好、虫蚁多、隔离条件好的地方，以及冬暖夏凉，温度适宜。他定在茶园养鸡，这里不仅锄了杂草，还让鸡的肉质更加紧实。第一批鸡出栏的时候，陈良华笑开了花，心想一定可以卖出个好价钱，但现实却给他重重一击。陈良华满心欢喜地步行1个多小时来到县城集市卖散养鸡，可整整一天过去，来往的行人却无一人驻足购买，他只得将8只鸡原模原样从集市提回了鸡圈。经历这次打击后，他仔细研究问题的根源所在：散养鸡推广环节不力，缺乏稳定的客户源是其首要原因，他将这些困惑给当地的镇村干部说了之后，大家齐刷刷地给他想办法，通过宣传推介、政企合作等方式，陈良华的养鸡质量被认可，"鸡司令"的美誉也从此声名远播。从一只散养鸡都卖不出去，到如今供不应求，他格外珍视客户，无论何时何地陈良华都会打开手机马不停蹄地回复信息，他告诉路人买卖就是一份信任，不能辜负了老客户的信任，更不能砸了自己的招牌。陈良华养鸡事业发展得红红火火，2018年，养鸡出栏达1000只，出栏率87%，纯收益达到3万元。陈良华勤奋务实、自强不息的精神，也深深影响着身边许多的人，张显维就是其中一个，他言辞激动地说："看到陈老板发展得这么好，我们都应该向他看齐，他也很乐于帮助我们，每次养鸡过程中倘若遇到困难，他都不厌其烦地给我指导，真的不知道怎么感谢他了！"

　　清晨的青中村苍山翠绿，雾气缭绕，仿佛置于仙境，沿着盘山公路，陈良华扛起锄头，悠闲地走进鸡圈开始新的一天劳作，他说他早已习惯了日出而作，日落而息的惬意生活，2018年，陈良华那身患重病的老父亲不幸去世后，他便一直与老母亲相依为命。如今陈良华又在村上的安置点，认购了一套安居住房，他和母亲也从摇摇欲坠的三间土坯房搬到公路旁的小洋楼。"住房问题解决后，他一家就完全符合脱贫户的'两不愁三保障'，达到'六个标准'。"驻村扶贫工作队队长杨维军说，"陈良华已经彻底脱贫。"身边的人打趣地问他道："啥时候找个园主？"这个身材魁梧的大高个汉子竟然羞涩地笑了："不急，不急！"现在，陈良华是真的不急了。（黄福海）

只手撑天

——记安康市"自强标兵"朱明才

　　蓝天白云下，牛羊在绿汪汪的草木间游走，熬过漫长的寒冬，迎来春草的滋养，牛羊的毛色油润了许多。一大片耕地已播种完毕，掩在土里的苞谷种子等待一场春雨。这是多少人梦中的田园牧歌生活，却是紫阳县深磨村独臂青年朱明才曲折的创业史。

　　我们是在谷雨前的一个早晨走访朱明才的，他正和年迈的母亲在播种苞谷。"他的手劲大得很！"同行的村干部曾绍甫拉着朱明才的右手对我说。朱明才告诉我们，他今年种了约1.73公顷（26亩）苞谷、0.27公顷（4亩）洋芋、0.13公顷（2亩）魔芋。在高强度的劳作之下，朱明才练就了惊人的臂力。

　　朱明才左手残疾源于6年前的一起车祸。那天，母亲目送活蹦乱跳的儿子出门，看不出一点凶兆。20多天后，儿子回来，左手肘关节以下没有了。母子俩哭成一团。母亲有语言障碍，抱着儿子含混不清地哭喊着。此时，距朱明才的父亲去世不过数月。

朱明才原本是阳光开朗的。失去一只手臂后，他感到未来世界一团漆黑，整天闷在家里。受伤前，他可以下矿井，可以进工厂。如今，谁收留一个残疾人工作呢？看到母亲终日垂泪，让他心如刀割。"我无老母无以有今日，老母无我无以终余年。我是母亲的依靠，是母亲的天！"朱明才意识到，他必须要振作精神面对现实。

朱明才说，他致残后的第一次创业，就是尝试养鸡。他把仅有的一点积蓄，全部买了鸡苗。由于不懂养殖技术，朱明才养的鸡死亡率超过50%。一场雄心勃勃的创业，就这样草草收场。

本来就贫困的家庭，再屡遭变故，朱明才几乎山穷水尽。养鸡失败，他又东拼西凑地筹钱养羊。凑够一只羊的钱，就去买一只回来，买不起大羊，就买小羊。3只，5只，10只，羊群不断壮大。寒夜里，小羊羔出生了，他通宵守候，生起火堆给小羊羔取暖，用小奶瓶给它喂水。在经历了艰难困苦之后终于柳暗花明，到2017年底，大大小小的羊达到200多只。看着羊群在山坡上觅食，就像一朵朵盛开的白花，朱明才的脸上也笑开了花，他又回到了那个阳光开朗的自己。

去年，朱明才还用山上的粮食和草料养了一批猪。腊月里，一天屠宰了8头大肥猪，别的不说，"刀儿匠"可是累坏了。"7头都是别人预定的，自己留了一头吃。"朱明才说。在他家的灶屋里，挂着一排排熏得滴油的腊肉。朱明才计划着，今年再育10头肥猪，熏制成腊肉后再出售。

自从被评为安康市"自强标兵"后，朱明才被越来越多的人知晓和关注。群众说："这娃儿，了不起！"干部说："身残志坚，是贫困群众学习的榜样！"一名爱读武侠小说的中学生说："朱明才哥哥啊，就是征服巴山林莽的杨过杨大侠！"（黄志顺）

下肢残疾夫妻"走"在脱贫前列

一进腊月，紫阳县汉王镇汉城村三组的贫困户张进就兴奋了起来。圈里的8头肥猪、田里的约0.13公顷（2亩）莲藕，正盼着年前卖个好价钱。张进和妻子陈世琴都是下肢三级残疾，夫妻二人意志坚韧，思路开阔，勤扒苦做，顺利实现脱贫，张进还被评为陕西省2017年度脱贫致富先进个人。

张进年幼时罹患骨髓炎，因为家庭贫困没能及时医治，双腿落下终身残疾。2003年，张进经人介绍，认识了勤劳贤惠的陈世琴，并一见钟情。在上门提亲时，张进向陈世琴的父母许诺："虽然我们腿上都有毛病，但是我有健全的双手，有灵活的头脑，一定会把你们的女儿照顾好。"

张进通过自学畜牧知识，成了村上的兽医。夫妻二人也是村上的养猪能手，他们喂养的肥猪极少生病；培育的仔猪毛色红润，不挑食，不出村就销售一空。即使后来添了一双儿女，增加了开支，夫妻二人也把家庭经营得有声有色。

但是，张进夫妻并没有满足当下的"小富"。2016年，汉城村推行"党支部+合作社+贫困户"模式，带动群众发展茶叶产业。包联张进一家的汉王镇党委书记娄芳给他们做工作：务茶是手上的活儿，对体力要求不高，是很适合他们家发展的产业。张进和妻子扛着锄头进地，当年栽下了约0.47公顷（7亩）标准化茶园。在他们夫妻的精心管护下，成为全村长势最好的茶园。张进说："到了盛产期，年收入至少有25000元。"

"三年桐子五年茶"，务茶虽然收入稳定，但是见效慢。帮扶干部鼓励他扩大养猪规模，长短结合发展产业。张进在农商银行贷了5万元扶贫贴息贷款，新建一座200多平方米的猪圈。目前存栏35头，2018年销售收入达5万余元。张进说还没进腊月肉价就上涨了，槽头的8头肥猪即将出栏，又有30000多元的收入。

养猪的粪污处理是难题，不过这没有难住张进。他将水田改造后种植莲藕，粪水经化粪池排放进藕田里，成为莲藕的有机肥。张进把手伸进田里，掏出几段肥壮的莲藕来。他说："年前价格好，这几田莲藕至少能卖20000元。"

谈起两夫妻的创业经历，张进说："贫穷不可怕，身体残缺也不可怕，只要肯动脑子想，动手来干！"（黄志顺）

第十二篇
社会扶贫

综　述

激发社会活水　汇聚攻坚合力

2015年10月17日,全国工商联、国务院扶贫办、中国光彩会发起"万企帮万村"行动。该行动以民营企业为帮扶方,以建档立卡的贫困村、贫困户为帮扶对象,以签约结对、村企共建为主要形式,力争用3~5年时间,动员全国1万家以上民营企业参与,帮助1万个以上贫困村加快脱贫进程,为促进非公有制经济健康发展和非公有制经济人士健康成长、打好脱贫攻坚战、全面建成小康社会贡献力量。

紫阳县迅速启动"百企帮百村"精准扶贫行动,广泛动员县内外商(协)会、民营企业家参与脱贫攻坚工作。在县委统战部、县工商联的引导、组织下,紫阳县广大民营企业家热情参与精准扶贫行动,通过与贫困村结对共建、精准对接、分类帮扶,采取发展产业、培训技能、吸纳就业、产品销售、捐资助贫等多种方式,把民营企业资金、技术、市场等优势与贫困村土地、劳动力、特色资源等有机结合起来,村企共建、优势互补,取得显著成效。

截至2019年底,全县共组织动员县内外200多名非公有制经济人士投身"百企帮百村"精准扶贫行动,引导139家非公企业及商(协)会与133个贫困村开展结对共建,累计投入1.1亿元,带动帮扶贫困人数46195人,投入产业资金5365万元,公益捐赠917万元,充分彰显了紫阳"民企大军"的责任和担当,助推了紫阳县脱贫攻坚进程。

一、组织动员篇

2017年1月19日,紫阳县"百企帮百村"社会扶贫动员会召开。县委书记赵立根、县人大常委会主任张教志、县长陈莲、县政协主席康树民"四大班子"主要领导分别出席会议。县委副书记陈佳斌,代表县委、县政府致辞,呼吁在外创业的企业家,参与到紫阳县的精准扶贫工作中,用实际行动回报故乡。西安市安康商会执行会长、陕西安商投资有限公司执行总裁唐明亮,西安市紫阳商会名誉会长、紫阳天地天然板石有限公司董事长雷星明,西安市紫阳商会会长、天目集团董事长汪义坤,西安市紫阳商会监事长、紫阳县华荣实业有限公司董事长龚孝华,西安市紫阳商会秘书长、陕西汉姆实业有限公司董事长王清玲,西安市紫阳商会常务副会长、陕西省富硒农业开发有限公司董事长贾耀权等200多位紫阳籍企业家参加会议。

动员会上,县招商局负责人紧扣国家产业政策方向和地方优势资源,从现代农业、生态旅游、特色小镇旅游、新型工业、现代服务业等方面介绍了紫阳县2017年招商方向。即继续按照"一企一策""一事一议""特事特办"的原则，对投资企业实施用地优惠、税费减免、融资担保、财政贴息、基础设施建设保障、厂房建设和物流补贴、免费劳动力技能培训、出口退税、资金帮扶等优惠扶持政策，降低企业成本。

全县"百企帮百村"工作随即全面展开，县委十五届二次全会、县十七届二次人代会、县政协十二届二次会议相继对"百企帮百村"精准扶贫工作进行了安排部署。成立了以县委常委、统战部部长龚颖任组长的社会扶贫行动工作领导小组，由县委统战部和县工商联组织实施，下发了《紫阳县"百企帮百村"社会扶贫行动实施方案》，明确了县委统战部、县工商联、县委组织部、县委宣传部、县扶贫局、县水利局、县住建局、县搬迁办等各成员单位工作职责。各镇明确副书记为"百企帮百村"社会扶贫专项工作的责任领导。

按照"党政搭台、企业自愿"的原则，县工商联深入企业、贫困村调研，掌握实际情况，向全县拟帮扶企业发放征求意见函，动员民营企业选准帮扶载体、尽力而为、量力而行。为确保帮扶工作能落实、见成效，县工商联牵头带领企业逐村对接，注重发挥企业和结对帮扶村的各自优势，根据企业特点和贫困村实际确定帮扶内容，找准结合点，制定帮扶计划，引导其承接不同帮扶任务，实现村企之间的资源互动、优势互补。实力较强的企业帮扶深度贫困村，其他企业及商（协）会帮扶一般贫困村，通过产业、就业、技能、商贸、捐赠等不同形式进行帮扶。同时，"百企帮百村"精准扶贫行动领导小组成员单位积极发挥职能作用，对参与扶贫帮扶的企业，按照"符合政策、逐步支持"的原则，给予资金支持、金融扶持、贷款贴息、项目扶持、用工奖励，以奖代补，大力实施村企共建，优化扶贫造血功能。全县"百企帮百村"社会扶贫工作呈现出上下联动、企业自愿、部门协同、镇村配合的良好局面。

经过动员、摸底，2017年3月24日，紫阳县"百企帮百村"社会扶贫行动推进会召开。县"百企帮百村"社会扶贫行动领导小组成员和来自县内外80余名参与此项行动的企业负责人、35名2017年出列村村支部书记参加会议。会上，通报了《紫阳县"百企帮百村"社会扶贫实施方案》；各帮扶企业与帮扶村签订了《"百企帮百村"社会扶贫帮扶协议》；县工商联、扶贫局、组织部以及镇、村、帮扶企业代表分别作了发言。"百企帮百村"社会扶贫行动推进会的召开，标志着我县"百企帮百村"社会扶贫工作进入实质性推进阶段。

推进会后，各民营企业迅速与帮扶村开展帮扶工作对接。为深入推进此项工作，促进企村"双赢"，2018年，县政府出台了《紫阳县产业脱贫扶持资金使用管理实施细则（试行）》《紫阳县资产收益实施办法（试行）》《关于加快推进以毛绒玩具文创产品为主的新社区工厂发展的实施意见》等一系列优惠政策，鼓励支持民营企业大力发展产业帮扶，促进贫困户稳定增收。县委统战部、县工商联、县扶贫开发局联合出台了《关于深入推进"百企帮百村"精准扶贫行动的通知》，就2018年"百企帮百村"企业结对帮扶贫困村任务进行细化，进一步明确工作职责，确保帮扶实效。并建立"一月一反馈、一季度一督导、半年一通报"的长效督查机制。

为动员更多非公经济人士助力脱贫攻坚，紫阳县强化"百企帮百村"扶贫行动宣传，通过微信公众号、工作简报、电视专栏等媒介，实时共享企业帮扶动态资料和全国各地及本县企业帮建的好经验、好做法、好典型。通过多渠道、多层次、全方位推广参与扶贫企业的好经验和好做法，让企业老板和社会各界都理解、参与、支持"百企帮百村"社会精准扶贫工作，充分调动了企业和镇村积极性，增强了示范带动效应，形成了浓厚的社会扶贫氛围。

二、产业帮扶篇

"兴一个产业，富一方百姓"。发展产业是实现脱贫的根本之策。我县积极引导民营企业支持、参与贫困村产业发展，紧紧围绕县域主导产业做文章、动脑筋、想办法，把贫困户镶嵌在产业发展的链条上，通过"企业+基地+贫困户"的路子带动群众增收。

秦巴山富硒茶有限公司是2014年落户我县焕古镇的茶叶龙头企业。在参与"百企帮百村"精准扶贫行动中，公司成立脱贫攻坚办公室，制定政企联手帮扶贫困户产业脱贫增收及措施，先后与村上的近500户贫困户签订帮扶项目合同，与近1000户村民签订茶叶收购合同，通过延长茶叶采摘时间和提高鲜叶收购价，帮助茶农每年实现增收30%左右。

康硒天茗茶业有限公司为紫阳县双桥镇招商引资企业，是集茶叶种植、生产销售及农业产业信息化服务为一体的综合性现代化农业企业。在当地党委、政府的支持下，企业斥资1190万元牵头成立"紫阳县康硒天茗茶叶专业合作社"，自建标准化生态示范茶园20公顷（300亩）、协议托管茶园约20.33公顷（305亩）、入股茶园约26.87公顷（403亩），辐射带动周边茶园约166.67公顷（2500亩）。公司积极投身产业扶贫，采取"支部+集体经济+'三变'改革+专业合作社+贫困户"的创新模式，通过土地流转和保底分红促增收、茶园入股和返利分红促增收、资金入股和固定分红促增收、劳务用工和园区就业促增收、协议管护和提升效益促增收等7项举措，重点帮扶贫困户60户228人，辐射帮扶对象合计214户781人，实现户均增收近5000元。康硒天茗茶业有限公司2018年被评为安康市"助力脱贫攻坚优秀企业"，企业法人陈国卿被评为"陕西省脱贫攻坚致富带头人"。

据统计，全县共有紫阳春、秦巴山、鼎龙茶业等16家茶企结对帮扶22个贫困村，通过采取"企业+基地+贫困户""企业+合作社+贫困户""企业+贫困户"等模式，流转土地330多公顷（5000多亩），改造老茶园800公顷（1.2万亩），新建茶园200余公顷（3000余亩），实现了"流转闲置土地保增收、收购鲜叶促增收、安排富余劳力稳增收、代销贫困户土特产扩增收"的"四增收"目标。

在发展产业帮扶群众方面，紫阳县开源富硒科技发展有限公司的做法也是可圈可点。该企业成立于2014年，是落户我县高桥镇的一家主要从事富硒食品开发、农副产品生产加工和销售的民营企业。公司立足资源优势，以发展循环农业、生态农业为导向，聘请资深专家学者深入调研、科学规划，在高桥镇龙潭村通过流转土地建设核心示范农业园区约33.33公顷（500亩），带动全镇种植玉米面积达约2666.67公顷

（4万亩）。园区实行"支部+公司+合作社+农户"经营模式，一种是流转农户土地由合作社统一经营，一种是实行"订单农业"，贫困农户种植，公司按高于市场价50%收购。并在园区附近建有大型养猪场，养猪场繁育仔猪赊售给贫困群众，公司免费提供技术指导、疫病防治等服务，育肥的成猪公司按保护价回收。因扩大产能，开源公司帮扶群众范围逐步向全县辐射，先后结对帮扶贫困群众涉及8个镇18个村共2843户，成为全县脱贫攻坚结对帮扶工作的佼佼者。其中，在帮扶高桥镇、麻柳镇过程中，利用"一区一策""一户一法"专项资金让贫困户带资入股到公司，享受年底的收益资金分配，户均增收3000元以上。

除了发展茶叶、玉米，花椒、中药材、大蒜等产业也是我县民营企业引领群众增收的重要产业。紫润农业发展有限公司业、神农富硒生态农业发展有限公司在全县11个镇24个村建立花椒专业合作社，流转土地发展花椒720公顷（1.08万亩）。其中，神龙富硒公司在蒿坪镇森林村流转土地100公顷（1500亩），种植花椒约33.33公顷（500亩），茶园20公顷（300亩），黄花约13.33公顷（200亩），各类季节果树约6.67公顷（100亩），各种绿化树木约6.67公顷（100亩），吸引周边100余村民到园区务工。

与此同时，天和药业、绿康天龙、斌杰恒农业综合开发3家企业积极发展中药材种植，辐射6个镇10个村。绿安现代农业发展有限公司在全县11个村发展大蒜种植100余公顷（1600余亩），采取保底收购、股份分红、利润返还等方式，试点贫困户户均年综合收益4900元。

三、技术帮扶篇

"学一门技术，富一个家庭"。加强技能培训，使百姓掌握一项就业本领，是授之以渔。针对一些贫困人口思想观念保守、文化素质不高、就业技能缺乏、就业渠道不宽的问题，我县瞄准市场用工需求趋向，积极引导企业借助自身优势向帮扶村群众教授实用技术，培养致富带头人，帮助结对村群众更新生产生活观念，提高生产技能和生活质量，带领贫困群众发掘优势、创业致富。

我县采取包吃、包住、包就业，免培训学杂费、免教材书籍用品费，补往返交通费的"三包两免一补"的培训政策，依托县劳动培训中心、职业教育中心以及远元集团、康嫂家政和部分建筑企业，成立了紫阳县免费职业技能培训基地，主要开展修脚师、特色烹饪、家政月嫂、建筑技能、电子商务、民歌茶艺等技能培训。

成立于2007年的远元集团是一家以专业修脚连锁、技师培训、生物科技、商务贸易、影视传媒、远元商学院、慈善基金会、劳务派遣为八大核心产业板块，业务涵盖多个领域的全产业链的综合性集团公司，董事长郑远元为我县高桥镇铁佛村人。该集团结合企业特点和社会需求，与我县人社局共同组织修脚师培训。培训的学员基本都是我县的农民，绝大多数是一无手艺，二无资金，三无学历的"三无"人员。经培训后的上岗学员，普通技师月平均工资4500元，最高11078元；店长月平均工资7839元，最高67730元；片区经理保底年薪17万元；大区经理保底年薪50万元；省区经理保底年薪100万元。仅2016年一年，远元集团就吸纳就业5458人，帮助1691名在册贫困户实现稳定脱贫。截至2019年底，共培训修脚师2.8万人，带动4万多人从事修脚行业，人均月工资达到5000元以上。

在参与我县"百企帮百村"精准扶贫行动中，紫阳县华阳建筑工程有限公司、紫阳县汉谷建筑工程有限公司和陕西紫阳县凯源建设工程有限公司联合成立了紫阳县建筑行业"百企帮百村"精准扶贫办公室，每家公司抽调1名扶贫专员专事负责扶贫工作，会同县人社局共同组织了钢筋工、木板工、架子工、浆砌工等建筑技术工种培训，培训前与相关建筑企业签订用工合同，日平均工资不低于130元，考试合格取得资格证书后，立即实现就地就近就业，2019年共培训4期170人；康嫂家政服务有限公司，共培训烹饪、月嫂、家政等服务技能近4000人次，部分表现突出的月嫂被推荐到西安等大城市就业，月工资可达6000元以上。

通过引导企业开展技能培训，全县累计转移就业2000余人，实现了"学一门技术，富一个家庭"的扶贫目标。紫阳"党政主导+龙头企业+基地培训+定向就业"的技能扶贫经验入选全国优秀扶贫案例和全球减贫最佳案例。

四、吸纳就业篇

就业是民生之本。一人就业，全家脱贫，增加就业，是最有效最直接的脱贫方式。我县充分运用各项创业扶持政策，兑现奖励补贴等，吸引、鼓励创业成功人士和各类企业到紫阳创办新型社区工厂，吸纳、带动贫困劳动力稳定就业，增收脱贫致富。

紫阳县钜源鞋服有限公司，是我县2016年招商引进的一家大型劳动密集型制鞋企业，主要经营服装、鞋类的开发、设计、生产、销售等。该公司利用设备技术市场等优势，在红椿镇移民集中安置点建社区工厂，以当地贫困家庭为主要对象，通过培训、单个帮教，招用到企业从事鞋类生产加工，有效解决了部分剩余劳动力外出打工不方便、照顾家庭稳定创收两不误的问题。公司在福建总厂和红椿分厂共发展职工近千人，每年红椿钜源分厂稳定招用当地劳动用工300多人，工人月平均工资都在3000元左右，技术熟练工月工资可达6000元以上，仅工资收入一项，进厂员工实现年总收入1000多万元，每户平均增收3万多元。同时，采用"企业+扶贫车间+贫困户"模式，在多个贫困村建立小型厂房车间，就近吸纳当地村民进行制鞋技能培训，让贫困户在家门口上班挣钱。除此之外，公司还扎实做好红椿镇民利村的帮扶工作，累计投入资金60万元，对村上的贫困户进行就业、产业帮扶。

2017年，紫阳县钜源鞋服有限公司被评为市级就业扶贫基地、县级技能培训基地，荣获2017年度安康市万企帮万村精准扶贫行动"先进单位"称号和2017年度助力脱贫攻坚行动"先进企业"称号；并被人力资源社会保障部办公厅、国务院扶贫办综合司评为"全国就业扶贫基地"。

脱贫攻坚期间，我县在外成功创业人士积极返乡发展产业，他们不仅带回了资金和技术，更带回了发展新理念、新模式、新业态，有力地推动了地方脱贫进程。

高滩镇创业成功人士何远江，回乡成立紫阳县鑫合富硒食用菌开发有限公司，在高滩镇百坝村流转土地8公顷(120余亩)，总投资300余万元，将大棚免费提供给贫困户使用，公司保底收购、统一销售，每个大棚年收入可达4万元以上，同时吸纳了62名贫困户到公司务工，日工资80元，每人每年务工收入可达5000元以上。

界岭镇在外创业成功人士万世凯，在界岭镇斑桃村流转土地200多公顷(3000多亩)，建立以农业、乡村旅游、田园旅游地产为一体农业园区。在园区建设与管理中，将流转涉及22户的土地资源整合成资产，其中流转贫困户土地林地21户40公顷(600亩)，政府扶持资金估价折合入股，实现共赢，除农户享有流转补偿外还享有一定的股份，参与收益分红。组织农民41户，成立了茶叶、核桃、板栗3个农业合作社，新建核桃园约33.33公顷(500亩)，改造低产茶约33.33公顷(500亩)，改造实生板栗园约33.33公顷(500亩)，间种油料作物约33.33公顷(500亩)，茶叶精加工、板栗深加工厂房、办公用房4200平方米。通过流转土地、入股分红、企业务工等途经，帮助100户贫困户实现就近就业增收。

全县"百企帮百村"就业扶贫方面参与企业达53家，帮扶贫困村67个，投入资金总额4988万元，采取定向招工、临时用工、协议务工等方式帮助3000余贫困户实现了就近就业"挣钱顾家两不误"的梦想。

五、网络代销篇

"买东西贵，卖东西难"是贫困户面临的两大难题。全县在"百企帮百村"社会扶贫行动中，组织思兰商贸有限公司、三生网络科技有限公司依托其智慧物流中心，在全县所有镇、村建立起电商物流网点，实行代买代卖，打通了线上线下交易的关节点，改善提升了地方商贸流通效率。

紫阳县思兰商贸有限公司积极响应"百企帮百村"社会扶贫公益行动。先后成立县域网货供应中心，在镇村服务网点设立农产品展示区，指导村级服务网点组建专业合作社，制定农特产品统一标准、统一加工包装、统一品牌运营、统一对外销售"四统一"营销模式。专业合作社根据订单要求带领农户定向生产、标准化加工。通过订单农业实现产品标准化、规模化和品牌化。逐渐成立起以县域网货供应中心为主体、乡镇电商服务站为骨干、村级电商服务点为基础、专业合作社为网络、辐射千家万户的电子商务进农村的综合服务体系。

思兰商贸有限公司把电商扶贫作为脱贫攻坚的有效抓手，引导、鼓励电商企业纷纷投入脱贫攻坚，充分发挥电商龙头企业和电商扶贫的示范作用，采取"电商平台销售、订单农业合作、新零售战略辅助"，构建"电商企业+专业合作社+农户(贫困户)的互联网+产业"脱贫机制，积极探索出"电商产品订单农业扶贫、贫困户入股分红扶贫、就业创业扶贫、网销带动增收扶贫"四条扶贫模式，从而达到"一店带一村""一店带多户"的目的，有力拓展了紫阳本地特色富硒产品销售渠道，打造了"订单进山，产品出山"的电商扶贫品牌。通过走"公司+合作社+农户(贫困户)"的特色产业发展模式，其茶叶、土豆、核桃、香椿、阳荷姜等原生态无污染农特产品，通过智慧物流产业园等县、镇、村三级物流体系以高于市场价格收购、销往全国。

以王思兰为首的运营管理团队还通过直播销售方式带领各村站实现对本地农特产品的销售，通过直播宣传，推广产品包括李子(洞河)、青春洋芋(瓦庙)、猕猴桃(向阳)、芝麻糖(焕古)、阳荷姜(高桥)、香椿、竹笋、冬桃(洄水)、金钱橘(洞河)、野生蜂蜜(麻柳)、红薯粉条(双安)、腊肉等近20个本地农特产品,累计为村级服务站点和当地农民带来直接收入260余万元。

另外,自2017年以来,思兰商贸有限公司累计投入600多万元,成立思兰硒源合作社和"开心农场",帮扶毛坝镇腰庄、干沙、墙院、瓦滩4个困难村的脱贫攻坚工作,流转土地约1.33公顷(20余亩)实施电商扶贫加快基础设施建设、发展种(养)特色产业和旅游业以及山林经济,通过为贫困户提供生产资料及生活资料购买、新产品新技术的引进、农业技术指导和培训、农业生产安排、产品组织,以及统一对外销售、农业扶持项目的申请申报、社员项目资金的支持等,在毛坝镇帮扶贫困户523户。实施公益捐赠300余万元,捐资近100万元,帮扶贫困学生100余名,资助残疾人士开店就业23人,救助弱势人群30余人。

为加快农特产品销售,帮助贫困群众实现增收,万都百货、家家福、喜洋洋、三生科技等公司通过线上线下相结合的推广方式,销售农特产品,并与安康市紫阳商会签订战略合作协议,组织其餐饮企业与贫困村、合作社对接,实行订单农业,购销其农副产品,将茶叶、土豆、核桃、蜂蜜、干四季豆等特色农副产品销往安康、西安,销往全国各国,为贫困户增收开创了新路径。

截至2019年,我县建成县电商孵化服务中心和智慧物流中心、镇村电商服务站点138个,共培育电商企业15家,年实现电子商务交易额近3亿元,带动3300多户贫困群众增收。紫阳县作为全省唯一贫困县分别参加全国电商工作会、第四届中国西部国际电子商务暨农村电商精准扶贫大会,交流电商扶贫经验做法,紫阳电商模式"青春洋芋"入选第二届中国"互联网+农业"大会标杆案例。

六、扶危济困篇

积极捐资扶危、济困、办实事是所有参与扶贫行动企业的共同特点。在"百企帮百村"的战场,紫阳县爱心企业及商(协)会唱响一曲曲企业帮扶的"爱的奉献"。

远元集团、安康紫阳商会、安康西安商会、紫阳青创协会、紫阳县丽姐助学公益服务中心、紫阳县茉莉爱心联盟等充分发挥商(协)会作用,积极参与公益事业、捐资助学、扶危济困。远元济困慈善基金出资81.5万元,对163名困难家庭学生按照每生每年5000元进行资助。紫阳县青创协会组织多家企业助学助困,累计捐资6.3万元,联系江苏省青基会捐款30万元援建小河希望小学。

在紫阳参与爱心扶贫的除了县民营企业、商会组织,还有其他社会公益组织。如丽姐助学基金开展公益项目30余个,累计捐赠金额141万余元,其中资助学生464名,资助金额67万余元。

截至2019年,紫阳民营企业、商(协)会累计筹集资金302万元,资助贫困学生1000余名。在企业扶贫爱心传递中,有的相距千山万水,有的伸出援手却不留名……这些善举点燃希望明灯,温暖宛如朝阳,成为紫阳小康路上最温暖的注脚。

七、企业成就篇

随着"百企帮百村"精准扶贫工作的深入开展,我县涌现出一大批先进典型。结合民营企业帮扶工作成效及年度考核评价,我县积极推荐参加中省市县各类脱贫攻坚奖等表彰评选活动,多个民营企业或企业家受到国家、地方表彰。

远元集团荣获2017年全国"万企帮万村"精准扶贫行动先进民营企业,董事长郑远元荣获2017年全国脱贫攻坚奉献奖;开源富硒公司荣获2018年全省"万企帮万村"助力脱贫攻坚"三秦帮扶善星"荣誉称号。思兰商贸有限公司总经理王思兰荣获2019年度陕西省脱贫攻坚奉献奖。

截至2019年底,全县共有11家民营企业和7名民营企业家荣获全市助力脱贫攻坚优秀企业和优秀企业家;12家民营企业商(协)会和5名企业家荣获全县"百企帮百村"精准扶贫行动先进民营企业和先进个人称号。(汪可平)

讲 述

探索"百企帮百村"扶贫的紫阳模式

讲述人：吴世林　紫阳县委统战部副部长、工商联党组书记

我是 2006 年到统战部门工作的，在县委统战部工作了 14 年，现任紫阳县统战部副部长、工商联党组书记。我参与了"百企帮百村"精准扶贫工作的全过程，可以说见证了这段历史。2015 年全国工商联、国务院扶贫办和中国光彩事业促进会在全国范围内启动"万企帮万村"精准扶贫行动。2016 年底，紫阳县根据中省市"万企帮万村"精准扶贫行动的统一部署，结合脱贫攻坚工作的总体要求及工作实际，启动"百企帮百村"精准扶贫工作。

这项工作一启动，我县就成立以分管县工商联的县委领导任组长，县委统战部、工商联、组织部、宣传部、扶贫局、水利局、住建局、搬迁办等单位负责人为成员的精准扶贫行动工作领导小组，领导小组下设办公室，设在县工商联，负责具体业务工作。制定出台了《紫阳县"百企帮百村"精准扶贫行动实施方案》，明确各成员单位的工作职责，并按各自职责分头推进，开展工作。县工商联作为此项工作的主要责任单位，发挥企业"娘家人"的组织优势和资源优势，精细谋划，力促企村成功"联姻"。

在具体工作中，为激发广大民营企业和非公经济人士的帮扶热情，县工商联作为"领路人"，着力念好"引、选、商、帮"四字诀。"引"就是引导。我们深入走访企业和贫困村调研，发出参与行动的倡议，号召民营企业积极参与，对民营企业家进行动员、衔接，通过积极动员、广泛宣传，全县 91 家民营企业及商（协）会主动参与。"选"，就是双向选择。根据企业所处的位置和发展区域、发展方向等情况，按照自觉自愿、量力而行的原则，在相互尊重、自由结合，采取多企帮一村、一企帮一村、一企帮多村等形式，发放征求意见函、征求意见和建议，合理安排结对，不对企业搞道德绑架和任务摊派。"商"，就是平等协商。在帮扶协议制定和签订的过程中，发挥企业和结对帮扶村各自优势，实事求是、量力而行，通过交流座谈、实地查看，明确双方的责任、义务和帮扶任务。"帮"，就是真心帮助。实力较强的企业帮扶脱贫任务相对较重的贫困村，开展定向帮扶；实力相对较弱的企业与脱贫任务相对较轻的贫困村开展"村企共建"、协作帮扶；农产品加工类企业引导到贫困村建基地、搞加工，开展

专项帮扶；劳动密集型企业为帮扶村培训富余劳动力，提供工作岗位，解决村民就业；服务型企业主要采取技能培训，提升贫困户技能水平，解决贫困户就业难题，确保稳定收入。

2016—2018年我们以公益扶贫、技能扶贫、产业扶贫为突破口和重要抓手，推进社会扶贫工作。2017年，发挥民营企业及商（协）会资金、技术、管理等优势，把企业转型升级与贫困地区产业构建结合起来，推动发展特色种养业、农产品加工业和林下经济、电子商务、乡村旅游等产业，引导民营企业通过产业培育进行精准扶贫，通过流转土地、订单生产、合作经营等形式建立利益联结机制。2019年，为进一步促进精准扶贫成果转化、巩固社会扶贫成果，促进"万企帮万村"精准扶贫行动提质增效、高质量发展，我们通过鼓励民营企业采取"以购代捐""以买代帮"等方式采购本地产品和服务，发挥行业协会、商会、慈善机构等社会组织作用，组织动员爱心企业、爱心人士等社会力量参与消费扶贫，达成消费扶贫意向金额2027.7万元。2020年，为进一步将企业自身利益与贫困地区群众利益"捆绑"在一起，实现互利共赢，我们着重引导企业以商贸扶贫形式开展帮扶，以全县商贸、物流、电商等帮扶企业（合作社）为平台，通过集中收购、物流配送、外联市场、电子商务平台等形式，帮助结对村和贫困户对接外部市场，销售当地农副产品，卖出好价格，带动农户增收。

近年来，县工商联主动与发改、人社、金融等部门沟通，为扶贫企业解决政策、信息、融资等方面的困难，在资金奖励、税收优惠、融资贷款、社会保险、人才培养、项目用地、企业上市等方面给予支持，增强企业参与精准扶贫的主动性，建立"一月一反馈、一季度一督导、半年一通报"的长效督查机制，提质增效。我们在一手抓保障的同时，一手做好激励工作。对参与"百企帮百村"精准扶贫行动作出突出贡献的民营企业和个人进行宣传和表彰，将企业对精准扶贫工作的参与态度、参与程度、取得效益与培养先进、授予荣誉、政治考察等结合起来，树立了一批榜样，激发企业的参与热情；对企业脱贫带动性强的扶持项目，积极协调各有关部门在政策范围内给予大力支持；同时逐渐将帮扶工作重心向深度贫困村倾斜，使民营企业成为精准扶贫的重要力量。

在帮扶中，我们按照"村企共赢"的原则，因地制宜、因村而异、多措并举、注重实效，形成产业扶贫、商贸扶贫、就业扶贫、技能扶贫、捐赠扶贫等立体化的帮扶方式，也探索形成一批可推广的扶贫模式，形成独特的紫阳特色社会扶贫模式。具体包括：

一是民营企业立足紫阳富硒资源优势，引领带动贫困户大力发展茶叶、花椒、中药材和畜禽养殖等产业，通过"企业+基地+贫困户"的模式带动群众增收。紫阳春、秦巴山、鼎龙茶业等16家茶企结对帮扶22个贫困村；天和药业、绿康天龙、斌杰恒农业综合开发3家企业中药材种植辐射6镇10个村；紫润农业、神农富硒在11个镇24个村建立花椒专业合作社，流转土地发展花椒720公顷（1.08万亩）。

二是53家企业投入5672万元，采取定向招工、临时用工、协议务工等方式帮助3200余人就近就业增收。神农富硒生态农业园区吸纳贫困户用工，带动103户贫困户户均增收6300元；紫诚旅游通过拓展服务，吸纳50名贫困群众务工就业；郁禧园茶业、宝康茶叶、焕古庄园、秦巴山等企业都采取吸纳帮扶对象进厂务工方式，增加贫困户收入。这种就业扶贫促增收模式得到广泛赞扬。

三是通过"开展党政主导＋龙头带动＋基地培训＋定向就业"的技能脱贫模式，实施修脚足浴、特色烹饪、家政月嫂、电子商务、建筑劳务等技能培训，免费帮助群众提升职业技能、实现稳定就业，进而实现增收脱贫。目前紫阳修脚企业经营收入达到40亿元以上，带动上万贫困群众实现增收。

四是商贸企业通过"电商企业＋专业合作社＋贫困户"的电商扶贫模式，拓展农产品销路，增加贫困群众收入。三生网络科技有限公司通过订单销售形式，收购农副产品销往全国。目前建成县镇村三级电商网络，电商服务站点90个，累计带动3300余户贫困户增收。

安康紫阳商会、紫阳青创协会、丽姐助学公益服务中心、茉莉爱心联盟等积极投身"光彩事业"，通过救助、捐赠等多种方式帮助贫困群众解决生产生活中的实际问题。远元济困慈善基金累计出资141.5万元，按照每生每年5000元对困难家庭学生进行资助。这在扶危济困办实事的传统帮扶模式也起到重要作用。

几年间，"百企帮百村"精准扶贫成长为工商联引领非公企业和商（协）会组织助力脱贫攻坚的品牌工作，成为广大非公经济人士参与脱贫攻坚的载体，得到了各级的充分肯定，一大批民营企业和企业负责人得到省市县表彰，展示企业家良好的社会形象。截至目前全县158家非公企业对口帮扶133个贫困村，累计投入产业资金5860万元，公益捐赠972万元，帮扶贫困人口4.4万人，实现全县贫困村结对帮扶的全覆盖。2017年远元集团荣获全国"万企帮万村"精准扶贫行动先进民营企业，董事长郑远元荣获2017年全国脱贫攻坚奉献奖，2018年陕西省优秀民营企业家称号，2019年陕西省优秀中国特色社会主义建设者；2018年开源富硒公司荣获全省"万企帮万村"助力脱贫攻坚"三秦帮扶善星"荣誉称号；陕西省紫阳县和平茶厂被陕西省委省政府表彰为"2018年陕西省优秀民营企业"荣誉称号；17家获得全市助力脱贫攻坚优秀企业表彰，15家企业获得紫阳"百企帮百村"精准扶贫行动工作先进民营企业及个人表彰。2019年在安康市促进民营经济高质量发展暨表彰大会上，安康爱多宝动漫文化产业有限公司、陕西紫阳睿智环保建材有限公司、紫阳县钜源鞋服有限公司、紫阳县思兰商贸有限公司荣获安康市优秀民营企业家表彰。

下一步我们将继续加大对"百企帮百村"工作的组织、协调和推进工作力度，时时掌握企业帮扶情况，切实帮助在帮扶方面存在的困难和问题，力争实现顺畅对接，高效帮扶，力促企业帮扶效益最大化，增强帮扶实效性。加强积极与媒体合作，引导更多的民营企业加入"百企帮百村"中来，将"百企帮百村"工作做深做远。脱贫攻坚行动即将结束，乡村振兴任重道远，希望"百企帮百村"在乡村振兴战略中也发挥重要作用。（整理人：行　甜）

风 采

当好社会扶贫"服务员"
——记县扶贫局干部李哲

一头干练短发,一身休闲服饰,李哲用女性特有的温柔内敛和巾帼不让须眉的"女汉子"气概,积极奔走于帮扶企业、帮扶单位和贫困群众之间,既沉得下身子,也放得下架子,更丢得下面子。

李哲,2009年参加工作,2015年到紫阳县扶贫开发局担任社会扶贫股股长,专门负责社会扶贫工作的专干,竭尽全力在社会扶贫的路上当好一名"服务员。"

精准扶贫,关键在于"精准"。为做到识别"精准"、信息数据"精准",只要工作需要,不论天晴还是下雨,她都会坚持深入一线,了解贫困户基本情况,宣传政策,抽查核实数据的准确度。为了更好发挥社会扶贫App的作用,通过互联网建立贫困群众和社会爱心人士、爱心企业之间的沟通桥梁,她利用自己的微信朋友圈、"紫阳扶贫"微信公众号积极组织推广,短短半个月时间,全县贫困户和爱心人士注册量就达到2.8万余人,注册量位列全省前十。同时,她平时特别注重收集各级帮扶单位工作纪实资料,及时跟踪记录社会扶贫工作开展情况。针对新增帮扶单位,她更是勤勉联系,积极奔走。另外,她关心驻村工作队员工作、生活情况,帮助没有农村工作经验的驻村工作队员尽快适应农村工作。

省市包联帮扶单位每季度要召开一次驻村扶贫联席会,她要及时做好后勤服务、沟通协调、上传下达、收集各包联单位季度帮扶情况。在她在牵线搭桥下,中国石油集团测井有限公司向结对帮扶的紫阳县东木镇燎原村捐资400余万元现金,助力深度贫困村群众脱贫致富。

据该公司派驻燎原村第一书记李挺介绍,捐助资金主要用于支持贫困户兴建茶园,以及新建垃圾填埋场、安设路灯等公共服务设施。东木镇党委书记、燎原村扶贫工作队队长蔡英雄说,该公司的第一笔捐资打通了产业增收和基础设施建设的阻碍,第二笔捐资正值脱贫攻坚"百日冲刺"关键时期,为燎原村实现高质量脱贫出列奠定了坚实基础。

该公司自2018年4月正式与燎原村结对帮扶,从1万多名员工中选拔出3名干部驻村扶贫，14名高管包联104户贫困户。2018年11月，该公司针对该村"两室一场"设施简陋、产业基础薄弱等方面，捐资227.1万元弥补短板弱项。在该公司的大力帮扶下，该村基础设施、公共服务等方面得到极大改善，茶叶、养猪、养鸡等产业蓬勃兴起。该村还形成了"支部+合作社+贫困户"的带贫模式，销售农产品250余万元，盈利40万元。

在她的牵头组织联系协调下，社会力量也积极参与扶贫，2018年8月，丽姐助学联盟为麻柳镇水磨村捐赠了83个"爱心书包"和有机豆奶，包括书包、文具、书籍、袜子等物品。2019年5月，联系西北大学慈善研究院为贫困孩子送鞋子，200多名农村家庭学生获赠"励志鞋"。联系西安卧龙寺资助贫困大学生40人，发放资助款10万元。在她的牵线搭桥下，众多社会扶贫资源帮扶贫困群众，助力脱贫攻坚。

2019年8月，李哲又组织开展消费扶贫助力脱贫攻坚，促进签订消费扶贫订单3000余万元。她号召带贫企业入驻贫困地区农副产品网络销售平台，已有7家企业入驻，销售额达40万元。

一份耕耘，一份收获，通过她的不懈努力，截至目前，紫阳县共有1个央企、22个省直单位、29个市直单位、109个县直单位驻村帮扶133个贫困村，2018年以来，各级帮扶单位帮助引进项目累计103个，注入各类帮扶资金2097.64万元，帮助贫困人口2.81万人顺利实现脱贫。

做社会扶贫工作，她更懂得用社会的力量解决贫困户的困难。她所包联的麻柳镇水磨村五组贫困户朱某，其丈夫因病去世，本人又患上了风湿性心脏病，病情严重急需治疗，却没有前期治疗费用，李哲得知后，先是用社会扶贫App和自己的朋友圈扩散消息为朱某筹集到前期治疗费用，又到县妇联申请救助款、联系企业捐助等。功夫不负有心人，她前前后后帮朱某共筹措到治疗费用近万元，使朱某顺利得到了治疗。

因长期高负荷工作得不到休息，2018年6月底，李哲病倒了，需住院治疗，但除了本单位同事外，她没告诉其他人自己生病的消息。躺在市中心医院的病床上，时不时就有省、市帮扶单位的工作人员打来电话，常常一个电话就是10多分钟，手术后的她身体十分虚弱，电话后期越说越没有力气，几个心细的人就问她是不是病了，她仍旧咬着牙说没有，硬撑着把工作电话讲完。前往医院看望她的同事风趣地说："李哲这是工作上瘾了。"出院后医生根据病情叮嘱李哲休息一个月，单位领导也劝她继续在家休息，但她心系工作，主动请缨提前上班。这就是李哲，一名普通却不平凡的社会扶贫"服务员"。

2019年11月，她被安康市委、市政府评选表彰为全市社会扶贫先进个人。2020年2月27日，陕西省政府宣布紫阳县脱贫摘帽了，但脱贫摘帽不是终点，而是新生活、新奋斗的起点，在决战决胜脱贫摘帽的关键时刻，她更要当好社会扶贫服务员，协调联系更多社会扶贫力量支持帮扶贫困户稳定增收致富，不断巩固提升脱贫质量。

（刘效廉）

春雨润茶乡

脱贫摘帽前,紫阳县是全省贫困程度最深、脱贫难度最大、脱贫成本最高的县。截至2020年6月,全县共有158个民营企业及商(协)会投入到脱贫攻坚这场艰巨的战役中,累计投入产业资金5860万元,公益捐赠972万元,4.4万贫困人口受益。陕西省紫阳春富硒茶业有限公司就是该县"万企帮万村"扶贫行动中的优秀代表。

茶叶、劳务是紫阳群众脱贫增收的两大支柱,其中茶叶产业带动12万农户增收致富。陕西省紫阳春富硒茶业有限公司(以下简称紫阳春公司)是农业产业化省级重点龙头企业,年生产茶叶38吨,产值3000余万元,带动1500余户增收。特别是公司结对帮联红椿镇大青、白兔、上湾、纪家沟、侯家坪5个深度贫困村548户2246人,占紫阳县深度贫困村总数的1/7。2020年,紫阳春有限公司订单收购贫困户茶叶鲜叶28吨,带动贫困户增收469万元;吸纳21人长期务工,人均月工资2300元,季节性用工30人,年均增收9000余元。2019年,公司向贫困户分红41.2万元,2020年达到53万元。近年来,陕西省紫阳春富硒茶业有限公司先后获紫阳县、安康市"助力脱贫攻坚"优秀企业,紫阳县、安康市"百企帮百村"优秀企业等多项荣誉称号。

紫阳县红椿镇纪家沟村在册贫困户吴世玉家里虽然有6000多平方米(10余亩)茶园,但是由于缺少务茶技术,增收渠道单一,日子依然过得紧张。"紫阳春公司帮扶我们村后,给我家带来了巨大转变。"吴世玉说,"公司指导种植茶叶,并统一收购,这让我的务茶收入有了保障。因为熟悉茶叶生意,我被公司安排做销售,每月工资2500元。"通过销售鲜叶和在公司务工,吴世玉一家年增收6万元以上。紫阳春公司包联的5个村都是基础条件较差、贫困程度较深的村。为了帮助贫困群众增收,紫阳春公司充分将贫困户纳入茶叶产业发展链条,免费为贫困户提供茶肥、修剪工具,总经理江祖友带领技术员轮流到各村开展茶园管理、茶叶采摘技术培训。同时,公司优先、优价收购贫困户鲜叶,连续3年年均支付鲜叶款稳定在470万元左右。

红椿镇大青村在册贫困户陈善朝夫妇在疫情期间没能外出务工。当时正好是春茶生产时期,夫妻二人来到紫阳春公司就业,丈夫做茶叶生产技术员,妻子为工人做饭,3个月时间挣了2万多元劳务工资。自开展"万企帮万村"扶贫行动以来,紫阳春公司优先安排贫困劳动力来企业就业,共吸纳21人长期务工,人均月工资2300元;季节性用工30人,年增收9000元以上。

除了积极参与"万企帮万村"扶贫行动,紫阳春公司还热心社会公益。"真是太好了,原来我们热得汗流浃背,拿书本当扇子,自从空调安装后,教室里高温降下来了,同学们学习劲头上来了。"2020年6月,紫阳春公司捐款2万元,为东木镇中心学校九年级教室添置空调设备,极大地改善了学习环境。在2020年疫情期间,紫阳春公司先后通过紫阳县人大常委会、紫阳县工商联捐款10000元。

2020年2月27日,陕西省政府正式宣布紫阳县脱贫摘帽,紫阳春公司参与紫阳县的扶贫行动进入新的阶段。"我们没有懈怠,扶贫行动依然持续开展。"紫阳春公司总经理江祖友说。公司投入750万元资金,扩建厂房1740平方米、改建厂房1200平方米,投入110万元资金更新设备40余台(套),对生产车间进行全面改造升级,为实现从"帮村脱贫"到"促村振兴"的转折和衔接打下基础。

紫阳春公司研制了一款新茶,请了很多茶学界、文化界的朋友起名,江祖友选中了"紫阳春雨"。他说:"党的政策就跟春雨一样润泽农村、农民,我才能先富起来,紫阳春才有今天。如今在'万企帮万村'中,我们也要做一回及时雨。紫阳春公司要像习近平总书记寄语'万企帮万村'民营企业家那样,把握时代大势,坚定发展信心,心无旁骛创新创造,踏踏实实办好企业。"(黄志顺)

为了大地的丰收

——思兰商贸公司董事长王思兰就业扶贫二三事

在紫阳城乡,王思兰无疑是一位知名度极高的女能人。她白手起家,通过近40年的拼搏奋斗,现在50多岁,已是一家拥有2亿元资产(含无形资产)的企业集团董事长。但这并不是王思兰完全在意的,用她的话说"人生不仅是要拥有很多金钱才算富有,而是要帮助很多人才算富有,帮助的人越多,财富越多,因为帮助别人,会使自己的精神充实和愉快"。这番话并不是王思兰的豪言壮语,而是她所作所为的真实体现。一个人做点好事并不难,难的是一辈子做好事。十几年来,王思兰持之以恒地帮助别人,特别是在近几年的扶贫攻坚工作中,更是一马当先,以扶贫帮困为己任,充分展现了一位共产党员不忘初心、牢记使命的风采。2017年6月,王思兰被评为安康市第三届"非公经济人士优秀中国特色社会主义事业建设者";2018年10月,市委、市政府授予她"助力脱贫攻坚优秀企业家"称号;2019年10月,陕西省脱贫攻坚领导小组颁给她"陕西省脱贫攻坚奉献奖";2019年7月,城关镇党委授予她"优秀共产党员"称号。

三千岗位系一身

2008年,思兰贸易公司中标国家万村千乡工程加盟点,起初只是日用百货和烟酒副食之类的批发零售商贸业务,经过努力发展,至2020年初,思兰商贸已遍及紫阳17个镇。公司总部经营批发、阿里巴巴零售通平台、超市、电子商务平台、饿了么平台、线上超市等业务，从业人员175人。发展配送中心、二级批发店、直销店、加盟店、信息化农家店、物流园区、村级电商服务站等经营网点2500余个，带动就业超过3000人，其中半数以上是建档立卡贫困户劳动力，有的甚至是特困户。总部超市员工月薪2000多元，其他岗位参差不齐，月入万元的也有。申请办商贸点的贫困户，经她考察符合条件的，她都给予最大支持，只要求提供个人信息资料，由她出6000元办好营业执照，定做门牌、货架并按进货需求配备50%的货物，一次送到位。有32个残疾人办商贸点，王思兰只让他们自己找一间房子，其余的事她来办。她带着公司员工，提着刷墙用的涂料，带上食品和瓶装水，自己动手从粉刷房屋做起，免费帮助他们把营业场地收拾好，还送上10组山架和1万元货物。商定是3个月归还货款，到期还款有困难的，她都给予宽限，后来贫困户继续用现金进货，她都没有抵扣原先的垫款。

2016年，思兰商贸公司响应政府号召，开展"百企帮百村"活动，投入600多万元，帮扶毛坝镇腰庄、干沙、墙院、瓦滩等4个村的349个贫困户，发展养殖业和种植业，带动周边数千留守劳动力就近务工，人均每年增收2000余元。2019年除继续联系毛坝镇的几个村外，又增加城关镇新桃村为企业扶贫联系村。帮助农户发展养蜂800余桶、种植香椿、阳荷姜等特色农产品和中药材200多公顷（3000多亩）。思兰商贸公司用帮助贫困户脱贫摘帽的优秀业绩，向党和政府交出了满意答卷。

电商扶贫写新篇

2015年，王思兰根据网上购物的发展趋势创办电子商务，并打算创建全国电子商务进农村示范县。她投资2000余万元，建成1.2万平方米智慧物流基地，发挥物流仓库功能，作为县域物流快递集散分拨中心，集网货运营、电子商务为一体。又迅速铺开村级电子商务服务站建设，至2019年底，已建成169个村级电商站，村级电子商务覆盖率达到96.5%。王思兰在毛坝镇组建"开心农场"，流转土地约38.53公顷（578亩），成立思兰硒源合作社，作为电商扶贫专业合作社的示范点，指导村级服务网点组建专业合作社，形成了以县为中心、村为基础、合作社为网络辐射千家万户的电子商务综合服务体系。按照农特产品统一质量标准、统一加工包装、统一品牌运营、统一对外销售的"四统一"规范，实行订单农业，收购全县农特产品，线上线下同步走。王思兰的规划是从打造"一店带一村，一店带多户"的电商扶贫品牌做起，逐步达到"电商企业+专业合作社+农户"集生产、加工和销售"一条龙"综合经营的目标。2018年以来，王思兰电商运营团队推出了直播"发现紫阳"电商销售方式，共开展直播宣传24次，推销了包括洞河、瓦庙、向阳、焕古、高桥、洄水、麻柳、双安、汉城、城关等地所产的李子、金钱橘、土豆、猕猴桃、芝麻粘饴糖、阳荷姜、香椿、冬桃、野生蜂蜜、红薯粉条、腊肉、变蛋、皮豇豆、魔芋豆腐等近20种产品，年销售收入260余万元。电商销售的方式打开了产品销路，找到了农民就地就业和增加收入的门路，激发了农民向生产深度和广度开发的积极性。王思兰对此感到非常高兴，她说，她做的这一切就是为了让大地获得丰收。

授人鱼还授以渔

　　助人为乐是我国优秀的传统美德，但帮助别人也要讲究方法，古语云："授人以鱼，不如授人以渔"。意思是送鱼给别人，不如教会别人捕鱼的方法、送给别人捕鱼的工具。因为送鱼只能解决临时问题，有了捕鱼的工具和方法就永远有鱼吃。不知道王思兰是否知道这句古训，但她对扶贫的理解就正合这个意思。她说，扶贫不但要扶资金，还要扶正气和志气。正气就是要遵纪守法，诚信经营；志气就是要自强不息，奋斗脱贫。只有守正气、立志气的人才有脱贫致富的素质，才能巩固脱贫成果，存着"等、靠、要"思想的人，是既不讲诚信也不讲志气，扶也扶不起来。她扩大商贸网点、参与企业联户扶贫、发展电商、组建专业合作社，都基于让扶持对象自身努力奋斗这种考量。她还以身作则，率先垂范，自己带头一不卖假货，二不卖过期变质物品，三不搞价格欺诈。为了堵住假货来源，她只作代理商，不在非正常渠道进货。她的公司做了21个正规厂家总代理，涉及几万个单品；对有保质期的商品几天清理一次，到期物品及时下架；公司商品都是明码标价，童叟无欺。2019年1月，省粮食行业协会授予思兰商贸公司"放心粮油示范企业"称号。紫阳周边省市县的消费者对思兰商贸也高度信任，岚皋县还有117个加盟点。按照王思兰现在的财力，她完全可以过着宝马香车、养尊处优的生活，但她和她的家人并没有因此而贪图享乐，丝毫没有与众不同的显摆。王思兰大部分时间仍在柜台上帮忙，她认为这样有助于永远保持艰苦奋斗的作风，也有利于发挥带头作用，克服小富即安的小农思想意识。熟人和她开玩笑说"都当董事长了还站柜台"，她总是笑着说"当了再大的官，挣了再多的钱，也不能忘了劳动本色"。

寸草报得三春晖

　　王思兰对自己花钱表现得有些抠，但对扶贫帮困却是倾囊相助，非常慷慨。2000年7月13日，紫阳遭特大洪灾，王思兰捐款50万元救灾；2012年，紫阳建修文笔山公园，她又捐款80万元。从2005年起，王思兰每年都扶助几个大学生上学，至2019年总计已扶持110人，其中有39人是在册贫困户的学生，平均每人4万元，总计440万元。从2016年起，王思兰每年给洞河和城关敬老院分别送去大米250千克、食油100千克。2020年2月，在防控新冠肺炎的关键时期，思兰商贸为隔离区医护及留观人员捐赠5000元果蔬，王思兰以思兰商贸董事长的名义组织志愿者捐赠口罩2000余个、84消毒液2500千克，向城关镇环卫工人捐赠方便面、牛奶、饮料等总计达14万余元。思兰商贸公司给加盟店和直销店发货，都不赚取利润；村级电子商务站21万元设备都是免费使用，总计370多万。这样做，王思兰是肯定亏了，那些贫困户中的就业人员却减少了就业成本，能够尽快取得收入。2019年，王思兰带领员工到思兰商贸联系的贫困户家，以2元/千克的价格代购代销土豆100多吨，其中部分按收购价转销出去，部分在总部超市以1.96元/千克销售。当然王思兰又亏了本，但那些种土豆的贫困户却在王思兰的帮助下赚了钱。就连差点把王思兰逼上绝路、总投资 5000 多万元的智慧物流中心投入运营后，她也把其中的 2300 平方米场地、连同传送带、安检机、爬坡机、伸缩机、自动扫码机等大型设备让给快递物流免费使用 5 年，同时水电都由她免费提供。

对王思兰这些不寻常的行为，有人惊叹，有人羡慕，有人迷惑，甚至有人认为王思兰傻了，有人怀疑王思兰有政治企图，也有人说王思兰伟大，了解和关心她的人则操心她献爱心投入太大，恐其财力难支。其实，说王思兰傻了，那是误会她了；说她有政治野心，那是冤枉她了；说她伟大，又有些虚幻；说她献爱心才是真的。用王思兰的话说，共产党员不忘初心，牢记使命，不是一句口号，每个人都要以自己的实际来践行。她说这个社会对她有 3 个大恩，她必须要努力回报。第一要回报党和政府。是党和政府制定的大量惠民政策和营造的良好社会环境，使她有抓住国家"万村千乡"商贸工程和"电子商务进农村"的机会，奠定了她的事业基础。第二要回报广大群众的"河润"之恩。她从一个小商店起本，是成千上万的顾客照顾了她的生意，虽然是公平交易，但首先是群众信任了她，使她的事业得以发展壮大。好比引来黄河之水，把她这株小苗浇灌成了一棵大树，这在古代被称为"河润"之恩。第三要回报县农商银行的"再造"之恩。2015 年，她建设智慧物流中心的资金链断了，眼看工程就要夭折的时候，是县农商银行贷给她 1800 万元，使这项工程起死回生，挽救了她的事业，对她的事业来说有"再造"之恩。

除了回报社会之外，王思兰作为一个生意人，还把她的扶持对象作为未来的合作伙伴，在完成党和国家交给她扶贫任务的同时，也培养了她自己事业扩张发展的后劲，使她的事业立于不败之地。这样的深谋远虑和巧妙结合，才是王思兰的过人之处。（李录志）

修脚带出的致富路
——吴氏集团董事长吴时恩扶贫帮困的故事

2017 年的夏天，吴氏集团董事长、紫阳县政协委员吴时恩在汉王镇、向阳镇顺利开办了修脚培训班，在开班仪式上，他向学员们讲述了自己脱贫致富的经历，鼓舞了学员们致富的信心和决心。

致富不忘报乡亲

吴时恩，出生于紫阳县向阳镇芭蕉村，自幼家境贫寒，成年后，靠一把修脚刀走南闯北，努力打拼，于 2007 年在榆林创立吴氏修脚集团。十多年来，企业在他的经营管理下，正全力打造以"中国北方地区修脚服务第一品牌"为核心的新型企业。

有多少满怀憧憬的年轻人，在吴氏集团这个平凡的舞台上，实现了自己的梦想，出生在紫阳县高桥镇大山深处的宋赞宾就是其中一员。宋赞宾干过矿工，做过搬运工等苦力活，虽然能够养家糊口，但一直没能实现脱贫致富的梦想，后来经人介绍来到吴氏集团。通过不断学习和努力，宋赞宾用短短6年的时间，成长为吴氏集团榆林市区域经理，年薪80万元，并且在修脚途中认识了现在的妻子，组建了幸福的家庭，有了2个可爱的女儿，小日子过得有滋有味。他靠自己的努力赢得了爱情、事业双丰收。像宋赞宾这样的创业成功人士在吴氏集团举不胜举。近几年来，吴时恩先后从家乡带出500多个农民从事洗脚行业，他们人均年纯收入都在6万元上下，有效地转移了农村富余劳动力，推动了当地的脱贫工作。

"脚"上有路获新生

了解吴时恩的人都知道，他是一个纯朴的企业家，有着深厚的家乡情怀和敢于担当的社会责任。凡有困难的人，不管是谁，只要有求于他，他都会伸出援助之手，帮他们走出困境。

2013年春节，公司里一名员工的父亲王某刑满释放，找工作四处碰壁，生活无着落。吴时恩得知这一情况后，便带着礼品，来到了他家，对王某说："你我都是紫阳人，你的儿子在我们公司发展的也很不错，我们也算是一家人，既然是一家人，在你有困难的时候就应该给我说，我也会尽我所能去帮助你。"他还说，"无论你之前是怎样的一个状态，只要你能改过自新，我们公司都会给你提供一个新的平台。"王某听完这一番话后，激动地拉起了吴时恩的手，眼睛红润，嘴里只道感激。春节后王某便跟随吴时恩来到榆林市集团总部，很快在公司立足适应了新工作。4年时间过去了，王某通过自己的努力现已成为公司分店股东，年收入达30余万元，生活发生了巨大变化，人变得乐观向上，对生活也充满了信心。

携手拓宽致富路

在紫阳县组织的"百企帮百村"促脱贫行动中，作为县政协委员的吴时恩主动参与脱贫攻坚帮扶活动，与向阳镇芭蕉村对接帮扶。起初他通过收购野生艾蒿帮助村民增加收入，后来发现效果不甚理想，便想起了利用自己的企业优势拓宽帮扶渠道。经过一番精心策划，先后在汉王镇、向阳镇开办了5期修脚师培训班，培训学员450人。通过短期集训，改变了学员们只会在家种地或出门下煤窑挣钱的观念，大家对修脚行业有了新的认识。集团老师认真负责的教学态度，感染了每一位学员，并与他们建立起了深厚的友谊。培训结束后，吴时恩向学员们承诺，愿意到吴氏集团就业的学员可享受3500元的月保底工资，包吃包住，春节带薪休假等一系列福利待遇。结业当天，有意到吴氏集团就业的学员就达60余人。

汉王镇农安村一组村民武道兵，父母离世早，一个人长期在外漂泊，回乡时已是一家四口。武道兵一家家中房屋破旧，生活十分无助。正在迷茫时，吴时恩的修脚培训就像及时雨一样落到了他的头上，他参加了吴时恩在汉王镇开办的首期修脚师培训班。短期培训后，武道兵与公司签订了用工合同，以后的日子，武道兵每月都会有3500元的收入,媳妇在家带孩子,孩子在汉王镇上学,实现了真正的安居乐业。

吴时恩扶贫的故事还有很多,每一个故事都折射出他"真扶贫,扶真贫"的大爱情怀。他通过组织技能培训帮助农村贫困群众增收脱贫的做法,已成为一条成功经验,正得到广泛推广。(李铁梅)

第十三篇
苏陕协作

综 述

跨越千里的"握手"

在东西部扶贫协作的大背景下,2016年,紫阳县与江苏常州市新北区结为"携手奔小康"东西部扶贫协作单位。协作以来,两地互动频繁,往来密切,扶贫协作硕果累累。

开展互访交流69批次600余人;

投入资金3.913亿元,实施协作项目323个;

收到新北区爱心捐款及爱心物资共计400余万元;

带动建档立卡贫困人口46000余人增收;

…………

沉甸甸的数字背后,是两地开展务实协作的生动实践,饱含真情,令人动情。

一

新北区、紫阳县两地党委、政府高度重视东西部扶贫协作工作,注重顶层设计和高层互动,以机制建设推动两地扶贫协作工作。建立对口协作联席会议机制,两地政府签署《关于进一步加强扶贫协作和经济合作协议》,确定了协作机制、重点任务和保障措施。

紫阳县成立由县委书记任第一组长,县长任组长,县级各相关部门、各镇主要领导为小组成员的紫阳县苏陕扶贫协作与经济合作工作领导小组,设立专门办公机构,明确各单位的职责任务。县委、县政府定期召开县委常委会、县政府常务会等会议,安排部署重点工作,研究解决重大问题。实行主要领导牵头、分管领导负责、苏陕办协调指导、部门镇村层级主抓的工作机制,纳入目标考核,层层夯实责任,强化督查问责,确保各项工作落到实处。

2017年4月,常州市选派夏志文到紫阳挂职任县委常委、县政府副县长,负责对口协作合作、招商引资和园区开发建设工作。同年10月,又增派常州市高新区(新北区)科级干部许波到紫阳挂职任县发改局副局长,负责苏陕扶贫工作。2019年5月,夏志文挂职期满后,常州市选派潘永泪到紫阳挂职任县委常委、县政府副县长,继续负责对口协作工作。紫阳县先后选派7名年轻干部赴新北区挂职学习。

紫阳县积极落实两地政府扶贫协作协议，与新北区开展全方位、深层次协作合作。紫阳县与新北区6镇6村、4所学校和5家卫生院分别签订结对帮扶协议。其中蒿坪镇、焕古镇分别与新北区春江镇、奔牛镇签订镇级结对帮扶协议，成为全省首批"携手奔小康"结对帮扶镇；城关镇、向阳镇分别与新北区河海街道、西夏墅镇签订镇级结对帮扶协议；焕古镇大连村、向阳镇天生桥村、城关镇环城路社区分别与新北区奔牛镇东桥村、西夏墅镇水塔口村、河海街道阳光社区签订村级（社区）结对帮扶协议。毛坝中学、蒿坪初级中学等4所学校与新北区新桥高级中学、龙虎塘初级中学等4所学校成为结对帮扶学校。县人民医院、蒿坪镇卫生院等6家医院与常州市第一人民医院、春江镇人民医院等6家医院成为结对帮扶医院。

2017年2月，县委书记赵立根一行9人到常州市新北区考察，召开对口扶贫协作和经济合作工作对接会，为对口协作谋划良好开局。8月，县长陈莲一行30人到常州市新北区对接工作和考察招商，推进落实两地战略协议事项，成功举行工作交流会和招商引资推介会。9月，新北区政协党组书记、主席薛建南率7位企业家委员来紫阳县交流对接帮扶工作，2位企业家委员与紫阳县达成项目合作协议。10月，常州市委常委、高新区党工委书记、新北区委书记周斌率党政企代表团28人来紫阳对接对口协作工作并召开座谈会，进一步确定协作重点和方向。12月，常州市新北区相关镇和部门一行22人到紫阳开展"镇村结对、教科文卫专业交流"对口协作活动。两地还利用丝博会等各类大型节会拓展交流渠道。据统计，2017年两地横向交流26批193人次，其中常州市新北区赴紫阳考察交流22批144人次，紫阳县赴常州市新北区4批49人次。

2019年，两地党政主要领导先后4次带队互相考察调研。新北区人大、纪委监委也组织到紫阳县调研考察。截至2019年底，两地召开联席会议6次，组织党政机关、社会团体、事业单位、各类企业等互访交流69批600余人次。

在一次次的交流互访中，新北区、紫阳县情谊日益加深，对口交流、合作领域越来越宽广。通过多频次互访交流、合作洽谈，促进了两地协作领域的拓宽深化、协作成果的提质增效。

二

经济发展离不开项目推动。决战决胜脱贫攻坚，紫阳县需要大项目的支持。根据《江苏省常州市"十三五"对口帮扶陕西省安康市扶贫协作规划（2016—2020年）》，紫阳编制《紫阳县-新北区对口扶贫协作与经济合作规划》，规划对口协作重点项目54个，具体包括硒谷生态工业园区标准化厂房、产业扶持、人才交流和扶贫培训等项目。

两地以对口协作项目为抓手，按照"项目跟着规划走、资金跟着项目走、责任跟着资金走"的要求，完善《苏陕扶贫协作与经济合作规划》，确定2019—2020年协作规划项目330个，并全部录入国家扶贫信息系统项目库。

为加快项目建设落地见效，两地强化对口协作项目管理，制定出台苏陕扶贫协作项目管理、资金流程、专项验收、监督审计等办法制度，严格落实项目建设责任制，加强要素保障，搞好协调服务，现场解决问题，实行一月一检查、一季一督办的项目工作机制。同时加大协作项目社会监督力度，通过政府网站、建设地挂牌公示等办法接受广大干部群众对项目建设、扶贫成效的实时监督。

为了突出精准帮扶、精准安排、精准实施，2016—2020年全县下达苏陕项目323个。一是产业项目162个，新建和改造茶园2000余公顷（3万余亩），新建李子、花椒、中药材、魔芋等园区1930余公顷（2.9万余亩），带动贫困户46000余人，人均年增收1000元以上。二是社区工厂及标准化厂房41个，带动贫困户1500人，人均年增收15000元以上。三是基础设施项目120个，主要解决全县村级卫生室、村级公共活动场所、大型移民安置点配套幼儿园建设，以及贫困村急需而脱贫攻坚又无法安排的断头路、断头桥等小型基础设施建设，受益人数24万余人。项目共计覆盖全县17个镇134个村，其中全县35个深度贫困村安排项目74个，投入资金7154万元，占资金总额的18.3%；安排"两不愁三保障"薄弱领域项目215个，投入资金3.1597亿元，占资金总额的80.7%。

据统计，常州市新北区累计投入资金3.913亿元，实施的协作项目涵盖贫困村产业发展、社区工厂、小型基础设施和公共服务设施等多个方面，建成后可带动贫困人口4.6万人增收脱贫。

三

针对紫阳本地企业管理落后、资金短缺、市场有限等困难，新北区加快推进两地企业协作发展，着力做大产业、育强企业，实现两地企业互惠共赢，助力脱贫攻坚。常高新集团公司、常州天合光能有限公司等常州行业骨干企业先后10批次来紫阳考察。

2017年8月，常高新集团有限公司与紫阳县硒谷产业建设开发有限公司、常州恐龙园股份有限公司与紫阳县文化旅游投资发展有限公司签订合作协议，在项目规划、建设、运营、市场、品牌等方面形成利益联结体，催生紫阳本地企业外向、规范、务实发展，以大企业合作带动大产业发展。借助丝博会、陕南绿色循环经济项目合作（北京）交流活动、安康市名优特色产品走进宁波暨承接加工贸易产业转移推介活动，帮助紫阳先后对接中粮集团、中乔大三农集团、宁波康喜乐佳集团等10余家企业。

通过一系列的企业对接和招商引资活动，紫阳获取投资合作意向项目20余个，包含富硒产品加工、光伏（农光互补）等项目。

四

针对农产品丰富但市场销售渠道不宽的困难，紫阳县与常州市新北区共同建立电商平台，拓展农产品外销渠道，努力将产品优势转化为增收优势。

在两地的共同推动下，紫阳县三生网络科技公司与常州买东西网络科技有限公司（"淘常州"平台）、紫阳县政府与江苏美利隆传媒分别签订电商平台合作协议，采取

"电商平台销售、订单农业合作、新零售战略辅助"3种方式，打造"订单进山，产品出山"的"紫常电商"品牌。紫阳县名优特产源源不断地远销全国各地。

2017年，"淘常州"平台销售紫阳富硒土豆21075千克，销售高山蜂蜜569千克、粉条1000千克和其他农特产品，总计金额14.27万元；江苏美利隆传媒文化有限公司在常州发起"情系山里娃，爱满龙城人"双十一微爱行动，线上线下公益义卖紫阳特色农产品；常州市浩翠商贸有限公司销售紫阳真硒水1020箱7.32万元、农特产品1.58万元。

2018年，常州各类电商平台销售紫阳富硒土豆30余吨，销售高山蜂蜜500多千克、粉条1000千克、紫阳真硒水1200箱和紫阳农特产品礼包10万余份。紫阳县优质特色农产品搭上互联网快车走出大山，走进常州，走向全国。这一电商扶贫模式在全国电商扶贫工作会上交流，成为紫阳县扶贫工作的一大亮点。以电商销售紫阳富硒土豆为题材，由常州市新北区委宣传统战部、紫阳县委宣传部、江苏美利隆文化传媒有限公司联合在紫阳县实景拍摄的陕西省首部苏陕扶贫题材微电影《奔跑的土豆》获评安康市党员电教片二等奖，扩大了紫阳农特产品影响力。

2019年，常州天目湖南山竹海食品有限公司与紫阳县苏秦农产品专业合作社签订400万元销售协议，紫阳富硒农特产品受到常州市民的广泛欢迎。当年通过电商扶贫、消费扶贫等渠道，紫阳县向江苏等地推广销售富硒茶叶、黑蒜、木耳、玉米稀等农特产品570万元。毛绒玩具、"紫阳硒陶"等文创产品深受客户青睐，"玉米营养餐""青春洋芋"等电商产品市场不断拓展，"半亩茶园""一颗茶树"等流量消费体验项目获得好评。

紧扣产业发展方向和群众需求，两地加快实施年度产业扶贫项目，巩固提升益贫带贫成效，采取进厂就业、园区务工、土地流转、订单收购、入股分红等方式，增强贫困群众"造血"功能，带动贫困群众9844人，促进群众持续稳定增收。

五

紫阳县劳动力充裕，是有名的劳务大县。着眼贫困劳动力就业增收，紫阳先与新北区建立贫困劳动力劳务输出合作机制，健全完善企业用工信息共享、岗前培训共担、岗位就业共管、用工待遇定额等制度，提高转移就业的组织化程度和定向定点就业实效。

两地人社部门牵头，搭建多渠道劳务合作平台，建立新北企业用工与紫阳劳务输出即时联系机制，企业用工信息实时传送，群众外出务工精准组织。针对紫阳贫困重点人群，常州东银投资管理有限公司、江苏米笛声学科技有限公司开展残疾人就业对口专场招聘会。

两地通过苏陕协作无缝对接，组织劳务协作、残疾人就业等专场招聘会，落实本地贫困人员到省外就业189人，省内就业181人，7名残疾人在江苏米笛声学科技有限公司、江苏捷达油品有限公司实现稳定就业，年人均收入3.5万元以上。

常州市新北区人社局聘请专业教师来紫阳县开办电商培训班5期，培训贫困群众

71人，开办贫困村创业致富带头人培训班17次，培训致富带头人410人，创业成功35人，带动贫困人口增收124人。

新北区通过产业帮扶、劳务帮扶，带动建档立卡贫困人口10246人增收。

六

两地加强党政干部交流。2017年8月，新北区与紫阳县签订《干部人才培训交流合作框架协议》，建立干部人才交流合作制度，在两地干部锻炼交流、教育培训、专业人才交流等方面形成交流合作体系。

2018年，紫阳选派17名教育行政管理人员及教师赴常州学习教育管理、教育教学、校园文化建设等管理和教学理念。紫阳县毛坝中学与新北区新桥高中等4所学校结成结对帮扶学校。农林科技12名专技人才到新北区学习农技推广、农业园区培育等经验。发改、卫计、招商、文旅、蒿坪镇等单位5名年轻干部赴常州新北区学习锻炼。卫生局选派35名专技人才到新北区跟岗学习。发改、城建、政务中心、人社等11人赴新北培训学习交流。县残联、县红会还分别就行业领域工作到新北区开展了对接。新北区选派挂职干部2名，选派1名城建局专业干部人才来紫支持城市建设发展，选派18名优秀教师、医生、农技专家来紫援教、援医、指导农业园区建设，其中分短期、中期和长期（分别为半年或1年以上）。

2018年10月至2019年8月，新北区先后组织并委派2批人员共31人到紫阳县支医、支教、支农。医疗小组专家在县妇幼保健院和县中医院工作期间，门诊接待800余人次，科级会诊26次，各级手术61台，开展各类业务讲座8次。特别是开展了紫阳县首次妇女两癌筛查工作，在医疗设施相对落后的情况下，指导、帮助各乡镇卫生院完成目标任务3000例，确诊原位癌10人，癌前期病变40人。缪文丽医生"头戴矿灯做检查"被传为当地佳话。

教育小组专家除担任所在学校教学工作之外，还负责学校科研、德育管理等工作。在调研的基础上，带领学校成功申报县级以上课题3项，听课70余节，参加学校教研活动30余次，开展大学区联合活动及县级以上讲座4次，学校讲座10次，带领开发校本课程、编写课改方案。在教学之余还奉献爱心，黄伟国老师个人资助4名贫困学生，陈建锋为贫困学生李安强筹得善款6000元。

农业小组专家引进种植无花果和美国金瓜，落实种植基地2处共约6.67公顷（100亩）。调研紫阳县富硒畜禽产品，帮助对接常州市场。积极参与非洲猪瘟防控、市场检查等工作，多次下乡开展现场督查指导，查处无证猪肉500余千克。

截至2019年底，两地互派交流人员101人次。双向挂职干部和互派专业技术人员的学习锻炼及帮扶工作，促进了两地干部之间工作理念和方法上的互学互鉴，架起了两地在产业合作、干部人才交流、社会帮扶等方面的友谊桥梁。

七

在积极推进协作帮扶基础上，新北区动员爱心资源和社会力量，积极开展扶贫济困，使帮扶领域不断拓宽。

2017年，新北区政协副主席、民盟常州市委副主委秦佳和常州市妇联副主席陈秋霞到紫阳县就教育支援、科技对接、扶贫帮困、微心愿等进行考察和征集，围绕紫阳社会民生需求，携手紫阳县政府开展关心未成年人健康成长"阳光行动"、提升大学生能力"星光行动"、社会帮教"春光行动"、帮扶农村教育"烛光行动"、服务社区"霞光行动"等5项"光明系列行动"。

2017年12月，常州市妇女联合会、常州市女知识分子联谊会帮助紫阳县663名困难家庭儿童实现了"微心愿"。

2018年2月，常州市人社局向蒿坪镇双星小学捐建"广玉兰爱心书屋"1万元，新北区总工会、区团委、妇联、慈善分会、红十字会等群团组织在"六一"前夕到紫阳开展"微心愿"圆梦爱心帮扶活动，为500余名贫困家庭学生送上7万余元"爱心大礼包"。新北区群团组织还捐助资金5万元，委托紫阳县丽姐助学、茉莉爱心公益团队资助贫困家庭学生200名。江苏省红十字会组织的"健康扶贫紫阳行"医疗团队在紫阳接诊1000余人次、发放卫生及疾病防治等宣传资料400余份；6月，江苏省原副省长、省红十字会会长何权带队向紫阳县红十字会捐赠现金物资120万元；10月，常州市工业气体行业协会向高滩镇绕溪九年制学校捐赠5万元建设"向日葵"爱心书屋。11月，常州高新区市场监管局向紫阳县麻柳中心学校"留守儿童爱心宿舍"标准化项目捐赠5万元，江苏省同泰等3个慈善基金会捐献100万元为3所敬老院购置配套设施。

2019年9月，常州市新北区共青团、妇联、民政局向紫阳县贫困妇女儿童家庭捐赠2万元帮助40个贫困家庭。

2019年，新北区各级政府、爱心企业和个人向紫阳县捐赠爱心图书、棉被、急救箱、体育器材，累计捐资捐物达到130万元。

两地对口协作以来，新北区残联、红十字会、民营经济协会、民盟常州科技支部等社会团体多次来紫开展爱心帮扶，连续3年为紫阳留守儿童实现"微心愿"。新北区医疗单位援建的紫阳县妇幼保健院孕妇学校、新生儿沐浴中心建成投用。

截至2019年底，紫阳共收到新北区爱心捐款及爱心物资共计400余万元。这些善行义举，解决了部分贫困人口、贫困家庭的实际困难，得到了紫阳干部群众的广泛赞誉。

八

紫阳、新北区两地交流上互联互通、思路上互学互鉴，发展上互帮互促，结下了深厚友谊，取得了丰硕成果。

毛绒玩具社区加工和开发残疾人就业岗位的做法入选2018年全国东西部扶贫协作工作典型案例，"订单进山、产品出山"的"紫常电商"扶贫模式在全国电商扶贫工作会上做了经验交流。由于扶贫协作成绩突出，2017年，紫阳作为唯一一个县代表全省参加全国东西部扶贫协作经验交流会，2018年11月，紫阳在国务院扶贫办举行的全国"携手奔小康"培训班上就扶贫协作工作进行交流发言。

2018 年，紫阳联络组和挂职干部、专业技术人员获得多项表彰和荣誉。联络组被县委、县政府表彰为"2018 年度苏陕扶贫协作先进团体"和"2018 年度招商引资工作特别贡献奖"。夏志文被陕西省委省政府授予"陕西省脱贫攻坚苏陕协作先进个人"、被安康市委授予"安康市脱贫攻坚优秀共产党员"、被安康市政府评为"2018 年度招商引资工作先进个人"；许波被紫阳县政府评为"2018 年度招商引资工作先进个人"；吴小琴等 6 位援派医疗专家被紫阳县卫健局评为"2018 年度苏陕扶贫协作对口帮扶先进个人"。（汪可平）

讲 述

让责任和激情播撒这方山水

讲述人:夏志文 时任江苏省派紫阳县挂职副县长

2017年4月底,我受组织选派来到秦巴山区集中连片特困地区陕西省紫阳县挂职扶贫。到任后,紫阳县委、县政府考虑到我之前在经济相对发达的常州高新区工作,园区建设和招商工作有一定的经验,就决定在我抓好苏陕扶贫协作工作的同时,再让我分管招商引资和园区建设等工作。接到组织分工,由于对全县情况不清楚,资源禀赋有哪些,贫困程度有多深,工作从哪下手等许多问题需要去破解,我当时压力很大。我想,首先是要摸清情况。于是,我白天进村入户搞调研,熟悉县情;晚上整理笔记、学习政策,分析致贫原因,思考脱贫门道。几个月下来,全县各镇、相关部门、产业园区我几乎跑了个遍,调研笔记密密麻麻记了好几本。

紫阳县是个好地方,山清水秀、气候温润,自然资源禀赋得天独厚。但是山大沟深、产业基础薄弱又是不争的现实。当时全县还有近10万名群众挣扎在贫困线上。群众脱贫的愿望都很强烈,可是致富门路少,贫困的根子总是拔不掉也挖不断。破解紫阳贫困难题的"开关"到底在哪里?苏陕扶贫协作和经济合作工作的突破口如何打开?我看在眼里,急在心上,一度时间,寝食难安。

经过反复思量,我总结出了"一来二去"工作法。"一来"就是把常州的领导、客商请进来了解紫阳,争取资金支持和项目投资。"二去",一方面是"走出去",宣传推介紫阳,提高知名度和影响力,吸引外面的优秀企业到紫阳发展;另一方面是"沉下去",深入到基层一线调研工作、解决问题,为项目落地和推进提供良好的营商环境。紫阳太美了!"山、水、硒、茶、歌、道"等特色要素资源太丰富了!我始终坚信,一定会有客商看中紫阳、投资紫阳。

为了把常州的领导、客商请进来交流思想、支持发展、扶贫济困,我打开手机通信录、翻遍微信朋友圈,有针对性地打"感情牌"。拨通电话、发送微信,我讲得最多的就是紫阳的山好水好资源好,希望他们能过来看一看、帮一帮。为更好地宣传推介紫阳,我还专门学唱了几首被列为国家非物质文化遗产的紫阳民歌,紫阳的山山水水、资源特色我更是做足了功课,为此,身边的同事和朋友还笑称我是"紫阳通"。因为自进入紫阳那一刻起,我就给自己一个清晰的定位:"踏进东城门,就是紫阳人",毕竟我的挂职时间有限,只有一天当作两天用,尽可能地为紫阳多做一些事,才对得起组织的信任、群众的期盼和自己的良心。

考察农业扶贫项目,我登上过高滩镇岩峰村山顶上的"九个包""一碗水",那次在弯曲陡峭的上山路上,汽车熄火倒退,险些出事,想想就后背发凉;搭建农特产品销售渠道,我带着常州电商企业冒雨徒步到洄水镇联沟村卖光合作社的土蜂蜜,一路遭遇塌方滚石,危险连连;推进园区项目建设,我下沉到工地逐一研判问题、逐一落实工作责任,加压紧逼项目建设进度;推进新社区工厂建设,我曾顶着鹅毛大雪到毛坝镇督促建设进度,协调矛盾问题,汽车在白皑皑的积雪上行驶,尽管风景很美,可心都提到嗓子眼上了;关爱留守儿童,我到最偏远的界岭镇双明小学调研,争取到常州方"亲情聊天室"建设捐赠资金……说实话,在紫阳的扶贫生活我还真过得充实而有意义,并且伴随着惊险与刺激。每天的工作我都习惯用简短的文字记录下来,2年来,工作日志密密麻麻记录了十几本,这些文字里饱含着全县广大干部群众的艰辛付出,也见证着紫阳的发展变化。

调研期间,我了解到,为了养家糊口,紫阳很多青壮年劳力不得不丢下老小、背井离乡外出务工,很多留守儿童和空巢老人日子过得非常艰难。同时,随着移民搬迁政策的深入实施,很多务工人员渴望回到家乡,在家门口找一份舒适的工作,做到工作、家庭两不误。乡亲们"想回来"和"留不住"的尴尬处境深深刺痛了我。当我看到紫阳各集镇大量移民搬迁社区门面房闲置、大批在家带孩子的留守妇女无事可做等现状,我就想,能否在集镇社区兴办一些劳动密集、生态友好型的社区工厂。

有了这个想法,我随即向老朋友——江苏玩具协会常务副会长袁小忠发出电话邀请,并于国庆长假登门拜访,请他到紫阳实地考察调研,从商业角度进行可行性分析。国庆节收假,我硬拉着袁小忠一块到紫阳以及安康其他县区进行了长达一周时间的考察。当得出安康基本具备承载毛绒玩具文创产业发展的要素条件时,我兴奋不已,很快写了一份调研报告提交给苏陕协作常州帮扶安康工作组,并表示紫阳愿走在前列、先行先试。调研报告得到工作组的充分肯定,同时得到安康市委、市政府的高度认可、积极采纳,迅速落实专人考察调研,并出台了一系列发展以毛绒玩具文创产业为主的新社区工厂的支持优惠政策。

为了说服毛绒玩具企业到紫阳实地考察,我又受邀专程赶回江苏参加袁小忠的嫁女婚宴。在玩具行业客商云集的婚宴现场,我拿起话筒搞起了招商推介,首先把婚庆大厅电子显示屏背景定格为美丽的紫阳。袁小忠被我的招商诚意所感动,婚宴结束后,他立即召集朋友在酒店举行了一场毛绒玩具招商推介会,交由我亲自推介。事后,袁小忠经常跟我开玩笑,说我把他女儿的婚宴现场搞成了招商会场。

但是,毕竟安康在毛绒玩具文创产业方面犹如一张白纸,很多客商心动不行动,部分领导干部对发展这一产业也信心不足。北京爱多宝玩具有限公司董事长王亮算是第一个到紫阳"吃螃蟹"的人。2017年12月13日,王亮在紫阳注册成立安康爱多宝毛绒玩具文创产业有限公司,项目落户蒿坪镇双星社区。为了让投资企业看到政府发展毛绒玩具文创产业的决心、信心和诚意，必须让这个项目尽快落地见效，产生蝴蝶效应。我在厂房装修改造时亲自督战、协调，要求镇上每天拍照上报工程进度。项目很快投产达效，并吸引一大批玩具产业客商到紫阳、到安康投资。

截至2019年4月，"引进小工厂，带动大产业，致富老百姓"的新社区工厂扶贫模式在安康收到明显成效。经过1年多时间的发展壮大，已有17家毛绒玩具新社区工厂落户紫阳，全市已发展到120家，安康毛绒玩具文创产业从2017年在紫阳的"一枝独秀"到各县区的"百花齐放"，逐步成为全市的新兴支柱产业，还被国务院扶贫办和国家发改委列为经典扶贫案例。有这样的招商成果，我是激动的、兴奋的。

说到招商引资，其实这项工作就是一种营销行为，要真诚待人、以情化人。我给招商局干部提出了一个硬性要求，让他们在任何招商推介场合都不允许照着稿子念，必须即兴介绍，从我做起，以此来倒逼推介人练"内功"、强素质。只有这样才能与客商拉近关系，才能体现招商诚意、提升招商成效。

记得2018年1月，当时，东西部扶贫协作工作国家考核、脱贫攻坚成效省际交叉检查、苏陕扶贫项目督导检查等各项检查接踵而至，北京二商集团、常州高新集团等多家企业先后到紫阳投资考察，园区的多个项目建设需要督促推进，我的日程排得满满当当。可偏偏这个时候，又接到全国房地产经理人联合会邀请我到苏州参加第九届年会，并给了我在台上3分钟的发言机会。按说是走不开的，但是，我想这种高规格企业年会一定客商云集，是一次难得的招商引资机遇，我得抓住。

把手头工作安排好之后，我就启程赶赴苏州。一路上，我一直在思考如何利用这次平台宣传推介紫阳，打动与会客商，给他们留下深刻印象，为紫阳招商工作奠定基础，并在心里打好了发言腹稿。会议当天，我在前台用"一身名牌"向现场近500名全国各地优秀企业家推介了紫阳的名山名水、名茶名味、名人名景，简短的即兴推介发言，配合我的肢体语言，具有一定的感染力和感召力，"一身名牌"的紫阳县勾起了很多与会客商的无限向往。会后，100余名企业家主动与我交换联系方式，表示要来紫阳投资考察。

在外招商引资既是拼实力的技术活，也是拼体力的苦差事。印象最深刻的是，2018年10月23日，我带领紫阳招商小分队在北京招商考察，当天预约了北京77文创公司、正山堂茶业有限公司（北京办事处）等5家企业，就连中午也安排要到雀巢（中国）公司对接考察包装饮用水合作项目。由于上午考察北京二商京华茶业公司时，双方交流沟通细致深入，超出了计划时间，来不及休整就马不停蹄地赶往雀巢公司。就这样，一个活动赶一个活动，晚上7点多才回到酒店，当天大家连中午饭都没顾得上吃。

虽然现在挂职期满，又回到了常州的工作岗位，但我清晰记得2017年5月12日的任职表态发言，"心安之处是故乡，我把紫阳当故乡！"这份承诺，我会践行永远。

（整理人：肖昌蔚）

抢抓苏陕协作机遇　助力全县脱贫攻坚

讲述人：陈义坤　时任紫阳县发改局苏陕扶贫协作办公室负责人

2016年7月20日，习近平总书记在东西部扶贫协作座谈会上强调，必须认清形势、聚焦精准、深化帮扶、确保实效，切实提高工作水平，全面打赢脱贫攻坚战，并从提高认识、加强领导等方面为做好东西部扶贫协作和对口支援工作指明了方向。我县1996年就与江苏常州金坛建立对口协作关系，取得了明显成效。2016年，按照党中央、国务院决策部署，紫阳县与江苏常州新北区结成"携手奔小康行动"对口协作县（区）。5年来，两地持续加深协作，在资金帮扶、人才支援、产业合作、劳务协作、社会帮扶方面给予大力支持，据统计，仅资金支持达4亿元，为我县经济社会发展，贫困群众增收，脱贫摘帽助了一臂之力。

我是2018年7月28日接手苏陕扶贫协作这项工作的。记得在当天的局领导班子会上，时任局长蒋学军突然宣布调整分工，让我具体分管苏陕扶贫协作工作。说心里话，接受这项新工作我一点思想准备也没有，多少还是有些抵触情绪的，觉得这项工作自己又不熟悉，而且前面的同志工作搞得很好，2017年迎接国考又取得优异成绩，突然一下把一项全新的工作交给我来具体负责，对我一个年过50岁的老同志来说，压力如山，有种惶恐不安不知如何是好的感觉。但事到临头唯有迎难而上，把这项工作做好，才是一个老党员关键时刻的正确选择。

我一方面认真学习习总书记2016年7月20日在银川召开的东西部扶贫协作座谈会上的讲话精神，省市《苏陕扶贫协作项目资金管理办法》，苏陕两省、常安两地签订的帮扶框架协议、编制的协作规划，国扶办关于《东西部扶贫协作工作考核评价标准》及前期工作成果，全面系统掌握苏陕扶贫协作与经济合作在资金支持、产业合作、劳务协作、人才支援、组织领导、携手奔小康等6大项19个指标的主要工作内容；另一方面结合苏陕扶贫协作工作重点，深入部门、乡镇、园区、项目点、田间地头了解各项工作开展情况，以及产业就业需求情况，寻找统筹推进工作，管好用好资金、落实帮扶成效的措施和方式方法，通过学习调研，用"借势"发展的工作思路，牵头做好我县苏陕扶贫协作各项工作，助力全县脱贫攻坚。

借扶持资金支持，促产业发展

2016年以来，我县利用苏陕协作项目资金3.913亿元，实施项目323个，撬动投资16.9亿元。其中，全县支持以茶叶为主的产业项目162个，累计投入苏陕扶持资金1.692亿元，新建和改造茶园2000余公顷（3万余亩），新建李子、花椒、中药材、魔芋等园区约1933.33公顷（2.9万亩），壮大了像和平茶业、康硒天茗、闽秦茶业、紫阳春茶业、李源丰蜂糖李、紫润花椒等一批园区企业，通过龙头企业带动，以订单收购、务工就业、土地流转、种（养）殖加盟、入股分红等方式，建立项目主体与贫困户利益联结长效机制，真正把贫困村、贫困户嵌在了产业链上，带动贫困户46000余人稳定增收，年人均收入1000元以上，为农村产业振兴、提高贫困户收入、助推脱贫攻坚提供了强大动力。

借产业合作平台，促招商引资

为了让移民搬迁户"搬得出、稳得住、有事做、能致富"，我们抢抓江苏等东部地区产业转移的历史机遇，把产业合作作为对口协作的重点工作，把招商引资作为"脱贫攻坚的第一抓手、对外开放的第一动力、追赶超越的第一突破"，持续优化重商、亲商、安商、富商的投资环境，编制《招商投资指南》，认真落实《紫阳县招商引资实施办法》《招商引资奖励办法》《大力发展社区工厂实施意见》等政策措施，借助苏陕扶贫资金建设标准化厂房"筑巢引凤"，在新北驻紫联络组的积极对接和大力推动下，2018年以来共引进招商合作项目10个，总投资7.57亿元，引进毛绒玩具、服饰鞋帽、工艺品等各类新社区工厂41家，带动贫困人口1400余人年人均增收15000元以上。以毛坝迪鑫社区工厂为题材的《不离家门把钱赚——陕西紫阳县毛坝镇用"玩具"拓宽贫困百姓增收路》一文2019年被中央媒体央广网采用。随着新社区工厂的有序落地，为贫困群众"家门口就业"提供了可靠的保障，实现了移民搬迁"搬得下，稳得住，能致富"的目标，特别是带动了安康毛绒玩具文创产业，2017年12月28日，全市首家苏陕协作毛绒玩具产业企业——安康爱多宝动漫文化产业有限公司在紫阳县蒿坪镇双星社区顺利开业投产，从紫阳的"一枝独秀"到各县区"遍地开花"，成为全市的新兴支柱产业。

借帮扶地区市场，促消费扶贫

一是提供政策支撑，构建服务体系。制定《紫阳县电子商务发展战略规划》《关于加快电子商务发展的意见》《电子商务扶贫工作实施方案》，为推进电商扶贫工作提供政策支撑。围绕茶叶、洋芋、魔芋、金钱橘、李子、大蒜、玉米营养餐等优势产业，初步建立起电商产品供应链、电商服务运营、物流仓储等体系。建成1个县级电商服务中心、1个县级物流仓储中心、1个县级网货供应中心，13个镇级服务站，138个村级电商服务点。二是创新销售模式，推进消费扶贫。抢抓苏陕扶贫协作工作机遇，与对口帮扶单位常州市新北区对接，建立了结对帮扶对子。推进消费扶贫，通过电商平台的定向团购、定向旅游、定点包销、爱心消费等方式，倡导消费奉献爱心。采取组建微商大军、网络直播、新零售等方式，全面拓展紫阳富硒特产网络销售渠道。整合农业优势和"互联网+农业"实践经验，创新推出了"半亩茶园"线上线下营销活动，消费者通过订制贫困户的茶园，既享受了田园之乐、健康生活，还实现了与贫困户的共同携手、户户结缘。目前，全县共认领茶园约4.67公顷（70亩），销售收入由以前的亩均5000元提高到18800元。三是依托电商平台，凸显带贫成效。根据紫阳富硒农产品特点，结合消费者需求，紫阳推出了"青春洋芋""任性魔芋""永不变心蛋"等一系列品牌产品。其中，紫阳三生网络科技有限公司采取"政府＋公司＋贫困户"的模式，以高于市场价向贫困户收购土豆，惠及紫阳全县 17 个乡镇 1000 余贫困户。拍摄紫阳首部扶贫主题微电影《奔跑的土豆》，对"青春洋芋"进行宣传，进一步拓展了销售市场。据不完全统计，近 3 年紫阳通过苏陕资金扶持的电商平台向江苏等全国各地推广销售富硒茶叶、黑蒜、木耳、玉米稀等农特产品 6000 余万元，其中江苏常州 800 余万元，带动贫困人口 4000 余人增收。

借发达地区经验，促深入协作

先进的理念是发展的关键。我们坚持"学、走、看、引"，以此破除僵化思维，"借智"人才促队伍发展，"借智"企业促经济发展。

一是开展领导互访，短期交流。每年我县四大班子主要领导均会带队到常州学习交流，共谋发展。双方共开展互访活动 14 批次，互访人次达 23 人次。二是实行干部挂职，长期交流。两地互派学习人员累计达到 95 人，其中，紫阳赴苏学习锻炼人员达到 44 人，新北区来紫支教、支医、支农等人员达到 51 人。三是选派专技人才，进行技术交流。近年来，新北区共选派 25 名技术人员到我县支农、支医、支教。3 支队伍踏实勤奋，充分发挥自身的优势和特长，为我县农业、卫生、教育事业的长足发展献计出力。通过"借智"人才新理念，实现"理念互通、技术互学、资源互享、作风互鉴"，有力推动了人才队伍的发展。四是始终坚持"经贸合作交流、旅游宣传推介、招商引资"的"三位一体"模式，组织了 11 次江苏专场招商推介活动，成果丰硕，共引进普方中药颗粒项目等 10 个江苏项目落地，总引资额 7.57 亿元，项目履约率 100%。通过"借智"企业新理念，为紫阳经济发展增加新动力。

借扶持方式创新，促多方共赢

产业发展了、社区工厂建起来了，群众的腰包鼓起来了，村卫生室修好了，小病小痛不出村就能看了，断头路、断头桥也修好了，老百姓出行方便了，但村集体经济薄弱，村上的腰杆硬不起来也是一件很恼火的事。结合农村集体产权制度改革，将苏陕协作资金以债权方式注入村集体经济组织，企业与农户签订帮带协议，帮助贫困户增收脱贫，贫困户年底至少可分得 6% 的保底分红；带动贫困户和贫困村集体经济增收的境内经营主体合作，每年将投入资金 6% 的固定收益，在提取集体留成后，分配给集体经济组织内的贫困户，3 年累计注入村集体苏陕扶贫资金 13260 万元，目前已累积分红 381 万元，带动贫困群众人均增收 1500 元以上。这种创新苏陕资金使用的方式，既促进了经营主体发展能力，又壮大了村集体经济，还带动了贫困户稳定增收，可谓一举三得。

在东西部扶贫协作的大背景下，紫阳与江苏常州市新北区在"携手奔小康"东西部扶贫协作的道路上并肩前行，5 年来，扶贫协作硕果累累。

实施协作项目 323 个，投入资金 3.913 亿元。

收到新北区爱心捐款及爱心物资共计 400 余万元。

带动建档立卡贫困人口 46000 人增收。

…………

沉甸甸的数字背后，既是两地开展务实协作的生动实践，又是紫阳人民用自己踏踏实实干事、勤勤恳恳扶贫的精神回馈新北人民深情厚谊的另一种方式。有付出就有回报，2019 年苏陕扶贫协作各项工作在全县各级各部门的努力下，在新北区驻紫帮扶组的帮扶指导下，任务全面完成，在国家东西部协作成效考核中取得了优异成绩。

（整理人：黄治涛）

让苏陕扶贫协作项目落地生根

讲述人：袁　超　时任紫阳县城关镇副镇长

我于 2000 年 7 月参加工作，先后任乡镇农经站长、社保站长、党政办主任、党委委员、武装部长等职；2016 年 6 月任城关镇党委委员、副镇长。担任副镇长期间，我除了做好分管工作、联村工作而外，还负责苏陕扶贫协作工作。

城关镇辖 13 个村 4 个社区，总面积 120 平方千米，总人口 45045 人，有贫困村 8 个，其中深度贫困村 1 个，即双坪村，2014 年全镇农业户籍人口 5695 户 22564 人，2014 年全镇识别建档立卡贫困户 2343 户 6965 人，当年贫困发生率为 30.87%。城关镇基础条件差、贫困面积大，由于所处地理环境的特殊性，相比全县其他乡镇来说，所面临的困境更大。就水、电、路、讯、房几方面，与其他乡镇相较，没有一项是强项，都得从薄弱的基础环节抓起。

我刚到城关镇下乡的时候，驱车进村都十分艰难。所谓的公路根本就不是路，我们边走边停，时不时下车要用双手或棍棒将两边人一般高的蓬蒿掀开或折断，否则看不见前行的土路，就有可能掉入悬崖。我包抓 2 个村，即富家村和双坪村，富家村为贫困村，双坪村属深度贫困村。为了彻底改善富家村、双坪村基础设施条件，我们积极争取苏陕扶贫协作项目和扶贫项目支持，实施基础设施建设，切实解决困扰加快发展的短板问题。于是我们利用苏陕扶贫协作机遇，申报了富家村公路修复项目，投资 20 多万元，又申报扩建富家村茶厂项目，计划承贷资金 80 万元；在双坪村围绕群众急需解决的现实困难和问题，多渠道争取苏陕扶贫协作项目资金支持，强力实施基础设施、公共服务设施建设，切实解决困扰加快发展、群众愿望迫切的短板问题。3 年来新建村级党群服务中心 400 平方米，标准化卫生室 160 平方米，文化活动广场 1050 平方米，完成村级公路硬化达 21 千米，完成"油返砂"工程 7 千米、道路水毁修复工程 15 千米，全村交通条件明显提升；新建饮水工程 3 处、维修工程 4 处，新建公共厕所 2 座，实施易地扶贫搬迁 225 户，实施农村危房改造 16 户；实施电网改造，新增变压器3台，群众水、电、路、讯、房全面上了一个台阶，生产生活条件显著改善。其项目扶贫力度愈加强盛，现有苏陕协作项目龙腾茶厂1家，李家坪茶叶专业合作社1个，双旺种养殖专业合作社1个，先后共扶持发展茶叶加工厂6家，茶叶专业合作社4家，培育茶叶示范户38户。双坪村位于大巴山深处，全村面积11.6平方千米，辖7个村民小组。现脱贫后焕然一新，受社会各界广泛赞誉。

如何稳妥扎实推进和落实苏陕扶贫协作项目，确保项目资金投放的安全，发挥效能和引领作用，是我们着重要考虑的问题。众所周知，没钱难办事，可有钱不一定就能办好事，甚至好心办成坏事。我们要在全镇选准扶贫项目，摸清底子，将一些扶持对象和典型事例进行收集研判，我们发现全镇除部分基础设施和公共服务方面的建设，需要一定的资金扶持外，真正能带动贫困户脱贫、发挥四两拨千斤的作用就是抓产业扶贫，而产业扶贫的重点就是茶叶产业。2016年以前，全镇有大大小小的茶叶生产企业50多家，由于粗放式经营，企业难以上规模、提标准，产品质量也难以提高，茶业企业大多处于"半死不活"的状态，因此党委政府决定抢抓苏陕扶贫机遇，主抓茶叶产业，实现茶企、茶农互利共赢。但由于现有的茶叶企业与苏陕扶贫协作项目存在"两张皮"，相互难以配合，因为苏陕资金投放后要求承接单位每年必须给村股份经济合作社6%的扶贫收益，还要落实帮贫、带贫、益贫的措施。为了使苏陕项目管理要求与企业的工作落实统一起来，我们通过业务培训、观摩学习、试点示范和典型经验讲授等多种方式多方做通"企业家"们的思想工作，打消其瞻前顾后的疑虑；再次由于原来茶叶企业家庭作坊式的管理模式，苏陕项目主管单位担心资金的运行安全，我们在充分调研后，发现这些老板在资金使用上，往往是一言堂的家长制作风，公司或茶厂会计、出纳一肩挑，不利于资金的监管。于是我们从扭转思想意识入手，大力在企业推行现代经济管理模式，让资金管理走上制度化。最重要的是将茶农与茶叶生产企业的利益"一站式"捆绑，使他们能够共生共存、息息相关，而提升产品质量，是茶农与企业命运共同体的保障，推行茶叶产品质量体系认证，从而取得合法身份证，大胆走向市场、生命力经久不衰。截至目前全镇有15家茶叶企业取得SC质量体系认证，苏陕协作企业和帮带贫困户收入显著提升。

为了使茶叶企业提档升级，改变单一绿茶的产品结构，我们先后采取"请进来"的方式，聘请苏州市茶叶协会茶叶专家，为所有茶企老板讲课，讲解其他茶叶品种的市场前景，以及茶产品的培育、生产和制作方法；又邀请来自日本的国际友人、抹茶专家实地参观、考察，并传授抹茶的制作技术。另一方面组织茶企老板走出去，到毗邻的汉中市城固县，观摩学习那里的茶园管理和生产制作技术。由此我镇的茶企产品，由原来单一的绿茶，扩展到多个品种，现今有绿茶、红茶、白茶、橘茶、抹茶等多种茶产品，它们如一朵朵山花盛开在各个茶叶企业。城关镇和陕西省紫阳县和平茶厂有限公司，前期为了扩大生产规模、改造基础设施硬件，投入了大量流动资金，后期生产经营遇到困境，当时正值春茶采摘上市的时候，我们了解情况后，积极协助企业争取苏陕协作项目，先是无偿扶持项目资金100万元，后又以企业自行承贷 400 万元添置机械设备，使企业重新焕发生机；双坪村龙腾茶厂即龙腾富硒茶业有限公司，原属中等茶厂，面临厂房改造、设备陈旧和基础设施薄弱的困难，后投入苏陕扶贫资金 50 万元，帮助其进行厂房扩建、设备改造、建设停车场，对生产量的提升起到极大的促进作用，原产品只有绿茶，现增加有红茶、白茶，其产量、产值实现翻番；城关镇双旺种养殖专业合作社，是双坪村外出创业成功人士回乡新建的一家茶叶企业，2018 年才开始兴建，2019 年建成，利用苏陕扶贫协作资金 50 万元，购置茶叶机械设备 40 多台（套），现有厂房及配套用房 1100 多平方米，总投资近 500 万元，现有从业人员 8 人，企业正在向好的方面发展；城关镇汉南茶厂即紫阳县汉南茶叶有限公司，原来只有 100 多平方米的厂房，存在时间有 30 多年了，如一位日渐沧桑的老人，一直未有多大变化，自从承贷苏陕扶贫资金 80 万元后，在改造老厂房的基础上，新建厂房 300 多平方米，改造厂房 300 多平方米，规模因此变大，产量由原先每年 3 吨左右提升至 8 吨，品种也增加了红茶和白茶，年产值达到近 500 万元。茶厂的法人代表吴文清，其姐姐和姐夫看到效益好，也都跟着他一起做茶。吴文清还将茶旅融合，打造文化带动产业的形态，到他这里来，既能购茶、品茶、论茶，又有楼堂馆所歇息，吃住游参观休闲都行，洋溢着浓郁的品茶论道的茶旅文化氛围。最值得一提的一朵奇葩是橘茶生产企业益品源茶叶有限公司，其在当地非常有特色。其老板唐丽是城关镇塘么子沟村人，靠着自己吃苦耐劳和聪明才智，利用本地特产紫阳金钱橘皮，研发制作出了适合特殊人群的橘茶。在事业屡次面临坎坷和挫折的时候，是苏陕扶贫协作项目实实在在帮助了她，取得最终的收获和成绩。现在她有了自己的品牌，生意越来越好，不仅还清了欠债，还盖了新楼、买了汽车。

自 2017 年以来，我镇共争取苏陕扶贫协作项目 32 个，累计投入苏陕资金 2752 万元。其中，2017 年实施苏陕扶贫协作项目 1 个，共计 60 万元，其中产业项目使用资金 60 万元；2018 年上项目 5 个，共计 340 万元，均为产业项目，使用资金 340 万元；2019 年上项目 8 个，共计 916 万元，其中产业项目 5 个，使用资金 810 万元，基础设施项目 3 个，使用资金 106 万元；2020 年上项目 19 个，共计 1496 万元，其中产业项目 11 个，使用资金 1090 万元，基础设施项目 7 个，使用资金 266 万元，社区工厂项目 1 个，即新桃村毛绒玩具厂，使用资金 120 万元。苏陕扶贫协作项目的实施，解决了涵盖我镇一大批产业发展、基础设施、公共服务等内容的现实困难和具体问题，为补齐基础设施短板、助推产业转型发展、增强群众"造血"功能、完善公共服务水平等方面，发挥了巨大作用。

我镇通过苏陕扶贫协作，2018 年苏陕扶贫协作项目带动贫困户 159 户 594 人，通过土地流转、产品保底收购、园区务工、入股分红、免费提供农资、免费技术培训等帮扶措施，带动贫困户人均增收 1988 元/年；2019 年苏陕扶贫协作产业项目带动贫困户 284 户 1056 人，通过土地流转、产品保底收购、园区务工、入股分红、免费提供农资、免费技术培训等帮扶措施，带动贫困户人均增收 2153 元/年。另外近几年来，实施的道路维修、桥梁建设、安置点小型基础设施建设项目，极大地方便了群众的生产

生活，提升了乡村面貌，促进了产业的长足发展，广大群众对苏陕扶贫协作项目实施的认可度、满意度不断提升。（整理人：黄福海）

苏陕教育协作在毛坝

讲述人：张志刚　时任紫阳县毛坝镇中心小学校长

2017年3月，我从广城中心学校调到紫阳县毛坝镇中心学校任校长时，正是全县脱贫攻坚进入第4个年头，教育扶贫也正在起步之际。毛坝镇中心学校，开设有6个年级20个教学班，在校学生1027人，还下辖有2所村级完小和2所公立幼儿园，在校（园）教职工有107人，是所规模不算小的农村小学。学校有近1/3的教师是新分来不久的年轻老师，50岁以上的老师更多。平心而论，这种师资结构在本县来说还算是优良的，起码教师人数不算太少，师资力量不算太弱，但是与教育脱贫任务相比还有很大差距，就本县的师资结构状况，在短时间内还难以得到有效的优化。

为了尽快适应教育扶贫需要，我想到苏陕教育协作这一扶贫模式。通过多次向县主管部门争取，2018年10月31日，我们终于迎来了来自远方的一支支教团队——江苏省常州市新北区实验小学陈建锋、江苏省常州市魏村中心幼儿园张晶和张一秀等3名教师；2019年9月，我们又请进来新北区援派紫阳支教的龚磊和彭行儒2位教师。他们的到来，没有趾高气扬的"走秀"派头，而是以十足的协作姿态，严谨而虚心地参与和服从于学校的常规管理之中，将自己的博学与创新才能显现在协作实践中，从方方面面给学校注入活力。

陈建锋老师是来挂职的副校长，刚来那天，他提议先到校园内转转，再下村看看。第二天早上，我陪他从学校出发，驱车行驶在"竹山天路"时，他紧闭双眼，双手攥得紧紧的，时刻叮嘱司机"开慢点，再慢点！"我后悔第一次不应该带他到这样险峻的地方来。陈老师惊奇地问："这条路是怎么修通的？"我讲了竹山村民凿"天路"的故事后，他被村民不甘落后、知难而上、以干克难、苦拼实干的精神吸引住了。我们边走边聊，一路上，每到一户他都要详细询问学生的家庭情况。"我们只能苦教，学生苦学。"他听着村小刘忠兴老师很无奈的介绍，沉默许久。后来，陈老师还独自一人再次去了竹山村，并在村上待了一天一夜。

没想到陈老师从竹山村回来后就忙个不停，他一边翻看学校文化"发展史"，一边融入学校教研组调研教学实际情况，还走进课堂听教师授课、深入班级调研学生发展情况。在他的提议下，学校最终确定以"竹山精神"为核心，打造学校特色课程。整体构建"青竹校本研修课程""梦里竹山校本课程""筑梦德育课程"等系列课程。利用学校青年教师居多，有专业发展意向的特点，用"竹山精神"激励教师为贫困山区奉献才华，用地方人文精神陶冶孩子们的理想情操。

"竹山精神"就诞生在我们的毛坝镇,之前我们只是知道而已,哪会想到与学校教育密切联系起来,这让我们茅塞顿开,在陈老师的倡导下,我们学校组建促进青年教师成长的"启程团队",围绕"我为什么做教师、我的发展愿景与困惑"等方面,组织老师们进行讨论和梳理,开展一系列的教师专业成长主题教研活动。他结合自己在常州市名师工作室的成长经历,给青年教师制定每周一板书、每周一个招数、每学期两节精品课、每学期一本专业书籍、每学期一篇论文的"五每"计划,大家感受到自己有了明显的进步,一扇新的教育理念之窗正在脑海敞开。一年多来,陈老师在担任教学工作的同时,共听课70余节,参加教研活动30余次,开展县级以上讲座4次,校级培训15次。老师们比以往任何时候都忙得多了,白天上课、批改作业、辅导学生,放学后急急忙忙吃上一口饭,不是参加"启程团队"的交流活动,就是参加各教研组活动,晚上还要整理当天的教学反思和准备第二天的课,加班到深夜是常有的事。全镇学校成功申报县级以上课题13个,学校还被安康市教研室确定为"2019年安康市教育教学改革实验学校"。他执着的钻研精神和过硬的专业技能,深深地感染着我们每一位教师。

那些支教的老师,不仅在教育科研上给我们注入新的理念,而且在关爱贫困学生方面也付出了很多心血。他们刚到学校不久,就对所带班级同学家庭进行家访。哪些是单亲留守儿童家庭,哪些家庭比较困难,都详细记在笔记本上,想出许多助学济困的有效办法。2018年12月,陈建锋老师主动加入了紫阳本土的茉莉爱心公益联盟、丽姐助学等公益组织。在他的联络下,学校有17名贫困学生得到社会爱心人士的长期资助。在我们学校安排的"送教上门"活动中,他了解到残疾儿童安强(化名)的病情和家庭条件特别困难后,立即联系新北区实验小学和他的初中同学为李强筹集资助款6000元,缓解了安强同学家庭的燃眉之急。陈老师一共参加"送教上门"活动7次,走访贫困学生30余人次。此外,他还组织开展毛坝中心学校与新北区新华实验小学班级一对一活动,通过"一本书""一件衣""一封信"等活动对我校贫困学生给予持续帮扶。

2019年11月11日,陈建锋老师完成为期一年多的支教工作,返回了原单位。时隔一个月,他又一次来到我们学校。那是他专程为设立"竹山娃"奖学金而来的。"竹山娃"奖学金是由常州帮扶安康工作组驻紫阳联络小组组长、紫阳县委常委、副县长潘永泗提议,由常州市新北区民营经济协会捐赠2万元和民盟常州科技支部捐赠3万设立的。目的是为了激励我们毛坝小学的孩子热爱学习,帮助解决生活困难,激发知识改变命运的进取心,阻断贫困代际传递,进一步弘扬"竹山精神"。

在我们贫困山区,凡是小学教师必须要求什么课程都会带,专业教师不能专用的现象很普遍。要改变这种现状,有效推进素质教育的唯一途径,就是借助"苏陕协作"的东风"请进来"。2019年9月,我们请进来新北区援派紫阳支教团队的龚磊和彭行儒2位专家团队老师。

专业教师请来了,如何把专家用好?我们经过反复商议决定由龚磊同志继续担任"启程团队"的指导老师,帮助青年教师专业成长;所有音乐教师每周跟岗听龚老师一节音乐课，学习龚老师先进的教学经验；少先队大队辅导员洪清波跟随龚老师学习少队管理经验；利用全镇教师会定期请龚磊老师给全镇教师分享管理经验和音乐教学经验；全体体育老师跟随彭行儒老师学习体育教学经验，形成"一带多"的师徒结对模式。在他们的帮助下，我校成功举行国庆70周年大型文艺活动，在全校师生和当地社会引起非常强烈的反响。我校青年教师洪清波在安康市教研室举办的"首届农村小学音乐教师素养大赛"中斩获"课堂教学""专业技能单项""综合成绩"3项二等奖的好成绩。随后他们又根据学校班级布局，为我校20个班级分别制定室外课和上两操时进、退场路线，规定学生上室外课必须先整队，有序进入，做到快、静、齐，下课时教室里桌椅、桌面也必须"归原"，通过连续2周的跟进，无论是课堂纪律，还是学生的日常行为都取得明显的效果，大大改变了原来学生上室外课和上两操时进退场无序的状况。

2018年10月31日，我们还特意请来常州市新北区魏村中心幼儿园的张晶、张一秀2位幼儿园老师。她们在毛坝镇中心幼儿园支教的日子里，除做好自己的带班工作和幼儿园一日常规管理以外，还把先进的幼儿园教学理念和幼儿园的一日常规教育带入毛坝镇中心幼儿园。通过师徒结对、课堂展示活动、园本教研活动等方式每周带领毛坝镇中心幼儿园一位教师进行研课、磨课活动，每周进行一次优质课汇报活动，带动教师成长，他们毫无保留地将自己的所学、所知、所悟传授给幼儿园的老师们，解决她们在教育教学中存在的许多困惑。（整理人：杨朝举）

风 采

"让苏陕扶贫资金在我手上放大效益"
——记紫阳县康硒天茗茶业有限公司总经理陈国卿

绿油油的茶垄，是茶乡紫阳最抢眼的肌理。开园采春茶了，采茶人双手在茶树梢上飞舞，饱满的芽头装满茶篓。2020年4月6日，在紫阳县双桥镇解放村康硒天茗茶叶产业园区，陈国卿放眼繁忙的采茶景象，耳闻像交响乐般作响的炒茶机械，他的心里很踏实。这些茶园、这项产业不仅是他个人巨大的投入，还关系到社会各界对他的信任，关系到周围数百户群众，特别是关系到苏陕扶贫协作项目结对帮扶的147户588个贫困人口的切身利益。

2018、2019年，紫阳县将400万元苏陕扶贫协作资金下达给紫阳县康硒天茗茶业有限公司。2019年底，国务院扶贫办对陕西省进行苏陕扶贫专项检查组来到紫阳县康硒天茗茶业有限公司检查时，对该公司的经营状况、带贫模式给予充分肯定，特别是对总经理陈国卿在产业扶贫当中体现出的社会担当提出表扬。对此，陈国卿从未向外人提及。他只是说："我要绝对保证苏陕扶贫协作资金安全，尽可能让扶贫资金在我手上放大效益！"

穷不失义，达不离道

陈国卿选择承接苏陕扶贫协作项目，或者说苏陕扶贫协作项目选择了他，绝非偶然。作为紫阳县茶叶生产龙头企业负责人的陈国卿，曾经是吃过大苦的人。不管是当年身无分文，还是现今千万身家，他始终坚持着"穷则独善其身，达则兼济天下"的价值追求和宽广胸怀。

20世纪80年代，30岁的陈国卿，从一个贫苦农村青年成长为紫阳县洄水茶厂厂长，年销售额数十万元，企业还被评为"安康地区六好乡镇企业"。在人均纯收入不过数百元的秦巴山区，陈国卿是位赫赫有名的青年创业者。

随后的一起合同诈骗，让陈国卿跌入人生谷底，茶厂被迫破产，陈国卿还背负了50多万元外债。他一一拜访债主，承诺一定将钱还上。随后，陈国卿踏上了前往西安的绿皮火车。

长安古道马迟迟，高柳乱蝉嘶。夕阳岛外，秋风原上，目断四天垂。

一辆加重自行车驮着两麻袋陕青茶，一位瘦削的青年推着车艰难地前行。汗水将他脸上的尘土冲出一道道泥痕，尽管双腿发软，但他必须赶在天黑前把货送进咸阳城里。来到西安的陈国卿，做茶叶零售生意。陈国卿回忆说，凭着那一辆自行车，他跑遍了西安城的大街小巷，还常常给周边的十来个县区送货。

讲信用，善打拼，为人处事旷达而细致，陈国卿在关中道上结下了好人缘。摸爬滚打十多年，陈国卿终于偿还了早些年经营茶厂欠下的外债。到2014年，他积累下数百万元资产。陈国卿还帮扶带动老家乡邻五六十人在西安、咸阳、宝鸡等地经销茶叶，并在城市定居，过上有车有房的生活。

在苏陕扶贫项目资金下达前的考察期间，陈国卿在困难时间能够艰苦奋斗、在有余力时能兼济他人的精神打动了考察组一行。

情倾佳茗，福泽桑梓

陈国卿算是"富"了，但并不安于眼前。2014年，他做出了一个遭全家人强烈反对的决定：回乡建茶厂。他说，要给茶做"根"。

其实，经历过大起大落的陈国卿比谁都珍惜当下。他深知，是下游经销商的信任让他重回人生巅峰，他要用更优质的货源回馈客户。所谓茶根，就是产品质量在源头上实现可控。

陈国卿只身回到紫阳县双桥镇解放村，创建康硒天茗产业园区。村上没有住宿的地方，他住在集镇的小旅馆里，每天开车往返18千米，中午靠泡面充饥；衣服脏了，自己用手搓洗，拧干挂在小旅馆的窗户上风干。陈国卿仿佛又回到了推着自行车送茶的日子，但比那时候更加内心笃定、激情满怀。

"当地政府的大力支持，也给了我很大信心！"陈国卿说。作为当年的招商引资项目，双桥镇非常重视，对营商环境给予充分保障。县上还配套了水利设施项目，使园区实现"涝能排，旱能灌，渠相通，路相连"。

陈国卿对茶园建设有独到见解："必须坚持高标准建园，确保茶园观赏性和示范性。"他高薪聘请3名福建技术人员负责茶园管理。茶园坚持因土配肥，先后向茶园施进200多吨有机肥料。

经过3年努力，康硒天茗产业园区全面建成投产。园区共建标准化车间1500平方米，附属车间1200平方米，职工住宿楼480平方米，晾晒场、停车场2000多平方米，综合办公楼1590平方米，绿茶、红茶、白茶3条清洁化生产线全面建成。

"茶根"效应立马显现。康硒天茗产业园区先后通过县、市两级产业园区认定，通过陕西省质量技术监督局第七批省级茶叶农业标准化示范园区认证，中国茶叶研究所"丹江口水源涵养区高效栽培与种植试验基地"、西北农林科技大学纳米生物科技实验基地落户于此；公司通过9001质量管理体系认证，先后被县、市两级食药局授予食品安全示范企业；"康硒天铭"产品通过绿色食品认证，产品荣获"中绿杯"银奖、西安茶博会金奖。

就像当年支持亲戚经销茶叶一样,陈国卿对当地的贫困群众也不遗余力地帮扶。公司设立扶贫办公室,与147户建档立卡贫困户建立结对帮扶关系。

投我以桃,报之以李

有带贫意愿,有带贫能力,苏陕扶贫协作项目就这样水到渠成地下达到了陈国卿的紫阳县康硒天茗茶业有限公司。

李同群就是苏陕扶贫协作项目带动的贫困户之一。她家里有0.2公顷(3亩)茶园,以前由于管护经验不足,茶叶采摘技术不过关,茶园产值很低。在康硒天茗公司的指导下,不但茶园提高了产量,鲜叶单价也得到了大幅提高,每年鲜叶销售收入5000元以上。在采摘自家茶叶之余,李同群还在康硒天茗产业园区做采茶工,最高一天能挣200多元工资。

为了提高项目带动群众的茶叶生产水平,康硒天茗公司近2年来共组织开展茶园管理、茶叶采摘培训6期,培训茶农400人次。由于采摘水平提高,鲜叶价格也水涨船高,茶农增收明显。近年来,康硒天茗公司还先后为宁夏国际茶博会、陕西省手工制茶大赛提供数百斤鲜叶。

为了鼓励帮扶带动的贫困户,康硒天茗公司还通过发放修剪器具、茶树专用肥等形式鼓励贫困户发展茶叶产业,有的贫困户的住所离公司很远,分到的肥料要用摩托车多次倒运。为了保障路途安全,细心的陈国卿专门租来小型货车,将肥料运送到贫困户家门口。

苏陕扶贫协作项目在康硒天茗公司实施以来,通过土地流转、园区务工、订单收购、农资发放、入股分红等方式,带动贫困户147户588人,年人均增收1200元以上。

因为在带动贫困户产业增收方面取得了显著成效,紫阳县康硒天茗茶业有限公司被评为紫阳县产业扶贫先进企业,总经理陈国卿被授予"安康市脱贫攻坚优秀企业家""陕西省脱贫致富带头人"的称号。(黄志顺 黄治涛)

借苏陕协作东风扬帆远航
——记紫阳县山水生态茶厂厂长杨锐

艰苦创业,艰难跋涉,苦苦拼打,永不退却的奋斗精神等词语,用在洞河镇田榜村紫阳县山水生态茶厂厂长杨锐身上,一点也不夸张,一点也不为过。他自2010年踏出大学校门那天起,苦苦追寻的自主创业梦想、苦苦追求的建设美好家乡的愿望、立志艰苦创业带动贫困百姓走致富之路的信念,在整整8年的艰苦奋斗和拼搏中终修成正果。

2017年，30岁的杨锐，在外漂泊打拼后，依然决定回家创业，自投资金300万元，在本县洞河镇前河村流转土地约13.33公顷（200亩）与村民合股经营，创建高质量、标准化的紫阳茶产业农业生态园区。2018年，杨锐迁徙回老家，在自己的家乡田榜村建立了紫阳县山水生态茶厂企业。他自主创业的小微企业，茶叶生产、销售业绩突出，得到了县发展改革局苏陕扶贫东西部协作的立项支持，实施企业扶贫带动贫困户脱贫致富。2019年，杨锐的紫阳山水生态茶叶企业扩大再生产能力不断增强，企业资产达到了700万元左右。投入产出效益步步为赢初显规模，年产商品茶叶6吨以上，销售总额达480万元，产业带动帮扶贫困户共计101户，贫困人口380人，实现了贫困户人均年增加收入达到1500元以上。

跌打滚爬只为寻创业之路

1987年，杨锐出生在本县洞河镇田榜村大山里，这里穷乡僻壤，封闭贫困。儿时的他，心里许愿要用心刻苦学习，走出贫困山村。2008年，他考入西安思源学院。在大学几年里，看到大城市繁花似锦，他不由想起了家乡贫困山村，看到有的人大把大把赚钱、大把大把消费，不由想起了家乡父老依然贫穷难得温饱，心里不是滋味。杨锐默默发誓，日后一定要回家乡创出一番事业，与贫困山区百姓一道共同拔穷根、共同发家致富。2010年，他刚入大二，却断然决定放弃大学学业，提前步入社会，去打拼和历练。这一年他广东跑过，深圳去过，北京上过；在企业干过，工厂进过，建筑工当过，销售做过，跳槽，又跳槽，只为创业积累经验。

2011年，杨锐回转本省西安寻求创业之路，他在市场发现，自己的家乡紫阳茶有很大市场销售提升空间。作为紫阳人，他希望能为紫阳茶、紫阳人民做出一点贡献，于是在西安开店做起了紫阳富硒茶销售生意。最初的几年，销售生意不景气，亏赢反复无常，他本想放弃，但想起当初创业的信念，又定下心来。2014年，随着紫阳富硒茶名气大增和电商产业的兴起，他看到了希望。他以现代市场营销模式为理念，与商界朋友合股经营扩大融资，以电商为窗口辐射营销面，以紫阳精品富硒茶销售为突破口，在西安、咸阳、宝鸡、安康立足，形成线上线下营销网络，打开紫阳茶销售大门，把家乡独具特色的茶产业茶品质，推向大西北乃至全国。2016年，他的茶叶营销网络连锁店，专卖的紫阳茶销售收入总额就突破了1000万元大关，是几年来的最高值。紫阳茶销售让他挣到了第一桶金，使他拥有了自主创业创办实体经济的积累资金。

要创业要发展，要回馈社会建设家乡，必须要有自己的企业，自己的产业基地和茶叶加工厂。2017年，在脱贫攻坚感召下，杨锐怀着建设家乡回馈父老乡亲的真挚之心，自筹资金投入300万元，先是在洞河镇的前河村，创建约13.33公顷（200亩）的紫阳茶产业生态园区开发。2018年初他回归老家，建起了田榜村第一个标准化茶叶实体经济公司紫阳山水生态茶厂。

苏陕对接联手协作共扶贫

企业的发展壮大，莫过于用坚韧不拔的精神去奋斗去经营，方能步步为赢，发挥出最大的企业边际效应。杨锐所创办的《紫阳县山水生态茶厂富硒茶产业园区》，不等不靠自主创业，自筹资金扩大再生产。2018年下半年，紫阳县发展改革局把紫阳县山水生态茶厂列为使用苏陕扶贫协作扶持资金项目单位，扩大该茶厂富硒茶产业生态园区建设，以企业带动贫困户发展，推动脱贫致富进程。有政府部门政策支持、有苏陕东西部扶贫协作资金扶持，杨锐如鱼得水，信心倍增。他按企业项目规划，扩大山水生态茶厂标准化、规范化建设，扩充田榜村富硒茶产业规模建园，做到让贫困村民在企业里有活干有钱挣，能增收能致富，使乡村企业和广大村民共享脱贫致富、乡村振兴所带来的发展成果。

在县发展改革局指导下和苏陕扶贫协作支持下，他自筹资金440万元、争取苏陕协作资金60万元，进行项目建设。在建设中，他科学规划项目内容，精准合理布局投资扩容效益，新建标准化茶园30公顷(450亩)，改造升级老茶园约53.33公顷(800亩)；新建厂房800平方米，配套企业用房450平方米，附属用房70平方米以及配套的机械加工设备，让茶叶产业园区与茶叶加工厂建设有机结合，使其投入与产出发挥出最大的经济效益。

到2019年3月，用了不到半年的时间，他提前完成了茶厂扩建扩容投资建设项目，同时新购置了茶叶机械设备39台，建成产能30吨的富硒绿茶生产线1条，产能10吨的富硒红茶生产线1条，完成了项目建设投资额。这一年，他一手抓苏陕协作企业投资扩建达产增效项目，一手抓苏陕扶贫协作项目带动贫困户收益提高脱贫致富工作，取得了令人满意的效果。2019年底，在他的企业一份财务统计数据报表中清晰地看到，他的企业经营管理水平、生产运行业绩、帮扶贫困户增收所做出的贡献，不得不让人佩服他那精明能干和现代企业家的风范。企业报表统计显示：至2019年末，紫阳县山水生态茶厂富硒茶产业园区企业法人代表杨锐，拥有企业厂房、茶叶加工机械设备、自建标准化茶园等生产性固定资产达700多万元，是建厂初期300万元的2倍多；企业厂房扩建到了1250平方米，是建厂初期400平方米的3倍多；茶叶园区由原来的20公顷(300亩)扩展到了约833.33公顷(1250亩)，是初期的4倍多；年生产富硒绿茶达到了6吨，较初期的4吨，增长50%，茶叶销售收入突破了500万元大关，较初期的300万元，增长67%。短短的3年时间，他可称得上是自主创业的佼佼者、小微企业发展的后起之秀、追赶超越发展的追梦者。

企业发展的上升空间，不是靠单打独斗的英雄主义，靠的是政策激励、村民的支持和自身的努力。杨锐始终没有忘记创业创企的艰辛，没有忘记创立企业政府给予的激励政策和创建平台，没有忘记村民们的大力支持，没有忘记当初创业的信念"帮助身边需要帮助的人"。他主动参与村上的扶贫活动，让无着落的贫困家庭劳动力进茶厂打工挣钱，解决贫困户收入问题；他主动参与苏陕扶贫协作扶持项目，实施企业带动贫困户增收脱贫致富；他主动与贫困户签订茶叶订单收购协议，保障贫困户稳产稳收，企业让利于民。仅2019年，他的紫阳山水生态茶厂企业与苏陕扶贫协作联动，带动帮扶贫困户增加收入，企业共对接田榜村101户贫困户，380个贫困人口实施帮扶行动，带动他们参与企业生产经营活动，增加家庭经济收入。项目带动贫困户收益情况表显示，企业带动 101 户贫困户增加收入共计 53.89 万元，其中农户土地流转得到收入 4.09 万元、参与园区务工得到收入 7.67 万元、订单收购贫困户茶叶得到收入 39.72 万元、企业免费给贫困户发放的农资及其他得到的收入 2.41 万元。企业出资组织村民开展茶叶技能培训为期 3 天，共计 200 多人次参加学习，实现了对贫困户的产业技术帮扶；企业共征购贫困户耕地 2666.67 平方米（4 亩），进行标准化茶园建设，共支付土地经营费用 10 多万元，实现了贫困户在"三变"改革中得到转移性收入；企业共吸纳了 30 多个贫困家庭劳动力，到茶厂务工进行茶园管理和茶叶加工，实现了贫困户稳就业稳增收帮扶；企业积极有效地实施了苏陕扶贫协作项目展开，努力实现了贫困户在企业经营活动中人均年增加收入在 1500 元水平以上。

扶植贫困户义不容辞

杨锐创立的紫阳县山水生态茶厂企业，是在"大众创业、万众创新"背景下的产物，是在决胜脱贫攻坚中发展壮大起来的本土小微企业。他的企业发展到今天，与政府支持部门协助是分不开的，与当地村民通力协作资源支持是分不开的。企业发不算发，推动全民发展才算发；企业富不算富，带动村民共同富裕才算富。带着这种奉献社会的观念、带着这种以自己最大的能力帮助身边需要帮助人的信念，杨锐积极主动投身于脱贫攻坚中，他积极利用苏陕扶贫协作扶持资金项目，实施企业带动与贫困户结对子帮扶解困脱贫，他以茶厂富硒茶产业园区开发为帮扶基地，鼓励更多的贫困户融入企业，共享生产经营成果，共同发家致富。

刘作云，家中有 5 口人，是田榜村一组贫困户。该户家庭人多劳力少，经济收入一直上不去，前些年温饱问题一直难以解决。企业把他家作为重点帮扶对象，也是杨锐亲自包抓的贫困户。企业安排他家 1 名劳动力来茶厂产业园区长期务工挣钱，解决收入稳定问题；帮助他家务好 0.4 公顷（6 亩）茶园，定点订单收购鲜叶，解决产销难问题；免费给他家提供农资和茶农机具，解决农用物资购买问题。通过这些帮扶和加上他自己的勤劳付出，2019 年，他家仅企业帮扶对接收入就达到了 36200 多元，其中在茶叶产业园区务工收入为 22300 元、订单收购茶叶 11600 元、免费得到的农用物资收入 2300 余元。他家就此改变了家庭贫困面貌，如期脱了贫。

杨正升，家里有 3 口人，是田榜村六组贫困户。该户深居田榜村边远地带，他故步自封也不出门打工挣钱，前些年家里穷得叮当响，属于懒汉贫困户。杨锐亲自登门了解情况，充分利用他的劳力资源，实施就业帮扶，请他下山进茶厂学制茶技术，并长期让他留在茶厂园区务工挣钱，保障家庭有稳定收入。2019 年，杨正升仅在茶厂得到的务工收入就达 17500 多元，老婆在家务 1333.33 平方米（2 亩）茶园，厂里让利回收茶叶收入 4200 多元，2 项收入共计 22000 多元，人均达到了 7000 元，该户很快达到了脱贫收入标准。

刘善绘、刘作海两家，都属于田榜村六组贫困户，家里地多劳力少，大量的耕地被荒芜，土地资源白白浪费掉。杨锐代表茶厂企业业主专门到他们家进行交流，洽谈土地流转建茶园事宜，以企业扶持最优惠的条件让利贫困户，解决土地无人耕种问题。按照扶贫"三变"改革、土地流转的优惠政策实施帮扶，让贫困户在土地资源中增加收入。2019年，企业及时兑现了两家1.33多公顷（20余亩）年度土地流转费3000元，同时还订单回收了两家产业园区的鲜茶叶，收入分别为11000元和5000元，帮扶贫困户多方渠道增加收入。

桂成文，家庭人口3人，是田榜村三组贫困户，家有老茶园1.07多公顷（16亩多），因家无劳力且缺乏资金，无法进行更新改造，一片片茶叶资源得不到有效利用。杨锐了此情况后，企业决定对该户实施产业帮扶，企业拿出资金对他的老茶园进行改造升级，并将该户列为茶叶园区产业大户培养，共同管护茶园，打造"公司+农户"互惠共赢的经营模式。企业还主动与该户签订产销合作协议，定点订单收购鲜叶，保障产业发展持续性稳定性。2019年，该户鲜茶产量达到了200余千克，销售收入达17000元，是田榜村贫困户中产茶最多、销售收入最高的户。企业帮扶鼓励了该户产业发展的积极性，同时也改变了该户的贫困面貌，也大大提高了该户的经济收入水平。

走进洞河镇田榜村杨锐的厂区，没有小楼洋房，只有标准化的厂房；没有奢侈的办公室和豪华的办公用具，只有简单的桌椅电脑和生产器械。他要把企业的积累资金扩大再生产，壮大企业规模，扩展产业园区，从小微企业转化为规模以上企业，让更多的农民在家门口有活干、有钱挣，让更多的农民收入一年比一年高。杨锐充满自信地说："我还年轻，还有时间、空间和奋发有为的拼搏潜能，我将做实做强企业继续前行，带动我的家乡人民打起精神，实施乡村振兴，建设美丽幸福的新农村"。（李兴建）

第十四篇

定点扶贫

综　述

用情用力　同心同行

　　自脱贫攻坚战打响以来，共有中央、省、市52家单位87名干部到紫阳县开展驻村帮扶工作，其中中央单位1个、省级单位22个、市级单位29个，他们扎根紫阳48个贫困村，倾心帮扶，用实际行动在茶乡大地唱响了一首首动人的扶贫之歌。

　　为充分凝聚攻坚合力，县上成立中央、省、市挂职干部联系服务工作协调小组，建立了"中省市单位在紫阳县挂职干部信息库"，县政府定期组织对接交流活动，安排挂职干部每年体检、学习培训等，加强与中央、省、市帮扶单位及挂职干部的密切联系，做好与挂职干部的联系、服务、保障等工作。先后印发《加强中省市在紫阳县扶贫挂职干部联系服务工作方案》《关于明确紫阳县脱贫攻坚帮扶单位和帮扶干部工作职责的通知》《紫阳县单位包村、干部包户帮扶工作管理考核办法（试行）》《紫阳县2019年整县脱贫退出驻村干部管理工作实施意见》《关于明确紫阳县脱贫攻坚帮扶单位和帮扶干部工作职责的通知》《关于动员全县社会力量参与贫困户结对帮扶的通知》等文件，不断推动与中央、省、市单位的深度合作，扩大帮扶成果。截至2019年底，中央、省、市各级帮扶单位直接投入资金共计9032.19万元，帮助引进各类资金19537.06万元，帮助实施扶贫项目数1535个，带动贫困人口增收10.64万人。

中央单位帮扶篇

　　在紫阳县定点扶贫的中央单位为中国建设银行（以下简称为建行）。建行在安康定点扶贫始于1988年，先后经历了大规模开发式扶贫、八七扶贫攻坚、两联一包帮扶及精准扶贫攻坚4个阶段。按照国务院部署，2015年，再次明确安康市汉滨区、汉阴县、紫阳县和岚皋县为建行定点帮扶县。为做好定点扶贫工作，2016年，建行选派张麟到紫阳挂职，任副县长。

　　建行在定点帮扶紫阳过程中，充分发挥自身资源优势、人才优势和科技优势，从党建扶贫、金融扶贫、电商扶贫和公益扶贫等方面入手，多角度、多维度探索扶贫新模式，有力助推了紫阳脱贫进程。特别是在金融、电商扶贫方面，通过创新推出特色信贷产品，支持小微企业发展壮大，开辟"善融商务"绿色通道，帮助拓宽农特产品销售渠道，为山区农民增收提供了保障。

为打开紫阳农特产品销售市场,建行经过实地走访贫困户、找相关企业座谈,明确通过以建行"善融商务"作为平台为紫阳县的各类特色产品搭建销售渠道的工作思路,确定"建行善融+地方政府+地方扶贫龙头企业+贫困户"的定点扶贫模式,推进紫阳特色产品网上销售。

土豆(又名洋芋)是紫阳种植最多的农产品,种植面积约13333.33公顷(20万亩左右),种植面积约占全市的1/4,但苦于销路,种植户很少以此增收。2016年,建设银行善融商务策划了"青春洋芋"项目,采取"公司+农户"的模式,以高于市场0.3元的价格向紫阳县17个乡镇的贫困户收购自种土豆,并通过策划和推广让被低估的富硒土豆价值回归,帮助贫困户实现增收。

2017年5月,建行善融商务联合紫阳三生网络公司正式启动"青春洋芋"电商扶贫项目。采取"建行+政府+公司+贫困户"模式,由紫阳三生网络公司以高于市场价向贫困户收购土豆,建行派驻干部帮扶,并给予电商推广支持。

在建行总行支持下,2017年7月4日,一场精心准备的"善融商务"扶贫"爱心购"主打产品"青春洋芋"推广活动正式启动,通过多渠道宣传推广,"小土豆"掀起"大浪潮"。不到一周时间,"青春洋芋"订单总量迅速突破2000单,两周之后突破3000单,销售额超过3.5万元。当年累计销售洋芋650吨,715户贫困户均增收1800元。

2018年6月28日,结合往年成功经验,建行"善融商务"再次为紫阳县"青春洋芋"销售开设专场推广活动。活动期间累计销售近万件产品,超过22吨,带动超过千余名贫困户有效增收。

"善融商务"通过"青春洋芋"项目品牌形象化设计,让大家逐渐认识了这个品质优良、价格合理、包装精美的富硒土豆,让富硒土豆走出山林,让全国各地的爱心人士吃上且认可原生态无污染的富硒土豆,同时也增强了紫阳农村贫困群众种植土豆的信心。

在推动紫阳富硒茶销售上,建行组织牵头紫阳半亩农旅发展有限公司和紫阳秦巴山富硒茶业有限公司参与到由建行集合社会力量共同打造并发起的"安康半亩茶园扶贫认领计划"项目中,该项目对应紫阳县焕古镇、高桥镇、向阳镇3个茶产业基地共计40余公顷(600余亩),通过土地流转收入、茶园务工、原茶收购和到园体验者流量红利等帮扶机制,精准帮扶618户贫困茶农增收脱贫。"半亩茶园"项目的实施,实现茶企、贫困人口与建行精准对接,提升紫阳富硒茶的知名度,降低了茶叶的物流成本,促进了贫困户增收。2019年1月27日,建行安康半亩茶园扶贫认领计划分红大会在紫阳县焕古镇秦巴山茶业厂区举行,618户贫困户代表领到2018年建设银行消费爱心扶贫分红红包。

为扩大紫阳富硒茶知名度,建行与中央电视台财经频道对接,向其推荐紫阳县优质农特产品,2017年成功推荐紫阳县成为该频道"双十一"电商扶贫活动中参加现场直播的贫困县之一。2017年"双十一"活动当天,借助央视强势推介,紫阳县富硒茶销售额超过1300万元,创历史新高。

为帮助紫阳农特产品打开销路，2018年春节前夕，建行组织紫阳县内企业创新出了一款建行特供的"紫阳年货大礼包"产品。产品包含土豆、魔芋、粉丝在内的各类紫阳特色农产品，同时，建设银行还利用海外机构平台资源和客户资源，扩大地方特色产品销售。将紫阳县生产的毛绒玩具、茶叶等产品推广至马来西亚当地最大的超市，成功搭建中马扶贫贸易桥梁。

2018年初，县委、县政府决定用3年时间在"飞地经济"园区和富硒生态产业园区新建标准化厂房20万平方米，然而，由于建设资金不足，项目推动缓慢，园区发展面临融资贷款瓶颈。建行驻紫阳县扶贫工作组得知这一情况后，主动承担起园区标准化厂房建设项目的融资工作，充分利用金融专业知识在可研报告、立项论证等多方面提供融智服务，创新性利用扶贫差异化政策设计申报方案。经过多次沟通协调，建行驻紫阳县扶贫工作组全力推进项目贷款申报过程中的各个环节，同时协助园区公司完善融资申报资料，积极争取贷款利率下浮和担保费率优惠。2018年8月，紫阳县园区发展投资开发有限公司标准化厂房一期项目1.5亿元长期扶贫贷款成功落地，贷款期限为16年，贷款利率下浮5%，为进一步提升园区形象、增强发展后劲奠定了坚实基础。

2019年7月29日，"一带一路"中马（中国与马来西亚）人文交流与经济合作论坛在马来西亚首都吉隆坡举行，产自紫阳县爱多宝动漫文化产业有限公司的毛绒玩具"熊猫健健"成为论坛吉祥物，这标志着紫阳县首批以富硒茶、毛绒玩具为主的扶贫产品成功走出国门，进军海外市场。生产和设计熊猫健健的厂家安康市紫阳县爱多宝动漫文化产业有限公司，就曾获得建设银行150万元贷款。对企业的金融支持，为紫阳贫困群众就地就近就业提供了机会。

为解决紫阳县茶叶企业在收购鲜叶、产品加工销售中的资金问题，在建行总行的大力支持以及地方政府的积极配合下创新了"安康富硒茶叶贷"产品。2018年6月13日成功在紫阳县投放，贷款规模150万元，直接带动建档立卡贫困户117户。该产品结合当地茶叶企业规模小、销量好、缺押品等现实情况，设置贷前准入条件和风控评价指标，在实际风险可控的前提下满足当地小微企业的金融需求，通过优质企业有效带动当地建档立卡贫困户持续增收。

建行还"一条龙"式的帮扶包联的高桥镇权河村。捐资实施党群服务中心、村路灯照明、生活垃圾智能处理站和通村公路建设等项目，建立香椿、阳荷姜种植基地，通过惠农富硒贷等金融产品，给予资金支持。紫阳县山野食品有限公司在权河村建立农副产品加工厂，并在App善融商务平台扩大宣传力度，与其他子行内外联动，拓展产品销售渠道。为帮助群众增收，建行驻村工作队员积极进门入户宣传，鼓励附近村民到村上的山野食品公司务工、构建生产合作，免费发放香椿苗，带动村民种植香椿等经济林木。同时，建行投入资金34万元，联合山野食品公司邀请技术专家，定期对权河村香椿、阳荷姜种植户进行技术培训。从接触设施完善到产业发展所需的人员、技术、资金、市场，建行进行全程、全方位地"保驾护航"，为权河村顺利出列奠定了坚实基础。

为斩断贫穷的代际传递，建设银行把希望夏令营等教育项目向紫阳倾斜。通过与建信期货、建信基金、建信信托、建行陕西分行、建行义乌分行、人民大学信息学院校友会、鹏华基金、华夏基金等10余家机构、企业沟通衔接，累计为紫阳县贫困学生募集捐赠物资超过100万元，累计捐赠图书6000余册；与县内公益组织丽姐助学共同发起"彩虹计划"项目，为山区贫困孩子捐献雨鞋、雨披、书包等物资共计10万余元；协调中国青年基金会、建设银行总行、陕西省分行等单位，组织全县85名贫困学生赴北京、西安等地参加"梦想起飞－建行起飞夏令营""善心慧思"暑期夏令营活动。

省级单位帮扶篇

自2012年起，由省科技厅牵头，省安全厅、中科院西安分院、西北有色金属研究院、省石油化工研究设计院、中国重型机械研究院、中国新时代国际工程公司共7家单位组成省级扶贫团，在紫阳县开展扶贫工作，每个单位包联一个贫困村。

随着脱贫攻坚战的全面打响，省上选派到紫阳定点扶贫单位逐年增加，2017年新增西安美术学院、中国能建设集团西北电力建设工程公司2家帮扶单位；2018年新增中国启源工程设计研究院有限公司、陕西省科技交流中心、陕西科技资源统筹中心、省航空工业管理局、陕西文联、省法官法警教育培训中心、陕西省作家协会、省侨联、省油菜中心、中国石油集团测井有限公司、中国大唐集团科学技术研究院有限公司、陕西省红十字会、国家无线电频谱管理研究所有限公司13家帮扶单位；2019年新增铁塔陕西分公司、西安工程大学2家帮扶单位。截至2019年底，共有22家省级单位包抓紫阳县21个贫困村（其中深度贫困村10个），选派定点挂职副县长1人，派驻驻村工作队员31人（其中第一书记4人），共筹集帮扶资金2000余万元。

作为省级驻紫阳县扶贫团的牵头单位，省科技厅定期召开扶贫团联席会议。通过联席会议，传达和学习中央和省委脱贫攻坚决策部署，交流工作经验，协调解决问题。

省科技厅既牵头抓总，又率先垂范。在帮扶城关镇双坪村过程中，积极探索创建"支部＋科技示范＋合作社＋贫困户"产业发展新模式，发挥科技示范带动作用，通过村支部的组织引导和服务，把扶贫的政策、资金、人才和技术资源，无缝对接到贫困户家中。针对双坪村缺乏金钱橘种植技术的问题，省科技厅向茶农橘农推广茶橘园水肥一体化技术，把茶和橘子效益翻了一番；动员群众发展，成立合作社免费给养殖户提供鸡苗，聘请专家手把手教老百姓养殖技术，初步建成以"一站两园三基地"为主体的现代农业产业示范区。

为发挥科技在产业发展中的支撑引领作用，2018年，省科技厅先后选派省级科技特派员茶产业技术服务团、生物农药产业服务团到紫阳，围绕茶、魔芋、中药材、金钱橘等特色产业，开展为期3年的产业技术帮扶，在产业规划、项目编报、技术培训等方面给予全方位服务，解决农业产业发展中的技术难题，推动紫阳农业由富硒农业向富硒有机农业转变。

在省科技厅的牵头组织下，其他省级扶贫帮扶单位将驻村扶贫与部门单位工作同计划、同研究、同部署、同落实，并通过实施水电路、文教卫、广电讯等基础设施建设项目，给予定点村实实在在的帮扶。

省科技情报研究所包抓焕古镇苗溪村，重点在申报科技扶贫项目，建立现代产业科技示范园区下功夫，以围绕产业发展和农民增收为核心，加快新技术、新产品开发引进和示范推广，培育科技扶贫示范点，以点带面，以科技创新驱动县域经济发展。

中国石油集团测井有限公司包抓东木镇燎原村，投入资金240余万帮助村基础设施建设，积极发展集体经济，先后帮助村上成立6个合作社，带领村集体合作社创收150万元，用实际行动带领贫困户脱贫致富。

省红十字会包抓瓦庙镇新华村，采取红十字会"生计金"模式，在新华村中药合作社投入24万元，支持贫困户参股，带动贫困户持续增收，捐赠紫阳县红十字会65万元物资，充实爱心超市物资，带动新民风建设。

省安全厅包抓汉王镇汉城村，省归国华侨联合会包抓城关镇大力滩村，省法官法警教育培训中心包抓高滩镇百坝村，通过引进项目资金，支持帮扶村基础设施建设，产业发展，村容村貌发生巨大的变化。

陕西省石油化工研究设计院包抓焕古镇金塘村，西北有色金属研究院包抓焕古镇松河村，通过"消费扶贫"的形式，购买茶叶、食用菌、木耳等农产品，帮助贫困群众脱贫增收。

省文学艺术界联合会包抓高滩镇白鹤村，省作协包抓毛坝镇染沟村，积极发挥单位自身优势、动员社会力量参与，分别开展"脱贫攻坚老区行""到人民中去"文化助力脱贫攻坚惠民义演等系列活动，丰富贫困群众精神生活，产生了良好的社会效果。

西安市对口帮扶篇

2019年，西安市未央区、航空基地对口帮扶紫阳县。同年7月5日，西安市未央区委书记杨建强、区长梁晚晴、航空基地党工委副书记郭凤鹏率党政代表团来紫阳对接脱贫攻坚对口帮扶工作，并召开座谈会，共商具体帮扶事宜。

对口帮扶工作开展以来，未央区和西安航空基地成立专项帮扶组，组织扶贫干部先后多次赴紫阳县调研，结合帮扶实际进行专题研究，先后向紫阳县提供帮扶资金500万元，并积极引进社会力量进行产业帮扶，将结对帮扶工作做深做细，确保帮扶取得实效。

在前期多次上门调研的基础上，西安航空基地统筹利用各方资源，通过产业扶贫、就业扶贫、消费扶贫、教育扶贫等多种方式，用心、用情、用力帮扶紫阳县。针对紫阳特色富硒茶、魔芋等产业发展情况，西安航空基地组织材料生产加工、包装设计印刷、市场销售推广、电子商务等各个环节领域的企业上门考察，包括兴正伟控股、来润商贸、西安茶叶公司等知名商贸企业和方欣食品、西安新北城市场等大型农副产品贸易平台，与紫阳县政府和企业家进行当面沟通交流，共同探索建立新的合作关系，帮助紫阳特色富硒产品提升质量、增加销路、开拓市场，通过引入社会力量实现精准化产业扶贫。精心谋划一批特色产业扶持项目，形成"帮扶项目清单"，并投入专项帮扶资金300万元，突出发展富硒茶、魔芋、特色林果等农业主导产业。以支持建设"富硒产业科技研发孵化服务中心"项目为重点，在项目建设和运营管理过程中给予全方位的指导和支持，从资金、人才、技术等方面大力扶持优质产业项目，进而培育壮大龙头企业，助推以富硒茶为主导的富硒产业加快发展，辐射带动更多贫困群众以就业实现稳定脱贫。

为帮助紫阳特色农产品打开销路，航空基地与未央区策划开展"紫阳山货进未央"活动，发挥西安大市场的优势，搭建资源进市场平台，将紫阳扶贫农特产品与广阔的西安市场相连，在唐人优鲜、新北城农副产品批发市场、新生活农贸市场设立3处"紫阳山货"销售专柜和紫阳茶销售专区，并提供免费仓储、免费进店、免费商铺的三免服务。

航空基地帮扶组注重生活、就业、教育等多个领域的帮扶工作。加强劳务需求信息对接和就业技能培训，探索建立新型劳务协作机制，以就业促脱贫、促增收、促发展。组织开展"爱心起飞·筑梦成长"爱心助学活动，向学校师生捐赠图书、学习用品、体育器材及航空飞机模型等教学用具，以爱助力教育扶贫，用情温暖紫阳学子。

未央区结合紫阳县帮扶需求实际，投入200万元（其中50万元用于贫困村补短板项目，150万元用于农业主导产业扶持补助项目），打出产业合作、就业扶贫、消费扶贫、宣传推介以及教育、文化、卫生等方面帮扶工作的"组合拳"。2019年，两地县共交流互访10次，其中未央区赴紫阳县7次，紫阳县到未央区交流访问3次。未央区选派1名副处级领导干部惠崇江常驻紫阳县挂职开展帮扶工作。

就业是实现稳定脱贫的重要途径。未央区人社局、民政局提出"四个一"的就业扶贫计划，即搭建一个贫困劳动力与用工单位互通平台，办好一所课堂，用好一组政策，落实一笔资金。未央区人社局面向社会共征集公益专岗26个岗位，适合建档立卡贫困劳动力就业232个岗位；企业招聘普通类769个岗位，技术类124个岗位。

产业帮扶方面，未央区结合紫阳县资源优势，突出发展富硒茶、魔芋、特色林果等农业主导产业，从中择优筛选，实施农业主导产业项目6个，富硒产业科技化项目1个，旅游设施建设项目1个。为把对口帮扶工作做深、做细、做实，未央区商务局、工商联、妇联、总工会等单位，组织区内各领域30余家企业来到紫阳县实地考察，上门为紫阳县特色产业搭平台、提点子、谋项目、联市场，探索出了一种新的扶贫模式——消费扶贫，为两地扶贫协作拓展了新的路径。在2019年8月举行的"扶贫爱心购，你我同参与"紫阳县消费扶贫产销对接会上，西安新北城农副产品批发市场、西安秦隆农贸科技有限公司、陕西锦鹏实业、陕西经新有限公司未央区4家企业现场签订认购协议620万元。

同时，未央区大力推介紫阳县旅游文化资源，从2019年9月18日开始，未央区城市管理局在盛龙广场、红星美凯龙、华帝金座3块大型LED显示屏滚动播放紫阳县旅游文化推介宣传片，助力紫阳县旅游产业提质增效。

另外，未央区75中、范家小学、徐寨小学、三星小学分别与紫阳县红椿镇中学、高滩镇小学、洞河镇中心学校、汉王镇小学4所学校签订了对口帮扶协议。未央区爱心人士、企业为紫阳县贫困群众捐赠米面油、衣物价值12.5万元,受益群众1450人。

市级单位帮扶篇

2015年,共有10个市直部门到紫阳开展驻村联户扶贫工作,由市发改委牵头,共包联10个贫困村。当年,10个市直部门扶贫工作队分别选派1名干部常年驻村。全年累计单位直接投入211.7万元,帮助引进资金789万元,投资基础设施建设84.9万元,产业发展48.86万元,资助贫困学生282人、57.32万元。市直部门安排参与结对干部340名,帮扶贫困户400户,全年累计投入资金1000.7万元,实施扶贫项目60个,举办各类培训班22期,培训各类人员1468人,组织劳务输出1925人,资助扶贫学生282人,慰问扶贫户71户。硬化公路3千米,建便民桥2座,饮水工程5处,发展茶园30公顷(450亩),核桃园140公顷(2100亩),培育种养植大户150户。

2016年,10个市直部门在紫阳驻村扶贫共下派第一书记7人、派驻驻村干部95人,参与结对帮扶干部301人。全年单位直接投入(含无偿和有偿)资金279.1万元,用于基础设施、产业开发和文化教育。帮助引进项目8个、各类资金68万元,举办各类培训班13期,培训技术人员、致富带头人、农村劳动力共735人次,组织劳务输出452人次,实施帮扶项目23个。

2017年,市委、市政府增派市中级人民法院、市总工会、市统计局、团市委、中国移动安康分公司、安康水电联合实业有限责任公司6个市直部门到紫阳县开展驻村帮扶工作。

2018年,市委、市政府增派22个市直部门到紫阳县开展驻村扶贫工作,市政府办为牵头单位。市政府办充分发挥牵头单位作用,坚持以构建"整体联动、全员参与、强化落实、突出实效"帮扶格局为重点,激发动力、聚集合力。

市政府办整合市派紫阳县帮扶部门、紫阳县(镇)机关单位和市政府办公室力量,成立政府办公室扶贫工作团,市政府秘书长任团长,副秘书长、办公室主任为责任团长,市派单位负责人、紫阳县政府负责人为副团长,设立综合协调组、"八办两组"对接联络组、驻村帮扶工作组、巩固提升工作组。组建26支驻村工作队,通过工作团统筹,实现县镇责任主体、市派帮扶单位与市政府办公室的工作力量"三位一体",形成"工作一体安排、工作力量一体调配、困难问题一体解决、优势互补及资源统筹使用"的工作格局。

市政府办围绕脱贫退出"五七"标准,坚持以点促面的方法,着力解决帮扶村镇具体困难。一是建立联县帮扶包抓责任制。安排办公室17名县级干部在完成"三位一体"职责的情况下,每人另包联一个贫困村,协助县、镇和市派帮扶单位解决具体问题,确保联县帮扶单位整体作用有效发挥。二是建立会商协调落实机制。制定市政府办公室党组扶贫工作会议制度,每月召开一次党组会贯彻落实市委、市政府要求;每季度召开一次工作团例会,交流推广经验,通报督查情况;及时召开专题办公会,集中研究解决共性问题。三是健全跟踪落实督查机制。适时组织专项督查、交叉检查、扶贫工作团日常跟踪督查，对工作中发现的问题进行专项督办、跟踪督导，推动工作落实。四是集中开展"补短板、抓提升"专项行动。聚焦"户脱贫、村出列"验收标准，建立村（社区）和驻村工作队问题台账和整改清单，从解决具体问题入手，以点促面，为促进全域退出奠定了坚实基础。组织开展帮扶工作团"实录一线帮扶，助力脱贫攻坚"宣传活动，开办"市派紫阳帮扶团"微信公众号，及时交流工作落实情况。践行"消费扶贫"理念，开展"我为山货来代言，山货进机关"活动，组织市派帮扶单位及市政府机关各单位现场展销或设立长期代销平台，建立贫困村特色农产品销售渠道。着眼建立贫困户稳定增收长效机制，策划推广"青中小菜园"运作模式，组织办公室干部认领菜园，交由贫困户经营务工增加收入，累计流转土地约3.33公顷（50亩），打造精品小菜园128块，带动30余户贫困户稳定增收。

在市政府办的牵头下，市派驻紫阳县帮扶部门认真履行驻村工作职责，扎实开展工作，走出了一条条各具特色、成效明显的扶贫路子。

安康市统计局在帮扶洞水镇团堡村过程中，通过盘活各类资源，帮助团堡村建成6个村集体合作社，发展壮大茶业、渔业和农副产品生产，并将合作社的分红资金投入爱心超市，以积分兑换商品的形式返还村民。团堡村爱心超市这一举措，很好地调动了农户自力更生、自我发展的信心和勇气，形成了村民自治的良好氛围和崇德向善的良好风气，极大地促进了村上工作，在全县得到推广。

安康市林业技术推广中心针对包联的高滩镇蓼坝村村情，充分发挥单位林业技术特长，累计争取和自筹经费228.6604万元，开展了一系列卓有成效的工作。如依托村级原有核桃园深入推动"党支部+合作社"模式，选择自主选育的"安康紫仁核桃""安康串核桃"和引进的"辽核1号""清香"良种4个，大力推广核桃低产低效林嫁接改造提质增效技术，培育和发展核桃主导产业面积达86.67公顷（1300亩）。

市农村公路管理处在包联双桥镇苗河村过程中，因地制宜打造以茶叶为主导的绿色产业带，实施老茶园改造约166.67公顷（2500亩），新建茶园约33.33公顷（500亩），通过"三变"改革注入财政扶贫资金170万元，组建茶叶专业合作社3处，采用"合作社+茶叶基地+农户+贫困户"发展模式，带动贫困户335户。

类似的帮扶事例还有很多。据统计，截至2019年底，各级帮扶单位直接投入资金共计9032.19万元，帮助引进各类资金19537.06万元，帮助实施扶贫项目数1535个，带动贫困人口增收10.64万人。（汪可平）

讲 述

锅里满了碗里才满
——团堡村扶贫驻村经历与思考

讲述人：苏怀美　安康市统计局政办科科长

我于1991年参加工作，2008年从镇坪县城乡建设局调入市统计局工作，任政办科科长，2019年4月我被派往紫阳洄水镇团堡村任第一书记。转眼就是一年，如今，团堡村，这三个字对我来说已不仅仅是一个村名，它已铭刻在我心上，成为我的第二个故乡。

驻村这一年，虽历经艰难困苦、尝遍酸甜苦辣，但更多的是收获和回馈，不仅全村顺利实现了户脱贫、村出列的目标，对我个人而言，更多更大的收获是与镇村干部携手同心、并肩作战的深厚情谊，是辛苦付出后得到的村民们的认可，彼此像亲人一样的关系，带给我更多的温暖和感动。脱贫攻坚能与他们同心、同向、同行、同在，我倍感欣慰和骄傲，也有许多感悟和感慨。

团堡村是我局自2014年开始帮扶的村，我从2017年起就是驻村工作队员，结对帮扶3户贫困户。任第一书记后，我做的第一件事，便是跟镇、村干部一道走组串户，开展爱心超市积分评定。每到一户，我都会在本子上或手机备忘录里详细记载这一户的人口、生产生活情况、所在位置、有什么困难和需求、致贫原因、收入、住房等情况，同时告诉他们，我是市统计局新派驻的第一书记，常驻村委会，有事情可以给我打电话，也可以直接到村委会找我。村民有微信的就互相加微信，年纪大的有手机的，就把我的姓名、职务和手机号码保存在他们的手机上。在入户走访的过程中，无论是在路上、田间地头，还是村民家中，只要有机会，我就主动和他们打招呼，与他们拉家常、聊庄稼的长势、牲畜的饲养或他们外出打工的儿女，方便村民尽快认得我、记住我、接纳我，有事情愿意找我。村里的贫困户大多年老多病、理解力和行动力差，在我们眼里的小事，对他们来说就是天大的事，在走访和帮扶工作中，我把群众的需求放在第一位，遇到什么事就办什么事。

到二组贫困户沈道明家入户时，他正在自家屋后种丹参的地里除草。他家里有4口人，妻子有视力障碍和精神残疾，一儿一女，儿子也有残疾，女儿已出嫁。得知他没有办理养老生存认证，他儿子和女儿的养老保险还没有时间去交，便让他找出身份证在我手机 App 里给他提交了认证，代缴了 2 人的养老保险。他以前当过村上小队长，干活踏实又勤恳，虽是 60 多岁的人，但身体还硬朗，我便介绍他到村里的茶叶、中药材合作社务工，兼顾带工、算工时等，一年在 2 个合作社务工收入达到 8000 多元，收入增加了，家里条件好了，2019 年底他给自家的房子加盖了大屋顶。

三组贫困户李兴科，原本一家 7 口人，老两口有 2 个儿子、1 个儿媳妇和 2 个小孙子。2018 年初，小儿媳妇跟小儿子离婚后回了汉阴老家。小儿子想挽回，多次去汉阴找前妻，2018 年 8 月，他又一次去汉阴，当晚醉酒后在马路中间被过路的大车撞倒碾压致死。一家人失去了主心骨，只剩下 2 个老人、2 个孩子和 1 个不太理事的大儿子。我们入户时，李兴科的老婆还躺在床上，他说自从小儿子走了，她整天以泪洗面，无心过日子。高新集团给村上贫困户买的意外伤害保险由于种种原因，还没有赔付到位。了解情况后，我找到紫阳县人寿保财险公司的业务经理田先锋，咨询保险赔付的程序和所需提交的资料，协助李兴科把相关资料找齐拿到村上来，又在村上帮扶档案资料里把购买保险的单据资料找到复印好，联系田先锋到村上协商解决理赔事宜。由于其儿子死亡时间正好处在 2018 年保险续费手续办理过程中，保险理赔有很大的难度。经多次协商，多方寻找和提交补充证明材料，2019 年 11 月保险公司的 7 万元理赔款终于打到李兴科的账户上。

五组贫困户王佑东，全家 4 口人，2 个 80 岁以上的高龄老人体弱多病，女儿 10 岁，上小学五年级，前些年，媳妇嫌弃他负担重跟他离婚后出走。老的小的靠他一人，无法外出务工，在家里收入又少。镇上集中安置点的房子钥匙领到手快一年了，因没钱装修住不进去。起初，我们动员他尽快装修房子，他脾气很暴躁、不愿意跟人打交道，对我们的劝说很不耐烦，说出的话有点破罐子破摔，还很气人。我们动员他简装，早点住进去，免得女儿上学太远，接送不安全，受累又费时间。前前后后多次到他家做工作。为促使他尽快动工，从帮扶资金中给他解决了 3000 块钱，让他办理水、电、交押金，去年 7 月中旬终于开工了。为给他减轻资金上的压力，我们找到镇上领导，给他申请了由镇上统装工程队免费给他刮仿瓷、购置安装阳台推拉门和窗帘等，又给他购买了必备的灶具。9 月底他终于完成简易装修，搬进了新家。为解决他无法外出务工，在家收入没有稳定来源的问题，给他落实公益岗位，每年既增加了几千元的固定收入，还能兼顾家里的老人孩子和种庄稼搞养殖。自从住进了新家，收入增加了，他整个人的精气神都不一样了，每次见了面不但不像之前那样要么装没看见，要么黑着脸不理人，他都是笑着主动跟我们打招呼，对村上的事情也很热心，公益岗也做的尽职尽责。看到他的变化，我感到很欣慰，很有成就感。

当然，担任第一书记，要带领群众脱贫致富，必须要依靠产业脱贫，必须因地制宜，发展壮大产业。习近平总书记说过："要脱贫也要致富，产业扶贫至关重要。"当地党政领导也非常重视产业扶贫，我也把很大的精神投入到产业扶贫中。团堡村位置偏远，经济基础薄弱，只有依托中长期产业发展才能带动群众持续增收。如何持续巩固和壮大产业发展，提升造血功能和带贫效益，实现"锅里满了碗里才满"，是我驻村以来着力的重中之重。

为做优茶叶，改变传统粗放的种茶习惯，必须建高标准茶园示范带动。在局领导的支持下，我一方面积极对接安康高新集团，争取到 20 万元产业发展帮扶资金。一方面动员紫康茶叶合作社负责人欧清保牵头，全村范围选地块，做土地流转的前期工作。为确保新建茶园在面积上能成规模，地块上能连成片，经多方奔走对接，确定了三组大团堡乡源合作社周边的成片土地。在土地流转过程中，遇到了很多困难。拟建园土地涉及贫困户和非贫困户共 10 余户承包地，一家一家做工作，谈价格、签协议、付定金。有的头天谈妥了，第二天就反悔了。需要反复做工作，想办法。最难的一户是个老年人，他的 600 多平方米（1 亩多）土地是这片地的关键地带，他要种菜，不愿意流转。我们前后跑了十几趟，最后通过协调租用离他家较近的土地给他种菜，才落实下来。这之后就是开垦土地、请专家到现场指导培训、起垄建园施底肥、联系调运陕茶一号优质茶苗、标准化栽种，终于新建起全村第一个约 3.33 公顷（50 亩）的高标准茶园，让村民们在参与建园种茶的过程中感受规范化、高标准、精细农业带来的高效益，发挥示范带动作用。现全村共改造荒山茶园约 16.67 公顷（250 亩），科学管护茶园 90 公顷（1350 亩），成功创建市级现代农业园区。全年可提供茶叶采摘、劳动务工岗位 2000 余工日，带动 135 户贫困户增收致富。目前，村上有 666.67 平方米（1 亩）以上管护茶园的有 81 户，仅春茶鲜叶采摘一项收入最高的户可达到 2 万多元，较低的也可达到 2000 元左右。三组贫困户侯自华把约 0.53 公顷（8 亩）土地流转给茶叶企业建茶园，同时又带着妻子和母亲在茶园务工，自家还建了约 0.27 公顷（4 亩）茶园，每年仅茶叶一项就增收 2 万元以上，提前实现了脱贫致富。村民秦耀武、杨自忠、张修富等农户纷纷加大投入，学习掌握技术，精心管护茶园，每年茶收入户均超万元。

为做强中药材产业，充分利用团堡村得天独厚的绿色生态地理环境优势，以"合作社 + 基地 + 农户（贫困户）"的模式，通过土地流转，提供劳务就业岗位，免费提供籽种，统一技术指导和产品回收等方式带动贫困户。为筹备成立中药材合作社，市统计局落实扶持资金 8 万元，动员和支持村医张圣忠牵头成立众胜中药材合作社，2019 年初在团堡村二、四、五、六组成功发展玄参、丹参、百合等中药材种植约 6.67 公顷（100 亩），并与安康高新扶贫空间签订订单种植合同。通过土地流转、劳动务工等共带动农户 68 户实现年增收 16 万元，户均增收 2350 元。贫困户李华忠将自有的 0.52 公顷（7.8 亩）承包地流转给中药材合作社，合作社每 666.67 平方米每年支付流转费 200 元，共计 1560 元。此外，李华忠和妻子冯莫香及其有语言障碍的兄弟李华明一家 3 口去年仅在中药材合作社参与玄参等药材种植、除草、收挖等务工就收入 15000 元。李华忠在家门口务工，不但可以照顾家庭还能兼顾自家的农活和发展羊、猪、鸡养殖及种植。该户去年人均纯收入达到 12607 元，提前实现稳定脱贫目标。

2019 年下半年，在市政府包联领导张宇副秘书长的支持下，团堡村邀请江苏亚邦药业集团陈朝晖到村指导玄参、丹参种植技术，现场查验生长环境和药性。协助合作社成功申报中药材融合发展苏陕协作项目，争取资金 100 万元，拟建设 700 平方米的厂房和初加工设备，发展中药材种植13.33（200亩）。现已成功推广玄参种植10公顷（150亩）、丹参约1.33公顷（20亩）、带动农户种植玄参超过2公顷（30余亩）。700平方米的厂房建设已完成选址和土地流转，正在规划设计。

茶叶和中药材流转土地多、务工需求量大，是提升造血功能和带贫益贫的最好抓手。去年茶叶、中药材两家合作社发放务工工资近30万元。在推进两项产业的帮扶实践中，看到群众从中获得的实实在在的收益，让我更加笃定和坚信，依靠中、长效产业发展带动，村民"两不愁三保障"的基础就能更加稳固，群众增收的底气就更足了。

自驻村以来，从百日攻坚到镇级、县级脱贫退出交叉检查、市级核查、省级抽查、第三方评估、疫情防控、三排查三清零，向决战决胜发起总攻。我和全市8000多名扶贫一线干部一样，常常为了完成一个接一个的目标任务，忘记了节日、假期，不分工作日，每天都是一样的充实和忙碌。粗略统计工作日志，这一年我共计驻村336天。远离家人、朋友和城市生活的便捷与繁华，工作生活上的不便，对家人的思念、亲人病危直到去世无法陪伴的亏欠，个别不讲理群众的指责以及力不能及时的委屈，工作之余的孤单和寂寥，驻村工作无疑是异常艰苦的。尤其对于一个女同志，其中的艰难辛苦若不是身在其中，是无法体会的。但好在我不是一个人在战斗，身后有单位的强大后盾，有局领导和全局结对帮扶干部的重视关心和配合帮助，身边有镇、村干部和驻村队员精诚团结和同舟共济，有村民们的信任和支持，精神上是无比充实和富足的。无数个披星戴月或雨雪交加的夜晚在镇上开完会，洄水镇分管领导或扶贫战友开车送我回村；村民汪学秀将自家成熟的李子、王亮玖在山上捡的板栗、毛丛青把地里种的蔬菜悄悄放到我桌上；李孝学傍晚时敲开我的门，硬塞给我一包鸡蛋，怕我拒绝转身就跑，边跑边说"这是我们自己养的鸡下的蛋，专门给你们攒的，攒了好久才凑够，你们辛苦了，补点营养"；局里的同事每回到村都大包小包给我带来好多好吃的，这些情景和情谊永难忘怀，更无以为报，每每回想总让我既温暖又感动。这一年我的工作也得到了市政府和相关部门的肯定和好评。我先后被市直机关工委表彰为"脱贫攻坚优秀共产党员"，被市政府授予2019年度全市脱贫攻坚"交友帮扶先进个人"、市妇联授予"全市脱贫攻坚最美女性工作者"、市总工会女职工委员会授予"五一巾帼标兵"、洄水镇党委、政府授予"优秀驻村第一书记"等荣誉称号。

行程一百，九十为半。当前脱贫攻坚巩固提升的任务依然艰巨繁重，各项查漏补缺、补短强弱的工作还有很多，我将继续全力以赴协助镇村以只争朝夕、不负韶华的紧迫感和责任感，倾心、倾情、倾力帮扶，确保团堡村高质量打赢脱贫攻坚收官战。

（整理人：张　斌）

我在书堰村扶贫的日日夜夜

讲述人：徐侣芳　安康市群艺馆干部

我是1995年1月参加工作的，2017年9月被调到安康市群众艺术馆工作，2019年1月被单位派驻紫阳县麻柳镇书堰村驻村扶贫，担任驻村帮扶工作队队长。

书堰村位于麻柳镇西北部，总面积19.5平方千米，辖14个村民小组，635户2503人。有建档立卡贫困户423户1644人（其中低保贫困户58户172人，五保户32户32人，其中缺技术致贫40户，缺劳力致贫35户，交通条件落后致贫157户，缺资金致贫80户，因病致贫31户，因残致贫28户，因婚致贫1户，因学致贫40户，因灾致贫10户，自身发展动力不足致贫1户），占总人数的65.7%。一开始，我没想太多，到村后看到下乡记事簿，脑子里一头雾水，才有了"老虎吃天，无法下爪"的感觉。好在村主任也是一位女同志，便于沟通。我每天吃了饭，就叫上第一书记步行到周围村民家中走访。我坚持参加村民大会，便于与村民多交流。

记得和镇干部王克强到十四组开会，当时正在修路，他骑摩托车，因路陡无法载我，我就边走边追，他行一段停一停，到平路再载我一段，开完会回来，感觉腰酸腿疼，折腾得整晚上睡不好觉。还有一次和支书在十三组开会，下大雨，晚上十点多他骑车带我回来，我们一身淋成了落汤鸡，我泡了个脚，把头发吹干，喝了同事帮我买的感冒药，可不抵事，后来还是感冒了。我经常向包村干部请教农村工作经验，向他们学习取经。通过走访接触，我感觉很多村民同我想象中的淳朴有差异，对人虽热情也很舍得，但把利益看得很重，总觉得很多事不公平。我就抓住他们的心理进行沟通，讲解相关优惠政策。农村工作无小事，只要用心去学、去做，用情去感化他们，也没有那么艰难。

到2019年上半年，我熟悉村里基本情况后，发现村里的交通条件比较差，基础建设方面很落后，村级主干道龙洞河至蚂蟥垭道路老旧、狭窄粗糙，多处路段有危险裂缝。因为脱贫摘帽时间紧迫，担心在预定时间内不能完工，验收不了会影响整个脱贫任务，镇政府计划来年修复。我和第一书记商量，利用自己市级包联的优势，马不停蹄地找到包抓帮扶部门领导市政府机关事务管理中心局的何慧红主任，谈了我们的具体想法。随后，又请我们馆长陪同何主任，到村上来实地考察了2次，同镇党委书记喻明星多次交换意见，到4月底才将这个建设项目敲定。得知维修公路，村民们热情高涨，干劲十足，加班加点修路，经过一个多月的辛苦努力，终于将这条长5.83千米、耗资381.5万元的村级公路修复完工。光滑的水泥路面，宽阔平坦，踩在上面，安心踏实。

我考虑到龙洞河两岸的村民来往过河极不方便，通过自己熟悉市级部门单位基本工作程序，还有自己的人脉优势，用真心实意感动了慈善机构的负责人，争取项目资金6.8万余元，确定修建一座慈安桥。这年11月我们开始修桥，12月底，这座慈安便民桥竣工并投入使用。村民们看到新建的桥，一个个欢天喜地，高兴地不得了，说我又给村上办了一件好事。

书堰村产业单一，茶园发展不成规模。我们多次商议如何才能为村民增收，巩固家庭收入。为了增加农民收入，我们帮扶部门与扶贫干部，先后直接参与到康林富硒茶叶销售和加工。到茶叶销售旺季，我们积极去市里、去省上，利用亲戚朋友关系，寻找茶叶销售渠道，我们馆长还动员全馆人员参与购买，每年共计完成茶叶销售金额约六七万元。

2019年4月初，村里决定发展金银花种植，我同安康市日晟有限公司多次沟通，又把40余名村民代表请到安康金银花示范基地去实地考察。后来经过多次协商，我们形成了一个初步订单合约，10月栽植6.67多公顷（100多亩）金银花苗，采花后由日晟公司派人来村收购，村民不为销路发愁。到了金银花正常开花时期，保守估计每667平方米可产干金银花50~60千克，收入5000~6000元。

同年11月，我们领导打电话说他所包联的贫困户，十组村民覃丕元，因为身体不好，要去县医院检查肺气肿和支气管方面的病，让我协助办理慢性病证明。覃丕元家庭经济状况很不好，他一直在外务工。检查要本人到场才行，这个忙我怎么帮呢？领导交办的事我又不能马虎。一次周末，我坐火车回家，在火车站刚好碰上覃丕元去天津务工，我随即告知他办慢性病手续事宜，让他把身份证拿出来我用手机拍下来备用。后来我去镇医院找到办理慢性病证明的小张，了解了慢性病证明办理的相关手续。没过几天，我去参加全县第六次脱贫攻坚推进会，就提前下去找到检验科上班的侄女，请她帮忙用我的身份证买来就诊卡，找到2个月前给覃丕元看病的医生冯小宝，调出他的检查结果，开出电子病历。回村后，我专门去镇医院找到小张，把覃丕元的病历交给他，到这时，才将他的办理慢性病证明的所有手续资料全部办好。

十组贫困户张明发，家庭环境很差，主要是家中缺资金，父亲张光树82岁了，妻子高秋菊患有先天性心脏病，有个儿子才9岁。张明发在外务工认识了高秋菊，两人走到一起，成了事实婚姻。可女方在汉中洋县有过一段婚姻，直到2017年高秋菊才和前夫解除婚约办理了离婚手续。但前夫拒绝将高秋菊的户口从户口簿分离开来，高秋菊无法办理迁移户口手续，生病也享受不了紫阳县贫困户的就医报销政策。我得知情况后，利用开会时间到县婚姻登记处咨询，当时值班的干部叫马明娥，她很耐心帮我查看了电脑资料，系统显示对方没有离婚。回村后，我寻思这么远，又不可能跑到汉中去一趟。左思右想之后，我突然想到自己有一个汉中朋友，2年前来安康办案我接待过，抱着侥幸一试的心理我联系上他，可他本人已到北京工作去了。我又通过这个朋友的朋友，找到洋县民政局办公室主任，经协调找到当地婚姻登记处。我在电话里向对方说明了找他们求助的事由。请他们把这件事调查清楚，帮忙办理。很快，他们回复我高秋菊的确是解除婚约了，在电脑系统上马上改过来。听到这个消息，我去县政务大厅找到马明娥同志，请她看看我们还需要准备哪些资料，才能让高秋菊和张明发办领结婚证。通过微信沟通，她让高秋菊写了个承诺书，带上身份证和张明发的户口本，4月19号一早，我们带着张明发高秋菊二人一道，去县民政局办理了他们期盼已久的结婚登记手续。随后，我找到麻柳派出所所长陈涛，帮高秋菊上了户口。

谢雨佳是一个留守儿童，她父母在福建开足浴店，基本上是年初带着小儿子出门，年底才回来，小姑娘只能和奶奶相依为命。以前一至三年级她都在村小学读书，2019年9月升四年级，只能选择住校，这意味着娃娃10岁就要独立生活，她奶奶很不放心。我知道后就去她家劝老人家莫操心，娃在学校住宿也挺好，锻炼她的独立生活能力。平时有啥需要就告诉我，我承诺随时到学校去看望谢雨佳。后来谢雨佳需要买各种课外辅导作业，都是我骑车到指定的地方买好，给孩子送去。孩子偶尔感冒，我就会买好感冒药，送到学校让她按时服用，按时接送孩子打疫苗。学校要开家长会，我会提前问老师几点开始，按时以谢雨佳家长身份去开会。贫困学生补助的饭卡我领回来保管好，等吃完了又给孩子送到学校去。平时孩子很黏我，到了周末要我去陪她，而我还有一堆工作，只能安抚她说阿姨最近很忙，要工作，等有时间了就去陪她。

记得有一个周六晚上，我要去开村民小组会，佳佳打电话要我去陪她，不然就不写作业。我怎么哄都哄不住。我想孩子太小就离开了父母，心里一阵阵酸楚。散会后，已经是十点多了，我请人把我送去佳佳家，孩子正眼巴巴望着我来的方向，当她看见我时，就一下子扑到我怀里，紧紧抱住我，那一刻，我的眼泪再也控制不住地从眼眶里流淌出来……

扶贫至今，我所干的工作都是做了一件件微不足道的事情，但却给群众带来了看得见，摸得着的实惠，我内心感到欣慰和自豪。毕竟自己是一个平凡之辈，是扶贫一线的一名普通干部，能真心实意地帮老百姓多做几件好事，没有混日光，踏实做人，踏实办事，我也就算对得起组织，对得起自己良心，也就无愧于扶贫干部这个称谓了！（叶柏成）

帮村扶志兴产业

讲述人：柯贤文　安康市退耕还林工作站干部

2017年底，安康市启动增派市直单位联村开展脱贫攻坚帮扶工作。市退耕还林工作站牵头联合市森林公安局共同帮扶紫阳县高滩镇龙湾村脱贫攻坚工作。两家单位领导按照"选硬人、硬选人"的原则多次协商研判，确定选派我为紫阳县高滩镇龙湾村驻村帮扶工作队长并推荐我为第一书记人选。我家住安康市城区，大学毕业后便响应号召成为一名大学生村官，2年后考入紫阳县乡镇公务员，后经历了从县级部门到市直单位市退耕还林工作站的工作经历。临到村里工作前，单位领导跟我谈话："安排你去驻村，一是考虑你有乡村工作经验，二是你在紫阳的政府办等部门工作过，熟悉紫阳的情况，相信你一定会把工作干好"。

面对组织的信任，我义无反顾地到村里开展工作。驻村以后，我"帮干不包办、不添乱，到位不越位、勤补位"，与镇村处理好工作关系，以建强班子、发展产业、提升治理为重点，通过村支部委员会、村委会一班人的共同努力很快就扭转龙湾村工作的被动局面。

高滩镇龙湾村距安川高速权河出口约3千米，310省道穿境而过，境内有高滩火车站、初中、小学各1个，村域面积7平方千米，辖4个村民小组，耕地、水田130多公顷（2000余亩），总人口472户1646人，在册贫困户235户841人，已脱贫224户825人，于2018年底率先实现整村脱贫出列，贫困发生率0.97%。

我驻村后，首先做的工作就是与镇干部、包村干部、村干部座谈、入户走访调研情况。结合我前期在紫阳工作时所掌握的一些情况，基本摸清了村情和龙湾村的致贫原因。一是班子不强，上届班子支部书记，监委会主任因违纪违法相继被开除党籍及刑罚等处分，2018年初，龙湾村"两委"换届，新班子成员对全村发展思路不明确，应对大量的临时性工作疲惫不堪，统筹考虑全村发展工作能力不够、境界不广，措施不得力。二是致贫原因多样，缺资金、缺技术、因残、因病等原因不同程度存在，但归根结底还是缺钱，家庭收入不达标所致。贫困户的收入占比收入较高的仍为务工收入或财政转移性收入（低保、五保）2个门类，收入来源单一。三是产业建设严重滞后。2017年底以前，这个村产业建设基本属于"空白"，无主导产业，多数土地撂荒，原有约26.67公顷（400余亩）茶园和1座茶厂，因多方面原因导致茶园荒芜废弃，茶厂荡然无存。村民增收渠道多为务工收入，个别农户有散见的养猪、牛、羊、鸡、蜂等小户养殖、种植等产业，但对家庭的收入贡献不多，占比较小、且风险大。

发展产业是农村长远发展的根本，也是脱贫致富的主要依托，有了长效的产业支撑，才能从源头上解决贫困群众持续增收的问题。依托帮扶单位市退耕还林工作站的行业部门优势，我们决定以培育县域特色产业作为驻村帮扶的抓手，制定龙湾村产业发展规划，主要是在产业发展方面实现"三步走"战略："产业走上山生根，村民走进城落户，市民走进村观光。高中低山同步推进，高山适宜种植中药材和魔芋，中段打造新村和茶叶观光示范园，低山借力任河漂流起漂点，建设山村休闲旅游带、农家乐等"。

有了规划就要付诸行动，工作队实现包抓分工，投身基础设施建设和产业链条孵化，围绕"产供销"各司其职。高滩街道魔芋收购商为龙湾村四组投入魔芋籽芋8000多千克，采取与村民合股的方式种植。3年来，魔芋种植户每年不但有商品芋出售还留足大量种芋，户平均增收4000元以上。在四组，阳荷姜、厚朴也相继栽满了各个山头。

发展产业的试水，使我们深深意识到产业要健康发展，必须按照"园区承载、大户带动、龙头引领、品牌示范"的市级园区发展模式进行的发展理念，通过大户或经营主体带动，依托当地富集的撂荒耕地、荒坡等土地资源优势，开发山林经济资源，发展茶叶等富民产业，盘活村集体经济，培育壮大村级主导产业基础，带动群众增收致富，增强内生动力和"造血功能"，以达到脱贫致富奔小康的目标。在深入调研的基础上，我与镇村干部、群众代表座谈共谋产业基础和发展优势，统一了以"培育茶叶、做大花椒"的产业发展重点项目。

做大青花椒是我们打赢产业发展的又一硬仗。首先选定一个有责任的发展产业主体。袁红波是高滩镇三坪村的一个茶叶加工厂老板，他早年经营茶叶，积累了一定的财富，手上有闲散资金，也想扩大经营范围。和他同为发小的时任龙湾村委会主任的唐家武，迅速驱车赶往袁红波的家中，通过多次交流，讲解鼓励政策，后又经过多次会谈、考察、论证等工作，成功创办紫阳臻迪富硒农业科技有限公司，在村内流转土地，建成花椒基地约53.33公顷（800亩），土地涉及农户200余户（其中一半以上为贫困户）。公司实行就地、就近用工，以80元/（人·天）的薪资标准吸纳周边农户在园区务工。每年仅向农户兑付土地流转费和工人工资就达50余万元，大大增加贫困户的财政性收入和工资性收入，稳定了脱贫基础。2年来，我利用周末时间组织企业和村委负责人赴重庆市江津区入园区、进车间、看市场和座谈交流等方式，了解该产业的种植生产、加工销售、市场前景等情况。带领企业负责人参加全省退耕还林工程管理与生态脱贫技术培训班，学习林业产业助推脱贫攻坚先进经验。花椒产业是我省的一项重要林业产业，也是一个劳动密集型产业，用工需求量大，2019年7月，市退耕还林工作站副站长陈文普带领科室负责人专题前往该座谈会，在详细了解基地建设管护、苗圃培育等情况后，叮嘱驻村干部要关心支持企业，加大与县局有关部门的协调联系力度，争取在园区申报等方面给予倾斜支持。不久后，我们单位把有机肥20吨调运到村，为该公司协调申报退耕还林工程计划指标约33.33公顷（500亩），指导成功创建县级农业产业园区，累计协调项目资金80余万元。

说起培育茶产业，唐家武怎么也都想不到的是，他一个搞工程基建工程承包的人会转行投身茶叶行业，做起茶老板。2018年初，随着市派帮扶单位驻村以后，眼看紫阳茶产业如日中天，茶叶价格一路飙升，但龙湾村却没有一块连片像样的茶园。我们经过多日的动员、讲事例，唐家武终于答应出资100万元注册成立集茶叶种植、加工、销售为一体的紫阳县瑞丰茶叶专业合作社，采取"合作社+基地+农户"的模式，在村核心区域流转土地约3.33公顷（50亩）并计划迅速建园。可当时错过了紫阳县统一调苗的时间，一时间一瓢冷水浇了下来，当年不能栽苗下地，就得多付1年的地租，对于一个创业初期的人来说，无疑是一个巨大的打击。对此，驻村干部及时向单位领导进行了专题汇报。2019年1月的一天，市林业局党组副书记、副局长陈晓虎带领市退耕还林工作站副站长陈文普和驻村干部专程到紫阳县林业、茶叶局协调解决驻村帮扶茶叶建园事宜。在得知园区建设业主和群众建园热情高涨，但该县茶苗在采购时间已过、且春季县内无苗可调的情况下，陈晓虎当即电话联系汉滨有关茶企负责人，现场协调优质一级茶苗调运，解决了春季茶园栽植难题。没过多久，由帮扶单位出资采购陕茶一号优质茶苗10万余株运抵到村，我们立即组织茶叶专家蹲点培训，指导建园、栽培、管护，以此带动周边群众增强发展产业的技术本领和创业信心。同时，我们邀请市林业技术设计队和县林业局主要负责同志3次到村踏勘指导，启动了约26.67公顷（400亩）老茶园改造的前期作业设计审批工作。为促进新建茶园有特色、有亮点，经牵线搭桥，我们在茶园进行套栽金丝皇菊，既美化了环境也增加了收益。2019年底，为壮大基地规模，计划再次协调调运茶苗完成新建茶园约13.33公顷（200亩）。市森林公安局防火应急中心工程师张小安是一名"准60后"，调苗当天正值降雨天气，他发挥特长组织镇村干部成立应急小分队，自备挖掘、锄头、铁铲、弯刀等农具，提前赴该村危险路段排危，清理因降雨致道路塌方路段，清除泥泞石块，砍伐倒塌树木，确保茶苗调运车辆安全通过。针对降雨道路湿滑，他又再次调集小型运输车辆采取"二次转运"的形式，分4次对苗木进行分批倒运，直至当晚10点多，顺利完成了90万株苗木调运分发工作。随后，又组织高级工程师到村开展新建茶园栽植与管护技术培训。

2年来，龙湾村茶叶合作社和花椒公司仅就直接用于土地流转、工人工资等开支已经兑付150余万元，解决贫困户就近、就地就业的问题，稳定增收有了保障，计划今年再对全村符合条件的地块全部纳入退耕还林并予以实施奖补，以此推进茶叶、青花椒基地上规模、收益提档次。邢万喜是移民安置户，全家共3口人，他由于身体和年龄的原因无法外出务工，自迁到村里的安置点后觉得寸土都没有，害怕生活没有着落。工作队了解了他的情况后，觉得他有文化还踏实肯干，便把他推荐给合作社管理生产，月工资1500元，农闲时，他还可以在本村打零工，一年下来收入2万多元，一家人生活有了保障。

一个地方的发展离不开稳定和谐的发展环境，结合市县启动的村支部书记、村委会主任"一肩挑"工作，高滩镇党委经过慎重研究，由市派驻村第一书记的我任村支部书记，经法定程序选举我兼任村委会主任。我肩上的担子更重了，这不仅是组织的重托，更是老百姓对我的信任。我牵头修订了村规民约，规范了村级议事决策程序和事务综合管理有关制度。我们龙湾村各项工作有序进行，逐步形成了严肃的政治规矩、工作纪律和精诚团结共事的局面。按照公开是常态的廉政准则，运用新媒体加大村务公开，不断提高村组干部的公信力和依法办事能力。运用爱心超市的奖励措施和亮"红黑榜"的倒逼机制纯化民风。民风变、作风转，一般性信访和民事纠纷逐年减少，狠刹了酒席乱办风气，拾金不昧、热心公益等先进典型不时涌现，优化了营商环境，呈现村庄管理规范有序、产业发展势头强劲、农民增收持续增加的喜人局面。（整理人：梁开明　李胜璋）

风 采

使命书写在贫困山乡
——建行总行紫阳县扶贫纪实

在高桥镇权河村，一条建行捐建的通村路成为村民的放心路、致富路；在权河村、何家堡村、板厂村，海外公司保底价回收的甜菊长势喜人；在建行的 App 上，来自紫阳县的"一棵茶树"成为扶贫明星产品；在马来西亚吉隆坡，紫阳新社区工厂生产的"熊猫健健"作为"一带一路"中马经济合作论坛吉祥物而深受喜爱……

紫阳县是中国建设银行总行全国定点帮扶的 4 个区县之一。自 2016 年以来，建行总行先后派出 2 批、6 名干部到紫阳挂职和驻村扶贫，总行董事长、行长多次到紫阳指导调研，不断向紫阳县输送资金、资源和先进的发展理念，取得了显著的帮扶成效。

农特产品推出去

来自建行总行的张雪峰在紫阳县挂职县委常委、副县长。2018 年 11 月 21 日，他到紫阳县的第一天就上了茶山。紫阳县有茶园 16000 公顷（24 万亩），年产茶 7500 余吨。建行驻紫阳扶贫干部整合建行"善融商务"电商平台优势，探索出线上扶贫的银企（茶）农合作模式，全国 15000 名建行人认领 20 公顷（300 亩）茶园，取得了"紫阳产品走出去"的开门红。

随后，张雪峰利用建行手机 App 有 3.2 亿用户、日活量 1500 万人次的流量优势，与当地茶叶企业发起"一棵茶树"项目。建行党委书记、董事长田国立做流量扶贫的"网红代言"，带头认购了第一棵茶树；建行总行行长刘桂平亲手在半亩茶园种下一棵茶树。截至 2020 年 6 月，"一棵茶树"已有 18000 人认领，为营梁村、权河村 38 户贫困茶农带来增收红利。

中茶公司早在 1950 年便在紫阳成立支公司。2019 年 9 月 26 日，在建行扶贫工作组的协调联络下，紫阳县与中茶公司时隔 70 年再度牵手，签订合作协议。8 个月后，以紫阳富硒茶为原料、按照中茶技术标准生产的"中茶牌"紫阳富硒毛尖绿茶正式全新上市，极大地拓展了紫阳茶的发展空间，为加快紫阳富硒茶产业升级、推动消费扶贫、助力脱贫攻坚注入了新动力。

资金资源引进来

建行总行充分发挥行业优势，将扶贫政策向紫阳倾斜，各类资源往紫阳引进，凝聚了强大的帮扶合力。

春茶季是茶叶企业资金需求量最大的时候。为了助力产业扶贫，建行总行将普惠金融与脱贫攻坚相结合，创建了"惠农富硒贷"这一新产品。共投放13家企业1985万元贷款，惠及贫困户791户3133人。

作为国家扶贫开发重点县、陕西省深度贫困县，不仅企业缺钱，紫阳县恒紫工业园区项目建设也迫切需要1.5亿元的金融支持。张雪峰与建行总行在紫阳县扶贫局挂职副局长的曹维安一直在极力争取。当向建行总行完成了贷款申报全部工作，省行、总行都已审批通过时，一家担保公司中途退出，使得之前几个月的申报审批工作都白干了。"这一天，我们沮丧到了极点。"曹维安说。最终，他们决定变更担保方案重新找担保公司，再次申报。2019年8月15日17：05，在营梁村入户走访的张雪峰、曹维安接到放款消息，两人四目相望，眼泪夺眶而出！历时9个月，贷款终于办下来了！

同时，建行总行还将专项党费资金800余万元，用于紫阳县蒿坪镇毛绒玩具文创产业新社区工厂、权河村茶叶香椿加工产业园、半亩茶园管护设备及制茶设备购置项目；投入767万元为县人民医院、镇卫生院、村卫生室捐赠远程诊疗设备、云巡诊车、母亲健康快车等多套医疗设备；投入9.82万元，为高桥镇铁佛小学实施操场软化项目；引入资金29.9万元，捐建留守儿童活动中心、资助贫困大学生、为贫困人口购买人身意外保险等。

世界上第二大甜叶菊生产制造商谱赛科是马来西亚企业，他们希望能用富硒土地种出甜叶菊。张雪峰得知后，马上联系建行马来西亚行长封奇，并一起带领双方的团队，举行紫阳-马来西亚招商会，敲定这一项目在紫阳落地。随后，谱赛科公司与紫阳县山野菜种植合作社合作，形成了"龙头企业+金融+合作社+农户"的产业扶贫模式，在紫阳县试种甜菊8公顷（120亩）。至7月中旬，甜菊长势喜人，丰收在即。

初心映照扶贫路

爱多宝动漫文化产业有限公司是第一家将总部迁入安康的毛绒玩具企业。公司入驻之初，遇到很多困难和问题。公司总经理王亮说："是建行的支持给了我们决心和信心。"

在紫阳县蒿坪工业园区，爱多宝公司新建的厂房引人注目。公司原有厂房无法通过外企验厂，产品也就无法直接出口。建行总行拿出680万元党费资金，援建了8000多平方米的标准化厂房。在建行总行的支持下，爱多宝公司与建行全球多家分行建立业务联系，产品远销海外。2020年初，受新冠肺炎疫情影响，爱多宝公司30%的订单都遭遇退单和延迟交货。建行总行投来了吉祥物"湾宝"的大笔订单，帮助爱多宝公司扛过了最艰难的几个月。

随着企业规模扩大,爱多宝公司遇到资金周转困难的问题,希望建行提高贷款额度。王亮说,建行的客户经理告诉他,提额业务需要重新调研,按流程办理,最快也要一个月时间。张雪峰专门抽出一天时间沟通,并安排专人盯着这笔贷款特事特办。仅用了一周的时间,爱多宝公司200万元的贷款额度获得审批。

"以前经常挑水吃,现在是天再旱也不会断水了!""以前扛一袋化肥回来,衣服要里里外外汗湿几层,现在经销商开车送到门口!"2020年7月4日,曹维安与来自建行陕西分行的第一书记晁来锋到权河村九组走访,村民拉着他们的手,说不完的感激话。建行总行与高桥镇权河村结对帮扶以来,扶贫工作队一任接着一任干,使该村在产业发展、基础设施、村风民风等方面得到极大改善,与当地群众结下深厚感情。

中国建设银行总行自1988年起就将安康市作为扶贫联系点。30多年来,他们始终坚守"安康不脱贫,建行不撤点"的初心使命,践行国有大行的政治担当和社会责任,积极开展全方位、多领域的帮扶工作。一户户群众陆续脱贫,一个个乡村逐步出列,一家家企业成功孵化,印证了卓有成效的扶贫成果。2020年7月,建行安康定点扶贫团队被中国金融工会授予"全国金融先锋号"荣誉称号,紫阳县挂职副县长张雪峰被授予"脱贫攻坚先进典型全国金融五一劳动奖章"荣誉称号。(黄志顺)

穿越秦岭的携手
——西安市未央区、航空基地对口帮扶紫阳县纪实

"西安市场对茶叶需求大,但是门店、仓储等成本很高。'紫阳山货进未央'活动让我们实现了零成本入驻。"紫阳县1名茶叶负责人说。西安市未央区、航空基地自2019年对口帮扶紫阳县以来,共向紫阳捐资800余万元,并采取消费扶贫、就业扶贫、教育扶贫等有力措施,取得显著的帮扶成效。

2019年7月5日清晨,一辆中巴车自未央区委大院出发,经包茂高速一路向南驶往紫阳。这天,未央区委书记杨建强带领党政代表团,与紫阳县委、县政府就脱贫攻坚帮扶工作进行座谈。杨建强表示:"我们将认真学习贯彻习近平总书记关于脱贫攻坚的重要讲话精神和省委、市委部署要求,进一步提高政治站位,牢记政治责任,强化政治担当,用情、用力、用智做好帮扶工作,为紫阳的脱贫攻坚事业再添一把火,共同携手打赢脱贫攻坚战。"

西安市未央区、西安航空基地成立对口帮扶紫阳县脱贫攻坚工作领导小组,由区委、区政府主要领导和航空基地管委会主要领导担任组长,相关分管领导担任副组长,全面有序推动帮扶工作。未央区还选派1名处级干部挂职扎点帮扶,确保各项帮扶工作真正落到实处。

"家里种了几亩茶？今年鲜叶采了多少，卖给哪家企业了，收入情况咋样？"在城关镇双坪村三组贫困户常选斌家里，未央区选派的帮扶干部惠崇江详细了解茶叶生产、销售及家庭收入情况。来到紫阳县11个月，惠崇江先后走访贫困户家庭200多户，走访紫阳特产加工、销售企业40余家。"只有深入了解，才能精准发力，实施资源优化整合，搭建资源转化平台，实现未央区、航空基地与紫阳县高效融合对接。"惠崇江说。

紫阳是陕西省脱贫难度最大的县，同时也是全国首批富硒农业产业示范基地和全国产茶重点县、魔芋产业重点基地县，具有发展富硒特色产业的独特优势。未央区是西安市政治、经济、文化中心，也是陕西"三个经济"的重要承载区，具有成熟的发展理念、丰富的人才资源、广阔的消费市场。正是在深入了解、充分调研的基础上，一个个帮扶措施由纸上逐一落地落实。

2019年11月7日，未央区和紫阳县联合举办的"紫阳山货进未央"活动，在四海城唐人街特色商业街区唐人优鲜广场举行，让紫阳农产品走出大山，进入西安市民消费视野。未央区共在唐人优鲜、新北城农副产品批发市场、新生活农贸市场3个商场设立了"紫阳山货"销售专柜和紫阳茶销售专区，为"紫阳山货"统一提供"免费仓储、免费进店、免费商铺！"服务。

未央区还通过"请进去"的方式，先后邀请50余家西安本土知名商贸企业和大型农副产品贸易平台来到紫阳县实地考察。在紫阳县消费扶贫产销对接会上，未央区组织的西安新北城农副产品批发市场、西安秦隆农贸科技有限公司、陕西锦鹏实业投资有限公司、陕西经新有限公司、西安扶贫超市蓝田店5家企业签订了627万元的认购协议。通过"以购代帮""企业订单采购""京东云仓团购"等形式党政机关及企事业单位直接采购紫阳县200余万元的涉贫产品。

"公司免费向贫困户茶农发放有机肥66吨，购买修剪设备400套，并以高于市场5%的价格收购贫困户鲜叶。"2020年6月9日，紫阳县康硒天茗茶业有限公司负责人向未央区、航空基地相关负责人介绍帮扶资金使用情况时说。未央区向该公司下达40万元帮扶资金，为企业带贫添注动力，康硒天茗就应该在带贫益贫上放大效益。以茶叶产业为重点，未央区帮扶紫阳县茶叶企业扩建茶园200余公顷（3000余亩）、改造生产车间及仓储用房1930平方米，升级购置设备34套，增加生产线4条，带动贫困户548户、2079人增收。2019年以来，未央区、航空基地累计落实帮扶资金800万元，首批重点扶持培育5个农业主导产业项目、1个富硒产业科技孵化项目和1个旅游设施建设项目，促进当地企业扩产提质增效，增强带贫益贫作用。

同时，两地还开展搭建一个贫困劳动力与用工单位互通平台、办好一所课堂、用好一组政策、落实一笔资金的"四个一"就业扶贫行动，提供就业岗位135个，促成紫阳县人社局与西安航空职业技术学院签订帮扶协议；未央区5所学校与紫阳县中小学开展结对帮扶，定期开展交流活动；3家医疗结构与紫阳县3家医院互结联盟，共享医疗资源；组织8家单位、30余名企业家到紫阳县开展经贸交流活动；投放紫阳县文旅广告，引进2家旅行社与紫阳县文旅企业达成合作。

"实现紫阳决战决胜脱贫攻坚,是未央区、航空基地共同的希望,也是共同的责任,共同的担当。"未央区委、区政府表示,他们将深入开展产业合作、劳务协作、人才支援,积极深入推进消费扶贫、旅游扶贫等新路子,不断增强"造血"功能,提升帮扶效益;围绕紫阳县"两不愁三保障"需求,持续推进教育、医疗等优质资源对接;进一步凝聚合力,动员引导社会力量共同参与对口帮扶工作;进一步完善长效机制,为对口帮扶工作深入开展提供有力保障。

紫阳县与未央区、航空基地,一个地处秦岭之南、汉水之滨,一个地处秦岭之北、渭河之畔。虽然被绵延千里的秦岭相隔,但"携手奔小康"的共同使命,把秦岭南北三地紧紧连在一起,创造了结对帮扶的经典案例。(黄志顺)

把真情和汗水洒在紫阳

——夏学礼同志在紫阳县牵头帮扶工作纪实

夏学礼 1975 年 2 月出生,湖北麻城人,1994 年 9 月参加工作,1999 年 11 月入党,2012 年 6 月毕业于第二炮兵工程学院航空宇航推进理论与工程专业,博士研究生。现任陕西省委科技工委组织干部处(陕西省科技厅人事处)副处长。2018 年 5 月担任省级单位在紫阳驻村联户扶贫工作团团长,紫阳县政府党组成员、副县长(挂职)。在紫阳决战脱贫攻坚的关键时刻,他把真情和汗水洒在紫阳,用一桩桩实事书写了脱贫攻坚的壮歌,留给紫阳人民深刻的印象和无数的赞誉。

与紫阳结缘

夏学礼与紫阳结缘最早可以追溯到 2014 年。长期以来,省科技厅在紫阳县定点帮扶城关镇双坪村,他曾多次到村开展帮扶,期间,由于工作需要经常到村小住几天,与很多双坪乡亲早已熟悉热络。双坪群众勤劳、善良、朴实的品格在他心里留下深刻而美好的印象。

2018 年 5 月夏学礼满怀着对山区贫困群众的热爱和责任,放弃了省直机关相对优渥的工作环境,远离家中年仅 2 岁多的孩子,主动请缨到紫阳挂职扶贫,成为省级单位在紫驻村联户扶贫工作团的新一任团长,挂职副县长。紫阳迎来了首位西安二炮工程学院博士副县长。

"与之前到紫阳不同的是,今后我不仅要把省科技厅在双坪村的驻村帮扶工作做好,更要协调所有在紫阳的省级单位做好驻村帮扶!让紫阳困难群众早日摆脱贫困是我的职责所在,也是我最大的心愿,尤其时值脱贫攻坚决战决胜的关键时期,我必定全力以赴!"夏学礼在全县人大会上就职发言时铿锵有力地说道。

担任"扶贫团"团长

省级单位在紫驻村联户扶贫团是在省委、省政府联县扶贫工作制度下,由省扶贫开发领导小组领导,省扶贫办具体组织实施。采取分级负责、分层管理的办法,即在紫阳由省科技厅牵头,夏学礼担任扶贫团团长,协调省安全厅、省红十字会、中石油测井公司等省级机关、企事业单位及高校深入各个贫困村开展驻村扶贫,以期达到帮助加快地方发展,尽快使贫困群众摆脱贫困,缩小地区差距的目的。

老家位于湖北省麻城,自诩从小在农村长大,夏学礼对紫阳人口中的"山大沟深、基础条件差"是有心理预期的。但是,经过1个多月的实地走访后,他对全县的贫困状况还是深感愕然。属于秦巴集中连片特困地区的紫阳,全县共有建档立卡贫困户40329户133507人,贫困发生率高达37.91%,作为陕西省11个深度贫困县之一,紫阳绝对是全省脱贫攻坚的难中之难、坚中之坚!

面对艰巨任务和重重困难,扶贫团坚定不移贯彻落实中省市精准扶贫、精准脱贫战略,始终将党的力量挺在脱贫一线,突出党建引领,不断壮大"四支队伍",凝聚攻坚合力。通过定期召开联席会议研究部署驻村联户扶贫工作,为脱贫攻坚把脉问诊、献计献策。通过定期开展学习培训及时传达上级最新工作要求,致力于落实、提升帮扶成效。

按照"团长管总、镇村主战、扶贫团主责、工作队主抓"的四级攻坚体系,组建11个镇工作团,成立21支驻村工作队,常驻工作队员28名,省级帮扶单位245名干部同660余贫困户实现双包双联。扶贫团协同贫困群众攻坚克难、自强自立,突出产业就业"造好血"、突出教育扶贫"上好学"、突出健康扶贫"看好病"、突出群众安居"建好房"、突出政策保障"兜好底"、突出基础设施"补好课"、突出社会扶贫"聚好力"、突出精神扶贫"扶好志",聚各级之力,集全民之智,以超常的举措、过硬的手段,打好了一场声势浩大的脱贫攻坚战。

精准施策办实事

在夏学礼的牵头协调下,22家省级帮扶单位紧扣"两不愁三保障",对照"五七六标准",靶向施策、精准发力,苦干实干。

省科技厅在双坪以"工委+党委+支委"三级党建联动的创新实践堪称支部共建的典范。仅2019年上半年,省科技厅组干处和省科技交流中心党支部筹资党费近40万元,用于新建村阳光浴室、村委会电子屏幕,举办新民风建设表彰大会以及为特困安置点群众购买急需的生活用品,形成了典型的上下联动、左右贯通、齐抓共管的帮扶局面。

夏学礼带领扶贫团逐项对标落实,在工作精力、资金项目和政策措施上聚焦短板弱项,全力排查和完善以"水、电、路、讯、室"为主的基础设施配套建设,高质量完成村出列、户脱贫。中国石油集团测井有限公司2018年4月正式与燎原村结成帮扶对子,当年即针对该村"两室一场"设施简陋、产业基础薄弱等方面捐资227.1万元弥补短板弱项。2019年再次捐助199.3万元资金用于支持贫困户兴建茶园，以及新建垃圾填埋场、安设路灯等公共服务设施。彻底打通了燎原村基础设施建设的阻碍，为实现高质量脱贫出列提供了坚强保障。

夏学礼牢牢抓住每次向厅委领导汇报的机会，千方百计争取政策倾斜和项目支持。另一方面，他积极牵头驻村干部、相关县级部门和企业主体一起研究问题、商量需求、组织项目和开展申报。以实施科技精准扶贫项目为抓手，围绕富硒茶这一主导产业和优势特色农业，一手抓科技精准扶贫项目申报，一手抓科技精准扶贫项目实施，体现科技带动作用。针对县域主导产业实施茶产业链创新工程中央引导地方重大专项。2018年到位科技项目帮扶资金416.5万元，2019年落实专项资金250万元；积极整合科技资源，引导民营科技型企业到村帮扶。2019年总计捐赠232万元（其中消费扶贫32万元、捐资新建和平小学宿舍楼100万元、注资双坪村集体经济100万元）；针对村级产业发展提升示范等实施绿色通道科技项目。2019完成第一批通道项目共8个，落实资金164万元。2020年即将完成第二批通道项目5个235万元。

双硒科技种养农民专业合作社是紫阳县首家科技专业合作社，2019年成立以来吸纳贫困户超过100户。燎原村组织集体合作社依托茶叶加工、榨油加工和香菇大棚等村集体产业，2018年实现销售额150余万元，2019年突破200万元。沔浴河村在中科院西安分院的资金、技术支持下，前期投入100万元围绕天麻、天南星、吊袋黑木耳和林下养鸡项目精耕细作，为贫困群众持续增收、稳定脱贫奠定了坚实基础。

通过引入市场主体和社会资本，不断整合分散的乡村旅游资源。将休闲娱乐、文化创意与乡村旅游、民俗文化、现代农业等紧密结合，达到了脱贫攻坚与美丽乡村建设同向发力、相互促进，逐步打造出乡村旅游示范样板。双坪村在省科技厅农村处和社发处指导下，成为全省首批利用生物技术开展"三大革命"示范点，有了社会资源参与乡村环境卫生大整治，村容村貌得到了明显改善。

凝心聚力结硕果

一分耕耘一分收获。紫阳农村面貌日新月异，整县如期摘帽。省级单位在紫阳驻村联户扶贫工作交出了一张张一诺千金的答卷，收获了一份份实实在在的成绩单。

省级驻村联户单位由2017年的8家增加到2018年的20家，2019年又新增西安工程大学和中国铁塔陕西分公司，共计达到22家省级单位在全县11个镇21个村开展帮扶……

2019全县116个贫困村退出，19745户57421人脱贫，整县摘帽通过第三方评估，达到了国家规定的贫困县退出标准，贫困发生率由建档立卡之初的37.91%降至目前的1.27%……

2018年总体到位帮扶资金在2017年基础上翻倍，达到近1000万元，2019各省级单位采用整合办公经费、投入项目资金、协调企业帮扶、动员工会购买和职工捐赠等多种方式，共筹集各类帮扶资金 2426 余万元……

一栋栋安置房拔地而起，一条条羊肠小道变得平整宽阔，"两室一场"窗明几净，一个个村集体合作社活力迸发……

贫困群众住进了新房，农特产品走出了大山，群众笑声随风飘荡，幸福的笑容洋溢在脸上……（吕清宇）

第十五篇
干部帮扶

综 述

光荣的使命　神圣的职责

紫阳县是全省自然条件最恶劣、脱贫攻坚任务最重、贫困程度最深的县。以后发劣势起跑，并实现与全国人民同步小康，各级帮扶干部必定要付出极大的努力。

5年来，全县共派出驻村干部295人（其中第一书记133人），参与结对帮扶干部6326人，结对帮扶贫困户40329户。6000余名党员干部积极融入决战决胜全面小康的历史洪流，在这片深度贫困的土地上挥洒汗水和鲜血，他们的事迹被群众牢牢记在心上，也必将载入脱贫攻坚史册。

按照"抽硬人、硬抽人、全参与"的要求，全县所有预算单位均安排驻村帮扶工作任务，并抽调各单位后备优秀干部参与驻村工作。133个贫困村全部安排了部门驻村帮扶，已出列村派驻巩固提升驻村工作队，对43个非贫困村和农村社区由镇政府派驻驻村工作队，落实党员干部包抓，实现帮扶全覆盖。成立全县驻村工作领导小组，专职负责各驻村工作队管理，定期听取各驻村工作队汇报，定期抽查和检查驻村工作队驻村帮扶情况。各单位派驻的第一书记、驻村工作队员驻村期间工作关系与原单位脱钩，将党组织关系和管理权限转入包联村所在镇党委进行管理。

加强对干部管理，严格执行第一书记"十条规定"。即严格选派原则，第一书记原则上由县级党政机关、国有企业、事业单位后备干部担任。严格履职要求，第一书记务必履行"建强基层组织、推动精准脱贫、发展集体经济、办好为民实事、提升治理水平"等5项基本职责。严格工作重点，落实"七个一"重点工作，即建强一个班子、上好一堂党课、走访一遍农户、记好一本日志、建立一本台账、开展一项调研、落实一批项目。严格日常考勤，第一书记驻村必须执行驻村规定，每日电子签到。严格请销假制度，第一书记必须严格执行请销假制度，全年事假累计不得超过15天。严格培训制度，第一书记必须按规定参加全县脱贫攻坚专题培训，不得缺席或请假。严格作风纪律，第一书记不得违规报销和使用工作经费、发放生活补助、通信费用。严格督查考核，执行镇月查、县季查、年考评和期满考核规定。严格落实"三项机制"，用好"鼓励激励、容错纠错、能上能下"工作机制。严格责任追究，凡考评不合格、工作不胜任的一律召回并追究责任。严格执行驻村工作队十条纪律，即严禁擅自离岗脱岗和工作不在状态；严禁"走读式"履职；严禁违反"三个精准"规定，即识别精准、措施精准、退出精准，不得优亲厚友、暗箱操作；严禁挪用扶贫工作经费及资金；严禁作风粗暴，漠视群众合理诉求；严禁违反规定宣传政策，不得信口开河、讲无组织无原则的话；严禁违反八项规定精神，驻村工作期间不得公款吃喝，禁止饮酒滋事；严禁违反驻村期限规定，擅自更换人员；严禁参与赌博和不健康的娱乐活动；严禁收受群众的任何礼品。严格的纪律，保证了脱贫攻坚任务的如期完成。

紫阳县还不断完善驻村队员选派、管理和考核办法，形成严格的监督管理体系。由县委组织部和县脱贫办牵头，定期举办脱贫攻坚政策培训班，编印各类惠民政策汇编读本印发到各帮扶单位及干部手中，促进了政策措施的有效落实，提升了政策知晓率和群众满意度和业务水平。

大力选树典型，强化专项表彰，发挥导向和引领作用，着力强化正向激励，不断增强队伍的凝聚力和战斗力，促进干部担当作为。先后获得县级以上表彰驻村干部486人，提拔重用驻村干部46人。实施帮扶干部素质提升工程，对全县所有帮扶干部开展政策业务全员轮训，累计培训县镇村干部2.1万人次，倒逼干部掌握扶贫政策和工作要求，不断提高帮扶水平，打造懂扶贫、会帮扶、作风硬的扶贫队伍。并坚持严管与厚爱结合，严格落实驻村工作队、驻村第一书记工作经费、生活补助、乡镇津贴等政策待遇，解决好一线扶贫干部的后顾之忧，全面激发全县干群的斗志和干劲。

"腿不能动，手上的活儿还是能做的。"女干部张小红在入户中摔伤了腿，仍然坚持住在村上整理扶贫档案，直到伤口感染、发起了低烧，才不得不住院治疗。她辗转3个村驻村扶贫，每到一处都赢得群众的广泛赞誉。张小红获评陕西省脱贫攻坚奖，并参加2018年全省脱贫攻坚先进事迹巡回报告会，在三秦大地引起强烈反响。

2018年，汉王镇驻马家营村扶贫干部杨平的儿子和父亲在不到2个月的时间里先后去世，杨平极力克制失去至亲的悲痛，都是在丧假还没有结束就回到村上工作。他的包联对象、70多岁的贫困户黄正祥说："现在的扶贫干部，上比父母强、下比儿女强！"

仁和国际社区和蒿坪镇茨沟社区是紫阳县脱贫攻坚工作中的坚中之坚。在"百日决战"阶段，仁和国际安置社区由县委书记赵立根主抓、2名县级领导蹲点包抓，抽调260余名领导干部吃住在工地，全天候督促200多个作业面施工，确保1302套住房如期交付。在茨沟社区，蒿坪镇农综站站长邱红在"百日决战"的最后半个月，每天休息不到4个小时。蒿坪镇移民搬迁工程由县长陈莲主抓，蒿坪镇班子成员全部驻守工地，领导干部一线指挥、靠前作业。经过奋战，全镇易地扶贫搬迁贫困群众在规定时限内全部住进新房。

在紫阳整个脱贫攻坚工作中，双桥镇镇长陈威强、高桥镇党委副书记琚华、县市场监督管理局干部罗孝明、向阳镇天生桥村党支部书记赵功习等先后献出了宝贵的生命，他们是紫阳优秀干部的代表，他们是立在群众心头的丰碑，他们用生命践行党员的担当，他们的事迹与日月同辉，永载史册！

脱贫攻坚战以来，全县6126名结对帮扶责任牢牢扛起政治责任、践行历史使命，切实把打赢脱贫攻坚战作为头等大事和第一民生工程，贫困户达到了稳定脱贫目标，实现了整县脱贫摘帽。作为贫困户结对帮扶责任人，带着党委政府的重托和对贫困户的深情，顶烈日、战酷暑、冒寒风、踏泥泞，甚至献出宝贵生命，进村入户、访贫问苦、真帮实扶，帮助贫困户摆脱了贫困现状，与贫困群众结下了深厚情谊，为全县脱贫攻坚工作付出了辛勤努力和卓越贡献。（刘效廉）

讲 述

全县脱贫出列第一村

讲述人：焦家燕 时任紫阳县档案史志局局长

我是 2013 年底任蒿坪镇镇长的。2014 年全县开始精准扶贫，我到王家河村抓扶贫。王家河村当时是市人社局派驻工作队包联的村，镇上进王家河村工作队员是党政办的汪柏术和詹世弟 2 名干部。

刚开始进村后开展工作十分困难，村支部班子涣散，软弱无力，村委会没有办公室，大会小会都没地方开，开个会要动员几天，一个人一个个喊，精准扶贫摸底工作无法进行。我们一方面配合市人社局抓基础设施建设和产业发展，主要是抓公路建设、河堤建设、村委会的办公场所建设以及安置点的建设。另一方面深入农户，调查走访，摸清底子、搞明情况。2015 年，我们调整了村"两委"班子。支部、村委会调整后，新上任的支书徐申元是一名老党员，曾任过双安乡的副乡长，1998 年提前退休，我把他请回来，发挥他的影响和作用；村主任还是原来的胡一准，他思路清、情况明、能力强，是一个给老百姓办实事的人。

班子调整后，进行整顿。当时村上民风差，要低保的、扯地界的、扯一些遗留问题，比如往年公路补偿没到位的、公路质量不行的，长期围绕这些遗留问题找村上、找镇上，让人疲于应付，什么事都干不成。介于这种情况，我们召开了几次党员大会、群众代表会，还召开了几次群众大会。目的一是把党员的思想统一起来；二是把村民代表的思想统一起来；三是开群众大会，讲党和政府的一些思路和想法，讲革命传统。通过多次会议，运用各种方式来发动群众。七宝寨山上有一户，出入不便，扶贫的干部动员他搬下来住安置点，他不搬，他说他有肺结核，人都要死了，什么也不想干了。我劝他人活着总要干点事才行，可以整点牛羊放，七宝寨底下那么宽的山，多方便啊！但此人非常懒惰，门上草都长多深了也不收拾，一家 4 口人长期吃低保。我们交钥匙房叫他搬下来住，虽然他没住，但房子给他安排好的，他本身是吃低保的对象，但他嫌低保少。他有 2 个女儿出嫁了，家庭条件都很好，可他仍然要低保。有一回他到村委会要低保，我说低保就这么多，严格来讲他是不能吃的，吃低保的原则是：盲人、聋哑人、智力障碍者、残疾人、无儿无女五保户，我们是按照这个落实的。但他有儿女，并且在外面过的都好，虽然出嫁了，但她们有义务赡养老人，不能忤逆不孝把负担交给国家。但他这两天确实没钱不得过，我给他掏了100元，让他先回去了。

我们以此为例在全镇取消了一批低保户。蒿坪镇原来的低保户是1790户，最后清理只留下了700多户吃低保的，基本上每年给国家节省70多万。为啥呢？有些人就是不符合吃低保的标准。之前村干部只图有指标随便报，最后我们在清理的时候，原则就是，有儿女的在外面干啥要搞清楚，除了盲人、聋哑人、残疾人、鳏寡孤独老人可以吃低保，其他全部取消。对那几个常年上访、死缠烂打的村民，我们都做出处理，该解决的问题，合理的诉求，我们给予落实，不该享受的政策，坚决纠正。2年时间，我们在王家河村做了大量的工作，200多户人家我基本走完了，只有七宝寨那一户我没去，其他所有户，所有组长、党员家里我都去了，都认识我。我在那里工作了2年多，可以说群众的基础还是可以的。

基层组织加强了，村里风气扭转了，工作顺畅起来，修公路和兴产业都不扯皮了，要低保的、争贫困户的人思想有了转变，也不吵不闹了。工作队和村上经过努力，新修公路6千米，硬化公路16千米，修河堤1000多米，还修了2座桥，老百姓的出行问题基本上解决了。村委会在市人社局的支持下，在安置点附近建起2层4间的村委会，还修了伙房，村委会有了办公场所。村委会设立便民服务大厅，聘请2位服务员，接待群众办事，来信来访、政策咨询等，凡是要到镇上去办的事在村上办就行了，群众感觉办事方便极了。紧接着，我们又把从镇到村委会这段全部进行了道路绿化。栽植了行道树，村容村貌焕然一新。

基础设施建设有了成效、便民服务大厅这个窗口又加强了同群众的联系，村民的情绪理顺了、思想也理顺了，办事也好办了。租地也好、占地也好、包括修安置点，我都亲自上手。安置点修在河坝边上的，基本上是改河道少占老百姓的地。第一占地不扯皮，第二做工没谁阻工，第三房子修起了没有大的意见，价格比较合理，基本上入住的贫困户没有扯皮的了。为什么会这样呢？因为我们在修建安置点的时候，开了听证会，承建方与村民见面直接交涉，凡事都在阳光下进行，是透明的。蒿坪镇当时还有六七个安置点，都是这样做的。经过一段时间的工作，王家河村民风淳朴了，产业也有了发展，基础设施在全镇可以说是最好的。境内4条路都可以通到镇上，公路总里程22千米，一个村巡回22千米，离镇上最近的路3.5千米。这些事村民都看在眼里，喜在心头。

我们还着力抓村上的产业发展。王家河村的茶叶产业、菊花产业从无到有，从小到大，还引进了紫阳县康兮寿兮生物工程有限公司、紫阳县舍顿茶叶有限公司、紫阳县真硒水厂、紫阳县恒望木业等企业。王家河村青年团员陈学元办了雪源传媒公司，从办婚庆开始，发展为现代服务企业，策划制作高品质电视广告片、企业宣传片、专题片、纪录片、企业MV微电影等拍摄制作及文艺演出庆典服务等。

我在王家河村住了两年零三个月，说实话，工作很苦，有时还要承担一些额外的压力。如整顿基层组织，撤换从前的支书，他不满，把村主任告了，把我也告了，说不该叫胡一准当村主任。他要告到省上去，告没告到省上我不知道，反正去县人大常委会告了的。可结果自从那个支书换了以后，村上的面貌大变。群众的思想觉悟，政策水平提高很快，脱贫攻坚的工作推进迅速。他当村主任的时候做什么工作都推不动，修公路的时候，修一截公路扯一阵经，都是他在中间捣鬼。说我不该叫胡一准当村主任，说胡一准没用、没能力，还有经济问题。纪委去查，结果胡一准没问题，而是他自己有问题，最后被处分了。搞产业也很费力，我们培养了一些典型，张永祥就是其中的一个，他是支部委员，管一个组，那个组很大。他种了约3.33公顷（50亩）的茶园，能吃苦，一年能挣几万。他对父母非常孝顺，对岳父岳母也一样，把有点痴呆的岳母接到自己的家里住。年年表彰的优秀党员都有他。

基础建设也一样难，老百姓想修条路，没钱没修通，最后我们修的时候也没钱，我们先挖出毛路来，找市人社局一次性拨了1500吨水泥，有的用水泥补偿，有的是老百姓自发集资补的，互相补偿，最后我们挖的那条路与汉滨区的洪山镇接上，老百姓直接没提补偿的要求。挖路打路的钱是市人社局给的。修通的是一条出行的路，两个桥连接原来的路，河对面新修的一条路也连起来了。沿河两岸20多千米，到组到户都有路，形成路网。如今村民的日子很好，有企业，有茶叶、菊花、养猪、木材加工厂等产业，还有苗圃、农家乐，2/3的人家住到蒿坪镇，村里只住了1/3的人。住到镇上的人仍然回村上参加劳动，挣钱。

如今王家河村70%以上的人都有经济收入来源，20%的人外出务工，10%的人是低保五保对象。就这样，王家河村在2016年省上来验收的时候，成为全县唯一一个出列村。一个曾经管理混乱、信访和矛盾问题突出，软弱涣散的贫困村，经过基层组织整顿，经过2年多时间的脱贫攻坚，王家河终于摆脱了贫困。（整理人：张　斌）

牵住穷村治理的"牛鼻子"

讲述人：曾顺宝　时任紫阳县委办公室干部、青中村第一书记

我是县委办的一名干部，2015年3月被派驻到城关镇青中村驻村扶贫。我本人是从深度贫困山区走出的农家子弟，打小耳濡目染很多因贫困带来的伤心事。那时在我的家乡，吃不饱、穿不暖的现象比比皆是，尤其是当家里某个成员一旦生病，小病拖、大病扛，没钱看病，只能听天由命。实在拖得不行了，才不得已将病人用滑竿抬上，走几十里的山路。抬进镇卫生院，而这时候人往往就不行了，便叫抬回去好吃好喝地伺候着，言下之意就是让病人在家里慢慢等死。许多家庭因病致贫、因病返贫，形成永无休止的恶性循环。

我对贫困感受很深，可以说有切肤之痛，心中始终怀揣一个一定要改变贫穷山区面貌的梦想。当领导派我下村扶贫时，自然欣然接受，想到就是再穷的村，能穷到比

我的老家还要艰难吗？于是，2015年春节刚过，我便第一时间进驻汉水边上的高山村——青中村，开始长达5年之久的驻村扶贫工作。

初到青中村，所见到的一切，瞬间击碎我满脑子的美好幻想。满目疮痍、萧条破败的景象，干部群众处于毫无斗志、毫无希望的状态，普遍眼皮耷拉、目中无光。毫不夸张地说，其贫困的程度，远超过我的家乡。但是我坚信万事开头难，只要找到问题的突破口，再逐一处理，一切都会迎刃而解。

我们首先进行逐组逐户大走访活动，摸清底子和基本情况。青中村总面积为8.7平方千米，下辖3个村民小组289户890人，有劳动力554人，低保17户27人，特困供养户42户47人，外出务工393人。全村有正式党员18人，预备党员1人，积极分子4人。有耕地80公顷（1200亩），林地763.4公顷（11451亩）。全村有建档立卡贫困户161户428人（2019年识别1户1人）。2014年前，青中村是个"出门无路、挣钱无门、致富无望、民风无信"的"四无"村。当时仅有砖混或者石混的安全房屋17户，且墙皮裸露在外，其余皆是破旧潮湿的土坯房。有16户人畜混住，家鸡和土猪满屋乱蹿，村中40%以上家里处于半人畜混居状态。因贫困落后导致女孩外嫁，男人婚配比率低，有的在外面务工处个对象带回来，见到村里的贫穷状况即告吹，有的外地媳妇怀孕后带回家，不等满月就逃走。全村除47个到龄五保户外，还有24个40岁以上单身汉。

农村基层组织状况更是堪忧，村干部就支书和主任2个人，村委会没有活动阵地。我驻村后还先后在支书和主任家里打了2年的"游击"。相对贫困后进而言，一些不良风气在这个村却很盛行，甚至可以说是非常"时髦"，吵架打架、忤逆不孝、赌博攀比占据主流。人情酒席更是泛滥成灾，村组干部常年都是在"支客"或者在被请去做"支客"的路上。除正常红白喜事，部分群众甚至还办乔迁、升学、满月、封顶等"无事酒"。群众苦不堪言。一个年毛收入不足2万的贫困家庭一年仅人情支出就超过6000元，面对水涨船高的"红色罚单，"村里群众没有增收产业，主要收入不是去矿山、砖厂和建筑工地做一些脏、重、累且收入极低的工作，就是在家务一点简单农活。职业病、伤残频发，群众丧失脱贫致富的希望，抱着破罐子破摔的消极态度，不相信干部、不相信政策，更不相信党和政府能带着他们走出贫困。

如何改变青中村的贫困面貌，几年来我们工作队全体成员一起想了一些办法，在县委办领导和城关镇党委的支持下，做了一些工作。

我们从刹住人情风入手，减轻群众的负担。说实话村干部频繁做"支客，"一度让我无所适从、无处着力，可是作为党办干部不能认怂、不容退缩。经过走访调查、问计问策，我们召集全村的"支客"开移风易俗座谈会，由他们负责搭建红白理事会班子，接受村党支部领导。限定操办范围和标准，对违反者在村上贴"黑榜"和喇叭上通报批评，一举刹住人情风。

初战告捷，减轻了群众负担，"解放"了村组干部，我们乘胜追击，制定村规民约，建立党群代表会议、参政议政制度，探索创新"三讲三带三变化"的"党建+"机制，建立覆盖全体村民的爱心超市，定期收集积分线索，按需兑换爱心物资。我们牵住穷村治理的"牛鼻子",干部作风变了、村风民风变了,群众渐渐开始相信干部,相信我们宣传的政策,开始从对立、观望转变为主动配合。青中村转变成为市县扶志扶智示范村、乡风文明示范村,先后多次被市委、县委表彰为"先进基层党组织""优秀驻村工作队",工作队长、第一书记、队员们多人受到市县表彰。

在这个基础上,我们狠抓"八个一批",特别是狠抓产业扶贫脱贫一批和就业扶贫脱贫一批。青中村历史上叫皇茶园村,是明清时期贡茶基地。后来群众淡化茶叶管护,大部分茶园荒芜,村内无茶叶加工企业,群众采下的鲜叶只能卖给小商贩,收益不高,挫伤了群众种茶的积极性。结合这个实际,我们广泛动员群众种茶务茶,把茶叶作为主导产业,积极引进茶叶加工企业,组建茶叶合作社,开展茶叶管护等技能培训,争取项目资金,解决群众种茶、采摘以及销售方面的难题。全村建成茶园140公顷(2100亩),实现人均"两亩茶"的目标,户均茶叶单项收入由2014年的1200元提升到2019年的8000元。

为了解决留守劳力少、茶园管护任务重的难题,我们探索建立"茶下养鸡"的好办法,选育优质土鸡苗投放在茶园中,进行除虫除草。这种长期奔跑的土鸡,取食多样,肉质鲜美劲道,每千克单价要比市场肉鸡贵10~20元,而且还得提前预订。我们先后培育12个千羽大户,带动65户贫困群众养殖土鸡百羽以上,年出栏土鸡3万羽,土鸡养殖成为群众第二大增收产业。利用距离县城近的优势,我们探索由群众种菜、城里人认领的"共享菜园",群众养猪、城里人参与体验的"刨汤宴",扶持建立了干菜坊、腌菜坊、豆腐乳坊等手工作坊,建成"青中农夫市集",搭上电商快车,原本不值钱的富余农副产品成了群众增收的"金娃娃"。

为提升务工人员收入水平,我们开展足浴、烹饪、家政、建筑、电商等5大技能培训,累计输送260人参与培训,实现青壮年劳力人手掌握一门致富技能。足浴技师在经过系统培训后,月保底收入在4500元以上,长短结合增收链条保障群众稳定增收不返贫。2019年,青中村的人均纯收入同比增速为26.2%,高于全县平均可支配收入增速指标。

2016年,我们完成《美丽乡村建设规划》,这个规划让我们跳出脱贫迎检的思维限制,抢抓脱贫攻坚政策机遇,2018年青中村被陕西省列为"美丽宜居示范村",每年有足额的资金保障。2019年,我们再次修订方案,通过《乡村振兴规划方案》,为后期实现乡村振兴提供方案。此外,我们还创造性开展工作,比如在建设村级道路时,我发现文件里规定可以是水泥硬化也可以是沥青道路,通过咨询,发现两者施工造价差别不大,且沥青道路还相对便宜一点。我们立即向领导汇报,提出将水泥路面变更为沥青路面的建议。领导不仅采纳了,还给配套自行车慢道、原生态道沿、绿化和亮化项目,在没有超出预算的情况下,村里的这条道路成了全县的亮点工程。

我最大的感受是脱贫攻坚,一定要加强基层组织建设,建好村级桥头堡。人是第一要素,选优配强村级班子队伍直接关系到脱贫成果能否巩固,发展速度能否保持,村级班子人员素质直接决定这个村的发展快慢。第一书记一定要抓党建,做一个发展党员苗子和后备干部的"伯乐"。我们通过开展"双培双带"活动,培育出年轻、完整的村级班子。支委、村委均由原来的3人变成5人,由35岁大专学历的年轻人承担支书、主任的工作,培养熟悉业务、懂电脑的年轻文书,给监委会主任、村妇联主席压担子、交工作,参与坐班值守,协助村"两委"工作,提升村级领导水平。我们先后培养积极分子7人,发展党员5人,开展党员设岗定责、评星定级活动,发挥村级组织"领头羊"和党员干部先锋模范作用。我们坚持把促发展与扶志、扶智、扶德相结合,扎实开展"诚孝俭勤和"新民风建设,持续开展"三讲三带三变化"活动,完善"一约四会",开展道德评议,组织集体升学礼和集体乔迁,表彰"好媳妇""好婆婆""自强标兵"等先进典型82人,全力推进自治、德治和法治"三治融合",改善群众精神面貌,激发群众内生动力。

5年来,我吃住在村,年平均驻村时间超过300天,对家庭亏欠不少,尤其是在年老体弱多病的父母亲跟前,更是没有尽到一个作为儿子的孝道。我母亲在当地中心卫生院住院输液治疗时,因身边无人照料,上厕所只得自己举着输液瓶,当血液倒灌进输液瓶后却未被觉察觉,失血过多昏倒在厕所,被人发现才进行输血抢救,差点出事;后来一次在县医院住院,又因身边无人陪护,各项检查都做完了,就是没发现病情,但母亲的身体状况每况愈下,究其原因,是无人前去化验室送尿检粪检,消化道内隐藏的大出血病情无法发现,导致母亲休克,后经医护人员抢救,捡回一条命。我们工作队其他成员也是如此,做出的牺牲和付出很多,与他们相比我这还算不上什么。青中村村文书张治能,放弃在外的高薪工作,回村组建养鸡合作社,带领群众抱团应对市场,闯出一条致富增收新路子。村上吸纳他担任村文书,他尽心履职,母亲数次患病住院没有时间照料,子女年幼没有时间陪伴呵护,但是为了脱贫攻坚,无私奉献,毫无怨言。

在县委办公室和城关镇党委的倾力支持下,我们4支队伍苦拼实干,5年来在青中村落地项目共计107个,涉及住房、道路、饮水、通讯、电力、公厕、活动室、卫生室、停车场、文化活动广场建设等,这些项目相继建成并投入使用,村容村貌发生巨变。全村累计实现脱贫156户419人。我们将一个曾经排名垫底、名不见经传的、集小弱穷后进于一身的深度贫困村,建设成为市县先进村、文明村,被陕西省列为"美丽宜居示范村",被国家农村农业部确定为"乡村治理示范村",省委、省政府主要领导先后5次到村视察调研,中央、省、市检查考核调研37次。(整理人:黄福海)

从满足村民的基本愿望开始

讲述人：肖　宝　时任共青团紫阳县委干部

我是 2004 年 9 月到团县委工作的，2014 年 6 月，领导安排我到洞水镇小河村任扶贫第一书记。当时我非常踌躇，迟迟不敢表态，从内心讲，一是心里没底，二是有畏难情绪。当时团县委只有 3 人，其中一人还因病请假，本职工作忙实在走不开。但看到领导那充满期盼的眼神，我终于还是下定决心答应下来。当月 18 号出发，开始长达 6 年的驻村扶贫工作。

小河村只有一条通村公路，路上杂草丛生，难以通行。交通不便、信息闭塞，唯一能够增收的茶叶产业根本无人经营。大部分的青壮劳动力长期外出务工，留守在家的老幼以务农为主，常年过着面朝黄土背朝天的日子。经与村支书交谈，得知全村群众没有产业增收的路子，基础设施条件差，大部分农户住的还是土坯房。与工作队员们一道，先是通过走访摸底、调查研究乡情村貌，掌握了一些基本情况。

小河村是紫阳团县委包联的精准扶贫村，距集镇 19.2 千米，面积 27.31 平方千米，有耕地约 446 公顷（6688.78 亩），林地 2218 公顷（33270 亩）。辖 9 个村民小组 554 户 1858 人，有在册贫困户 258 户 811 人，当年贫困发生率为 35.23%。摆在我们眼前的困难很多，若想整村出列，任务异常艰巨。

入村第二天，就有几位村民找到我们反映问题，他们说村小学校舍快成危房了，希望我们解决这件事。还说多年来曾经就此向上级多次诉求修建学校，恢复五六年级完小的建制，可始终未有结果。原来小河村小学原有 6 个班级共 200 余名学生，撤乡并镇后只保留 4 个年级，部分学生不得不到斑桃镇或者洞水镇就读，路途遥远甚至还得寄宿，无形中也给家长和学生增添诸多负担。我们实地视察发现，学校确实破乱不堪，课桌椅七零八落、教学楼摇摇欲坠即将坍塌，而老师和学生仍然在这里教学上课，我心里实在不是滋味。又得知有的孩子因为家庭贫困面临辍学，我很是着急，冲动之下便向群众承诺：一定要为小河村建一所希望小学。可群众却投来不信任的眼光。一是见我这个毛头小伙，长得像个白面书生，觉得办事不牢靠；二是得知我来自团县委这个清水衙门，既无权又无钱，怎敢夸下海口；三是希望小学就学人数有规定，需在 150 人以上至 200 人左右，而本村小学人数仅百十人；四是修建这样一所规模的希望小学，最少得投入和花费资金 100 多万元，这么大笔资金从哪里来？可话已出口，再大的困难也必须办成！

我们要打开小河村扶贫工作的局面，建学校不就是一个好的切入点吗？于是我四处找"关系"。2015 年 10 月江苏青基会到红椿镇开展活动，我把为小河村援建希望小学的想法与省市团委、江苏青基会进行沟通交流，得到了省市领导和爱心人士的支持。2016年9月16日江苏省青基会专程来到紫阳，深入小河村考察。那天下着滂沱大雨，沿途随时都有塌方危险，外地司机从没有开过当地山路，2小时近80千米的山路，硬是辗转了4个多小时。面对如此恶劣的天气，这些爱心人士坚持到村考察，看着司机的手直发抖，村民们感动不已。功夫不负苦心人，国庆节收假第一天，就接到江苏省青基会的电话，同意为小河村捐资30万元援建希望小学（明良阳光希望小学），随后我们又积极争取县教育局配套资金125万元，在各级各部门的共同努力下，"明良"阳光希望小学于2017年底正式开工，并恢复五年级。2018年11月竣工投入使用，我终于兑现为村上建希望小学的承诺，也保证了全村义务教育阶段无辍学学生。后来我们又争取社会资金20余万元，为全村留守儿童购买学习用品和体育用品，为119名儿童发放爱心奶粉，捐赠彩虹盒子、毛绒玩具和爱心水杯，为22名特困学生发放助学基金、公益福彩资金和生活救助3.2万元，在希望小学建立"张杰爱心音乐教室"，配套课桌椅100套；连续2年为建档立卡贫困学生发放运动鞋，关爱留守儿童和贫困家庭，保证教育脱贫一批。

群众的愿望实现了，小河村的工作也顺利了。接下来的问题，如何使贫困人群迅速增收，这也是全村人的愿望！我们下功夫抓产业扶贫，在发展好已有约62.67公顷（940亩）茶园的基础上，新建茶园约17.33公顷（260亩），同时举办茶叶采摘和管护、畜牧养殖等培训班5场次，有365人掌握实用技能。围绕"两不愁三保障"推动产业发展，提高群众收入，先后与紫阳县农商银行一起，投入5.5万元资金，其中团县委从自己经费中挤出2万元，为98户养殖贫困户每户购买猪苗2头，当年这些贫困户直接经济收入达到近50万元。动员群众加入互助资金协会205户，发放互助资金借款163.2万元，提供小额贴息贷款400万元，共养猪184头，养羊160只，养蜂77桶，为154户贫困户兑现产业直补资金9.61万元；利用公益性岗位解决特殊群体就业28个，落实兜底政策扶贫66户74人，使之受益近50万元；组织劳力务工60人次，受益70万，切实解决群众就业问题；组织部分村民参加足疗、烹饪等技能培训，确保有劳动能力的贫困户至少掌握一门技能，组织168人参加足疗培训并持证上岗，月工资均在4500元以上；建立村级电商服务站1个，帮助65户村民销售土鸡、洋芋、腊肉等土特产；成立村股份制集体经济合作组织1个，累计注入扶贫收益274.5万元，其中团县委拿出资金4.5万元，为15户养猪繁殖贫困户分红3150元。推荐市场经营主体3个，采取"合作社+贫困户"模式，与107户贫困户建立帮扶机制，为211户兑现分红资金5.486万元。通过以上方式，贫困户每年每户现金收入均以10%的速度递增，促使2019年已脱贫户收入全达标。

2018年5月成立紫阳县洞水镇现代渔业园区，由小河生态流水鱼专业养殖合作社承建。建设规模约4.33公顷（65亩），投资1247.1万元，是县域内规模最大的淡水养鱼基地，2019年5月建成投产，饲养各种淡水鱼类50余万尾。通过土地流转，群众自发种植，合作社收购等方式，专门种植鱼用饲草2公顷（30亩），每667平方米可产鱼草2000千克，草鱼总价值2000多元。合作社通过入股分红、劳动务工以及土地流转、订单种植饲草等多种方式，带动帮扶贫困户60户261人创收，户均增收3000元。

当然，为实现以产业促发展，保障群众有稳定的经济收入来源，我们还抓了一批基础设施建设。如新建村安置点1个，组团安置点7个，实施分散安置和城镇安置等多种方式，切实解决贫困户的住房问题。在全村258户贫困户中，原有安全住房88户，十二五解决安全住房40户，十三五解决安全住房125户，实施危房改造7户。贫困户安全住房得到保障。在团县委领导的大力支持下，在洞水镇党委政府的坚强领导下，争取各类资金2700余万元，落实各类项目45个。实施饮水工程5处，修建小型水窖33口；实施农网改造工程，全村农户用电均实现了同网同价；硬化村组公路和"油返砂"工程26.4千米，9个小组全通水泥路；修建通信基站4个，通信有了保障；新建污水处理设施，配套垃圾车1辆；修建文化活动广场1个；新建标准化村级卫生室1个，达到"四室分离"，并配备专业资质医生1名。

通过几年的艰苦努力，小河村发生巨变，村容村貌焕然一新，连续3年为大学生举办集体升学礼和移风易俗新民风表彰活动，为搬迁户举行集体搬迁礼，为爱心超市捐资1.4万元。我们从实现群众愿望出发，多种措施并举，全村贫困发生率下降至1.45%，为整村出列奠定了坚实的基础。

驻村5年，我也遇到不少困难。贫困户刘焕美不思进取，2个儿子无所事事、游手好闲。我与镇村干部先后12次到其家中，动员学习技术、外出务工，动员移民搬迁，一家人虽"满口答应"，但迟迟不行动。后来见到我，总是以各种借口推脱、躲避，我几乎成了他们眼中的"仇人"。2018年5月的一天，我把刘焕美全家人"请"到村委会，在长达4个小时的思想动员后，才做通他们的工作，还东借西凑，帮助其交够房屋订金7500元。后来，他的一个儿子做起农家菜销售，另一个儿子掌握了实用技术并外出务工，全家人也住上新楼房。

如果说来自外部的不理解和种种刁难，还可以通过勤勉加以克服，而来自家庭的矛盾和误解，往往让我难以适从。2014年驻村那年，我的孩子刚满1岁，正是需要父爱的时候，我却不能陪在孩子身边。脱贫攻坚任务繁重，没有节假日，没有周末，每年答应陪女儿过生日，而每次都失约。如今孩子都7岁了，我也没有陪她庆贺1次生日，更没有带她出去玩过1次。父母均已80岁高龄，我也没有尽到孝心，反而让他们为我操心。特别是2016年冬天，我曾病倒在村上，救护车送到紫阳县医院抢救依然重度昏迷，又被迫送往安康市抢救，那次的心脏"二度二型房室传导阻滞"令他们胆战心惊，此后也一直提心吊胆。

2015年7月岳母被西京医院确诊为癌症晚期，这个消息犹如晴天霹雳，医院建议尽快手术治疗。在岳母住院手术期间，我没有到医院看望过1次，一直待在村上。就连她倒床不起的最后那段日子，我都没能陪在身边尽一点孝心，这导致妻子对我的意见越来越大，加之她从事医务工作，业务繁重，所有的担子全压在她一个人肩上。这是一个女人难以承受的。她对我的工作越来越不理解，矛盾频生，甚至还有过离婚的念头。曾有几次我打算辞去第一书记，那段时间也是我最艰难、最困惑的时刻，脱贫攻坚压力巨大，家庭矛盾又雪上加霜。岳母去世的那天，我才请假送老人最后一程。每当提起这件事，我内心满是深深的愧疚，对不起家人，更对不起岳母。然而自古忠孝不能两全，小河村还有许多的事情等着我去做啊！

驻村5年多，我感觉是熬过来的。苦和累还不算什么，对家人的亏欠，对亲情和天伦之乐的向往，可以说是一种痛苦的挣扎。令我感到欣慰的是小河村面貌改变了，村民们的愿望实现了。几年来朝夕相处，我与他们建立了深厚的情谊，难以割舍，永生难忘。更重要的是我学会了从群众的愿望出发去思考问题，我们共产党人的初心不就是为人民谋幸福，为中华民族谋复兴吗？想到这一点，我感觉这5年值了。

2018年，我获"洞水镇优秀驻村第一书记"，2019年荣获"全县优秀第一书记"，"全省优秀驻村团干部"，2019年12月，入围"陕西好青年"等系列荣誉称号。（整理人：黄福海）

自告奋勇去扶贫

讲述人：胡　军　紫阳县供电分公司党总支书记

2018年1月，我被组织任命到紫阳县供电分公司任党总支书记，分管脱贫攻坚工作。公司领导和我商量，需派驻一名副科级以上领导到麻柳镇赵溪村任扶贫第一书记，看谁去合适？我说"脱贫攻坚是压倒一切的政治任务，如果公司信任，我愿意带队前往。"就这样我便带领2名同志进驻赵溪村，踏上了光荣的扶贫之路。

"既然去扶贫，就要有吃苦的准备。"在出发那天的路上，我跟同伴们鼓劲儿说。不出所料，走进赵溪村地界，下车后还要步行近3千米的泥泞小路，给我们的第一个"下马威"就是交通不便。村委会办公室是借住的赵溪村小学，上下2层4间房子，基础设施简陋，去了连坐的地方都没有。屋顶漏水，地面不平，屋里到处都是积水。我的眉头一下子紧锁起来，还有这么穷的村，连最基本的办公条件都不具备，我这第一书记怎么当啊？又一想，既然是为扶贫帮困而来，困难肯定多，先想法安顿下来再说吧！于是，我们就在离村委会8.8千米的供电所住了下来，每天早出晚归，中午要么在村上吃方便面，要么给农户交钱搭伙吃饭。

就这样，经过近1个月的走访，了解到赵溪村急需解决的问题还真不少：一是村委会没有固定的办公地点，长期借宿打游击战；二是没有基本的办公设备，譬如打印机、电脑之类；三是没有专人负责整村信息收集，一些基本数据两眼一抹黑；四是村里通信信号覆盖面小，有时连手机接听电话都成问题；五是进村路面急需扩宽硬化，改善晴天一身灰、雨天一身泥的状况；六是农户用电质量差，而且不安全；七是没有产业支撑，农民脱贫难以走出困境。

俗话说："千根麻线放下水，总要提起来。"我组织召开驻村扶贫工作会议，研究破解难题的办法，确定切实可行的脱贫方案。首先对水、电、路、讯基础设施改善工作进行分工抓落实。利用我们的行业优势，一是协调公司给村委会买了2台电脑、打印机,请了1名信息员,先把办公架子撑起来;二是协调公司优先改造了村里电网;三是联系移动公司架设了移动基站,2018年底电信基站也开通了,达到了全村全覆盖。通过多方协调筹资,2018年7月村委会办公楼主体建成封顶,为了加快办公楼的建设进度,我和村干部一道利用多个周末和工人同吃同住,督促加班加点,于9月搬入了新环境,解决了办公问题,方便了群众办事。为了让大家安心工作,我又想办法给村委会请了1名炊事员,把村委会的伙食办起来,解决了吃住问题。

我时常在提醒自己是一个肩负双重责任的书记,在公司负有党总支书记职责,要把公司党建搞得有声有色,让领导满意;在村里负有第一书记重任,要对标完成脱贫攻坚任务,让公司领导放心。要主动作为,演好"双簧",要处好关系,赢得扶贫上的更大支持,只有坚定"不负重托,忘我工作"的决心,别无选择。

把扶贫看作压倒一切的工作。2018年4月,我在县委听完宣讲团报告下楼时,右脚扭伤骨裂,时值村委会换届选举关头,为了选好村上带头人,我跛着腿坚持到现场主持选举工作。6月,我女儿因病在安康中医院做手术,正逢村上信息补录和贫困户动态调整,我没能去陪护,直到晚上才愧疚地与女儿通电话问候了几句。7月,岳父因心脏病住院,我也没办法尽到做女婿的孝道。医院下病危通知时,我还在村上组织入户检查,直到去世也没能见上老人家最后一面。9月,我忙于组织全村贫困户地理位置信息采集,女儿毕业设计展在西安展出,女儿期待地问:"正是周末,您能来捧场吗?"见我片刻无语,连忙宽慰我说:"知道您忙,别往心里去,就是告诉一声。"我愧对家人,多次自责抱憾不已,但家人对我无比理解。

扶贫就是要用吃苦精神酿出甜蜜的回报。细想起来,我只是在扶贫中吃了数不清的苦头,愧对了家人,但赢得了公司对我驻村扶贫工作的全力支持,收到了应有的成效。公司先后投入110万元,用于产业发展、基础设施改善、教育支持、阵地建设等帮扶。其中,投资40.5万元为赵溪村电网改造,提升供电能力;连续2年为赵溪村购买化肥30吨,促进赵溪村茶园产业的发展,现在共计巩固和发展茶园80公顷(1200亩),长势喜人;投资2万元,解决部分贫困户的人畜饮水问题;为了推进新民风建设,资助现金3万余元用于集体升学礼和赵溪村小学教育帮扶;发动职工捐款5000余元用于爱心超市建设。

一笔笔投入的数字换来了赵溪村脱贫致富的满眼新气象。自脱贫攻坚以来发展茶园80公顷(1200亩)、魔芋种植10公顷(150亩)、厚朴约13.33公顷(200亩)、艾草约6.67公顷(100亩),改造老茶园约46.67公顷(700亩),养鸡大户5户,养羊大户3户,养蜂大户4户。修建饮水工程9处,自来水入户率达100%。新增变压器3台,电力同网同价入户率达100%。公路硬化改造13.5千米。全村贫困户无辍学的学生。村安置点住房保障达到全覆盖。村医疗保障参合参保率达100%,村卫生室建设达到示范标准。在发展集体经济方面,引进垚森公司,签订帮扶协议123户,带动脱贫42户。推行"产业扶贫+X+贫困户"模式。公司以订单收购、土地流转、进厂务工等方式带贫致富。集体经济入股125万,固定收益7.5万,分红67500元。金融扶贫发放小额信贷贷款51户228万。县财政拨款80万元,到期回收率达100%。产业扶贫

122 户 504 人，就业创业 130 户 203 人，生态补偿 148 户 558 人，易地搬迁 131 户 521 人，危房改造 10 户 35 人。赵溪村贫困发生率由原来的 62%，下降至 1.47%。

在公司，我作为分管脱贫攻坚工作的领导，在自身驻村的同时，始终把全县人民用电作为最大的民生去落实。2019 年新建与改造中低压线路 104 千米，安装变压器 78 台；改造户表 2.2 万户，实际投资 3000 万元，全面完成 2019 年县委下达的既定目标任务。为支持地方产业发展，2019 年 1 月至 11 月，组织为 24 家社区工厂、小微企业安装变压器 18 台，架设中低压线路 7.21 千米。公司在全力配合移民安置保障工作上，完成了 200 个安置点 12357 户的户表安装任务，新建 10 千伏线路 9.2 千米，安装配电变压器 26 台/5800 千伏安，完成投资 293.7 万元。对 176 个行政村 83870 户居民用电进行了现场核实确认，全县电力入户率达 100% 顺利通过省、市、县等发改部门核查验收。

2018 年，我个人获得"麻柳镇优秀第一书记"；公司被县委县政府评为"2018 年度脱贫攻坚工作考核优秀单位"，获"2018 年度目标责任考核一等奖""支持地方经济发展一等奖""行业扶贫优秀单位"等荣誉和"包村年度考核良好"等次。（整理人：黄福海）

带着"三盆水"去决战脱贫攻坚

讲述人：郑永友　双安镇三元村支部书记

2018 年，全县脱贫攻坚进入关键的冲刺阶段，而我的家乡双安镇三元村由于贫困面广，村"两委"班子不健全，脱贫攻坚工作严重滞后。双安镇党委、镇人民政府的领导找到县水利局主要领导刘洪涛，协商要求我到三元村负责脱贫攻坚工作，在征得我本人同意，并报请县委组织部批准后，安排我回三元村担任村支部书记。2018 年 3 月 20 日，按照组织要求把我个人的组织关系从县水利局转至双安镇三元村，3 月 25 日，我走马上任，挑起了三元村村支部书记这个大梁。

我 1961 年出生于双安镇三元村，参加工作后担任过蚕桑专干、乡镇扶贫办主任、副乡长等职务，到县级机关工作后，担任过县防汛办副主任，属县水利局正科级干部，2017 年因年龄原因从领导岗位退居二线工作。原本打算安享含饴弄孙之乐，享受悠闲家庭生活，但家乡父老乡亲贫困和落后的村貌村情牵挂着我这个家乡游子的心。

三元村山大沟深，交通闭塞，是双安镇严重缺水的村，群众用水如用油。回村之初，我看到村上电线老化，电压不稳，通信不畅，手机信号差，村上无任何支柱产业，就连村委会都是在邻近的白马村租了 2 间门面房临时办公。我的心情十分沉重。走访三元村群众，他们看着邻近的村一年一个新面貌，而自己村子依旧是年复一年的贫困落后，群众意见大，干群之间矛盾多。有些群众曾经一度为得到贫困补贴，争当贫困户的浪潮一浪高过一浪，缠访、闹访、集体上访事件一波接着一波。

双安镇三元村总面积11.8平方千米，全村6个组，335户1275人，其中贫困户205户，在册贫困人口745人。大集体时，这里每个劳动力日均收入为0.1元，月均收入3元钱，村名由此改名"三元村"，改革开放几十年，这里仍然变化不大，是远近出名的贫困村。

都说"新官上任三把火"，而我上任带着的是县水利局领导送给我的"三盆水"开展工作的。在召开全村村组干部、党员、群众代表、知名人士共70多人参加的大会上，我郑重地向大家宣布这"三盆水"的用途。"一盆水"用于村"两委"班子成员洗头，头脑洗干净清爽了，就要解放思想，开动脑筋思考问题，想方设法给老百姓寻出路，引项目，找脱贫致富的好路子。"一盆水"给班子成员洗洗脚，脚洗好了，要多深入群众中去问冷暖、问疾苦，切实了解群众需求，解决他们生产生活中急需帮助的困难。"第三盆水"给班子成员洗洗手，手洗干净了，不该要的不能要，不该拿的坚决不准拿，要干干净净做人，清清白白为群众办事。与此同时，我提出"建阵地、抓党建、强班子、聚民心，强力推进脱贫攻坚致富奔小康"的奋斗目标。

我上任第一件事就是抓阵地建设，通过多方筹集资金60余万元，修建三元村党群活动中心，村委会从白马村租房办公地搬回到自己村内中心位置办公；抓住村"两委"换届选举机会，对"两委"班子进行改选，将有威信、能干事的年轻人充实到村委班子充当骨干，11名年轻有为的青壮年向村支部递交了入党申请书；全村推选35名群众代表，共青团、妇联、调解委员会、专业协会等基层组织、经济组织样样健全。至此，三元村阵地建设完成了，班子配齐了，村支部会、党群议会、两委扩大会，群众代表会等各类会议频繁召开，凝聚了人心，为齐心协力打好脱贫攻坚战提供了有力的组织保障，夯实了牢固的思想基础。

2018年3月至2019年6月底，我开着自己的私家车，奔波于省、市、县各相关部门及陕西省杂交油菜中心、县邮储银行等帮扶单位，在扶贫、交通、水利、电力、农业、林业、通信等各主管单位和帮扶单位的大力扶持下，争取各类项目资金共计3800余万元，使三元村水、电、路、讯等基础设施发生翻天覆地的变化。

为了彻底解决群众吃水难题，我们争取县水利局项目资金324万元，全村共新建人饮工程14处，铺埋饮水管网4.12万米，将可用的水源全部派上用场。有些地方没有水源，就用提灌工程解决。为解决第五、第六村民小组300余人饮水的老大难问题，按照理论设计了2口水窖就可以解决问题，项目建成运营后，水源供给不上，有时候村民又得等水用。为此我又出面协调增加建设了2个蓄水池，同时增加供水钥匙房加强供水管理调配，终于让全村家家户户都吃上了自来水。至此，三元村"吃水贵过油""半夜井边争水吃"的现象成为历史。

为解决三元村电线老化、变压器负荷低及群众用电难的问题，我数次去县电力局联系、协商三元村供电项目建设事宜。在我苦口婆心的汇报和争取后，县电力局终于决定投资130万元，架设高压线路2.7千米，低压改造4.5千米，安装200千伏安变压器1台，分别对6台老旧变压器进行改造和提升调压，告别了昔日的"南瓜花虫电"。三元村四组16户人住在雨田梁的山顶上，属于全村供电的尾线位置，原来用电高峰时低压灯泡照明都不行，三四年前就向上级多次反映解决电压不足问题，就是因为没项目，变压器投资大解决不了，终于借这次扶贫村供电项目建设解决了问题，2019年5月，三元村四组16户村民终于用上了正常电。四组贫困户吴明秀是智力障碍者，原来村里干部担心她的用电安全就没有给她家供电。我了解情况后，上门与她沟通，她表现出极强的用电心情。我专门把供电所人员请到她家给她讲安全用电常识，手把手地教她电饭煲安全使用流程，又叫她自己操作，消除了她用电的安全隐患，她是全村最后一个用电户，至此，三元村户户用上放心电。现在村里很多户装上了空调，用上了电冰箱、电暖气等大功率家用电器。

解决群众出行难题，也是我心里的一件大事。我先后争取到县交通局公路项目资金投资1140多万元，新修村委会驻地与541国道连接线、三元村接草川村、堰塘垭至大树垭、汤家垭至大坪等8条12千米联村联组公路并全部水泥硬化。实施连接双安镇和汉王镇的村级主干道公路"油翻砂"8千米。三元村五组有5户20口人看到公路快到家门口，就是最后800多米连户路因公路用地协商意见不一致修不成，我知道这件事后亲自上门做公路用地户的工作，通过讲道理、讲发展，终于就公路用地达成协议，修通了连户路，方便了这5户20人的出行问题。现在，三元村公路入户率达90％以上，生活在这里的村民实现了"出门不沾灰，进门不带泥"的目标，彻底告别肩挑背驮的出行历史。

三元村移动通信信号覆盖不到40％，群众要接打电话得到山顶上去找信号。为了解决通讯难问题，省帮扶单位陕西省杂交油菜研究中心到省移动公司联系，并与县移动公司、电信公司进行多次对接，最终获得投资120多万元，修建电信信号塔1座，微型移动信号发射站1处；架设光缆11千米，光缆入户70余户，还有近百户正排队等待光缆接入。通信网络实现全覆盖，看新闻、刷抖音、聊微信，群众的视野更宽了，脸上的笑容更多了，大山里的村民也能在家知晓天下事。

水、电、路、讯等基础设施建设使得三元村的村容村貌焕然一新。能容纳120人的村活动室、标准化的村卫生室相继建成并投入使用，实现了活动议事有场所，看小病不出村的目标。

基础建设解决了群众基本生活需求，脱贫致富还得依靠产业增收。在抓基础建设的同时，我们村"两委"一班人下大力气狠抓产业建设。2018年发展千亩九叶青花椒园，建陕茶一号高标准示范茶园约15.33公顷（230亩）。积极向县移民局争取后期库区移民扶持项目资金48万元，用于购买花椒苗木，发动全村335户群众投入劳力8000多个，砍灌木、平整土地，高标准栽植九叶青花椒约68.67公顷（1030亩）。2019年，争取县茶叶局大力支持陕茶一号茶苗320万株，高标准新建陕茶一号示范茶园约53.33公顷（800亩）。目前，三元村没有撂荒土地，后续产业项目建设覆盖包括所有205户贫困户在内的全村群众，户均0.4公顷（6亩）以上，基本形成了户户有产业，家家有事做，达产达效后，户均年增收可达3万元，人均增收可达1万元。在发展花椒、茶叶栽植建园的过程中，村上成立了合作社。利用苏陕扶贫项目资金正在修建一座500多平方米的茶叶加工厂，安装年产20吨商品茶叶生产线1条，还为两园核心区修建灌溉水窖17口，村合作社540平方米的办公楼也正在修建之中。

脱贫路上不让一户掉队。针对部分贫困户居住的位置偏僻，环境条件恶劣，在充分走访沟通的基础上，遵从个人意愿，异地搬迁安置贫困户86户，其中县城仁和千户社区安置15户，双安镇集中安置24户，汉王镇集中安置6户，本村钥匙房安置24户，敬老院安置五保户4户，本村分散安置7户，危房改造25户。目前，全村共计205户贫困户住房全部达标。如今的三元村实现了"两不愁三保障"目标，卫生、教育、生态、产业等各项扶贫政策全覆盖，村"两委"班子积极向上，精诚团结，真抓实干。

在省包村单位陕西省杂交油菜研究中心和县邮储银行的大力资助下，积极宣传、倡导新民风建设。村上召开有500多人参加的新民风文艺演出及表彰大会，分别对52名在外创业成功人士、勤劳致富标兵、环保卫士、文明院落、优秀护林员、优秀护路员、好媳妇、好婆婆、好丈夫等进行了表彰。在庆祝建党98周年和中华人民共和国成立70周年大会上对5名优秀共产党员进行表彰。通过这些活动，让群众学有榜样，赶有目标。如今民风纯了，争当贫困户的现象绝迹了，再也没有缠访、闹访事件发生。

我回家乡2年多时间，带领乡亲们开展脱贫攻坚凝聚了人心，干出了实绩，让全村群众看到了希望。但我的工作离不开党员和群众的支持和上级组织的关怀，67岁的原村支书赵顺才带领本村一组40多户群众抢时间把野草丛生的撂荒地开垦出来，新建了约13.67公顷（205亩）的高标准茶园，在给茶苗覆盖地膜时，老赵累得晕倒了，大家急忙要送他去医院，他勉强撑住身子说："累不死人，只有病才能要人命，你们莫要怕，我歇一会儿就好了。"在县、镇领导来检查茶园建设工作时，老赵感慨地说："老郑带我们搞这些产业，就是造福我们的子孙后代，三元村群众有希望了。我就是拼了这把老骨头，也要带领大家支持他把这事干好！"县上相关部门也是看到我50多岁的人还在为家乡村里事情奔忙，对我和我们村工作的支持力度也十分大，在项目安排等方面给予了照顾。2019年庆祝中国共产党成立98周年之际，经县、镇党组织推荐，我被中共安康市委授予"脱贫攻坚优秀党组织书记"荣誉称号。我是一个农村娃，小时候在三元村当放牛娃，高中毕业后从三元村走出来，从蚕桑专干到任职11年的副乡长，再到水利局任防汛办副主任8年，在退居二线后，组织信任我，回到我当年放牛的家乡，让我担任家乡村支部书记，为父老乡亲干几件实事，老百姓认为我们村干部就是他们的靠山，我乐在其中。我终于有了回报桑梓养育恩情的机会。

如今的双安镇三元村，"两委"班子团结、齐心干事。村容村貌和居住环境得到极大改善，到处焕发着勃勃生机。村组公路干净整洁，四通八达；水像人体的血液一样通过地下管网流向各家各户；没有人在为停电、电压不稳而发愁；通信网络拉近了千里之外务工亲人的距离，户与户、人与人用手机联络着真实的感情；60%的家庭购买了摩托车、电动车、小汽车、货运车，90%的家庭都买了电冰箱、空调等家用电器。随着千亩茶产业、千亩九叶青花椒产业及千头传统养殖产业的健康发展，"三元"将会被"三千"替代，三元村的明天更美好！（整理人：李胜璋）

风 采

扶贫路上的铿锵玫瑰
——陕西省脱贫攻坚奖获得者张小红

从2016年以来,张小红先后在紫阳县红十字会、县委党校工作,在瓦庙镇新华村、新光村和向阳镇天生桥村任驻村扶贫工作队员。不论工作岗位、帮扶对象如何变换,她一心为贫困群众服务的初心没变,不畏艰辛扎实工作的作风没变。近年来,她先后荣获紫阳县"道德模范"、安康市"三八红旗手"、安康市"交友帮扶先进个人"、陕西省"三八红旗手"、陕西省"交友帮扶先进个人"、陕西省脱贫攻坚奖·优秀驻村工作队员等荣誉称号。

(一)

新华村有168户贫困户,散居在两条沟、三面坡上,去最远的贫困户家,得走2个小时的山路。一路上,村支书对我说,他在会上念完派驻通知,一名干部担忧地问:"来个女干部?是林黛玉呢,还是梁红玉呀?"台下一位妇女插话说:"城里的人走不走得稳山路哦?要是走不稳的话,你们还要背哟!"引得会场哄堂一笑。

张小红进村没几天,还真摔了一跤,而且摔得不轻。那天,她和同事一块儿骑着摩托车入户,经过一处积水路段时,连人带车摔了出去。她从地上爬起来,感到左腿失去了知觉,看到牛仔裤擦破了,膝盖上一块肉皮不见了。村干部把她送到镇卫生院处理了伤口,听说要住院,她着急地说"不能让村民笑话。腿不能动,手上的事儿还可以做呀!"她固执地回到村委会,就从头到尾地整理村上的扶贫资料,把错了的,改过来;少了的,补起来。从宿舍到厨房,从办公室到厕所,她只能扶着墙,靠一只脚蹦着"走"。到第5天,她的伤口感染化脓,发起了高烧。村支书找来出租车,硬是把她送到了县城医院。

张小红在带伤工作期间,整理的200多份扶贫资料成了全县样板。紫阳县副县长、瓦庙镇党委书记王晓鹏说:"通过这件事,大家认为她是一个作风泼辣、愿意做事的干部。"

（二）

贫困户贺习应的"心病"有十多年了，病根源于2000年动员他贷款兴桑养蚕。结果背回的桑苗成活率低，产业失败，还背了2000元债务。信贷员上门收贷款都踢断了门槛，他却始终一个态度："钱，一分都没有！买的桑苗都在地里，你们挖回去就是！"从此，他认为"所有的扶贫政策都是害人的"，对镇村干部充满了抵触情绪。有一次，张小红和村支书见他远远走来，张小红喊着，他连眼皮都不抬一下，就往一边走去。村支书摆手示意说："你给他说了也白说，还讨不到好脸色，何必呢？"

时隔不久，贺习应修建新房钱不够，悄悄托人打听贷款的事。中间人回话说："你被列入失信'黑名单'了"。贺习应自知理亏，不再言语。张小红得知后，多次找到信用社，为他协调贷款。一天，张小红来到贺习应家，套近乎地说："贷款的事，我能帮你办！"贺习应吃惊地望着她："你能办？咋办？"张小红说："还了旧账，我负责帮你贷5万块扶贫贴息贷款。"为了让他放心，张小红又说："如果还了旧账、贷不出新款，我私人借给你。"贺习应这才挤出笑意，招呼这位"女神"落座。

信用社果然为贺习应如数办理了贷款，还减免了2000多元的旧账利息。从此，他有了180度大转变：村组会议，来得比谁都早；积极加入合作社，种植魔芋约0.27公顷（4亩）。合作社分红，贺习应家分了3100元；魔芋也卖了6000多元。有一天，张小红接到贺习应电话："下午请你吃个便饭，展示一下我参加厨师培训的手艺。"并强调说"这次只谈感情，不谈工作！"张小红因当天特别忙，谢绝了他的诚挚邀请，但觉得比吃了山珍海味都高兴。

（三）

"为啥没把我评上贫困户？""迁移扶贫的优惠政策是啥？""我符合哪种条件？""他家为啥跟我家不一样？""我适合做啥才能脱贫？"……面对这些询问，张小红的做法是：先耐心听对方把话说完，再慢慢地阐明道理，然后做到基本政策"一口清"；在应对群众诉求时，做到有理有据、使人信服。特别是在贫困数据清洗中，她与镇村干部一道，组织群众代表公开、公平、公正评选，该进的必须进，该退的一定退。由于她会上会下讲的不走样，对各家各户情况明，张榜公示后，没有一个群众有意见。同样，在实施医疗救助、贫困学生资助等方面，都让群众心服口服。

面对村里"三留守"现象，张小红付出的是柔情和启迪。到贫困户贺爱心老两口家，要过2条沟、翻3座梁。张小红第一次去时，70多岁的老人开心得不得了："稀客稀客！好多年都没有见过县里的干部了！"老两口从灶头取下一块腊肉开始做饭。张小红没有拒绝这番盛情，临走时留下200块钱，两位老人却扯着她的膀子，说什么也不收。她灵机一动，说："你的老伴姓张，我也姓张，我就认个姑嘛。当侄女的孝敬姑姑，是理所当然的呀？"老人这才勉为其难地把钱收下。其实这家不是张小红包联的对象户，但她仍然坚持每月走访，常为老人买些爱吃的东西，用自己的医保卡买些常用药。两位老人真把她当成了可靠的亲戚。

2017年，村上有11个家庭的子女考上本科，按过去的风气都要大办喜宴。可正逢全县推行新民风建设，全村没有一家操办"升学宴"的。张小红想到，有几个家庭十多年都没有办过一次红白喜事，这些年送出去的礼金至少也有两三万。错过一次"回收"份子钱的机会，心里肯定有怨言。于是她为每户争取了社会资助，还为贫困家庭学生申报了助学项目。

贫困户贺代俊不适合做重体力活，张小红动员他参加足浴培训。他认为那是"下贱活儿"坚决不去，张小红来来回回跑了七八趟才说动他。去年9月，贺代俊当上了足浴店店长，每月保底工资5000多元。因为跑得勤，新华村2017年有58人参加足浴培训，10人参加电商培训，26人参加厨师技能培训。参加培训的群众有一半以上都靠就业增收了。

张小红发现一些群众不愿意和她深入交流，认为是和她还不熟悉，缺少对她的信任。她就采取主动接触的办法，多帮他们做些力所能及的事来亲近。在交谈中了解到贫困户许昌兰患有肺结核病，每隔一两个月都要到县城取一次药，每次要花近百元车费。全村像这样的慢性病和大病患者有29人，张小红主动承担了帮他们代买药物、代办药费报销等事宜。当她忙不过来的时候，就是麻烦县城的亲戚朋友跑路也要办到。

张小红在走访中还得到了另一个启示——不能以干部自居，宁可自己多顶风雨、多踏泥泞，也不影响村民的正常生产劳动。她经常选择雨雪天气入户，趁着群众有充足的时间和他们敞开心扉聊天。2年多来，张小红共为群众办实事90余件，化解各类矛盾纠纷20余起，连2起老上访户都息诉罢访了。张小红就这样成了他们不厌烦的亲戚，成了他们无话不说、十分信任的朋友。

"在脱贫攻坚中，哪个女人不是当男人在使？"这是张小红"三同"扶贫的一贯姿态。工作队队长说："她总是主动站到第一书记、工作队长的角度思考问题，去开展工作。"在她眼里，包联部门驻村扶贫做得好不好，在于是否真正用心、用情、用力。在2017年第三季度扶贫考核中，县红十字会位居全县包联单位首位；在省第三季度市际交叉检查组检查新华村中，帮扶工作得到了群众发自内心的肯定；2017年新华村通过第三方评估验收，顺利实现了脱贫。

（四）

和村上的群众亲近了，和儿子的关系疏远了。有一次，张小红的儿子打电话问："妈，您抛下家里不管，是指望提拔呢，还是涨工资呀？"张小红耐着性子解释："别怪妈妈，当你走入社会，你才会明白妈妈为啥这样。"

有一次，在西安上大学的儿子咳嗽了好几天，张小红以为是小感冒，没放在心上。而后得知咳嗽加重、反复低烧，她劝儿子回到安康住院治疗。当她把住院手续办理后，却把儿子托付给亲戚照看。临别时，她在医院门口犹豫了好一会儿，想到所有干部都在忙着扶贫数据清洗，几位老同志连续2个月都没休周末了，她还是坐进了回村的车上。

儿子出院了，有1个月不给妈妈打电话，母子之间留下了深深的隔阂。张小红觉得还是孩子不理解，得给他一个认同的机会。2017年暑假，她特意动员儿子到新华村，跟她同吃同住同工作。他们一起走着山间路，吃着农家饭，说着乡村事。她的儿子这才觉得妈妈非常不容易，还完成了自己5000多字的社会调查报告。

国庆节期间，张小红母子俩去看望贺爱心一家，得知老人肚子痛得厉害，便把他送到镇医院治疗。可刚送到医院，村上有紧要事处理，她就把照料老人的事交给了儿子。连续三四天，她的儿子帮老人买饭，扶着上厕所，出院后又送回家。住在同一个病房的贺习应对张小红说："张老师，你们家里又出了一个扶贫干部呢！"

这就是扶贫队员张小红，一朵馨香四溢的铿锵玫瑰。（黄志顺）

号角多么嘹亮

——记紫阳县财政局扶贫工作队员姜言论

愿立"军令状"

脱贫攻坚的号角吹响了，紫阳县财政局率先奔赴脱贫攻坚第一线，包联3个镇5个贫困村。2016年，局党组下派一批年轻干部驻村扶贫，但白兔村第一书记仍然还没有找到最佳人选。人们把目光投向了姜言论。

姜言论，男，现年57岁，紫阳县双桥镇人，中共党员，大专文化程度。他1985年9月参加工作，先后在乡镇任财政干部、财政所长，扎根基层财政34年，熟悉农村经济工作，是财政系统的骨干。他大局意识强，政策水平高，讲原则、守规矩，心系群众疾苦，爱岗敬业，乐于奉献，年度考核9次获得"优秀"等次，记三等功2次。从政治素质到综合能力，第一书记非他莫属。但局领导考虑他的年龄大了，派他驻村实在有些于心不忍，加之深度贫困村条件艰苦、工作压力大、责任重，让即将进入花甲之年的老姜挂帅出征身体能吃得消吗？

脱贫攻坚大决战已拉开序幕。大战在即，一刻也离不开支部的战斗堡垒作用。第一书记这个岗位岂能空缺！姜言论看在眼里，急在心上，主动请缨到脱贫攻坚第一线去驻村。他向局党组递交申请书，他在申请书中写道："我从小就是在紫阳最偏远的贫困村长大的，在农村工作20余年，积累了丰富的农村工作经验，对淳朴善良的农民群众产生了深厚的感情，在决战脱贫攻坚的重要阶段，不能没有我的参与。老骥伏枥，志在千里。虽然我年龄是大了一些，但身子骨硬朗。我是凭着党性原则和单纯的思想自愿参加扶贫的，没有半点奢望，哪怕立下军令状，也要把包联村扶出个样子，让群众早日脱贫过上好日子。"姜言论意志坚定，一诺千金，他的爱民情怀和故乡情结深深打动了局党组的每一位领导成员，局党组最终同意他的扶贫驻村请求，并推荐他担任白兔村支部第一书记。

情系贫困户

白兔村地处红椿镇的中半山，境内山高坡陡，土地瘠薄，农户居住分散，农业基础条件脆弱，人均收入低，全村共483户，1724人，其中贫困户356户，1276人，是全县深度贫困村之一。村情就好比家底，当好第一书记必须把家底搞清，只有像医生一样把脉问诊，对症下药，才能拔掉穷根、治好"贫困"病。

上任伊始，姜言论就逐家逐户开展调查走访，摸清村情民意的实际情况。打赢脱贫攻坚战实际上就是在与时间赛跑，只有赢得时间，才能抓住主动权，打好主动仗。驻村偏远，扶贫干部的大部分时间都消耗在路途中，姜言论心急如焚。为了赶进度、提质量，他毅然决定把自己的私车开到村上供扶贫队员免费使用；村上没有伙食，洗衣、做饭怎么办？他做通妻子的思想工作，把自己的家搬到白兔村。妻子亲自把他送到白兔村，爽快地答应留下来和他一起并肩战斗，负责洗衣做饭。他在脱贫攻坚的前沿阵地安营扎寨，演绎出新时代脱贫决战"妻子送郎上战场""带着老婆去扶贫"最为精彩的一幕。

天有不测风云，人有旦夕祸福。2016年5月的一天，正当他奔忙于村安置点征地拆迁时，一阵急促的电话铃声响起，那是姜言论的母亲打来的电话。母亲泣不成声地说："言论，你父亲快不行了，这几天他一直念叨你，说你忙得很，其实他是想见你一面……"姜言论心如刀割。但他的心里放不下白兔村的事，即使在赶回家里料理父亲的丧事之时，也要对村组干部再三叮嘱，征地拆迁不能停，无论遇到什么困难，都必须确保安置点按时开工。待他安排好后续工作，老人却已撒手人寰。时至今日，他都因未能在父亲弥留之际，见上老父亲最后一面而内疚。

亏欠自己身边的亲人事小，但决不能辜负白兔村的群众啊。姜言论是这样想的，也是这样做的，其实在他的心底里早已装下了白兔村这个大家，村民才是他真正的家人。第一书记姜言论舍小家而顾大家，把白兔村的贫困户当作自己的至亲。他情系贫困户，密切党和群众的血肉联系，树立了第一书记的良好形象。

贫困户余兆坤，家里有4口人，2个儿子长年在外务工，家里就剩下2个老人，老伴因双腿风湿、骨折长年瘫痪在床，行走不便，致使无法到县城作残疾证升级认证，夫妻俩急得直掉眼泪。姜言论了解到这一情况后，立即开上自己的车，将夫妻俩送到县城检查，他忙前忙后，跑上跑下，帮助挂号、租轮椅……像对待自己的亲人一样。朋友问他是啥亲戚，他笑着说："是我的家人。"检查结束后，他顾不上休息，又开车送回。可谁知道，这一往返就是80千米山路呀！

贫困户焦省召，家里有3口人，平时就2位老人在家。2019年初建水窖时，因拿不出材料钱无法施工，这让老人急得吃不下饭、睡不着觉。姜言论得知后便支取自己存折上仅有的3000元工资，帮焦省召垫付材料钱。老两口吃上了自来水，逢人便夸：姜书记真是个好人，党的好干部啊！

他主动给低保户焦加礼垫付分散安置建房材料款5000元，协调镇民政办对摔伤的焦曰才送去慰问品和慰问金并实施医疗救助,联系县国土局防滑办专家认定刘万明的住房与公路开裂10厘米宽的裂缝为滑坡,为其落实搬迁住上安全舒适的新房……"老姜"做的实事好事不胜枚举,4年来,他共为群众办实事、好事、难事100余件,成为群众的"稳靠山"和"及时雨"。

姜言论心中只有贫困户,唯独没有他自己。他长期废寝忘食地工作,终于积劳成疾,这位刚强的汉子因脖子上长出鸡蛋大的肿瘤而倒下了,在医院刚做手术还不到一周,听主治医生说是良性的肉瘤,他高兴极了,连忙办理出院手续。伤口还未完全愈合,主治医生坚决不同意出院,他就软磨硬泡,几次向医生求情说:"今年是全县脱贫摘帽年,村上还有许多的事情没有干完,时间一刻都耽搁不起啊。我这点小毛病算得了什么?"姜言论还没等到医生开口,连缝合手术线都还没有拆掉,匆匆忙忙地离开了病房出现在白兔村的山山卯卯。

攻坚克难出实招

2016年,经过1个多月的深入走访调研,他不但摸清了村情民意,还找准了致贫原因,理清了"定规划、建班子、破难点"的工作思路,村支部迅速制定以强化班子建设为基础、以开展基础设施建设为重点、以产业发展带动贫困群众稳定增收为中心、以民风建设和民生改善为保障的脱贫规划和实施方案。精准施策,精准扶贫,一户一策,好钢用在刀刃上。

筑牢堡垒是姜言论打赢白兔村脱贫攻坚战的一大制胜法宝。他针对支部班子软弱无力的状况,把重心放到配齐建强班子上。经民意测评和党组织反复考察,将素质高、能力强、有担当的候选人充实进村两委。新班子上任后,从思路创新做起,不断完善"支部+X"的扶贫模式,并将扶贫模式的内容具体化,探索出"支部+公司+贫困户""支部+合作社+贫困户"等切实可行的扶贫模式。实行订单收购贫困户的农副产品,采取技术培训、入股分红等方式,用活土地流转政策,拓宽增收渠道,组织党员开展结对帮扶,多措并举,助力精准扶贫,确保全村脱贫规划和实施方案落到实处。4年来,该村共落实公司、合作社带贫济贫85户、党员结对帮扶贫困户60余户,激发了群众脱贫的信心和动力。

在白兔村脱贫决战的征途上布满了无数荆棘和千难万险,然而攻坚克难没有商量,曾几何时,不是"五加二",就是"白加黑"。踏石有印,抓铁留痕,撸起袖子加油干;兵来将挡,水来土掩,决不让一个贫困人口掉队。白兔村的号角多么嘹亮!姜言论带领全村党员干部和群众一起勇往直前,义无反顾,奋战在脱贫攻坚第一线。他以务实苦干、敢于担当的精神面对来自无数艰难险阻的考验,集中精力,主攻脱贫工作中的难点,及时化解各种矛盾和难题,亮出实招、招招见功夫,形成决战脱贫、无坚不摧的良好态势。当他得知白兔村佳农养殖合作社因改建厂房致使缺水、缺电、无网络,严重影响生产后,立即出面找到县直相关部门多方协调,为该合作社建水窖20立方米,拉通了动力电专线,重新架设宽带网络,从而使合作社正常投入营运,并带动20户贫困户发展养殖业增产增收。白兔村有句口头禅:姜还是老的辣!再大的困难,只要姜书记出面什么问题都解决了。合作社感激不尽,村民编起了一段顺口溜:姜书记是神仙,带领群众积极干;有了困难不算难,有他我们心里安;村组干部捡了样,成为我们领头雁;贫穷落后是耻辱,齐心协力大发展。

筑巢引"凤"兴产业

白兔村山大沟深,人口居住分散,供电线路长、线径小、电压不稳。驻村之初,姜言论被这里的用电难问题所震撼:电压不到150伏,电脑经常自动关机,甚至造成一些重要资料的丢失,严重影响驻村工作。生活在这里的村民更是对低电压"南瓜花"苦不堪言。村级公路质量偏低、坡度较大,一旦遇到下雨天泥泞路上的车辆就无法通行;电讯网络信号不稳定、安全用水入户率低。基础设施滞后,严重制约着白兔村的发展,直接影响民生改善和村民对美好生活的向往。

白兔村有茶园面积170多公顷(2600余亩),村上却没有一个规模型的名优茶加工厂。长期以来,以家庭为主的粗放型、作坊式的传统制茶工艺,淹没了潜在的茶叶市场优势,白兔村的群众只能眼巴巴地望着满山遍野的茶园做摆设,守住富硒资源受贫困。姜言论担任第一书记后,当着全村群众的面许下了打破基础设施、主导产业两大瓶颈的承诺。

他从基础设施建设入手,带领村"两委"干部,深入现场核查,多次到县水利、电力、交通等部门对接,争取项目尽快实施。3年多来,白兔村硬化公路23.7千米,"油返砂"道路改造7.2千米,供水工程5处,建水窖70口,变压器扩容全到位,低电改造全覆盖,宽带进了村,改善了群众生产生活条件,白兔村的面貌焕然一新。村民用上了放心电、安全水,网络稳定,公路畅通。水、电、路、网等基础设施建设改善了,好比在村上种了"梧桐树",又好比在树上筑起了"鸟巢",迟早会引来"金凤凰"。

脱贫摘帽关键在于群众有稳定的收入来源,群众靠山吃山,户户有茶园,只要大力发展丰产密植茶园,建立一个规模型的名优茶加工厂,走产、供、销一体化的发展道路,就可以取得意想不到的产业扶贫效果。姜言论经过认真思考,形成大兴茶叶产业、建立名优茶加工厂的方案。他瞄准能人大户、科技带头人领办茶叶企业的目标,多次动员本村在外创业成功人士唐晓娟回乡创办绿色企业。

一只"金凤凰"飞回来了。2019年4月,唐晓娟投资兴办的紫阳盛源品茗茶叶有限公司正式建成投产。企业引领产业发展,贫困户种茶致富终于有了盼头和奔头,茶农不出门也能挣到钱,就在茶园里采摘鲜叶,每天挣200多元,采摘一季春茶户均就可收入6000多元。只有农业产业发展壮大了,农民脱贫后的收入才能稳得住,姜言论深知产业扶贫的重要性。在担任白兔村第一书记期间,他围绕茶叶主导产业、培育后续产业付出艰辛的努力,通过不断拓宽思路,争取各类资金1000多万元,改造低产茶园100公顷(1500亩),新发展丰产密植茶园约16.67公顷(250亩),建立茶叶、养殖专业合作社2家,茶叶加工企业1家,举办茶叶技术培训班4次,培训贫困户1200人次,250户贫困户发展茶叶产业持续增收。

没有播种，哪来收获？姜言论像"老黄牛"一样，埋头耕耘，默默奉献，他挑起时代的使命与担当，把初心写在白兔村的这片土地上，播种春天的希望。经过4年多的努力，2019年，白兔村迎来第2个丰收节。白兔村贫困发生率由74.2%下降到1.62%，2019年整村脱贫出列。2019年12月26日，姜言论以决战脱贫的骄人业绩荣获"全国财政系统先进工作者"称号，受到国家人社部、财政部的表彰，并先后被安康市委、紫阳县委授予"脱贫攻坚优秀第一书记"称号。一位普普通通的财政干部，以实际行动创造了不平凡的业绩，谱写了新时代决战脱贫攻坚的辉煌篇章。（向连才　唐安华）

退伍军人"漂亮转身"成扶贫尖兵

——记紫阳县"脱贫攻坚优秀党员"张帆

扶贫就像一场战争，在这个没有硝烟的战场上，涌现出一个又一个"先锋战士"，他们冲锋在前、日夜奋战，带领人民群众走向脱贫致富的道路。张帆，一个被毛坝镇瓦滩村群众熟知的名字，一个获得紫阳县税务局党委广泛认可的驻村干部，一个兼具忠诚和坚韧的"90后"第一书记。他是一名退伍军人，也是一名共产党员，更是群众心目中的"先锋战士"。

敢于担当，勇做脱贫攻坚"排头兵"

"我是一名党员干部，更是一名退伍军人，不管是练兵场与硝烟共鸣，还是到脱贫攻坚一线战斗，军人都以服从命令为天职！"这是张帆得知组织上要派他驻村帮扶，毫不犹豫地回答，也是他说服女友并得到理解的一句解释。

2017年6月，25岁的张帆被紫阳县税务局调整到毛坝镇瓦滩村任第一书记，从此踏上脱贫攻坚的漫漫征程。县税务局负责包联扶贫毛坝镇瓦滩村，该村位于毛坝镇西南，地势险峻，山路崎岖，交通不便，由原来的田良、瓦滩、山坪3个自然村合并而成，辖18个村民小组。2017年张帆到村之初，全村建档立卡贫困户331户1176人。且不说全村的扶贫数据，单是全面准确地掌握紫县税务局包联贫困户的详细信息，对他来说就是第一块难啃的"硬骨头"。

毛坝镇山高沟深，贫困户又各自居住分散，为了给下一步脱贫攻坚实施精准帮扶奠定基础，张帆就必须在短时间内全面掌握贫困户信息。方圆16平方千米的瓦滩村，他用"铁脚板"反复丈量。很多村民早上要下山在集镇务工，晚上回到家中天儿已是漆黑。张帆总是早早起床，赶在农户未下山之前进行入户走访，晚上为了和农户多了解一些情况，常常夜晚10点多才回到住处。"别看小张书记很年轻，但是他做事很细心，走访贫困户时，总是拿着笔记本，细心地记下走访过程中的点点滴滴，如'夫妻外出江苏打零工，两小孩就读于毛坝小学''去年享受茶叶产业直补0.23公顷（3.5亩）'，等等。"毛坝镇瓦滩村支部书记周本安如是说。

晚上回到住处，简单洗漱后，张帆习惯于看看最新的扶贫政策，理一理每日的工作进程，脑袋想一想，笔头记一记。他说："脱贫攻坚战场上我是一名'新兵'，农村工作千头万绪，户事组事整村事，全村每家每户的实际情况我都应做到了然于胸，需要记住的工作细节和重点太多，每天临睡前捋一捋，已成了我的工作习惯。"茶余饭后，张帆更是喜欢拉着工作队员一起聊聊贫困户家里的事。扶贫工作队员大多是本地人，哪家有几头猪，哪家刚娶了新媳妇儿，哪家小孩儿考上了大学……他们是最清楚的。不到1个月的时间，张帆把瓦滩村的情况摸得清清楚楚，给每位包联干部私人订制"作战布防图"。在卫星地图上挨家挨户清楚标注地理位置，哪户开车可以到，哪户需要走多久山路，走访时哪几户可以安排在一天……这份作战图极大地提高了入户走访的效率，是紫阳县税务局扶贫干部了解包联户信息的一张明白卡，一份指南图。"别看张帆很年轻，扶贫工作做得扎实，局党委没有看错人，在他身上，我看到了一名党员干部对扶贫事业的忠诚和迎难而上的勇气！"紫阳县税务局党委书记、局长李晓军说。

呕心沥血，践行共产党人"初心使命"

中国共产党的初心就是为中国人民谋幸福、为中华民族谋复兴。作为驻村扶贫干部的张帆的初心和使命便是要帮助瓦滩村广大贫困户早日脱贫致富。扶贫的初心是什么？自己来扶贫为了什么？到贫困村自己能干什么？来了这么久自己又干了什么……这是张帆常常思考的几个问题。每当遇到疑难杂症，他坚信只有找回扶贫"初心"，让自己"沉下来"，才能"对症下药"想出解决困难的方法，才能坚定信心干好脱贫攻坚的每一件"小事"。就像3年前一位寄住在亲戚家的老婆婆如今终于实现了"在镇上有一套自己的房子，看病方便"的心愿，正是因为无数个像老婆婆这样的心愿得到"实现"，张帆才用扶贫干部的"初心"换得了群众的真心。

学习扶贫政策，为贫困户讲好政策，帮助贫困户用好政策，是张帆的"立足点"。从走上扶贫岗位的那一刻起，他时刻认真学习上级下发的各类政策文件，积极参加各级举办的扶贫业务培训。通过认真学习和思考，吃透了精准扶贫、精准脱贫精神实质，全面领会了全县脱贫攻坚的重点和难点。功夫不负有心人，张帆的坚持和毅力，很快使他成了全村脱贫攻坚一线的"行家里手"，不再是初来时的"嫩头"小张。

张帆最爱做的一件事便是与村民"打广子"，渐渐地就学会了"毛坝腔"，不是生硬单调地政策宣讲，而是将党和政府的扶贫政策通过群众喜闻乐见的方言俚语传达到群众的耳朵里，理解进心里，同时也装下了张帆的身影。刘婆婆的儿媳妇在没有见过小张之前，一直以为他是个"女人"，因为一个人在家的婆婆给儿媳的电话里常说"小张很细心，一遍一遍叮嘱我需要准备的资料，生怕我忘了"。的确，从辅导填写扶贫三项协议、跑腿复印证件资料、交纳群众自筹资金、长达98分钟的电话"开导"……到如今搬迁入住安置房，面对忠厚朴实的瓦滩村民，他事无巨细，狠狠下了一番"绣花"功夫。

学好扶贫政策，为贫困户算好"收支"账，提高贫困户获得感，是张帆的"制胜法宝"。近几年年末朋友圈流行晒账单，这种账单大多依靠第三方支付机构得出，也仅能展现自己的某一方面收支，并不全面。试想，如果让我们算出自己近3年的收支，有谁可以真正算的清楚，可是你要问哪一家贫困户的收支情况，扶贫干部最是清楚。扶贫系统的信息录入，小到家里有几亩黄花，新添了几头猪仔，是否有人员增减，外出务工人员工作地点的变化……涉及医疗、教育、交通、民政、卫健、计生等多个部门信息的录入，都需要扶贫干部走访贫困户，一户户实地调查，一户户系统录入，不断完善数据台账，都是为了最后给贫困户算好这一笔"收支账"，此时高效的工作方法在大数据面前显得尤为重要。每当遇到数据填报筛查核实时，张帆充分发挥自己电脑技术方面的优势，将全村所有贫困户的数据进行拼接整合，一表算出贫困户的收益情况，为包联干部核对数据提供极大便利，极大地提高了数据核查效率。一户户一笔笔"收支"账的清楚算出，算出了扶贫干部滴在键盘上的汗水，也算进群众的心坎儿里！

舍小家为大家，全力奋战扶贫一线

张帆扶贫近3年，扶贫前的女朋友小汪如今成了他的妻子，有时小汪会笑他一口纯正的乡腔乡调，有时惊讶扶贫前甚至小麦韭菜分不清的他如今熟悉包联村的每一条河、每一座山、每一户人家。以前对蚊子跳蚤过敏的他也不知从何时开始，对蚊虫的毒素产生了免疫力，就算被咬了，红肿也没那么严重了。小汪有时也会开玩笑对他说："你这大概就是《梁家河》节选《我就是一个农民》最真实的映照了，就像习总书记当年在梁家河一样，你也经历了自己的'方言关、生活关、下村关、思想关'啊。"妻子小汪何尝不用过这一关"思想关"呢？

张帆扶贫3年没有休过年假，谈恋爱时"带你看尽世间繁华"的承诺一次也没有兑现过，所有的出行计划都因为这场攻坚战而推迟，而这个推迟并没有确定的日期。暴雨防汛期间说的最多的是"注意安全"，能做的最好的支持只有不打扰……如此种种，我想这是小汪作为一名合格扶贫家属的"基本素养"，相比家中有老人和小孩儿需要照顾的扶贫家属来说，小汪的这一点点"委屈"着实"不值一提"。直到2019年家中发生了诸多意外，张帆对于妻子是内疚的。

"我这阵忙得很，让妈先做手术"张帆的话还未说完，本身性格温柔的妻子一下子爆了"你的亲妈马上要进手术室了，本来我们应该守在医院的，我现在让你给妈打个电话，让妈安心，你给我说你很忙，家人重要还是你手头的工作重要，我都不敢想，要是……"妻子说着说着，不争气的眼泪瞬时流了下来。妻子心里很明白，婆婆是一个坚强独立的女性，做事果敢不犹豫，从胆结石发病炎症消下去到决定做手术摘除胆囊，婆婆只用了几个小时来决定，为了不耽搁儿子和儿媳的工作，对他们也都隐瞒着，甚至就连儿媳也是在婆婆进手术室的前一个小时才知道，这才发生了张帆和妻子之间的冲突，因为妻子清楚，就算婆婆嘴上再怎么说着"不用担心，不要告诉张帆"，如果张帆能够给她打个电话，对她都是莫大的慰藉和鼓励。为了瓦滩村村民，为了脱贫攻坚事业，张帆只能舍弃小家，就像妻子问的"家人重要还是你手头的工作重要"，试问全国几百万扶贫干部，面对这个提问，他们会怎样回答，我想大多数人都会选择"后者"，甚至不惜牺牲生命。

2019年对于张帆妻子一家是不平顺的一年，妈妈发生车祸到最后轻微抑郁，外爷、伯父相继去世，如果要说到尽孝，张帆作为女婿、外孙女婿、侄女婿，这多重的角色和身份，于情于理，他都应该常伴身旁。可是这份"于情于理"都让步给了脱贫攻坚，领导的关心和理解"最大权限"也只能准许半天或一天的假期，为了全县的脱贫攻坚任务，谁都不能掉以轻心。当教师的姐姐整个暑假在家照料丈母娘的身体，各个医院各项检查的初查、治疗、复查，再到饮食的调理、亲人的陪伴，张帆因为工作没有办法尽心陪伴。外爷、伯父的相继去世，女婿无法尽孝到最后，按着紫阳的风俗，这不合情也不合理，庆幸的是老丈人理解，面对亲戚朋友的询问，老丈人总是耐心地解释，因为他心疼女婿工作辛苦。如果说以前只是小情小爱的"被辜负"，委屈不值一提，那么第一次感觉到"中年危机"的妻子小汪，那段黑暗日子的滋味旁人难以体会。

"党员干部要不辱使命，以'家国情怀'决胜脱贫攻坚。只要全国人民都脱了贫，一切都好了"张帆他始终没有忘记共产党员的初心和使命。

张帆先后荣获"先进个人""优秀党员"等荣誉称号。在他的身上，我们看到了一名军人的英雄本色和一名共产党员的初心和使命，与全国几百万下沉一线的干部一样，在脱贫攻坚的战场上默默奉献，他们未经硝烟，不显于世，却一直在负重前行。

（汪从琴）

啃"硬骨头"的第一书记

——记紫阳县统计局驻村干部彭九钦

出生于1982年4月的彭九钦，2005年被分配到高滩镇政府工作，2012年调入紫阳县统计局，2014年起任投资调查股股长。2016年3月被组织上选派到毛坝镇核桃坪村担任第一书记。驻村工作以来，他发扬拼命三郎的精神，克服一道道难关，啃下一块块"硬骨头"，保证了核桃坪村2019年顺利出列。2017年7月他被紫阳县委授予"优秀共产党员"；2018年7月被毛坝镇党委授予"优秀第一书记"荣誉称号。

初到核桃坪村，摆在彭九钦面前的是块"硬骨头"。交通不便，全村仅有1条20世纪遗存下的通村便道公路，村民没有任何能带来效益的产业门路，现金收入仅靠出门挖煤、背背篓等下苦力，毫无技术含量可言。最让人寒心的是，干部群众不思进取、固贫守旧，更谈不上怎样脱贫致富。

核桃坪村总人口295户1009人（其中低保户7户17人、特困供养户15户17人），劳动力人数618人，外出挖煤下苦力等438人。全村辖8个村民小组，有耕地面积约

74.87公顷（1123亩），林地面积约472.07公顷（7081亩）。有建档立卡贫困户147户509人，贫困发生率为49.83%，其中中长期建档立卡贫困户131户331人，覆盖率达到89.1%。面对诸多困难，他决心啃下这块硬骨头。

面对阻力不惧挫

进村后彭九钦发现，贫困户享受政策倾斜，贫困户与非贫困户之间隔阂深，相互看不顺眼，特别是在每次村民小组会上矛盾突出。如以邹某为主的几个非贫困户，带头吵闹会场，争当贫困户。他除了耐心宣讲贫困户评议标准和程序、退出标准和程序外，将贫困与非贫困的扶持政策作以对比和分析，最终得到村民的认可和信赖。彭九钦感到痛心的同时，更坚定了改变贫困山区面貌的信心和决心。

进村初，交通不畅通，村民的种养殖产品没办法顺畅运出，籽种、化肥等生产物资没办法及时运回，靠肩挑背扛无端增加人力成本，成为村民们的一块心病。"要想富，先修路。"针对村里基础设施严重滞后的状况，彭九钦看在眼里、急在心里，只有先保障交通的便捷，才能为贫困户的脱贫致富敞开方便之门。

他决心将修通村道作为头等大事来抓，然而村民各有算计，意见极不统一。长期在外务工或者早先搬到交通便捷处的村民嫌修路要出劳、出钱，自己不再从事农业劳作，所能享受到的便利不多；在家务农的村民最想把路修通，可以更好地从事农业生产和经济发展。讨论修路，村民会议不下4次，会上"拉的拉上水、拉的拉下水"，根本没办法达成一致。

为达成统一意见，他苦思冥想，决定从发挥党员和村里能人的作用入手，引导和发挥他们的模范带头作用，激发斗志，克服"党员不党员，一个月五块钱（指党费）"的消极颓废思潮。党员的情绪开朗积极，带动了一大批人，自发组织工作小组与村民面对面沟通。他紧密团结村里的一些知名人士，譬如支客、媒妁之类，得到他们的支持，再由他们代为宣传动员。利用关系较近的亲戚六眷定向进行突破，往往能起到事半功倍的效果。此外，他抓住几个村里的能人歪人和有本事的人"就鬼打鬼，抱住鬼腿"。左邻右舍、上屋坎下的乡亲，往往就听信这些人的现身说教。群众发动起来了，保障公路建设的顺利畅通。

在资金投入方面，彭九钦所在的统计局，历来都是个"清水衙门"，但他还是抱有一线希望，向单位领导汇报，把所包联村的贫困状况逐一具体用数据说明，得到领导大力支持，硬是像挤牙膏似的，通过多方筹措资金十几万元，支援村组道路建设。通过一系列举措，六、八组公路基础工程终于2017年底正式动工，并在2018年全线贯通和硬化，彻底解决群众出行难问题。

在以后的几年，县统计局一如既往地慷慨解囊，累计投入100多万元。借助派出单位和当地政府的力量，又多方奔走，呼吁争取到各种建设项目和资金共计600余万元，先后完成核桃坪村改扩建一、三、四组组级公路1.2千米，新修五、六、七、八组组级公路2.9千米，硬化组级公路4.1千米，新建便民桥4座，扩改建公路桥2座，修建安置点饮水工程2处，改扩建完成村委会活动室280平方米，新建村活动室广场

600 平方米，新建标准化村卫生室 220 平方米，修建村公共厕所 1 处，村道安装新能源路灯 30 盏。完成安置点建设工程 20 户，其中一栋 12 户为搬迁工程、一栋 8 户为交钥匙工程，危房改造 15 户，毛新公路核桃坪村段 2 千米改建硬化工程全面完工。村容村貌彻底改观。

发展产业不畏难

核桃坪村以前没有什么产业，群众发展产业的意识不强，从 2015 年，统计局为了实现产业扶贫脱贫一批的目标，每年都抽出办公经费购买鸡苗向村民发放，既提高了村民的养殖热情，也提高了村民的产业收入。连续几年投入资金，为村民每户无偿投放鸡苗 5~10 只。可是就这样无偿的扶持，也惹出很多麻烦。在一次村民小组会上，队员正向村民宣讲各种扶贫政策，有人阴阳怪气发牢骚的，更有一名村民突然站起来说："你们给我发的鸡苗整的屋里院坝臭气熏天，哪能健康脱贫！"看着这样的刁难，几位帮扶干部心都凉透了，有位年轻干部怄得"眼泪哗哗转"，甚至质疑这样再做下去是否真的值当？

彭九钦先把这个村民拉到一边，问清楚他不分青红皂白发牢骚的原因。得知他是与村内一个贫困户有隔阂、有矛盾，故意在村民会议上大放厥词，对他进行了严肃的批评，告知他村民会议的严肃性，并答应会后协调处理他与那位贫困户之间的矛盾。随即找到队里那位被气得不行的干部进行劝解，先是安慰稳定工作队员的情绪，鼓励其重新燃起帮扶工作的热情，后反复给村民做工作，他用换位思考的方法，用春风化雨般的温情打动养鸡户，得到双方的理解与通融。

为了促进产业发展，在县上奖补政策的基础上，他和局领导一起制定村内产业发展奖补政策，每年投入资金不少于 10 万元，对发展养猪、养羊、养鸡及魔芋、中药材种植产业进行奖励扶持。

2015—2016 年他带领村民到魔芋产业发展较好的周边镇去学习技术，培养一批魔芋种植能手。在这个基础上，号召和要求户均魔芋种植达到 1334 平方米（2 亩），打造绿色银行。为提升贫困户技能水平，实现贫困户的长远脱贫，他反复到户做思想工作，扭转群众思想芥蒂，鼓励青壮年通过足浴、厨师、月嫂等技能培训，掌握技能，提高在外务工增收能力。全村累计参加各类技能培训人数达 70 余人，通过培训后自主创业开办足浴店当上老板，或在饭店、酒店务工的已超过 50 余人，全年收入达 200 余万元，为全村脱贫增收起到了良好示范带动作用。

2019 年村开办迪鑫玩具核桃坪分厂，让留守妇女在家也能得到每月 2000 元以上的工资收入；2019 年与安康扶贫空间协作在村种植玄参等中药材，逐步改变村内传统种养殖习惯，提高农民增收能力。

决战脱贫不怕苦

几年来，彭九钦经历了驻村生活中遭遇的无数艰难。他住在村委会，由于地域条件限制，经常不是缺粮就是断菜。2017 年冬天的一个清晨，天寒地冻，村宿办公室里仅有的半桶水冻成冰疙瘩，彭九钦连洗脸水都没有，只好尴尬地跑到老乡家求助。每次从家里出走时，儿子总会抱住他的腿，舍不得让他出门，妻子也屡次劝他别干这辛苦遭罪的第一书记了，在旁边敲起退堂鼓。但彭九钦丝毫没有退缩的意思，他要坚持把村里的这些硬骨头啃完，不达目的不罢休。

他时刻将全村148户贫困户的需求与呼声放在心上，以真诚的行动帮助贫困户化解难题。贫困户张荣兵妻子在外出务工时晕倒，送进院检查时发现患上癌症，在省内外多次医治，使得张荣兵家本来拮据的经济更是雪上加霜。他得知后，带领张荣兵先后辗转于县政务大厅、县合疗办之间咨询，办理相关贫困户合疗报销和大病保险手续，又帮他申请到大病救助，解决燃眉之急；贫困户龚孝瑞，发展养蜂6桶，收获是喜悦的，但让龚孝瑞发愁的却是蜂蜜的销售。彭九钦主动帮他联系买家，短短一周的时间蜂蜜销售一空。这让龚孝瑞发展的信心更强了，还与彭九钦作出了扩大养殖、帮扶他人共同致富的君子盟约。

在移民搬迁工作中，2019年9月30号以前，仁和千户社区的居民必须按规定限期入住，时间紧、任务重。但8、9月份这段时间天气不给力，阴雨连绵，道路稀泥烂滑，装修材料拉不进来，建筑垃圾运不出去，严重影响装修进度。彭九钦和队员们自己购买高桶胶鞋，来回穿梭在工地泥泞的路上，每天蹲守在各个安置点上，对即将迁移的农户和负责装修的施工人员，督促与监督他们的施工进度。在装修投入不超标的情况下，保证装修质量。为了检查装修进度，有时门被锁着，某户主人和装修工人都不在，看不到新房室内的情况，他便搬来砖头堆砌在窗前，双手颤巍巍地扒住窗沿向内看，其狼狈和艰辛程度可想而知。再加之村里的部分居民，因家中主事人在外地务工，无能力也无意向按时搬迁。彭九钦便逐一向他们远在外地的亲人电话或微信联络，讲清扶贫攻坚的政策和眼下即将落实的措施，得到他们的理解和支持。接着亲自组织车辆，上门当搬运工，帮助其搬家，又筹措资金帮他们置齐被褥床罩、锅碗灶具、洗漱用品等，使搬迁户能够安心入住。尤其是帮助迁往任河社区的部分村民入住，彭九钦他们付出了很大努力。譬如搬迁之初，社区住户房间里没有民用电，原来使用的是装修用的施工用电，电压高且不稳定，最易损坏电器。他便多次找到附近城郊供电所，几番协调之后，终于将安全的民用电供上。进出社区有一条捷径但危险的施工路，也有一条偏僻但安全的石梯小道，他们便逐户通知到位，盼咐安全注意事项，叮嘱居民要走小道。为了时刻掌握装修进度和入住情况，他们还在社区里设定一位本村村民作联络员，随时了解和汇报情况。从核桃坪村到任河社区，有将近80多千米路，彭九钦先后协调了3部车辆，帮助贫困户搬运家什，由于在仁和4户社区进出的车辆很多，经常发生堵车的现象。当搬运车拉到小区的住宅楼下，由于电梯还未正式启用，彭九钦和队员们又一趟趟地往返，将家具搬上5、6层的楼上，常常累得瘫坐在地上，再也不想挪动。待将村民各家的家具搬完，已是深夜10点左右，这才想起来饭都没顾得上吃，尽管肚子已饿得咕咕叫，他们却疲倦得没有胃口。

魏定宝常年在外务工，过年都难得回家一趟，他母亲年迈多病依靠亲眷照顾。为解决他们的住房问题，彭九钦不断和魏定宝电话沟通，最终定在"仁和千户社区"，解决其安全住房问题。房子是解决了,搬迁又成为这一户的新难题。魏定宝在外务工无法回家,老人体弱无法自己拾掇。为了尽快让其入住新房,队员在厨房为其添置厨具和粮菜油,购置整套新床和被褥,在上级规定时限内,帮其顺利入住新房。2019年10月前,全村易地搬迁60户都已入住,其中迁入仁和社区的有18户67人。他就是凭着热情和吃苦耐劳的精神保证搬迁工作,啃下了决战脱贫攻坚最后一战的"硬骨头"。喜悦在搬迁户的脸上绽开,彭九钦和工作队员们为此差点儿累趴下。但看到家家户户热情地邀请他们到屋做客,彭九钦欣慰地说:"吃这么多苦,值得!"

经过他和工作队全体队员的努力,截至2019年底全村已脱贫139户495人,贫困发生率下降至1.39%,彻底啃下核桃坪这个贫困村的"硬骨头"。(黄福海)

把工作做实　让群众满意
——记麻柳镇扶贫干部覃建明

覃建明出生于1970年,是紫阳县麻柳镇信访办的一名干部。他在农村基层工作的20多年,用干一行爱一行的执着精神,摸索出了一套适合农村工作的门道,深得百姓和镇领导的赏识和信任。在历时6年的脱贫攻坚的前沿阵地上,覃建明奉命转战了3个村,用他"把工作做实,让群众满意"的态度,把工作做得有声有色。2015年他被县政府授予"五个一"好干部称号,2018年他获得安康市"脱贫攻坚优秀个人"荣誉。

2014年1月至2017年2月,是覃建明的生命历程中最难忘的时间段——不仅融入麻柳镇脱贫攻坚大军中,还担任了麻柳村脱贫工作组组长。

麻柳村有727户2527人,其中贫困户占276户985人。2014—2016年已脱贫118户473人。还有在册贫困户158户512人,2017年计划脱贫129户436人,是镇上2017年确定出列的村。

面对时间紧、任务重、难度大、压力大的脱贫攻坚任务,覃建明白天晚上都泡在村里,常常带着队员翻山越岭,到自己包联的贫困户家中一户户走访,与贫困户促膝谈心,拉家常,查找致贫原因。然后对症下药,落实帮扶措施,为他们找项目,发展相适应的产业,帮助贫困户探寻"破冰"之路。

覃建明和工作队员的苦心说服工作,不仅打开了村民的产业发展思路,而且让村民们达成了思想共识,激发了内生动力。在驻村干部们的指导下,经过3年的不懈努力,到2017年,全村依托地理优势,大搞茶叶种植,先后创建茶叶产业基地约66.67公顷(1000亩);有6个村民小组分别建立了茶叶专业合作社。此外,覃建明还动员四、五两组的贫困户发展了土鸡、山羊等生态养殖基地,有了相对稳定的收入。

在与村民的频繁接触中,覃建明发现该村有些村民小组还没有完全通公路,基础建设相对薄弱，老百姓出入很不方便，尽快修通公路是村民们最迫切的共同愿望。于是他迅速同包村部门领导一同到镇上、跑县里、奔市上，多方筹措到资金450万元，先后硬化村组公路3600米，基本形成了组组通公路，彻底解决了老百姓出行难问题。看到一组、五组村民吃水困难，他又与包联村领导联系县水利局，修建了饮水工程。

"驻村扶贫，就要沉下身子，多为村民办实事，留下好的口碑。"趁着全村农电网改造结束，覃建明和队员们下功夫规范了全村的安全用电；发动村民在道路两旁种花植树，落实保洁员对道路进行清扫，改善了人居环境；为了让更多村民学到专业致富知识，邀请县茶叶局专家进行茶叶采摘与管理培训，组织村民到职教中心学习技术。全村有230余人达到茶叶采摘技术的合格标准，实现了茶叶高产达效；有70余人发展养殖项目，引导一户一人就业，达到了全家脱贫的效果。

七组村民杨忠全，因车祸严重残疾，老婆熊长珍患有严重的肺气肿，劳动力下降，居住的房屋陈旧破烂。家中有2个学生读书，生活十分困难。覃建明经常给这家买油买米，接济他们生活中遭遇的困难。覃建明深知自己那一点帮助只是杯水车薪，不能解决根本问题。于是他主动联系到孩子们就读的麻柳中心学校，为他们的学生解决了生活补助等问题。他找到政府领导汇报了杨家情况，争取项目，为他们进行了危房改造。还帮助他们规划发展了约0.26公顷（4亩）茶园，并在村上给熊长珍安排了公益性岗位。

2017年3月麻柳村顺利出列了，覃建明又被镇政府安排到堰煽村任第一书记。"既然是攻坚战，镇干部就得哪里需要哪里上。"他一上任，就发现该村贫困户信息采集不完整，就立即展开查漏补缺，完善信息工作。他白天黑夜跑村里、到组上，挨家挨户走访贫困户家庭，详细了解他们的家庭情况，终于完善了全村236户911人的档案资料。

2018年，覃建明发现堰煽村村委会建设工程质量没有达标，社会反响不好，群众意见大。他马不停蹄地四处筹措资金，重新启动了村委会办公楼建设。在他的努力和上级帮扶部门的大力支持下，这座占地面积400平方米、广场建设450平方米、投入资金60万元的村委会办公楼拔地而起，村干部终于可以在舒适的环境办公了。

2019年1月，由于工作中不俗的表现，覃建明被抽调到水磨村任脱贫工作组组长。工作环境变化，人生地不熟，覃建明理清思路，迅速到村开始工作。他用了2个星期的时间，对贫困户数、人口数了然于心。他因户施策，制定帮扶措施，找弱项，补短板，协调解决了二三组和七八九组饮水工程建设中存在的问题。九组村民王永立的父亲瘫痪多年，常年坐在轮椅上，日常生活很不方便。覃建明在工作之余，经常到他家看望。有一天，王永立的母亲干活时不幸把腿摔伤，不能走路。他连忙跑到镇上残联部门，为其协调轮椅一把，用真心感化了一家人。考虑到这家成员王永田苦于没有技术，无法出门打工挣钱。覃建明就到他家做思想工作，动员他参加了村上举办的烹饪培训，随后又联系他到紫阳职校参加了足浴培训，掌握了修脚技术，增强了他发家致富的信心，更让这家个家庭从此有了稳定的收入。

"把工作做实，让群众满意"是覃建明最朴实也是最可贵的工作态度。（叶柏成）

擦亮红色　守护绿色　做足成色
——记裴坝村党支部书记李兴卫

5月，裴坝气候宜人。在翩翩翱翔的鹤影下，在水汽氤氲的天地间，20余公顷（300多亩）标准化茶园正孕育新一轮嫩芽。

在这片贡茶传统产区，空前繁盛的茶叶产业离不开村支书李兴卫多年来的苦心经营。任村支部书记19年来，李兴卫始终将抓党建促发展摆在首位，坚持以红色旗帜引领绿色脱贫，巩固提高脱贫攻坚成色，使裴坝村从一穷二白到民富人和。近年来，该村被评为陕西省民主法治示范村、陕西省文明村，裴坝村党支部被评为安康市先进党组织，村支书李兴卫被评为陕西省优秀共产党员、陕西省劳动模范、安康市助力脱贫攻坚优秀帮扶个人，先后任陕西省第十二届人大代表、安康市第三届人大代表。

党建引领擦亮"红色"

在"八山一水一分田"的秦巴山地，裴坝就是全村的"白菜心"。裴坝村总面积12.7平方千米，水田仅有约27.07公顷（406亩），先天不足的地理劣势是群众发展农业生产、改善生活条件的最大制约。李兴卫注重在工作中发挥党支部的战斗堡垒作用和党员的先锋模范作用，强化党员脱贫、带贫、益贫能力，实现党员率先脱贫、党员带头致富。

"作为一名党员还是贫困户，我感到很羞愧！"老党员李存才认为他给党组织拖了后腿，十分沮丧。李兴卫主动提出负责帮扶李存才一家，多次到李存才家里了解家庭成员发展意愿，精准制定帮扶措施。同时，他还组织李存才这样的老党员通过远程教育，学习养殖、种植技术。李存才的发展思路逐渐明晰，发展信心显著增强，近年来先后种植茶园约0.13公顷（2亩）、香椿约0.35公顷（5.2亩），每年养猪收入1万元以上。他不仅2017年顺利实现脱贫，还帮扶带动1户贫困户脱贫。

裴坝村每年有700余人在外务工。实施脱贫攻坚以前，大部分劳动力都是在采矿、建筑等行业务工，劳务工资低，劳动强度大，安全风险高。随着紫阳县修脚产业的兴起，李兴卫敏锐地意识到，这是一个投资小、工资高、男女适宜的增收致富好门路。但是群众认为给人修脚"低贱"，都不愿意干。如何让群众转变思想观念、改进增收方式？李兴卫通过支委会、全体党员大会动员年轻党员带头从事足浴行业，他则负责协调解决学技术、筹资金、租门店等方面问题。如今，18名带头的党员，7人在外开设了修脚门店，11人成为远元集团中高层管理人员。全村从事修脚养生行业的达600多人，占外出务工人员的80%以上，人均年收入超过6万元，其中9名青年在远元集团担任省区经理，年薪百万以上。

李兴卫注重在具有带贫能力的年轻人中培养党员，通过不断添注村党支部的红色动能，凝聚力、战斗力显著增强。到目前党员达55名，大专以上学历有5名，45岁以下的党员达30%以上。在裴坝村党支部的办公室里，党员承诺公示牌上有一个二维码，储存着55名党员的帮扶贫困户"责任清单"，年底对照清单考核评议。"别看小小二维码，初心密码就在其中。"李兴卫说。

产业增收守护"绿色"

李兴卫说，习总书记在安康考察时对循环发展提出的指导意见，使他深受鼓舞。他说："裴坝村党支部坚决贯彻落实好总书记的重要指示，在守护绿水青山中实现脱贫奔小康。"

裴坝村原有40余公顷（700多亩）老茶园，由于疏于管理，大部分都撂荒了。李兴卫为了让群众既能守护绿水青山，又能挣来"票子"，首先聘请曾在县茶研所工作过的村民邹品银担任茶叶生产指导员，并帮助邹品银办起了茶叶加工厂。随后，他又请来镇上的农技干部到村开展茶叶采摘技术培训，该村茶叶产业第二年就初见成效，产茶1500多千克，茶农增收9万多元。

李兴卫并不满足于此，他在党员会议上提出拿出好田好地种植丰产密植茶园的发展思路，希望党员带头发展茶叶产业。"三年桐子五年茶"，种茶周期长、见效慢，党员贾光术、周啟倡等带头将水田打旱，种上茶苗。李兴卫挨家挨户上门做工作，宣讲政策、分析效益。有的群众嘴上答应，就是迟迟不见行动，李兴卫带领村组干部和党员帮他们翻土、栽苗。如今，裴家坝约20.33公顷（305亩）水田改建的茶园不仅实现丰产目标，还成为远近闻名的观光示范茶园。贫困户唐启权的一亩水田改建成茶园后，年增收8000余元。保守计算，茶园每年鲜叶销售收入达150万元以上，效益超过水稻种植的5倍。每到春茶开园时，茶园周围栽种的樱花正好开放，吸引大量市外、省外的游客到这里观光体验。村民张占田当初是反对最激烈的，如今他家不但茶园增收效益明显，还在茶园边办起了农家乐。

为了提高茶园的综合管理水平，李兴卫引进紫阳县关南春茶业发展有限公司入驻该村，并建立"支部+企业+贫困户"的产业扶贫模式，使群众多重受益。关南春公司每年免费向茶农提供肥料和技术指导，并以高于市场5%的价格收购鲜叶；49户贫困茶农以茶园入股公司，户均分红650元。到2020年初，裴坝村茶园总面积达100公顷（1500亩），年产值600万元以上。

同时，裴坝村还通过引进能人到村建厂，带动群众订单种植玉米增收。裴坝村"十三五"期间实施移民搬迁的贫困户有106户。在搬迁前，李兴卫就开始思考，群众都住进小区，今后地怎么种？收入从哪来？他给修建小区的投资人李远权做工作，动员他依托安置小区发展农业种植和农产品深加工。李远权采纳了李兴卫的建议，创建了紫阳县开源实业有限公司，以订单种植的模式发展群众种植玉米，公司再生产成玉米稀销售。通过山上建园区、小区建工厂，采取土地流转、订单农业、园区务工、工厂就业等方式带动裴坝村78户贫困户增收。该模式在裴坝村取得成功后，在全县得到推广，共带动400余户贫困户增收，并成为陕西省"以业促搬"的典型。

担当实干做足"成色"

在党员干部心中，李兴卫是意志坚定、敢于担当的好同志、好班长；在群众心中，他是正直清廉、随和亲善的好干部、好乡邻。在历次脱贫攻坚检查、抽查中，群众对村支书李兴卫和裴坝村支部的满意度均达98%以上。

"李书记是大恩人，是他救了我们母子的命！"提起李兴卫，裴坝村二组村民陶思芳感激不尽。今年2月的一天，陶思芳出现分娩迹象，需要立即前往医院！他们一家3口都是残疾人，面对出现的紧急情况束手无策。何况当时正值新冠肺炎防控关键时期，所有营运车辆停运，出村、出镇的道路实现严格管控。李兴卫接到求助电话后，立即驾驶私家车将陶思芳送到县人民医院妇产科。在陶思芳分娩出院后，李兴卫又主动联系车辆，将陶思芳母子和陪护人员接回村里。

对于部分故土难离的搬迁贫困户，腾退旧宅工作矛盾十分突出。李兴卫通过耐心细致地做思想工作，使那些激烈反对的"钉子户"都能理解他、支持他。裴坝村九组83岁高龄老人杨绪兴属重度残疾，儿子入住搬迁安置点后，他始终住在老家，甚至以死威胁前来动员腾退旧宅的镇村干部。为此，李兴卫三番五次上门拉家常，通过以心交心，杨绪兴说出了心中顾虑，担心到安置点居住，百年归世后没地方安葬。李兴卫反复开导，并当着他的面打电话在镇殡仪馆联系了墓地，打开杨绪兴的心结。随后，李兴卫和同事背着杨绪兴、抬着家具步行4千米山路，将他送到安置点。现在，杨绪兴已完全适应安置点生活。

仓廪实而知礼节，衣食足而知荣辱。随着村民物质生活的富裕，加之村"两委"严格约束，裴坝村新民风建设取得显著成效。2018年腊月，李兴卫接到消息，贫困户潘开学要办搬家酒了。这个头千万开不得！全村搬迁的贫困户有一百多户，潘开学一带头，后面的就无法制止了！李兴卫赶到潘开学家时，酒宴用的食材、酒水都准备好了。李兴卫说："搬家酒是严重违反新民风建设要求的。与其顶风而为，不如等过两年娶儿媳妇的时候办婚宴，我给你主事。现在已经买了的东西，我陪你一起去退。"李兴卫挨个给潘开学家的亲戚做工作，最终遏制了不良风气。近年来，裴坝村通过大力倡导"诚孝俭勤和"新民风，搬家酒、升学宴、生日宴等全部杜绝，群众份子钱负担减少50%以上，村风民风更加淳朴，裴坝村被列为安康市新民风建设示范村。

2020年初，裴坝村又迎来了新的机遇，该村被列为紫阳县实施乡村振兴的重点村，新增基础设施改造升级等1000余万元的项目支持。李兴卫紧紧把握这一机会，在村上成立旅游服务公司，构建"支部+公司+产业+农户""红色引领、绿色支撑、户户增收"的乡村旅游融合发展模式。李兴卫说："党的政策好，发展机遇好，我们唯有担当实干，努力做足脱贫成色，才能向上级党组织和全村群众交一份满意的答卷！"（黄志顺）

一位扶贫干部的为民情怀
——记县人大干部金冠全二三事

由紫阳县人大办公室下派到麻柳镇染房村的第一书记金冠全，坚守扶贫岗位，真心实意帮百姓办实事、解难题，把自己的一腔真情倾"驻"在民生改善上，焕发出全村人民向贫困宣战的雄心壮志，让染房村发生了历史性变化，在脱贫攻坚的决战决胜中彰显出了一名人大干部的为民情怀。

不让树起来的信心冷却

走访贫困户是金冠全驻村中最平凡、最艰辛、最有意义的事。正值春暖花开的季节，村里养蜂户正是忙碌的时候，金冠全一早就开始走访养蜂户。村里患有尘肺病的村民贺习安本人不在家，蜜蜂没人管，金冠全十分惦念，生怕几经周折给贺习安树立起来的信心又冷却落了。

正在着急，贺习安从邻居家回来。他一脸的感激，直说请金书记放心，目前一切都好。接着感叹道："金书记是个好人，自己的这个病啥活路都做不了，是金书记给我想了这么个好主意，投劳少、成本低、见效快。"蜂子养起来后，金书记每个礼拜都要到他家来检查一次，指导卫生消毒，保证蜂蜜产量和质量。有时因其他事去不了，就用电话联系，问候情况。

正是这样一份份牵挂，让乡亲们十分信任他。2018年7月，金冠全瞅准商机，引进紫阳县兰草养蜂专业合作社，鼓励贫困户利用自然优势发展养蜂产业。对于常年以土地为生的村民们来说，养蜂是个新鲜事物，很多人都持观望态度。金冠全看透了大家的心思，首先在村上成立了养蜂专业合作社，由合作社统一安排前期投入、技术指导和后期收购。村民的后顾之忧解决了，大家的积极性也调动起来了，当年村上发展养蜂大户12户，到年底户均增收6000余元。

繁花似锦的四月，是蜜蜂最忙碌的季节，也是染房村开箱采蜜的日子。全村240余箱蜂桶正陆续开采，染房村二组蒋元奎家，28箱蜂桶的蜜片上挂满了蜂蜜，夫妻俩乐开了花。"金书记给我们引进的这个项目，不需要很大投入，每年采蜜3~4次，至少可以增加12000元的收入。公司提供技术和保底回收，这种产业发展模式非常适合我们，能想到的难题金书记都替我们想到了，彻底解决了我们的后顾之忧。"谈起养蜂经历，老蒋显得异常激动，感激之情溢于言表。

脱贫致富，产业发展是关键。走访中，金冠全发现，贫困户大都底子薄，自身发展不足。为此，他和村委会的一班人共同努力，在村上陆续成立了茶叶、养蜂、养鸡、养羊（养牛）、养猪专业合作社，采用"企业+合作社+贫困户"的模式，使各项扶贫产业在染房村蓬勃发展起来。

贫困户熊庭翠和蒋次华夫妇养鸡有经验，为鼓励产业带头人，金冠全通过协调互助资金、小额贷款、村集体收益扶贫资金等形式，6次帮助他们解决资金周转的问题，总金额达30余万元。以他为主成立起来的养鸡产业协会，有21户村民加入，其中有500羽以上的贫困户9户，通过他提供鸡苗、技术和保底回收商品鸡、鸡蛋等，直接为群众带来年收益10万元以上。今年3月，熊庭翠激动地向县电视台记者说："我们以前做梦都没想到的事，是金书记启发我们开了窍。他虽然是驻村干部，但帮我们想的做的都是实事好事长远的事，我们是不会忘记他的。"

为开表彰会留下终生遗憾

2018年8月16日，染房村举行新民风表彰大会。这一天是全村最热闹的一天，也是金冠全最悲痛的日子。

为了搞好这次活动，金冠全牵头进行了7天筹备。大到表彰对象审核，小到获奖者上场顺序，筹备组一一推敲，力求万无一失。16日早上，一切准备就绪，数百村民列坐在文化活动广场，受表彰对象胸佩红花、喜气洋洋。

这时，金冠全接到二哥电话："妈不行了！你赶紧！"同事们催他迅速赶回去，县人大常委会主任张教志叫来司机，吩咐"马上送金冠全回家！"看到眼前隆重的活动场面，金冠全想到，整个活动流程只有自己最熟悉，要是搞砸了，就对不住全村群众了。金冠全最终决定先留下来搞活动。他在心里祈愿："妈，等我！"

活动一结束，金冠全坐在车上满脑子全是母亲。父母大半生都在农村生活，含辛茹苦抚养着4个子女。如今父亲因脑梗导致半身不遂，母亲患了肝癌，二老只能在病痛中度过晚年。他细想母亲在病重期间给他打的那几次电话，无不是在委婉地催他回去陪在身边。母亲只是怕影响他驻村工作，没有直说。遗憾！金冠全赶到医院，母亲已经永远地闭上了眼睛，给他留下了终生遗憾。

山上泛起淡淡的绿，转眼清明将至。"有儿坟上飘白纸，无儿坟上草树青"。清明前后给逝去的亲人坟头挂一束清，是传统习俗。然而，金冠全本来想请假回老家一趟的，但是村上的事千头万绪：贫困户蒋次华明天要上鸡苗了，不知道鸡圈搭建好了没有；王运洪领了移民搬迁安置房钥匙，还没有装修入住；帮陈云安新办的户口本需要送到家里去……他转念一想，对母亲的遗憾已经无可挽回了，干好工作也是母亲的愿望，还是打电话委托二哥代他给母亲坟头挂一束清，遥寄思念吧！

夜幕降临，金冠全每当结束一整天的走家串户，回到村委会，顾不得擦把脸，便拿起手机和女儿连线视频。每每看到视频那头的女儿贫嘴的样子，他一天的疲惫就会顿然消失。（李谢军）

村支书毕锦平的"黄金时代"

2020年端午节,安康市一年一度的龙舟赛如期盛大举行。作为为安康市经济社会发展做出突出贡献的18位英雄模范代表,紫阳县蒿坪镇黄金村党支部书记毕锦平应邀出席开幕式,并为龙舟点睛。毕锦平身材瘦小,和声细语。其实,瘦小身材里,涵养的是乡村振兴的大格局;软言语里,讲出的是有情有理的硬道理。

毕锦平是在整村脱贫出列的关键时期担任村党支部书记的。村里的党员、群众都认为毕锦平不存私心,不谋私利,极力推荐他。当选后的毕锦平,把全部的精力都投入到工作中来,以抓基层党建统领黄金村发展。

在毕锦平上任之前,蒿坪镇就结合脱贫攻坚和乡村振兴,为黄金村制定了宏大而详尽的发展规划,发展乡村旅游是其中的重要内容。黄金村的"黄金时代"已经来临。接力棒握在手上,毕锦平倍感责任重大。

黄金村的显月观始建于1531年(明嘉靖十年),毗邻的"七宝寨",是被列为古紫阳八景之一的"七宝连云"。蒿坪镇要让黄金村真正实现"宝地生金"。近几年,显月观都要在正月二十三日举办"迎春祈福庙会"。每到这天,周边县区群众蜂拥而至,或观看演出,或兜售商品,或祈福还愿。庙会一年比一年形式新,一年比一年人气旺,已形成以道教南派精髓为核心的特色文化旅游品牌。

蒿坪镇加大对黄金村的基础设施建设力度,扩建了进村的"黄金大道",新修了观光小环线等。这些基础设施建设共占用耕地、山林14公顷(210亩),迁坟15座。毕锦平和工作人员上门做群众工作,他说话和风细雨,善于从群众角度思考问题,从大局出发把握导向。所涉及的群众,都爽快地同意占用,没有索要一分钱补偿;施工期间,没有出现一起阻工现象。

该村围绕乡村旅游,持续优化人居环境、培植经济增长点,发展兼具观赏价值和经济价值的花木,仅显月观可视范围内,就栽种了100公顷(1500亩)樱桃。毕锦平通过外出考察和自学,掌握了大量的果树管护知识,成为人人称道的"土专家"。每到修枝等关键环节,毕锦平逐个地块检查指导,督促群众按照技术要求进行管理。在他的眼里,是一棵棵正在成长的树苗;在他的心中,却是繁花似海的十里春景,硕果盈枝的丰收画卷。

虽然担任村支部书记的时间不长,但是毕锦平已被该地党员干部树为榜样,并被授予紫阳县2018年度优秀党支部书记,2019年10月获得陕西省脱贫攻坚奖、奋进奖。(黄志顺)

群众心头树丰碑
——追记原双桥镇镇长陈威强

巴山默默含哀意,汉水滔滔传悲声。

2017年7月5日,天空淅淅沥沥下着小雨。紫阳县殡仪馆内庄严肃穆,哀乐低回,双桥镇镇长陈威强同志遗体告别仪式在此举行。县上领导来了,镇村干部来了,双桥镇许多普通群众来了。双河村老上访户吴作权在安康市中心医院住院,由于不能赶来送行,特意通过电话委托村主任张启勇在陈威强的灵柩前燃上一炷香。还有很多不能到现场送别的网友则在贴吧、网站、论坛、微信、微博上自发留言,悼念这位党的好儿子、群众的好干部。

7月1日,紫阳县双桥镇镇长陈威强在工作途中发生车祸,在送往医院抢救过程中,因伤势过重不幸身亡,匆匆走完了42年的生命历程。从他担任新双桥镇镇长到不幸离世,仅一年零三天。在这368天里,他日夜操劳,殚精竭虑,一心只想加快双桥发展的步伐,让贫困群众早日脱贫致富。双桥镇的父老乡亲、镇上的同事、陈威强的父母兄弟妻女,用最朴实的语言,表达着对这位优秀基层干部的赞誉、崇敬和爱戴。

一心为民办实事

他走了,镇政府大院里,留下了一间孤寂的办公室,茶几上还摆着一摞刚从县上领回的大红荣誉证书。"他太累了……"双桥镇社保站站长刘运维说。在他的印象中,陈镇长有干不完的事情,"五加二、白加黑",不分昼夜地加班、开会,不论晴雨的下村、调研。

2016年6月底,由于乡镇机构改革,原任联合镇镇长的陈威强调到双桥镇担任镇长。他是土生土长的双桥人,要带领父老乡亲们脱贫致富奔小康,他感觉自己肩上的担子沉甸甸的。

在镇村干部和群众的眼里,这个新来的镇长没有一点"官架子",对待群众和蔼可亲,干起事来风风火火。上任不到1个月,他跑遍了全镇10个行政村、64个村民小组,同农民群众、党员干部深入交谈,广泛征求各方面的意见和建议。如何让全镇1621户4748贫困人口如期脱贫,是他思考最多、关注最多的一项工作。贫困群众靠什么增收、住房怎么保障、基础设施怎么配套……这些都是他要考虑的问题。同事们回忆说,陈威强常常一个人发呆,无时无刻不在思考工作。"陈镇长工作严谨细致,认真负责。扶贫对象核实及数据清洗过程中,增减的每一户他都亲自把关。安置点建设小到一条水沟、一个梯步,他都要亲自过问。许多规划设计,按照以前惯例,只要分管领导负责审核就行了,但他每次总是对着图纸细细研究。"双桥镇经济办公室主任代立健说。陈威强经常叮嘱他们,这些钱都是国家的扶贫项目资金,一分一厘都不能浪费,每一分钱都要用在老百姓身上,每一厘钱都要发挥应有的作用。

他下乡有一个习惯,总是随身带着一把卷尺、一个笔记本和一支笔。通村水泥路宽度厚度够不够,基础开挖是否见到老底子,挡护工程勾缝灌浆、墙背填筑是否到位,他都要亲自量一量,对发现的问题能纠正的当场纠正,不能纠正的就记录在随身携带的笔记本上。"多亏陈镇长动员我们参加修脚足浴培训,如今我们夫妻俩每月都有一万二三的收入!"双桥镇中良村农民陈胜和说。陈威强下村调研过程中发现,由于矿上不景气,不少农民工返乡无所事事,他给镇社保站下了死任务,动员更多的群众参加县里组织的技能培训。在他的督促下,截至6月底,全镇参加修脚足浴、特色烹饪等技能培训的达322人,仅半年就超额完成了县上下达的技能培训任务。陈胜和所在的中良村一组52户贫困户有40户参加技能培训,并实现了稳定就业。

"脱贫攻坚既是政治任务,也是难得的发展机遇,我们一定要横下一条心,多为老百姓办些实事。"这是他生前说的最多的一句话。

翻开陈威强留下的10本工作日记,从头到尾,找不出一句豪言壮语,有的只是一笔笔解决问题的记载。陈威强短暂的一生并没有什么惊天动地的丰功伟绩,有的只是二十多年如一日兢兢业业为百姓谋福利的件件"小事",他用自己的实际行动诠释着一个基层干部的公仆情怀。

"上个月,陈镇长还来我们家,让我赶紧把房子建好,早早搬进新家。眼看房子就要建好了,他怎么就走了呢?"得知陈威强去世的消息,中良村贫困户陈继奎难掩悲伤。今年37岁的陈继奎自小患有眼疾,和年过七旬的残疾父母生活在一起。一家三口人就靠他打零工维持生计,日子过得异常艰难。去年9月,陈威强在走访群众时,看到他家房屋年久失修,条件简陋,就动员他搬到村安置点。陈继奎一家故土难离,想在老家附近建房,他又让村干部给他代办宅基地手续。今年3月,陈继奎的新房动工了,陈威强多次去查看进度,问他有什么问题需要解决。"陈镇长一天那么忙,我们这些小事那好找他帮忙哦。"陈继奎说。在陈威强的关心下,陈继奎的新房主体建设已完成。

双桥镇山大沟深,自然条件差,陈威强操心最多的就是高山群众的住房保障问题。中良村十组是全镇最为偏远的一个村民小组,去年9月,他得知此地居住条件很差,群众观念保守,不愿搬迁。他决定带领村组干部挨家挨户走访,足足用了2天时间,硬是入户走遍了全组48户群众,逐户动员搬迁。至目前,该村民小组已有35户群众搬到了山下。

陈威强出生于农村,家境清贫,从小就饱尝了生活的艰辛。他对群众疾苦感同身受,时刻把群众的冷暖挂在心头。双河村村民郑由学患有肠道癌,由于缺少经济来源,生活很是拮据。陈威强得知后,立即安排民政部门给予其2000元临时生活救助。

5年前,由于土地征用补偿问题,双河村村民吴作权一直到市县上访,是当地出了名的上访户。然而,陈威强每次接访他时都很有耐心,给他递上一杯热茶,听他倾诉。"我反映的事情，每次找他，从不推诿，虽然事情没有彻底解决，但他很尽力。他耐心对待群众反映问题的态度，让我非常感动。"吴作权说。

为方便与干部群众交流，陈威强加入了双桥镇各村组建立的所有微信群。在每个微信群，经常可以看到陈威强与群众沟通交流的记录。5月11日晚上11点33分，一个微信昵称"独行"的村民在中良村九组联系群因组级路硬化发牢骚，陈威强看到后立即在群里耐心解释政策，直到晚上12点42分，这位村民才平静下来。双桥镇面积大，防汛防滑隐患多，汛期来临，他时常挂念着危滑地带居住的群众。

"哗哗啦啦的雨和不断传来的雨情汛情，让人坐立不安！虽三番五次督促落实'三到户'，但还是放心不下，夜晚太长，出去转转心里才踏实。"6月3日深夜，陈威强在朋友圈发出了这条信息。第二天一清早，他叫上司机就冒着大雨到各个村检查防汛去了。"陈镇长在我们村检查防汛时，浑身都湿透了，还亲自帮我们调试雨量观测设备，一再叮嘱我们要做好危险地段群众的转移安置工作。"苗河村主任方存兴说。

不顾小家为大家

2月19日，星期天，是陈威强父亲75岁生日。当天，妻子带着女儿专程从县城赶到双桥镇老家为老人祝寿。由于妻子在县城经营快递、女儿在安康上学，父亲在双桥老家，一家人聚少离多，祖孙三代在一起的时间更是少之又少。然而，饭菜刚端上桌，正当一家人其乐融融准备庆祝时，陈威强的电话响了——县上部门到镇上来检查工作。挂下电话，陈威强就匆匆赶往单位。"一天咋就这么忙呢？"看着儿子远去的背影，两位老人无奈地摇了摇头。

陈威强工作所在的双桥镇政府大院与他父母居住的老家不足500米，虽然每天到村检查工作或到县城办事，都要经过老家门口，一个月却难得回去看望一次父母。陈威强兄弟姐妹6个，他排行老五。他是家中唯一一个吃公家饭的人，其余的都生活在农村，家境一般。尤其是二哥陈威刚条件最差，自己身体多病，2个孩子上大学，花尽积蓄建起的新房在2010年"7·18"洪灾中被泥石流冲毁。在今年的扶贫对象核实及数据清洗中，陈威刚找到陈威强，想让弟弟给他在村里打个招呼，帮助自己评上贫困户。"贫困户识别有严格的标准和程序，不是我这个镇长说了就算，这个招呼我不能打！"陈威强拒绝了二哥的要求，陈威刚最终也没有被评上贫困户。

"回想到镇上工作的这7年，很累很愧。一家三地分居，一个月共同在一起待不了几个小时，父母已逾70，虽离父母很近，同样一个月不能陪着吃一次饭……"这是陈威强2017年4月在朋友圈发的一条心情，从中不难看出他对父母、妻子、女儿及亲友的愧疚。

陈威强的女儿陈书羽在安康高新中学上初中。每到周末，看到其他同学都有父母接送，心里非常羡慕，并向爸爸委婉地表达了自己的想法。看到女儿的心思，陈威强答应每学期末接女儿回家。然而3年过去了，爸爸一次都没接过他，每次都是自己乘汽车回家。

2017年6月29日，是陈书羽参加中考回家的日子。她满怀欣喜，早早在校门口等待爸爸来接她，然而父亲因在县上开会未能如愿。

1997年，陈威强与妻子舒远香结婚，2002年生下了女儿陈书羽。20年来，陈威强从未带家人旅游一次，2015年国庆期间妻子和女儿强烈要求外出旅游，一家人刚走到西安，紫阳县突然出现多起胡蜂蜇人事件，不得不半道返回。时任联合镇镇长的陈威强立即赶回单位部署胡蜂防治工作，由于防治及时，联合镇没有出现胡蜂蜇人致死情况。2017年春节，陈威强内疚地向女儿许诺，暑假期间一定带她到北京登长城，参观北大、清华等全国著名的高等学府。眼看暑假来临，父女却天人永隔。

在陈威强遗体告别仪式上，陈书羽代表家人致叩谢辞："爸爸是一名好党员、好干部，在我泪眼迷离中，浮现的总是爸爸为工作匆忙疲倦的身影和面容。您心里牵挂的总是群众的疾苦和脱贫的大事，挂在嘴边的总是安置点要加快进度、公路要尽快动工、饮水工程要赶快招标。爸爸呀，您怎么忍心抛下家乡那么多双期盼的双眼？"

斯人长眠英魂在，山泉无语泪纷飞。群众的口碑，家人的呼唤，陈威强永远听不到了。如果他在天有灵，他可以远远地看见，自己用生命镌刻的丰碑，永远留在双桥镇1.7万群众心中。（余兴福　唐　波）

用生命诠释共产党人的责任担当
——追记原高桥镇党委副书记琚华

2017年10月8日，秋风绵绵，如泣如诉。紫阳县高桥镇党委副书记琚华，在工作途中突发脑出血，经抢救无效，带着对生前未尽事业的遗憾，带着对同事、乡亲的热爱，带着对这方热土的眷恋，带着对父母、妻儿的不舍，匆匆走完了他37年的生命历程。

琚华1980年出生于紫阳县城的一个普通家庭，17岁参加工作。20年来，他工作辗转多个乡镇，无论岗位如何变动，不管条件艰苦与否，始终兢兢业业工作，踏踏实实干事，用实际行动诠释了一名基层党员干部的责任和担当。

生命永远定格在37岁

2017年10月2日，天空淅淅沥沥地下着小雨，位于大山深处的高桥镇静谧而安详。因为防汛救灾，国庆中秋"双节"期间全县取消休假，琚华顾不上吃早餐，便带着镇派出所、食监所等部门干部到集镇去检查食品和安全生产。

安全无小事，事事须尽心。作为镇上分管安全工作的领导，琚华深知做好安全工作的重要性。尽管"国庆"假前对全镇安全工作进行过安排，但他还是有些不放心。

高桥镇因镇内2座清朝乾隆末年修建的廊桥而得名。这2座古廊桥至今仍保存完好，属省级文物保护单位。近段时间，由于集镇改造，常有一些小商贩将摊点摆到廊桥上。琚华首先带着检查组到廊桥进行检查,看见王氏夫妇在廊桥头卖早点,上边还立着一个蜂窝煤炉子。

"发生火灾咋办?请赶紧把炉子搬到一边去。"琚华立即上前制止。王氏夫妇以街道改造影响生意为由,说什么也不肯搬。在琚华和检查组人员的耐心劝说下,王氏夫妇最终将摊点搬离廊桥。看着王氏夫妇远离的背影,琚华突然感觉一阵剧烈的头晕。随行干部见状,立即将他扶到廊桥上休息,并劝他到医院检查。琚华说,他有高血压病史,休息一下就没事了。

稍事休息,琚华带着检查组继续到街上一家超市检查食品和消防设施。检查中,琚华头疼再次发作。据随行检查的干部介绍,当时,琚华满脸通红,眉头紧锁,用手掌强撑着额头,腿都站不稳了。

"你们继续检查,我回办公室吃点药再来和你们会合。"琚华忍着头疼吩咐检查组干部后,在同事的搀扶下回到办公室服下了降压药。然而,疼痛仍在加剧,同事们赶紧将琚华送到高桥镇卫生院检查。

"高压220,低压140,病人需立即转到大医院治疗。"在镇卫生院医生的建议下,琚华被送往县人民医院。途中,琚华汗水直流,脸色通红。据高桥镇卫生院副院长曹立贤介绍,琚华当时已处于谵妄状态,仍在叮咛干部赶紧完善贫困户记事簿,他下班前要验收。此情此景,让车上的陪同人员无不为之动容。

因病情过重,在县医院做完CT检查后,琚华被送往安康市中心医院进行治疗。在重症监护室和死神抗争了5天后,琚华终因抢救无效,离开了人世,将生命永远定格在了37岁。

像陀螺一样不知疲倦

琚华1997年参加工作,2013年从洞河镇副镇长调任高桥镇任党委副书记兼纪委书记,后任专职副书记。在与他共事的干部眼中,琚华作风过硬,严以律己,是个工作上很要强的人。凡他分管的工作,都力争走到全县前列。

按照2016年高桥镇镇党委领导班子成员分工,琚华分管党建及党风廉政建设、综治维稳、文化旅游、集镇建设等7块工作,并协助分管脱贫攻坚。2017年9月,一班子成员请产假后,他又增加了新民风建设和新闻宣传2项分管工作。他积极协助党委书记抓好党的建设工作。每年年初,精心制定年度组织工作要点,分季度制定党建工作任务督查清单,坚持每个月到村(社区)进行指导。他狠抓"农村、社区、非公党建和机关"四位一体党建示范带建设,推动全镇基层党组织全面提升,全面过硬。积极探索党建与脱贫攻坚深度融合的路子,指导各党支部深化"支部+园区(公司、合作组织、免费技能培训)+贫困户"工作机制,有效发挥了党建在脱贫攻坚中的引领作用。

2016年,高桥镇党委荣获先进基层党组织,党建工作在20项重点工作考核中获得一等奖。在2017年一、二季度全县党建工作季度考核中,均获得优秀等次。

除了党建工作,他分管的脱贫攻坚、新民风、新闻宣传等其他工作也一直走在全县前列。在他分管的工作中，多个好做法得到上级的充分肯定，为兄弟镇提供了可资借鉴的好经验。

2016年，他率先在全县探索推行"一村一方案、一村一主题"的基层党组织"两学一做"学习教育精准指导模式，使基层党组织和一线党员学做结合紧密，有力推进了"两学一做"学习教育常态化、制度化。

在2017年的贫困户数据清洗期间，他在全镇大力开展脱贫攻坚有奖知识问答，提高了群众对扶贫政策的知晓率和满意度；在全镇范围内组织开展精准扶贫对象村际交叉再核实工作，确保了扶贫对象精准。

…………

这些成绩和好做法的背后无不凝聚着琚华的心血和汗水，无不饱含着琚华为民服务的深厚情意与务实担当的优良作风。由于他长期忘我工作，身体严重透支，有病一拖再拖，致使身体多次出现"报警"。

2016年11月，琚华在单位因高血压突然晕倒，经镇卫生院医生治疗苏醒后，医生劝他休息一下，他说身体好着呢，没事，然后又继续投入到工作中。

2017年5月24日，镇上组织干部到安康市中医医院体检。医生发现他血压过高，建议他立即住院治疗和休息一个月。

"这段时间忙得很，哪有时间住院哦。"琚华对医生说。

"那你说是工作重要，还是命重要？"医生很生气。

"工作和命都重要！"琚华笑着拒绝了医生的治疗建议。

然而，体检回来的第三天，他再次晕倒，不得不到医院治疗。即使在住院期间，他仍通过电话安排干部做好手头工作。

"琚书记办公室抽屉里最多的是降压药。"一高桥镇干部说道，琚华告诉他常常忘记按时吃药，好多药都过期了。

心中始终装着群众

"那么好的一个人，怎么说走就走了。"

"他没有架子，待我们像亲人一样。"

"老天爷不长眼啊，这么年轻的干部走得太可惜了！"

…………

2017年10月12日，在琚华同志告别仪式上，不少村民和包联贫困户自发来为他送行。

"20天前，琚书记还来过我们家的，怎么走得这么突然？"贫困户黄金国听到琚华离世的消息后悲伤地说。10月2日，黄金国在高桥集镇碰见了正在检查工作的琚华，琚华对他嘘寒问暖，叮嘱他有什么困难就说。

黄金国是琚华包联的贫困户，居住在高桥镇深磨村四组，房屋建在陡峭的山坡上，吃水靠在500米外的山沟挑，生活十分不便。琚华了解情况后，积极联系解决了2000米水管，让他告别了挑水吃的历史。

54岁的徐汝金也是琚华生前的包联户，2个月前曾与琚华发生过"过节"。2017年8月初，徐汝金想申请扶贫小额贷款扩大种茶和养猪产业规模，不料到当地信贷部门办理贷款时被告知"不符合条件"。

"你们开会说贫困户都可以申请扶贫小额贷款，我为什么不符合条件？款贷不来叫我怎么发展产业脱贫？"趁着酒劲，徐汝金在电话中质问琚华。

"你不要着急，贷款的事我马上来联系。"面对徐汝金的质问，琚华耐心回答。挂断电话后，琚华立即跟镇扶贫办衔接。原来，贫困户申请扶贫小额贷款需要本人书面申请，而徐汝金之前并没有书面申请。

第二天，琚华通过电话向徐汝金说明了情况，并安排专人协助他办理贷款事宜。一个星期后，徐汝金如愿以偿拿到了5万元贷款，用来管护茶园、购买猪仔。"当时，是我心里着急，错怪了琚书记，不该在电话中质问他，想起这个事，我就觉得对不住他。"事后，徐汝金一直觉得很惭愧。

2016年4月8日，高桥镇双龙村村民刘昌明的房屋地下室被水淹没。刘昌明认为是镇政府在他房屋下方不远处修桥导致河水回流淹没了自己的房屋，要求政府赔偿10万元。镇村干部先后多次与其协商赔偿问题，一直未达成协议。琚华知道后，主动上门跟刘昌明讲道理，最终感化了刘昌明，使事情得到妥善处理。

"有困难就找我。"琚华是这样说的，也是这样做的。在他的工作笔记本上，详细地记录着每天工作的大事小事；在他的手机里，存储的全是他下村拍摄的群众生产生活图片。他心里装着群众、装着工作，却唯独忘了自己。他明知自己有病在身，却一如既往地坚守在工作岗位上，直到生命的最后一刻。

琚华就是这样一个人，一个平凡人，一名好干部。他把生命献给了大山，他用平凡书写了人生。琚华虽然走了，但他却在人们的心头树立了一座巍巍的丰碑！他用生命擎起了好干部的旗帜！（汪可平　唐波　朱烁旭）

超越平凡
——追记县市场监管局驻村扶贫干部罗孝明

罗孝明生前是紫阳县市场监督管理局干部，2017年10月11日，在单位包联的毛坝镇腰庄村开展脱贫攻坚工作时，因突发心脏病不幸去世，卒年40岁。

食药监战线上的"排头兵"

"他熟知食品药品监管的几十部常用的法律法规，处理各类食品药品案件时，能一口准确地说出适用的条款。"紫阳县市场监督管理局综合执法大队中队长邱兴超说。罗孝明是2013年底考入县市场监管局食品药品稽查大队的。之前，他曾在红椿镇、东木镇从事农业、林业工作。食品药品监督,是一项专业性、技术性较强的工作。罗孝明坚持在干中学,在学中干,一方面认真学习食品药品监督管理法律法规及执法文书,提高法律素质和执法文书制作水平;另一方面积极参与各类案件的办理,提高自己的行政执法水平和依法办事能力。很快,罗孝明就从一名食药监工作的"门外汉"成长为食品药品稽查战线上的业务尖兵。

一年跟着干,二年能单干,三年成骨干。2015年,罗孝明已经能独立办案了。由他经手办理的"假酒"案、"假药"案分别入选"2016年省级食品药品典型案例""2017年省级食品药品典型案例"。

食品药品安全无小事。在食品药品稽查工作中,他经手的大小案件300余起。每一起案件,不管走多远的路,他都坚持现场调查取证,力求把每一个案件都处理得合情合理合法,给人民群众一个交代。由于工作突出,他先后被评为全省"飓风行动"先进个人,安康市"稽查大比武执法能手"。

不知疲倦的"老黄牛"

由于机构改革,2013年,罗孝明所在的县食品药品稽查大队监管职能陡然增加。原先由卫生局、工商局、质监局等多个部门负责的食品安全监管职能统一划归到县食品药品监督管理局,稽查大队承担着食品药品安全专项整治、执法办案等监管职责。不仅如此,稽查大队还要负责食品药品的抽检抽样、投诉打假等工作。

为了克服人手少、监管对象点多面广、监管工作量大等诸多困难,罗孝明跟其他同事一样,经常处在超负荷工作状态。面对压力,罗孝明从未有丝毫懈怠,从未有半点怨言,全力做好食品药品监管的各项工作,在单位是公认的爱岗敬业"标兵"。

"在我的印象中,共事3年时间,孝明只在他父亲病重去世时请过2天假。面对父亲还未复山就来上班的他,我只有感动,问候的话到了嘴边却又咽了回去,感觉有点多余。"罗孝明去世后,他曾经的老领导在微信里这样撰文。和罗孝明一起工作的同事说,罗孝明经常带着孩子到单位加班。有时候加到深夜了,孩子就在旁边睡着了。在同事眼里,他就像"老黄牛"一样工作,不知疲倦。据统计,近3年来,县食品药品稽查大队办理的500余起案件,一大半以上的文书材料都是由他完成的。

由于工作认真负责,今年9月,罗孝明被单位安排到包联村——毛坝镇腰庄村村上开展脱贫攻坚工作。"孝明是一个责任心非常强的人,我和他在一个工作组,他考虑到我年纪大,就经常加班加点地帮我整理贫困户的信息。"和他一起搭档的村主任吴远俭说。

和罗孝明一起驻村的同事回忆道,罗孝明每次入户都是很晚才回到村委会,其他同事都休息了,他还在汇总整理当天入户走访的信息。让同事最为感动的是,单位安排罗孝明到包联村开展脱贫攻坚工作时,正值其妻子到北京出差,时间长达1个月,刚满6岁的孩子没人照料,但罗孝明还是欣然接受了任务。为了不影响日常工作,他先后2次利用周末时间独自一人到村上走访群众,而孩子就寄托在县城的亲友家。

困难群众的"贴心人"

在罗孝明包联的贫困户中,有一个叫陈胜洪的群众,由于患有精神疾病且爱酗酒,经常半夜给罗孝明打电话。时间长了,妻子劝他晚上关掉电话。"既然是我包联的贫困户,我就要对他负责到底。"罗孝明依然不厌其烦地接听陈胜洪的电话,鼓励他树立生活的信心,并竭尽所能帮他解决生活中遇到的问题。

2017年5月,陈胜洪带着孩子陈世良到县城检查身体,罗孝明得知后,立即带其到医院挂号、检查、找专家、开药。得知父子俩没有吃饭,罗孝明又带着他们到餐馆吃午饭,并自掏腰包帮助买车票。没过多久,陈世良长了鼻息肉需到大医院治疗。罗孝明二话没说,便带其到市中心医院办理看病手续、与专家进行术前沟通,安顿好陈世良住院事宜后才返回单位。陈世良出院后,罗孝明又帮忙为其办理医疗报销手续。

"罗叔叔经常来我们家,有时候还给我买吃的,他告诉我要好好学习,长大了才会有出息。"陈世良得知罗孝明去世后,刚上六年级的他一个劲儿地流眼泪。

李榜端是罗孝明包联的又一贫困户,他和老伴儿没有经济来源,靠在附近打零工维持生计。罗孝明看到他的住房非常陈旧,就多次上门劝其进行改造。就在罗孝明去世前一天下午,他还到李榜端的家中,给他们讲解最新的扶贫政策。

如今,李榜端的旧房已经完成改造。明亮而宽敞的房间让一切都显得安静而美好,纯白的墙面上还张贴着罗孝明填写的"脱贫明白卡",字迹遒劲有力,帮扶内容一目了然。

深情的缅怀,不尽的追思。罗孝明短暂的一生中,没有惊天动地的故事,也没有色彩斑斓的传奇,只有默默无闻的奉献,勤勤恳恳的工作。在平凡的岗位上,挥洒出了精彩人生,超越了平凡,用生命诠释了一名共产党员的优秀品格。(汪可平 朱烁旭)

甘洒热血为脱贫

——追记原天生桥村党支部书记赵功习

2019年11月14日,天生桥村党支部书记赵功习,在随同安康市残联组织的第三方残疾人评估鉴定入户调查中突发疾病,不幸逝世。

他,带着遗憾走了!走在了村出列、县摘帽的前夕,把生命奉献在脱贫攻坚的前沿,时年56岁。

赵功习生于1963年10月,高中毕业后不久就参军入伍,退役后在紫阳县汉城派出所任合同民警5年,2004年回天生桥村任村文书,2007年任天生桥村党支部书记。他当村干部的最大心愿就是让村民脱贫致富。

天生桥村位于任河下游，2015年贫困户摸底核查数字清洗后，该村321户农户1108人中，还有建档立卡贫困户178户590人，贫困程度非同一般。截至2019年，已脱贫168户573人，剩余贫困人口10户17人，贫困发生率降为1.53%。全村92户300余人实现了移民搬迁，村活动室、办公室、标准化村卫生室，还有1200平方米的文化广场等公共设施都已建成使用。这些数字的变化是天生桥村扶贫工作队辛苦帮扶的结晶，更渗透了村支部书记赵功习主动作为的殷殷心血。

修好路，让群众出行方便

老赵当村干部之初就为村里修公路的事没少奔波。但该村没有矿山、没有企业、没有产业，市县领导找了一个又一个，报告打了一份又一份，路跑了一趟又一趟，就是立不了项目。在村村通项目建设中，该村好不容易与临近的显钟村一起修了3千米的路，但是只通到村委会，大多数群众出行问题仍没有解决。

2017年底，精准扶贫政策有了立项修路的机会。老赵迅速召开群众会，宣传政策，一家一户上门做工作，组织70多农户筹资20余万元修路款。老赵他家住在一组，家门口就是省道，修村道受益机会很小。按说他家是可以不交修路集资款的。但他第一个交了3000元修路款。他给在外地打工的哥嫂们打电话、做工作，动员他们积极缴纳修路款，哥嫂们被他的诚意打动了，4户都提前交了集资款。就这样，一组30多户就率先筹齐了10多万元修路款，2018年初就开工修通1.74千米村道。其他村民看到这回村里是真的在组织修路，方便老百姓出行，一些对集资修路有抵触的群众也纷纷缴纳集资款。到2019年1月，全村规划的14.6千米环线村道公路全部硬化，还完成了油返砂改造提升道路3.66千米。这样全村所有农户出行都在硬化道路的100米范围以内，极大地方便了全村群众的出行。与此同时，3处饮水工程、电网改造工程、通信工程等也实现了全覆盖，全村基础设施得到很大改善。

建好房，让群众安居乐业

路通了，出行方便了，老赵又忙着解决贫困户群众居住问题。赵支书与扶贫工作队一起研究制定了《天生桥村避灾移民搬迁安置点规划》，31户"统规自建"项目和20户特困户避灾移民搬迁项目很快得到了上级业务主管部门的立项批复。2016年3月，31户居住条件偏远、水电路不通的群众以"统规自建"形式开始建设施工。按照县搬迁办提供的统一设计图纸，享受"十二五"搬迁相关补助政策。2016年8月，由村委会主导，召开群众听证会，确定施工队和建房单价。2016年12月建设挡护工程，由于政策调整，2017年5月该项目变更为"十三五"易地搬迁项目。政策的调整对于老百姓最直接的影响就是每户建筑面积由原来的145平方米减少到每户房屋不超过120平方米。政策的变化导致部分群众有怨言，有的坚持继续按照原来设计图纸施工。向阳镇人民政府为此专门责令安置点停工整改。面对群众的意见，上级政府的要求，赵支书没有埋怨，一户一户做工作，研究制定调整施工方案。协调搬迁户与县移民搬迁公司产权关系，并组织搬迁户与县移民搬迁公司签订产权协议。20户特困户避灾移民搬迁项目由村委会组织招标建设，该项目于 2017 年 4 月开工建设，2018 年 10 月主体完工，2019 年 5 月达到入住条件。为了搬迁户能够按时入住新建的小区，在 2019 年 9 月份，老赵同扶贫工作队员一起吃住在工地，早上 6 点钟就起床，叫醒施工人员，组织劳力装修，检查工程质量、协调入住贫困户关系，忙得团团转。天生桥村在脱贫攻坚决战中有 92 户 300 余村民住上了安全、放心、方便的房屋。

干实事，因户施策扶真贫

四组贫困户罗忠俭，家里有 6 口人，前几年在外打工挣钱也只能勉强维持生计。2016 年他父母年龄越来越大，需要他在家照顾，老罗不能再出门打工了。赵支书主动上门与他商谈发展产业的思路，最终形成兴办家庭农场的意见。赵支书根据老罗的要求，帮他一起选择猪场地址，及时为他办理了互助资金贷款和小额信用贷款 6 万元，老罗又找亲戚朋友借款 10 余万元，建起了 800 多平方米的规范化养猪场。2018 年养猪 50 余头，收入 6 万余元。2019 年养猪 300 多头，收入 30 多万元。2020 年春季养猪 110 头，收入 24 万元。老罗靠办家庭农场脱贫致富了，但他忘不了赵支书的帮助之恩，为了表示对赵支书的感谢，自愿将猪仔低于市场价 10% 以上的价格卖给本村的贫困户，支持其他村民养殖增收。

五组贫困户陈祖举住在高山上，去一次得来回坐车、走路，得花上 3 个多小时，去一次不容易。但按照工作要求，老赵每季度至少要去一次。为了做老陈的工作把他搬到交钥匙工程的新房里，赵支书不记得已经去做了多少次工作，老陈就是故土难离。赵支书也只得慢慢地动之以情、晓之以理地做细致工作，等他愿意搬迁的那一天

老赵之所以有忙不完的事，除了抓村上千头万绪的全面工作，还要包联 40 户贫困户按期脱贫摘帽。村民赵华富，儿子违法服刑，前几年女儿外嫁，女儿、外孙的户口迁到四川，他家贫困户搬迁系统认定只有 2 人。去年在对赵华富老房子拆迁摸底时，老赵严格执行政策，对赵华富家 4 间老房子 2 间认定拆除，保留 2 间。三组 43 岁的村民向时斌，肢体二级残疾，生活特别困难。2019 年初，扶贫兜底政策修改后，向时斌符合兜底贫困户条件，赵支书忙前忙后帮助向时斌填写申请低保资料，终于纳入兜底贫困户，一年下来向时斌有了 3500 多元的低保金，生活问题基本解决

天生桥村还积极探索"村支部＋X＋贫困户"的扶贫模式，组织专业合作社免费给贫困村民提供技术指导、籽种、地膜等农资，还与贫困户签订种植合同，贫困户种出的蔬菜，在以市场保护价回购，统一销售。41 岁的贫困户张中军放弃了外出打工的机会，在家种菜一样有收入。59 岁的贫困户陈光财听说村支部组织发展蔬菜产业，还享受很多优惠政策，就放下种苞谷、洋芋的传统种植法，积极参加蔬菜种植技术培训，跟着支部的脚步治穷致富。

谋富民，心系大家而忘我

赵支书在生前留下了十几本工作笔记。这一页页笔记，没有他的豪言壮语，全是他每一天每一月的工作排序。仔细翻阅他 2018 年、2019 年的工作日志，不难看出他

就是一位为村上谋大事，心系大家而忘我的人。

他原计划在2019年11月底去安康参加大嫂的60岁生日活动，顺便再做个身体检查。可恰逢这期间关乎村上未来发展规划的事，他毅然放弃了体检的机会，投入到了紧张的筹备工作中。因为，天生桥村内只有紫城公司开发的任河漂流旅游项目，又看到太阳寨观光园已是花果飘香，游客不断，村民从游客的体验中见到了增收的机会。做好未来发展规划，除了对村情的了解，更重要的是要有丰富的知识。他忘我地钻研学习，在规划未来全村产业发展时，结合延长任河漂流旅游项目链，规划了太阳寨生态农业观光园区建设，并联系到紫阳县金凤凰公司负责组织开发。先后成立了太阳寨生态循环农业合作社、秦巴硒农农业发展合作社、老鸦坡茶叶产业园区、坤汇花椒产业合作社等经济组织，投资800余万元，围绕太阳寨观光公路建设、采摘园步道建设、小杂果种植、标准化茶园建设、九叶青花椒园建设等项目，把村民产业发展项目锁定在旅游开发项目上。

他的高血压就这样日趋严重起来，有多少次出现头晕目眩的状况，他都是就地吃点降压药，休息片刻，又接着工作。专门检查与休息治疗，是家人对他的唯一要求，也是家人苦口婆心而不顶用的事。他自己也明显地意识到了后果的严重性，可面对村上工作的需要，对他来说完全是遥不可及的奢望。

2019年11月18日，向阳镇天生桥村村委会为天生桥村原支部书记赵功习举行悼念活动，全村600多人都闻讯而来，为他们尊敬的赵支书送行。安葬老赵的墓地距他家有2千米多路，主持丧葬活动的人原计划用车辆把老赵运送到墓地，但参加活动的群众一直要求，要亲自抬着送老赵安然入土，送这位为他们献出生命的村支书最后一程。（李胜璋）